本書で扱うヨーロッパ

ヨーロッパ人名
語源事典

European Names and
Their Backgrounds

梅田 修
Umeda Osamu

大修館書店

はしがき

　名前というものは，それぞれの民族の言語的・文化的特徴や歴史的背景を背負っている．本書は，ヨーロッパ人の名前の語源や由来を解きほぐしながら，ヨーロッパ文化の源流をたどり，それらの源流の特徴と，多くの河川が合流して作り出した文化の模様を浮かびあがらせることを念頭に書いたものである．ヨーロッパ人の名前の大半は数百年，数千年の歴史の過程でさまざまに変化しながら現代に生き残ったものである．その起源や変遷，広がりをみることによって，ヨーロッパ人の考え方や感じ方の基層，ヨーロッパ文化の重層性が浮かび上がってくる．

　人名は，具体的には，親や祖父母，それぞれの世代のロール・モデル，聖人，神話・伝説上の神々や英雄，などにあやかって付けられることが多く，総じてみるとその時代やその社会の価値観をよく反映している．しかし，親の子に対する愛情や先祖を尊ぶ気持ち，そして自分たちを育てた文化に対する愛着などは人間のもっとも根源的な感情の一つであり，長い目でみれば命名の流行は，少し形を変えて押し寄せてくる波のようなものであると言える．流行という波頭のすぐ下には世代を経ても簡単には変わらないゆったりとした底流がある．

　ヨーロッパ全域から人々が集まっているアメリカでは，1989年の統計によると，新生児のうち，男児の約40パーセントが25種類，女児の場合も30パーセントが同じく25種類の名前におさまっているという．さらに男女それぞれ500の伝統的な名前に広げると，男児の名の90パーセント，女児の名の75パーセントがその中に含まれている．500の名前の多くが，伝統的に人気のある上位50の名から変化したものまたはそれらと関係のある名前である（*Baby Names for the '90s*）．

　人間の，自然の営みに対する畏怖の気持ちや豊饒・安寧を願う心は，信仰の対象としての神々を造りだした．氏族，部族，民族の盛衰とともに英雄伝説が生まれ，壮大な宇宙観と豊かに人格化された神々や英雄たちが活躍する神話を育んだ．そして，神話，伝承，宗教は，それらを信じる人びとを結び付け，やがて民族や国家を形成する強力な内的力となり，民族の始祖や歴史の節目に登場した英雄たちは，民族団結の精神的象徴として民族主義の大きなうねりを支える力となった．

　キリスト教受容期には，人びとは自分たちの神々や英雄たちにキリスト教的な神，天使，聖人の姿を重ねあわせて，それらの霊に守護されることを願った．守護聖人には土俗信仰の神々の性格が強く反映している例が多い．したがって，キリスト教文化と土着の文化の融合の色合いは地域によって異なる．言語と宗教が絡んだ民族間国家間の係争が絶えず起こり，そのような係争が歴史を動かし，多様な地域文化を作り出した．

中世の後半から近世にかけてキリスト教は圧倒的な影響力をもつようになった．教会の言語として使われたラテン語はヨーロッパ中で通用し，知識人や商人は国境をあまり意識することなく活躍した．十字軍の遠征は，キリスト教を奉じるヨーロッパ人がイスラム教徒に対して戦った戦争であった．国を守る軍人さえもヨーロッパ中を股にかけて活躍する傭兵であった．中世後半にはビザンティンの傭兵の大半がイギリス人で占められていたという．

　反宗教改革運動の原点ともなったトリエント宗教会議(1545-63)で採択された『教理学習書』の洗礼の項には「洗礼名は，すぐれた聖徳によってその名が聖人目録に記載されている人のうちから選ぶべきである．聖人と名前が似ていることが各人にその聖人の善徳と聖性をまねる刺激を与える．さらに，受洗者が自分の模範とし，よりすがって祈る聖人は受洗者を守り，心身の安全を見守ってくれるであろう」と記されている．これはキリスト教徒が伝統的に行なっていた命名法を確認したものであるが，聖人たちの聖性とか善徳について書かれたもののうち聖書とともによく読まれたのが13世紀にヤコブス・デ・ヴォラギネによってラテン語で書かれた『黄金伝説』で，牧師たちが語って聞かせる聖人たちの話が人びとの命名に大きな影響を及ぼした．

　ところが，ルネッサンス，宗教改革を契機に芽生えていたヨーロッパの民族主義的傾向は，フランス革命を境に政治的傾向を急速に強め，多くの民族国家が成立した．今世紀になってヨーロッパは２度にわたる大戦を戦い，国家あるいは体制ごとに，分裂または分断されてきた．その結果ヨーロッパは，イギリス，ドイツ，フランス，イタリア，スペイン，ロシアというように国家単位でとらえられるようになった．しかし，EUが名実ともに機能しだした今日，ヨーロッパは再び国境の「壁」を取りはずしつつある．今後この動きが加速されるか減速されるかその見方は様々であるが，時代を通じて流れる深く長い底流をもち，世代によって異なる波頭をみせる人名は，ヨーロッパの人びとの感情や考え方がどのような方向に動いているのかを見る一つの視点を提供してくれるはずである．

　本書では，まず，聖書に由来するヘブライ語の名前の起源をたどり，それらの名前が，ヨーロッパ文化の発達に大きな貢献をしたギリシャ民族，ラテン民族，ゲルマン民族，ケルト民族，スラヴ民族の間にどのように広がっていったかを見る．同様に，これらの民族の言語を起源とする名前がどのような発想のもとに生まれ，どのように広がっていったかを見ることができるように構成した．

　本書は読む事典であり，小見出しごとに情報を楽しんでいただくとよい．関心のある名前を特定して調べることができるように，索引はできるだけ細かく取り上げた．本書が，読者の皆さんにとって，ヨーロッパ人の名前に親しむ契機となるとともに，ヨーロッパ文化をより深く理解し，そして，欧米の社会に起こっているいろいろな現象を洞察し，そこで生活している人びとの心の襞をよりよく理解するための一助となれば幸いである．

著　者

本書上梓までの過程と謝辞

　本書を上梓するまでにほぼ10年間を費やした．その間たくさんの文献を読み，多くの方々の指導や助力を仰ぎ，いろいろな国々を訪ね歩いて資料を収集し体験を積み重ねてきた．本書は，時代的にも地域的にも広範な領域を扱ったものである．もとよりこのような広範な時代や地域にわたる事柄をひとりで専門的にこなせるものではない．それがどのような過程を経て，一冊の本として出版に至ったかをありのまま記すことは，本書を手にして下さる方々に本書を正確に理解していただくために，欠かせないことであると考える．

　筆者は英語・英語学を専門とする者であり，特に英語の語源を通じて英語の背景にある文化をたどることを主たるテーマに研究し，出版活動を続けてきた．英語の語源については，大修館書店から『英語の語彙事典』(1983年)，『英語の語源物語』(1985年)，『英語の語源事典』(1990年)などを出版する機会に恵まれた．それらはいずれも川口昌男氏の編集になるものである．名前の語源の研究については，第三文明社より月刊誌『第三文明』に「西洋人名考」と題する連載を依頼されたことが契機となった．この連載は1989年の5月にはじまった．取りあえずは1年間ということであったが，好評で，結果的には4年近く続くこととなった．編集は松本義治氏と松下壮一氏にお世話になった．

　連載の過程で，愛しいわが子に名前をつけるということのなかに，宗教，神話伝承，歴史，言語，民族意識などの特徴が混然と融合した価値観が非常によく表われていることを実感した．そして，ヨーロッパ統合が現実のものとなりつつある今，ヨーロッパ全体をより良く理解し，今後起こるであろういろいろな出来事の意味を理解するための1つの視点を提供するという意味でも，ぜひ単行本として出版したいという願望をもつようになった．そして，その願望を大修館書店の編集部の方々がよく理解してくださり，1993年に出版の企画にのせていただいた．

　はじめは単なる単行本として出版する予定であった．しかし作業を進めるうちに，ヨーロッパ文化の源流から今日までのつながりを紹介する読む事典形式で出版したいという「野心」を抱くようになった．そのことを大修館書店の鵜沢敏明氏，藤田伮一郎氏，河合久子氏をはじめ編集部の皆さんに快く了承していただいた．その後，河合氏にはいろいろな時にいろいろとアドバイスをいただいたが，それらは例外なく本書をより良くし，筆者にとって大いに励ましとなるものであった．

　本書を書く過程で，1994年に講談社の渡辺佳延氏より講談社現代新書としてヨーロ

ッパ人名の話を書いてみないかという話をいただいた．思ってもいなかったうれしい話で，本事典が完成してからということで2年間の猶予をいただいてお引き受けした．しかし，本事典の完成は，一所懸命に作業を進め，その作業は順調に進んだにもかかわらず，2年がたち，さらに2年がたって事典の原稿を脱稿して河合氏に提出した．そして，事典の原稿をもとに現代新書の原稿の作成をはじめた．その間に渡辺佳延氏は他の部所に移られたが，同氏には以後も私がアドバイスを求めるたびに丁寧なご指導をいただいた．そして，原稿を現代新書担当の鈴木理氏に引き継いで下さり，同氏の指導のもとで『世界人名ものがたり——名前でみるヨーロッパ文化』を出版する運びとなった．同書は本事典の原稿の一部の書き直しに，序章「名前がもつ豊かな世界」を追加したものである．同現代新書を本事典への導入という位置づけでお読みいただければ幸いである．

　講談社現代新書の出版に向けての作業を進めるうちに，また，1年以上がたち，河合氏に提出した本書の原稿がおよそ脱稿と言えるようなものではないことに気づいた．以来，今日に至るまで数回にわたって訂正，削除，加筆を繰り返すこととなった．現代新書を出版してからは，多くの先生方や友人からいろいろな励ましやお叱り，そして有益なご意見をいただいた．それらのご意見のいくつかは同現代新書の増刷のときに取り入れ，本事典にも取り入れさせていただいた．特に，毎日新聞で書評してくださった鹿島茂先生，読売新聞社の中井吉一氏，月刊誌『英語教育』書評を執筆くださった山下主一郎先生，大阪外国語大学の伊藤太吾先生，元国際キリスト教大学教授で現大妻女子大学の川島重成先生，そして友人の延藤十九雄氏，田倉文雄氏には深い感謝を捧げたい．

　事典を書くということは大量の資料と「フィールド・ワーク」，そして時間を必要とする作業であった．参考文献一覧に掲載した資料に加え，インターネットや種々のCD-ROMを参考資料として利用した．ヨーロッパ各地を旅行するたびに，その土地の教会や広場，博物館，史跡を見て回り，それぞれの地方で人びとが名前をどのような感覚で使っているか，その国や地方の英雄や神話・伝承上の人物にどのような感情をもっているかを知ることにつとめた．また，日常的にはいろいろな国々のネイティヴ・スピーカーと名前について話し，許可を得て会話を録音してそれを何回も聞きながら，それぞれの国の人が名前にもっている感覚を掴もうとした．

　また，ヨーロッパの各言語について出来るだけ自分で体験することを心掛け，いろいろなところに出かけて教えをこうた．前掲の拙著『英語の語源物語』を書くころから神戸大学文学部の眞方忠道先生の研究室にラテン語とギリシャ語を習いに寄せていただいた．兵庫県立看護大学の穴吹章子先生や大学院の学生さんたちとウェルギリウスの『アエネイス』を教わった先生の講義は，ホメロス，ヘシオドス，ソクラテス，プラトン，ギリシャ悲劇や喜劇などについての興味深い話に満ちていた．先生の研究

室には留学生や文学部の学生さんや先生方がよく出入りされており，授業のあとのシンポジュウムはまことに有意義な会であった．

神戸大学の枡田義一先生には神戸日独協会でドイツ語を教えていただいた．先生はさらに，ドイツ語に関心がある私たちを集めて個人的なサークルでも教えてくださった．そこで紹介された文献や，ドイツの歴史や生活事情についての話は本書を書くうえで大いに参考になった．ドイツ語やドイツ語の名前については流通科学大学の板山真由美先生，同大学非常勤講師塩路ウルズラ先生に多くの情報を提供していただいた．さらに，東京ドイツ文化センターの専任講師久保川尚子さんはドイツからいくつもの文献を取り寄せてくださった．

神戸市外国語大学では岡本崇男先生と井上幸和先生の教室にお邪魔して初級ロシア語を習った．両先生はともに『ロシア原初年代記』の日本語訳に参画された方である．授業ではロシア語文法とともにロシアの歴史や生活事情を語り，参考文献を紹介してくださった．学生さんともども両先生の授業から多くのことを学んだ．また，ロシア語の名前については元流通科学大学の外国語センター長向高男先生からいろいろなアドバイスをいただいた．

神戸ルーテル神学校では，新共同訳の旧約聖書部門を担当された鍋谷堯爾教授と宮崎茂講師に入門ヘブライ語を学んだ．鍋谷先生にはさまざまな参考文献を紹介していただいたし，またキリスト教についても多くのことをお教えいただいた．同ルーテル教会の図書館はキリスト教関係図書の宝庫であった．

キリスト教関係のことに関しては武庫川女子大文学部教授で，アウグスティヌスの『神の国』(岩波文庫)の訳者でもある藤本雄三先生にも大いにお世話になった．筆者は1983年に武庫川女子大に奉職し，先生と2年間研究室を共同使用するという機会に恵まれた．その間はもちろんその後も先生にはキリスト教やラテン語について多くのことを教えていただいた．

デンマーク語名をはじめ，北欧語名については，聖和大学の福居誠二先生に多くのことを教わった．先生はデンマーク語が専門で，筆者の質問に対して時間をかけて丁寧に調べその成果を惜しみなく提供してくださった．また，先生に紹介していただいて大阪外国語大学教授で「ヴォルスンガ・サガ」の訳者でもある菅原邦城先生にお会いすることができたことは光栄であった．先生には北欧語やサガ時代のことについていろいろとお教えいただいた．

中央大学の松村賢一先生は，筆者が大修館書店で高校の英語教科書の編集に携わっていた10年間，そのチームのリーダーであった．その間快くいろいろな資料を提供してくださった．また，合宿や会合の折りに先生が話すアイルランドやケルトの事柄はまことに興味深いものであった．アイルランドの伝承や名前事情，ゲール語の発音

については流通科学大学で非常勤講師として英語を担当しておられるキアラン・クイーン先生がいろいろな機会に教えてくださった．

フランス語名については，流通科学大学の田村弘行先生，同大学非常勤講師でパリ出身のアレクサンドル・ヴィョー先生，ケベック出身のフランソア・マルシェ，同じくケベック出身のジョハンヌ・ルヴェイユ先生にお世話になった．また，友人の村山良氏には2年以上にわたってフランス語を教えていただいた．

スペイン語名については伊藤太吾先生，流通科学大学の辻本千栄子先生，同大学非常勤講師浅見マリア先生のお世話になった．伊藤先生にはまた，ガリシア語名，カタルニア語名，バスク語名，ポルトガル語名についても教えていただいた．

イタリア語名の現代的傾向や愛称などに関しては神戸大学大学院で哲学を学ばれたジョセッペ・フィーノ氏，大阪大学で現代日本語学を学ばれたアントニオ・マイエルー氏にお世話になった．

現代ギリシャの名前事情やロシア人の名前についてはロシア正教駐日代表部教会の長司祭，長尾房夫先生に貴重な情報を提供していただいた．また現代ロシア語の命名事情については，名古屋の光陵女子短期大学教授プティンセヴァ・タチアナ先生にもお世話になった．川島重成先生には，先生の案内によるギリシャ・ツアーで熱心な御指導をいただいた．

チェコ語名については国際交流基金関西国際センターのガブリエラ・オウトレ氏，ハンガリー語名については同センターのペーテル・ヴィンテルマンテル氏にお世話になった．ハンガリー語名に関してはまた，先浜和美さんにもお世話になった．

名前のことに関しては『英米人の姓名』をはじめ著書や論文を多数出しておられる元神戸大学教授で今は神戸国際大学教授の木村正史先生からはいろいろと有益なアドバイスと資料の提供を受けた．

十字軍時代の諸事情については梅花女子短期大学の梅田輝世先生と兵庫県立稲園高等学校教諭相野洋三先生に特にお世話になった．梅田先生は十字軍時代のアラブ世界を専門に研究活動をされている方である．相野先生は関西学院大学の博士課程でビザンティン史を専攻され，得意なギリシャ語を駆使して各地の十字軍遺跡を訪ねておられる方である．両先生と筆者の3人はアンナ・コムネナの『アレクシアド』の翻訳をしながら十字軍時代のビザンティン帝国についての研究会を続けているが，両氏との研究会を通じて学んだことを多く本書に取り入れさせていただいた．相野先生はまた，原稿を丁寧に読み，有益なアドバイスをくださった．

ジョン・スネリング，純子・スネリング夫妻，松家次朗氏，坂本知宏氏は，原稿を丁寧に読んで，いろいろと有益な助言をくださった．坂本氏には，また，筆者の研究

室でプラトンの『饗宴』を読みながらギリシャ語を教えていただいた.

　流通科学大学のアラン・フィッシャー先生にはユダヤ人の名前について，同大学のトマス・シャーロー先生と同大学元教授ヴァージル・ディクスン・モーリス先生にはアメリカ人の名前一般について教えていただいた.

　流通科学大学の野村和宏先生にはコンピュータでお世話になった．さまざまなソフトやインターネットにより，各種辞典や百科事典などが非常に便利に使えるようになった．しかし筆者の場合，このような利器も野村先生がシステムを構築し，補修をしてくださらなければ有効に利用できなかったものである．先生はまたさまざまな資料も提供してくださった.

　流通科学大学情報学部には数年にわたって学部特別研究費の支給という形で支援をいただいた．同研究費は文献の購入，種々の CD-ROM の購入，コンピュータ機器の購入に充当させていただいた.

　大修館書店の元編集者で前掲の拙著の編集に多大の尽力をくださった川口昌男氏からは，本書ができ上がるまでの過程においてもいろいろな機会に励ましをいただいた.

　このように実に多くの方のお世話になって本事典を上梓できることになった．しかし，本書を上梓するのはあくまでも筆者の責任においてであり，間違いや不行届きな記述などの責めは筆者が負うべきものである.

　お世話になった方々にあらためて心からお礼を申し上げるとともに，本書をお礼の一端としてお受け取りいただければ幸甚である.

2000年5月

梅田　修

凡　例

1. 名前の日本語表記は，原則として原語主義を採用した．古代語についてはローマ字読みとする．
    例：
    ヤハウェ(Yahweh)：この名はヘブライ語の神聖四文字 יהוה (YHWH)を，後につけられた母音符号に従って日本語で表記したものである．ヤーウェと表記されることも多い．
    ユピテル(Jupiter)：この名は古典ラテン語を日本語で表記したものである．
    シュテファン(Stephan)：この表記はドイツ語に従ったものである．
    例外：
    ヴィーナス(Venus)：この名は英語の発音を日本語表記したものであり，古典ラテン語ではウェヌスに近い発音である．名前についての解説と直接関係のない個所では一般的に使われている呼称を採用した．

2. 名前以外の古語については現代語との区別をはっきりさせるためにイタリック体にした．名前は原則として立体とし，語源解説においてはイタリック体とし，長音符号やアクセント符号をつけた．
    例：
    ラテン語 *bonus* (good)，ギリシャ語 *oîkos* (house)，ヘブライ語 *'ēbher* (region across)，古英語 *deor* (deer)，古高地ドイツ語 *hraban* (raven)，ゴート語 *hugjan* (to think)，古北欧語 *valkyrja* (chooser of the slain)，古ゲール語 *brigh* (strength)，
    「ジョン(John)はヘブライ語ではヨハナン(*Yōhānấn*)であり，ギリシャ語ではイオアンネス(*Iōánnēs*)，後期ラテン語ではヨアンネス(*Jōhannēs*)，中世ラテン語ではヨハンネス(*Jōhannēs*)である．」(本文より)

3. ヘブライ語名はアーネスト・クラインの *A Comprehensive Etymological Dictionary of the English Language* に基づいてラテン文字で表記した．
    例：
    イェホシュア(*Y^{e}hōshū$^{a\prime}$*)：^{e} は有音シェヴァー(sheva)である．シェヴァーとは基本的には子音字と母音符号で表記されるヘブライ語では母音を発音しないことを示す表記である．実際には曖昧音[ə]が発音されることが多い．
    ミカエル(*Mīkhā'ēl*)：' はヘブライ語の喉音アレフ(א)を表わすもので，実際には発音されない．
    エリシェバ(*Ĕlīshēbha'*)：' はヘブライ語の喉音アイン(ע)を表わすもので，帯気音を表わす．
    アンナ(*Anna^h*)：^{h} は無音シェヴァーである．

ix

4. ギリシャ語の日本語表記においては原則として長音は表記せず，必要な場合は原語と一般に行われているラテン文字表記を（　）内に併記した．
　　例：
　　　　デメテル（$Δημήτηρ$: Demeter）：ギリシャ文字 $η$ は長音であるので，女神デメテルの古代ギリシャ語名を日本語で表記するとデーメーテールに近い．
　　　　ソクラテス（$Σωκράτης$: Socrates）：ギリシャ文字 $ω$ は長音であるので，ソークラテースが原語に近い表記である．
　　　　ヘレネ（$Ἑλένη$: Helene）：古代ギリシャ語の語頭における符号 ' は滞気音で，E はラテン文字では H と表記する．なお，' は無気音であることを示す．

　ギリシャでは現代でも名前の登録は古代ギリシャ語でするのが原則である．しかし，現代ギリシャ語と古代ギリシャ語の発音にはちがいがあり，特に名前に関係する主なものには次のようなものがある．
　　例：
　　　　エレニ（$Ἑλένη$: Eleni）：現代ギリシャ語では古代ギリシャ語の長音と単音の区別はなく，古代ギリシャ語の滞気音もない．古代ギリシャ語の $η$, $ι$, $υ$, $ει$, $οι$, $υι$ はすべてイに近い発音となる．
　　　　エカテリニ（$Αικατερίνη$: Ekaterini）：$αι$ は現代ギリシャ語ではエ[e]と発音する．
　　　　ヨルゴス（$Γεωργός$: Yorgos）：$Γι$ とか $Γε$ はイ[j]と発音し，ラテン文字では Y と書く．
　　　　コンスタンディノス（$Κονσταντίνος$: Konstandinos）：語頭および語中の $ντ$ は[nd]とか[d]と発音することが多い．
　　　　セオドロス（$Θεόδωρος$: Theodoros）：古典ギリシャ語 $Θ$($θ$)は現代ギリシャ語では[$θ$]と発音する．
　　　　ステファノス（$Στέφανος$: Stephanos）：古典ギリシャ語 $φ$ は現代ギリシャ語では[f]と発音する．
　　　　ディオニシオス（$Διονύσιος$: Dionysios）：古典ギリシャ語 D は現代ギリシャ語では this の th[ð]に近い発音となる．
　　　　フリストフォロス（$Χριστόφορος$: Christoforos）：古典ギリシャ語 X は現代ギリシャ語では[h]と発音する．

5. ラテン語の日本語表記については，長音を省略した．ただし，引用の訳が長音を表記している場合はそのままにした．
　　例：
　　　　アエミリアヌス（Aemilianus）：この名の中央部の a は長音であり，ラテン語に近い日本語表記はアエミリアーヌスである．
　　　　『ゲルマーニア』（タキトゥス著 *Germania*，泉井久之介訳）

6. ロシア語の表記は，初出には原語とラテン文字表記を併記し，強アクセント音節は長音で表記した．

凡　例

例：
- ゲオールギイ(Гео́ргий: Georgij)：この名の日本語表記についてはゲオルギイ，ギョルギー，ギョールギイなどもよく見られる．
- オリェーク(Оле́г: Oleg)：モスクワ標準語のoは弱アクセントの場合は[ə]と発音されるので，実際の発音はアリェークに近い．また，語尾のgは[k]と発音される．日本語表記ではラテン文字表記そのままを読んでオレグとかオレーグとすることが多い．
- イワーン(Ива́н: Ivan)：このロシア語名はイワンとかイヴァンと表記されることが多い．それはロシア文字вが[w]と[v]の中間的な音であることによる．
- エリザヴェータ(Елизаве́та: Elizaveta)：この名前はイェリザヴェータ，エリザヴェタとかエリザベータと表記されることが多い．ロシア文字eは[je]に近い発音であり，日本語では「イェ」と表記するが，弱アクセント音節では「エ」と表記することが多い．
- ソーフィア(Со́фья: Sof'ya)：この名の古形はソフィーヤ(Софи́я: Sofiya)である．長音を表記せずにソフィヤと表記されることが多い．ロシア文字ьは硬音を軟音に変える記号であり，この文字自体は発音しないので，ロシア語名を英語で表記するときは'を使う．但し，実際には「イ」に近い音価をもつことが多い．
- ピョートル(Пётр: Pyotr)：ロシア文字ёは常に強アクセントをもち，[jo]と発音する．ラテン文字で表記する場合はyoと表記することが多いが，ёをそのまま用いることもある．

7．主な言語のおおよその年代区分(『英語語源辞典』より)

古英語(Old English: OE)	700-1100
中英語(Middle English: ME)	1100-1500
古高地ドイツ語(Old High German: OHG)	750-1100
中高地ドイツ語(Middle High German: MHG)	1100-1500
古低地ドイツ語(Old Low German: OLG)	800-1100
古北欧語(Old Norse: ON)	800-1300
古ラテン語(Old Latin: OL)	500BC-75BC
ラテン語，古典ラテン語(Latin: L)	75BC-200
後期ラテン語(Late Latin: LL)	200-600
中世ラテン語(Middle Latin: ML)	600-1550
古フランス語(Old French: OF)	800-1550
ギリシャ語，古典ギリシャ語(Greek: Gk)	-200
後期ギリシャ語(Late Greek: LGk)	200-800
中世ギリシャ語(Middle Greek: MGk)	600-1500
古スラヴ語(Old Slavic: OSlav)	900-1100

ヨーロッパ人名語源事典◆目次

はしがき　i
本書上梓までの過程と謝辞　iii
凡例　ix

第1章　ヨーロッパを包むヘブライ叙事詩の世界　3

　　ヤハウェに選ばれた民　11
　　ヤハウェになった豊饒の神エル　25
　　ユダヤの族長とその妻たち　37
　　ユダヤの栄光　46
　　愛と救いの聖母マリア　51
　　マリアの原型アンナ　64
　　疑い深い使徒トマス　69
　　聖書にもっとも多くみられる名前シメオン　72

第2章　ギリシャ神話の世界に育まれた殉教の聖人たち　75

　　運命の美女ヘレネ　82
　　アレクサンドロス大王の系譜　86
　　ギリシャ正教の祖アンドレとカトリックの祖ペテロ　96
　　勝利と冠　104
　　ギリシャの豊饒の神々　115
　　ディオクレティアヌスに迫害された殉教聖女たち　124
　　神の贈り物テオドロスとドロテア　135
　　ギリシャ正教の総本山ハギア・ソフィア　139
　　復活による不死と安寧　142
　　主・王・救世主・牧者　145

第3章　西のトロイから西欧キリスト教の拠点へ　157

　　ユピテルを権威の源泉としたローマ貴族たち　163
　　ラテン名をもつ福音者たち　177
　　父と聖霊　187
　　イエスの誕生と復活の喜び　192
　　堅い信仰・永遠の命を得る喜び・至福・栄光・愛　194
　　神の祝福と慈悲　198
　　咲き匂う花・華　203

第4章　ゲルマン精神と地中海文化の合流　211

　　北ゲルマンのゴートとブルグント　218
　　ゲルマンの覇者フランク　222
　　ザクセンの輝く星々　230
　　ノルマンの英雄たち　237
　　戦いと勝利の父オーディン　247
　　戦いの女神ヴァルキューリーたち　266
　　愛と豊饒のフレイとフレイア　272
　　アース神族をまもる理想の戦士トール　280

第5章　ケルト民族復興の願い　289

　　ドルイド信仰のアイルランドの神々　295
　　タラの上王を守る騎士たち　297
　　タラの王家に由来する名前　300
　　世界を制したアイルランド人，ケネディとレーガン　302
　　ケルト再興の願い，アーサー王　303
　　永遠の恋人，王妃グウィネヴィア　306
　　スコットランド王家の系譜　309
　　人気のあるケルト系の名前　310

第6章　東ヨーロッパの覇者スラヴの民　313

　　奴隷にされた誇りあるスラヴ人　319

〈付録〉
　各種日本語訳聖書の人名表記　327
　ヨーロッパの人名：男女各100名称　330
　ヨーロッパ9か国の命名事情こぼれ話　350

参考文献　361
英和対照表　365
五十音順索引　377

ヨーロッパ人名語源事典

第1章

ヨーロッパを包む
ヘブライ叙事詩の世界

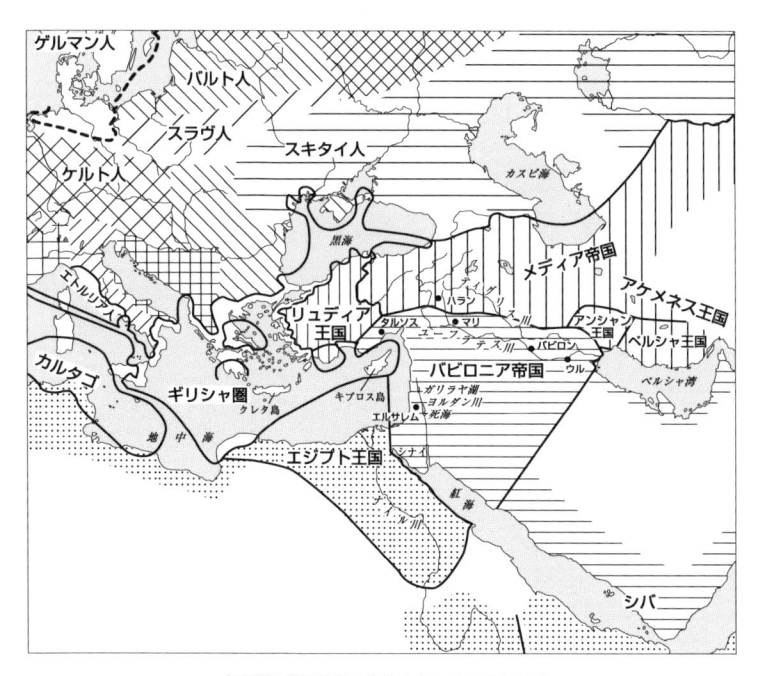

紀元前6世紀後半の東地中海・メソポタミア

ユーフラテスの彼方から来た民

　ユダヤ人の先祖は，紀元前20世紀ごろにシュメール人の地であった低地メソポタミアからパレスティナに移動したセム語族の一派である．彼らは旧約聖書が書きはじめられた時代にはヘブライ人(Hebrews)と呼ばれた．Hebrewは，古代東方世界の共通語であったアラム語のイブライ(*'ibhráy*)から，ギリシャ語 *Hebraîos*，ラテン語 *Hebraeus* を経て英語化した言葉である．アラム語 *'ibhráy* の語源についてははっきりしないが，伝統的に，ヘブライ語エベル(*'ēbher*: region across：彼方の地方)から派生したイブリ(*'ibhrî*: he who came from across)が語源であると考えられてきた．ヘブライは「彼方から来た人びと」とか「よそ者」という意味の部族名であった．それはエジプト人によって用いられるか，だれかがエジプト人に話しかけているときに用いられたものであると考えられている(『旧約聖書時代の諸民族』p.35)．

　ユダヤ人の神話的歴史書と言うべき旧約聖書は，紀元前10世紀ごろに族長についての物語が書き起こされたと考えられ，紀元前5世紀ごろに基本的部分が最終的に編纂された．全体としては紀元前2世紀に完成したものである．その旧約聖書が伝えるユダヤ人の太祖アブラハムが部族の人びとをともなって，同じセム族の一派カナン人が住む今日のパレスティナの地に入ったのは，紀元前1850年ごろと考えられている．「創世記」には，神が「わたしは，あなたが滞在しているこのカナンのすべての土地を，あなたとその子孫に，永久の所有地としてあたえる．わたしは彼らの神となる」(「創」17.8)とアブラハムに契約を伝えたことが記されている．その「約束」は，以後，ユダヤ人のアイデンティティと力の源泉となったものである．

　カナン人は，イスラエルやフェニキアが興る以前に今日のパレスティナにいたセム族の総称で，紀元前3000年ごろからその地を中心に住みついていた．カナンの地は，常に，カナン人，エジプト人，そしてエーゲ海から侵入した海の民と言われるペリシテ人(Philistines)たちの抗争の舞台であった．このような地に移住したヘブライ人は先住の民族と激しく戦わねばならず，飢饉なども手伝ってヘブライ人の一部はさらに南の豊かなエジプトに移住した．パレスティナ(Palestine)はヘブライ語 *Pᵉlesheth*(ペリシテ人の地)が語源であり，ギリシャ語では *Palaistinē* である．このギリシャ語はヘロドトスが『歴史』ではじめて使ったものである．

　ヘブライ人が移住したころのエジプトは，強大な権力を保持し神格化さ

れたファラオが支配していた．そのような地でヘブライ人はながらく苦しい隷属の生活を余儀なくされることになった．そこに現われたのがモーセである．モーセは紀元前1200年ごろ，ヘブライの民を率いてエジプトを脱出，約束の地カナンへ向かう．当時のヘブライ人は，カナン人と同じくエル（El）やバアル（Baal）をはじめとする豊饒の神々を信じている人びとが多かった．しかし指導者モーセが信じていたのは「軍勢の神」，「火の神」として崇拝されていたヤハウェである．モーセはエジプトからカナンへ脱出する途中でシナイ山でヤハウェより十戒をさずかった．それは，旧約聖書の基本部分であるモーセ五書（「創世記」，「出エジプト記」，「レビ記」，「民数記」，「申命記」），すなわち律法（トーラー）の要となったものである．

　十戒をさずかってしばらくしてモーセは死んだ．そして，モーセの死後，後継指導者ヨシュアがヘブライの民をカナンの地に導いた．カナンの地に定住したヘブライ人は，12支族に分かれていたが，紀元前11世紀末にサウル（Saul，在位1021?-1000BC）の下に団結を強め，サウルはイスラエル王国の初代国王と称されるようになった．そして，2代目ダビデ（David，在位1000?-960BC?）の時代にパレスティナ全域にまたがる王国を建設した．ダビデは，隷属的な立場に置かれることが多かったユダヤ人をはじめて支配的な立場にまで上げた人物で，「神の心にもっともかなった人物」とか「救世主」と称されるようになった．そして，その子ソロモン（Solomon，在位960?-922BC?）の時代にヘブライ人の王国は最盛期をむかえるのである．ダビデやソロモンの支配地域は史実としては定説がない．しかし，一説には，ソロモンはユーフラテス以西の国々をすべて支配下に置いたと言われるほどである．そして，ソロモンが紀元前952年に完成したヤハウェの壮大な神殿は，王国の栄華の象徴としてヘブライ人の団結の中心となった．

メシアを待ち望むディアスポラたち

　しかし，ソロモンの死後まもなく王国は北のイスラエル王国と南のユダ王国に分裂し，イスラエル王国は紀元前8世紀後半に，ユダ王国は紀元前586年に滅亡した．そして，国家を喪失したヘブライ人の多数がバビロンに連れて行かれ，半世紀にわたる捕囚（597-538BC）という苦難を味わった．そしてこのころからヘブライ人はユダの国の民という意味でユダヤ人と呼ばれるようになった．

　自国を失って捕囚の身としてバビロンで過ごすことを余儀なくされてい

〈ヘブライ〉

たユダヤ人は,ペルシャからメソポタミア一帯を支配下に治めたキュロス大王(Kyros II,在位550-529BC)の寛大な政策によって解放された.そして,パレスティナに帰還したユダヤ人は,国家主権を失った神の民の目指すべき理想を説くエズラの指導の下にエルサレムのシオン(Zion)の丘にソロモン神殿を再建し,戒律,儀式,祭祀を定めて組織宗教としてのユダヤ教を形成するのである.

メソポタミアを原郷とするヘブライ人は,初めはメソポタミアの天の女神と地上の王との聖婚を中心とする豊饒の神々を信じていた.その神々はモーセに導かれたエジプト脱出のころから軍勢の神ヤハウェに吸収されていった.そして,さらにソロモンの王国が崩壊してヘブライ人が離散の民になった紀元前8世紀ごろから,ヤハウェは,次第に契約の守護者であり律法の授与者でもある唯一神となり,「約束の地」を目指すユダヤ人に希望と力を与える神となるのである.それは,絶対服従を求める妬む神であり,ヘブライの民が律法を守って正しく生きるかぎり,永遠の祝福を約束する人格神であった.

しかし,ユダヤ教の発展にもかかわらずユダヤ人国家の再建はならなかった.アレクサンドロス大王の東方遠征の結果として生じたパレスティナのヘレニズム化によって,ユダヤ人はしだいに圧迫されてギリシャ圏の各地に再び離散した.そして,パレスティナに残ったユダヤ人も,紀元70年にローマの侵攻を受け,ソロモン神殿も破壊された.そして,135年にエルサレムが陥落し,ユダヤ人のエルサレム入城は死刑をもって禁止され,ユダヤ人はまったくのディアスポラ(離散の民)になるのである.このように長年にわたった対ローマ戦役での犠牲者は100万人を超えたと言われている.

ユダヤ人がもっとも苦境にさらされたこの時代に,ローマが支配するパレスティナで,イエスがダビデの家系から生まれた理想の王メシア(救世主)であるとするキリスト教が生まれるのである.しかし,このユダヤ教の新しい一派であるキリスト教は,ヘレニズムの強い影響下で,イエスを全人類に救いをもたらす「神の子」であり,新しい契約がその「神」との間になされると説くにおよんで,ヤハウェを民族の唯一神であるとするユダヤ教と次第に対立を深めていった.

イエスはセム語族の一派アラム語を話したとされる.それは,今日のシリアはもちろんパレスティナやペルシャ人にも広く話されていた国際語であった.当時のユダヤ人社会では,ギリシャ語が第2言語として用いられていた.このようなパレスティナでヘブライ文化とヘレニズム文化とが融

7

合して生まれたキリスト教は，うち続く迫害にもかかわらず，ローマ帝国に根を下ろした．そして，313年にキリスト教が公認されて帝国内の都市に広がり，392年にはローマ帝国の国教にされて，キリスト教は帝国統一のイデオロギーとして地方の拠点に置かれた司教座から帝国が支配する全地域へと普及していくのである．

旧約聖書はユダヤ民族の唯一の信仰の書であり，憲法と言うべきものであった．それは，彼らの信仰，生活，団結のよりどころであり，そこに登場する預言者や救国の英雄，義人，王などの名前が，神の国を地上に打ち立てようとする人びとの名前として使われた．ユダヤ教の一派として出発したキリスト教においても，イエスがよりどころとしているのは旧約聖書であり，預言者の言葉である．したがって，旧約聖書に登場する人びとの名前の多くは新約聖書に引き継がれ，広くキリスト教徒の名前として使われるようになるのである．

アシュケナジとセファルディ

一方，旧約聖書を唯一の聖典としヤハウェを唯一の神と信じ続けるディアスポラたちは次第に世界中に離散していき，行く先々で，新約聖書を聖典としイエスを神性をもつ「神の子」とするキリスト教徒と対立した．そのようなユダヤ人は，中世になると特にドイツや東ヨーロッパを中心とする地域とスペインを中心とする地域に多く集中するようになった．そのうちドイツ圏に住み着いたユダヤ人をアシュケナジ(Ashkenazi)と言い，12世紀ごろにはイディッシュ(Yiddish)と呼ばれる言語を発達させた．Ashkenaziはヘブライ語アシュケナズ(*Ashkenáz*)が語源である．これはノアの第3子ヤペテの子の名であったが，語源的にはギリシャ語 *Skythía*(スキタイ：黒海・カスピ海の北東部を中心とする古国)と関係づけられる言葉でもある．中世ヘブライ語ではドイツを意味する言葉であった．ドイツ系ユダヤ人は中世を通じて強い差別の対象となり，現代史においては，史上最大の虐殺であり最大の犯罪と言われるホロコーストの犠牲となった．政治的シオニズム運動を活発に行い，第二次世界大戦後にイスラエル建国に大きな役割を果たしたのもアシュケナジである．

一方，イベリア半島に住み着いたユダヤ人をセファルディ(Sephardi)という．セファルディは紀元前586年にソロモン神殿が破壊されたときにエルサレムから移り住んだ町セファラド(Sepharad)(「オバ」20)に由来する言葉である．この町は，旧約聖書でもっとも短い「オバデヤ書」に出てい

〈ヘブライ〉

る町で，小アジアであったとされるが，後にイベリア半島にあったと考えられるようになった．「オバデヤ書」とは，ヘブライ人と古くから対立していたエドム人が，ヘブライ人の苦境を利用して彼らに残酷な仕打ちをしたことから，そのエドム人に対する反抗をうたった詩である．それだけに，セファルディという彼らの呼び名そのものが，故国を追われて異境に住むディアスポラたちのユダヤへの忠誠やヤハウェへの強い信仰を象徴するものであったと言える．彼らは，富こそ自らを守るのにもっとも必要なものと考えて商売に励みつつ，ダビデやソロモンの再来を待ち望むのである．シェイクスピアの『ヴェニスの商人』におけるシャイロック(Shylock)や，ウォルター・スコットの『アイヴァンホー』におけるヨークのアイザック(Isaac)やレベッカ(Rebecca)もセファルディであると想定されている．

セファルディたちが使った言語をラディーノ(Ladino)という．それはカタルニア方言をヘブライ語で書いたものから発達したもので，1492年にスペインの国土回復運動(Reconquista)が終結してユダヤ人がスペインから追放されてからは，バルカン半島，北アフリカ，トルコ，スラヴ地域，アラビアなどにも広がった．

今日，ユダヤ人の姓にはコーエン(Cohen)，レヴィ(Levi)，アブラハム(Abraham)，フリードマン(Friedman)，カッツ(Katz)，ダヴィド(David)，シュヴァルツ(Schwartz)，クライン(Klein)，ローゼンバーグ(Rosenberg)，フィッシャー(Fisher)，シャピロ(Shapiro)などが非常に多い．

コーエン(Cohen)は，ヘブライ語 $k\bar{o}h\bar{e}n$ (priest：聖職者) が語源である．聖職者は伝統的にモーセの兄弟アロンの子孫と考えられ，世襲制であった．今日コーエンの名をもつ人びとがすべて聖職者というわけではないが，この名は，ユダヤ人がモーセやアロンにつながる血筋をいかに誉れに思っているかを示すものである．コーエンの名をもつ人びとにはドイツ系やロシア系ユダヤ人が多い．

レヴィ(Levi)は，旧約聖書にヤコブとレアの子として登場する．「団結」を意味するこの名は，ユダヤの1支族の名前であるが，また，コーエンと呼ばれる聖職者を補佐する世襲的職業を意味する言葉でもあった．

カッツ(Katz)は，Kohen-Zedek(正義の聖職者)の短縮形で，この名の意味は，ソロモンによって創建された神殿における僧侶団の創設者ザドク(Zadok)の子孫である．ローゼンバーグ(Rosenberg)のRosen-は，イディッシュのロイゼ(Royze)から生まれたものであるが，Royzeは「バラ」を意味する名前であり，ロールス＝ロイス(Rolls-Royce)のRoyceもユダヤ

系の姓である．ユダヤ人にとってのバラは「生命の木」を意味するものでもあり，いつまでも家系が続くことを願ってつけた名前であると考えられる．クライン（Klein）は「小さな男」，シュヴァルツ（Schwartz）は「黒髪の男」，シャピロ（Shapiro）は「色白の（きれいな）男」が原義の名前である．

　クラインは，*A Comprehensive Etymological Dictionary of the English Language* の著者アーネスト・クライン（Ernest Klein, 1899-1984）によって知られている．彼は，同辞書の前書きで，自分はアウシュヴィッツの生き残りであり，自分の父，妻，ただ1人の息子，そして3人いた姉妹のうち2人がアウシュヴィッツでナチスの犠牲になったと述べている．

〈ヘブライ〉

ヤハウェに選ばれた民

契約と律法の神，ヤハウェ

　今日，ユダヤ人を人種的に定義することは難しい．しかし，広義には「ヤハウェを唯一神として信仰する民」と言うことができる．ヤハウェとはアブラハムと契約を結んだ神であるとされ，ヘブライ人の守護神である．しかし，アブラハムに現われた神は自分自身をエル・シャッダイ(El Shaddai)(「創」17.1)と呼んでいる．この神は「全能の神」と訳されているが，その原義は「山の神」であり，族長時代には「天の神」と解釈された．旧約聖書の「創世記」では，族長たち(アブラハム，イサク，ヤコブ)の神は，エル・オラム(El Olam：永遠の神)(「創」21：33)とかエル・エリヨン(El Elyon：いと高き神)(「創」14.18)などとも呼ばれている．

　ヤハウェがヘブライ人の神としてはっきりと現われるのはモーセの神としてである．この神は「軍勢の神」「火の神」であり，契約と掟を守る人びとには無限の祝福と加護を与えることを約束する唯一神である．

　ユダヤ人は，自分たちの神の名を呪術的に口にすることは恐れ多いこととして戒められていた．「出エジプト記」の第20章第7節に十戒の1つとして「あなたの神，主の名をみだりに唱えてはならない．みだりにその名を唱える者を主は罰せずにはおかれない」とある．そこで，ユダヤ人は彼らの唯一神を神聖四文字(tetragrammaton) YHWH で表わしたが，神に向かって呼びかけるときは「主」という意味をもつ一般的な言葉アドナイ(Adonay)を使った．

　ヘブライ語アドナイの原義は「支配者」であったと考えられている．シュメールには，天の女王イナンナと牧人王ドゥムジが愛を結んでそのドゥムジが地上に豊饒をもたらし，地上を治める主(Lord)になるという神話があった．この神話のドゥムジを

〈ヴィーナスとアドニス〉
　　(カラッチ画)

シュメール人はアドニア（Adonia）と呼んでいた．このようにヤハウェの背景にメソポタミアの豊饒神話の影響を見ることができる．ダビデにはソロモンとは腹違いのアドニヤ（Adonijah：主はヤハウェなり）という息子がいた．彼はダビデの後継者たる地位をうかがい，ソロモンに殺される人物である．ギリシャ神話に若くて美しい若者アドニス（Adonis）とアプロディテの物語があるが，これはシュメール神話を下敷きにしたものである．

神聖四文字YHWHの本当の読み方や意味については古来，いろいろと推測されてきた．旧約聖書「出エジプト記」の第6章第3節に，「わたしは，アブラハム，イサク，ヤコブに全能の神（El Shaddai）として現われたが，主（YHWH）というわたしの名を知らせなかった」とあり，ユダヤ人たちが，自分たちの唯一神をアドナイ（Adonay）と呼んできた伝統から，16世紀にヘブライ語YHWHにAdonayの母音を当てはめてYehowah（イェホヴァ）と発音する工夫がなされた．これにしたがって『欽定訳聖書』ではJehovah（ジェホゥヴァ）と表記され，これが英語に定着した．日本語ではエホバと表記されている．なお，*YahowahとならずにYehowahとなったのは，ヘブライ語の文法的要請によるものである．

しかし，YHWHの読み方については，19世紀の半ば以来，イェホヴァに代わってヤハウェ（Yahweh）が一般になった．それは，本来は子音字ばかりで表記されていたヘブライ語旧約聖書に，母音符号や句読点をつけて音読可能な本文マソラを確定したユダヤ人学者たちが考案した読み方であった．5世紀から9世紀に活躍したマソラ学者たちは，「出エジプト記」の第3章第14節で，神がモーセに「私は〈ある〉という者だ」と答えたことなどを根拠に，ヘブライ語hwh（to be：存在する）からYahweh（在るもの）を導き出した．「存在する」とは，初めは，「在らしめる」とか「創造する」とかという意味であり，その起源においては「（神々や人間を）生む」という意味であったとされる．それはまた，さまざまな権能をもった神々や人間を作り出して天地に秩序を与えるという意味でもあったが，「不変」「真実」という意味での「在る」（being）であると解釈され，「実際に存在する」とも解釈されるようになった．

このように，古くは豊饒の神の属性をもっていたヤハウェが浄化されて「真実の神」「契約の神」そして，「律法を与える神」に変化した．その変化には，紀元前538年にバビロン捕囚からユダヤ人を解放したペルシャのキュロス大王（Kyros II）が信じていたミトラ（Mithra, Mithras）の影響があったものと考えられる．ミトラは「光の神」であり，「真実と秩序を守護する契約の神」であり，「軍勢の神」でもある．Mithraは，古いアーリア語mitrâm（契約）が「契約の相手」として擬人化され，名前となったものである．国を失って離散の民となったユダヤ人が，故国に帰って王国を再建することを希求するとき，彼らが信じる神が，戦の勝利をもたらす神となり，彼らの夢の実現を約束する神となり，その神のみを信じて正しく生きるという「契約」が重要な意味をもつようになったものである．

なお，このようにユダヤ人の宗教に大きな影響を与えたミトラ教は，アレクサンドロス大王の東方遠征によってギリシャ哲学と接して醸酵して小アジアを経てギリシャ世界に伝わり，ミトラは，王の勝利を保証し，王権の正統性を保証する神となった．そして，ローマ帝国においてミトラ教は，皇帝崇拝を支える宗教となるのである．キリスト教がローマ帝国の国教となり帝国を統治するイデオロギーとなったのは，東方

〈ヘブライ〉

起源のミトラ教とキリスト教が，激しい主導権争いの後，ローマにおいて融合した結果であると言える．

ヤハウェを讃えるユダヤの民

ヤハウェは，ユダヤ人の名前の源泉であり，キリスト教化されて後のヨーロッパ人にもヤハウェに関係する名前が伝統的に多い．英語名ジュード(Jude)，ジュディス(Judith)，ジョシュア(Joshua)，ジーザス(Jesus)，ジョン(John)，ジョセフ(Joseph)，ジョナサン(Jonathan)，マシュー(Matthew)，エライジャ(Elijah)，アイゼイア(Isaiah)などはすべてYahwehをその構成要素にもつ名前である．このことはユダヤ人がいかにヤハウェの臨在を強く感じ，ヤハウェに忠誠を誓い，ヤハウェの加護を願っていたかを示すものである．

旧約時代にはヘブライ人と呼ばれていた民族は，今日ではユダヤ人と呼ばれ，英語ではジュー(Jew)と言う．Jewは，ヘブライ語 $Y^eh\bar{u}dh\hat{i}$ (of the tribe of Judah)が，アラム語 $Y^eh\bar{u}dh\bar{a}y\bar{a}$，ギリシャ語 *Ioudaîos*，ラテン語 *Jūdaeus*，古フランス語 *giu*, *juiu* を経て *Jewe* として英語化した言葉である．

聖書的解釈によると，ユダ(Judah)の語源 $Y^eh\bar{u}dh\bar{a}^h$ の Y^e- はヤハウェのことで，$-h\bar{u}dh\bar{a}^h$ は「讃える」という意味である．ユダは，ヤコブの第4子である．ヤコブはやさしい目をしたレア(Reah)によってルベン(Ruben)，シメオン(Simeon)，レヴィ(Levi)，ユダ(Judah)の父親となった．そして，「今度こそ主をほめたたえよう」と言って彼女の最後の子をユダと名づけるのである（「創」29.35）．ユダヤは本来はイスラエルの12支族の1つユダ族を指す名前であったが，バビロンの捕囚以後は，非ユダヤ人がヤハウェを奉じる人びとを指して使った呼び名となった．ギリシャ語 *Ioudaîos* は，国とは関係なく，「ヤハウェを信じる人びと」という意味に使われている．

イディッシュ(Yiddish)は英語のJewishに対応するドイツ語的変化形である．イディッシュとは，中世に中東からドイツ語圏に移り住んだユダヤ人が，特に旧約聖書以後のヘブライ語やアラム語に，主としてドイツ語を取り入れながら12世紀ごろまでに発達させた言語である．この言語は成立後，東欧全域のユダヤ系の人びととの間でも使われるようになった．

新約以来，キリスト教圏では，ユダの名は裏切り者イスカリオテのユダを連想することから，人気のある名前ではない．しかし，本来はユダヤ人にとって誉れのある名前であり，新旧をとわず聖書にはこの名をもつ人物が多く登場する．新約聖書の「ユダの手紙」のはじめには「イエス・キリストの僕で，ヤコブの兄弟であるユダから」と書かれていて，このヤコブは外典ではイエスの兄弟とも書かれているところからイエスの兄弟，あるいは親戚であると考えられてきた．

ユダス(Judas)はJudahのギリシャ語形である．今日ではJudasは一般に裏切り者ユダの名前として使われる．そして，裏切り者のユダと区別するために，「ルカによる福音書」では十二使徒の1人に数えられ，ヤコブの子とされているユダを英語ではジュード(Jude)と呼んでいる．

ユダヤ救難の美女ユディト

旧約聖書外典の「ユディトの書」に登場する女性ユディト(Judith)もユダ(Judah)の変化形である．Judithはヘブライ語では $Y^eh\bar{u}d\hat{i}th$ であり，「ユダヤの女性」(Jewess)という意味である．同書によると，ユディトは，イスラエル(Israel)の子，サムエル(Samuel)の子，ナタニエル(Nathaniel)の子，エリヤ(Elijah)の子，ヨセフ(Joseph)

13

の子，そしてシメオン(Simeon)の子である．このようにユディトの背景にユダヤの英雄を列挙しているのは，真のユダヤ人を意味する愛国的な名前であるということを示している．

　ユディトは，美しく魅力的にして神を恐れる女性である．夫を亡くしてずっと喪服で暮らしていた．当時，新バビロニア王国のネブカドネツァル(Nebuchadnezzar II, 在位604-562BC)が世界制覇を目指し，総大将ホロフェルネスを使ってイスラエルに攻め入った．エルサレムはすでに34日間包囲され，多くの人びとが倒れていった．そしてエルサレムがもはや風前のともしびと思われたそのとき，ユディトは喪服を脱ぎ，化粧をし，着飾って，自国を裏切ったスパイを装ってホロフェルネスの陣へ入り込み，彼女の美しさに惑わされて深酔いしたホロフェルネスの首を打ち落とした．その勇敢な行為にエルサレムの人びとはユディトを「イスラエルの栄光」「イスラエルの誉れ」と讃えるのである．

　ユディトは，その美しさ，貞淑さ，勇敢さから，中世の早くからヨーロッパ人の好む名前となった．シャルルマーニュの第3子ルイ1世敬虔王(Louis le Pieux, 在位814-40)の妃の名がジュディト(Judith)である．また，西フランク王シャルル禿頭王(Charles the Bald, 在位840-877)にジュディトという名の娘がおり，その娘をアルフレッド大王の父エゼルウルフ(Ethelwulf, 在位839-858)に与えたという記述が『アングロ・サクソン年代記』にある．征服王ウィリアムにもジュディス(Judith)という名の姪がいた．キリスト教に帰依して地上に神の国を築くことを目指し異教徒と戦った中世の王侯にとって，美しくて勇敢なユディトは理想の女性像であった．そのユディトは，また，オーディンに仕える女戦士ヴァルキューリーのようでもあり，ヴァルキューリーに擬せられることが多かった王妃たちの名前としてはもっとも魅力的なものでもあったのである．

　ユディト(Judith)の愛称としては，英語ではジュディ(Judy, Judie)，ドイツ語ではユッテ(Jutte)などがある．ジュディの名をもつ人物としては，1984年制作の映画〈インドへの道〉などで有名なオーストラリアの女優ジュディ・デイヴィス(Judy Davis, 1956-)がいる．ハリウッド女優として人気の高いジョディ・フォスター(Jodie Foster, 1962-)のJodieもJudithの変化形であると考えられている．

ヤハウェの救い：ヨシュア，イザヤ，イエス，ヤソン

　英語名ジョシュア(Joshua)は，モーセの死後にユダヤの民を約束の地カナンまで導いたヨシュアにあやかって人気のある名前である．この名の語源はヘブライ語イェホシュア($Y^eh\bar{o}sh\bar{u}a$'〔原義：ヤハウェは救

〈帰還するユディト〉(ボッティチェリ画)

いなり」）である．第2構成要素-hōshūa‘は「救い」という意味で，キリストを賛美する言葉ホサナ(hosanna)は同じ語源の言葉である．それは，神の救いを求め，熱狂的に神を讃える言葉であった．

モーセが死ぬとヤハウェは，ヨシュアに指揮権を渡し，「強く，また雄々しくあれ．あなたこそ，わたしが彼らに誓った土地にイスラエルの人々を導き入れる者である．わたしはいつもあなたと共にいる」(「申」31.23)と告げる．ヨシュアは，人並みはずれた体力，精神力，知力をもって，ユダヤ人を指揮してさまざまな戦いのすえカナン入りを果たした．彼の業績はモーセのそれに匹敵するものであり，後に救世主と仰がれたダビデの業績にも並ぶものであった．

大預言者イザヤ(Isaiah)の名の第2要素-iahはElijahの-jahと同じものであり，第1要素Isa-の語源はヘブライ語yēsha‘(救い)で，hosannaと同じ語源の言葉である．イザヤは，紀元前701年にエルサレムがアッシリアに攻撃されたとき，ヤハウェの都の不落を説き，いかなる強国も神ヤハウェの王国の前では滅びる運命にあることを説いてヘブライ人を奮起させたことで知られる．旧約聖書の「イザヤ書」は彼の活躍と預言を記したものであるが，その「イザヤ書」第7章第14節は1人の処女が身ごもってインマヌエル(Immanuel)という名の救世主(メシア)が出現することを預言している．

イエス(Jesus)は，ヘブライ語ではイエシュア(Yēshūa‘)であり，この Yēshūa‘が，ギリシャ語イエス(’Ιησοῦς: Iesous)，後期ラテン語イエズス(Jesus)となった．日本で定着している表記イエスはヘボン訳聖書以来定着しているもので，明治訳，大正訳，口語訳へとプロテスタント系聖書によって定着したものである．ラゲ訳やバルバロ訳などのカトリックの聖書ではヴルガタ訳に近いイエズスと表記され，ニコライ訳などギリシャ正教系の聖書ではギリシャ語の発音に近いイエススが使われた．原語主義の立場をとった『共同訳聖書』ではギリシャ語的にイエススと表記したが，『新共同訳聖書』では日本でもっとも定着しているイエスの表記を用いている．

イエスのヘブライ語名 Yēshūa‘ は Yᵉhōshūa‘(Joshua)が時代とともに変化したものである．また，ヤソン(Jason)は Yēshūa‘ のギリシャ語形エイアソン(Eiásōn)から変化した名前である．ギリシャ人は，ギリシャに住んでいたキリスト教徒をこの名で呼んだ．Jasonは，新約聖書では「使徒行伝」の第17章にパウロがテッサロニカを訪れたときに宿を提供したその地のユダヤ人の有力な指導者として登場する．当時，テッサロニカは大きな港町で，すでに多くのユダヤ人が住んでいた．ギリシャ神話に，金羊毛を取り返すためにアルゴー船の一行(アルゴノート)を率いるテッサリアの英雄イアソン(Jason)が登場する．この名Jasonはギリシャ語 iāsthai(to heal)から派生した Iásōn(healer：治癒者)が語源である．ヘブライ語起源の Eiásōn とギリシャ語起源の名前 Iásōn とが影響しあって，ラテン語ではどちらも Jásōn となった．病気の治癒はイエスの重要なはたらきであり，名前のみならず，その権能から見てもイエスとイアソンが融合していることがわかる．

ヤハウェの恵み，ヨハネ

ジョン(John)はヘブライ語ではヨハナン(Yōhānān)であり，ギリシャ語ではイオアンネス(Iōánnēs)，後期ラテン語ではヨアンネス(Jōannēs)，中世ラテン語ではヨハンネス(Jōhannēs)である．ヘブライ名の第1要素 Yō- はヤハウェ(Yahweh)，第2要素 -hānān はヘブライ語 hānān(he was gracious)で，この名の意味は「ヤハウェは恵み深きかな」である．ヘブライ語 hannâʰ（恵み深いこと）は hānân の語幹から派生した言葉で，そのまま女性名ハンナ（Hannah）として使われている．アンナ（Anna），アン（Anne, Ann）はその変化形である．

ヨハネは，現代ギリシャ語ではヤニス（Γιάννις: Yannis），フランス語ではジャン（Jean），イタリア語ではジョヴァンニ（Giovanni），スペイン語ではホワン（Juan）となり，ドイツ語圏ではヨハン（Johann），イアン（Jan），ハンス（Hans）などが派生した．スコットランドではショーン（Sean）が，アイルランドでは同じ Sean をショーンとかシャーンと発音している．さらに，ロシア語ではイワーン（Ivan），ハンガリー語ではヤーノシュ（János）である．これらはいずれもそれぞれの国でもっとも一般的な名前の1つとして使われている．

日本語での呼び方ヨハネについては江戸末期から明治初期にかけて聖書の日本語訳に深く関わったプロテスタント宣教師の影響が大きい．中国の使徒と呼ばれるギュツラフ（Karl Friedrich August Gutzlaff, 1803-51）の「約翰福音之書」にヨハネは「ヨハン子ス」と表記されている．ギュツラフはプロイセン生まれの新教徒で，ロンドン伝道協会に属していた宣教師であった．彼は同じロンドン伝道協会の宣教師モリスン（Bober Morrison, 1782-1834）とミルン（William Milne, 1785-1822）がギリシャ語聖書をもとに訳した中国語訳聖書を下敷きに日本語訳聖書を作成したのである．しかし，名前の音訳に関してはドイツ語の影響が見られる．中国語訳「約翰」の読み方は日本語のユェハンに近いものであり，ドイツ語のヨハン（Johann）に近い．また，「ヨハン子ス」は中世ラテン語 Jōhannēs の語形をそのまま借り入れたドイツ語 Johannes の発音に近い．この「ヨハン子ス」が，1880年にアメリカ長老派宣教師ヘボン（James Curtis Hepburn, 1815-1911）などが中心になって訳した明治訳聖書では「ヨハ子」となった．ヘボンはシンガポールでギュツラフの手になる「ヨハネの福音書」の和訳を手に入れて，それをもとに聖書の和訳を手掛け，明治訳聖書の刊行に大きな貢献をするのである．そして，「ヨハ子」は，明治訳聖書を改訳して1917年に刊行された大正訳聖書では「ヨハネ」となり，これが1954年の口語訳聖書に引き継がれ，さらに，1987年の『新共同訳聖書』へと引き継がれた．

† 終末を恐れる人びとが求めたヨハネ

キリスト教圏では，伝統的にヨハネに由来する名前ほど人気のある男性名はない．名前ヨハネの人気の理由は，その名の意味とともに，洗礼者ヨハネや十二使徒の1人で福音者でもあるヨハネによるものである．特に，洗礼者ヨハネにあやかる名前として愛されている．洗礼者ヨハネはイエスの又従兄弟であり，ユダヤの荒野で教えを説いた預言者である．「悔い改めよ．天の国は近づいた」（「マタ」3.2）と，救世主の到来が近いことを告げ，その道を整えるために人びとに洗礼をほどこした．ヨハネの生活態度は非常に禁欲的で，らくだの毛の衣をまとい，腰に革の帯をしめ，いなごと野蜜を食べていた（「マタ」3.4）．それは，後の修道士たちの禁欲的生活のモデルとなったものである．

ヨハネの名は中世において特に人気のある名前になった．イエス・キリストの受難から1000年目の1033年が近づくと，天災や戦争の頻発，疫病の流行，略奪の横行などから人びとは，「ヨハネの黙示録」に描かれたこの世の終わりが近づきつつあるのではないかと不安や恐怖感を強くした．そして

〈ヘブライ〉

救世主の到来が近いことを告げ，神の国への道を整えるために人びとに浄めの洗礼をほどこした人物ヨハネが，自分たちの罪の許しを神にとりなしてもらうのにもっともふさわしい聖人と考えたのである．神へのとりなしを願う人びとにとっては洗礼者ヨハネはマリアに次いでイエスにもっとも近い聖人であった．中世からルネサンス期の絵画にはマリアを中心にイエスとヨハネがいる聖画が描かれ，それらはイエスとヨハネの親密さをよく表わしている．ボッティチェリの〈聖母子と洗礼者ヨハネ〉とかラファエロの〈美しき女庭師(聖母子と子供の聖ヨハネ)〉などがその代表的なものである．

また，十字軍時代には，巡礼者をまもったり，傷ついた十字軍兵士を手厚く看護するヨハネ騎士団の活動や，伝説の理想の騎士プレスター・ジョン(Prester John)などを通じて，理想の人物像のイメージがこの名前にかぶせられた．プレスター・ジョンは，キリスト教徒の危機に際して東洋のどこからか救難に駆けつけると言われた老騎士である．第一次十字軍の勝利によって成立した十字軍諸国家がイスラムの勇将サラディン(Saladin, 1138-93)の活躍で危機に瀕したとき，その存在がうわさになり，まるでダビデ(David)のような救世主的人物に仕立て上げられていった．マルコ・ポーロは『東方見聞録』で，プレスター・ジョンは，かつての満州にあたる地域を支配していたタタールの有力な君主ワン・ハンという人物であると述べている．実在の人物としては，第三次十字軍に大軍を率いて参加し，事故死した神聖ローマ帝国皇帝フリードリヒ1世赤髭公(Friedrich I, 在位1152-90)がプレスター・ジョンにもっとも似た人物として伝説化された．フリードリヒは神聖ローマ帝国の全盛期を築いた人物である．ドイツ人の強い郷愁を喚起した皇帝で，ドイツの危急に際しては救難に駆けつける不死の人物とされた．

†アイルランド人差別を背負うシェーン

シェーン(Shane)はアイルランド名シァーン(Sean)が英語的に綴られた名前である．この名は，ラテン語名ヨハンネス(Johannes)から，フランス語的変形ジャン(Jean)を経てアイルランドで生まれた．イギリスに定住したノルマン人によってアイルランドにもたらされたもので，第一次十字軍の時代に広く使われるようになった．

1953年に制作された映画〈シェーン〉の主人公シェーン(Shane)は，西へ西へとさすらいの旅を続けるガンマンである．映画では触れられていないが，シェーンはアイルランド人である．今日でも，イギリスやアメリカではこの名はアイルランド的響きをもっている．

映画〈シェーン〉に登場するシェーンの背景には，1845年にはじまったジャガイモ飢饉を逃れてアメリカに移住した百万人とも言われるアイルランド人がいる．ジャガイモ飢饉とは1845年から1846年にかけてアイルランド人が主食としていたジャガイモの凶作による飢饉のことである．百万人近くが餓死し，百万人以上が主としてアメリカに移住した．そして，1845年には850万人だったアイルランドの人口が1851年の統計では655万人に減少していた．シェーンの姿には，先着のイギリス人の理不尽な差別や不正と戦い，ついにはガンマン(殺し屋)と呼ばれるようになったが，その烙印を消して新しく生きなおすために西へ西へとさすらう1人のアイルランド移民の姿が投影されていると考えることができる．

スコットランド名ショーン(Sean)の名をもつ人物としては，ジェイムズ・ボンドシリーズで知られるようになったショーン・コネリー(Sean Connery, 1930-)が

17

いる．彼はスコットランド生まれで，スコットランド民族党（SNP）の有力なメンバーであり，スコットランド独立運動の運動家としてもよく知られている．彼の本名はトマス・ショーン・コネリー（Thomas Sean Connery）である．イングランド的なトマスを使わずにスコットランド的なショーンを使っているところに彼のスコットランド人魂が表われている．

† ロシアが愛するバカなイワーン

イワーン（Ивáн: Ivan）はギリシャ語形 *Iōánnēs* から古ロシア語を経て生まれた名前である．ギリシャ語に近い教会スラヴ語ではイオアン（Ioann）で，この名前は聖職者のあいだで使われている．ギリシャ正教圏でこの名前が強い人気を得るようになった理由の1つとして，コンスタンティノポリス総主教イオアンネス・クリュソストモス（Ioannes Chrysostomos, 347-407）の存在が考えられる．華美になりがちな宮廷の生活を批判し，聖書を厳格に解釈し，清貧がキリスト者の道であると説いて，道義や風紀の厳格な番人としてギリシャ正教圏ではもっとも尊敬された教父である．隠修士のような服装をしていたが，雄弁で，その見事な説教によって多くの人びとを啓発しキリストの道に導いた．クリュソストモスとは「黄金の口」という意味で，彼の説教の雄弁さから6世紀ごろにつけられた添名である．

スラヴ民族の間では，洗礼者ヨハネは，木，草，花などの生長をつかさどる土着の霊クパーラ（Kupala）崇拝と融合した．Kupalaはスラヴ語 *kupáti*（水にひたす）が語源で，その意味から洗礼者ヨハネと結びつけられたものである．水は植物の生長に不可欠であり，雨の少ない6月に雨乞いの祭りとして，火を焚いて悪魔を祓い，人びとは沐浴して身を浄めた．その祭りをイワ

イオアンネス・クリュソストモス
（ハギア・ソフィア寺院）

ーン・クパーラ（Ivan Kupala）と呼んだ．今日ロシアにおける聖ヨハネの祝日は6月24日であるが，それは夏至に祝われたクパーラ祭の日に近づけたものである．

ロシアには，イワーン1世（Ivan I，在位1328-40）からイワーン6世（在位1740-41）までイワーンの名をもつ6人の王や皇帝が輩出した．イワーン1世はモスクワに政治および宗教の中心を移し，タタールの軛（くびき）からの独立の基礎を築いた．イワーン3世大帝（Ivan III，在位1462-1505）は，タタールからの独立をなしとげ，広大な帝国の基礎を作り上げた．イワーン3世は，また，1453年に東ローマ帝国が滅亡した後，1472年に東ローマ帝国最後の皇帝コンスタンティヌス11世の姪ソフィア（Sophia〔本名Zoe〕）と結婚した．そして，ロシアが東ローマ帝国の後継者でありギリシャ正教の擁護者であると宣言し，ツァーリ（Tsar'）の称号とビザンティン帝国の紋章，双頭の鷲を引き継いだ．このように，ロシアの国際的権威を大いに高めたイワーン3世は，後に大帝として尊敬された．

さらに，イワーン3世の孫イワーン4世（Ivan IV，在位1533-84），すなわち，イワ

ーン雷帝(Ivan the Terrible)は，有力貴族たちとの熾烈な戦いに勝利して全ロシアの大公を名乗り，さらに非スラヴ地域も支配下に治めた人物である．第二次世界大戦末期の1944年から1945年にかけて制作されたソ連映画〈イワーン雷帝〉では，あらゆる陰謀や戦いを勝ち抜いてロシア帝国を建設する愛国的英雄イワーン雷帝が描かれている．それは当時のスターリンを英雄化した姿でもあった．

このように，ロシアを有力な国家に仕立てた英雄の名前であり，庶民の土俗信仰とも結びついた名前イワーンは，民話や物語の主人公の名前としてもよく用いられている．トルストイの短編小説に『イワーンのバカ』がある．主人公イワーンは，神を信じ，自然を愛し，隣人を愛する正直な百姓で，生まれながらの働き者である．そのイワーンが，金儲けを企んだり，出世を夢見て出て行って，結局は失敗をして帰って来た兄たちを温かく迎え入れる．アレクサンドル・ソルジェニーツィンが『イワーン・デニーソヴィッチの一日』で描いたイワーンも，正直な働きもので，シベリアの強制収容所で奴隷のように働かされながら，職人としての気概をもち，人間としての健全さを失わない骨太なロシア庶民である．このようなイワーン像はロシア人が伝統的にもっとも愛する人物像である．

イワーン(Ivan)の愛称形にワーニャ(Váня: Vanya)がある．この名前は私たち日本人にはチェーホフの劇〈ワーニャ伯父さん〉によって親しみ深い．ワーニャ伯父さんという愛称は姪のソーニャ(Sonya)が使ったものであるが，彼は文学好きな母親からはフランス語的にジャン(Jean)と呼ばれている．イワーンのその他の変化形にはイワヌーシカ(Иванушка: Ivanushka)，ワナーイカ(Ванайка: Vanajka)，ワーネチカ(Ванечка: Vanechka)などがある．

〈ヘブライ〉

† 救国者ジャンヌ・ダルク

浄めとしての洗礼をほどこすヨハネや理想の騎士としてのヨハネのイメージは，中世の人びとに特に好まれた．そして，ヨハネのラテン語名ヨハンネス(Johannes)の女性形ヨハンナ(Johanna)もまた，女性の名前として広く用いられた．この名の変化形にはジョハナ(Johana)，ジョアンナ(Joanna)，ジョアナ(Joana)，ジョアンヌ(Joanne)，ジョーン(Joan)，ジェハンヌ(Jehane)，ジャンヌ(Jeanne)，ジャネット(Jeannette)などがある．

百年戦争の末期にフランスの危機を救いながら，そのフランスの裏切りで処刑されたジャンヌ・ダルク(Jeanne d'Arc, 1412-31)は英語ではジョーン・オブ・アーク(Joan of Arc)である．彼女は故郷の村人からは愛称形でジャネット(Jeannette)と呼ばれていたが，彼女が王太子，すなわち，後のシャルル7世に向かって話すときは，あらたまった調子で自分のことをジェハンヌ(Jehane)と呼んだとされる．そして彼女の処刑を言い渡した判決文では彼女の名前はラテン語でヨハンナ(Johanna)である．-h-は気息音で，フランス語では特に発音しないことが多かったことからJehaneからJeanne，JohannaからJoannaなどが生まれた．ジェイン(Jane)やジャネット(Janet)は英語的名前である．

ジャンヌ・ダルクの名誉は彼女の死後しばらくして回復され，人びとはフランスの国難に際して，しばしば彼女のことを思い出した．特にフランス革命に続くナポレオン戦争の時代にはナポレオンとともに，祖国愛の象徴としてジャンヌ・ダルクは熱狂的に愛された．ジャンヌ・ダルクをもっとも理想化して書いたのは，*Maria Stuart*(『マリーア・シュトゥーアルト』)や*Wilhelm Tell*(『ヴィルヘルム・テル』)などの，ロマンティックなナショナリズムを鼓舞する戯

19

曲を書いたドイツの詩人シラー(Friedrich von Schiller, 1759-1805)である.シラーが1801年に発表した*Die Jungfrau von Orleans*(『オルレアンの少女』)では,ジャンヌ・ダルクは美しい少女にして気高く雄々しい救国者として描かれている.戴冠を可能にしてくれたジャンヌに,国王シャルルは「フランスの守神サン゠ドゥニとひとしくしよう」(第4幕10場)と言うのである.

ジャンヌ(Jeanne)の名をもつ親しみ深い女性にジャンヌ・モロー(Jeanne Moreau, 1928-)がいる.〈死刑台のエレベーター〉(1957年)や〈雨のしのび逢い〉(1960年)などで知られるフランスを代表する映画女優である.ジョーン(Joan)はイギリスでは,黒太子(the Black Prince)と呼ばれて人気があったエドワード(Edward)の妃の名としてよく知られている.

地に満ちるユダヤ人の星,ヨセフ

ヨセフ(Joseph)の語源はヘブライ語 Yōsēphで,Yō-はヤハウェのことであり,-sēphの意味は「加える」とか「増やす」で,原義は「神よ増やしたまえ」である.増やすということは,多くの子に恵まれるということで,これは大家族を擁し,民を増やし,富を増やし,部族の繁栄と民の幸せへの願いがこもった名前であると言える.

旧約聖書においては,ヨセフは,アブラハム,イサクに継ぐ3代目族長ヤコブの愛し子である.彼はヤコブの12人の子のうち11番目の子で,ヤコブに特に愛されたがために兄弟たちの恨みをかい,エジプトに奴隷として売られた.しかし,神に祝福されたヨセフは,ファラオの高官になり,飢饉にあえぐ兄弟たちを呼び寄せた.そして,ユダヤ人はその地で大いに数を増やすのである.

「出エジプト記」第1章6節には「ヨセフもその兄弟たちも,その世代の人々も皆,死んだが,イスラエルの人々は子を産み,おびただしく数を増し,ますます強くなって国中に溢れた」と書かれている.エジプトに来たときのヤコブの子孫はたった70人であったが,430年後モーセにひきいられてエジプトを出るときには「壮年男子だけでおよそ60万人」(「出」12.37)にもなり,エジプト人に不安を与えるほどその数が増えていたのである.ユダヤ人の新生男児を皆殺しにせよとのエジプト王の命令にしたがわなかった助産婦は「ヘブライ人の女は,エジプト人の女性とは違います.彼女たちは丈夫で,助産婦が行く前に産んでしまうのです」(「出」1.19)と弁明している.このようにヨセフはユダヤ人の繁栄の基を築いたとも言える人物である.その名は,地に満ちるほど増えるユダヤの民の繁栄を象徴するものでもあった.

ヨセフと同じような意味をもつ名前にはローマの皇帝の称号となったアウグストゥス(Augustus)がある.アウグストゥスは

〈オルレアンの少女〉(アングル画)

〈ヘブライ〉

〈聖ヨセフと幼な子イエス〉
（エル・グレコ画）

「尊厳者」という意味に使われた称号であるが，「増やすためにつくられし者」が原義で，語源はラテン語 *augēre, auctus*（増やす）である．このラテン語は，英語の auction（競売），augument（〔権力・人口・収入などを〕さらに増加させる），author（著者，創造者）の語源でもある．また，英語名セバスチャン（Sebastian）はAugustusのギリシャ語訳と言うべき Sebastianos から変化した英語名である．

† 聖家族の父ヨセフ

新約聖書では，ヨセフ（Joseph）はダビデの末裔であり，マリアの夫であり，イエスの父である．マリアはバビロニアの太女神イシュタルとか，さらに古くはシュメールのイナンナの流れをくんでいる．そう考えると，ヨセフは太女神と聖婚をし，地上に豊饒をもたらす王を象徴するもので，それはやがて地に満ちるであろうキリスト教徒の「増加」を象徴する名前であったとも想像できる．

中世も後半になり，家族が社会の基本単位と認識されるにつれて，聖母子（イエス，マリア）とともにヨセフは聖家族における父として崇拝されるようになり，理想的な父親像が名前ヨセフにかぶせられるようになった．代々神聖ローマ帝国皇帝の地位を独占し，カトリックの守護者を自認したハプスブルク家では，聖母に由来する女性名マリアとともに，父のイメージをもつ名前ヨセフが伝統的な男性名となった．その傾向は宗教改革以後，特に強いもので，神聖ローマ帝国皇帝ヨーゼフ1世（Joseph I，在位1705-11），ヨーゼフ2世（Joseph II，在位1765-90），オーストリア皇帝フランツ・ヨーゼフ1世（Franz Joseph I，在位1848-1916）などを輩出した．

ハプスブルク家はスペイン，ボヘミア，ポーランド，そしてハンガリーなどを支配下に置いた関係で，これらの国々にもヨーゼフにあやかる名前が非常に多い．カルメンを愛して身を滅ぼすドン・ホセ（Don José）のJoséはJosephのカスティリア地方の変化形である．スペインでもカタルニア地方ではホセプ（Josep），北西部ガリシア地方ではホセ（Xosè）などの変化形がある．チェ（Che），チェペ（Chepe），ペピート（Pepito），ペペ（Pepe）などもスペイン語の愛称形である．

ヨゼフ（Josef）はチェコ語名，ヨゼフ（Jozef）はスロヴァキア語名やポーランド語名，ヨーゼフ（József）はハンガリー語名である．ピューリッツァー賞で有名な新聞経営者ピューリッツァーのフルネームは，Joseph Pulitzerであるが，彼はハンガリー出身で，本名はJózsefである．なお，サン・ホセ（San José）の祝日3月19日は「父

ナポレオンの皇后ジョセフィーヌ
（プリュードン画）

の日」でもある．

　アイルランドでも他のカトリック教国と同じように，聖家族のヨセフは理想的な父親としての人気が高まり，パトリック・ジョセフ（Patrick Joseph）とかジョセフ・パトリック（Joseph Patrick）などの名が流行した．ケネディ大統領の父親が，Joseph Patrick Kennedy（1888-1969）であり，祖父がPatrick Joseph Kennedy（1858-1929）であった．ジョー（Joe, Jo,）ジョーイ（Joey）などはJosephの英語的愛称形である．

　ジョセフ（Josèphe）やジョセフィーヌ（Joséphine）は女性の名前である．-eはフランス語の女性名詞語尾であり，-ineは女性的愛称語尾である．ジョセフィーヌはナポレオンの最初の妃としてその名がよく知られている．彼女は宮廷で華やかにして悩ましげな色気をふりまく女性であったことからいろいろな伝説が生まれた．彼女の正式な個人名はMarie Josèphe Rose Tascher de la Pagerieで，ジョセフィーヌはナポレオンが彼女を呼んだ愛称であった．ジョセフィーヌの短縮愛称形にはフィーフィ（Fifi）とかフィフィーヌ（Fifine）が

ある．ペパ（Pepa）とかペピータ（Pepita）はスペイン語女性名ホセファ（Josefa）の愛称形である．

†聖杯の守護者，アリマタヤのヨセフ

　新約聖書においては，ヨセフは，また，アリマタヤのヨセフとして登場する．聖書が伝えるアリマタヤのヨセフは，金持ちにして善良なユダヤ人で，ひそかにイエスの弟子になり，イエスが最後の晩餐に用いた酒杯（Holy Grail）で十字架にかけられたイエスの血を受け，イエスの死体を亜麻布で包んで自家の墓に手厚く葬った人物でもある．すなわち，アリマタヤのヨセフは聖墳墓の持主であり，中世になって，アリマタヤのヨセフが聖杯をイギリスに運んだという伝説が生まれた．

　アーサー王伝説では，円卓の騎士たちがその聖杯を求めて旅をする聖杯伝説が重要な位置を占めている．そしてそのなかでアリマタヤのヨセフはもっとも高貴な理想の騎士として描かれている．イギリスでは，宗教改革以後は旧約聖書からの命名が流行したこともあって，ヨセフは，特に旧約聖書に由来する名前として人気が出たが，19世紀のロマンティシズムの時代にはアーサー王物語の流行とともに聖杯伝説に関わるアリマタヤのヨセフにあやかるロマンティックな名前として人気があった．

神が贈られた愛し子たち

†美しき友情の象徴ヨナタン

　ヨナタン（Jonathan）の-nathanはヘブライ語 nāthân（he has given）が語源で，ヨナタンの意味は「ヤハウェは与えたまえし」である．この名はヤハウェの恵みに対する感謝とヤハウェの加護を祈る心をこめてつけられた．ヤハウェはアブラハムに，「あなたは生まれ故郷／父の家を離れて／わたしが示す地に行きなさい」と指示し，「わたし

〈ヘブライ〉

はあなたを大いなる国民にし／あなたを祝福し，あなたの名を高める／祝福の源となるように」(「創」12.2)と約束する．名前ヨナタンはその約束の1つのあかしを喜ぶ名前でもあったとも考えられる．

　ヨナタンは，特に，ダビデと強い友情を結ぶ話が好まれて伝統的に人気のある名前となった．「サムエル記上」の第18章には，ヨナタンがダビデとの初対面から強い友情で結ばれた様子を「──ヨナタンの魂はダビデの魂に結びつき，ヨナタンは自分自身のようにダビデを愛した」(「サム上」18.1)と記されている．そしてその愛は，ダビデの成功を妬んだサウルがダビデを殺そうとしたときに父を裏切ってまでダビデをまもる行為となって具現する．

　ナタニエル(Nathaniel)の-elはElizabethのEl-と同じものであり，この名の意味は「神は与えたまえし」で，Jonathanと同じ意味と言える．特に，十二使徒バルトロマイと同一視される使徒ナタニエルにあやかる名前として使われた．わたしたちには『緋文字』の作家として有名なナサニエル・ホーソーン(Nathaniel Hawthorne, 1804-64)を連想させる．宗教改革以後，清教徒たちに好まれた名前である．

　なお，バルトロマイ(Bartholomaios)の原義は「タルマイ(Talmai)の息子」で，この長い名前は英語としてはバーソロミュ(Bartholomew)であり，その短縮形にはバート(Bart)，バット(Bat)，バートレット(Bartlett)などがある．ベイツ(Bates)，バートル(Bartle)，バートルミー(Bartlemy)などは姓としても用いられている．タルマイは「民数記」第13章第22節に，カナンのヘブロンに住む人物として登場する．この名の意味は「畑に満ちる」である．

†ダビデをいさめる預言者ナタン

　ナタン(Nathan)はヨナタン(Jonathan)の短縮形と考えられることが多いが，この名はそのまま，ダビデをいさめる預言者ナタン(Nathan)とか，ダビデの息子の名として「サムエル記下」に登場する．ダビデは，忠実に自分につくす部下のヒッタイト人ウリヤ(Uriah〔原義：ヤハウェは光なり〕)の妻バト・シェバ(Bathsheba, 原義：誓いの娘)の美しさにひかれて，ウリヤをわざと危険な戦争に派遣して戦死させ，彼の妻を自分のものとする．その奢りをナタンは，金持ちの男が自分の羊を惜しんで貧しい男の羊を盗んで客人をもてなすたとえを使っていさめるのである．バト・シェバとダビデの間に生まれたのがソロモン(Solomon)である．

　英語名ネイサン(Nathan)の変化形にはネイタン(Natan)やニューサン(Nusan)，ニュースン(Nusen)などがあり，愛称にはナット(Nat)，ナッティ(Natty)，ネイト(Nate)などがある．ナットの名をもつ人物としては"Mona Lisa"などのバラード風の甘い曲で有名な黒人歌手ナット・キング・コール(Nat King Cole, 1919-65)がいる．彼はstain-voiced Natと呼ばれて，そのなめらかな艶のある声で一世を風靡し，今日でも根強い人気を保っている．

†イエスの恩寵に目覚めた嫌われ者マタイ

　マタイは，新約聖書の「マタイによる福音書」の著者とされている人物の名である．レヴィ(Levi)とも呼ばれていた．彼はローマの支配下にあったイスラエルで収税人をしていた．ユダヤ人は収税人を売国奴として軽蔑しており，また，収税人がいろいろと悪事をするので罪人と同等に扱われていた．イエスがそんなマタイに「私についてきなさい」と声をかけると，彼はただちに弟子となるのである(「マタ」9.9).

　この出来事は，どんな罪人に対しても等しく救いの手をさしのべたイエスの愛の心

福音書を持つマタイ
(エル・グレコ画)

を象徴するものでもあった．イエスが収税人や罪人を多数招いて食事をしたとき，ファリサイ人が「なぜそんなことをするのか」とイエスの弟子たちに聞いた．イエスは答えて「医者を必要とするのは，丈夫な人ではなく病人である．……私が来たのは正しい人を招くためではなく，罪人を招くためである」(「マタ」9.12-13)と言うのである．

マタイ，すなわち，英語名マシュー(Matthew)も，また，JonathanやNathanielと同語源の名前である．ギリシャ語名マッタイオス(Matthaıos)の語源はヘブライ語マッティティア(*Mattithyâh*)である．この名前は短縮されて *Mattiyyâh* となり，ギリシャ語マッタティアス(*Mattathíās*)，マッティアス(*Matthíās*)を経て *Matthaîos* となった．ヘブライ語 -*yâh* はヤハウェ(Yahweh)のことである．第1要素 Mattith- はヘブライ語 *mattâth*(gift)と同じものであり，この言葉は *nāthân*(he has given)から派生した．

マタイの英語的綴りには，マシュー(Matthew)とマサイアス(Matthias)がある．Matthew は，ギリシャ語 *Matthathíās* の短縮形 *Matthaíās*，後期ラテン語 *Matthaeus*，フランス語 Mathieu を経て生まれた名前であり，Matthias は，ギリシャ語 *Matthíās* がそのまま英語化された名前である．マサイアスは，『欽定訳聖書』以来，イエスを裏切ったユダに代わって十二使徒に加えられた人物の名として用いられることが多い．彼は，イエスがヨハネに洗礼を受けてからユダの裏切りによってイエスが受難するまでずっと生活をともにした人で，イエスの復活の証人となりうる人として，ユダに代わって十二使徒に加えられるのである(「使」1.21-26)．

マタエウス(Matthaeus)はラテン語名で，-tt- はしばしば -t- になる．マティウ(Mat[h]ieu)やマティス(Matisse)はフランス語名，マテオ(Matteo)，マフェオ(Maffeo)，マッセイ(Massei)はイタリア語名，マテオス(Mateos)はスペイン語名，マテーウス(Matthäus)，マティース(Mathiess)はドイツ語名，そしてマッテン(Matten)，マットン(Matton)，マトキン(Matkin)，マッティスン(Mattison)などは英語的姓である．

英語名マシュー(Matthew)はイタリア語ではマフェオ(Maffeo)であるが，-tth- が -ff- に変わるのは，Thomas がロシア語では Foma，Theodoros がロシア語では Fyodor となるように，古代のギリシャ語 Θ(th)がロシア語では f になる例にも見られるのと同様である．古典ギリシャ語の Θ は[t]に気息をともなう歯茎閉鎖音であったが，これが次第に歯舌摩擦音[θ]になった．このような[θ]が[f]に変わる例はコックニー英語にもしばしば見られるもので，three が *free* になったり，thing が *fing* となる例がある．英語名 Matthew は教会スラヴ語ではマトフィーイ(Матфíй: Matfij)と

なり，今日のロシア語ではマトヴェーイ(Матвей: Matvej)となっている．

マティーヴェ(Matiewe)はドイツ語名であるが，-w-の発音[v]は[b]に近いことから綴りが-w-から-b-に変わり，マティーベ(Matiebe)という名前が生まれる．さらに，語頭のMa-が消失してティーベ(Tiebe)という変化形が生まれるのである．

マデース(Mades)，モデース(Modes)，モッツ(Motz)などはドイツ語名マテーウス(Matthäus)から派生した名前であり，テウス(Theuss)，テース(Thees)，テージング(Theesing)などはMatthäusやMathiessの頭音が消失したものに父称語尾がついて生まれた姓である．

ディーゼル(Diesel)は，マティース(Mathiess)に愛称辞-elがついて生まれた名前マティーゼル(Matthiesel)からMa-が消失して生まれた名前である．-th-は高地ドイツ地方では-d-になることが多い．例えば，think(英)―denken(独)，thing(英)―ding(独)の対応に見られるように規則的な対応をする．Dieselはもとは個人名として用いられていたが，次第に姓としても用いられるようになった．この名をもつ人物としてはディーゼル・エンジンの発明家として知られるルードルフ・ディーゼル(Rudolf Diesel, 1858-1913)がいる．

ヤハウェになった豊饒の神エル

聖書に登場する人物にはインマヌエル(Immanuel)，エリサベト(Elisabeth)，エリヤ(Elijah)，ミカエル(Michael)，サムエル(Samuel)，ダニエル(Daniel)，ガブリエル(Gabriel)などEl-や-elをもつ名前が多い．

カナン神話では，エル(ēl)は，本来は，神一般を言う言葉として使われた．この言葉の語源ははっきりしない．しかし，普通語としてのヘブライ語ēlは，「力」とか「強さ」という意味をもっていた．『創世記』第31章第29節に自分を欺いたヤコブにラバンが言ったことば"And now my hand has power to hurt thee;"(そして今私は手にお前をいためつける力をもっている)のpowerがヘブライ語ēlに対応する言葉として使われている．そして，「神」としてのエルは，その力については，海のそれのごとく大きく，洪水のそれのようであると，カナン神話にうたわれている(『カナン神話とヘブライ叙事詩』p.77)．ヘブライ語で平和のことをシャローム(shalom)と言うが，これはエルの力がみなぎった状態を意味する言葉である．「マリアの讃歌」でもマリアが神のことを「力ある方」とか「主はその腕で力を振い」と歌っている．

固有名詞としてのエル(El)はカナンの豊饒神話における神々の父の名であり，最高神を表わす名前であった．その神は，ギリシャのクロノスに似て「時の父」でもあり，ローマ神話のサトゥルヌスのように農耕神でもあった．エルとはすなわち，時の運行を支配し，大洋に流れ込む河川を作り，地上の豊饒を確かなものにする神であった．

カナン神話はシュメール神話を起源とするものである．そのシュメール神話には，豊饒の天の女王イナンナと結婚して家畜(特に牛)に多産をもたらす牧人王ドゥムジが登場する．「野生の雄牛」と呼ばれるこの牧人王ドゥムジはイナンナに愛されて地上を支配する不死なる神になる．エル(El)は次第にこのドゥムジの性格を帯びるようになった．エルの表象として雄牛が使われたが，雄牛は豊饒と力の表象でもある．

本来豊饒神話の神であったエルは，ヘブライ人にとっては次第に社会的な人格神となった．族長時代のエルは，神々の族長であり，戦いの神であり，族長とか部族連合

の集会における審判者である．彼は厳しくはあるが，時には優しくもあり，常に賢明であった．

旧約聖書では，エルはユダヤ人の唯一神ヤハウェを意味する言葉として使われている．ヘブライ人の太祖アブラハムに現われた神が，エル・シャッダイ(El Shaddai：山の神)であり，ヤコブと取っ組み合いをしてヤコブにイスラエルという名を与えたのもエルと呼ばれる神である．アブラハムがまだアブラムと呼ばれていたときにいと高き神の司祭がアブラムを祝福して言うことばに「天地の造り主，いと高き神(El Elyon)にアブラムは祝福されますように」(「創」14.19)という表現がある．ヤコブがイスラエル(Israel)という名を与えられた場所はヨルダン川に東から流れこむヤボク川の浅瀬であったが，ヤコブは「わたしは顔と顔を合わせて神を見たのに，なお生きている」(「創」32.31)と言ってその地をペヌエル(Penuel：神の顔)と名づけた．そして，モーセが信じていたのがアブラハムやイサクやヤコブの神であるが，その神がすなわちヤハウェであるとモーセは言うのである．

ヘブライ語の普通名詞$\bar{e}l$は，*Septuagint*(『七十人訳聖書』)では，普通，総称的な*theós*(神)と訳されており，ユダヤ人の唯一神ヤハウェは，多くの場合，*kýrios*(力をもつ者，最高位の者)と訳されている．しかし，$\bar{e}l$が*kýrios*と訳されていることもあり，固有名詞Elがヤハウェを意味する言葉であったことがわかる．ユダヤ人が，バビロニア捕囚を経験し，キュロス大王のユダヤ人解放令によってパレスティナに帰還してからユダヤ教の宗教儀礼を確立すると，ギリシャ人の間にもユダヤ教が広がりを見せるが，そのころになるとヤハウェは特に恐れ多い神の名として，ヤハウェを意味するテトラグラマトンさえ使われなくな

り，代わりにギリシャ人にも発音しやすいエロヒム(Elohim)という名で呼ばれるようになる．Elohimの語源についてははっきりしないが，この名の意味は「神」であり，Elから派生した名前であると考えられている．

Elは，さらに，ギリシャ神話の太陽神ヘリオス("Ηλιos: Helios)と同一視された神でもある．それは，また，光の聖霊ミトラ(Mithra)のことでもあった．「ルカによる福音書」第3章23節では，マリアの夫ヨセフの父はエリ(Heli)であるとされ，エリは多くの世代をさかのぼり最終的にはアダムを経て神に至ると書かれている．このエリはギリシャ神話のヘリオス，ペルシャのミトラにつながり，カナン神話のエル(El)に通じるものである．イエスが息絶えたときの日食もイエスが太陽神につながる存在であることを暗示するものである．

洗礼者ヨハネの先駆者エリヤ

エリヤ(Elijah)は，Elと，ヤハウェ(Yahweh)のYah-からなる名前であり，この名前の意味は「エルはヤハウェなり」であり，「ヤハウェこそわが神なり」である．エリヤは旧約の大預言者であり，洗礼者ヨハネの先駆者とされ，紀元前869年ごろから紀元前845年ごろにかけて活躍した．イスラエルの王がフェニキアの諸都市と同盟を結び，イスラエルにもバアル(Baal)信仰が広まってきたときに，アブラハム，イサク，ヤコブの神でありモーセの神であるヤハウェの信仰をまもった人物である．当時バアル信仰に寛大な政策をとったのがアハブ(Ahab)王であり，エリヤはそのアハブ王を強く批判した．このアハブの名はハーマン・メルヴィル(Herman Melville, 1819-91)の*Moby Dick*(『白鯨』)においてキャプテン・エイハブ(Captain Ahab)として登場する．彼は「神」のごとく不可思議で

〈ヘブライ〉

〈火の戦車で天に上るエリヤ〉(ピアツェッタ画)

巨大な白鯨にただならぬ憎しみにとらわれて自らはもちろん,イシュマエル(Ishmael)を除く捕鯨船の乗組員全員を破滅に導く人物である.この物語には浮浪者エライジャ(Elijah)が登場する.彼は,かつてはエイハブの部下として働いたことがあるが,今では彼について行けずに下船し,エイハブと乗組員の破滅を不気味に予言する人物である.

預言者とは神の言葉を伝える人と言うべき人たちで,ユダヤにおいては特にダビデの時代からバビロニア捕囚の時代にかけて預言者と呼ばれる人たちが活躍した.彼らのなかには王に取り入って神官あるいは占い師のような役割を担う者もいたが,荒野に住み,禁欲的な生活をし,国家の政治や祭儀にとらわれずに,高い精神性をもって人びとを指導した者が多くいた.彼らは,アブラハムと神の契約を思い起こさせ,モーセの十戒を思い起こさせ,エリヤのように王を強く批判して発言力をもった.預言者の精神性の伝統は,民族宗教としてのユダヤ教が世界宗教としてのキリスト教へ変容する基盤を醸成したものである.それはまた,ユダヤ・キリスト教の歴史を通じて繰り返されてきた宗教改革の基本精神となったものであり,ヨーロッパ精神の形成に大きな役割を果たした修道士たちのモデルとなったものである.

Elは英語ではGodと訳された.イエスは十字架で息絶える前に"Eli, Eli, la'ma sabach-tha'ni?"(エリ,エリ,ラマ,サバクニ:My God, my God, why has thou forsaken me?:わが神,わが神,なぜわたしをお見捨てになったのですか)(「マタ」27.46)と叫ぶが,このEliはEl,すなわち,父であり主であり,旧約のヤハウェに対応する神(God)である.イエスの叫びを聞いて,「人々のなかには『彼はエリヤを呼んでいるのだ』と言った人もあった」とあるが,エリヤも当時のユダヤ人には最高神的存在とみなされていたことがわかる.

エリアス(Elias)はElijahのギリシャ語形であり,エリス(Elis)は英語名,エリー(Elie)はフランス語名である.*The Waste Land*(『荒地』)で有名なT.S.Eliot(Thomas Stearns Eliot, 1888-1965)のエリオット(Eliot)はフランス語名Elieに指小辞-otがついて生まれた姓で,ノルマン人が英語に持ち込んだ名前である.

Eliott, Elliot, Elliottなどとも綴る.

イエスが「エリ，エリ，…」と叫ぶと空がかき曇り，大雨が降り，落雷がある．このように主の火を降らせたり大雨を降らすエリヤは，ロシア語ではイリヤー(Илия: Iliya)となり，イルィヤー(Илья: Il'ya)となった．そのイリヤーは，ロシアの土俗信仰の農業の神でもあるペルーン(Perun)と融合して農民たちの間に深く浸透していった．ペルーンは，北欧神話のトールやローマ神話のユピテルと同一視される雷神で，戦いの神でもある．ギリシャ正教を信仰するスラヴ人の間では，雷が鳴ると預言者イリヤーが炎の戦車に乗って空を駆けていると信じられていた．

ロシアの革命家レーニン(1870-1924)の本名はウラディーミル・イリイッチ・ウリヤーノフ(Vladimir Il'ich Ul'yanov)であり，彼のミドルネームIl'ichはIl'yaに父称辞-ichがついたものである．世界初のジェット爆撃機を設計し，その後，ソ連の旅客機を設計し，その名を世界に知られたイリューシン(Sergej Vladimirovich Ilyushin, 1894-1977)のIlyushinはIl'yaに指小辞-shinがついた姓である．なお，ロシア語の男性名イリアーの女性形はイリーヤ(Илия: Iliya)となる．

救世主インマヌエル

インマヌエル(Immanuel)は新約聖書「マタイによる福音書」の第1章に登場する名前である．イエスの誕生が，イザヤによる預言「それゆえ，わたしの主が御自ら／あなたたちにしるしを与えられる．見よ，おとめが身ごもって男の子を産み，その名をインマヌエルと呼ぶ」(「イザ」7.14)の実現であると語られる．そして，この名インマヌエルは「神はわれわれとともにいまします」という意味であると記されている．すなわち，インマヌエルは，神が腐敗しきったイスラエルの民を嘆き，その腐敗ぶりを怒りながら，イスラエルの民を救おうとしてこの世に送られる救世主(Messiah)という意味をもつ名前である．このことからイエスはキリスト・インマヌエル(Christ Immanuel)とも呼ばれる．

この救世主の名前は，ヘブライ語では'Immānū'ēlで，ギリシャ語ではEmmanouêlとなった．『欽定訳聖書』によると旧約聖書ではImmanuel(イマヌエル)，新約聖書ではEmmanuel(イマヌエル)である．英語ではImanuelとかEmanuelなどの変形も一般的である．ドイツでは，『ルーテル訳聖書』が旧約，新約ともにイマヌエル(Immanuel)を使った．この名をもつ人物には哲学者カント(Immanuel Kant, 1724-1804)がいる．フランスではエマニュエル(Emmanuel)が一般的である．

マヌエル(Manuel)は，インマヌエル(Immanuel)の変形としてギリシャ人に使われ始め，やがて西ヨーロッパでも使われるようになった．この名をもつ人物としては特にビザンティン皇帝マヌエル1世(Manuel Komnenos, 在位1143-80)がよく知られている．彼は，アレクシオス1世の孫であり，ヨアンネス2世(Ioannes II)の第4子で，父に次いで皇帝になった．彼は戦場にあっては先陣に立って戦い，将兵と苦楽をともにし，都にあっては洗練された知的生活とロマンスを楽しむ非常に魅力的な人物であった．十字軍運動の盛んな時代の皇帝で，西方十字軍と言うべき国土回復運動が盛んだったスペインでもManuelの名が使われるようになり，以来，この名はスペインではもっとも人気のある名の1つとなった．ポルトガルではマノエル(Manoel)となる．英語名マニー(Manny)はManuelの短縮形の1つである．

〈ヘブライ〉

ヨハネの母エリサベト

エリサベト（Elisabeth）は，旧約聖書ではモーセの兄弟アロンの妻エリシェバとして登場し（「出」6.23），新約聖書では洗礼者ヨハネの母として登場する．「ルカによる福音書」の第1章第5節に登場するエリサベトはアロン家の一人娘で，ユダヤ王ヘロデ（Herod，在位37-4BC）の時代に生きたザカリアという名の司祭の妻である．夫婦ともども神の前で正しい人で，主の掟と規定を残らず咎なく行なっていた．

エリサベトは歳をとるまで子に恵まれなかった（「ルカ」1.6-7）．ところが，あるとき，ザカリアが神殿の聖所で務めをしているときに天使ガブリエルが現われ，エリサベトは妊娠するであろう，その子は母の体内から聖霊に満たされ，その子の誕生は多くの人びとの喜びとなるであろう．その子をヨハネと名づけよ，その子はエリヤの霊と力で主に先立って行き，主のために整えられた民を準備するであろう（「ルカ」1.13-17），と告げる．そして，その5か月後に同じガブリエルが，エリサベトの従姉妹でダビデ家のヨセフと婚約していたマリアのもとに現われて受胎告知をするのである．

エリサベトについては，また，身ごもったマリアが彼女を訪問して3か月ばかり滞在するという話がある．マリアの挨拶の言葉をエリサベトが聞いたとき体内の子がおどり，エリサベトは聖霊に満たされた声で，「あなたは女の中で祝福された方です．体内のお子さまも祝福されています．わたしの主のお母さまがわたしのところに来てくださるとは，どういうわけでしょう．あなたの挨拶のお声をわたしが耳にしたとき，胎内の子は喜んでおどりました．主がおっしゃったことは必ず実現すると信じた方は，なんと幸いでしょう」（「ルカ」1.42-45）と言うのである．これはマリアとともにエリサベトがもっとも祝福された女性であることを語る一節である．

Elisabethは，ヘブライ語 *Ēlīshēbha‘*（エルは誓いなり）が語源で，ギリシャ語 *Eleísabeth, Elísabet*，後期ラテン語 *Elisabeth* を経て英語化した名前である．ヘブライ語名 *Ēlīshēbha‘* の第2要素 -*shēbha‘* は同じくヘブライ語 *shēva‘*（seven）と同系の言葉である．バビロニアでは7という数字は神聖な数字であった．ヘブライ語でも7（*shēva‘*）は誓いの象徴であり，*shēva‘* は *nishbâ*（彼は誓った）と同語源の言葉で，この言葉の原義は「彼は自分自身を聖なる7でしばった」であると解釈された．

†貧しき者の慈母，エルジェーベト

エリサベトがヨーロッパ全域で人気のある名前となったのは，アンナとともにマリアに一番近い存在であることがその理由である．終末の到来を人びとが強く恐れた11世紀から神へのとりなしを願ってイエスに関わった人びとにあやかる名前をつけることが急激に広まったが，洗礼者ヨハネの母エリサベトにあやかる名は，マリアの母アンナにあやかる名とともにもっとも人気のある女性名となった．

実在の人物としては，ハンガリーの聖女エルジェーベト（Erzsébet，1207-31）の影響が特に大きい．エルジェーベトはハンガリー王エンドレ2世（Endre II，在位1205-35）の王女として生まれた．モンゴルが勢力を広げつつあったハンガリーに援軍を送った，テューリンゲン伯ヘルマンのもとに1歳のときに引き取られ，ドイツ風に育ち息子ルートヴィヒと結婚した．そのエルジェーベトを養育したのが敬虔なキリスト教徒であったヘルマン地方伯の妃ゾフィーであった．ラテン語で書かれた『黄金伝説』の第162章「聖女エリサベト」によると，ハン

ガリーの守護聖人エリサベトは「わが神の第七者」と呼ばれ，聖なる数である７と関係づけられている．彼女は７つの慈悲を行ったとされる．病人を見舞い看病すること，渇いた者に飲み物を与えること，飢えた者に食べ物を与えること，捕虜を受け戻すこと，着る物がない者に衣服を与えること，孤児や旅人をもてなすこと，死者を葬ることである．

エルジェーベトは，夫ルートヴィヒがフリードリヒ２世とともに十字軍に参加して死亡してからは，フランシスコ施設院，修道院，病院などを建て，ドイツで初めてのフランシスコ信奉者となった．彼女は，教皇を通じてフランシスコのマントをいただいたという伝説があるほどで，貧しき者の慈母と慕われ，民衆にもっとも人気のある聖人の一人であった．エルジェーベトの像には，左手にパンを持ち，右手にポットをもったものが多い．これらの持物は飢饉に際して彼女が貧しい者たちのために行ったほどこしや事業を象徴するもので，パンを持った姿からパン屋の守護聖人としても崇拝された．また，彼女に祈りを捧げれば麻痺した手足も癒え，溺死した者も生き返り，病人たちの苦しみも和らげられると信じられていたことからドイツには彼女の名エリーザベトをかぶせた病院が多い．

聖エルジェーベトが人びとから強い尊敬を受けていた当時，ドイツではテューリンゲン出身のヘルマン・フォン・ザルツァ(Hermann von Salza, 1170?-1239)を総長とするドイツ騎士団が勢力をもち，彼らはエルベ川以東のスラヴ人のキリスト教化に力を入れていた．そして，ヘルマン・フォン・ザルツァは神聖ローマ帝国皇帝フリードリヒ２世の後ろ楯を得てその影響力を強め，多くのドイツ人のスラヴ人地域への入植に貢献した．そのような時代にあって，聖エルジェーベトは，マジャール人，スラヴ人，ゲルマン人など多くの人びとに崇拝されるようになった．

13世紀から15世紀にかけてのハプスブルク家には，エリーザベト(Elisabeth)の名をもつ女性が圧倒的に多い．ハプスブルク家の創始者ルードルフ１世(Rudolf，在位1273-91)がブルゴーニュからむかえた２番目の妃がエリーザベト(Elisabeth Agnes)であり，ルードルフ１世の長子アルブレヒト１世(Albrecht，在位1298-1308)がティロルから迎えた妃も，また，アルブレヒトの息子フリードリヒがアラゴンからむかえた妃もエリーザベトであった．これらの例はヨハネの母エリサベト，そして，ハンガリーの聖エルジェーベト崇拝が熱烈なものであったことを意味するものである．なお，エリサベトのロシア語名はエリザヴェータ(Елизаве́та：Elizaveta)であるが，この名の古形はエリサヴェータ(Елисаве́та：Elisaveta)である．この変化にも聖女エルジェーベトの影響を見ることができる．

†国家繁栄の象徴エリザベスとイサベル

英語名エリザベスはElizabethともElisabethとも綴る．Elizabethの綴りはハンガリーの聖女エルジェーベト(Erzsébet)の影響を受けたものであり，また，英国の女王を連想する名前である．Elisabethについては英国ではヨハネの母を連想する人が多い．

英国のエリザベス１世(Elizabeth Ⅰ，在位1558-1603)は，スペインの無敵艦隊を破り，植民地体制の基礎を築き，イギリスに空前の繁栄をもたらした女王である．エドマンド・スペンサー作の『妖精の女王』によると，彼女はあらゆる徳と美と栄光の持主であり，騎士たちのロマンの対象となる理想の貴婦人である．

イサベル(Isabel)はElisabethのスペイン語形である．ElisabethのEl-がスペイン

⟨ヘブライ⟩

語の男性冠詞elと同じであったことから省略された．-bethから-belへの変化はスペイン語に多い語尾に影響されたものである．マグナ・カルタで知られるジョン王（John, 在位1199-1216）は2度結婚したが，いずれも，妃はフランス出身のイザベラ（Isabella）であった．当時のイギリスではスペイン語的イサベル（Isabel），フランス語的イザベル（Isabelle），英語的イザベラ（Isabella）は，ともに日常的で口語的な印象を与える名前であり，Elisabethは遺書など正式な書類に用いられる傾向があった．

スペイン語名イサベル（Isabel）は，コロンブスを援助したことで知られるカスティリアの女王イサベル1世（Isabel I, 在位1474-1504），やスペイン最盛期の王フェリペ2世の3番目の妃などを通して知られている．この名前は，特に，ポルトガルの聖女イザベル（Isabel, 1271-1336）にあやかる名前としてイベリア半島で特に人気のあるものとなった．聖女イザベルは，父の叔母がハンガリーの聖女エルジェーベトであった関係で，信仰の世界に入った．「貧しきクララ」の修道女となり，病院や孤児院を設立し，売春婦たちの保護施設を建設するなどの活躍をして大いに崇拝された．

エリザベス（Elizabeth, Elisabeth）は長い名前で，高貴な印象があることから伝統的に好まれたのであるが，庶民は気軽に呼べる愛称形をより好んだ．ElizabethやElisabethの前半部を使った愛称形にはイライザ（Eliza），エリーサ（Elisa），リーサ（Lisa），リズ（Liz）などがあり，後半部を使った愛称形にはベス（Beth），ベス（Bess），ベティ（Betty）などがある．ダ・ヴィンチの〈モナ・リザ〉（"Mona Lisa"）は英語的にはマダム・リーサ（Madame Lisa）で，この絵はフィレンツェの富豪フランチェスコ・デル・ジョコンダ夫人エリザベッタ

若き日のエリザベスⅠ世

（Elisabetta）を描いたものであるとされている．イライザ（Eliza）は映画〈マイ・フェア・レディ〉の主人公の名としてわたしたち日本人に親しみがあるものとなった．ベッティーナ（Bettina）はイタリア語的愛称形であり，ベリータ（Belita）はスペイン語的愛称形である．

天国の番人，大天使ミカエル

旧約聖書の外典（Apocrypha）あるいは続編として位置づけられている「トビト記」では，天使ラファエルが義人トビに次のように告げる．「さて今だから言うが，トビよ，あなたが祈り，サラが祈ったとき，その祈りが聞き届けられるように，栄光に輝く主の御前で執り成しをしたのは，だれであろうわたしだったのだ．あなたが死者を葬っていたときもそうだった」（「トビ」12.12）そしてさらに，「わたしは，栄光に輝く主の御前に仕えている七人の天使の一人，ラファエルである」（「トビ」12.15）と，自分が天使であることを告げるのである．

ユダヤ・キリスト教では，神の使いをする天使がいると考えられ，特に7人の天使が大天使と呼ばれ，神の御前に上がって神

31

の意思を人間に伝えたり，人間の祈りを神にとりつぐ役割を果たしていると信じられている．そして，それらの大天使のなかでも，ミカエル(Michael)，ガブリエル(Gabriel)，ウリエル(Uriel)，ラファエル(Raphael)は，神の玉座を四方から支えている大天使である．Michaelの語源はヘブライ語 *Mīkhā'ēl*（誰が神のごとくであるか）である．Gabrielの語源はヘブライ語 *Gabhrī'ēl*（神の力）であり，Urielの語源はヘブライ語 *Urī'ēl*（神の炎）である．Raphaelの語源はヘブライ語 *Rᵉphā'ēl*（神は癒したまえり）である．このように見ると，これらの大天使たちは，神，すなわち，ヤハウェの属性が擬人化されたものであると考えられる．

ユダヤ教において天使像が具体的になるのは，バビロニア捕囚からユダヤ人が解放されてからのこととされ，それにはペルシャの影響が考えられる．紀元前4世紀から紀元前3世紀にかけて書かれたとされる「トビト記」は，バビロニア捕囚時代の出来事を記したもので，その中心となる場所はペルシャ領内のメディア，すなわち，カスピ海南西地方である．「神に並ぶ者」とされたミカエル像は，ミトラのイメージに近い．ミトラは，ゾロアスター教の最高神アフラ・マズダにしたがう天使的な存在であり，アフラ・マズダと並ぶ神として崇拝された．ミトラには，最高の存在としての太陽アフラ・マズダと力比べをし，アフラ・マズダが彼の優秀性を認めて厳粛な友情の契りを交わすという神話がある．

ミトラについては，また，山麓の平和な草地を荒らす雄牛を退治する話がよく知られている．この雄牛は淫乱，傲慢，暴力，干ばつ，渇きなど地上の悪の象徴であり，この雄牛を退治することによってミトラは地上における豊饒をもたらす創造主的な存在になるのである．

最高者とそれと並ぶ者との競争と全幅の信頼の話は，東方世界に古くから存在したものである．シュメール神話のドゥムジとエンキムドゥの話，アッシリアの『ギルガメシュ叙事詩』におけるギルガメシュ王とエンキドゥの話にその原形を見ることができる．旧約聖書にはヤコブと神の取っ組み合いの話がある．そしてヘレニズム時代になると，プルタルコスが伝えるアレクサンドロス大王とペルシャの王ダレイオスとの関係に勝者の敗者に対する慈悲と寛容，敗者の勝者に示す全幅の服従と敬愛の関係を見ることができる．このような関係が神とミカエルの関係に投影していると考えることができ，それと正反対の姿が神とサタンの関係である．英語のプライド(pride)は，宗教的には神に対するサタンの態度を表わす言葉である．

旧約聖書の「イザヤ書」には「お前たちはわたしを誰に似せ／誰に比べようとするのか，と聖なる神は言われる」(「イザ」40.25)というくだりがある．また，「ダニエル書」では，ミカエルはイスラエルを守護して天上の悪と戦う最高の天使であり，イスラエル人の「最高位の君主の一人」(「ダニ」10.13)である．新約聖書の「ヨハネの黙示録」では天使群を導いてサタンと戦う大天使であり，天使長として描かれている．ミルトンの *Paradise Lost*（『楽園の喪失』）では，ミカエルは，神の使いとして楽園に降り立ち，アダムとイブを楽園から追放した．しかし彼らに神との和解の道筋を説く天使でもある．

『黄金伝説』の第139章「大天使聖ミカエル」では，名前ミカエルの意味は「だれが神に比べられようか」であり，聖グレゴリオスの言葉として「大きな奇跡が起こるときには，いつもミカエルが派遣される．その業とその名から，このような偉大な奇跡は神以外のだれもがなしえないということが

明らかになるためである」と解説している.
　このように神の使いとしてサタンと戦うミカエルは，中世においては，騎士の守護天使として信仰を集めるようになった．5世紀にイタリア南部のアドリア海に突き出たガルガーノ岬の山モンテ・サンタンジェロ(Monte Santangelo)に大天使ミカエルが現われたという伝説が生まれ，その地が一大巡礼地になった．シャルルマーニュとサラセン人との戦いにおいては，聖ミカエル像は錦の御旗であった．また，東から侵攻して来る異教徒マジャール人に対して神聖ローマ帝国皇帝ハインリヒ1世やその子オットー大帝も，天使ミカエルを旗印とした．それは異教徒と戦う地上のキリスト教徒の軍勢を，天国でサタンと戦った大天使ミカエルに導かれた天使の軍勢とみなしたということである.

†フランスの砦モン・サン・ミシェル

　天使ミカエルに捧げられた教会や修道院は数知れない．特に，フランスのノルマンディーにあるモン・サン・ミシェル(Mont St. Michel)や，英仏海峡を挟んだ対岸のコーンウォルにあるセント・マイケルズ・マウント(St. Michael's Mount)が有名である．これらの修道院は，干潮時には，岬から歩いて渡れる島の上に建てられたものであるが，敵に対する戦略地点として重要な場所であり，天使ミカエルを，外敵，嵐，飢饉，流行病に対する守護天使としてこのような場所に配したのである．ノルマンディーのモン・サン・ミシェルは，ケルト人の聖地に大天使ミカエルが現われたという伝説に基づいて9世紀に築かれたものであるが，初代のノルマンディー公ロロ(Rollo)がキリスト教に改宗して以来，ノルマンディー公の保護を受けて発展した．

　新約聖書の「ユダの手紙」ではカナンの地を前にして死んだモーセの体をミカエルと

モン・サン・ミシェル修道院

サタンが奪いあったということが記されている(「ユダ」9)．中世ヨーロッパでは，臨終の床のまわりに悪霊が群がって病人を恐怖感と絶望で包むという考えが一般的であったが，信仰篤い人が聖ミカエルの名を唱えて祈ると，ミカエルが死者を天国まで無事に送り届けてくれると信じられていた．火刑直前のジャンヌ・ダルクがさかんに大天使ミカエルの名前を呼んだのもそのためである．ゲルマン神話の，死者をヴァルハラへと導くオーディンにもこのミカエル像に通じるものがある.

　ミシェル(Michel)はフランス語男性名であり，ミシェル(Michele, Michelle)はその女性形である．英語圏では，男性名Michaelに対して女性の名前にはミシェール(Michele, Michelle)が好まれてきた.

　ミッチェル(Mitchell)はフランス語名Michelから，特にアイルランドやスコットランドで使われるようになった名前である．一般には姓として使われている．『風と共に去りぬ』の作者マーガレット・ミッチェル(Margaret Manarin Mitchell, 1900-49)の父親はスコットランド系，母はアイルランド系のアメリカ人であるが，Mitchellは父方の姓である.

ミケル（Michel）はイタリア語名で，ミゲル（Miguel）はスペイン語名である．『ドン・キホーテ』の作者として知られるセルバンティスのフルネームはミゲル・デ・セルバンテス・サーベドラ（Miguel de Cervantes Saavedra, 1547-1616）である．

†ディズニーの愛し子ミッキー・マウス

西ローマ帝国滅亡後の動乱期に，アイルランドにも聖ミカエル崇拝が広まった．アイルランドの南西部ケリー郡の海岸から13キロ沖にスケリッグ・マイケル（Skellig Michael）という名で知られる小さな島がある．この島はジョージ・バーナード・ショー（George Bernard Shaw, 1856-1950）が，「信じがたいほどまったくもって狂気じみた所（an incredible, impossible, mad place）」と言ったほど厳しい環境の孤島である．そこに7世紀に大天使ミカエルに捧げる修道院が建てられた．

スケリッグ・マイケルの修道院はアイルランドにおいて厳格な修道制を定着させた聖フィニアン（Finnian of Clonard, ?-549?）によって創建されたと伝えられている．それは，峻厳にして人を拒む荒海に突き出た岩礁の頂上に建てられた修道院である．その修道のあり方は大アントニウスの修道の強い影響を受けたもので，カッパドキアの修道士たちの洞窟修道にも通じるものであった．

アイルランド独立の英雄マイケル・コリンズ

ミカエルの名は，しかし，人名としては18世紀まではあまり使われなかった．17世紀の終わりから18世紀の初めといえば，スコットランドやアイルランドでカトリックを奉じるステュアート王家再興運動が盛んだったころである．この時期にカトリック世界でもっとも伝統的な名前がさかんに使われるようになった．そして，英語圏ではマイケル（Michael）はパトリックとともにアイルランド的響きのする名前と考えられるようになるのである．

マイケルの名をもつ実在の人物として特に有名なのは，アイルランド独立運動の指導者マイケル・コリンズ（Michael Collins, 1890-1922）である．彼は，シン・フェーン（Sinn Fein：アイルランド独立党）のメンバーとなり，1918年に仲間とともにアイルランド共和国の樹立を宣言した．そして，アイルランド独立戦争（1919-21）においてはゲリラ部隊を組織して，イギリス軍にとってもっとも危険な人物として恐れられ，イギリスとの終戦交渉においてはアイルランドを代表して会談に参加した．しかし，彼が締結しようとした協定はアイルランドの南北分割を容認し，イギリス王室への忠誠を容認するもので，協定に対する賛否をめぐってアイルランドは2派に分裂した．結局は，マイケル・コリンズの説得が功を奏し，共和国政府が成立してマイケル・コリンズはその政府の首班になった．しかしその10日後に軍隊を閲兵中に暗殺されるのである．壮途の半ばで若くして暗殺されたマイケル・コリンズは次第にアイルランド国民の間で伝説的人物になり，ミック（Mich）という愛称で呼ばれ，勇敢で，ハンサムで，機知とユーモアに富み，女性に

囲まれた色男としての大衆的英雄に仕立て上げられていった．

アメリカでは19世紀の半ばから，アイルランド移民が増えるとともにマイケルの名前が増え，アイルランド人が新大陸で地歩を固めるとともに次第にその人気が高まった．今日ではマイケルは名前の人気番付で十指に入るほどになっている．米国の元駐日大使マンスフィールド(1903-)のフルネームはMichael Joseph Mansfieldであるが，マイク・マンスフィールド(Mike Mansfield)と親しみを込めて呼ばれている．同大使の父親の名前はPatrick O'Brien Mansfieldであり，その名前からしてアイルランド系アメリカ人であることは明らかである．

ミッキー(Mickey)はMichaelの愛称である．ところが，アメリカにおいては，アイルランド人に対する先着のイングランド人の差別意識が強く，普通名詞化したmickeyは，20世紀の中ごろまで蔑称的にアイルランド人を指す言葉として使われ，ジャガイモやカトリック教徒を意味する俗語としても使われていた．アイルランド独立運動の象徴的名前であるフィン(Finn)とMickeyとを合わせた俗語Mickey Finnは麻薬とか下剤などをまぜた酒を意味する言葉である．遅れてアメリカにやって来て過酷な差別を受け，スラムに住み，麻薬や密造酒に手を染めたアイルランド人の苦難が目に浮かぶ言葉である．

ミッキー・マウス(Mickey Mouse)はウォルト・ディズニー制作の映画のキャラクター子ネズミである．ミッキーは，だれもが嫌うはずのネズミである．しかし，このネズミは服を着てネクタイを締めた紳士で，ユーモラスにして強い正義感と冒険心に満ちた英雄である．このミッキー・マウスの声はウォルト・ディズニー自身が演じたが，ミッキー・マウスはジャガイモ飢饉のときにアメリカに移民してきた曽祖父をもち，苦しい生活を強いられながら成功への路を登りつつあったウォルト・ディズニー自身の姿でもあったとされる．

†ロマーノフ王朝の祖ミハイール

ミハイール(Михаи́л: Mikhail)はミカエルのロシア語名である．

東ローマ皇帝ミカエル1世(Michael I, 在位811-13)以来ミカエル9世(在位1394-1420)まで，9人という多くの同名の皇帝が輩出したことから，ギリシャ正教圏で強い人気を保つ伝統的な名前となった．古くは，弟キュリロス(Kyrillos, 826?-69)とともに「スラヴの使徒」と呼ばれたメトディオス(Methodios, 826?-85)の本名がミカエルであった．このためミハイールは，もっとも古くは聖メトディオスにあやかる名前として，また時代が下って17世紀以降は，ロマーノフ王朝の祖ミハイール(Mikhail Fyodorovich Romanov, 在位1613-45)にあやかる名前としても知られている．ロマーノフ(Romanov)のRomanはロシア最初の殉教者と仰がれるボリース(Boris)の洗礼名であった．

ミハイール1世は，ロシアの伝説的建国者リューリクの血を引く家系の生まれである．彼を祖とするロマーノフ王朝はピョートル1世，エカテリーナ2世，アレクサンドル1世を輩出し，1917年に共産主義革命によってニコラーイ2世が廃位されるまで続いた．ミハイールの名をもつ現代人としては，ペレストロイカを唱え，東西の冷戦構造を終結させるなど華々しい活躍をした元ソ連のゴルバチョフ大統領(Mikhail Sergeyevich Gorbachev, 1931-)が思い出される．なお，ミハイールの愛称形はミーシャ(Мńша: Misha)であり，ミーシャはまたロシアを象徴する「熊」の愛称でもある．ミハーイラ(Михáйда: Mikhajla)はミ

ハイールの口語形である．

貴婦人を守護する義人ダニエル

ダニエル(Daniel)の名はヘブライ語 *Dānī'ēl* が語源で，その意味は「神は私の裁き人」である．旧約聖書「ダニエル書」に登場する信仰厚い預言者ダニエルの人物像によって伝統的に人気のある名前となっている．「ダニエル書」の前の「エゼキエル書」には義人の代表としてノア，ダニエル，ヨブの名が並んでいる．「ダニエル書」は，紀元前170年に，シリアのアンティオコス4世がユダヤ人を迫害したとき，伝説上のダニエルを主人公にして，迫害されたユダヤ人を励ますために書かれた物語である．

「ダニエル書」によると，紀元前605年アッシリアから独立した新バビロニアのネブカドネツァルがユダ王国の都エルサレムを陥落したときに，ダニエルはバビロンに強制連行された．バビロニア王はユダ王族・貴族のなかから数人の若者を差し出すことを要求したが，その若者たちは欠点がない者で，容姿は美しく，知恵にさとく，知識に富み，学問をきわめ，王の宮廷に入る資格のある者でなければならなかった．このような条件のもとに選ばれた3人の若者の1人がダニエルであった．

ダニエルについては，王の禁令に背いてエルサレムに向かって祈っている姿を見つかり，獅子の穴に入れられるが，神の救いによって生き抜くことができたという話がある．また，不貞の疑いをかけられたユダヤの美しい女性スザンナの無実を証明して彼女を救ったという話が特に好まれた．そして，中世には，スザンナが純潔をまもる女性の象徴として，ダニエルがそのような女性を守る騎士のイメージをもつようになって人気のある名前となった．

ダニエルの名をもつ実在の人物としては，柱頭修道の創始者シメオンの弟子ダニエル(Daniel, 409-93)が有名である．柱頭行者とは，厳しい修道生活の一形態として柱の上に小さい小屋を作って住み，祈禱に専念し，人びとの争いを仲裁し，霊的教訓を人びとに与えた行者のことである．修道の発祥の地であるエジプトや，シリア，ギリシャで多くの支持者を集めた．聖ダニエルはコンスタンティノポリスの近くで33年間柱頭に留まって明快な説教をしたことから賢者と呼ばれて慕われた．

英語的変化形にはダネル(Danell, Dannel)，デネル(Dennell)などがあり，フランス語名にはダニオー(Daniau)，デニオー(Deniau)，ドイツ語名にはダンゲル(Dangel)，ダングレ(Dangle)などがある．また，アイルランドではゲール語の名前ドーナル(Domhnall: ruler of the world)を語源とするドナルド(Donald)と同一視された．ダン(Dan)やダニー(Danny)は英語の男性愛称形である．ダニエル(Danielle)やダニル(Danille)はフランス語の女性名で，ダーナ(Dana)やダニート(Danite)はその愛称形である．

Dannyの名をもつ人物としてはコメディアンで映画俳優・歌手でもあったダニー・ケイ(Danny Kaye, 1913-87)がいる．彼の本名はDavid Daniel Kominiskiで，ユダヤ系市民の子としてニューヨークに生まれた．映画〈アンデルセン物語〉で日本でも知られていたが，晩年はユニセフの親善大使として恵まれない子どもたちのために慈善活動をしたことでよく話題になった．

ヤコブの第5子の名ダン(Dan)の意味も「裁き」である．ダンは，ラケルに子が出来ないことを嘆くヤコブを見て，ラケルが自分の奴隷女をヤコブに与えて生ませた子である．その子が生まれた時「わたしの訴えを神は正しくお裁き(ディン)になり，私の願いを聞き入れ男の子を与えて下さった」(「創」30.6)と言ってラケルがダンと名づけ

た．そのダンはイスラエル12支族の1つダン族の名祖である．

ディナ（Dinah）のDin-も，DanielのDan-と同じ語源の言葉で，この名の意味は「神は裁く」（God judges）である．ディナは旧約聖書の「創世記」第30章21節にレアとヤコブの娘として登場する．旧約聖書に由来する人物の名の1つとして宗教改革の風潮が高まった17世紀になって使われ始めたもので，ルネッサンスの風潮のもとに流行したダイアナ（Diana）と混同されるようになった．

また，ギリシャ神話に登場するダナエ（Danae）はフェニキア起源の名前で，DanielのDan-やDinahのDin-と同じ語源の名前であり，この名の意味は「裁く者」である．ダナエは，ゼウスによってペルセウスの母となった人間の娘である．

ユダヤの族長とその妻たち

ユダヤ人の族長とは，一般にモーセ（Moses）以前のイスラエルの先祖のことで，特に，ヤハウェと最初に契約を結んだアブラハム（Abraham）から，2代目イサク（Isaac），そしてイサクの子でイスラエル12支族の父となったヤコブ（Jacob）までを族長扱いすることが多い．ユダヤ民族の起こりやユダヤ教の起源に関わる叙事詩は，民族団結の強力な内的力となってユダヤ人の歴史のなかでも特別な地位をしめている．サラ（Sarah）はアブラハムの妻，リベカ（Rebecca）はイサクの妻，ラケル（Rachel）とレア（Leah）はヤコブの妻で，それぞれが，美しく知恵にたけた女性たちである．

ウォルター・スコットの『アイヴァンホー』では，ヨークのアイザックとその娘レベッカを通じて，十字軍時代のイギリスにおける激しいユダヤ人差別の様子が描かれている．レベッカはこの物語における主人公というべき人物で，彼女の母の名がラケルである．この物語は19世紀に書かれたものであり，このような名前が当時なおユダヤ人的響きをもつものであったことを示している．しかし，レベッカの口を借りてキリスト教徒の狭量さを生き生きと描いたこの物語は，また，もっともユダヤ人的な名前も当時はロマンティックな名前として次第に広く受け入れられつつあったことを示すものである．

太祖アブラハム

アブラハムの元の名はアブラム（Abram）といい，その意味はhigh fatherで，Ab-はヘブライ語$\bar{a}bh$（父）が語源である．そのアブラムが99歳になったとき，主が現われて，「わたしは，あなたとの間にわたしの契約を立て，あなたをますます増やすであろう」「これがあなたと結ぶわたしの契約である．あなたは多くの国民の父となる．あなたは，もはやアブラムではなく，アブラハムと名乗りなさい」（「創」17.2-5）と言う．Abrahamの-rahamはヘブライ語$r\bar{a}h\acute{a}m$（多数）であり，それは一族が栄え，大きな部族となることを意味するものであった．

旧約聖書に登場する名前の多くは，宗教改革運動によって生まれた原理主義的傾向の強い清教徒たちによく使われる名前となった．その関係でアブラハムはアメリカでよく見られる名前であるが，リンカン大統領にあやかる名前としてその人気はさらに高いものとなった．リンカン大統領はしばしば親しみをこめてエイブ（Abe）と呼ばれた．なお，abbot（司教）やabbey（大修道院）はヘブライ語$\bar{a}bh$の強調的意味をもつアラム語$abb\bar{a}$（the father）が語源である．

AbrahamのAb-をもつ名前には女性名

アビガイル（Abigail）がある．この名の原義は「父の喜び」である．この名前はダビデの謙虚で賢明な妻の名前として旧約聖書に登場する．彼女は，カルメルの地で大きな農場を持つナバルという粗野な男の，常識豊かな美しい妻であった．ナバルは，ダビデに対して好戦的であり，少しばかりの貢ぎ物をも拒んだ．そこでダビデがナバルを襲おうと計画すると，アビガイルは持ち前の知恵で夫ナバルの危急を救うのである．しかし，ナバルはまもなく死んだ．そしてダビデに妻にと請われると，アビガイルは「わたしは御主人様の僕たちの足を洗うはしためになります」（「サム上」25.41）と言って申し出を受け入れた．この故事からアビガイルは謙虚で献身的で賢明な女性のイメージをもつ名前となった．また17世紀のイギリスではアビゲイルとしてアブラハムと同じく，清教徒たちの好む名前となった．アメリカ合衆国第2代大統領ジョン・アダムス（John Adams，在任1797-1801）のファーストレディの名がアビゲイルである．

アビゲイルの愛称にはアビー（Abbie, Abby, Abbey）やゲイル（Gail, Gaile）などがある．800もの新聞に掲載されている人生相談コラムに"Dear Abby"があるが，このコラムの執筆者のフルネームはアビゲイル・ヴァン・ビューレン（Abigail Van Buren, 1918-　）である．しかし，彼女の本名はポーリーン・エスター・フリードマン（Pauline Esther Friedman）である．アビゲイルは，旧約聖書における，謙虚，賢明にして，常識豊かで，美しい女性アビガイルにあやかった名前であり，ヴァン・ビューレンは賢明にして有能な法律家として名声が高かった第8代大統領マーティン・ヴァン・ビューレン（Martin Van Buren, 在任1837-41）にあやかった名前である．「賢明にして常識豊か，謙虚にして有能」という人生相談コラムの回答者に求められる資質を象徴する名前として読者の受けをねらったペンネームであることがわかる．なお，本名Pauline Esther FriedmanのEsther Friedmanやペンネーム Abigailから，彼女はユダヤ（アシュケナジ）系アメリカ人であると考えられる．

†アブラハムの奇蹟の子イサク

アブラハムに契約を伝えた神は，言葉を続けて，妻サラが多くの民の母となり，多くの民の王が彼女から生まれると約束する．そのとき，アブラハムはひれ伏すが，笑ってひそかに「百歳の男に子供が生まれるだろうか．九十歳のサラに子供が産めるだろうか」と言う．しかし，神はさらに言葉を続けて「いや，あなたの妻サラがあなたとの間に男の子を産む．その子をイサクと名付けなさい．わたしは彼と契約を立て，彼の子孫のために永遠の契約とする」（「創」17.17-19）と言った．Isaacの語源的意味は「彼は笑う」であるとされるが，それはアブラハムの驚きと疑いを含んだ笑いであり，アブラハムとサラの喜びの笑いでもある．

イサクの名前は，中世においてはもっともユダヤ的な名前としてユダヤ人以外にはあまり使われず，ユダヤ人であることの烙印のような意味をもっていた．その差別の一端が，『アイヴァンホー』におけるヨークの老ユダヤ人アイザック（Isaac）に表われている．彼は，金銭しか身を守るすべのないことを信条として，ときには卑屈になりながらもたくましく生きる人物である．しかし，この名は，宗教改革後は他の旧約聖書に由来する人名とともに一般にも人気が出て，特に清教徒の間で使われた．アイザックの名をもつ歴史的人物としてはアイザック・ニュートン（Isaac Newton, 1642-1727）がもっとも有名である．ニュートンは数学者であり，物理学者であったが，宗

〈ヘブライ〉

教思想家でもあり，ユダヤ教的な信仰をもっていたことで知られている．

イサクの祝福を横取りしたヤコブ

ヤコブ(Jacob)はユダヤ人の3代目の族長の名前である．これは「神よ護りたまえ」を意味するヘブライ語が語源の名前であると考えられている．しかし，旧約聖書の「創世記」第25章には，ヤコブがイサクとリベカの間に生まれた双子の弟で，赤毛で毛深い兄エサウの踵をつかんで生まれてきたので「踵をつかむ者」という意味で $Ya'\bar{a}q\bar{o}bh$ と名づけられたと書かれている．ヘブライ語で踵のことをアケブ($'aq\bar{e}bh$)と言う．また，上記「踵をつかむ者」は「横取りする者」とか「出し抜く者」という意味があるとも解釈されてきた．それは，ヤコブが父イサクをだましてエサウに与えられるべき家長権と祝福を手に入れたので，「ずるい」ヤコブを非難してエサウが「彼をヤコブとは，よく名付けたものだ．これで二度も，わたしの足を引っ張り(アーカブ)欺いた．あのときはわたしの長子権を奪い，今度はわたしの祝福を奪ってしまった」(「創」27.36)と怒りをぶちまけたことに由来する解釈である．

イサクがヤコブに与えた祝福の言葉は次のようなものである．「ああ，わたしの子の香りは／主が祝福された野の香りのようだ．どうか神が／天の露と地の生み出す豊かなもの／穀物とぶどう酒を／お前に与えてくださるように．多くの民がお前に仕え／多くの国民がお前にひれ伏す．お前は兄弟たちの主人となり／母の子らもお前に

〈ヤコブを祝福するイサク〉(フリンク画)

ひれ伏す．お前を呪う者は呪われ／お前を祝福する者は／祝福されるように」(「創」27.27-29)

ヤコブについては重要な逸話がこの他にもいくつかある．その1つが，砂漠で石を枕に寝ているときに天使たちが現われる話である．ヤコブは父イサクから祝福を受け，自分の兄ラバンの娘たちから妻を選べという母リベカの言いつけに従ってメソポタミアのハランという地に向かう．その途中，日が暮れて石を枕に野宿をし，夢を見る．その夢のなかでは地に立てられた梯子が天まで届き，神の使いたちが梯子をのぼったり下ったりしているのが見えた．すると突然神が彼の前に現われて，「わたしは，あなたの父祖アブラハムの神，イサクの神，主である．あなたが今横たわっているこの土地を，あなたとあなたの子孫に与える．あなたの子孫は大地の砂粒のように多くなり，西へ，東へ，北へ，南へと広がっていくであろう．地上の氏族はすべて，あなたとあなたの子孫によって祝福に入る．見よ，わたしはあなたと共にいる．あなたがどこへ行っても，わたしはあなたを守り，必ずこの土地に連れ帰る．わたしはあなたに約束したことを果たすまで決して見捨てない」(「創」28.13-15)と言う．神のこの力強い祝福こそユダヤ・キリスト教徒が求めてやまないものであり，ヤコブの名が伝統的に人気を博する根拠でもある．

このようにして神にも祝福されたヤコブは，やがて12人の男子の親となり，その子たちがイスラエル12支族の名祖となった．イスラエル(Israel)の意味は「神と競う者」で，この名はヤコブの別名である．ヤコブはメソポタミアのハランからカナンに帰る途中，ヨルダン川に流れ込むヤボクという小川の辺で，不思議な人物と夜明けまで取っ組み合いをする．イスラエルとはその神とおぼしき人からヤコブに与えられた名前である．その人は「お前の名はもうヤコブではなく，これからはイスラエルと呼ばれる．お前は神と人と闘って勝ったからだ」(「創」32.29)と言ってヤコブを祝福した．

† コンポステーラのサンティアゴ

ヤコブ(Jacob)は，ヘブライ語 *Ya'aqōbh* がギリシャ語では *Iákōbos* となり，後期ラテン語 *Jacōbus* を経て生まれた名前である．後期ラテン語 *Jacōbus* はフランス語ではジャック(Jacques)となり，スペイン語ではイアーゴ(Iago)やハーゴ(Jago)，英語ではジェイコブ(Jacob)，ロシア語ではヤーコフ(Яков: Yakob)となった．イアーコフ(Иаков: Iakob)はその古形である．

新約聖書の十二使徒に2人のヤコブがいる．1人はゼベダイの子ヤコブで，彼は「ヨハネによる福音書」の著者ヨハネの兄弟である．もう1人はアルパヨの子ヤコブである．前者を大ヤコブと呼び，後者を小ヤコブと呼ぶ．大ヤコブはアンデレ，ペテロ，ヨハネとともにイエスの最初の弟子となった人物である．彼はガリラヤの漁夫で，父と雇い人とともに網をつくろっているとき，イエスに声をかけられ，イエスに従った．

『黄金伝説』の第94章「使徒聖大ヤコブ」には，ゼベダイの子ヤコブが大ヤコブと呼ばれる理由は，彼がアルパヨのヤコブよりも早くイエスに召されたからであり，彼がとりわけイエスと親密であり，使徒たちの誰よりも早く殉教したからである，と書かれている．同伝説によると，聖ヤコブは殉教によって自らを神に捧げ，また神から霊的守護者として人びとにさずけられた人であった．

大ヤコブはエルサレム教会の指導者となりヘロデ王(Herod Agrippa，在位41-44)と対立し，エルサレムで首を斬られて殉教した．そして，6世紀には彼がスペインで

〈ヘブライ〉

伝道を行ったという伝説が生まれ，9世紀には，大ヤコブが殉教したその晩に，彼の遺体は小舟に乗せられて海をただよい，星に導かれてイベリア半島西北端のガリシアの海岸にたどりついたという伝説が生まれた．『黄金伝説』によると，大ヤコブがエルサレムで殉教した夜，弟子たちがこっそりと彼の遺体を運び出して小舟に乗せた．するとその舟は主の御使いによって西へ西へと運ばれてイベリアの西北端にたどりつくのである．

サンティアゴ・デ・コンポステーラ(Santiago de Compostela)のSantiagoは，ラテン語の呼格形 *Sāncte Jacōbe*(Oh, Saint Jacob)のスペイン語 Santi Yagüeが名前になったものである．Compostelaは星に導かれて大ヤコブの遺体がたどりついたという伝説から生まれたラテン語 *Campus Stēllae*(星の野)が語源である．

コンポステーラのサンティアゴ教会は，ヨーロッパのキリスト教徒のサラセン人に対する聖戦レコンキスタ(国土回復運動)の象徴的存在となった．そして，11世紀から12世紀にかけての巡礼の全盛期には，フランス，イタリア，イギリス，ドイツはもちろん，スカンディナヴィア諸国や，東はハンガリーやポーランドからも大勢の巡礼者を集めた．コンポステーラの大ヤコブは天から降りて来て，苦戦するキリスト教徒を助ける白馬の騎士としてイメージされており，異教徒と戦うキリストの戦士をまもる聖人である．

チリの首都サンティアゴはコンポステーラの大ヤコブにちなむ地名である．ヘミングウェイ(Earnest Miller Hemingway, 1899-1961)がキューバのハバナを舞台にして書いた *The Old Man and the Sea*(『老人と海』)の主人公である老人の名がサンティアゴである．カリフォルニアの南部の都市サンディエゴ(San Diego)のDiegoも Jacobusがスペイン語でなまって生まれた名前であると考えられてきた．ディエーゴの名をもつ人物としてはアルゼンチンのサッカー選手マラドーナ(Diego Armando Maradona, 1960-)などがいる．

†ジャコバイトの旗印ジェイムズ

ジェイムズ(James)は，後期ラテン語 *Jacōbus* から口語的に変化した *Jacōmus* が，古フランス語で *James* となり，12世紀ごろにイングランドでも使われるようになった名前である．英語ではジェイコブ(Jacob)とジェイムズ(James)がそれぞれ独立した名前として通用している．それはジェイムズ1世(James I, 在位1603-25)の治世の1611年に刊行された『欽定訳聖書』において旧約聖書のイサクの息子ヤコブをJacobとし，新約聖書のヤコブをJamesと訳したことに由来するものである．

ジェイムズの名は，イギリスにおいてはジェイムズ1世によって身近なものとなった．ジェイムズ1世はスコットランド王としてはジェイムズ6世(James VI, 在位1567-25)であり，エリザベス1世の死後，イングランド王となってステュアート王家を創始した人物である．しかし，スコットランド王ジェイムズ6世がイングランド王ジェイムズ1世であることからもわかるように，当時のイングランドではジェイムズの名はスコットランド的な響きのする名前であった．スコットランド王ジェイムズ1世(James I, 在位1406-37)はステュアート家の最初の強力な王であった．

ジェイムズの名がスコットランドで使われるようになったのは，サンティアゴ・コンポステーラへの巡礼が盛んになった12世紀ごろである．歴代のスコットランド王がケルトの伝統に従ってその上で戴冠したスクーンの石(Stone of Scone)の伝説も，スコットランドにおけるコンポステーラの聖

ヤコブ崇拝の強さに寄与している．スクーンの石はアイルランドのタラの上王が代々王位の象徴とした運命の石(Stone of Destiny)に由来するものである．しかし，この石は，聖地エルサレムやスペインのコンポステーラへの巡礼が盛んだった時代に，旧約のヤコブが枕にした石と結びつけられた．伝説によると，ヤコブが枕にしたこの石はスペインのコンポステーラにあったが，スコット人のダルリアダ家の者がコンポステーラからスコットランドに持ち帰ったとされ，王権神授の根拠を示し国家繁栄を象徴するものとなった．このスクーンの石はエドワード1世にイングランドに持ち去られ，ウェストミンスター寺院の，英国王の戴冠式に使われる椅子にはめこまれた．しかし，スコットランド民族主義の高まりにともなって1996年，700年ぶりにスコットランドに返還され，現在はエディンバラ城にある．

　スコットランドにおけるジェイムズの人気には，また，スペインのイスラムとの戦いで大きな成果を上げたアラゴンのハイメ1世(Jaime I，在位1213-76)の影響を見ることができる．ハイメ1世は征服王と呼ばれてヨーロッパに名を馳せ，カトリックの東の砦とされたハンガリーの王家と婚姻関係を結び，さらに聖地十字軍を志すなど，ヨーロッパ中に知れわたった英雄であった．以来，フランスでもジェイムズは伝統的なジャック(Jacques)とともに人気が高い名前となった．スペイン語名Jaimeはフランス語や英語ではJamesであるが，スコットランドにはJamesの方言的名前としてハイメ(Haime)やハミッシュ(Hamish)などがある．

　英語名ジェイムズ(James)は，1688年の名誉革命以来スコットランドでは特に愛国的な名前となった．名誉革命とは，不人気をかこったカトリックのジェイムズ2世(James II，在位1685-88)を廃位し，ジェイムズ2世の長女でプロテスタントの王女メアリー(Mary II，在位1688-94)とその夫オレンジ公ウィリアム(William III)を共同統治者として王位に招き，権利章典を認めさせ，立憲王政を樹立するという無血革命であった．以来，ジェイムズは，スコットランドを中心に起こった，カトリックを信奉する亡命ステュアート王家復興闘争の象徴的な名前となった．ジャコバイト(Jacobite)とはジェイムズ2世の支持者のことであり，亡命ステュアート王家支持者のことである．その関係で，イングランドではジェイムズの人気は衰えたが，スコットランドやアイルランドでは強い人気を保つ名前になった．

　20世紀になるとジェイムズの名の人気は，他の多くの伝統的な名前とともに下火になった．しかし，〈エデンの東〉や〈理由なき反抗〉の映画俳優ジェイムズ・ディーン(James Byron Dean, 1931-55)にあやかる名前として広く人気を盛り返している．

　Jamesはゲール語ではシェイマス(Seamus)となり，それが英語化してShamusと綴られる．この名をもつ人物としては1995年にノーベル文学賞を受賞したアイルランドの詩人シェイマス・ヒーニー(Seamus Heaney, 1939-　)が有名である．

†ジム，コモ，ジャッキー

　ジム(Jim)やジミー(Jimmy)はジェイムズの愛称形である．英国ではJamesの愛称JimmyはJohnの愛称ジョック(Jock)とともに特にスコットランド的響きがあり，お互いに名前を知らないスコットランド人同士が出会うと"Hi, Jimmy."と挨拶するほどである．アメリカ合衆国第39代カーター大統領(在任1977-81)の本名はJames Earl Carter Jr.であるが，大統領選挙運動

〈ヘブライ〉

中に親しみやすいJimmyに名を変えた．この名前変更はただ親しみやすさだけが理由ではなく，カーター自身がアイルランド系スコットランド人であることから，かつてのジャコバイトを意識し，スコットランド系アメリカ人の支持を確保しようと意図したとも考えられる．

スコットランド系のアメリカ合衆国大統領ジミー・カーター

イタリア語名ジャコモ（Giacomo）は，平俗ラテン語の*Iacŏmus*から生まれた名前であり，コモ（Como）はその短縮形である．また，後期ラテン語の綴り*Iacōbus*からイタリア語イァコポ（Iacopo）が生まれ，コポ（Copo）が生まれた．イタリアの独裁者として有名なムッソリーニ（Benito Mussolini, 1883-1945）のMussoliniは，後期ラテン語名*Iacŏmus*から派生した短縮形イタリア語名ムッソ（Musso）に愛称語尾-liniがついたものである可能性が高い．

ジャクリーン（Jacqueline）は，Jacobusのフランス語形Jacquesの愛称辞形であり，女性名として英語圏では今世紀になって人気が出た名前である．今日では，アメリカ合衆国第35代大統領ケネディのファースト・レディの名前として知られている．彼女はフランス系アメリカ人で，フランス語が堪能で，ケネディ大統領の人気を大いに高め，ジャッキー（Jackie）の愛称で親しまれた．なお，男性名JackはJohnの変化形として知られているが，古くはJacquesの愛称と考えられることが多かった．

美しく知恵豊かな族長の妻たち

†謙虚な良妻サラ

サラ（Sarah）はアブラム（後のアブラハム）の妻である．もとの名をサライ（Sarai〔原義：かごを作る人〕）といった．神はサライを祝福して，彼女が多くの民の母となり，多くの民の王が，彼女から生まれると約束し，サライにサラ（Sarah）という名を与える（「創」17.16）．Sarahはヘブライ語 *šārâr*（he ruled）から派生した *šar*（prince）の女性形 *šārā̂ʰ*（princess）が固有名詞化したものである．

サラはたぐいまれな美しい女性であった．彼女が妻だと知ると寄留地のエジプト人が夫の自分を殺してサラだけを生かしておくであろうと，アブラハムが心配するほどである（「創」12.11-13）．しかし，サラはながらく子どもに恵まれなかった．子に恵まれないということは，神から見放されたということであり，子を産めない女性はユダヤ人のコミュニティからも白い目で見られるということであった．彼女はその恐れに苛まれながらも，神を信じる夫に謙虚につくすのである．そのサラが90歳になってやっと男子イサク（Isaac）に恵まれ，その後127歳まで生きた．使徒ペトロは「ペトロの手紙一」で，夫にしたがい，慎み深い生活をし，外面を飾らず，内的な心を飾り，霊の朽ちることのない清さをもって，神に希望をかけて生きた理想の妻の例としてサラを挙げている．そして「あなたがたも，善を行い，また何事も恐れないなら，サラの娘となるのです」（「Ⅰペト」3.6）と言うのである．

Saraはギリシャ語の影響を受けた綴りである．また，サリー（Sally）は，HenryからHal，MaryからMollyが派生したのと同じようにSaraから生まれた愛称形であった．サラ=アン（Sarah-Ann）とかサリアン（Sallyann）のように，聖母マリアの

母アンナとの合成名もある.

†配慮と才覚の持ち主リベカ

旧約聖書におけるリベカ(Rebecca)はイサクの妻でありヤコブの母である. 彼女は, のどが渇いたので水を飲ませてほしいと旅人がたのむと, そのたのみを快く受けて, その旅人のラクダにも水を飲ませるという配慮をする女性である(「創」24.46). また, 彼女は姿形の美しい女性で, そのあまりの美しさに, イサクは寄留地のペリシテ人が妬んで自分を殺して妻を奪うのではないかと心配し, 自分の妻リベカを妹と偽らなければならなかったほどである(「創」26.7).

しかし, リベカは, 単に美しく優しいだけの女性ではなかった. 彼女とイサクは長い間子宝に恵まれなかったが, 年老いてからやっとエサウとヤコブという双子を得た. ところが, リベカはヤコブを可愛がるあまり, エサウを可愛がるイサクをだましてヤコブに彼の祝福を与えさせた. そして, 怒ったエサウがヤコブを殺すと言っているのを聞くと, ヤコブを兄ラバンの安全な地へと逃すのである.

Rebeccaは, ヘブライ語 $ribhq\bar{a}^h$ (team：犂や車を引く1頭あるいは一連の馬・牛)と同系の名前 $Ribhq\bar{a}^h$ (同志, 宗教的に結びついた団体)が語源であるとされる. しかし, 本当の語源は不詳である. ギリシャ語 $Rheb\acute{e}kka$, 後期ラテン語 $Rebecca$ を経て現在の語形が生まれた. 『欽定訳聖書』においては, 旧約聖書ではRebekahと綴り, 新約聖書ではRebeccaと綴っている. 日本語表記は, プロテスタント系聖書ではリベカ, カトリック系聖書ではレベッカ, 新共同訳聖書ではリベカを採用している.

レベッカ(Rebecca)は, 中世においてはユダヤ人女性を代表する名前であった.

『アイヴァンホー』の美しい娘レベッカは, 父親に代表されるユダヤ人的かたくなさやノルマン人やサクソン人の傲慢さ, さらに, 戦いを賛美し死を美化する騎士道の空虚さをしっかりと見抜き, 深い人間愛をもって世界を見ることができる女性である. 物語を通して, アイヴァンホーに思いを寄せ, 瀕死の重傷を負った彼を身を挺して守るレベッカの姿が生き生きと描かれている. このようなレベッカは作者スコットの理想とする女性像と考えられる. 宗教改革を経てユダヤ人以外に新教徒にも用いられるようになっていた名前レベッカは, 非常にロマンティックに描かれたスコットのレベッカ像によってさらに人気が高まった.

ローマ帝国末期から多数のユダヤ人が移住していたイベリア半島では, イスラム王国の庇護のもとにユダヤ人社会は大いに栄えた. 上記『アイヴァンホー』の傷心のレベッカがユダヤ人差別が激しいイギリスを去って安住の地を求めて行こうとする先もスペインである. その関係でレベッカはスペインで特に人気のある名前であったが, レベカ(Rebeca), ベッカ(Becca), ベッキ(Bekki), レーバ(Reba)などはスペイン語的な名前である. レベカ(Rébecca)はフランス語名で, 英語名Rebeccaの変形にはBeckieやBeckyがある. ベッキー(Becky)は『トム・ソーヤーの冒険』のトムのガールフレンドの名前としてよく知られている.

なお, レベッカの忠実な乳母にデボラ(Deborah)という女性がいる(「創」35.8). この名にはミツバチ(bee)という意味があり, 意味的にはギリシャ語起源の名前メリッサ(Melissa)に対応する. また, デボラは「士師記」の第4章から第5章にかけて登場する女預言者の名前でもあり, この預言者デボラは, ヨシュアなき後のイスラエルを導いてカナン人との戦いに勝利する女性で, 「イスラエルの母」と呼ばれる人物であ

〈ヘブライ〉

る．デボラは，宗教改革後はレベッカなどとともに清教徒たちが好む名前となり，非ユダヤ人にも人気のある名前となっている．今世紀におけるその人気は，ハリウッドの古典的美人女優デボラ・カー（Deborah Kerr, 1921– ）の人気に負うところが多い．変化形にはデボラ（Debora）やデブラ（Debra）があり，デビー（Debbie）はそれらの愛称形である．

†ヤコブを愛した姉妹レアとラケル

レア（Leah）の原義は「雌カモシカ」であろうと考えられている．ラケル（Rachel）の原義は「雌子羊」である．「創世記」に登場するレアとラケルはメソポタミアのハランに住むヤコブの伯父ラバンの娘たちである．姉レアは涙で潤んだ優しい目をしていたが，妹ラケルは顔も美しく姿も優れていた（「創」29.17）．ヤコブは，父親の羊に水を飲ませるラケルを見て一目惚れする．そして，ヤコブがラケルを望むとラバンはヤコブに7年間自分に仕えることを条件に2人の結婚を許す．ところが，ラバンがヤコブの床にやったのは長女のレアだった．ヤコブが約束と違うとラバンを非難すると，ラバンはヤコブにもう7年間自分に仕えることを条件に出すのである．このようにしてヤコブとラケルの結婚がかなうまでに14年間かかった．

ヤコブとレアとのあいだには，ルベン，シメオン，レヴィ，ユダが生まれ，ラケルとの間に愛し子ヨセフとベニヤミンなど，6人の男子と1人の女子ディナが生まれた．ダンテの『神曲』においては，レアとラケルはダンテが煉獄で見る夢のなかで美しい姉妹として登場する．妹ラケルは「美しい目」をした観想的な女性であり，地上の楽園におけるベアトリーチェのような女性である．一方姉レアはカノッサ女伯マティルダ（Matilda）のような活動的な女性であ

旅人に水を与えるリベカ
（プッサン画）

る（「煉獄篇第27歌」）．

レアもラケルも，宗教改革後は清教徒たちの間で人気のある名前となり，今日ではユダヤ人以外にも広く使われる名前となっている．特にラケルの人気は高い．ラケル自身羊飼いであったが，ラテン語で救世主イエスを*Agnus Dei*（神の子羊）と言うようになり，*Agnus*の女性形*Agna*を「聖なる雌子羊」と解釈するようになると，ラケルとアグネス（Agnes）とは意味的に影響し合うようになった．

ラケル（Rachel）は，英語ではレイチェル（Rachel）であり，イタリア語ではラケレ（Rachele），フランス語ではラシェル（Rachelle），ドイツ語ではラヘル（Rahel），スペイン語ではラケル（Raquel）である．英語では，フランス風にラシェル（Rachel）と綴る場合もあり，Michaelとの連想でラケル（Rachael）と綴る変化形もある．シェリー（Shelley, Shellie, Shelly）はミシェルやラシェルから変化した名前であると考

45

えられることが多い．レア(Leah)は英語ではリーアとかリアのように発音される．

ユダヤの栄光

ユダヤの栄光をもっともよく象徴する人物の1人はダビデ(David，在位1001-968BC)であり，他の1人はダビデの息子でもっとも賢明な王として後世に伝えられているソロモン(Solomon，在位965?-926BC)である．ダビデは，統一イスラエル王国の2代目として，解放者として，そして救世主としてユダヤ人にとって永遠の名前であり，ソロモンは，ユダヤ王国の絶頂期の王として，ユダヤの繁栄の象徴である．ソロモンはエルサレムにヤハウェの神殿を築き，その神殿はソロモン神殿と呼ばれ，ユダヤ民族団結の象徴的存在となった．

イスラエルの星ダビデ

ダビデ(David)は，ヘブライ語名 *Dāwidh*(beloved, friend)が語源である．もっとも偉大な王にしてもっとも神の心にかなった人物ダビデにあやかる名前として今日まで高い人気を保っている．旧約聖書によると，ダビデは濃い金髪で目は美しく姿の優美な王であった．彼は牧童であったが，神に選ばれて預言者サムエル(Samuel〔原義：name of God〕)に油を注がれる．その日以来，主の霊が激しくダビデに降るようになった(「サム上」16.13)．そしてダビデはサウル王を継ぐ運命を担うのである．

ダビデのように「油を注がれた者」をメシアと言った．油を注ぐという儀式は旧約の世界では預言者，司祭，王たちがその地位に就くときに行われたもので，その権威が神に由来するものであるといういるしであった．

ダビデは他民族への隷属や民族内部の抗争に長年を費やしたユダヤ民族にはじめて「自由」の恵みをもたらし，ユダヤ民族は黄金時代をむかえるのである．「油を注がれた者」ダビデは，その意味で，ユダヤ人の「救世主」であり，理想王であった．そして，その「救世主」はイスラエルの敵を打ち負かし「神の国」を建設する者と考えられた．しかし，ダビデの王国は，栄華をきわめたソロモン王以後急速に衰え，やがて滅亡し，バビロニア捕囚という試練をむかえる．以来，国家を喪失して離散の民となったユダヤ人はダビデのような「救世主」の再来を希求するのである．

新約聖書においては，イエスが待望してやまなかったメシアであり，救世主である．ユダヤ人は，神とダビデとの関係を神と子のような関係と考えた．イエスはそのような期待のうちに生まれた．新約聖書によると，聖母マリアの夫ヨセフはダビデの直系の子孫である．後にマリア自身もダビデの子孫であるという伝説が生まれた．

ダビデについては，ヨナタン(Jonathan)との友情とか，多年にわたってイスラエル人を苦しめた異教徒ペリシテ人の巨人ゴリアテ退治の話がよく知られている．ゴリアテ退治の話を根拠に，中世になってイスラム教徒への敵対心がキリスト教徒の間に高まるにつれて，ダビデに理想の騎士像が付与されるようになり，この名はノルマン人の間で人気のある名前となった．イギリスでデイヴィッド(David)の名前が頻繁に用いられるようになったのは十字軍で活躍したノルマン人の影響によるものであった．

イスラエルの栄光を象徴するダビデの名は，特にユダヤ人の間で人気のある名前である．ダヴィッド・ベン・グリオン(David Ben-Gurion, 1886-1973)は1948年のイスラエルの建国とともに初代首相となった政治家である．デイヴィッド・ロックフェラ

〈ヘブライ〉

—(David Rockefeller, 1915-)はロックフェラー財団の総帥でチェース・マンハッタン銀行の会長として活躍したユダヤ系アメリカ人である．彼はスタンダード石油会社を設立したジョン・デイヴィッドスン・ロックフェラー(John Davidson Rockefeller, 1839-1937)の孫である．父はJohn Davidson Rockefeller Jr. (1874-1960)で，母はアビー・グリーン(Abby Greene)と呼ばれた．Abbyはアビゲイル(Abigail)の愛称である．

ロックフェラー家の先祖は，18世紀の前半にアメリカに移民したドイツ系ユダヤ人(アシュケナジ)である．Rockefellerの語源はドイツのラインラント地方の村Rock-enfeldに出身を表わす語尾-erがついたものである．しかし，パレスティナには岩の野山が多く，「詩篇」でも「主は岩である」とうたわれていることを考えると，この姓が約束の地カナンに帰ることを希求するディアスポラの心を表わしたものであると考えることもできる．

ドイツ語シュテルン(Stern)は「星」という意味の言葉で，ユダヤ人たちが姓として使った．この星Sternは彼らにとってはダビデの星「六光芒の星」(Hexagram)を意味する言葉である．ユダヤ人たちの姓にはシュテルンブーフ(Sternbuch〔原義：star + stream〕)，シュテルンバウム(Sternbaum〔原義：star + tree〕)，シュテルンベルク(Sternberg〔原義：star + hill〕)，シュテルンブリッツ(Sternblitz〔原義：star + lightning〕)，シュテルンフェルト(Sternfeld〔原義：star + field〕)などSternを構成要素にもつ姓が多い．これらの姓もやはりダビデあるいはイスラエルに対する望郷とか忠誠を意味する姓であると考えられる．19世紀の終わりごろになるとユダヤ人たちはダビデの王国へ帰るという望郷の気持ちを「ハティクヴァー」(Hatikvah：希

〈ダビデ〉
(ミケランジェロ作)

望)という哀愁をおびつつも力強い情熱を感じさせる歌にしてうたい，ユダヤ人の団結を強めたが，これが今日のイスラエル国歌となった．

20世紀最大のヴァイオリニストの1人として知られるアイザック・スターン(Isaac Stern, 1920-)はロシア生まれのユダヤ人である．また，〈嘆きの天使〉や〈モロッコ〉でマレーネ・ディートリヒ(Marlene Dietrich)を売り出したハリウッドの映画監督ジョゼフ・フォン・スターンバーグ(Josef von Sternberg, 1894-1969)はオーストリア生まれのユダヤ人である．彼の父の名はモーゼス・シュテルン(Moses Stern)である．

† **ウェールズやスコットランドで愛されたデイヴィッド**

デイヴィッド(David)は，ウェールズの守護聖人として崇拝されるようになった聖デイヴィッド(David, 500?-89?)にあやか

る名前としてウェールズで人気のある名前である．聖デイヴィッドは伝説的な人物である．ウェールズ地方の司教を務め，同地方のキリスト教化に功績があった人物であるとされる．11世紀の後半になると，ノルマン的イングランドに対する抵抗運動のなかでウェールズ統合の象徴的存在となった．伝説によると聖デイヴィッドはアーサー王の叔父でもある．

ウェールズにはキリスト教化以前に海神デューイ(Dewi)に対する信仰があり，この海神デューイとキリスト教のダビデが次第に融合して信仰されるようになった．ウェールズの聖デイヴィッドの表象は赤いドラゴンであり，今日のウェールズの表象となっている．これは海神デューイが，ケルトの妖精の女王で月の女神でもあるマブ(Mab)と一体になることによって赤い色に変化したという神話に由来するものである．マブは蜂蜜酒を意味する名前で，蜂蜜酒は王権を象徴するものであった．

ウェールズには，デイヴィッド1世(David I，在位1174-94)，2世(David II，在位1240-46)，3世(David III，在位1282-83)の3人の同名の王が輩出した．デイヴィッド2世は，ゲルマン人の侵攻以来衰退しつつあったウェールズの復興機運を頂点にまで盛り上げた大王ルーアリン2世(Llyewelyn II，在位1194-1240)の息子で，独立したウェールズのグウィネッズ(Gwynedd)王国の最後の王である．このようなわけでデイヴィッドはウェールズ人にとっては特に愛国的な名前となった．

デイヴィス(Davis)は，son of Davidという意味のウェールズ的姓である．この姓をもつ人物としてはハリウッド女優ベティ・デイヴィス(Betty Davis，1908-89)やアメリカの南北戦争当時に南部連邦の大統領を務めたジェファスン・デイヴィス(Jefferson Davis，1808-89)などがいる．国際ローンテニス選手権の優勝国に与えられる優勝杯デビスカップは，米国の政治家で，陸軍長官やフィリピン総督を務め，自らも有名なテニス選手であったドゥワイト・フィリー・デイヴィス(Dwight Filley Davis，1879-1945)が，1900年に英米対抗テニス試合に優勝杯として寄贈した大銀杯である．1904年以来，他の国々も含めてその争奪戦が行われている．国別対抗テニス試合としてはもっとも伝統あるものである．

ノルマン的な政治・経済・宗教組織をもって，スコットランドをはじめて王国としての体裁を整えたとされるデイヴィッド1世(David I，在位1124-53)や，デイヴィッド2世(在位1329-71)の影響で，Davidはスコットランドでも人気のある名前となり，宗教改革を経てイングランドでも人気のある名前となった．デイヴィッド1世は，マルコム3世と聖マーガレットの6男である．彼は若くして現実的に事を処す有能な君主であり，教会改革にも努力し，多くの修道院を建てた．また，謙虚，純潔と正義を尊ぶ王であったとされ，聖人に列せられた．デイヴィッド・ニーヴン(David Niven，1909-83)はスコットランド生まれの映画俳優で，映画＜八十日間世界一周＞などで知られる．英国紳士を演じると秀逸な俳優でもあった．

名前デイヴィッドは古くからウェールズ，スコットランド，そしてアイルランドで人気のある名前であった関係で，この名から派生したゲール語なまりの姓が多い．ダフィー(Daffey)，ダヴィッド(Dafydd)，マクダヴィット(McDavitt)，マクデヴィット(McDevitt)，マクデイド(McDade)などがその例である．デューイ(Dewey)の語源については伝統的にDavidから変化したものと考えられてきたが，この名はウェールズ語の海神デューイ(Dewi)から派生したとする説が有力である．この名をも

つ人物としては，アメリカの哲学者で教育学者のジョン・デューイ(John Dewey, 1859-1952)が有名である．

ソロモンとエルサレム

ソロモン(Solomon)は，ヘブライ語のShē-lōmōʰからギリシャ語Solomónを経て生まれた名前である．ユダヤ人やイスラム教徒たちの間で使われている挨拶や別れの言葉シャローム(shalom)と同じ語源の名前で，その原義は「平安」である．しかし，すべての人間のなかでもっとも賢明であったとされるソロモン王にちなんで，この名前は「賢明」を意味すると解されることが多い．

洗礼者ヨハネの首を要求した魔性の女サロメ(Salome)は，ソロモン(Solomon)と同じ語源の名前である．エルサレム(Jerusalem)の-salemも通俗的には同じ語源の言葉であると考えられている．,Jeru-はヘブライ語yārāʰ(to cast：鋳造する)から派生したものであり，イスラエル人やパレスティナ人がともに聖都と考える都市の名エルサレムの語源的意味は「平和の礎」である．

Solomonの変化形には，ドイツ系ユダヤ人に多いショレム(Sholem)，シュレム(Shulem)，シャロム(Shalom)，ザラマン(Salaman)，ザラモン(Salamon)などがある．シュロモフ(Shlomov)やシュロモヴィッツ(Shlomowitz)などはロシア的であり，英語的変化形にはサルモンド(Salmond)，サモン(Sammon)，サモンド(Sammond)などがある．

ドイツ人の姓にはフリート(Fried)やフリートマン(Friedmann)，フリートラント(Friedland)などがよく見られる．これらのFried(-)はFriedrichのFried-と同じであり，その意味は「平和」である．これらの姓は特にユダヤ系の人びとに多い名前で，ドイツ地域でユダヤ人差別が強くなった時代にSolomonの隠れみのとして生まれた名前である．これらの名前を使うことによってユダヤ人たちは，苦しい状況のなかで，ソロモンへの忠誠，すなわち，ユダヤへの忠誠を表わしたとも考えられる．

嫁と姑の鑑，ナオミとルツ

ダビデは羊飼いからユダヤ人が愛してやまない栄光の王にまで出世した人物である．そのダビデには，ユダヤ王国の初代国王サウルの王子ヨナタンとの美しい友情の話があり，献身的に夫につくす才色兼備の女性アビガイルの話がある．また，ダビデの直系の祖先には，嫁と姑の鑑と言うべきナオミ(Naomi)とルツ(Ruth)の話がある．この話は旧約聖書の短い叙事詩「ルツ記」に記された話である．それによると，ナオミはユダ族出身の女性で，夫はベツレヘムの富裕な人物エリメレク(Elimelech〔原義：エルは主なり〕)であった．そして，ルツは隣国モアブの女で，ナオミとエリメレクが息子の嫁としてむかえた若く美しい女性であった．

「ルツ記」は，ヘブライ人がパレスティナへの帰還を果たしてからダビデが全イスラエル民族を統一するまでの暗黒の時代，すなわち，「士師」の時代の出来事を記したものである．ベツレヘムに飢饉が起こり，ナオミはエリメレクと2人の息子とともに隣のモアブに行き，そこで日雇い労働者として10年間を過ごした．しかし，その間に夫エリメレクは死亡した．彼女は女手一つで2人の男児を育て，成長した2人の息子にオルパとルツ(Ruth)という名の嫁をとった．ところが，その息子たちもまもなく死亡してしまうのである．

残された2人の若い嫁たちの将来を案じたナオミは，2人の嫁に里に帰って再婚するようにと話す．しかし，ナオミを慕う2

人はベツレヘムへ帰ろうとするナオミにつき従おうとするのである．2人を思いやるナオミはあくまでも里に帰るようにと説得した．するとオルパは泣きながら去って行ったが，ルツはナオミのそばに残り，ベツレヘムへ行くのである．ベツレヘムで，ルツはナオミとの生計を立てるために落ち穂ひろいとして働いた．それは最下層の労働であった．ところが，働き者で，神を恐れる謙虚なルツはエリメレクの縁者である地主ボアズ(Boaz)に認められて，2人は結婚した．その結婚を宣言したボアズに対して民と長老たちは「あなたが家に迎え入れる婦人を，どうか，主がイスラエルの家を建てたラケルとレアの2人のようにしてくださるように」(「ルツ」4.11)と言って祝福するのである．このルツとボアズからオベドが生まれ，オベドにダビデの父エッサイ(Jesse)が生まれた．そして，ダビデの家系からイエスが生まれるのである．

ナオミは，夫をなくし，最愛の息子をなくしながら，それを神が命じた不幸と受け止め，自分の不幸を嘆くことなく2人の嫁を愛して思いやることができる，賢明にして芯の強い女性である．ルツは，夫をなくした後も姑を慕い，姑につくし，見知らぬ異国へ旅立つことを厭わず，さらに，最下層の労働である落ち穂ひろいをしながら，神の摂理を信じて疑わない健気な女性である．このようなナオミとルツは，ユダヤ人が伝統的に愛した女性像であった．

ナオミとルツは，宗教改革時にユダヤ人以外のヨーロッパ人にも愛されるようになったが，清教徒たちが特に好む名前となり，アメリカで人気のある名前となった．ナオミは英語的ではない音構成から今日でもユダヤ人と関係が深い名前と受け止められている．一方，ルースは非ユダヤ系のアメリカ人にも強い人気をもつ名前となっている．

Naomiは，ヘブライ語 *Noʻōmî*（私の喜び）が語源であり，『七十人訳聖書』では $N\omega\varepsilon\mu\acute{\iota}$（Noemi），となり，『欽定訳聖書』ではネイオミ（Naomi）となった．フランス語，イタリア語でもナオミ（Naomi）であり，ドイツ語ではナエミ（Naëmi）である．この名前は，旧約聖書にベニヤミンの息子として登場するナアマン（Naaman〔原義：よろこび〕）と同じ語源の名前である．

Ruthの原義は伝統的に「友」(friend,

ルツと義母ナオミ

companion)であると解釈されてきた。その解釈はナオミがどんなに説得を試みてもルツが里には帰らずにナオミにつき添ってベツレヘムにおもむいたルツの行動を表わすものでもある。ルツの名前にはルーシー(Ruthie)、ルセラ(Ruthella)、ルセッタ(Ruthetta)、ルシーナ(Ruthina)などの愛称形とともに、ルースアン(Ruthann, Ruthanne)などの合名もある。

愛と救いの聖母マリア

キリスト受胎の栄光

　新約聖書には、聖母マリア(Mother of Jesus)、マグダラのマリア(Mary Magdalene)、ベタニアのマリア(Mary of Bethany)など、幾人かのマリアが登場する。しかし、もっとも強く深い信仰心を人びとに喚起したのは何といっても聖母マリアである。その信仰は小アジアに始まり、ビザンティンで確立し、次第に西ヨーロッパへと伝わった。そして十字軍の時代には熱烈なマリア崇拝がヨーロッパ中に広がり、理想の女性としての、また慈母としてのマリア像が人びとに浸透し、信仰とともに芸術的な霊感を与えたのである。

　マリアは聖霊によって受胎するのであるが、受胎告知にあたって天使ガブリエルは、「おめでとう、恵まれた方。主があなたと共におられる」(「ルカ」1.28)と告げる。そして、身ごもったマリアは、神を讃えて次のように言う。「わたしの魂は主をあがめ、／わたしの霊は救い主である神を喜びたたえます。身分の低い、この主のはしためにも／目を留めてくださったからです。今から後、いつの世の人も／わたしを幸いな者と言うでしょう。力ある方が、／わたしに偉大なことをなさいましたから、／その御名は尊く、その憐れみは代々に限りなく、／主を畏れる者に及びます。主はその腕で力を振るい、／思い上がる者を打ち散らし、権力ある者をその座から引き降ろし、／身分の低い者を高く上げ、飢えた人を良い物で満たし、／富める者を空腹のまま追い返されます。その僕イスラエルを受け入れて、憐れみをお忘れになりません、わたしたちの先祖におっしゃったとおり、／アブラハムとその子孫に対してとこしえに」(「ルカ」1.47-55)　これは「マリアの讃歌」と呼ばれ、グレゴリオ聖歌としても歌われてきた。恩寵に恵まれ、高々と神を讃えるマリアは無上の喜びと幸せを象徴する節である。

　マリアの名は、旧約聖書にモーセとアロンの姉妹ミリアム(Miriam)(「民」26.59)として登場する。ヘブライ語ではMRYMと記されていた。これをギリシャ語ではMiriamやMiryamと綴っていたが、『七十人訳聖書』ではマリアム($Mαριάμ$)と表記し、中世のラテン語訳聖書の定版『ヴルガタ』ではMariaと綴った。

　Miriamの語源については、モーセ(Moses〔原義：引き出す〕)の名も弟アロン(Aaron〔原義：賢明な?〕)の名もエジプト起源であるところから、エジプト起源の名ではないかという推測がある。しかし、その起源は伝統的にヘブライ語であるとされ、「強情」とか「愛し子」「望まれた子」、あるいは「神の贈り物」を意味するとも解釈されている。これだけ異なった解釈がなされるということ自体、その語源の複雑さを示すものである。

豊饒の太女神からビザンティンの守護神へ

　マリア像は、シュメールの太母神イナンナ、バビロニアのイシュタル、エジプトのイシス、カナンのアナト、小アジアのアル

テミス，ギリシャのアプロディテなどの流れをくむものである．マリア崇拝の起源は，メソポタミアの北西部，今日のトルコの南東部にある古代シリアの都市エデッサであるとされる．この地域は古来イシュタル崇拝が盛んだったが，紀元3世紀以後はキリスト教の一大中心地となったところである．

「ルカによる福音書」でイエスの母としてこの上もなく祝福された女性として描かれたマリアも，それより早い時期に書かれた「マルコによる福音書」ではイエス自身が「神の御心を行う人こそ，わたしの兄弟，姉妹，また母なのだ」(「マコ」3.35)と言い，肉親として自分の母を否定する．また，キリスト教正統派の祖と言うべきパウロも「しかし，時が満ちると，神は，その御子を女から，しかも律法の下に生まれた者としてお遣わしになりました」(「ガラ」4.4)と言っているにすぎず，イエスの母として特定の人物の存在を認めているわけではない．このように原始キリスト教においてはマリアの存在自体議論のあるところであった．しかし，紀元2世紀に書かれた新約聖書外典「ヤコブ原福音書」にマリアが聖霊によってアンナから生まれる様子，マリアが聖霊によって処女のまま受胎する様子，そして至聖なる神の母になる様子が描かれている．

コンスタンティヌス大帝が黒海への入り口に位置するビザンティオンに都を移したのは324年であるが，330年にその都をマリアに捧げる都として献都式を挙行してコンスタンティノポリスと命名した．そして，431年に小アジアの国際都市エフェソスで開かれた宗教会議で，マリアは「神の母」(Theotokos)であるとしてその神性が正式に認められ，マリア崇拝がいっきに広がるのである．

エフェソスは，豊饒の母神でもあり月の女神でもあるアルテミス信仰が盛んだった所であり，マリアは，古くは，アルテミスとも融合したものであった．そのマリアが，次第に「浄化」されて，聖なる処女そして神の母として新しい生命力をもつようになり，さらに，アテネの守護神アテナの属性が加わって，国の守護神と考えられるようになるのである．新約聖書が書かれたころに活躍した知識人で，『英雄伝』で有名なデルポイの神官プルタルコス(Plutarchos, 46?-120?)は，エッセイ集『モラリア』のなかでイシスを，無知にして破壊的なテュポン(Typhon)に対する理知の女神と書いている．そしてイシスの教義について「たえず賢明に自分を抑える生き方をし，多くの食物を断ち肉体の快楽を断つなどして身を浄め，気ままに快楽へ向かう心を矯め，よってもって固く厳しい神殿での奉仕に耐え抜く習慣をつけるという点にありますが，その目的は，第1のもの主なるもの，目ではなく心で見るべきものを知ることにあり，それはこの女神の傍らにある，共にある，一体になっている，それを求めよと，女神は呼びかけていらっしゃるのです」(『エジプト神イシスとオシリスについて』p.14，柳沼重剛訳)と書いている．ここに記されたイシス像にはギリシャのアテナを思わせるものがあるが，それはまた，「浄化」されていくマリア像にも取り入れられていったものであると考えられる．

神の母と認められて以後，ビザンティン帝国では，コンスタンティノポリスが危機に陥るたびに，至聖女(Panagia: the saint of the saints)マリアは人びとが勝利を祈願する対象となり，市民の士気を鼓舞する旗印となった．神の母は，すなわち，勝利をもたらす者(Nikopoia)であり，激情的で破壊的な軍神アレス(Ares〔原義：destroyer〕)と異なり，英雄たちの指導者である知的で冷静な勝利の女神ニケ

〈ヘブライ〉

(Nike)の性格を帯びるものでもあった.このようにマリアには,豊饒の女神,戦における守護神,そして無条件の愛をあたえる慈母という属性が付与された.マリアの名前の解釈やマリアの添え名などにもその合成的特徴が表われている.

マリアの添名セオトコス(Theotokos),パナイア(Panagia),ニコピア(Nikopoia)はギリシャでは今日でも女性の個人名として使われている.エル・グレコ(El Greco)はスペイン語で「ギリシャ人」という意味の名前であるが,それはあだなと言うべきもので,画家エル・グレコ(1541-1614)の本名はドメニコス・セオトコプロス(Domenikos Theotokopoulos)である.Theotokopoulosの原義は「生神女の子」であるが,この姓の存在はTheotokosが個人名として使われていることを示している.エル・グレコはクレタ島生まれのギリシャ人であった.

騎士たちの理想の貴婦人ノートルダム

マリアの名は,ギリシャ正教圏はもちろん,西ヨーロッパにも浸透していった.マリア崇拝が特に盛んになったのは聖地巡礼がさかんになった10世紀ごろからで,12世紀の初めからはシトー会の影響でマリア崇拝は頂点に達した.シトー会の修道士の制服は白衣であるが,それは聖母マリアの白百合を象徴するものである.第二次十字軍の提唱者でもある同会のベルナルドゥスは,聖母マリアを讃える数多くの賛美歌を作り,数多くの説教を書いた.その主題は旧約聖書中の「雅歌」であるとされる.「雅歌」の起源は若い男女の愛の勝利をうたったエジプト人の叙情詩であると考えられているが,ヤハウェのイスラエルの民に対する愛をうたったものであるとか,イエスと教会との間の愛をうたったものであるなどと解釈されてきた.

豊饒の女神アルテミス　エフェソスの聖母像

その「雅歌」に登場する愛しい女性は,アザミの野に咲くユリのように美しく,頬はザクロのように紅くふくよかで,くちびるは野の蜜をしたたらせ,蜜と乳とがその舌の下にある,とうたわれている.豊饒のシンボルであり,愛のシンボルとしてのこの女性は,マグダラのマリアのイメージをもつようになり,さらにベルナルドゥスが愛してやまない処女マリアのイメージへと昇華し,騎士たちにとっては,危機に際して無限の勇気を与え,献身の喜びを与えてくれる永遠の女性ラ・ダム(la dame:貴婦人)とだぶるようになるのである.そのラ・ダムに,審判を下す神に罪人の許しをとりなす慈愛に満ちた神の母のイメージが重なり,熱烈に崇拝されるようになった.

フランス語のノートルダム(Notre Dame: our Lady)やイタリア語のマドンナ(Madonna: my Lady)は,聖母マリアの別名であり,騎士たちの憧れの女性像と聖母マリア像が結びついたものである.ラ・ダムのもっとも典型的な歴史上の人物として

53

は，ルイ7世とともに十字軍に参加した王妃アリエノールや，聖王ルイ9世と十字軍に参加した王妃マルグリットがいる．両王妃とも夫にも劣らぬ活躍をして騎士たちの士気を大いに高めた人物で，詩人たちは理想の貴婦人として彼女たちをうたい上げた．パリのセーヌ川のシテ島にそびえるノートルダム寺院が着工されたのが1163年で，ルイ7世の治世のころである．このシテ島は，元はローマ人が崇拝したユピテルの神殿があったところで，メロヴィング王朝時代に聖ステファヌスに捧げる教会が建てられ，カロリング王朝時代にはマリアに捧げる教会が建てられており，ノートルダム寺院はその跡に建てられた．聖ベルナルドゥスが第二次十字軍を唱導した地シャルトルの大聖堂の名前はCathédrale Notre-Dame Chartres である．

カトリックの慈母マリア

個人名としてのマリアは，西欧では12世紀ごろから一般化し，16世紀ごろまではアンやマーガレットとならんでヨーロッパ全域でもっとも人気のある女性名であった．しかし，16世紀の宗教改革を境にカトリック教圏ではその人気がいっそう高まる一方で，原理主義的傾向のプロテスタント圏ではマリアの神性が否定され，その人気は急激に衰えた．その動きを加速したのが1545年から1563年にかけてイタリア北部のトリエントで開かれた宗教会議である．同宗教会議では，カトリック教徒が洗礼を受ける場合はカトリックの聖人の名前を使うべきで，もし両親が他の名前を主張した場合でも第二名としてカトリックの聖人の名前を使うべきことが決められた．その結果として，カトリック教圏では特にマリアの名前が圧倒的な広がりを見せ，女子の第一名や第二名としてはもちろん，男子でもMariaやMarieをミドルネームにもつこ とが流行した．これに対して，新教圏ではマリアの名前には敵意さえ感じる傾向が生まれた．

ラテン語形マリア(Maria)は，イタリア，スペイン，ポルトガル，チェコなどのカトリック教国はもちろん，ドイツ，スカンディナヴィアなどの新教徒の多い国々でもよくある名前である．フランス語ではマリー(Marie)となり，英語ではメアリー(Mary)となる．しかし，英語圏では，宗教改革の動きがおさまった18世紀ごろから，ラテン語形Mariaが復活して，マライアとも，マリーアとも発音されている．

カトリックの総本山があるイタリアはもちろん，ドイツやスペインにマリアの名前が多いのは，神聖ローマ帝国の宗家としてドイツやスペインを統治したハプスブルク家の女性たちの影響が大きい．ハプスブルク家では，特に，マクシミリアン1世がブルゴーニュ公国から公女マリアを妃にむかえて以来，エリーザベトに代わってマリアの名をもつ女性が多くなった．その代表格がマリア・テレジア(Maria Theresia, 在位1740-80)である．

マリア・テレジアは才媛の呼び声高く，心優しく，敬虔なカトリック信者で，国民から国母と慕われた．彼女はロートリンゲン大公フランツ・シュテファンと結婚し，仲むつまじいこの夫婦には16人もの子どもが生まれた．そのうち4人の皇子と6人の皇女が成長したが，その6人の皇女たちは，マリアンネ(Marianne)，マリア・クリスティーネ(Maria Christine)，マリア・アマリア(Maria Amalia)，マリア・カロリーネ(Maria Karoline)，マリア・エリーザベト(Maria Elisabeth)，マリア・アントニア(Maria Antonia)である．そして，マリア・クリスティーネはザクセン公子と恋愛結婚し，マリア・アマリアはイタリア北部のパルマ公国に嫁ぎ，マリア・カロリーネ

はシチリアに嫁いだ．末娘マリア・アントニアはフランスのブルボン王家に嫁いでマリー・アントワネット（Marie Antoinette）と呼ばれた．

イベリアのマリア

イベリア半島では，11世紀以降聖母マリアが西方十字軍というべき国土回復運動を守護する象徴的存在となった．その関係で，マリア崇拝は人びとの生活のすみずみまで影響をおよぼすようになり，マリアの出現に関する伝説があちこちで生まれ，それらの伝説の地が熱狂的な巡礼地ともなった．加えて，宗教改革時にハプスブルク家のスペイン国王カルロス1世，すなわち，神聖ローマ帝国カール5世（Karl V，在位1519-56）がルーテルによってはじめられた宗教改革に対してカトリックの擁護者として尽力したこともあって，スペインには他国には見られないほどの熱烈なマリア崇拝が残った．

マリア（María）はカトリック教徒であることのしるしとして女子ならば第一名に，男子でも第二名に使うことが多くなった．女子の場合は例えば，マリア・イサベル（María Isabel），マリア・フランシスカ（María Francisca），マリア・シルヴィア（María Silvia），マリア・パトリシア（María Patricia），マリア・デ・ロス・ドローレス（María de los Dolores），マリア・デ・ラス・メルセデス（María de las Mercedes），マリア・デル・カルメン（María del Carmen）などが洗礼名として使われ，これらの名前をもつ女性は，日常的にはイサベル，フランシスカ，シルヴィア，パトリシア，ドローレス，メルセデス，カルメンなどと呼ばれるようになった．

†悲しみのマリア，ドローレス

太古の東地中海地方には豊饒の女神に対

10歳ころのマリア・テレジア

する熱心な信仰があった．その信仰の対象としての女神は，春における再生，夏の実り，秋における死という自然のサイクルにしたがって，結婚と誕生の歓喜，死の悲嘆という両面の顔をもっていた．ギリシャ神話のアプロディテとアドニスの話はそのような豊饒神話の一つに由来するものである．受胎を喜ぶマリアの様子，イエスの死を悲しむマリアの様子，また，復活後のイエスにまるで花嫁のように仕える喜びのマグダラのマリアの様子などに豊饒神話の痕跡を見ることができる．

聖母マリアに関しては，特に，悲しみの側面が強調されることが多い．マリアの最大の悲しみはイエスの死であり，それはピエタ像に典型的に表わされている．マリアの悲しみは，また，人の罪を悲しむ慈母の悲しみであり，マリアの悲しむ姿に罪人たる人びとは慈愛を感じ，救いを感じるのである．12世紀のヨーロッパの精神的指導者聖ベルナール（ベルナルドゥス）は，キリストの受難と聖母マリアの悲しみから流れる

愛と犠牲の神秘を体現することが聖職者の理想である，と教えた．このような悲しみのマリアのことをスペイン語でマリア・デ・ロス・ドローレス（María de los Dolores: Mary of the Sorrows）と呼んだ．そして，マリアの代わりにドローレスが名前として使われるようになった．

ロリータ（Lorita）はドローレスの愛称である．この名前は，アメリカに亡命した白系ロシア人ウラディーミル・ナボコフ（Vladimir Nabokov）が1955年に発表した小説 *Lolita*（『ロリータ』）から生まれたロリータ・コンプレックスという流行語によって，私たちにも親しみのあるものとなった．その小説の冒頭には次のように書かれている．「朝，ソックスを片方だけはきかけて立つ4フィート10インチの彼女はロ（Lo）だ．ただのロだ．スラックスをはくとローラ（Lora）だ．学校ではドリー（Dolie）だ．正式にはドロレス（Dolores）．しかし，私の腕に抱かれると彼女は，いつもロリータ（Lorita）だ」（大久保康雄訳）．

†慈悲深いマリア，メルセデス

マリアは，罪深い小羊たちの罪の許しを神にとりなす優しく慈悲深い母と考えられた．そして，そのようなマリアは，スペイン語でマリア・デ・ラス・メルセデス（María de las Mercedes: Mary of the Mercies）と呼ばれた．このスペイン語の名前 Mercedes は「慈悲・哀れみ・情け」を意味し，英語名マーシー（Mercy）に対応する．

ヴァティカン聖堂のピエタ
（ミケランジェロ作）

ジョン・バニアン（John Bunyan, 1628-88）の *Pilgrim's Progress*（『天路歴程』）では，マーシーはクリスティアーナ（Christiana）の良き伴侶として描かれている．

メルセデスは，メルセデス・ベンツ（Mercedes-Benz）によって世界中に知られる名前である．メルセデス・ベンツはダイムラー・ベンツ社製の乗用車の商標名である．1901年にドイツの自動車発明家ダイムラー（Gottlieb Daimler）は，自社の車を，オーストリアの実業家・外交官であり自社の主要な投資家でもあったエミル・イェリネク（Emil Jellinek）を通じて発売した．イェリネクは，その愛車を自分の10歳になる愛嬢のクリスチャン・ネームをとってHerr Mercedes（Mr. Mercedes）と名づけ，ツール・ド・ニースの自動車レースに出場して優勝した．それが契機となり，Mercedesが商標として使われるようになって，1927年には，MercedesとBenzの名で売られていた2車種の商標名をMercedes-Benzとして販売するようになるのである．

✝カルメンに秘められたマリア

カルメン（Carmen）は，ビゼー（Georges Bizet, 1838-75）がメリメ（Prosper Mérimée, 1803-70）の小説『カルメン』をもとに作曲した歌劇の主人公の名として知られている．この名はラテン語 *carmen*（歌：song）が語源であると解釈されることが多い．歌は本来，呪文的であり，人を陶酔させる妖しい呪力をもつものである．メリメのカルメンは，ジプシーの女で，切れ長のパッチリした目をしている．そのまなざしは雀をねらっている猫の目のようである．唇はやや厚いが端正で，髪は漆黒の光沢を放っており，その容姿には不思議な野性美がある．そして，彼女はまさに野性そのままに奔放に生きる女性であり，ホセ（José María）はその奔放さに呪縛されたかのように振り回されるのである．しかし，まじめなホセに抱かれる彼女は彼にとっては憧れの貴婦人であり，マドンナである．

Carmenは，実はスペイン語サンタ・マリア・デル・カルメン（Santa María del Carmen）のCarmenである．このスペイン語は英語ではOur Lady of Mount Carmelで，Carmelはヘブライ語 *kērem*（葡萄畑）から派生した地名である．本来は「庭」を意味する言葉で，その庭とはパラダイスのことであり，美と豊饒と幸福のシンボルであった．イスラエルの北西から地中海に連なるカルメル山は，546メートル余りの自然の森に恵まれた山で，旧約聖書によると，この山頂は預言者エリヤがバアルの預言者に勝利した聖なる場所である（「王上」18.20-46）．

その聖なるカルメル山で，パレスティナを支配していた十字軍の兵士たちが1156年に隠修共同生活を始め，やがて聖母マリアに捧げる修道会が設立され，カルメル修道会と名づけられた．そして，1452年に同地に同じく聖母マリアに捧げるカルメル女子修道会が設立され，そのマリアのことをスペイン語でSanta María del Carmenと呼んだのである．

カルメンの名をもつ実在の人物としては，フランコ総統（Francisco Bahamonde Franco, 在任1939-75）の夫人カルメン・ポーロ・デ・フランコ（Carmen Polo de Franco, 1900-88）がいる．彼女は総統の抑圧的な政策の遂行に強い影響力をもっていたとされる人物である．

カルメンの変化形には，カルメラ（Carmela）やカルメリーナ（Carmelina），カルメンシータ（Carmencita），カルメリア（Carmelia），カルメア（Carmea），カルミナ（Carmina），カルミネ（Carmine）などがある．スペインのみならず，イタリアや

ドイツでもよく使われる名前である.

英語圏のマリア

イギリスでは,エリザベス1世がプロテスタント派の代表であったのに対して,スコットランドの女王メアリー・ステュアート(Mary Stuart,在位1542-67)やイングランド女王メアリー1世(Mary Ⅰ,在位1553-58)はカトリック派の代表であった.エリザベス1世とメアリー・ステュアートの対立,エリザベス1世とメアリー1世の対立は,当時の国際的・宗教的状況が絡ったイギリスを二分する深刻な係争に起因するものであった.

メアリー・ステュアートは,スコットランドのジェイムズ5世と彼がフランスからむかえたマリー・ドゥ・ギーズ(Mary de Guise, Marie de Lorraine)の唯一の子として生まれた.そして,メアリーが生まれた6日後に父ジェイムズ5世が他界し,彼女はただちにスコットランド女王となるのである.ところがイングランド王ヘンリー8世の強引な結婚申し込みを避けるため,彼女は母親の意向で5歳のときにフランスに送られ,アンリ2世とカトリーヌ・ドゥ・メディシスの宮廷で育てられた.メアリーの母マリーの実家ギーズ家は,フランスにおける旧教徒のリーダーであり,カトリーヌ・ドゥ・メディシスと協力して「聖バーソロミューの祝日の虐殺」を遂行した.カルヴァン派の一派であるユグノーを多数殺した首謀者アンリ・ドゥ・ギーズはメアリー・ステュアートの従兄弟である.

また,メアリー・ステュアートの父方の祖母はヘンリー8世の妹マーガレットであり,メアリーはイングランドにおいてはエリザベス1世と並ぶ王位継承権をもっていた.その関係でカトリック教徒からイングランドの正統な女王として担がれたメアリーは運命的にエリザベス1世と対立することになった.

メアリー・ステュアートは,16歳にしてフランス王フランソア2世(François Ⅱ,在位1559-60)妃となり,ルネサンスの申し子として人気があった.しかし,1年半ほどの結婚生活で夫が他界したために,スコットランドへ帰った.そして,1565年にステュアート家の従弟と結婚してもうけたのが後のスコットランド王ジェイムズ6世,すなわち,イングランド王ジェイムズ1世である.ところが夫が暗殺され,その下手人と目された人物と再々婚し,貴族や改革派教会の反発を受けて退位に追い込まれた.そしてエリザベス女王の庇護を求めるのであるが,そのエリザベス女王に20年もの間幽閉状態におかれ,ついにはスペインと組んで謀反を企てたという嫌疑をかけられて処刑されるのである.

イングランドの女王メアリー1世は,ヘンリー8世とその最初の妃キャサリンとの間に生まれた子である.母キャサリンはスペイン生まれのカトリック信者であったこともあり,熱心なカトリック信者となった.そして,彼女がヘンリー8世を継いで

幽閉中のメアリー・ステュアート

〈ヘブライ〉

女王になると，イングランドを再びカトリックに返そうとし，その目的を達成するために国民の反対を押し切ってスペインのカルロス1世の嫡男フェリペ（Felipe）と結婚するのである．このことがイングランドを内乱状態に引き入れることになり，メアリーは多くの新教徒を処刑して見せしめにした．このことから彼女はブラディー・メアリー（Bloody Mary）とあだなされることになった．

このように，イギリスでは反体制的だった名前メアリーも，1688年の名誉革命後ウィリアム3世と共同統治したメアリー2世（Mary II，在位1689-94）が国民に愛された女王であったことからメアリーの名の人気はやや盛り返すことになった．メアリー2世はジェイムズ2世の長女であるが，ジェイムズ2世の兄で同じくカトリック信者であったチャールズ2世の意向でプロテスタントとして育てられた．その理由ははっきりとはしないが，清教徒革命で斬首された父チャールズ1世の悲劇を目の当たりにしたがゆえの身の保全のためであったと考えられる．そのメアリーは，メアリー1世とは異なり，若々しく，人目に心地よい立ち居振る舞いや夫を立てる優しい心をもった女性として愛された．なお，エリザベス2世のフルネームはElizabeth Alexandra Maryである．

メアリーは，アイルランドではマイレ（Maire）となった．しかし，聖母マリアの名をそのまま個人名に使うにはあまりにもおそれ多くて，この名はあまり使われず，ゲール語起源の名前が代用されてギラ・ムイレ（Gilla Muire：マリアの下僕）とかモエル・ムイレ（Mael Muire：マリアの信奉者）のようにして個人名に使われた．Muireは本来ゲール語muireで，「主人」（lord）という意味の言葉であったが，これがマリアを意味する言葉として使われたのである．変化形にはモイラ（Moira, Moyra）やモーラ（Maura）などがある．モーラは5世紀の殉教聖女とされ，アイルランドでは人気のある名前である．

モーリーン（Maureen）もアイルランド的な名前である．この名前は，マイレ（Maire）に指小辞-inがついたマイリーン（Mairin）が生まれ，さらにモーラ（Maura）が影響してモーリーン（Maurin）となり，英語化されてMaureenとなったものである．モーリーンの名前をもつ人物には，映画女優でジョン・ウェインとしばしば共演したモーリーン・オハラ（Maureen O'Hara, 1920- ）がいる．彼女はアイルランドのダブリン近郊の生まれで，本名はモーリーン・フィッツシモンズ（Maureen FitzSimons）である．アメリカでは19世紀の後半からアイルランド移民が急激に増えたが，その影響でモーリーンは20世紀初頭からよく使われるようになった．

幼児にとっては，Maryの-r-は発音しにくい音であり，メイミー（Mamie），メイ（May），モル（Moll），モリー（Molly）などはMaryの幼児語的発音から生まれた名前である．この変形はSarahから生まれたSallyによく似ている．しかし，Mollyは，18世紀には「ふしだらな女」という意味をもつようになり，名前としてはあまり使われなくなった．それは，16世紀のなかごろにMaryの変化形Mollが，娼婦とうわさされたマグダラのマリアとの関連で使われ，mollという普通名詞が俗語としてギャングなどの情婦や売春婦という意味に使われたことが影響したものである．16世紀のなかごろと言えば宗教改革の機運が高まっていたときであり，もっともカトリック的な名前メアリーに対する新教徒たちの反感を見てとることができる．

Mollyからモリー＝ポリー（Molly-Polly）

59

のようなリズミカルな愛称が生まれたが、やがてPollyが独立してMaryの愛称として使われるようになり、さらに、ポリアンナ(Pollyanna)とかポリアン(Pollyann)のような複合名が生まれた．『トム・ソーヤーの冒険』のトムの気の良い育ての親がポリーおばさんである．

ロシアのマリア

ビザンティンの影響下でキリスト教化されたロシアでは，マリア崇拝は特に盛んであった．マリアは神の母であり，神の知恵ソフィア(Sophia)の受肉した姿であり，平和(Eirene)のシンボルであった．ロシア語名ソフィーア(Sophia)もイリェーナ(Irena)もマリアの添え名と言うべきものであったと考えられる．マリアの名そのものは，あまりに貴くまた恐れ多く，みだりに口にすべきものではなかったので代わってこれらの名前が用いられたのである．しかし，他の聖書名が次第に用いられるにつれてマリアの名も使われるようになった．

ロシアの女性の名前は女性形語尾をとり，-aとか-я(-ia, -ja, -ya)で終わる．英語的Maryはロシア語ではマリーヤ(Мария: Mariya)となる．マーリヤ(Márья: Mar'ya)はMariyaの口語形で，マーシャ(Máша: Masha)やマーニャ(Máня: Manya)はMar'yaの愛称である．マーシェンカ(Máшенька: Mashen'ka)はMashaの愛称である．チェーホフの『かもめ』には，退役中尉の娘で，ニーナ(Nina)を恋する新進作家に思いを寄せるマーシャ(Masha)という名の女性が登場するが，彼女は母親ポリーナ(Polina)からは愛を込めてマーシェンカと呼ばれている．マーレヤ(Máрея: Mareya)はMariyaの俗称形であり，マーニカ(Мáнька: Man'ka)はMar'yaの卑称形である．

マリアの複合名

マリリン(Marilyn)はマリリン・モンロー(Marilyn Monroe, 1926-62)によってよく知られている．語尾の-lynはキャロリン(Carolyn)，ジャクリン(Jacquelyn)，ロザリン(Rosalyn)などの-lynと同じもので，キャロライン(Caroline)，ジャクリ(ー)ン(Jacqueline)，ロザリン(Rosaline)の愛称辞-lineが変化したものと考えるのが普通である．しかし，-lynについてはいろいろな解釈があり，MarilynはMaryと，Helenの変化形Ellenからなる名前であると考えられることもある．RosalineやRosalynは，ロザリンド(Rosalind)の変化形と考えることが多い．

Marianne, Marian, Marionは，互いによく混同される名前である．起源としてはMarionが1番古い．ロビン・フッドの恋人でありパートナーとして知られるマリアン(Marion)は，愛すべき貞節な女性であり，そのイメージが英語圏でのこの名の人気のゆえんである．Marionの-onは指小辞であり，MarionはやがてMarianとも綴られるようになる．そして，18世紀から19世紀にかけて複合名前が流行するにつれてMarianはMaryとAnneとの複合名と考えられるようになり，Marianneとも綴られるようになった．

フランス語の女性名マリアンヌ(Marianne)は，フランス共和国を象徴する名前として使われることが多い．ナポレオン3世が1851年にクーデターを起こして第二次帝政の樹立を目指す動きに出ると，共和制の復興を目指して結成された秘密結社の名前としてマリアンヌが使われた．このことからマリアンヌはフランス共和政府を象徴する名前となった．具体的な姿としては，ドラクロワが1830年に発表した有名な〈バリケードの上へと群衆を導く自由〉の

〈ヘブライ〉

民衆を率いる自由の女神マリアンヌ
(ドラクロワ画)

自由の女神像が革命のために戦うマリアンヌであるとされた．そして，革命が成功して共和国が落ちついてくると，市民社会を律するキリスト教的道徳や価値観の影響を受けて，長いローブをまとったマリア的慈母像がマリアンヌ像に投影されていった．フランスのコインに刻まれているのはそのようなマリアンヌである．また，冠をかぶり，右手にトーチを掲げ，左手にJULY IV MDCCLXXVI(July4, 1776)と記したタブレットを持ってニューヨーク港の入り口に立つ自由の女神もマリアンヌであると言える．今日，フランス各地の市庁舎にはマリアンヌ像が置かれているが，そのモデルのひとりは典型的なフランス美人と誉れの高い映画女優カトリーヌ・ドゥヌーヴ(1943-)である．

マリルー(Marylou)はマリ・ルイーズ(Marie Louise)の愛称である．マリー・ルイーズの名をもつ人物には，ナポレオン1世がハプスブルク家からめとったマリー・ルイーズ(Marie Louise, 1791-1847)がいる．彼女は，ナポレオンが皇帝としての箔をつけるためにジョセフィーヌと離婚して再婚した皇女である．しかし，ナポレオンが失脚し，エルバ島に流刑になるにおよんでオーストリアに帰り，その後再婚したが，その夫にも先立たれて再々婚するなど，そのたび重なる不運に人びとの同情が集まった．

メリル(Meryl)はごく最近の名前で，ハリウッドの女優メリル・ストリープ(Meryl Streep, 1949-)によって知られるようになった名前である．映画〈クレイマー・クレイマー〉や〈恋におちて〉〈ソフィーの選択〉〈マディソン郡の橋〉などで人気の女優メリル・ストリープの本名はメアリー・ルイーズ・ストリープ(Mary Louise Streep)で，MaryとLouiseを合わせてMerylという芸名を作った．

61

イエスが愛した罪深きマグダラのマリア

マグダラのマリア（Mary Magdalene）は，新約聖書に登場する女性で，イエスがもっとも愛した女性であるとされる．ある日，イエスがファリサイ人に招かれて食卓に着くと，娼婦とのうわさのあるマリアという女性が，香油の入った壺を持って，涙を流しながら入って来た．そして，自分の涙でイエスの足をぬらし，それを自分の髪でぬぐい，その足に口づけして，香油をぬった．その厚き信仰のために，イエスは彼女の体内から7つの罪を払い落とした（「ルカ」7.36-39）．以後，マグダラのマリアはイエスに仕え，イエスの死を見守り，復活したイエスにはじめて会った人物となる．マグダラのマリアの涙は罪を悲しむ涙であり，罪人たちはその涙によってイエスにとりなす彼女の慈愛を感じるのである．そしてその涙はピエタのマリアが流す涙に通じるものでもある．

中世においては，女性はイヴの原罪を背負って生きる存在であり，性的存在としての世俗の女性は救いがたい存在と考えられていた．しかし，そのような風潮のなかから11世紀から12世紀になると，女性の魂の救済が強く意識されるようになり，もっとも罪深い身でありながら救われたマグダラのマリアに対する信仰がフランスを中心に熱狂的なものとなった．それとともに彼女にあやかる名前が広がっていくのである．

マグダラ（Magdala）は，ガリラア湖の西岸にあった町の名前である．このMagdalaは，アラム語をラテン語のアルファベットで表記したものである．ラテン語名マグダレネ（Magdalene）はギリシャ語の影響で生まれた名前であるが，フランス語ではマドレーヌ（Madeleine）とかマドレン（Madelin）などの変化形がある．英語的マーリン（Malin, Malyn），マリーナ（Malina），マーラ（Mala）や，モードリン（Maudlin）もマグダラのマリアに由来する名前である．

マルレーネ（Marlene）は，MariaとMagdaleneの合名である．この名前のおそらくは最初の持ち主であり，もっとも有名な人物は，ドイツの女優マルレーネ・ディートリヒ（Marlene Dietrich, 1902-92）である．日本語では普通マレーネと表記されている．彼女の本名はマリア・マグダレネ・フォン・ロッシュ（Maria Magdalene von Losch）で，MarleneはMariaとMagdaleneとから作られた．第二次世界大戦中に特に人気を博し，今日でも歌い続けられている〈リリー・マルレーン〉（*Lili Marlene*）という歌によってこの名はより人気のあるものになった．

星とマリア

†舟人を導く母なる海星ステラ・マリス

ステラ（Stella）は，ラテン語 *stēlla*（star）が語源の名前である．「マタイによる福音書」の第2章に東方の三博士が星に導かれてイエスの誕生の場所を見つける話がある．その星は，光の霊であり，高い天から世界を統べる全智の神であり，地上に喜びと生命をもたらす神である．

ヘロドトスは『歴史』の第1巻の第131章で，ペルシャ人が太古から祭るのは天空全体を意味するゼウス（アフラ・マズダ）だけであるが，後になってバビロニアからアプロディテ，すなわちウラニアを祭ることを覚え，アプロディテのことをミトラ（Mitra）と呼んだと記している．ペルシャ人が崇拝したミトラは男性神であり，ヘロドトスの解釈には誤解があったと考えられているが，ペルシャのミトラと「星」そのものを意味するバビロニアの太女神イシュタル（Ishtar）とが融合し，さらに，エジプトの太女神・海女神イシスと融合した．星は

〈ヘブライ〉

イシスやアプロディテの表象でもある．

このように，海星(Stella Maris: Star of the Sea)は本来イシス，イシュタル，アプロディテの添え名であった．「マタイによる福音書」第2章のマリアがヘロデ王の追求をのがれてエジプトに下る話は，イシスとマリアの融合を象徴するものであると考えられる．古典ローマ時代後期の文人アプレイウス(Lucius Apulius, 125?-?)は自著『黄金のロバ』の最終章第11巻で，イシスに対する信仰ぶりを主人公ルキウスに語らせている．それによるとイシスは万物の母，多産の女神，至高の女神，慈悲深い女神，救世主の女神，そして舟人を導く女神である．このイシス像は原初のマリア像そのものである．

ステラ・マリスが，マリアを意味する言葉として使われるようになったのは，直接的には，ヒエロニムスによるものとされる．以来，ローマ・カトリックでは聖母マリアはステラ・マリスとも呼ばれ，大海原をさまよう小舟を導く慈母という意味をもつようになった．殉教した大ヤコブの遺体をスペインのコンポステーラに導いたのが星であり，Compostelaはラテン語campus(野)とstēlla(星)とからなる地名であるが，大ヤコブの遺体をこの地に導いたのはマリアであると言われている．このようなことから，ステラ(Stella)そのものがマリアの別名として使われるようになるのである．英語圏でステラの名が用いられるようになったのはルネサンス期のことである．この名はフランス語ではエステル(Estelle)となる．

† イシュタルとエステルとマリア

英語の女性名エスター(Esther)の語源はペルシャ語sitareh(星)で，バビロニアで話されていたアッカド語のイシュタル(Ishtar)，ヘブライ語のエステル

〈エステルの化粧〉(シャセリオー画)

(Estēr)，ギリシャ語のエステル(Esthēr)を経て英語化した．そして，この名は，ギリシャ語astēr，ラテン語stēlla，英語のstarと同族語である．

このように，エステルは，バビロニアの太女神イシュタルのことであったが，さらにはシュメール人の豊饒の太女神イナンナにも由来するものである．イナンナは，天の女王(Lady of Heaven)である．豊饒の女神であるこの天の女王は，地上の支配者である王と結婚して地上に豊饒をもたらすと信じられていた．このように豊饒をもたらす女神は，また，愛と性の守護神でもあったが，戦いの守護神でもあり，戦いがあると自分の好きな王のそばに来て勝利をもたらすと信じられていた．

エステル(Ester)は，旧約聖書の「エステル記」に登場するベニヤミン族の女性で，本名はハダサ(Hadassah)であり，母の名はアビガイル(Abigail)である．ギリシャとのペルシャ戦争でも知られるペルシャのクセルクセス王(Xerxes, 在位486-465 BC)の治世に，ペルシャにいたユダヤ人

は，王の重臣ハマン（Haman）の陰謀によって全滅の危機に瀕していた．その話を知ったハダサは後見人でもありいとこでもあるモルデカイに勧められてペルシャ名エステルを名乗り，危険もかえりみずクセルクセスの宮殿で開かれる宴会に侵入した．すると王クセルクセスは一目で彼女が気に入り，ユダヤ人とは知らずに姿が美しいエステルを王妃にむかえた．そして，エステルは王の寵愛を受けて，ユダヤ人に対する寛大な政策を引き出し，絶滅の危機にあったユダヤ人を救うのである．その意味でエステルは，ユディトやデボラとともにユダヤ民族救難の女性として慕われる人物である．

エステルの進言によって，王はユダヤ人に敵対するものは帝国に敵対するものとみなすという意味の勅令を帝国のすみずみにまで出した．ユダヤ人は，その日のことをユダヤ人が全滅から救われた日，「光，喜び，楽しみ，栄光の日」として祝っている．それはプリム（Purim）という祭りであり，ユダヤ暦の12月（西暦2-3月）に祝う庶民の祭りである．前日には断食をし，当日にはシナゴーグに集まって「エステル記」を朗読するのが習わしとなっている．

ユダヤ救難の女性エステルの本名はハダサであったが，ハダサは，キンバイカというフトモモ科の常緑低木で，その花は白く香りがよく，愛の象徴としてアプロディテの神木とみなされていた．このことからエステルは，しばしば，ローマ人にもっとも愛された愛と性の女神ウェヌスと同一視された．

マリアの原型アンナ

† カルタゴの女王ディードーとアンナ

アンナ（Anna）とハンナ（Hannah）は，ヘブライ語 $Hann\bar{a}^h$（恩寵：grace）が語源である．このHannahは，ジョン（John）の語源であるヘブライ語 $Y\bar{o}h\bar{a}n\bar{a}n$（the Lord is gracious）の第2要素-$h\bar{a}n\bar{a}n$と同語源の名前である．ハンナはその名のとおり主の恵みを受けた女性であった．ヘブライ語 $Hann\bar{a}^h$ はギリシャ語に音訳されて "$A\nu\nu a$ となり，ラテン語では $Anna$ と綴った．女性名グレイス（Grace）は「神の恵み」という意味に使われたラテン語 $gr\bar{a}tia$（kindness, charm, thankfulness）が語源であり，この名前は $Hann\bar{a}^h$ の翻訳語名であると言える．

ハンナはフェニキア人たちの信仰に関係する名前で，さらに古くはカナン神話に由来するものである．フェニキア人はアラブ人やユダヤ人とともにセム族に属する民族であった．彼らは，古代地中海東岸カナンを中心に商業民族として栄えた．そのカナン人には豊饒神であり神の戦士でもあるバアルとその姉妹でもあり妻でもあるアナトの神話がある．アナトは誕生と死の女神として崇拝されていた．バアルが兄弟と王権を争って死ぬと，アナトはバアルを求めて山野をさまよい，その遺体を見つけると，激しく涙を流して悲しむのである．そして悲しみにくれるアナトの献身によってバアルは再生し，アナトとバアルは結ばれて豊かな実りがこの世に帰ってくる．このカナン神話はギリシャ神話のアプロディテとアドニスの下敷きとなったと考えられるもので，シュメール神話のイナンナとドゥムジの話に通じるものである．

バアル信仰の一つのしるしをフェニキア人が建設した国家カルタゴの名将ハンニバル（Hannibal, 246?-183BC）の名前に見ることができる．名前Hannibalの第1要素Hanni-はHannahと同じ語源の言葉で，第2要素-balはバアルのことである．したがって，この名の意味は「バアルの恵み」で

〈ヘブライ〉

ある.

ウェルギリウスの*Aeneis*(『アエネイス』)にアンナが登場する.彼女は,カルタゴの女王ディードー(Dido)の姉妹である.カルタゴはフェニキア人が築いた町であり,ディードーもアンナもフェニキアのテュロス王の娘である.ディードーは,トロイからカルタゴにやって来たアエネアス(Aeneas)に恋をして2人は結ばれる.しかし,アエネアスはユピテルの御告げにしたがってローマ建設のために立ち去らねばならない.必死に引き止めてもアエネアスの心を変えることができず,ディードーは去り行くアエネアスを恨んで自殺する.『アエネイス』ではアンナは,ディードーの姉妹としてわき役であるが,アンナがアエネアスに恋をすることになっている伝承もある.また,シリア王ピグマリオンの追手をのがれてイタリアに渡ったアンナがラティウムのアエネアスの保護を受けたという伝説があり,ローマではアンナ・ペレンナ(Anna Perenna)という豊饒の女神になった.Perennaは「永久」を意味し,この女神は老婆であった.祝日は旧暦の3月15日(the ides of March)で,その日は1年を10か月としたローマの古い暦ではその年の最初の満月の日であった.大衆には無礼講が許され,人びとは卑猥な言葉や歌のやりとりを楽しんだ.

マリアの母アンナ

カナンの神話のアナトは,旧約聖書の「サムエル記上」における預言者サムエルの母ハンナ(Hannah)となって登場する.ハンナは,夫に深く愛されながら子を産めない悲しみに泣き,諦めかけていたところに,サムエルを身ごもった.その喜びを「わたしの心は主において喜ぶ,主によって私は額を上げた.わたしは敵に向かって口を開き,主の救いに私は喜び躍る.主は

〈聖アンナと聖母子〉
(レオナルド・ダ・ヴィンチ画)

ど聖なるものはない,われらの神ほどの岩はない.……」(「サム上」2.1-2)と言って表わす.これは「ハンナの讃歌」と言われるものであり,「マリアの讃歌」の下敷きになったものである.ユダヤ人の王国を創建するのに多大な貢献をした預言者サムエルの母ハンナは,新約のイエスの母マリアのような女性として旧約時代を通じて崇拝された.

アンナ(Anna)は,新約聖書の「ルカによる福音書」第2章には84歳の女預言者として,第3章には大司祭を務める男性として登場する.また,外典の「ヤコブ原福音書」では聖母マリアの母としてアンナが伝説化されている.このマリアの母としてのアンナの存在が名前アンナの名の人気の根拠となった.「ヤコブ原福音書」はマリアの誕生,マリアの受胎,マリアのエリサベト訪

間，イエスの誕生を書いたものである．ここに描かれたマリアの母アンナは，夫ヨアキム〔Joachim〔原義：神は男子を与えたまえり〕）が留守の間に聖霊によってマリアを身ごもるのである．彼女はサムエルの母アンナと同じく，待ち望んだ子の受胎を喜び，その子を主に捧げることを誓う．

『黄金伝説』の第125章「聖母マリアのお誕生」には，聖母マリアの母アンナはダビデの血を引く家系の出である．アンナにはヒスメリア（Hismeria）という姉妹があり，ヒスメリアの娘エリサベトは洗礼者ヨハネの母であると書かれている．したがって，マリアとエリサベトは従姉妹であり，イエスとヨハネは又従兄弟ということになる．

「ヤコブの原福音書」が書かれたのは紀元2世紀ごろのことである．その後，ニッサの司教グレゴリオスがイエスの祖母としてのアンナの存在を強く打ち出していたこともあり，431年にエフェソスで開かれた宗教会議で神の母としてのマリアの神性が認められて以来，熱烈なマリア崇拝とともにアンナ崇拝も盛んになった．そして，6世紀には，ユスティニアヌス大帝（Justinianus I，在位527-65）がコンスタンティノポリスに聖アンナに捧げる教会を建立した．聖アンナ信仰はやがてビザンティン帝国の影響力が強かったナポリに伝わり，10世紀ごろのナポリにはアンナの受胎をマリアの受胎のように祝う習慣があった．これがやがてローマに，ブルターニュに，イングランドに，そしてアイルランドにも伝播するのである．

ルーブル美術館のレオナルド・ダ・ヴィンチ作の〈モナ・リサ〉のすぐそばに，同じくレオナルド作の〈聖アンナと聖母子〉と題する作品がある．この作品では聖母マリアが聖アンナの膝に座るような位置にあり，マリアの膝元で，子羊に無邪気にまたがろうとしているイエスをマリアが優しくそして悲しげに引き止めている．その母マリアを振り返るイエス，その2人の様子をすべて見通し，優しく静かで，やはり憂いを帯びたアンナが上から見守っている．この作品におけるアンナは母性愛の象徴のような存在である．中世の前半における極端な性否定の時代から，貴婦人崇拝を経て，中世も後半になると，母としての愛，母性愛に対する聖性が認められるようになった．それとともに，マリアやアンナが母性愛の受肉した姿と考えられるようになり，ルネサンス期になると聖母マリア，ヨセフ，イエスという聖家族が強く意識されるようになった．そして，マリアの母アンナも無限の慈愛の受肉した姿として芸術家たちに強い霊感を与える存在となるのである．

† ビザンティン，ロシア，フランスを結ぶアンナ

アンナは，ビザンティン帝国で中世を通じて人気があった名前であった．特に，10世紀から12世紀にかけての皇帝の家系にアンナの名前をもつ女性が数多く輩出している．よく知られているのはアレクシオス1世の娘アンナ・コムネナ（Anna Comnena, 1083-1148?）であるが，彼女の母方の叔母も，父方の祖母もアンナであった．

名前アンナの伝播という意味で，もっとも大きな役割を果たすことになったのは，ビザンティン帝国皇帝バシレイオス2世（Basileios II，在位960-1025）の妹アンナであろう．彼女はキエフ大公となったウラディーミル1世と意にそまぬ政略結婚をさせられた．「捕虜に行くようなものです．わたしはいっそここで死ぬ方がましです」（『ロシア原初年代記』p.124）と言っていったんは断るのであるが，ロシアを悔い改めさせ，ローマ帝国を救うのは神が自分に与えられた任務だと説得されて，泣きながら異国に旅立つのである．

〈ヘブライ〉

アーンナ(Áнна: Anna)は、ウラディーミル1世の息子ヤロスラーフ1世の娘の名前でもある。ヤロスラーフ1世は、キリスト教を奉じてキエフ・ロシアをスラヴ民族最大の勢力に高めた人物で、ヤロスラーフ賢公とか、ギリシャ正教圏のシャルルマーニュと称されている。その娘アーンナはフランス王アンリ1世(Henri I, 在位1031-60)の妃となった。このようにして、名前アーンナはフランスに伝わってアンヌ(Anne)となり、ヨーロッパでも人気のある名前となった。そして、フランスの影響が強かったイギリスでも人気の高い名前となるのである。

ロシアで人気の高い女性名アーンナの変化形にはアーニャ(Áня: Anya)、アーニカ(Áнька: An'ka)、アヌーシカ(Анýшка: Anushka)などがある。アーニカ、アヌーシカのように-kaがつく変化形は特別な親しさを表わす愛称形であり、親がわが娘を呼ぶときによく用いられる。しかし、あまり親しくない人がこのような呼び方をすると、その人をあなどった感じを与えることがある。

英語圏のアン

イギリスにはアン(Anne)の長い伝統がある。リチャード2世(Richard II, 在位1377-99)の最初の妃が神聖ローマ帝国皇帝カール4世(Karl IV, 在位1346-78)の長女アンであった。カール4世はルクセンブルク家出身のボヘミア王ヨハンの子である。フランスの宮廷で育ち、フランス的教養と政治的才幹を備えた人物であった。彼はボヘミアのプラハを拠点に統治し、「ボヘミアの父」と呼ばれ、その関係でリチャード2世妃のアンはボヘミアのアンと呼ばれた。

ボヘミアのアン以後、イギリス宮廷にはアンの名をもつ人物が数多く輩出した。リチャード3世の妃アン(Anne of Warlick)、ヘンリー8世の6人の妃のうち2人のアン(Anne Boleyn, Anne Cleves)、ジェイムズ1世の妃アン(Anne of Denmark)、ジェイムズ2世の最初の妃アン(Anne of Hyde)、そして、ジェイムズ2世とアン・オブ・ハイドの長女で、後の女王アン(Anne, 在位1702-14)などがその例である。アン女王は、スコットランドを併合しグレート・ブリテン(Great Britain)王国を成立させた人物である。

Annも英語的である。『赤毛のアン』が書かれた今世紀のはじめのころはAnnが10人いればAnneが1人という程にAnnが一般的であった。映画〈ローマの休日〉においてオードリー・ヘップバーンが演じたヒロインの王女はAnnであり、ヨーロッパのある国の王女ということになっているが、明らかに英国の王室を感じさせる。映画が制作されたのはエリザベス女王の戴冠式があって間もないころで、英国王室に特に強い関心が集まっていた。王女の名前を-eのないAnnにしたところに庶民的な王女像を造り出そうとした作者の意図が感じられる。

『赤毛のアン』のアンのフルネームはアン・シャーリー(Anne Shirley)である。彼女はAnneの-eにこだわり、Anneは上品であるが、Annはひどく感じが悪いと言う。「ひどく感じが悪い」というのはもちろん彼女の個人的意見であるが、Anneがイギリスのかつての女王の名前でもあり、フランス的で、いわゆる「上品」なイメージがあるのに対して、愛称としてのAnnは庶民的平凡さを感じさせる名前であった。

Ann, Anne, Annaは短い名前であり、マリアン(Marianne)、アナマリー(Annamarie)、ベティ=アン(Betty-Ann)、バーバラ=アン(Barbara-Ann)、アン=バーバラ(Ann-Barbara)、サラ=アン(Sarah-

67

Ann)，サリアン(Sallyann)，アナ＝リサ(Anna-Lisa)，アナベス(Annabeth)など，他の名前と合体していろいろの合成名を構成する．Betty-Ann，Anna-LisaやAnnabethは，ともにマリアの母アンナとヨハネの母エリサベトの合名である．

†可愛いアン，ナンシー

アン女王は，14人とも17人とも言われる子どもを産みながら9人も死産で，残りの子どもたちもすべて10歳をこえて生きた者はなかった．その結果彼女はステュアート朝最後の国王となることになった．そしてこの悲しみを酒で紛らし，ついにはアル中に近い状態になり，国民からはブランデー・ナン(Brandy Nan)とあだなされた．

ナンシー(Nancy)もAnne(Ann)の愛称である．この名前ナンシーは英国で18世紀の終わりに特に人気のある名前となり，以後，多少の浮き沈みはあるもののその人気は続き，1960年代には10位に入るほどの人気のある名前であった．近年の人物としてはレーガン大統領のファースト・レディ，ナンシー夫人(Anne Francis Robbins Davis [Nancy] Reagan, 1921-)が知られている．彼女の結婚前の本名はAnne Frances Davisで，Nancyは子どものときの愛称であった．

ナナ(Nana)はエミール・ゾラ(Émil Zora, 1840-1902)の小説 Nana(『ナナ』)(1880年)の主人公の名前として知られている．彼女の本名はアンナ・クーポー(Anna Coupeau)である．小説『ナナ』の冒頭に，「金髪のヴィーナス」という芝居でナナがヴィーナスを演じる場面が描かれている．それによると彼女は歌唱力も演技力もなくただ身体を揺すっているだけの演技しかできない女優である．しかし，大柄で，透きとおるような肌，首筋には金髪がふさふさと垂れかかっている．彼女の笑顔にはあどけないえくぼが現われ，紅の小さな唇は輝き，きれいに澄んだ青い大きな瞳は光っている．このようなナナの甘い官能的な姿態はどんな男をも虜にするのである．それはナナ自身が金髪のヴィーナスであり，フローラ(Flora)であることを示している．そして，ナナという名前が耳に快く，親しみのある短い名前であったことも相俟って，ナナと発音するだけで，人々はだれでも陽気になり，たわいもなく嬉しくなるのである．そのナナは放恣な生活をおくり，男たちを次々と破滅させた末に天然痘にかかって死んでゆく．

†アイルランドのアン

アイルランドにもアナ(Ana)とかアンナ(Anna)という名をもつ女性は多い．アナ(Ana)は，元来は，アイルランド人の神々の母とされた豊饒の女神ダーナ(Dana)の古い名前であるとも考えられてきた．アイルランドの神々はトゥア・デ・ダナン

アン女王

(Tuatha De Danann: People of the Goddess Dana)と呼ばれる．ダーナ，すなわち，アナはそれらの神々の母であり，トゥア・デ・ダナンは地下にいて人間の行いを見守るのである．ダーナは，後にブリギットと同一視され，中世においては聖母マリアの母アンナとも関係づけられた．

　AnneやAnnieは，アイルランドでは，また，エニェ(Eithne)の英語化された名前でもある．アイルランドには，エニェを光の神・才能の神ルーフ(Lug, Lugh)の母であるとする神話がある．伝説によると，エニェ(エトナ)はタラの王コーマック・マク・アートの妃の名前であり，また，ルーフの息子で赤枝の騎士として知られているク・ホリンにもこの名をもつ妻がいた．

　エニェは，キリスト教化されたアイルランドでは，聖エニェ(St. Eithne)として知られるようになった．聖エニェと呼ばれる聖女は数多いが，なかでも特に，聖パトリックがアイルランドに布教に来たときにタラの上王であったリアリー(Laoghaire)の妃聖エニェがよく知られている．彼女は，聖パトリックの影響で最初にキリスト教徒になった女性の1人である．聖コルンバの母もまた，聖エニェとしてよく知られる．Eithneの語源的意味は「種子」であり，この名の変形としてはエトナ(Etna)，エドナ(Edna)，エナ(Ena)などがある．

　AnnaとかAnneは，また，アイルランド南西部マンスター州の神話では，愛と豊饒の女神エイニェ(Aine)と関係づけられることがある．Aineの語源的意味は「輝かしい」で，この妖精の女王は，フィン伝説ではスコットランドの王女で，フィンとの間にオシーンとファーガスという2人の息子をもうけることになっている．そしてAineは，やがてエニェ(Eithne)と同一視され，19世紀の終わりになってAnnaとかAnne，あるいはHannahと関係づけられるのである．アイルランドのシンガー・ソング・ライターで世界的に有名なエンヤ(Enya Ni Brenann)の正式名はEithne Ni Bhraonâinである．EnyaはEithneの変化形で，アイルランド北西部の方言を感じさせる．

疑い深い使徒トマス

双子のトマス

　使徒トマスは，ユダス・トマス(Judas Thomas)と呼ばれたり，ディデュモス・ユダス・トマス(Didymos Judas Thomas)と呼ばれることが多い．Didymosは「双子」という意味のギリシャ語であり，Thomasはアラム語 $t^e\bar{o}m\bar{a}$ (twin)のギリシャ語的綴りである．したがってDidymosもThomasも添え名である．twinとは双子の一方を意味する言葉で，新約聖書外典の1つ「トマス行伝」ではトマスはイエスの双子の兄弟であり，至高の使徒であると書かれている．

　新約聖書の正典では，トマスはイエスの十二使徒の1人である．彼はイエスの復活を信じることができず，「あの方の手に釘の跡を見，この指を釘跡に入れてみなければ，また，この手をそのわき腹に入れなければ，わたしは決して信じない」(「ヨハ」20.25)と言う．ところが，8日後，ユダヤ人たちを恐れて鍵をかけた家に集まっていた弟子たちの真ん中にイエスが現われ，トマスはやっとイエスの神性を信じるようになった．すると，イエスは「わたしを見たから信じたのか．見ないのに信じる人は，幸いである」(「ヨハ」20.29)と言うのである．

　この聖書の記述からトマスは「盲目の肉体」の犠牲となった人物の典型として語ら

れることになり，「疑い深いトマス」（doubting Thomas：証拠がないと信じない人）と呼ばれることになる．しかし，このことがあってトマスは不動の信仰をもつようになり，イエスに命さえ捧げてもよいと考えるほどの信奉者になるのである．『黄金伝説』の第5章「聖使徒トマス」には冒頭に「トマスは深みというほどの意味である」と書かれている．語源的にはこのような意味はないが，トマスが最後まで強い疑いをもちながら，その疑いを越えて主を信じるようになったからこそ，彼の信仰が確信に満ち，深く，揺るぎないものとなったことを示すものである．

トマスの布教活動については史実的にはあまりはっきりしない．しかし，『黄金伝説』によると主の指示にしたがってインドに布教におもむき，マドラスの近くで殉教したことになっている．当時，ローマ人はインドと交易をしており，トマスがローマの商船でインドへ行ったというのは考えられないことではない．同伝説には，主はパレスティナのカイサリアに来ていたインドの家令アッバスネスに優れた棟梁としてトマスを与えられたと書かれている．トマスはインドでは王のためにローマ風の宮殿を建てたとされ，その故事から彼は建築家の守護聖人として崇拝され，T一定規の発明者ともされた．

カンタベリーのトマス・ア・ベケット

聖トマスについては，アルフレッド大王が883年にインドのトマスの墓に2人の僧を巡礼に向かわせたという記録が『アングロ・サクソン年代記』にある．この記述から中世の早い時代からトマス崇拝がイギリスにあったことがうかがわれる．そして，十字軍の時代になるとトマスの名が一般人の名としても使われるようになった．

トマスの名は中世の後半になるとジョンやウィリアムとともにイギリスでもっとも人気のある男性名となる．それは特にトマス・ア・ベケット（Thomas à Becket, 1118-70）の人気に負うものである．彼は使徒トマスの祝日の12月21日に生まれたことからトマスと命名されたと考えられている．父はノルマンディー出身の裕福な商人で，母はノルマンディー公国の居城があるカーン出身のマティルダという名の女性であった．

ベケットはヘンリー2世に重用され，大法官を経てカンタベリー大司教にもなった．しかし，国王が教会の裁判権の制限をはかる動きに出るとその政策に反対し，王と袂を分かち，暗殺されるのである．ヘンリー2世とベケットとの対立は，1077年に起こった「カノッサの屈辱」に象徴される教皇権と王権との対立で，当時のきわめて政治的な事件であった．しかし，民心は圧倒的にトマスに傾き，トマスは殉教者として崇拝された．『黄金伝説』の第11章「カンタベリーの聖トマス伝」には「トマス（ベケト）は粗毛をまとい，貧しい人びとの足を洗ったと書かれているように，その偉大な謙虚さにおいて深く，……」と記されている．トマス・ベケットが1174年に列聖されて以来，チョーサーの『カンタベリー物語』で知られるカンタベリーへの巡礼が非常に盛んになり，春の到来とともに始まるカンタベリー詣では，16世紀初めのヘンリー8世の治世までイギリス人の重要な生活行事であった．

トマス（Thomas）は，女性名テレサ（Theresa）のTh-と同じように[t]と発音される．これはギリシャ語のテーター「Θ[tʰ]」の発音に近いものである．なお，Thomas à Becket の Becket は12，3世紀には一般的にBeketと綴り，古北欧語 *bekkr*（小川）が語源の姓であり，à は出身

〈ヘブライ〉

を表わす前置詞である．

　トマスの愛称形トム(Tom)は14世紀以降一般化した．トマスやトムはいろいろな文学作品の登場人物の名としても使われている．トム・ソーヤー(Tom Sawyer)はアメリカを代表する少年像として世界に知られている．アンクル・トム(Uncle Tom)は黒人奴隷で，キリスト教に深く帰依し，殉教者のように死んでいく人物である．彼の生き方は，『黄金伝説』の記述に見られるトマス・ア・ベケットの偉大な謙虚さを彷彿させるものであり，アンクル・トムのその人物像が奴隷解放運動を大いに刺激した．

　スタインベックの大作『怒りの葡萄』(1939年)の主人公トム・ジョード(Tom Joad)は社会の底辺で生活しながら骨太な生き方をする人物である．トム・ジョーンズ(Tom Jones)は小説文学の確立者の1人ヘンリー・フィールディング(Henry Fielding, 1707-54)の同名の作品の主人公で，捨て子として育てられ，女たらしの「悪党」であるが，健全な人間性とたくましさをもつ愛すべき人物である．

　歴史上の人物としては中世最大のスコラ哲学者トマス・アクィナス(Thomas Aquinas, 1225?-74)，独立宣言の起草者でアメリカ合衆国第3代大統領となったトマス・ジェファスン(Thomas Jefferson, 1743-1826)，第28代大統領トマス・ウッドロー・ウィルスン(Thomas Woodrow Wilson, 1856-1924)，発明王トマス・アルヴァ・エディスン(Thomas Alva Edison, 1847-1931)，イギリスの小説家トマス・ハーディ(Thomas Hardy, 1840-1928)，ドイツの小説家トマス・マン(Thomas Mann, 1875-1955)など枚挙にいとまがない．T.S.エリオット Eliot(1888-1965)のT.S.はThomas Stearns(トマス・スターンズ)である．

トマス・ジェファスン

トマスから派生した姓

　トムスン(Thomson, Thompson)，トムセン(Thomsen, Thompsen)，トムキン(Thompkin)，トンキン(Tonkin)，トマリン(Thomalin)，トマシン(Thomasin)，トムリン(Tomlin, Tomblin)，トンブルスン(Thombleson)，トムキンスン(Tomkinson)，ドームス(Dohms)，フォムキン(Fomkin)，フォミノフ(Fominov)などはThomasやTomaから生まれた姓である．これらの名前の-son, -sen, -s, -kin, -lin, -in, -novはそれぞれ父系辞や愛称・指小辞である．Thompsonの-p-は音便の都合で生まれた余剰音で，発音する場合もしない場合もある．発音するとトンプスンであり，発音しないとトムスンである．-senはスカンディナヴィア的である．TomalinやTomasinは女性名としても名字としても使われる．

　Tomlinの-linはduckling(子ガモ)やgosling(ガチョウの子)の-lingと同じ指小辞であり，「～の子」という意味に使われる．この指小辞は-leともなる．Tomblinの-b-は余剰音である．Tomkinsonの-kin-と-sonはいずれも父称辞である．ドーム

71

ス(Dohms)やドーマン(Do[h]mann), トーマン(Thomann)などは, 特に低地ドイツ語圏に特徴的な名前である. フォミノフ(Fominov)はロシア語の姓である.

聖書にもっとも多く見られる名前シメオン

ペトロの本名シモン

シメオン(Simeon)はヘブライ語 shāmá'(彼は聴いた：he heard)から生まれた名前 Shim'ṓn(hearing)が語源で, ギリシャ語 Symeṓn を経て成立した名前である. シモン(Simon)は Symeṓn が, ギリシャ語 sīmós(団子鼻)から派生したあだな Sīmōn の影響を受けて生まれた名前である. このようにシモンとシメオンは本来は同じ名前である. 『欽定訳聖書』では, シメオンは, 旧約聖書に登場するヤコブとレアの第2子, すなわち, イスラエルの12支族の1つシメオン族の名祖であり, ギリシャ語で原典が書かれた新約聖書ではシモン(Simon)という人物が多く登場する.

新約聖書でシメオンの名をもつ人物としてよく知られているのは「ルカによる福音書」の第2章に登場する老人である. 彼はエルサレムに住む敬虔な義人で, 聖霊によって, 主が遣わすキリストを見るまでは死なないと告げられていた. そして, 慣習にしたがってエルサレムの神殿に連れて来られたイエスを抱き上げて, 「主よ, 今こそあなたは, お言葉どおり／この僕を安らかに去らせてくださいます. わたしはこの目であなたの救いを見たからです. これは万民のために整えてくださった救いで, 異邦人を照らす啓示の光／あなたの民イスラエルの誉れです」(「ルカ」2.29-32)と神を賛美するのである.

シモン(Simon)の名をもつ人物としてもっとも有名なのは, イエスにペトロ(Petros)という名を与えられたシモンである. 彼と彼の兄弟のアンドレはガリラヤの漁師であった. 2人は湖に網を打っているときにイエスに「わたしに従え, わたしはあなたたちを人をすなどる者にしよう」と声をかけられて, 網を捨ててイエスに従い, 彼の最初の弟子となった(「マタ」4.18-20).

「マタイによる福音書」の第13章第55節によると, イエスの兄弟にはヤコブ, ヨセフ, シモン, ユダがいた. また, イエスを招待したファリサイ人の名もシモンである. さらに, イエスが磔になることになる十字架を, 途中からイエスに代わって, ゴルゴタまで運ばされた田舎の男シモン(「マタ」27.32)や, ペトロとヨハネが手を人に乗せることによって聖霊がその人に下るのを見て聖霊を金で買おうとしたサマリア人シモン(「使」8.9-25)などがいる. simony(聖職売買, 聖遺物売買)はこのシモンの話から生まれた言葉である. このように聖書に登場するシモンやシメオンの多さ, そして彼らの果たす役割の大きさを見ると, これらの名前がもっともユダヤ的な名前の1つであったことがわかる.

シモンやシメオンと同じ語源の名前にイシュマエル(Ishmael)がある. イシュマエルは, アブラハムと, サラの奴隷ハガルとの間に生まれた子(「創」16.12)で, アラブ人の祖となった人物である. この名は, ヘブライ語 Yishmā'ēl が語源で, ヘブライ語 shāmá'(he heard)から派生した yishmá(he will hear)と ēl(エル；神)からなり, その名の原義は「神は聴きたまうであろう」である. アブラハムと正妻サラとの間に生まれた子がイサクである. イサクはアブラハムの愛し子となり, イシュマエルは追放の身となる. この名イシュマエルは, ハーマン・メルヴィルの *Moby Dick*(『白鯨』)

〈ヘブライ〉

(1851年)の冒頭の文"Call me Ishmael."「私をイシュマエルとでも呼んでくれたまえ」で知られている.

厳しい禁欲のモデル，柱頭のシメオン

このようにシモンやシメオンは聖書に多数登場する名前であるが，歴史的にも，これらの名をもつ人物が数多く活躍した．特によく知られているのは，柱頭の苦行者として知られているシメオン(Simeon the Stylite, 390?-459)である．彼はシリアのアンティオキアの近くで修道生活に入ったが，洞窟修道院の規律に飽き足らず，柱を立ててその上で厳しい苦行に耐えながら隠修の生活をおくった．どこまでも自分を律して修業を積むその姿に，当時の人々は強い崇拝の念をもつようになり，数多くの人びとが彼のもとを訪れるようになった．極限の修行にもかかわらず彼の説教は狂信的ではなく，愛と正義と祈りの大切さを静かに説いた．宗教界は宮廷生活の豪奢ぶりや頽廃に批判的で，コンスタンティノポリス総主教ヨハンネス・クリュソストモスを擁護する暴動などがあった時代のことである．

シメオンは，また，ブルガリアの全盛期を築き，ブルガリア皇帝シメオン(Simeon I，在位893-927)によってよく知られる名前である．彼はボリス(Boris I)の子で，コンスタンティノポリスで教育され，修道士になった．しかし，父ボリスによって退位させられた兄ウラディーミルを継いで王位につくことになるのである．そして，列強とのあいだで慎重にバランスをとって平和を保っていたボリスと異なり，ビザンティン皇帝の地位を求めて長い戦いをはじめ，一時はその地位を手中におさめそうになった．しかし，その野望の実現に失敗するとブルガリア皇帝を称し，ビザンティンと同盟関係にあった北のマジャールをパン

柱頭の修道士
聖シメオン

ノニアに押し返してブルガリアの全盛期を築くのである．彼の治世にスラヴ・キリスト教文化が発達し，ブルガリアは，ロシアをはじめとするスラヴ地域へのキリスト教伝播に大きな役割を果たすことになった．

王冠を捨てさせたシンプスン夫人

英語名サイモン(Simon)の名をもつ現代人には，シンガー・ソング・ライター，ポール・サイモン(Paul Simon, 1941-)がいる．彼は，アート・ガーファンケル(Art Garfunkel, 1941-)と組んで，映画のテ

ーマ曲,"Sound of Silence"や"Bridge Over Troubled Water"などをヒットさせた.

シモーヌ(Simone)はフランス語の女性の名前であり,シムスン(Simson)やシンプスン(Simpson)はSimonから派生した英語の姓である.Simpsonの-p-は-m-と-s-のつなぎとして自然に生まれた余剰音である.シモンド(Simond)の-dは,古フランス語 *son* から借入された中英語 *soun* に剰音文字-dがついて成立したsound(音)と同じような経過で生まれた名前である.

シモーヌ(Simone)の名をもつ人物にはドイツ生まれのフランス女優シモーヌ・シニョレ(Simone Signoret, 1921-85)がいる.彼女はドイツ生まれで本名はジモーネ・カミンケル(Simone Kaminker)である.彼女は,〈嘆きのテレーズ〉(1952年)で愛人のために夫を殺して破滅していく人妻を演じて人気を博したが,イヴ・モンタン(Yves Montand, 1921-91)との結婚でも知られている.

シンプスン(Simpson)の名をもつ人物としては,エドワード8世(Edward Ⅷ, 在位1936)と恋に陥り,エドワード8世が王位を捨てて結婚したシンプスン夫人(Wallis Warfield Simpson, 1896-1986)がいる.彼女は離婚歴もあり,当時夫をもつ婦人であったことから,国王との結婚には王族や教会関係者はこぞって反対した.議会の承認も得られなかった.そこで,エドワード8世は王位を捨てて彼女と結婚し,世界中の話題となった.最近ではアメリカン・フットボールのかつてのスーパースター,O. J. シンプスン(Orenthal James Simpson, 1947-)がよく知られている.彼は,元の妻と彼女のボーイフレンドを殺害した容疑で起訴され,世界中から注目された刑事裁判で無罪の評決を得た.しかし,この評決は人種問題が色濃く反映したもので,アメリカの陪審制度の公正さそのものに世界中が疑問を投げかけた出来事であった.

第 **2** 章

ギリシャ神話の世界に育まれた殉教の聖人たち

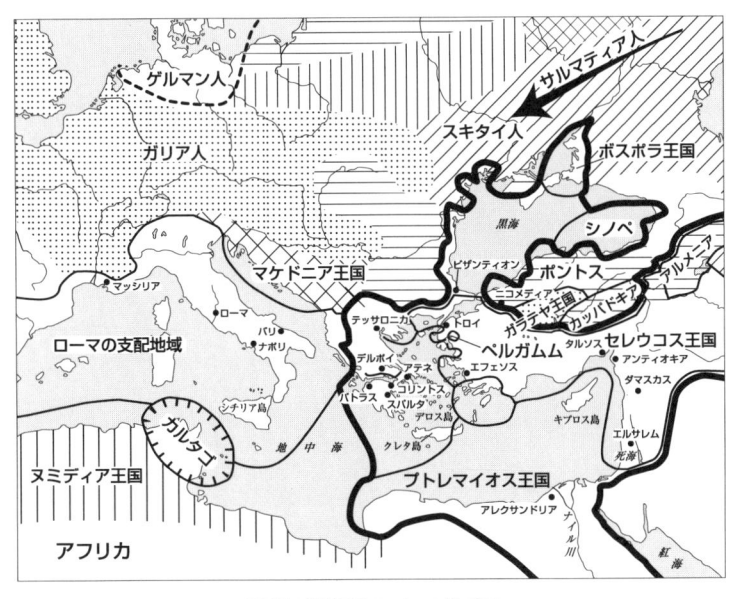

紀元前2世紀ごろのヘレニズム世界

〈ギリシャ〉

ギリシャの起源と発展

　インド・ヨーロッパ語族のギリシャ人は紀元前20世紀ごろにバルカン半島に南下して来た．彼らは，紀元前15世紀～前13世紀にはミケーネ文明を発達させ，前10世紀ごろからエーゲ海沿岸から小アジアにかけて植民活動を行い，前8世紀～前7世紀にかけて南イタリアなど地中海沿岸，黒海の西岸から北岸沿いに植民活動を行った．そして，前8世紀後半には，小アジアのエーゲ海沿岸イオニア地方においてホメロスを生み，前5世紀にはアテネを中心に西洋古典文化の華を咲かせるのである．

　古代ギリシャの全盛期は紀元前5世紀から前4世紀である．前500年ごろから半世紀にわたって断続的に続いたペルシャ戦争は，専制君主をいただくアジアの帝国と民主主義を奉じるギリシャのポリス国家連合との戦いであった．この戦争は，ペリクレス(495?-429BC)の指導のもとに，前449年ごろギリシャ側の勝利に終わった．アテネの民主主義の理想は，トゥキディデスの『歴史』(ペロポネソス戦争)の戦死者を弔うペリクレスの演説によく表われている．それは基本的には「人民の人民による人民のための政治」をうたったもので，その演説はリンカンの「ゲティスバーグの演説」の下敷きとなったものでもある．

　ペリクレスが唱えた民主主義の理念は，ギリシャ人の自由な商業活動や知的活動，芸術活動を鼓舞し，アテネを中心とするギリシャ世界は全盛期をむかえた．ソクラテス(470／469-399BC)，プラトン(427?-347?BC)，アリストテレス(384-322BC)など，後のヨーロッパ人の知的世界観に決定的影響を与えた哲学者を輩出したのがこの時代であり，アイスキュロス(525-456BC)，ソポクレス(496?-406?BC)，エウリピデス(484?-406?BC)，アリストパネス(448?-380?BC)などの悲劇作家や喜劇作家を生み出したのもこの時代である．これらの哲学者や劇作家，その他の芸術家たちは，人間そのものに強い関心を示し，人間の能力の可能性や理想像を描き出した．そして，彼らが描き出した人間の理想像は今日現代人が求める理想像の原点となった．

　しかし，その全盛期のギリシャにもペルシャの脅威は続いた．ペルシャの援助を受けたスパルタとアテネとが戦ったペロポネソス戦争(431-404BC)では，ペリクレスが流行病に倒れ，アテネが敗北を喫し，スパルタがギリシャの覇権を握った．しかしスパルタを含む諸ポリスはペルシャにあやつられて抗争を繰り返すうちに衰退し，その間にペルシャ的軍事国家に

成長した北のマケドニアが勢力をのばした．そのマケドニアがフィリッポス2世(在位359-336BC)の治世にギリシャを併合し，その息子アレクサンドロス大王(在位336-323BC)は，ギリシャ・マケドニア連合軍を擁してシリア，パレスティナ，エジプト，バビロニア，ペルシャを征服し，はるかインドに至る世界帝国を建設した．

ヘレニズムとキリスト教

　アレクサンドロス大王が建設した大帝国は，大王の没後まもなく幾つかの王国に分裂した．それらの王国ではアレクサンドロス大王の武将たちが支配者となり，ギリシャ語が宮廷言語となった．そして，それらの地域では，ギリシャ語が文化的言語として広範に通用するようになり，ギリシャ風学問が発達し，ギリシャ諸都市国家の生活様式や建築様式が文化的モデルとして伝播した．アレクサンドロスの帝国は，ギリシャ古典の文化的伝播力と，神格化されて太陽のような輝きを放つ大王の求心力によって，いわゆるヘレニズムと呼ばれる文化を発展させるのである．

　ヘレニズム文化圏での国際語はコイネーと呼ばれるギリシャ語であった．コイネーとは，アテネのギリシャ語を基盤に，小アジアの西沿岸イオニア地方の方言を初め諸方言が混交したギリシャ語である．イオニア方言とは古くはホメロスが使った言語であり，アッティカ方言の母体となったものであった．やがて，アテネがギリシャ圏の中心としての求心力をなくした古典期以後，アッティカ方言に，エーゲ海沿岸地方や同海に浮かぶ諸島で用いられた諸方言が混交してコイネーが生まれるのである．コイネーはギリシャ語 *koinós*(共通の)から派生した言葉で，ヘレニズム文化圏全域で使われた共通語であった．ローマ時代を通じてコイネーはラテン語とともにローマ帝国の公用語であり，ローマ帝国が東西に分裂してからも，ラテン語とコイネーはビザンティン帝国の公用語であった．

　コイネーは，ヘブライ文化を吸収して，ユダヤ民族の宗教であったユダヤ・キリスト教が世界宗教へと発展することを可能にした言語である．『七十人訳聖書』はコイネーで書かれており，新約聖書もコイネーで書かれた．これらのギリシャ語の聖典によって，ユダヤ人が信じた部族的で戦闘的なヤハウェは，純化されて，普遍的な唯一神へと高められた．それは，プラトンやアリストテレスなど古典ギリシャ文化の影響を受けたもので，ヤハウェは「愛の神」，そして「闇から光の世界へと導く救いの神」へと変化した．

〈ギリシャ〉

　パウロはイエスのことを,「主イエス」($Κύριος\ Ἰησοῦς$: Kyrios Iesous: キュリオス・イエスス)(「Ⅰコリ」12.4)と呼んでいる. このキュリオスはアケメネス帝国の建設者キュロス大王(Kyros II, 在位559–530BC)のイメージが重なる言葉であり, ヤハウェを意味するヘブライ語アドナイ(Adonai)を置き換えたものである. キュリオスとは,「善のイデア」を地上で体現する王であり, ソクラテスの友人クセノポンが『キュロパエディア』で著わした理想の王に近いものである. クセノポンは, ペルシャのキュロス大王をギリシャ風に理想化してキュロス像を創り出したが, その理想像は神格化されたアレクサンドロス大王へと引き継がれ, さらに救世主イエス像へと発展した.

　また,「永遠に動く宇宙のすべての活動の原因にして動かないもの」(『形而上学』第12巻第7章, 出隆訳)というアリストテレスが考えた「神」の定義は, 宇宙のすべてのものに生命を与える神の力として聖霊(Holy Spirit)の概念を発達させ, 創造主としての神の概念を発達させるのに寄与した. さらに, アリストテレスがギリシャ神話やギリシャ悲劇に見た「カタルシス」(浄化：catharsis)(『詩学』第6章, 松本仁助・岡道男訳)は, 自然の再生という豊饒神話的概念から, 受難と復活というキリスト教の根本的な考え方の意味を発達させるのに寄与するのである.

　これらの考え方は, また, ローマ帝国における宗教観に大きな影響をおよぼした. 『神の国』のアウグスティヌスは同書の第18巻第43章で,『七十人訳聖書』が教会が認めるもっとも権威のある神聖なる訳書であると述べている. そして, ラテン語訳もこの『七十人訳聖書』を底本になされたものであり, ヘブライ語から旧約聖書をラテン語に訳すという大事業をなし遂げたヒエロニムスのラテン語訳聖書も70人の知恵と知識を集めて訳されたギリシャ語聖書の権威におよぶべくもないと述べている(服部英次郎・藤本雄三訳).

　このようにして, ユダヤ人の宗教はヘレニズム化したが, 1453年まで続いたギリシャ人の帝国と言うべきビザンティン帝国では, 古代から風化させずに継承してきたギリシャの神話や古典が, ヘブライ神話と融合して殉教聖者伝説の母体ともなった. 殉教はイエスの受難と復活の追体験の完成であり, 肉体を滅ぼして霊的に生き返ることであった. したがって殉教者は天に召されて神に仕え, 罪人の許しを神にとりなすことができる存在として強い崇拝心を喚起した. 殉教伝説の殉教者には架空の人物が多いが, 実在の人物についても架空の人物についても, ギリシャ神話の人物像が反映していることが多く, それは, ヘブライズムとヘレニズムの融合した豊

かな文化的遺産であるとともに，メソポタミアやペルシャやエジプトの影響も色濃く反映したものであった．そのキリスト教文化が，コンスタンティノポリスを拠点に，西はローマを経て西ヨーロッパに，北は黒海沿岸を経てスラヴ世界へと伝播し，全ヨーロッパに根源的な影響をおよぼすのである．

ギリシャ民族主義と名前

　ギリシャは，1453年にビザンティン帝国が滅亡して以来4世紀におよぶトルコの支配を経て，1829年に独立を達成した．ギリシャの独立に向かっての運動は全ヨーロッパを巻き込む運動となった．その象徴的な出来事がバイロンの義勇軍結成である．彼は文筆活動を通じてギリシャ支援を呼びかけ，ついには全財産を投じて義勇軍を結成した．そして，1824年にミソロンギの戦いを目前にして雨に濡れ肺炎にかかって死んだ．バイロンが死んでまもなくミソロンギの決戦があり，ギリシャ人は大虐殺という悲劇を経験する．ドラクロワ作の〈ミソロンギの廃虚に立つギリシャ〉はその虐殺から立ち上がるギリシャを象徴するものであり，ギリシャ人の民族主義を鼓舞する絵画である．

　ギリシャ人はトルコ支配の間もギリシャ語とギリシャ正教をまもり，キリスト教的命名法を維持した．そして19世紀に民族的傾向を強めるなかでいっそうキリスト教熱が高まり，ギリシャ正教の聖人名が圧倒的な人気を博した．しかし，ギリシャ正教は，アテナやアポロンなどキリスト教とは関係がない，純粋にギリシャ神話的な名前をそれら単独で個人名とすることを許さず，異教の名前をつける場合は第二名としてキリスト教的名前をつけることを義務とした．そのような制約のなかで，アレクサンドロス($A\lambda\varepsilon\xi\alpha\nu\delta\rho os$: Alexandros)，ディミトリオス($\Delta\eta\mu\eta\tau\rho\iota os$: Dimitrios)，ディオニシオス($\Delta\iota o\nu\theta\theta\iota os$: Dionythios)など，ギリシャ神話に起源をもち，キリスト教の聖人の名前としても用いられていた名前が流行した．異教的名前がそれ単独で個人名として用いることが許されたのはごく最近のことである．ギリシャ神話に由来する名前は最近では人気が高まり，ヘラクレスに由来するイラクリス('$H\rho\alpha\kappa\lambda\eta s$: Iraklis)やオディッセフス('$O\delta\upsilon\sigma\sigma\varepsilon\upsilon s$: Odysseus)，女性名オリンピア('$O\lambda\upsilon\mu\pi\iota\alpha$: Olympia)などの名前も散見される．

〈ギリシャ〉

国名ヘラスとギリシャの由来

　ギリシャ人は自国のことをヘラス(Hellas)と呼び，自分たちのことをヘレネス(Hellenes)と呼ぶ．現代通俗ギリシャ語ではエッラダ(Ellada)である．神話によると，ヘレネスは，プロメテウスの息子デウカリオンと，パンドラの娘ピュラの間に生まれた息子ヘレーン(Hellen)の血をひく民である．ヘレーンは，ホメロスではテッサリアの祖である．ヘラスは，元はテッサリアの都市を意味する言葉であったが，次第に全ギリシャ人を意味する名前として使われるようになり，ヘレーンがギリシャ民族の始祖とされるようになった．神話では，ヘレーンは山のニンフ，オルセイスと結婚して，ドロス，アイオロス，タストスの3人の男子の父となり，その息子たちが，ドリス人，アイオリス人，イオニア人の祖となった．

　ヘレーン(Hellen)の語源はさだかではないが，ギリシャ語の *héllēn* (taker, seizer)が語源であると考えることができ，「強奪する者」とか「征服者」という意味をもつ名前の可能性が高い．

　英語ではギリシャ人をグリーク(Greek)と呼ぶ．ナポリの北隣クマエに植民したギリシャ人をローマ人が呼んだ呼び名グラエキ(Graeci, ギリシャ語ではグライキ〔Graiki〕)に由来するものである．クマエの植民者の有力な勢力に，アテネの北西ボイオティア地方の町グライア(Graia)の人々がいた．このグラエキをローマ帝国が勢力をもつにつれて，主にギリシャ以外の人びとがギリシャ人を指す言葉として使うようになるのである．

運命の美女ヘレネ

ギリシャ起源の名で，もっともよく知られ，もっとも親しまれているのはヘレネであろう．彼女はホメロスの『イリアス』や『オデュッセイア』に登場する絶世の美女で，ゼウスが白鳥に姿を変えてスパルタの王妃レダと交わって生ませた子であり，美と愛の女神アプロディテも嫉妬するほどの美女である．しかし，その美しさが自分にも周囲の人びとにも災いとなる．ヘレネはスパルタの王メネラオスの妃でありながら，客人として滞在していたトロイのパリスに誘われて出奔する．そしてそれがもとで，トロイはギリシャ軍の総攻撃を受けて滅びることになるのである．このようにヘレネは，その美しさゆえに多くの英雄にも国にも破滅をもたらした．しかし，ヘレネの美しさにはすべての怒りをなえさせるものがあり，トロイの長老たちも，「これほどの女子のためならば，トロイエ方もアカイア勢も，長の年月苦難を嘗めるのはむりからぬことじゃ」（『イリアス』第3歌，松平千秋訳）とつぶやくのである．

『イリアス』や『オデュッセイア』は，古典時代のギリシャの文化や教育の基盤であった．そして，ギリシャにならった古代ローマの市民たちの情操教育の教材でもあった．キリスト教化されたローマ帝国でも，イスラム教の隆盛で危機意識が高まった8世紀のビザンティンで，ホメロスを初めとする古代ギリシャの伝統への関心が復活して，殉教者伝説の下地となった．ギリシャ人が発展させた神話は，宗教的霊感をなくした後も精神的影響をもち続け，今日においても，哲学や芸術を初めあらゆる分野において，人びとの豊かな想像力の源泉となっている．

ダンテは『神曲』で，ヘレネを，情欲に身をまかせ，愛欲ゆえに災いを招き身を滅ぼした者として，クレオパトラやディードーとともにリンボーに置いている．リンボーとは，特にキリスト降誕以前の善人が死後憩うところで，天国に至るまでの中間界である．『神曲』では，リンボーは地獄の第2の谷園にあり，ヘレネたちは黒い風に吹き飛ばされて，その風を避けるすべもなく宙を漂い続けている．ゲーテの『ファウスト』では，ヘレーナ(Helena)は古典美を象徴する女性である．輝く頬と赤い唇をもつ純潔清楚な庶民の娘グレートヒェン(Gretchen)への思いを絶って，ファウストが結婚する憧れの女性である．

アメリカの詩人エドガー・アラン・ポー(Edgar Allan Poe, 1809-49)は，"To Helen"（「ヘレンに」）という3連（スタンザ）からなる詩の第2スタンザでヘレンの美しさをギリシャ・ローマ古典への憧れとダブらせて次のようにうたっている．

　　ヒヤシンスなす君が髪，みやびやかなる君が面，
　　水女神（ナイアス）に似たるその風姿（なり），
　　すべてみな，荒れ狂う大海（おおみ）にいと長くさまよいし
　　われにいまこころよりしのばしむかな，
　　ありし日のギリシャの栄え（さかえ），
　　ありし日のローマの光（ひかり）．（島田謹二訳）

英語名ヘレン(Helen)は，ホメロスが『イリアス』で使ったイオニア方言では Ἑλένη(Helene)で，アッティカ方言では Ἑλένα(Helena)である．ラテン語ではヘレナ(Helena)となる．この名の語源については，ギリシャ以前の民族に起源をもつものであろうとする説がある．しかし，ゼウスの娘とされるヘレネは，伝統的にギリシャ語 hêlios（太陽）とか helénē（葦のかがり火）などと関係づけられて，「輝く者」と

〈ギリシャ〉

〈パリスとヘレネの恋〉（ダヴィッド画）

いう意味の名前として用いられた．さらに，ヘレネがもっとも典型的にギリシャ的な名前であることからギリシャの始祖ヘレーン（"Eλλην: Hellen〔征服者〕）と関係づけられてHellenとも綴るようになった．

真の十字架の発見者，聖ヘレナ

絶世の美女であり，永遠の恋人であるヘレネは，恋のためにトロイに破滅をもたらした「悪女」でもある．しかし，なんといってもゼウスの娘であり，死後は，神々に選ばれた人間だけが行くことができる楽園エリュシオンで憩うことが許されている．このようなヘレネは，コンスタンティヌス大帝の母聖女ヘレナ（Helena, 255?-330?）にあやかる名前としてよみがえり，キリスト教世界で広く使われるようになった．

聖女ヘレナは，黒海南岸の王国ビテュニアの旅篭屋の使用人であったとされ，コンスタンティウスとの同棲によって大帝を産んだ．ところが，コンスタンティウスはとんとん拍子に出世し，ついにマクシミアヌス帝（Maximianus，在位286-305，306-08）の副帝となる．するとコンスタンティウスに皇帝の養女テオドラとの政略結婚の話が持ち上がり，ヘレナは離縁された．

しかし，息子のコンスタンティヌスが皇帝に即位するとヘレナは帝母として慕われた．そして，コンスタンティヌス大帝が次第に神格化されると，それとともに，大帝の母となったヘレナについてもいろいろな伝説が生まれた．その1つに真の十字架の発見がある．それによるとヘレナは，キリスト教に帰依し，その普及につくした．そして，320年ごろにエルサレムを訪れ，イエスが処刑されたとされる十字架を発見し

た．その十字架は「真の十字架」として，大帝が発見した聖墳墓の上に建てられた聖墳墓教会に安置され，キリスト教のもっとも重要な聖遺物とされるのである．

　この真の十字架伝説を根拠に，5世紀になると聖地巡礼が盛んになり，聖ヘレナの名は広くヨーロッパに知られるようになった．第一次十字軍においては，ゴドフロアが率いる部隊がエルサレムに入場を果たした際に真の十字架の木片を再発見したとされた．その木片はゴドフロア軍を鼓舞するために戦場に携帯された．このようにして真の十字架発見者としてのヘレナは中世を通じてその信仰が盛んで，数多くの教会が彼女に捧げられた．ヴァティカンのサン・ピエトロ寺院の大ドームを支える4本の柱には，聖アンデレ，聖ヘレナ，聖ヴェロニカ，聖ロンギヌスの像がはめられているが，ヘレナ像は真の十字架を携えている．

　ヘレナの夫コンスタンティウス1世（在位305-306）は仁政をしき，キリスト教徒を保護し，彼の宮廷の高官たちのほとんどがキリスト教徒であったことが知られている（『ローマ帝国衰亡史9』）．このようなコンスタンティウスが副帝としてブリタニアを統治したことから，中世のイギリスではヘレナがブリタニアで生まれたとする伝説が広がった．『ブリタニア王列伝』ではヘレナはアエネアスの孫ブルートゥスの血を引く王女であり，カエサルを暗殺したブルートゥス（Marcus Junius Brutus, 85?-42BC）と同じくユピテルの妃ユーノーにさかのぼることができる家系でもあるとされる．

　ヘレンは，中世のイギリスではエレン（Elen, Ellen）という名で知られていた．ギリシャ文字'Ελένηの E の影響でもあるが，H- の脱落は H- を発音しなくなっていた口語ラテン語の影響によるもので，H- が復活するのはルネサンス期である．シェイクスピアは当時としては異国的響きが強かったヘレナを〈夏の夜の夢〉や〈終わりよければすべてよし〉に登場させている．

　エレナ（Elena）はスペインやイタリアでの女性名である．ロシア語ではエリェーナ（Елéна: Elena）となり，その愛称形にはアリョーナ（Алёна: Alyona），アリョーシャ（Алёша: Alyosha），アリョーンカ（Алёнка: Alyonka）などがある．

ラーンスロットを愛する2人のエレイン

　エレイン（Elaine）は，ヘレン（Helen）のウェールズ的変化形エレン（Elen）から古フランス語の影響を受けて生まれた名前である．ラテン語名ヘレナ（Helena）は古フランス語ではHelaineとかElaineであった．ウェールズ語名エレン（Elen）はウェールズ語 elen（妖精，天使）が固有名詞化されたものであり，古くからコンスタンティヌス大帝の帝母ヘレナを意味する名前として使われていた．ウェールズ語 elen は本来は「鹿」という意味の言葉で，鹿は豊饒のシンボルであった．

　ヘンリー2世の妃エレアノールの宮廷で花開いたアーサー王伝説には，ラーンスロットにロマンに満ちた愛を捧げる2人のエレインが登場する．その2人の美女の1人はアリマタヤのヨセフの子孫で，聖杯をまもる美しい王女である．彼女は魔法を使う侍女の助けによってラーンスロットと結ばれ，聖杯探究の中心人物ガラハッドを産む．他方は白きエレイン（Elaine le Blanc）で，彼女は傷ついたラーンスロットを献身的に世話するが，その思いは遂げられず，焦がれながら死んでいく女性である．彼女の右手にはラーンスロットに対する切々たる思いを綴った手紙が握られていた．このように聖杯探究と結びつき，純愛と結びついたエレインは19世紀のロマン主義の流行期にアーサーなどとともに人気のある名前となった．

〈ギリシャ〉

中世の華アキテーヌのアリエノール

　十字軍の遠征はホメロスの『イリアス』に描かれたギリシャ軍のトロイ遠征になぞらえられた．その十字軍にトロイのヘレンに似たアキテーヌのアリエノール(Alienor d'Aquitaine, 1122?-1204)が登場する．アリエノールはフランス最大の公家アキテーヌ家に生まれ，フランス王ルイ7世に嫁ぎ，第二次十字軍に参加した．彼女はルイ7世と離婚してイングランドのヘンリー2世妃となり，リチャード獅子心王やジョン王の母となった女性でもある．

　アリエノールは，雪のような白い肌，輝くような青い目に高く上品な鼻の持ち主で，知性と美貌が融和したその姿はまわりの人びとの心を揺り動かさずにはおかなかったとされる．彼女は14歳でルイ7世に嫁ぐのであるが，結婚式には真っ赤なドレスに身を包み，豊かな金髪が肩から背中へと流れ，その姿には気品と威厳がただよい，列席者はその美しさに息をのんだとされる（『王妃エレアノール』p.16）．このように描かれるアリエノールの姿はまさにギリシャ神話のヘレンの美しさそのものである．

　アリエノールは，十字軍の英雄でもありフランス南部の吟遊詩人トルバドゥールの第一人者でもあった，アキテーヌ公ギョーム9世の孫娘としてその宮廷で育ち，彼女自身も詩才にめぐまれていた．トルバドゥールがうたったのは主に肉感的な恋愛詩であり，ウェヌス的愛の讃歌というべきものであった．ギョーム9世も，女性との肉体的愛を卑猥とも思える表現で謳歌した詩を数多く残している．そのようなトルバドゥールはアリエノールを「世界の薔薇」とうたった．

　ギョーム9世の宮廷で育ったアリエノールには数多くの求愛があり，彼女自身もそのことを楽しみ，祖父と同じように恋愛詩

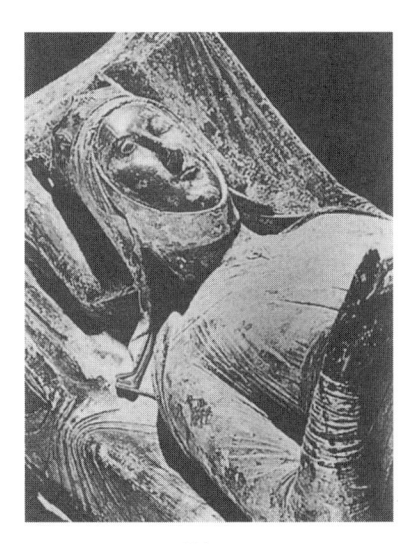

ヘンリー2世妃エレアノール

を書いた．ルイ7世との結婚後も騎士たちとのロマンスが絶えなかった．夫とともに第二次十字軍に参加してアンティオキアに滞在中，父ギョーム10世の弟アンティオキア侯レイモンと通じたとか，フランスに帰国後，客人としてパリを訪れていたアンジュー家のアンリと結ばれた，といううわさである．アンジュー家のアンリは後のイングランド王ヘンリー2世で，アリエノールは後にその妃となっている．アリエノールのまわりにはヨーロッパ中から詩人や音楽家などが集まり，アーサー王伝説，ローランの歌，シャルルマーニュの武勲伝などがうたわれ奏でられた．そしてアリエノールは次第に，ラーンスロットと不倫の関係におちいるアーサー王の妃グウィネヴィアの姿に投影されていった．

　このようなアリエノールには，トロイのヘレンに浴びせられたのと同じような非難が浴びせられる．節操のない多情な女であり，魔女であり，あばずれであり，領土に執着して子らを戦いへと駆り立てる非情な女というのがその代表的なものである．シ

ェイクスピアの〈ジョン王〉では，フランス王フィリップからジョン王に派遣された大使シャティオンに「王を先導して流血の闘争にむかわしめた災厄の女神」（2幕1場）と言わせている．

しかし，中世は，女性があらゆる罪の源であり，男性の所有物であると考えられていた時代である．王侯・貴族の女性は政治の具として利用された．そのような時代にあって，アリエノールの姿は，女性の魅力，女性の優位，あるいは愛における女性の自由を体現するものであった．時あたかも，アベラールとエロイーズの熱愛がヨーロッパの人びとの心を捉えていた．男女を問わず，彼女が多くの人びとの憧れの存在であったことは間違いない．

アリエノールは，古フランス語ではエリエノール（Elienor）とも綴られ，アキテーヌのアリエノールはイギリスではエレアノール（Eleanor）と呼ばれた．この名は近代フランス語ではエレオノール（Éléonore）であり，近代英語ではエレナー（Eleanor）である．その語源については，今日ではゲルマン系であろうとされる．しかし，古フランス語形ElienorがElaineと混同されて，伝統的に，ヘレネ（Helene）の変形であると考えられてきた．アリエノールは特に，フランスのプロヴァンス地方やその西のアキテーヌ地方で伝統的に人気のあった名前である．プロヴァンス地方は，かつてはマッシリア（今日のマルセーユ〔Marseille〕）とよばれるギリシャの植民地があったところでもある．

夫婦愛のシンボル，エレナー・クロス

イギリスでのエレナーの人気は，アキテーヌのエレアノールの他に，特に，エドワード1世（Edward I，在位1272-1307）の妃エレナー（Eleanor of Castile）によるところが大きい．エドワード1世とエレナーとの結婚は政略結婚であったが，2人の間には16人の子が生まれた．2人の仲は特に睦まじく，いろいろな逸話が伝えられている．特にエドワードがエレナーをともなって十字軍の遠征に参加したとき，毒を塗った剣で暗殺されかかったが，エレナーがその毒を口で吸い取って王を救ったという話がよく知られている．

2人の夫婦愛の深さをもっともよく表わしているのは，エレナー・クロス（Eleanor Cross）の縁起話である．エドワードは1290年のスコットランド遠征にエレナーをともなったが，その帰途イングランドの近くのハービーという町でエレナーが発病して死亡した．王は大いに悲しみ，彼女の遺体をウェストミンスター寺院に埋葬すべく葬列を組んでロンドンに引き返した．そして，後に葬列が泊まった12箇所に，エレナーを悼むゴシック式の塔を建てさせた．これらはやがてエレナー・クロスと呼ばれ，夫婦愛のシンボルとされるのである．

エレナーにはエレオノーラ（Eleonora）という変形があり，レオノーラ（Leonora），ノーラ（Nora），エレナ（Elena），エリーナ（Eleana），ネル（Nell）などの短縮形がある．NellはEllen，Hellenの愛称形でもあるが，イギリス人は，Nellといえば，陽気な王様と呼ばれたチャールズ2世（在位1660-85）が特に愛した女優ネル・グウィン（Nell Gwyn, 1650-87）を連想する．彼女のフルネームはEleanore Gwynである．また，ノラ（Nora）についてはイブセンの『人形の家』の主人公ノラを連想する．

アレクサンドロス大王の系譜

マケドニアは，古くは，バルカン半島の中央部から南はエーゲ海北部沿岸にかけて勢力を蓄えた古代国家で，ギリシャの中心

〈ギリシャ〉

からはずれていた．伝説的にはヘラクレスの末裔と自称するペルディッカス1世によって紀元前650年ごろ建国されたとされ，アレクサンドロス1世(在位495-452BC)によって歴史に登場した．マケドニアは当時ペルシャの配下にあり，アレクサンドロスはペルシャのクセルクセス1世にしたがってギリシャとの戦争に参加した．しかし，彼は秘密裏にギリシャ同盟側に援助の手をさしのべた．そして彼はギリシャの統治を任せられると次第に民心を捕らえ，ギリシャにおける支配地域を広めていった．彼の添え名はピルヘレネ(Philhellene)といったがその意味は「ギリシャを愛する人」であり，マケドニアをギリシャの一国家として認めさせることに熱心な努力をした人物であった．

その後マケドニアはフィリッポス2世(Philippos II，在位359-336BC)の時代に急速に勢力を伸ばし，東隣のトラキアを圧倒し，アテネの植民地であったビザンティオンにまで勢力をのばし，ついにはギリシャを併合した．テッサロニカは，フィリッポス2世以後マケドニアの中心として栄えた都市であった．そして，その子アレクサンドロス3世(Alexandros III，在位336-323BC)は，インドに至る大帝国を建設するのである．その帝国は大王の死後，幾つかの王国に分割されたが，それらの王国の1つマケドニア王国では，紀元前162年にローマに滅ぼされるまで，アレクサンドロスの名をもつ王が5世(Alexandros V，在位297-294BC)まで，フィリッポスの名をもつ王も5世(Philippos V，在位221-179BC)まで登場した．

ディオニュソスの化身アレクサンドロス大王

アレクサンドロス(Alexandros)は，なんといっても，世界史上最大の英雄と言う

アレクサンドロス大王のコイン

べきアレクサンドロス大王を連想させる名前である．この偉大なマケドニア王は，かつてペルシャのキュロス大王が支配していた小アジア，シリア，エジプト，バビロニア，ペルシャを征服し，インドに達する大帝国を建設した．ホメロスを精神的指導者と仰ぎ，アリストテレスを師にもつこの英傑は，征服した地域の人びとに寛大なことで，敵にさえも強い尊敬をもって迎えられた．「アレクサンドロス伝」でプルタルコスは，アレクサンドロスは戦いにおいては猛々しく，勝利においては温和であったと伝え，さらに，ペルシャの王ダレイオスが，もし自分が戦いに負けてペルシャ人が自国の支配権を失うようなことがあったときには，アレクサンドロス以外のものがペルシャの王座に就くことがないようにと神に祈った，ということを多くの歴史家が伝えていると記している．この記述は古代のもっとも理想的な王と讃えられたキュロス大王のイメージをアレクサンドロス大王に重ね合わせたものである．

アレクサンドロス大王はギリシャ文化の伝播に熱心であった．彼の遠征はヨーロッパとアジアを初めて結びつけた事業であり，世界史的には15世紀の地理的大発見にも比すべきものとされる．大王は事業半ばの33歳の若さで病死するが，彼の死後，小アジア，シリア，エジプトなどを中心にギリシャ風文化が栄え，そのヘレニズム文化

がキリスト教発展の媒体となった．そしてディオニュソスの化身として神格化された大王は全ヘレニズム文化圏で崇拝され，彼にあやかる名前アレクサンドロスは人名や地名としてもっとも人気のあるものとなった．エジプトのアレクサンドリアは彼が建設した都市で，ヘレニズム文化がもっとも栄えたところである．

アレクサンドロス(Alexandros)は，Alex-(守護者)と-andros(人民)からなる名前で，この名の原義は「人民の守護者」である．Alex-は，ギリシャ語 aléxein(守護する)が語源であり，ギリシャ語 lógos(ロゴス，言葉)やラテン語 lēx(法)と同じく，印欧祖語 *leg-(to speak)に由来する言葉である．ロゴスが，キリスト教では，神の言葉であり，神であり，宇宙の創造者であることを見ても，Alex-がその根底において，「支配者」とか「秩序の創造者」を意味することがわかる．このような意味をもつAlex-は，アレクシオス(Alexios)のようにそれ単独で名前となることがあり，また，アレクサンドロス大王の息子の1人のアレクシアレス(Alexiares)のように，名前を構成する要素としても使われた．Alexiaresの-aresは，軍神アレス(Ares)のことである．

Alexandrosの-androsはギリシャ語 anḗr(man)の単数属格形である．anḗrは，女性に対する男，妻に対する夫，神に対する人間，若者に対する成人男性を意味する言葉であり，古代ギリシャではアンドレアス(Andreas)のように単独で名前として使われたり，いろいろな名前を構成する要素として使われた．ギリシャ神話では，ヘレネをスパルタ王メネラオスから奪ったパリスの添え名がアレクサンドロスであり，パリスの姉妹カッサンドラ(Cassandra)の添え名がアレクサンドラ(Alexandra)で，ペルセウスに救われるアンドロメダ(Andromeda)，ヘクトルの貞節な妻アンドロマケ(Andromache)など，-andros(-andra)やAndro-を構成要素にもつ名前が幾つも登場する．パリスは美しく力強い若者として成長し，盗賊を追い払い，羊の群れをまもったことからアレクサンドロスという添え名で呼ばれるようになった．CassandraのCass-の語源については定説がないが，「策をこうじる」という意味であると考えられ，Cassandraは男性名Cassandros(策士)の女性形であり，この名は，本来，オデュッセウスのように策略にたけた人物を意味する名前であったと考えられる．

アンドロメダ(Andromeda)の-medaはギリシャ語 médōn(支配者)が語源で，この言葉を構成要素にもつ名前にはトロイの王 ラオメドン(Laomedon)がいる．Laomedonの意味は「民の支配者」である．アンドロマケ(Andromache)の-macheは「戦い」という意味の言葉であり，この名の原義は「男たちと戦う者」である．「戦いにおける勇者」という意味と解釈された．『イリアス』に登場するアンドロマケについては，死をむかえるであろう戦いに出て行くヘクトルと悲しい別れをする場面が特に感動的である．彼女は「万一，あなたを失うことになったら，墓の下に入る方がずっとましだとわたしは思っています．あなたがお亡くなりになったら，わたしにはもうなんの楽しみもありません，残るのは悲しみばかり」(「第六歌：アンドロマケとヘクトルの語らい」松平千秋訳)と言って妻子を後にして死の戦いに臨もうとするヘクトルを責める．彼女は，愛する人を戦争に取られる女の悲劇を象徴する存在である．

† ロシアの太陽アレクサーンドル・ニェフスキー

ギリシャ的名前アレクサンドロスは，ギ

〈ギリシャ〉

リシャ正教圏のロシアにも広がった．そして，特に，ウラディーミル大公国の大公アレクサーンドル・ニェフスキー（Aleksandr Nevski，在位1252-63）にあやかる名前としてもっとも伝統的な名前の1つになった．アレクサーンドル・ニェフスキーは，ギリシャ正教の敬虔な信者で，タタールに支配されて弱体化したロシアをまとめ，ドイツ騎士団やスウェーデン軍からなる北欧十字軍の侵攻に立ち向かい，今日のペテルスブルグを流れるネヴァ（Neva）川でスウェーデン軍を打ち負かした武将である．この勝利はゲルマン人の東進をくい止めてロシア再興の第1歩を記した出来事であった．これによって彼はロシア人たちの愛国心の原点とも言うべき存在となった．

アレクサーンドル・ニェフスキーの本名はアレクサーンドル・ヤロスラーヴィッチ（Aleksandr Yaroslavich）であったが，ネヴァ川での勝利を讃えて人びとは彼をニェフスキー（Nevsky〔of the Neva〕）と呼ぶようになった．ロシアの中世軍記物語ではアレクサーンドル・ニェフスキーは「公の身の丈は人並みすぐれ，その声は衆人のなかにあってはラッパのごとく，顔は昔エジプト

ロシアの太陽アレクサーンドル・ニェフスキー

の王がその副王にすえたヨセフのごとくであった．公はサムソンの力を分けもち，ソロモンの知恵を神から与えられていた」（中村喜和訳）と記され，彼が死んだときは「ロシアの太陽が没した」と人びとは悲しんだ．この国民的英雄アレクサーンドル・ニェフスキーを，スターリンは，第二次世界大戦においてドイツ軍がソ連に深く侵入したとき，対独抗戦の象徴的人物として戦意高揚のために活用した．エイゼンシュテイン監督の映画〈アレクサーンドル・ニェフスキー〉はそのような政策の一環として1938年に制作されたものであった．

ロシア帝国では，19世紀の初めからソヴィエト革命までに，アレクサーンドル1世（Aleksandr Ⅰ，在位1801-25），2世（在位1855-81），3世（在位1881-94）と3人の同名の皇帝を輩出した．アレクサーンドル1世はエカテリーナ2世の孫である．アレクサーンドル・ニェフスキーにちなんだ命名で，聖人であり国民的英雄のアレクサーンドル・ニェフスキーとアレクサンドロス大王の双方の資質をもつようにというエカテリーナ2世の期待を担っていた．

18世紀の終わりは，ロシアにもナショナリズムが次第に台頭してきた時代であり，ロシアの愛国精神の原点とも言えるアレクサーンドルの名を選んだところにその証例をみることができる．アレクサーンドル1世はナポレオンと戦い，ついには敗退させた人物である．アレクサーンドル2世はクリミア戦争（1853-56）の敗北下に即位し，農奴解放を推し進め，ロシアの「大改革時代」を招来させた．アレクサーンドル3世はフランス資本を導入してシベリア鉄道を敷き，ロシアの工業を飛躍的に発展させたことで知られている．パリのセーヌ川をまたぎ，シャンゼリゼに通じる立派なアレクサーンドル3世橋は，1900年のパリ万国博の際に完成した橋で，1891年に締結された

フランスとロシアとの同盟条約を記念してアレクサーンドル3世にちなんでつけられた名前である.

アレクサーンドルの女性名はアレクサーンドラ(Алекса́ндра: Aleksandra)である. これら男女の名前から変化した愛称にはアーリャ(А́ля: Alya), サーシャ(Са́ша: Sasha), サーニャ(Са́ня: Sanya), シューラ(Шу́ра: Shura), シュールカ(Шу́рка: Shurka)などがある. また, アレクサーンドルから派生した姓にはアリェーニン(Alenin), アリェーノフ(Alenov), アリョーノフ(Alyonov)などがある.

†スコットランドの鷹アレクサンダー

アレクサンダーは, 英語圏では, スコットランド的響きがある名前である. マルコム3世と聖マーガレットの間に生まれた四男が, スコットランド王アレクサンダー1世(Alexander I, 在位1107-1124)として即位して以来, 2世(在位1214-49), 3世(在位1249-86)と同名の国王が輩出したことがその理由である. アレクサンドロス大王は「鷹揚」, すなわち, 威厳ある悠々とした態度を象徴する存在であり, アレクサンダーは, 中世においては王の威風を象徴する名前であった.

名前アレクサンダーの人気には, ジャコバイトたちの活動も大きく影響している. 彼らの反イングランド的活動は1688年からほぼ半世紀にわたって政治的に大きな意味をもった. 政治的意義が薄れてからもジャコバイトたちは, スコットランドの愛国意識, 郷土意識を喚起しつづけた. その意識は特にハイランド地方に強く, ジェイムズやチャールズなどとともにアレクサンダーの名が好まれるようになるのである.

独立戦争前のアメリカで法律家として活躍したジェイムズ・アレクサンダー(James Alexander, 1691-1756)は1715年のジャコバイトの蜂起に参加した人物である. 蜂起が失敗に終わると彼はアメリカに亡命したが, 息子ウィリアム・アレクサンダー(1726-83)はアメリカ独立戦争で指揮官として名を馳せた. また, 同じく独立戦争の功労者ハミルトン(Alexander Hamilton, 1757-1804)は英国領西インド諸島の生まれであるが, 父の名はジェイムズであり, 祖父はスコットランドの地主であった. 電話の発明者ベル(Alexander Graham Bell, 1847-1922)もペニシリンの発明者フレミング(Alexander Fleming, 1881-1955)もスコットランド生まれである.

アレック(Alec), アレックス(Alex), サンダー(Sander), サンディ(Sandy)などは, Alexanderの短縮形である. アレクサ(Alexa)やサンドラ(Sandra)は女性名である. サンディは男性名としても女性名としても使われる. アレックの名をもつ人物には英国の俳優のアレック・ギネス(Alec Guinness, 1914-)がいる.

†東ローマ帝国中興の皇帝アレクシオス1世

アレクサンドロス(Alexandros)の第1要素Alex-の語源ギリシャ語 *aléxein*(まもる)から派生した *aléxios*(守護者)は, そのまま名前として使われた. しかし,アレクシオス(Alexios)はギリシャ正教世界ではアレクサンドロスの愛称であると考えることが多い. ラテン語的にはアレクシウス(Alexius)であり, 英語やドイツ語ではアレクシス(Alexis)が一般的である. 本来は男性名であるが, 現在では女性名として使われることもある.

アレクシウスは「神の人」と呼ばれた5世紀のシリアの聖人にあやかる名前として中世の人びとに使われた. 彼はローマ皇帝に近い裕福な貴族の出身であるが, 結婚の夜, 新妻と結ばれぬまま家を出て, 清貧の

〈ギリシャ〉

うちに祈りの生活に入った．そして，17年間巡礼として過ごした後ローマに帰り，父の屋敷でその家の息子とは誰にも気づかれずに，召使たちにもあなどられながら，祈りと断食，そして不眠の苦行を続けて死んでいくのである．この話は8世紀ごろにギリシャで歌物語になり，やがて10世紀になって西ヨーロッパでも広く読まれた．

アレクシオスは，特に，第一次十字軍の力を利用して小アジアの失地回復に成果をおさめ，内乱や外寇で衰えていた東ローマ帝国を中興させた皇帝アレクシオス1世（Alexios I，在位1081-1118）の名として広く使われるようになった．アレクシオス1世の娘アンナは『アレクシアド』において父のことを，14歳にしてすでにその勇敢さにおいて誉れ高く，東ローマ帝国の総司令官になっては，その戦略的知恵，勤勉，敵に対する絶え間ない警戒によって名を高めたと賛美している．そして，第2のハンニバルであるとか，そのハンニバルを破ったアエミリウス（Publius Scipio Aemilius Africanus）の再来であると呼んでいる．

アレクシオスはロシア語ではアレクセーイ（Алексей: Aleksej）となるが，その古形はアレクシーイ（Алексий: Aleksij）である．この名前は，全ロシアの府主教であり，モスクワ朝ロシア建国期のモスクワ公の摂政を務めた英雄で，新約聖書のスラヴ語訳を行った聖人でもあるアレクシーイ（Aleksij, 1293-1378）にあやかる名前として伝統的に人気のある名前となった．

『アーンナ・カレーニナ』のなかでは，アーンナの夫の名前がアレクセーイ・カリェーニン（Aleksej Karenin）であり，不倫の相手になる青年将校ウロンスキーの名がアレクセーイ・キリーリッチ・ウロンスキー（Aleksej Kirilich Vronsky），アーンナと夫の間にできた息子の名前がセルギェーイ・アレクセーイヴィッチ・カリェーニン

ビザンティン再興の皇帝アレクシオスⅠ世

（Sergej Alekseyvich Karenin）である．アレクセーイは『カラマーゾフの兄弟』の三男の名前でもある．彼はギリシャ正教の牧師であり，精神的・宗教的にロシアのあるべき姿を示し，ドストエフスキーのペルソナと考えられる人物である．アレクセーイの愛称形にはアーリャ（Áля: Alya）やアリョーシャ（Алёша: Alyosha）などがあるが，カラマーゾフ家の三男はアリョーシャと呼ばれている．

馬を愛する勇者フィリッポス

フィリッポス（Φίλιππος: Philippos）は，ギリシャ語 phílos（愛する）と híppos（馬）からなる名前である．ギリシャ語形容詞 phílos の名詞 philía は，特に，友に対する「愛」という意味の言葉であり，名前フィリッポスには，心を通じあわせることができる対象としての馬に対する愛情を感じさせるものがある．

インド・ヨーロッパ語諸族（the Indo-Europeans）は，周囲のどの語族の民よりも早く馬を飼い馴らして戦車用に使った．そして，その機動力をもって先住民族を

次々と征服し，西は大西洋，東はインドに至る地域へと移動していった．印欧語族の一派のギリシャ人にとっても，馬は軍事力の象徴であり，権力や権威の象徴でもあった．ギリシャ神話では，馬はポセイドンの聖獣であるが，ポセイドンはもっとも初期のギリシャ人の神とされ，彼が馬をギリシャ人に知らしめたとされる．ペガサスはポセイドンと怪物メドゥーサとの間に生まれた有翼の馬である．ポセイドンは戦いの荒々しい神であり，アテネのすぐ北のコロノスではヒッピオス（Hippios: of a horse or horses）として信仰された．ポセイドンについては，また，アテネの支配権をめぐりアテナ女神と争い，戦いにおいてもっとも強力な戦力となる馬を差し出した彼が，ゼウスの裁定によって，平時の日常生活の必需品であるオリーブを差し出したアテナ女神に負ける話がよく知られている．

ホメロスの『イリアス』において，ヘクトルを擁して勇敢に戦うトロイの枕詞は「馬を馴らす」であり，ギリシャ側のアルゴスの枕詞は「馬を養う」である．そしてさらに，アキレウスの鎧兜を着て勇敢にトロイ軍に切り込み，ヘクトルに討たれるパトロクロスの枕詞は「馬を駆ける」である．馬を愛し，馬を上手に操ることは勇者の条件であった．

また，西風の神ゼピュロス（Zephyros）の息子クサントスはアキレウスの不死の馬である．この名馬は目にも留まらぬほど速く走ることができ，相棒バリオスとともにアキレウスの戦車を引く．パトロクロスの出陣の際にも，クサントスは彼の戦車を引くのであるが，人間の悲しみを理解し，彼の死に涙する．そしてクサントスは，パトロクロスの仇を討つべく戦場におもむくアキレウスに，死が近いことを人間の言葉で告げるのである．

アリストパネスの喜劇『雲』の冒頭において，田舎者の主人公が，アテネの名門の家柄からむかえた妻が気位が高く，自分の息子にヒッポス（*hippos*）の字のある名前をつけたがったと嘆く場面がある．そして，そのような名前の例として挙げているのが，*xanthôs*（of golden hair）と*hippos*からなるクサンティッポス（Xanthippos）である．ギリシャ語*xanthôs*（黄色の）は，馬について語る場合には，特にたてがみの色を指すもので，鹿の毛のような赤褐色とか栗色，そして金色をも意味する言葉であった．

ペルシャ戦争を勝利に導きギリシャの黄金時代を築いた指導者ペリクレスの父の名がクサンティッポスで，この名の女性形クサンティッペ（Xanthippe）はソクラテスの妻の名としてよく知られている．クサンティッペは，気性が激しく，口やかましく，悪妻の典型とされる女性であったとされる．その話は紀元3世紀の前半に活躍したディオゲネス・ラエルティオスが『ギリシャ哲学者列伝』の第2巻第5章「ソクラテス伝」で伝えたものである．彼によると，クサンティッペはソクラテスによくがみがみと小言を言い，しまいには水をぶっかけるような女で，弟子たちは，まるでガチョウと暮らしているようだとソクラテスに同情している．

†アレクサンドロス大王の父フィリッポス2世

フィリッポスは古代マケドニア王国に伝統的に多かった名前で，そのうち特によく知られているのは，アレクサンドロス大王の父フィリッポス2世である．彼は智謀・策略にたけた人物で，たくみな外交と軍事力でマケドニアをギリシャを代表する国家に仕上げた．フィリッポス2世は，息子アレクサンドロスの家庭教師にアリストテレスを招くなど，英才教育を心がけた．その家系はヘラクレスの末裔であると主張し，

〈ギリシャ〉

一般にもそのように信じられていた．

アテネの政治家・演説家として歴史に名を留めるデモステネス（Demosthenes, 384?-322BC）は，幾つものフィリッポス弾劾演説を行い，フィリッポス2世の策略家ぶりを描き出した．デモステネスはそれらの演説で，フィリッポスを，周辺各国と友好条約を結びながらその条約を利用して力を背景にした実質的な支配を目指す野心家で，陰謀や策略を弄する不誠実な男と非難している．そして，個人的な利益ばかりを追求して分裂し，有効な対抗措置をとれないでいるアテネ市民に，民主主義の素晴らしさを維持したいならば団結して立ち上がるようにと訴えている．デモステネスの演説から読み取れるのは，自国をまもる気概さえなくした不甲斐ないギリシャ人の姿であり，力の論理で国力を増強していく冷徹にして有能な君主フィリッポス2世の姿である．フィリッポスを激しく非難しながら，デモステネスが嘆いているのは，フィリッポスのような指導者をもたないアテネの現状であり，フィリッポス弾劾演説は結果的にはフィリッポスの魅力を後世に伝える演説となっている．

デモステネスの伝えるフィリッポス2世は，いわば古代のマキャベリストである．マキャベリは『君主論』第18章のなかで，「君主は野獣の性質を適当に学ぶ必要があるのであるが，その場合，野獣のなかでは狐とライオンに習うようにすべきである．というのは，ライオンは，策略のわなから身を守れず，狐は狼から身を守れないからである．わなを見抜くという点では，狐でなくてはならず，狼どものどぎもを抜くという点では，ライオンでなければならない」（池田廉訳）と述べている．フィリッポス2世はまさにマキャベリの言うライオンと狐をうまく使い分けた君主であり，それは，マキャベリが当時のフィレンツェを建

雄弁家デモステネス

て直すために希求した君主像でもあった．

プルタルコスは「フィリッポス2世伝」で，誰もが乗りこなせない荒馬を少年アレクサンドロスが見事に乗りこなしたのを見て喜んで涙する話やフィリッポスの好色家ぶりを伝えているが，これらの話もまた，彼の人物像に彩りを添えるものである．年老いたフィリッポス2世とクレオパトラという若い娘との結婚は王国を揺るがし，それがもとでフィリッポスは暗殺されることになった．

†ヘレニスト，フィリポ

フィリッポスは，キリスト教徒には，十二使徒の1人の名フィリポとして知られている．フィリポは，また，イエスの死後ステファノたちとともに選ばれた助祭フィリッポスに由来する名前でもあり，この2人のフィリポは混同されていることが多い．使徒フィリポは，主として「ヨハネによる福音書」に記されている人物で，ガリラヤ湖畔の町ベッサイダの漁夫で，アンデレやペトロの友人であった．彼は「わたしについてくるように」というイエスの声に従って使徒になり，イエスが少しのパンや魚

から5000人の群衆に腹一杯食べさせるという奇跡をなすのを目の当たりにして(「ヨハ」6.5-6),イエスをメシアと知るのである.フィリポとアンデレはギリシャ語の名前をもつ人物であるが,彼らはギリシャ語を話すユダヤ人,すなわち,広い意味でのヘレニストであり,ギリシャ人をイエスに紹介する役割を果たす人物でもある(「ヨハ」12.20-22).

ギリシャ語名PhilipposのPh-はギリシャ語Φのラテン文字による表記であるが,Philipposはラテン語ではPhilippusである.このPh-は気息をともなうpの音で実際には[p]に近い音であった.それが,次第にドイツ語のApfel(apple:リンゴ)の-pf-のような発音になり,4世紀の後期ラテン語になると[f]へと変化して,Ph-はF-と表記されることが多くなった.また,中世ラテン語Philippusの-usが文中で弱いアクセントの位置に来ると消える傾向にあり,PhilippusはPhilippoに,FilippusはFilippoになった.近代イタリア語ではフィリッポ(Filippo)として定着している.日本語訳聖書では,プロテスタント系の『明治訳』,『大正訳』,『口語訳』はピリポ,ロシア正教系の『ニコライ訳』はフィリップ,カトリック系の『ラゲ訳』はフィリッポ,『共同訳』はフィリッポス,『新共同訳』はフィリポと表記している.

†フランスの伝統名フィリップ

使徒フィリポは,ギリシャ,スキタイ(ウクライナ),小アジアで伝道活動をし,最後はトルコ西部のフリュギアで石打ちによって殉教したとされる.また,『黄金伝説』の第62章「聖使徒ピリポ」では,セビリアの大司教イシドールス(Isidorus, 560?-636)の伝えとして,使徒聖ピリポはガリアの人たちにキリスト教を伝え,異教徒たちを認識の光のもとに連れ出して信仰の港に導いた,という話を載せている.

イシドールスによってガリアと結びつけられたフィリポは,十字軍前のころから,特にフランスと関係の深い名前となった.キリスト教が熱病のように人びとの心をとらえていた時代のことであるので,使徒フィリポにあやかる名前である.しかし,当時,西ヨーロッパ諸侯はビザンティンに対する強い憧れをもっていたことから,ギリシャ的なこの名前を好み,さらに,アレクサンドロス大王につながり,多くの逸話をもつマケドニアのフィリッポス2世の存在がその人気に影響したものと考えられる.

フランスでは,カペー家にフィリップ1世(Philippe Ⅰ,在位1060-1108)から5世(在位1316-22)まで,同名の国王が輩出した.そしてカペー家との関係で,ヴァロア家,ブルゴーニュ公国などにもフィリップの名をもつ人物が数多く出た.カペー家のフィリップ2世(Philippe Ⅱ,在位1180-1223)は,大国フランスの基礎を築いた人物として特に名声の高い人物である.彼は,イングランドの獅子心王リチャード1世,神聖ローマ帝国のフリードリヒ赤髭王とともに第三次十字軍を率いた英雄であり,国内的には,教会や学校を創設し,商業を奨励し,財政を整えるなどその業績は目ざましく,シャルルマーニュの再来と言

象牙に刻まれたフィリッポス2世

〈ギリシャ〉

われ，尊厳王(Auguste)と呼ばれた．

百年戦争をはじめたフランス王フィリップ6世(Philippe VI，在位1328-50)は，ヴァロワ王家の創始者である．カペー家のフィリップ3世(Philippe III，在位1270-85)の孫であった．ブルゴーニュ公国のフィリップ豪勇公(在位1363-1404)はヴァロア家出身のフランス王ジャン2世(Jean II，在位1350-64)の末子である．彼は，百年戦争中に父ジャン2世がエドワード黒太子に破れたときに，父とともに英国に捕われの身となるのであるが，その戦いぶりが称賛されて豪勇公とあだなされるようになった．

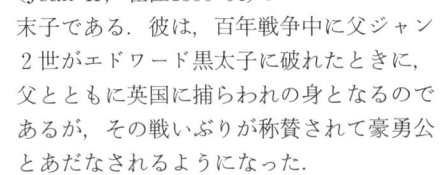

ブルゴーニュ公国の最盛期を築いたフィリップ善良公(Philippe le Bon，在位1419-67)はフィリップ豪勇公の孫である．善良公はジャンヌ・ダルクが活躍したオルレアンの戦いに登場する人物であり，ジャンヌ・ダルクをイギリス側に引き渡す人物である．イギリスに恩を売りながらフランスの王太子シャルルにも恩を売り，北海からフランス南部に至るまで，ヴァロア家の領土を取り囲むように広大な地域を支配下におさめるしたたかな人物でもあった．そして，ブルゴーニュを当時のヨーロッパ随一の強国に仕立てた後は，時代がかった騎士道の砦たらんとして金羊毛騎士団を創始し，宮廷に諸侯を招いては大盤振舞をするのである．在位中の1453年にはコンスタンティノポリスが陥落するという一大事があり，十字軍を募る気運が高まり，善良公にはその十字軍を指揮することが期待されたが，言を左右して自ら十字軍に参加することはなかった．多くの礼拝堂を建て，宮廷

ブルゴーニュ公国のフィリップ善良公　　スペイン全盛期の王フェリペ2世

遊戯を好み，戦いを好まないこの姿勢が「善良公」とあだなされる理由であった．

† スペインの栄光フェリペ2世

ブルゴーニュ公家のフィリップ善良公の孫娘マリアとハプスブルク家のマクシミリアン1世(在位1493-1519)との間に生まれた長子が，善良公にあやかってフィリップと名づけられ，カスティリア王国のフェリペ1世(Felipe I，在位1504-06)となった．そして，その子カルロス1世が神聖ローマ帝国カール5世となってスペイン王国は大国に発展し，カルロスの子フェリペ2世(Felipe II，在位1556-98)の時代に最盛期をむかえるのである．以降，フェリペはスペインの栄光を想起する名前としてもっとも伝統的な名前の1つとなった．

フィリピン(Philippines)はフェリペ2世にちなんでつけられた名前である．この群島はマジェラン(Ferdinand Magellan，1480?-1521)が1521年に世界一周の途上で立ち寄ってから次第にスペインの影響を受けるようになった．やがて1565年にミゲル・ロペス・デ・レハスピ(Miguel López de Legaspi)という名の軍人が入植し，その地を彼の名にちなんでサン・ミゲル(San

95

Miguel: St. Michael)と名づけ，群島全体を当時の国王フェリペ2世にちなんでスペイン語でイスラス・フェリーピナス（Islas Felipinas: the lands of Felipe）と呼んだ．そして1898年の米西戦争においてアメリカが勝利して以来アメリカの植民地となり，英語名フィリピーンズ（Philippines）が一般化するのである．

フェリペ5世（Felipe V，在位1700-24, 24-46）はフランス国王ルイ14世の孫で，スペインのブルボン王朝初代の国王である．フェリペ5世の王位継承については，通商権や植民地での利害がからんでフランス・スペイン連合軍とイギリス，オランダ，オーストリアが戦うという世界史でいうスペイン継承戦争（1701-14年）が繰り広げられた．この戦争の結果，フェリペ5世の継承権は認められたが，スペインは地中海の制海権の要であるジブラルタルをイギリスに譲渡し，ナポリ，ミラノ，ベルギーをオーストリアに奪われた．

†ギリシャ生まれのフィリップ公

イギリスにおけるフィリップ（Philip）の流行は，フランス名フィリップ（Philippe）の影響が大きい．この名がギリシャ語起源であったことから，ルネサンス期に人気が出た．詩人サー・フィリップ・シドニー（Sir Philip Sydney, 1554-86）は，エリザベス1世の重臣として活躍した軍人・政治家でもあった．彼は，オランダ独立戦争（1568-1609）を支援したイギリスの軍人としてスペイン軍と勇敢に戦い，ズードフェンで戦傷死するのであるが，瀕死の傷を負って強い渇きを感じながら一兵士に自分の水を与え，潔く死んでいったという騎士道的生き方をしたことで特に愛された．

フィリップの名前が再び人気を取り戻すのは19世紀になってからである．特に，バイロン（George Gordon Noel Byron, 1788-1824）がギリシャ独立戦争に深く肩入れするなど，ギリシャ熱が名前フィリップの人気の復活の原因となった．エリザベス2世の夫フィリップ殿下は，1921年にギリシャの王子アンドリューとヴィクトリア女王の長女アリス（Victoria Adelaide Elizabeth）妃の長男として生まれた．しかし，1922年にギリシャ・トルコ戦争で指揮官を務めていた父アンドリュー王子が，敗色濃い戦線から敵前逃亡したという容疑で処刑されそうになり，家族とともにイギリスに永住することになった．

フィリップ殿下は，このようにヴィクトリア女王の孫であり，同じくヴィクトリア女王の血を引くエリザベス女王と近い親戚関係にあった．結婚にあたってギリシャ正教からイギリス国教会に改宗し，姓も母方の叔父で，名門貴族のマウントバッテンを名乗った．また，チャールズ皇太子の正式名はCharles Philip Arthur Georgeである．Philipの変化形にはPhillip等があるが，愛称形としてはフィル（Phil）とかピップ（Pip）が一般的である．

ギリシャ正教の祖アンデレとカトリックの祖ペトロ

十二使徒のなかでも，アンデレ（Andreas）とペトロ（Petros）の兄弟はもっとも早くイエスの弟子になった人物である．この2人は12人の弟子たちのなかでも指導的な役割を果たし，ペトロはカトリック教会の祖となり，アンデレはギリシャ正教会の祖と考えられるようになった．

このようにキリスト教の2大支柱というべき2人の名も，キリスト教の誕生とともに突然に生まれてきたわけではない．キリスト教は，ユダヤ教の一派として生まれ，ユダヤ教の他の宗派や当時東地中海の有力な宗教と対立しながら，人びとの長い生活

〈ギリシャ〉

の歴史のなかから生まれたさまざまな知恵を集約して成立したものである．パレスティナには岩の野山が多い．旧約聖書でも，「主は岩」(「申」32.4）といった表現があり，ヘブライ人たちは，岩を不動なるものの象徴として，ヤハウェと結びつけた．

「男」を意味するギリシャ名アンドレアス，「岩」を意味するペトロスは，また，ペルシャに発するとされるミトラ教に見られる名前でもある．原始キリスト教時代に地中海地方でもっとも有力であった宗教がミトラ教であり，キリスト教はミトラ教と激しく対立しつつ，同時にこの宗教から多くのことを吸収しながら発達した．そのミトラ教のミトラは男性神であり，岩から生まれたとされる．

男性原理の象徴アンドレアス

アンドレアス(Andreas)は，それ自体で独立した名前であるが，アンドロニコス(Andronikos[man+victory])やアレクサンドロス(Alexandros)など，Andro-や-androsをもつ名の短縮形でもあった．Andro-は，ギリシャ語 anēr (man)の所有格 andrós から生まれたもので，このギリシャ語には「強い」「生命力のある」「繁殖力のある」という意味がある．名前アンドレアスは「男っぷりのよい」という意味とともに男性生殖能力を意味し，豊饒を象徴的に意味するものであった．

ギリシャ語名アンドレアスは，やがて，ペトロス(Petros：岩)とともに，ペルシャ太陽神ミトラの添え名と考えられるようになった．ミトラは，恩恵に富む神であり，契約や法の守護者であり，平和と繁栄をもたらす神として，キリスト教以前からギリシャのアカイア地方で信仰されていた．伝説によると，使徒アンデレはペロポネソス半島北部アカイアの中心都市パトラスで殉教したとされる．パトラスでミトラ信仰が盛んになったのは，ポンペイウス(Gnaeus Pompeius Magnus, 106-48BC)がこの地にアナトリアの南東部の海賊を入植させて以来のことであると言われている．

ギリシャ語名アンドレアスは，キリスト教発生当時はユダヤ人の間でも一般的な名前であった．使徒アンデレは，もとは漁夫であり洗礼者ヨハネの弟子であったが，兄弟ペトロとともに最初にイエスに従った人物である．『黄金伝説』の第2章「聖使徒アンデレ」には，彼の生涯は美しく，賢明な教えは適切であり，苦悩は男らしく，名声は高かった，と記されている．

伝説によるとアンデレはイエスの死後，ギリシャ，黒海沿岸，小アジア，カスピ海にかけて布教活動をし，ペロポネソス半島北岸の都市パトラスでX十字架にかけられて殉教した．Xはギリシャ語 Χριstós

使徒アンデレ(エル・グレコ画)

97

(Christos：キリスト)のXである．聖アンデレをコンスタンティノポリスの初代総主教とする東ローマ帝国では14世紀以降，Xは皇帝のシンボル・マークともなった．

使徒アンデレは，ラテン語やドイツ語でもアンドレアス(Andreas)，英語ではアンドリュー(Andrew)，ロシア語ではアンドリェーイ(Андрей: Andrej)，フランス語ではアンドレ(André)である．ロシア語アンドリェーイの愛称形にはアーンドリク(Андрик: Andrik)やアンドリューシャ(Андрюша: Andryusha)などがある．

日本語表記アンデレは，プロテスタント宣教師が中心に作業をすすめた『明治訳』，『大正訳』，『口語訳』までの和訳聖書において定着した表記である．明治43年に刊行された『ラゲ訳』，それを改訳した『バルバロ訳聖書』ではアンドレアと表記されている．また，カトリック教会とプロテスタント教会が合同で翻訳した『共同訳聖書』では，新約聖書の原語であるギリシャ語の発音にしたがってアンドレアスと表記し，さらに，『共同訳』の改訳である『新共同訳』では，従来から定着した表記を尊重して，アンデレと表記している．

†オーディンとアンデルセン

聖アンデレ崇拝が特に盛んになるのは9世紀ごろのコンスタンティノポリスである．ローマ教皇庁が使徒ペトロを初代教皇としてその権威の根拠としていたのに対抗して，ギリシャ正教会が自分たちの権威の根拠にするためにペトロの兄弟である使徒アンデレを担ぎ出したものと考えられている．やがて聖アンデレ崇拝はクリミアからロシアに広がり，11世紀ごろキエフで盛んになった．

ヴァイキング時代のスカンディナヴィア人は，西はブリタニア，アイルランド，南は地中海，そして東はキエフからビザンティンへと自分たちの活動の場を広げた．11世紀と言えば，オスロの建設者として知られるハラルド3世(Harald III, 1016-66, 在位1047-66)が，キエフを経てコンスタンティノポリスに行き，さらに，地中海でビザンティン帝国の守備隊長として活躍した時代である．彼は身を寄せていたキエフのヤロスラーフ賢公の娘エリサヴェータ(Elisaveta)と結婚した．

北欧とロシア，そしてビザンティンとの関係は古く，深い．バルト海とギリシャには，ホメロスの時代から「琥珀の道」と呼ばれるルートがあった．『ロシア原初年代記』には，バルト海からドニエプル川を経てビザンティンへの道があり，ヴァリャーグ，すなわちヴァイキングたちが行き来していたと記されている．さらに，聖アンデレがドニエプル川の河口あたりで布教し，上流へとさかのぼり，バルト海を経てローマに着いたとも書かれている．これは，聖アンデレ信仰がかなり早い時期にロシアを経て北欧に達していたことを想像させる記述である．

北欧における聖アンデレ崇拝は，ヴァイキングの神々と融合しながら広まったと考えられる．スノリ・ストゥルルスン(Snorri Sturluson, 1179-1241)の『散文エッダ』では，オーディンはアジアの生まれで，その家系はトール，トロイの王プリアモスを経てアダムとイヴにさかのぼることができると書かれている．彼には予知能力があり，その能力によって自分が北欧で名をなすさだめにあることを知り，はるばる北へと旅をするのである．お守りとして人びとが胸につり下げたトールのハンマーは，キリスト教のグリーク・クロス(Greek Cross)と融合した．また，スコットランドにやって来たヴァイキングたちはXの十字架を持っていたとされる．Xは使徒聖アンデレの十字架であり，それは，オーディンの十

〈ギリシャ〉

字架でもあると考えられた．

英語名 Andrew は，デンマーク語ではアナス（Anders）とかアンドレアス（Andreas）となる．コペンハーゲンの電話帳を見ると Andersen, Anderson, Andresen, Andreasson などの姓が何ページにもわたって続いている．Andersen はデンマーク語ではアナスン，ノルウェー語・スウェーデン語ではアンデルセン，Anderson はデンマーク語ではアナスン，ノルウェー語・スウェーデン語ではアンデション，Andresen はデンマーク語ではアンドレスン，ノルウェー語・スウェーデン語ではアンドレーセン，Andreasson はデンマーク語ではアンドレアスン，ノルウェー語・スウェーデン語ではアンドレアッソンに近い発音である．デンマーク語では -ds, -dt, -ld, -nd, -rd などの d は発音しないので，これらの d を発音する名前は伝統的デンマーク語名ではないという印象を与える．

† スコットランドの守護聖人アンドリュー

聖アンドレアスはギリシャの守護聖人であり，聖アンドリェーイはギリシャ正教圏の雄国ロシアの守護聖人，そして聖アンドリューはスコットランドの守護聖人である．スコットランドと聖アンドリューを結ぶ根拠としては，聖アンデレの聖遺物が殉教の地パトラスからレグルス（Regulus）という聖人によって4世紀にスコットランド東部，エディンバラの北方の海岸に運ばれたという伝説がある．その伝説によると，修道僧レグルスが紀元370年にギリシャのパトラスに埋葬されている聖アンドレアスの話を聞き，埋葬しなおすべく遺体を掘り出し船でコンスタンティノポリスに向かった．しかし，途中で嵐が起こって遭難し，気がついてみるとスコットランドの東の岸に打ち上げられていた．この聖レグルス

は，ゴールの使徒聖ディオニュシオスとともにゴールへの布教を行ったとの伝説がある人物でもある．

また別の伝説もある．ノーザンブリアのアザルスタン（Athalstan）という王が，735年かその翌年にピクト王のアンガス・マク・ファーガス（Angus mac Fergus, ?-761）を攻めようとした．決戦の前日，アンガス・マク・ファーガスは，青空に白い斜め十字を見た．彼はそれを聖アンドリューの加護のしるしと受けとめて決戦にのぞみ，勝利を得た．このように空に現われるしるしはコンスタンティヌス大帝が空に見たキリストの加護のしるしに符合するものである．スコットランドの東岸にある都市セント・アンドリューズは，アイルランドの聖ケネス（Kenneth, 525?-600?）によって起こされたとされる．聖ケネスはアイオナの聖コルンバの友人であり，聖コルンバとともにスコットランドへ布教に幾たびかおもむいた．その地にアンガス・マク・ファーガスによって教会が建てられ，聖アンドリューに捧げられた．以来，聖アンドリューはピクトの守護聖人となるのである．

やがて，聖アンドリューは，ウィリアム・ウォレスに導かれたイングランドに対する戦いを経て，スコットランドの独立を勝ちえたロバート・ドゥ・ブルース（Robert I de Brus, 在位1306-29）の守護聖人となって，スコットランドの守護聖人と考えられるようになった．聖アンドリューの聖旗は空色の地にXの白十字である．ユニオン・ジャックを構成するスコットランド章は聖アンドリュー十字架に由来するものである．なお，ロシア帝国の皇帝旗は白地に青色の斜め十字であった．

アメリカにおけるアンドリューの人気は，スコットランドからの移民が多くなるにつれて高まった．第7代大統領となったアンドリュー・ジャクスン（Andrew

Jackson, 在任1829-37)は, スコットランド系アイルランド人の貧しいフロンティア農民の子として生まれた. 大統領にまで上りつめたアメリカン・ドリームの象徴として, 国民的人気を博し, アンドリューという名前の人気も高まった. また, 第17代大統領アンドリュー・ジョンスン(Andrew Johnson, 在位1865-69)も, 同じくアメリカン・ドリームの体現者アンドリュー・カーネギー(Andrew Carnegie, 1835-1919)も, やはりスコットランドの出身であった.

アンディ(Andy), ダンディ(Dandy), ランディ(Randy), タンディ(Tandy)などはアンドリューの愛称形である. TandyやDandyはSaint Andrewが同化して生まれた短縮愛称形であると考えられる. RandyやTandyのR-やT-はD-と調音点が近いことから生まれた.

ローマ教会の基ペトロ

英語名ピーター(Peter)はギリシャ語 *pêtros*(石, 岩)が語源である. 新約聖書によるとペトロ(Petros)は, 十二使徒のリーダー, シモンにイエスが与えた添え名である. アンデレがシモンをイエスに紹介したところ, イエスはシモンにケパ(Kepa:岩)という名を与えた. このケパをギリシャ語に翻訳した名前がペトロである.

アンドリュー・ジャクスン

旧約聖書においては, 岩をイスラエルの神であるとする考え方が一般的であった. たとえば, 「申命記」には「主は岩」とあり「彼は造り主なる父／あなたを造り, 堅く立てられた方」(「申」32.6)という言葉がある. 「詩篇」においては, 「主はわたしの岩, 砦, 逃れ場／私の神, 大岩, 避けどころ／私の盾, 救いの角, 砦の塔」(「詩」18.3)とうたわれている. この他, 聖書には「岩」を不変, 確固たる支え, 力強さなどの象徴として使うことが多い. それは, パレスティナには, 岩山や岩の丘陵が多いことに由来する表象であると考えられる. 新約聖書では, パウロが, 「コリントの信徒への第一の手紙」でキリストを「岩」(「Ⅰコリ」10.4)と呼んでいる.

ギリシャ語 *pêtros*(岩)が使徒のリーダーの名前として使われ始めた背景には, また, 創生の岩(*petra genetrix*)に天の父の男根とされる稲妻が落ちて受精して, 太陽神ミトラが生まれたという神話の影響が考えられる. ミトラは, 山頂の岩, あるいは河岸のイチジクの樹の下の洞窟から松明をもって生まれてきたとされる. ミトラは天上と地上の間に存在し, 地上に不正がはびこってくると, 地上に正義を執行するために下りて来る救世主である. ミトラを意味するラテン語 *pater patrum*(父のなかの父)からローマ教皇を意味するPapaという言葉が生まれた. 初代教皇はペトロ(Petros)である.

ミトラには人面の巨岩の伝説があり, その伝説ではミトラが人格化されて人びとを導く様子がよく描かれている. それによると深い山間に切り立った岩壁があり, その岩壁には優しさ, 威厳そして神性に満ちた巨大な人面が, 自然の造形によって浮かび上がっている. 人びとは, 昔から, いつかその人面のような人が現われると信じていた. ある幼い少年はその話を聞き, その人

〈ギリシャ〉

物はどういう心の持ち主で，何を考え，何を語るのだろうかといつも考えながら育った．そのうちに待ち望まれる人物像は少年の心のなかで次第にふくらみ，その人物像が少年を導くようになった．やがて，少年が白髪の老人になるころ，多くの人びとが彼の深い洞察に富んだ話を聞きに来るようになった．そして人びとは，その老人こそ「待たれていた人」だとうわさし，彼を崇拝するようになるのである．ナサニエル・ホーソーンの"The Great Stone Face"(「大いなる岩の顔」)という短編はこのミトラ伝説に題材を得たものである．

クリスチャン・ネームは，伝統的に天使や聖人の加護を願ってつけられるものである．それは同時に，それらの天使や聖人が神の意思を天上に，そして地上に実現すべく働いたのと同じように，この世に神の意思を実現すべく働くようにとの使命を帯びることを意味する名前でもある．ペトロに与えられた神からの使命とは地上にキリスト教会の基盤を作ることであった．イエスはシモンに「わたしは言っておく．あなたはペトロ．わたしはこの岩の上にわたしの教会を建てる．陰府の力もこれに対抗できない．わたしはあなたに天の国の鍵を授ける．あなたが地上でつなぐことは，天上でもつながれる．あなたが地上で解くことは，天上でも解かれる」(「マタ」16.18-19)と言う．このようにしてペトロはキリスト教会の祖に任命されるのである．

しかし，「ヨハネによる福音書」におけるペトロは人間的弱さをもっともよく体現した使徒でもある．イエスの受難を予感したペトロが，「主よ，どこへ行かれるのですか」(「ヨハ」13.36)と問い，命を捨ててもイエスに忠誠をつくすことを口にする．ところが，イエスが捕らえられ大司祭の屋敷内に引き立てられて行ったとき，門の外に残されたペトロは「あなたもあの人の弟子で

天国への鍵をもつペテロ(エル・グレコ画)

はないか」とたずねられて，3度も「そうではない」と否定するのである．

日本語では，ペトロとか，ペテロと表記したりする．ペテロは明治以来プロテスタント系聖書において定着した表記であるが，カトリック系聖書ではペトロが定着していた．それが『共同訳聖書』ではペトロスとなり，『新共同訳聖書』ではペトロと表記されている．

†隠者ペトルス，農夫ピアズ，道化ピエロ

ペトロのラテン語名ペトルス(Petrus)は，中世を通じて聖職者の名前として使われてきた．『フランク史』を書いたトゥールのグレゴリウスにも助祭を務めたペトルス(Petrus, ?-574)という名の兄弟がいた．また，イタリアからシャルルマーニュの宮廷に招かれて助祭となり，カロリング・ルネサンスの一翼を担ったピサのペトルス(Petrus Pisa, ?-799?)も有名である．

名前ペトルスは，10世紀から11世紀にか

101

けての巡礼熱の高まりのなかで，一般にも次第に使われるようになった．十字軍の正規軍は，使徒のリーダーである聖ペトロの旗を教皇から拝受して出発した．そして，「あなたはペトロである．私はこの岩の上に私の教会を建てよう」という聖書の言葉や，ネロの迫害によるペトロの殉教が，キリスト教徒の宗教的情熱をかきたてた．

ラヴェンナ生まれの隠修士ペトルス・ダミアニ（Petrus Damiani, 1000／07-1072）や，アミアン生まれの隠修士ペトルス（Petrus of Amiens, 1050?-1115）も，名前ペトロの人気に特に大きく貢献したと考えられる．隠修士とは人里離れて禁欲的な生活をする修道士のことであるが，もっとも使徒的でイエス・キリストに近い存在として人びとの強い尊敬を受けていた．ペトルス・ダミアニは，修道院長が封建領主的な存在になり，聖職を売買するような風潮のなかで，人は清貧によって解放されると説き，あらゆる私有財産を拒否して，自らの美徳と聖霊の剣をもってキリストの兵士としての任務をまっとうした人物である．アミアンのペトルスはフランスやイタリアの地方を説教してまわって，聖地エルサレムへの巡礼や第一次十字軍への参加を呼びかけた隠者で，農民の間で熱狂的な支持を得た．そして，彼自身も第一次十字軍の先遣隊を率いて聖地におもむいて，さまざまな伝説の主人公になった．

アミアンのペトルスが率いた先遣隊は，主に農民から編成された素人集団であった．彼は「渋紙色の，頬のこけた長いロバのような顔に，茶色の鋭い目がひかり，灰色になった髪とながいあごひげをたくわえ，やせたからだには下着なしで粗毛製の隠者風の長衣をまとい，いつもはだしで愛用のロバにまたがって歩く，小柄な男であった」（『十字軍』橋本倫介著）．また，ギボンは「彼は背丈も低くて風采もあがらなかった．

ったが，眼光だけは鋭く輝き，そして自分の内心の確信を間違いなく伝える雄弁の才を有していた」と記している（『ローマ帝国衰亡史 9』p.122，中野好之訳）

このようなペトルスの風貌ににくわえて彼の率いる農民軍は，戦いを専門とする正規軍の騎士からすると，滑稽なほど不格好であった．アンナ・コムネナも『アレクシアド』のなかで，ペトルスが率いた十字軍兵士たちが，「分け前」とか「金」という言葉に踊らされて混乱し，非常に多くの兵士がトルコ人に殺され，広い範囲にわたって山のように死体や骨が集められた様子を書いている．しかし，ペトルスは，ギボンが「彼の食事は粗末で，その祈りは長く熱烈であり，彼は一方の手で受け取った喜捨を他方の手で皆に分配した（『ローマ帝国衰亡史 9』p.122）と記しているように私心のない人物であり，農民からは優れた指導者として尊敬され，彼の人物像とともに彼の名がヨーロッパに広く伝わることとなった．

ピエール（Pierre）は，後期ラテン語 *Petrus* から変化した古フランス語の主格ピアズ（*Piers*）の斜格，すなわち，主格以外の語形から生まれた名前である．隠者ペトルスもフランス語ではピエールと呼ばれた．王族の名前としてブルターニュ公国のピエール１世（Pierre Ⅰ, 在位1213-21）が初めて登場するが，このピエールは，ブルターニュ公の名前としてはケルト系やゲルマン系の名が続くなかではじめての聖書人名であった．

イギリスでのピアズ（Piers）の人気は，14世紀後半に書かれて広く読まれた教訓詩 *The Vision of Piers the Plowman*（『農夫ピアズの幻想』）が一役買っている．この詩に登場するピアズは勤勉，正直，公平などキリスト教的徳目を実践し，真理に向かって霊的巡礼をする模範的なキリスト者である．『農夫ピアズの幻想』の序歌の冒頭に

〈ギリシャ〉

は，「私は毛織りの粗服を身にまとい，所業よろしからぬ隠修士のいでたちで，世の不可思議なことどもを聞こうと，世間をひろく廻った」(池上忠弘訳)と書かれている．この農夫ピアズのいでたちは上記アミアンの隠者ペトルスのそれであり，洗礼者ヨハネの姿に通じるものである．

ラテン語名ペトルスは，12世紀にイギリスに入り，やがてピーター(Peter)として洗礼名に使われるようになった．しかし，この名が特に一般的になるのは14世紀になってからで，それまではノルマン人によってもたらされたピアズが一般的であった．そして，ピアース(Pierce)やピアスン(Pierson, Pearson, Pirsson)などの姓が生まれた．

ピエロ(Pierrot)は，Pierreに指小辞 -ot がついて派生した名前で，意味はlittle Peterである．フランスのパントマイムにおける道化ピエロは，古くはローマ時代の滑稽劇に登場する人物像を引き継ぐものである．イタリアではペドロ(Pedro)に指小辞-lino がついたペドローノ(Pedrolino)の名で親しまれていた．ペドローノは，本来はグロテスクで滑稽で粗野でしたたかな農夫であった．それが次第に，ダブダブのズボンに袖の長い上衣を着た正直で「バカ」な召使いとなった．

ペドローノの伝統は17世紀のフランスで流行したパントマイムの道化としてのピエロに引き継がれた．彼は無知で失敗ばかりするので皆にこづきまわされるが，浮気な女に秘かな恋心をいだく愛すべき人物として描かれた．このピエロは，顔に濃い白粉を塗り，大きな口や目を描き，団子鼻をし，ダブダブの服に円錐形の帽子をかぶっていた．その団子鼻は，ペトロの本名であったヘブライ語名シモン(Simon)が，ギリシャ語 sīmós(団子鼻)から派生したあだ名 Sīmōn に近かったことから生まれたイメ

〈ピエロ〉(ピカソ画)

ージであると考えられる．

ピータースン(Peterson)の-sonはイギリス的であり，ピーターセン(Petersen)の-senはスカンディナヴィア的である．パーキンス(Perkins)はPiersに指小辞-kinがつき，さらに父系を示す-sがついたものである．『農夫ピアズの幻想』で主人公ピアズはペルキン(Perkin)とも呼ばれている．パーキンスン(Parkinson)のPar-はPer-と同じものである．-er-から-ar-への変化は中世のイングランド南部でしばしば起こったものであり，ClerkからClarkへの変化もその1例である．パーキンスン氏病は震顫麻痺(shaking palsy)のことであるが，この病名は，その病気の研究において功績のあったジェイムズ・パーキンスン(James Parkinson, 1755-1824)にちなむものである．

ペドロ(Pedro)はポルトガル語的であり，スペイン語的な名前である．そして，ピコ(Pico)，ピエトロ(Pietro)，ピエドロ(P[i]edro)，ピエルチェ(Pierce)，ピエリン(Pierin)，ピエロ(Piero)などはイタリア語的名前である．ペレ(Pere)は，特に，バルセロナを中心とするカタルニア地

103

方に多い名前である．ペレス(Pérez)はスペインに，そしてペレス(Peres)はポルトガルに多い姓である．なお，ペトロは教会スラヴ語ではペートル(Пётр: Petr)であったが，今日のロシア語ではピョートル(Пётр: Pyotr)である．

†ギリシャ風を好んだペトラルカ

イタリア語名ペトラルカ(Petrarca)もペトルス(Petrus)から派生した姓である．私たちには人文主義者フランチェスコ・ペトラルカ(Francesco Petrarca, 1304-74)の姓としてなじみ深い．ペトラークはペトラルカの英語名Petrarchをカタカナ表記したものであり，この姓の-archは『英雄伝』の著者として知られるギリシャの伝記作家プルターク(Plutarch)の-archと同じものである．語源はギリシャ語の*archós*(指導者)である．Petrarchの意味は，「石のようにしっかりと堅い指導者」であり，「ペトロのような指導者」であるとも考えられる．

実はペトラルカはペンネームで，本名はペトラッコ(Petracco)である．-accoや-acciはイタリア語の指小辞で，Petraccoは，泉井久之助によると「何としても卑しく，今のイタリア人たちにさえ多少ともに滑稽に聞こえるところがある」(『ヨーロッパの言語』p.59)．そこで，古典ギリシャに強い憧れをもっていたペトラルカはギリシャ的で知的な響きのするPetrarcaという名前に変えたのである．なお，Plutarchの名の原義は「裕福な指導者」である．

勝利と冠

戦争や競技における勝利のことをギリシャ語でニケ(*níkē*)と言う．古来，戦争における功労者には新しく獲得した土地や略奪した物が分け与えられた．競技における勝利者には金銭を与えるのが慣わしであった．英語athlete(運動選手，競技者)の語源であるギリシャ語*athlētḗs*の第1義は「拳闘士」(prize-fighter)である．やがて，ゼウスのオリュンピア祭やアポロのピュティア祭などの競技の勝利者には名誉を讃えて月桂樹やオリーヴの冠を与える慣習が生まれたが，この冠のことをギリシャ語でステパノス(*stéphanos*)と言った．

ニケ(*níkē*)は有翼の勝利の女神ニケ(Nike)として神格化された．彼女は，巨人パラスと川のニンフ，ステュクスの娘で，しばしば，パラス・アテナ(Pallas Athena)と呼ばれた．名前ニケは，都市国家アテネの守神アテナの添え名の1つでもあり，パルテノン神殿の入口にはアテナ・ニケの神殿があった．アテナの属性としてのニケは戦いの女神ではあるが，軍神アレスのように暴力的で血を好む戦闘的な神ではなく，知的にして冷静であり，英雄たち

勝利の女神ニケ

〈ギリシャ〉

の指導者であった．彼女は，ゼウスをリーダーとするオリュンポスの神々とティタン神族との戦いにおいてはゼウス側について戦いを勝利に導いたとされ，特にペルシャ戦争後，熱烈に崇拝された．

ニケをもつ名前が古代ギリシャには数多く存在した．ニコデモス(Nikodemos)，ニコマコス(Nikomachos)，ニコラオス(Nikolaos)などがその一例である．ニコデモスの原義は「勝利の人びと」である．ニコデモスは新約聖書の「ヨハネ伝」第19章に，アリマタヤのヨセフがイエスの体を十字架から降ろして埋葬するのを手伝う人物の名として登場する．ニコマコスはアリストテレスの父親や息子の名としてよく知られている．アリストテレスの著作『ニコマコス倫理学』は彼の息子の名前に由来するものである．アリストテレスの死後，ニコマコスは父の残した講義録の編集に取りかかったが，ニコマコスが早世したので，アリストテレスの弟子が完成したものとされる．-machosはギリシャ語 *máchē*（戦い，戦闘）が語源であるので，名前 Nikomachosの原義は「戦いにおける勝利」と解釈できる．

ラテン語名ウィクトリア(Victoria)はニケの翻訳語として使われたものである．女神ウィクトリアは，ローマ人がもっとも愛した女神ウェヌス(Venus)と同一視されるようになり，ウェヌスは勝利の女神という性格をもつようになった．さらに，ニケはビザンティン帝国ではマリアの属性に付加されるようになり，敵の来襲の際にはマリアのイコンを掲げて勝利を祈ったり市民を鼓舞したりした．ウィクトリアは，ラテン語 *vincere*（征服する）の過去分詞 *victus* から，名詞 *victor*（征服者）を経て派生した *victōria*（勝利，成功）が固有名詞化したものである．ヴィクトリア女王の名前は，女王の母ヴィクトリア・メアリー・ルイーズ

若き日のヴィクトリア女王

(Victoria Mary Louise)にあやかったものであるが，7つの海に日の没することなしと国民が豪語するほどの大英帝国を築いたヴィクトリア女王を守護する神霊として，人びとがアテナ，ウェヌス，そして，マリアを考えたことは想像にかたくない．

なお，ヴィクター(Victor)は，初期のキリスト教徒たちが「死や罪に対する勝利」という意味を付加してよく使った名前であり，この名をもつ聖人が幾人も輩出した．また，ラテン語 *vincere* の現在分詞 *vincēns*, *vincent-* から派生したヴィンセント(Vincent)も人気のある名前である．男子名ヴィンス(Vince)やレオナルド・ダ・ヴィンチ(Leonardo da Vinci, 1452-1519)のヴィンチ(Vinci)は Vincent と同じ語源の名前である．

人民の勝利ニコラウス

英語のニコラス(Nicholas)は，ギリシャ語 *níkē*（戦いにおける勝利）と *laós*（人びと）からなるニコラオス(*Nīkólāos*)が語源で，ラテン語ではニコラウス(Nicolaus)である．英語名 Nicholas における -ch- の綴りは，Antonius が Anthony となったの

と同じように，ルネサンス期におけるギリシャ・ローマ古典復興の風潮のなかで生まれたものである．ギリシャ語 laós には，「軍隊，陸軍」という意味もあった．『黄金伝説』の第3章「聖ニコラウス」では，「ニコラウス(Nicolaus)は〈勝利〉を意味する nikē と〈民衆〉を意味する laós とに由来し，したがって民衆の，すなわち通俗にして低劣なあらゆる悪徳の克服を意味する．あるいは多くの民衆にその訓戒と実例とによって悪徳と罪とをどのように克服すべきかを教えたのであるから，民衆の勝利を意味する」と解釈し，「この聖人には人びとを浄化し，光りかがやかせる力があった」と述べている．

ニコラオスは，ギリシャがアッティカ沖のサラミスにおける海戦で大勝利をおさめ，ペルシャ戦争に勝利して黄金時代をむかえた紀元前5世紀後半ころに人気が出た名前である．海神ポセイドンと関係づけられ，特に，船乗りの守り神とされた．

『黄金伝説』には，水夫たちが海上で大嵐にあって今にも海に呑まれそうになったとき聖ニコラウスの名を呼ぶと，聖人がやって来て帆や船具をあやつるのを手伝い，海もたちまちに静かになった，という話がある．この伝説は聖ニコラウスがポセイドンの性格を受け継いでいることを示すものである．Poseidon の -don は George の Ge- や Demeter の De- と同系の大地という意味の言葉で，Posei- はギリシャ語 pósis（主人）が語源である．ポセイドンはギリシャ人のもっとも古い守護神で，本来は大地の神とされる．しかし，ホメロスの時代には海の神とされ，彼が三叉の槍を振れば荒海もただちに鎮まるとされた．今日でもギリシャの港町にはどこでも聖ニコラウス教会がある．

ニコラオスは，「使徒行伝」の第6章に，聖霊と知恵にみちた評判のよい人から選ば

水夫の守護聖人ニコラウス

れた最初の7人の助祭の1人として登場する．7人とは，新約聖書での最初の殉教者となったステファノ(Stephanos)をはじめ，フィリポ(Philippos)，プロコロ(Prochoros)，ニカノル(Nikanor)，ティモン(Timos)，パルメナ(Parmenas)，ニコラオ(Nikolaos)である．彼らはギリシャ語を話すディアスポラであった．助祭たちの最初の仕事は貧困者の福祉や救済であった．

†子どもの守護聖人ミュラのニコラウス

ニコラウス(Nicolaus)は，中世のヨーロッパでは，現在の南西トルコの地中海沿岸の港町ミュラの司祭聖ニコラウスにあやかって人気のある名前となった．ミュラの聖ニコラウスについては，歴史的な記録はないが，ミュラの近くのパタラに生まれ，パレスティナやエジプトに旅したとされる．そして，ディオクレティアヌス帝（在位284-305）の迫害によって投獄されたが，コンスタンティヌス大帝の時代に出獄し，325年にニカイアで開かれた宗教会議に出席したという話がある．また，売春を強要

される3人の貧しい娘に3袋の金を与えて救ったという伝説が特によく知られており，この伝説を根拠に，未婚の女性の守護聖人とされたり，子どもたちを守ったという数々の伝説から子どもの守護聖人とされた．この伝説は貧困者の福祉や救済のために最初に選ばれた助祭たちの仕事に由来するものと考えられる．

東方教会の世界では，聖ニコラウス伝説の発祥の地が近かったことから，同聖人崇拝が特に盛んで，9世紀には聖母マリアに次ぐ聖人とされた．9世紀はイスラム帝国が大いに栄えてキリスト教徒を圧倒した時代であり，国防意識が高揚したビザンティン帝国ではギリシャ古典が復活し，聖人伝がさかんに書かれた時代でもある．かつてはギリシャがニケの守護によってペルシャに勝利したと考えたが，そのニケに守護を願ったことが聖人ニコラウスがよみがえった理由であると考えられる．

西ヨーロッパで聖ニコラウス崇拝が盛んになるのは十字軍の時代である．1089年の春，イスラム教徒のセルジューク・トルコがミュラを荒らしたので，南イタリアの商人が聖ニコラウスの遺体を，サラセンの占領から奪還されたばかりの南イタリアの彼らの都であるバリ市に移した．そして，新しい墓の上に大聖堂を建てて，同市の守護聖人とした．当時の南イタリアのノルマン王国はヨーロッパ最強の王国といってもよく，バリは，一大巡礼地となって，ヨーロッパの聖ニコラウス信仰に強い影響を与えるのである．

† サンタ・クロースとオールド・ニック

ドイツでは，キリスト教的な名前は12世紀ごろから使われ始め，15世紀ごろ盛んになった．ニコラウス(Nikolaus)は，ペーター(Peter)に次いで，ヨハンネス(Johannes)とともに，もっとも早くから使われていたクリスチャン・ネームであった．それは，フランク王国が分裂した危機の時代にローマ教皇となり，カロリング時代におけるもっとも強力な教皇として尊敬を集めた聖ニコラウス1世(Nicolaus I the Great, 在位858-867)の影響によるものと考えられる．オットー大帝が，息子，すなわち後のオットー2世(Otto II, 在位973-983)に，キリスト教世界の華の都コンスタンティノポリスからビザンティン帝国の皇女テオファノを迎えたことも東方教会で崇拝されていた聖ニコラオス伝説を西ヨーロッパに知らしめることに役立った．また，ローマ教皇ニコラウス2世(Nicolaus II, 在位1059-61)は，ニコラウス1世が始めた教会改革をより進めようとした教皇であった．

サンタ・クロース(Santa Claus)は，オランダ語のサンテ・クラース(Sante Klaas)から変化したもので，KlaasはNikolausの短縮形である．今日，私たちが親しんでいる赤い衣装で白い髭の好々爺姿のサンタ・クロースは，かつてはニュー・アムステルダムと呼ばれたニューヨークに移民したオランダ人が作り出したものである．

南ドイツ地方のサンタ・クロースは，教皇帽をかぶり，召使ループレヒトを連れていることが多い．召使ループレヒトとサンタ・クロースとの関係は，オーストリアのザルツブルクや南ドイツのヴォルムスで司教を務めた聖ループレヒト(Ruprecht, ?-710?)に由来するものと考えられる．聖ループレヒトはフランク人宣教師であるともアイルランド人宣教師であるとも考えられている．今日のドイツ南部のドナウ河流域で宣教活動を行い，ザルツブルクの近くで岩塩坑を開発した．

ループレヒトは青い陰険な悪魔的な顔をしているが，それは，岩塩坑の開発者聖ループレヒトの影響であるとともに，キリスト教が征服した異教の伝承の影響によるも

のである．ドイツには古くからオールド・ニック（Old Nick）の伝承があった．オールド・ニックのニックは，死者の霊を守護する水の妖精たちニクシー（Nixies）に由来するものであるが，伝統的にNikolausの短縮形と混同された．このオールド・ニックは，海の精たちの統率者であるとか，死者を海の彼方の安息の地に導く老オーディンであるとされた．聖ニコラウス伝説が北ヨーロッパに伝わったころには，聖ニコラウスとオーディンが同一視され，次第に融合していった．

オールド・ニックは，オールド・ニッケル（Old Nickel）とも呼ばれ，悪鬼（goblin）という意味に使われた．ニッケル（Nickel）は，銅を精錬する過程で生まれたものである．似ているにもかかわらず，銅ほど値打ちがないので，悪鬼のいたずらによって生まれたできそこないの銅という意味のドイツ語Kuppernickelの短縮形である．

ニクス（Nix）やニック（Nick）はNicholasの前半を使った英語名である．英語の姓ニクスン（Nixon）はNicksonとも綴る．この名前をもつ人物に，第37代合衆国大統領リチャード・ニクスン（Richard Milhous Nixon, 在任1969-74）がいる．

† 北欧のニルス

ニルス（Nils）は，スカンディナヴィア諸国において一般的な名前の1つであり，ニルス（Niels）は特にデンマーク的な名前である．そのほかNicolausの変化形には，ニークラス（Niclas）やニールス（Nilus）がある．NilsやNielsはアイルランド起源の名前ニアル（Nial）が影響しているものと考えられる．ゲール起源のこの名前は15世紀ごろにはNicolausの変化形と考えられるようになった．

ストックホルムの電話帳には，ニルソン（Nilsson）という姓が45ページ以上もあり，そのうちニルス・ニルソン（Nils Nilsson）のようにNilsを第一名にもつ人が1ページ近く並んでいる．またニルセン（Nielsen, Nilsen），ニックラッソン（Nicklasson），ニクラッソン（Niklasson, Niclasson）などニコラウスから派生した姓も多く見られる．コペンハーゲンの電話帳では「ニルスのブロック」（Niels Brock）という見出しの下に60ページ以上にもわたってネルスン（Nielsen）という姓が並んでいる．オスロの電話帳ではストックホルムやコペンハーゲンほどではないが，ニルセン（Nielsen），ニルセン（Nilsen, Nilssen），ニコライセン（Nikolaisen, Nikolaysen）などがやはり多い．

† ニコル，ニコ，コリン

古くから西ヨーロッパで使われたニコラウスは，各国でさまざまな変化形が生まれ，今日ではそれぞれが独立した名前として人気を保っている．ニコル（Nicol）は男性名，ニコル（Nicole），ニコレット（Nicolette）などはフランス語的女性の名前である．ニコラ（Nicola）は女性形であり，イタリア語的であるが，この名の男性形はニコロ（Nicolo）やニッコロ（Niccolo）である．ニッコロの名をもつ人物としては『君主論』で有名なニッコロ・マキャベリ

熱烈な愛国者ニッコロ・マキャベリ

〈ギリシャ〉

(Niccolo Machiavelli, 1469-1527)がいる.

ニコ(Nico)は, イタリアではNicoloの, そしてイギリスではNicholasとかNicholaの短縮形と考えられ, 男女ともに使われる名前である. ニッキ(Nikki)はNicolaから派生した英語の女性名である. ニコ(Nicot)の-otは愛称辞で, この名は姓として使われている. タバコのニコチン(nicotine)はフランスの外交官ジャン・ニコ(Jean Nicot, 1530?-1600)に由来する. 彼はポルトガルに赴任中にタバコを知り, 自国に紹介した. nicotineの-ineは, morphine(モルヒネ)やcaffeine(カフェイン)の-ineと同じく塩基性化学物質を意味する接尾辞である.

英語名コール(Coll, Cole)についてはいろいろな語源が考えられるが, Nicolasの頭音が消失して生まれた愛称と考えることが多い. コリン(Colin)は, Coleの英語的男性愛称形であり, コレット(Colette)はフランス語の女性愛称形である. 姓コリンズ(Collins)は, イギリスではCollの愛称形Collinから生まれた姓であると考えられている. しかし, コリンズは, アイルランドで特に多い姓であり, アイルランドでは, 一般に, 聖コルンバ(St. Columba)に由来するコールマン(Colman)から派生した姓であると理解されている.

†ポーランドの誇りミコワイ・コペルニク

『ロシア原初年代記』によると, ロシアの伝説的建国者であるリューリクが死ぬと, リューリクの幼い息子イーゴリが成人するまで, 一族のオリェーク(Oleg, 在位893-924)が後見人を務めた. そしてオリェークがキエフ支配を確立したことを記念して, 勝利を祝うニコーラ(Nikola)教会と平和を祝うイリーナ(Irina)教会が建てられた. ニコーラはニコラーイ(Nikolaj)の平俗語形であり, 「勝利」を意味し, イリーナは「平和」を意味する名前である. 11世紀になると聖ニコラオス崇拝が盛んになり, ロシアの守護聖人とされ, ニコラーイが人気のある名前となった.

ギリシャ語名ニコラオス(Nikolaos)は, スラヴ語ではミコラス(Mikolas)とかミクラス(Mikulas)となる. ロシアではミュラの聖ニコラオスは17世紀ごろまではミコーラ(Mikola)として崇拝された.

聖ニコラオスは, キリスト教受容以前の土俗信仰の家畜・農耕の神であるヴォロス(Volos)と融合して崇拝された. ヴォロスはさらに古くは森の主であり百獣の王である熊信仰に関係づけられる神である. 森の野獣の主は家畜の守り主とも考えられたのである. キリスト教化されたスラヴ民族の間では, 農民の英雄ミクーラ(Mikula)を主人公とする民話が生まれた. ミクーラは, 水をよく含んだ肥沃な土地の母神に愛される神で, 小さな木でできた鋤を持っていた. すべての神が力を合わせてもその鋤を持ち上げることができなかったが, ミクーラは片手でやすやすと扱うことができた. また, 彼の馬はどんな軍馬よりも速く走ることができた.

今日, ロシアではミコラーイ(Миколай: Mikolaj)やミコーラ(Микóла: Mikola)はニコラーイの俗語的名前である. そして, ミコラス(Mikolas)やミクラス(Mikulas)はチェコ語的, ミクロス(Miklos)はハンガリー語的である. 地動説で有名なコペルニクス(1472-1543)のフルネームはラテン語的にはニコラウス・コペルニクス(Nicolaus Copernicus)であるが, 彼の母国ポーランドではミコワイ・コペルニク(Mikolaj Kopernik)である.

殉教者の冠, 聖ステファノス

ステファノス(Stephanos)は, ギリシャ

語 stéphanos（冠）が語源である．古代ギリシャの競技大会の勝者にはステパノス（stéphanos）を与える慣習があったので，「勝利の冠」という意味をもち，さらに「勝利の報酬」や「勝利」を意味する言葉としても使われた．

ゼウスの祭典ではオリーブが，アポロの祭典では月桂樹やナツメヤシが勝利の冠として使われた．いずれも常緑樹で不滅と豊饒を象徴し，またオリーブは平和を，月桂樹は勝利を象徴するものであった．

ナツメヤシはギリシャ神話では勝利の女神ニケの持物であった．しかし，旧約の世界においては，「神に従う人はなつめやしのように茂り……」（「詩」92.13）などから美徳の象徴とされた．新約聖書では，子羊の血で自分たちの服を洗って白くした群衆が持っているのがなつめやしの枝（「黙」7.9-15）というくだりがあるところから，ナツメヤシは殉教者の表象とされた．キリスト教の最初の殉教者聖ステファノスはナツメヤシを手にした姿で描かれていることが多い．また，巡礼者が聖地から記念として持ち帰ったことから巡礼者のことをpalmerと呼んだが，それがパーマー（Palmer）という名にもなった．

中世のキリスト教圏においては，ラテン語名ステファヌス（Stephanus）は特に人気のある名前となった．それは聖ステファノにあやかったものである．聖ステファノは，「使徒行伝」の第6・第7章に登場する人物である．彼の生まれ育ちはパレスティナではなく，ギリシャ語を話すユダヤ人（ヘレニスト）である．十二使徒によって指名された7人の最初の助祭の1人で弁論にすぐれ，その弁論で，十二使徒に不満をもつ同胞ユダヤ人に対して，イエスを殺したことを咎めた．そのためにユダヤ人の怒りをかって石打ちで殺されるのである．この時の証人がパウロである．『黄金伝説』では彼の顔は天使のように見えたと語られている．そして，アベルが旧約の最初の殉教者であったように，ステファノは新約の最初の殉教者となり，殉教者の「冠」であると讃えられている．その「冠」は，また，「朽ちない栄冠」（「Ⅰコリ」9.25）を意味するものであった．

† 偶像破壊に対する抵抗のシンボル，小ステファノス

カトリック教会では，ステファヌス（Stephanus）という名の教皇が，1世（在位254-257）から10世（在位1057-58）まで10人輩出した．ギリシャ正教会では，聖像破壊運動に対する反対運動の先頭に立って殉教したステファノス（Stephanos, 715-765）が特によく知られている．聖ステファノスは，コンスタンティノポリス生まれの隠修士であった．彼は，聖像破壊運動を強力に推し進めて修道院を閉鎖した皇帝コンスタンティノス5世（Constantinos Ⅴ，在位741-775）に反対して，聖像保護運動の先頭に立った．伝説によると，審問のために皇帝の前に呼び出されたステファノスは1枚のコインを取り出し，そのコインに刻まれた皇帝の肖像を踏んだらどのような罰を受けなければならないかを問うた．そして，もし，神の子キリストの聖画やキリストの産みの母であるマリアの肖像を踏みつけるとどのような罰を受けなければならないかを問い，コインを床の上に投げつけてそれを踏みつけた．

このようにして皇帝の怒りをかったステファノスは，300人の修道士とともに投獄され，7か月間の獄中でも厳しい修道生活をした後暴行を受けて殉教した．彼の死骸は手足を1本ずつ切り取られ，ついには胴体だけにされて道端に穴を掘って埋められたと伝えられている．聖像画家はほとんどが修道士で，当時イタリアに5万人もの修

〈ギリシャ〉

道士がビザンティンの聖像破壊運動を避けて住んでいたと言われ，西と東の対立の芽が育ちつつあった．しかし，まもなく聖像崇拝が復活し，ギリシャ正教圏はもちろん，西側に逃れたイコン画家やイコン崇拝者によってステファノスの伝説が描かれ，この名が広く知られるようになるのである．この殉教伝説から，彼は，キリスト教会最初の殉教者大ステファノスに対して小ステファノスと呼ばれるようになった．

教皇ステファヌス2世(在位752-757)は，西ヨーロッパの生みの親と称される人物である．当時ローマはランゴバルト族の侵入に悩まされていた．しかし，ビザンティン帝国は，コンスタンティノス5世の時代であり，皇帝レオン3世(Leon III，在位717-741)が始めた聖像破壊運動によって国内が混乱していて，ローマに援助の手をさしのべようとはしなかった．そこで，教皇ステファヌス2世はゲルマン民族で最強の勢力を誇っていたフランク王国のピピン(小)(在位751-768)との連携を強めた．ステファヌス2世は，ピピンの子カール(Karl：シャルルマーニュ)が王座についたとき塗油した人物である．そしてレオ3世(Leo III，795-816)がカールに西ローマ帝国皇帝の称号を与えるに至って，ローマ・カトリックがギリシャ正教から独立していくのである．

†ハンガリーの使徒イシュトヴァーン

イシュトヴァーン(István)は，ステファノスのハンガリー語名である．この名は，ハンガリーをキリスト教に改宗させ，ハンガリーの使徒と呼ばれた聖王イシュトヴァーン1世(István I，在位997-1038)によってヨーロッパ中にその名前が知られるようになった．イシュトヴァーンは，パンノニア平原のマジャール族を統一して初代の国王となった人物である．彼はヴァイク(Vajk)という名であったが，母がキリスト教徒であった関係で15歳のときに洗礼を受けてイシュトヴァーンと名乗った．伝説によると母の夢枕に殉教者ステファノス(大)が現われ，息子の洗礼に際しては自分と同じ名前をつけるようにとすすめたとされる．洗礼を行ったのはプラハの聖アダルベルトである．

イシュトヴァーンは，26歳のときに神聖ローマ帝国皇帝ハインリヒ2世(Heinrich II，在位1002-24)の姉ギーゼラ(Gisela)と結婚し，翌年父の死とともに王位に就きドイツをモデルに王国の建設に取りかかった．イシュトヴァーンに王冠を与えたのは教皇シルヴェステル2世(Sylvester II，999-1003)である．イシュトヴァーンが統治した当時のハンガリーは今日のクロアチア，ボスニア，ブルガリア，ルーマニア，スロヴァキア，ポーランドのそれぞれ一部にまたがる大王国であり，この大ハンガリーはイシュトヴァーンの王冠と呼ばれ，イシュトヴァーンは今日でもハンガリー民族統一の象徴的人物である．

聖王イシュトヴァーンは，また，西欧からの巡礼者を手厚く保護した．そして，その後もハンガリー王国はビザンティン帝国に対して，またイスラム教徒に対して，ヨーロッパにおけるローマ教会の砦となり，十字軍を支援した．たとえば，第一次十字軍においてブイヨンのゴドフロアが率いた

騎馬姿の聖王イシュトヴァーン

軍隊，ギヨーム９世が中心となった1101年の民衆十字軍，第二次十字軍においてフランスのルイ７世とアリエノールが率いた軍隊，第三次十字軍においてフリードリヒ・バルバロッサが率いた軍隊などが，ハンガリー経由で聖地に向かった．このように，ヨーロッパ諸侯にとってイシュトヴァーンは大きな存在であり，深い尊敬の対象であった．そして，イシュトヴァーンの名前は，ヨーロッパの国々においていろいろと変化しながら広がっていくのである．

†ノルマン王家の菩提寺サンテチェンヌ

英語にはステファン(Stephan)の変化形スティーヴン(Stephen, Steven)があり，フランス語にはステファン(Stephan)の変化形エティエンヌ(Étienne)がある．スペイン語ではエステファーノ(Estephano)の変化形としてエステバン(Estevan, Esteban)が一般的である．前者はいずれもラテン語名Stephanusに近く，後者は自国のなまりを反映する名前であり，イギリス，フランス，スペインのいずれの国においてもスティーヴン，エティエンヌ，エステバンなどの方が一般的である．

スティーヴンは，イギリスでは11世紀のノルマン人のイングランド征服以後に特に人気のある名前となった．征服王ウィリアムの孫でノルマン王朝４代目にして最後の王スティーヴン(Stephen, 在位1135-54)が，この名のイギリスにおける人気の直接の原因である．彼は，征服王の四女アデラ(Adela)と，パリの南シャルトルを拠点に領土をもっていたブロア伯のセオバルド３世との間に生まれた男子であった．ブロア伯家ではハンガリー王イシュトヴァーンにあやかってこの名がすでに使われていた．

英語名スティーヴンのうち，Stevenは中世の庶民の伝統を引き継ぐものであり，Stephenはハイクラスな感じを与える名前である．ルネサンス期にはStephenが一般的な綴りとなっていた．アメリカでは植民地時代にはStephenがよく使われたが，19世紀にStevenの綴りが広まり，イギリスでもこの綴りが一般的になった．今日ではStevenの方が多いぐらいである．Stevenには，また，Steveという愛称形があり，この名が独立した名前として広く使われている．

征服王ウィリアムは，遠縁にあたるフランダースのマティルダとの結婚を，姻戚結婚としてローマ教皇に反対されながら強引に実現する．その償いとしてノルマンディーの居城があったカーンに男女の修道院を寄進し，男子修道院を聖ステファヌス修道院，女子修道院をマティルダ修道院と呼んだ．聖ステファヌス修道院はノルマンディー王家の菩提寺となり，征服王自身の遺体もそこに埋葬されている．今日この修道院は一般にサンテチェンヌ(Saint Étienne)修道院と呼ばれている．

エスティエンヌ(Estienne)は，フランスの出版業者として世界に知られる家系で，初代のアンリ・エスティエンヌ(Henri Estienne, ?-1520)は1504年にパリで出版業を起こし，２代目のロベール・エスティエンヌ(Robert Estienne, 1504-59)は画期的なラテン語辞書(*Thesaurus linguae latinae*, 1532)をはじめ，ギリシャ語，ラテン語，ヘブライ語，フランス語聖書を出版した．３代目アンリ・エスティエンヌ(Henri Estienne, 1531-98)は古典学者で，彼が編纂して出版したギリシャ語辞典(*Thesaurus linguae graecae*)(1572年)は今日に至るまで，最大のギリシャ語辞典であるとされる．このようにエスティエンヌ家の人びとはルネサンス期の人文主義の影響を強く受け，彼らの出版活動を通じて，聖書や古典研究は大いに進歩をとげた．

シルエット(silhouette)は普通名詞とし

〈ギリシャ〉

て影法師とか影絵，横顔という意味に使われているが，この言葉はフランスの政治家で，ルイ15世（Louis XV，在位1715-74）の時代に大蔵大臣に任じられ，破産に瀕した財政を立て直すために極端な緊縮財政を行ったエティエンヌ・ドゥ・シルエット（Étienne de Silhouette，1709-67）にちなむ言葉である．彼の政策は外郭はあっても中身がないと批判された．

†ウィーンのランドマーク，シュテファン大寺院

英語名ステファン（Stephan）は，ラテン語のStephanusから英語化したものである．ラテン語がヨーロッパの公用語であった中世においては，正式な記録などではラテン語名が使われた．その関係でラテン語から直接変化したStephanが今日でも人気のある名前として残っている．

ウィーンの中心にこの街のシンボルとも言えるシュテファン大寺院（Stephandom）がそびえている．この大寺院は現在はゴシック建築であるが，ロマネスク風バシリカ様式の寺院として1147年にその建築が始まった．当時はハンガリーを経由して聖地に向かう十字軍が盛んであったころであり，ヨーロッパ世界の東の辺境にあって東の世界への入口（gateway）としてウィーンは遠征軍の重要な中継基地の役割を果たしていた．このような中継基地にヨーロッパの砦の象徴的存在であったイシュトヴァーンにちなむ聖堂を建てるのは自然のなりゆきであった．例として，ニュールンベルク北部にある中世都市バンベルクのシュテファン教会をあげることができる．バンベルクは妹ギーゼラをイシュトヴァーンに嫁がせた神聖ローマ帝国皇帝ハインリヒ2世が建設して行政と宗教の中心とした都市で，この教会は皇帝妃クニグンデ（Kunigunde）がイシュトヴァーンに捧げた教会である．同市

ウィーンのランドマーク，シュテファン大寺院

の聖ペーター大聖堂には「騎士」（Reiter）と題する魅力的な像があるが，これはイシュトヴァーンの像とされている．

ステファノス（Stephanos）はギリシャ語 $\Sigma\tau\acute{\epsilon}\phi\alpha\nu os$ をラテン文字に置き換えたものであり，ϕ（ph）の発音は気息をともなう[p]の音に近かった．それが，5世紀の初めごろには[f]に近くなって，綴りもfとなることが多くなった．イタリア語名ステファノ（Stefano）はStefanusから変化したものである．

ドイツではシュテファン（Stephan）とか女性名シュテファニー（Stephanie）の名がよく見られる．しかし，近年，ギリシャ語的な綴り-ph-は，発音に合わせて-f-と綴ることが再び多くなり，StefanやStefanieという名前が増えている．シュテファン大聖堂は土地の人びとからはシュテッフル（Steffl）として親しまれている．シュテファンのドイツ語的変化形にはこのほか，シ

ュテッフ(Steff)、シュテッフェン(Steffen, Stöffen)、シュテッフル(Stefl)、シュテッフェル(Steffel)、シューテーフェン(Stefen)、シュタッフェン(Staffen)、シュテッフェント(Steffend)、シュテップ(Stepp)、フェーン(Fähn)、など数多くある。

†セルビアの星ステファン・ネマーニャ

バルカン半島は、9世紀の初頭にクロアチアやその北のスロヴェニアがシャルルマーニュによって征服されてカトリックを受け入れ、ブルガリアの影響下で9世紀末にセルビアがギリシャ正教化していた。しかし、ハンガリーの聖王イシュトヴァーン以来、カトリックを奉じるハンガリー王国の影響が強まり、11世紀のなかごろにビザンティンからの独立を目指して国家統一の動きを強めた。セルビアの初代国王となったのがステファン・ネマーニャ(Stefan Nemanja、在位1167-96)である。そして、ネマーニャの息子ステファン・プルヴォヴェンチャニ(Stefan Prvovenčani, 1196-1228)は、ローマ教皇によって戴冠され、初代戴冠王と呼ばれ列聖された。セルビアは、その後まもなく再び東方正教に転じるが、1459年にトルコに征服されるまで、ほとんどの国王がステファン(Stefan)の名をもっていた。

セルビアの東に隣接するボスニア地方は、クロアティア、セルビア、ハンガリー、ビザンティンなどの支配を受けていたが、セルビアの衰退とともに、南部のヘルツェゴヴィナを含めて統一王国として独立を勝ち取った。その基礎を築いたのがスティェパン・コトロマニチ(Stjepan Kotromanic、在位1322-53)で、次第にセルビアも支配し、バルカン半島最強の勢力を誇った。以後スティェパンはボスニア王国の伝統的な名前となり、1481年に最後の王がオスマン・トルコによって廃位されるまで、14代の王のうち8人もがスティェパンの名をもつ国王であった。

セルビア、ボスニア・ヘルツェゴヴィナとともに旧ユーゴスラヴィアの有力な勢力であったクロアティアは、フランク王国とビザンティンに挟まれて、また、ハンガリーやブルガリアなどとの抗争が続いた。同王国はセルビアやボスニアほどではないが、やはりスティェパンの名は伝統的であり、この名をもつ国王が3人輩出した。

†ロシア農民の英雄ステェーンカ・ラージン

ギリシャ語名ステファノス(Stephanos)はロシア語では、ステファーン(Стефан: Stefan)とかステパーン(Степан: Stepan)であり、ステファーンはステパーンの古形である。ロシア民謡に〈ステェーンカ・ラージン〉("Sten'ka Razin")という曲がある。Sten'ka(Стенька)はStepanの愛称形である。-kaは指小辞であり、特に親しい者に対して使う呼び名の語尾として使われる。

ステェーンカ・ラージンとはステパーン・ティモフェーヴィッチ・ラージン(Stepan Timofeevich Razin, ?-1671)のことで、彼はロシアの農民戦争のリーダーであった。17世紀のなかごろになるとロシア農民の農奴化が完成し、彼らは過酷な生活を強いられていた。当時、ロシア帝国の南の辺境にあったカザフには逃亡農民が集まった。ラージンはそのような農民を率いて英雄的な戦いを挑むのである。その戦いは彼の処刑によって終息し、農民は再び絶望的な隷属状態に置かれた。しかし、農民の間には、彼は処刑されたのではなく身を隠しているのであって、やがて再び農民の窮状を救うために現われるという伝説が生まれた。ステェーンカという呼び名には自分たちの仲間であり英雄であるラージンに対する強い親しみと愛情が表われている。

〈ギリシャ〉

ギリシャの豊饒の神々

　古来，豊饒は人びとがもっとも強く求めたものであり，ギリシャでも，人びとはアプロディテを初め多くの神々に豊饒を願った．ギリシャの神々ディオニュソス(Dionysos)やデメテル(Demeter)も本来は豊饒をつかさどる神々である．

　豊饒の神々がもつ特徴は，当然のことながら性的である．ディオニュソスとアプロディテの息子はプリアポスという名で，彼の特徴は生産力を示す巨大な男根である．また，半人半獣の森の神で酒と女が大好きなサテュロスはディオニュソスの従者である．ディオニュソスには，さらに，恍惚・狂乱の状態の女たち，すなわち，マイナスたちが付き添っている．このMainasはmania（熱狂，狂気）と同語源の言葉であるが，マイナスたちの狂気は酒神ディオニュソスの酒による狂気を表わすものであり，彼女たちの熱狂は性的な恍惚を意味するものでもあった．デメテルの祭りについてはアテネ郊外のエレウシスにおける秘儀が有名であるが，この秘儀もまことに性的なものであった．

　生産力の象徴である男性性器や女性性器は，単なる豊饒の象徴というのみならず，邪視（evil eye）と呼ばれる悪霊から身をまもってくれる霊力をもつと考えられた．古代ローマの子どもたちが外出するときに首からつるしたお守りも男性性器をかたどったものであった．ポンペイの遺跡に行くと大邸宅の外壁に男根をかたどったお守りがあり，通路の敷石にも同じようなお守りが見られる．ディオニュソス祭において巨大な男根を担いで練り歩いたのも，またハデスに奪われた娘ペルセポネを探しにエレウシスに来た母デメテルを慰めようとして，

豊饒の女神デメテル

大地から生まれた人間の女バウドが性器をあらわにして見せるのも，単にデメテルを慰めるためにのみしたのではなく，悪霊を退け，元気づけるためにしたことであると考えられる．このような豊饒の神々ディオニュソスやデメテル信仰はヘレニズム時代を経て，キリスト教の聖人伝説の母体ともなった．

女性を熱狂させたディオニュソス

　ディオニュソスの起源は小アジアの西部フリュギアであるとされる．ヘロドトスは，『歴史』において，ディオニュソスを永遠の生命をもち季節ごとにこの世に復活するエジプトの自然神であるオシリスと同一視している．そしてディオニュソス祭に行われる男根像の行列などはエジプトからフェニキアを経てギリシャに伝えられたものであろうと記している（2巻49章）．

　ディオニュソスは，ギリシャでは葡萄の栽培が盛んになるにつれて葡萄の神とされ熱狂的に信仰されるようになった．ギリシャの北マケドニアでは，その信仰は狂乱をともなう儀式を生み，ギリシャでも特に女性の間で熱狂的に崇拝された．その様子はエウリピデスの『バッコスの信女』に描かれている．古典時代のギリシャでは，ディオニュソスは，豊饒祭の神楽的な性格をもっている演劇の神として崇拝された．

豊饒とぶどう酒の神
ディオニュソス

　エジプトの神オシリスと同一視されたディオニュソスに対する信仰は，小アジアやマケドニアで盛んになり，アレクサンドロス大王の武将たちが建設した諸王国でもさかんになった．そして，アレクサンドロス大王個人に対する崇拝は，ディオニュソス崇拝と結びつけられた．アレクサンドロスはディオニュソスの代理であるとしてその支配権が正統づけられ，さらに，大王自身がディオニュソスであると信じられるまでになった．

　このようなことを背景にして，ディオニュシオス(Dionysios：ディオニュソス信者)の名をもつ人物がヘレニズム時代からキリスト教の教父時代にかけて多く輩出するのである．

† 自分の首を運んだパリの守護聖人サン=ドゥニ

　ディオニュシオス(Dionysios)という名の人物が「使徒行伝」第17章第34節に登場する．この名前もディオニュソス(Dionysos)から派生したものである．ディオニュシオスはアテネの最高裁判所アレオパゴス(Areopagos：アレスの丘)の裁判官であった．彼はアレオパゴスで，イエスの復活を説くパウロの説教を聞き，キリスト教に改宗した人物で，ギリシャ人の改宗に象徴的な意味をもつ人物である．パウロの宣教は，それまではアンティオキアや小アジアやテッサロニカのシナゴーグでの説教を中心とするもので，キリスト教はまだユダヤ教の一派でしかなかった．しかし，アレオパゴスでの説教は，ヘレニズムの発祥の地と言うべきアテネのギリシャ人を対象としたものであり，ディオニュシオスの改宗はヘレニズム圏でもっとも強く信仰されていたディオニュソスに対するキリスト教の神の勝利を意味するものであった．今日，聖ディオニュシオスはアテネの守護聖人である．

　パリの守護聖人として崇拝されるサン=ドゥニ(Saint-Denis)は，ガリアの使徒と呼ばれる殉教聖人ディオニュシオス(Dionysios, ?-250?)のことである．この聖人はアレオパゴスのディオニュシオスと同一視されてガリア地方で熱心に信仰された．伝説によるとサン=ドゥニが殉教したのはモンマルトル(Montmartre)である．モンマルトルは英語的にはMount Martyr，すなわち「殉教者の丘」で，この地名はサン=ドゥニが殉教した丘という意味でつけられた．サン=ドゥニはモンマルトルで首を斬られたが，自分の首を持って歩き，その丘から10キロ北にある現在のサン=ドゥニで倒れたとされる．やがてその地にはゴシック建築による大聖堂が建てられ，10世紀以後フランス王家の墓所になった．ルイ16世とマリー・アントワネットの遺体も同寺院に埋葬されている．

　ガリア地方にはローマに征服される以前

〈ギリシャ〉

から頭蓋骨に対する信仰があった．人の頭部は霊魂のすみかと考えられ，死者の頭は，ギリシャのゴルゴン伝説にもあるように，魔除けの霊力をもつものと考えられていた．アーサー王伝説群の『ガウェイン卿と緑の騎士』には緑の騎士がアーサー王の甥ガウェイン卿に首を落とされる場面がある．それによると，首を落とされた緑の騎士は地に落ちた自分の首を髪の毛をつかんで持ち上げる．彼が持ち上げたその顔はぎらぎらした目でまわりの人たちをにらみつける．そして首のない彼の身体はふらつきもせず，自分の首を腕に抱え，馬に乗って走り去るのである．緑の騎士は，異教徒の大男で，田舎者で，不気味な悪漢である．緑は，自然の力，豊饒，森などを象徴し，ケルト的起源を象徴するものである．その緑の騎士の話には，英雄ク・ホリンが活躍するアイルランドの神話・伝承が投影されている．そして，このようなアイルランドの神話・伝承は紀元前7世紀ごろからヨーロッパ大陸で栄えたケルト人の伝承を反映するものである．

サン＝ドゥニにあやかってDenisの名がフランスで一般的になり，ドゥニ(Dennis, Denys)，ドゥニーズ(Denise)，ドゥニーゼ(Deniset)，ドゥニーゾ(Denisot)，ニゼ(Niset)，ニゾ(Nisot)などの変化形が生まれた．英語の姓テニスン(Tennyson)やロシア語の姓デニーソヴィッチ(Денисович: Denisovich)もディオニュシオスから生まれたものである．

† ゼウスから生まれた神々と英雄たち

ディオニュソス(Dionysos)の語源は究極のところ不明である．しかし，伝統的に，Dio-は Zeús(ゼウス)の所有格 Diós であり，-nysosはギリシャ語 néos(若い)が語源であるとし，この名の意味は「ゼウスの息子」であると解釈されてきた．ヘシオドスの『神統紀』によると，ディオニュソスはゼウスと人間の女セメレの間に生まれた輝かしくにぎやかな子である．ゼウス(Zeús)は印欧祖語 *deiw-(to shine:輝く)から *deiwos(god:神)を経て分出した名前である．この祖語は光の源がある空に関係する言葉とか，光を神格化した神の名を，いろいろな同族言語において生み出している．

Zeús の所有格 Diós をもつ名前にはディオゲネス(Diogenes)，ディオメデス(Diomedes)，ディオティマ(Diotima)などがある．ディオゲネス(Diogenes)の原義は「神から生まれた」である．この名を持つ人物としては古代ギリシャの哲学者シノペのディオゲネス(Diogenes, 412?-323? BC)がいる．彼は黒海沿岸のシノペで生まれた人物で，粗衣粗食を旨とし，樽のなかに住んでいた，という伝説でよく知られている．

ディオメデス(Diomedes)の-medesはギリシャ語 mêdos(counsel, advice)が語源で，この名の意味は「ゼウスの導き」である．ディオメデスは，『イリアス』や『オデュッセイア』ではオデュッセウスと行動をともにする知勇兼備の英雄である．彼は，また，アガメムノンとアキレウスの和解を画策する人物としても知られている．ディオティマ(Diotima)は，プラトンの『饗宴』に登場する女司祭で，ソクラテスにエロス(愛)の本質を説く人物である．Diotimaの-timaの語源はギリシャ語 tīmé(名誉)で，この名の意味は「ゼウスの名誉を担う者」とか，「ゼウスから名誉をさずかった者」であると解釈されている．

ギリシャの地母神デメテル

デメテル(Demeter)のDe-は，アッティカ方言の gê(地)と同系のドーリア方言 dã が変化したものであり，この名の原義は

117

「地母」である．ギリシャ神話における春の女神ペルセポネの母デメテルは，すべてを生み出す地母神であり，豊饒の女神である．豊饒の女神の表象は女性の性器と結びつきやすく，Demeter($\Delta\eta\mu\eta\tau\eta\rho$)のD($\Delta$)は女性性器の表象デルタ(delta：三角形)で，古代ギリシャではΔ(デルタ)は聖なる文字であるとされた．古代ギリシャ人に多い名前デメトリオス(Demetrios)は，デメテルから派生した男性名で，この名の意味は「デメテルの信奉者」である．

ヘレニズム文化圏には，デメトリオスの名をもつ人物が多く輩出した．アレクサンドロス大王の配下の武将セレウコス(358?-280BC)が創立したシリア王国には，デメトリオスの名をもつ国王が3人いる．新約聖書には「ヨハネの第三の手紙」を，筆者である使徒ヨハネの命を受けて，信仰厚いガイウスに届ける人物としてデメトリオ(Demetrios)が登場する．使徒ヨハネは，デメトリオについて，「すべての人から証明され，そして真理によって証明され，私たちも証明している」(「IIIヨハ」12)と，信仰の正しさを保証している．

キリスト教の殉教聖人としてはテッサロニカのデメトリオスが特に重要である．デメトリオスはローマの官吏でアカイア，すなわちギリシャの執政官であったが，ディオクレティアヌスの迫害時代にキリスト教徒をかばったために，槍で突かれて殉教したとされる．当時，テッサロニカはローマと東方を結ぶ軍事・商業上の要衝であり，かつてパウロが訪れたこともあってキリスト教が盛んであった．したがって，ディオクレティアヌスの迫害も当地では過酷をきわめ，一説によると数千人もが殉教したとされる．デメトリオスの殉教はその象徴的な出来事であった．

やがて，殉教者デメトリオスの墓の上には教会が建築され，多くの巡礼者が参拝するようになり，デメトリオスはテッサロニカの守護聖人となった．ギリシャ正教圏では聖デメトリオスは聖ゲオルギオスとともに教会の守護者として特に重要な聖人と考えられ，2人の聖人の親しさを示すイコンがある．聖デメトリオスの祝日は10月26日である．4月23日の聖ゲオルギオスの祝日が春の到来を意味し，農耕の始まりを祝う日であるのに対して，デメトリオスの祝日は秋の終わりを意味する祝日であり，収穫を祝う祭りの日でもある．

†タタールからの解放者ドミートリイとセルギェーイ

6世紀から7世紀にかけてスラヴ人のヴァルカン半島への移住が盛んになり，多くのスラヴ人が定着した．それとともに，聖デメトリオスは彼らにもっとも崇拝される聖人となり，セルビア人などは彼をスラヴの保護者として崇拝した．そしてキリスト教化したロシアでもデメトリオス崇拝が盛んになった．ディミートリイ(Димитрий：Dimitrij)やドミートリイ(Дмитрий：Dmitrij)はデメトリオスのロシア語における変化形である．キエフ・ロシアでは聖アントーニイが主導した洞窟修道院として1062年にディミートリイ修道院が設立され，同修道院はロシアにおける精神生活を指導する場となった．

ドミートリイの名前を特に人気のあるものにしたのは，ドミートリイ・イワーノヴィッチ・ドンスコーイ(Dmitrij Ivanovich Donskoj，在位1359-89)である．彼はモスクワ大公として，タタール(モンゴル)軍を打ち破り，ロシアの独立へと道を開いた人物である．彼の業績によってドミートリイは伝統的にロシア人に強い民族意識と愛国心を喚起する名前となった．ドンスコーイ(Donskoj)は，中央ロシア高原から南に流れて，黒海につながるアゾフ海に流れる大

〈ギリシャ〉

河ドン(Don)に，土地を示す形容辞-skojがついたものである．モスクワ大公ドミートリイがモンゴル軍をドン川の河畔で打ち負かしたことを讃えてこの名がつけられた．以後，ロシアの諸侯たちは自分たちの長子に好んでドミートリイの名前をつけるようになった．

ドストエフスキーの『カラマーゾフの兄弟』では，長男の名前がドミートリイ(Dmitrij)である．彼は，短気で向こう見ずであるが，骨太でもっともロシア的な男性として描かれている．トルストイの『復活』では，カテューシャを誘惑して捨てた貴族がドミートリイ・イワノーヴィッチ・ネフリュードフ(Dmitrij Ivanovich Nekhlyudov)である．彼は冤罪で起訴されたカテューシャの裁判で偶然陪審員を務めるが，自分の罪を悔いてシベリアに流刑になるカテューシャに同行する．このドミートリイは，トルストイの分身と考えられ，帝政ロシアを支えた貴族の堕落した姿の象徴であり，ロシアの良心の象徴でもある．

今日ではドミートリイが一般的であり，ディミートリイは教会スラヴ語的で，聖職者的な印象を与える名前となっている．また，洗礼名がディミートリイであっても，日常的にはドミートリイと呼ばれ，さらに，ミートリイ(Митрий: Mitrij)，ミーチャ(Митя: Mitya)，ディーマ(Дима: Dima)などの愛称形がよく使われる．

ロシアでもっとも人気のある名前の1つであるセルギェーイ(Сергей: Sergej)はロシアの聖人ラドネジのセルギェーイ(Sergeus of Radonezh, 1314-92)にあやかる名前として広まったものである．聖セルギェーイの本名はワルフォロメイ(Varfolomei)といった．少年時代に両親はタタールとの戦火を逃れてモスクワ郊外のラドネジという寒村に移り住んで家族は

テッサロニカの守護聖人
デメトリオス

そこで農民となったが，20歳のときに，家を出て兄ステファーンとともに森林地帯で隠修の生活に入り，セルギェーイを名乗った．セルギェーイの修道生活はアントーニイとフェオドーシイが開いたロシア修道の精神を引き継ぐもので，厳しい試練と窮乏に耐えてイエスにならうその姿や，謙虚にして慈愛にみちた人柄は多くの人びとの感動を呼んだ．セルギェーイは，また，弟子たちとともに多くの修道院を設立し，モンゴルの侵入によって衰微した修道制を復活させた．さらに，彼はモスクワ大公ドミートリイに適切な助言を与え，タタールとの戦いを勝利に導いたことで，ドミートリイと同じく強い民族意識を喚起する人物となった．このように，セルギェーイは時代を超えてロシアの人びとの精神的支柱とされる人物である．

セルギェーイの名はローマの氏族の名セルゲウス(Sergeus)に由来するものである．その起源はエトルリア語であろうという以外はわからない．この名をもつ人物としては，キケロの政敵で希代の陰謀家として今日に伝えられるカティリナ(Lucius Sergius Catilina, 108-62BC)がいる．新約聖書には，「使徒行伝」の第13章第7節に，キプロスの賢明な地方総督セルギウ

ス・パウルス(Sergius Paulus)が登場する．彼は使徒パウロの話を聞いて信仰の道に入る人物である．

303年ごろにシリアで殉教したローマ軍人セルゲウスも，この名を広めた人物の1人である．彼はユピテルの神殿への犠牲の奉献式に欠席したことで，仲間の軍人バッカスとともに，ユーフラテス河の上流レサファという地で処刑されて，その地に埋葬された．セルギウスへの信仰は砂漠地帯に広がり，その地は彼にちなんでセルギオポリス(Sergiopolis)と改名され，巡礼の一大中心地となった．中世には，セルギオス1世(Sergios Ⅰ，在位610-638)とセルギオス2世(Sergios Ⅱ，在位999-1019)の2人のコンスタンティノポリス総主教がおり，西側ではセルギウス1世(Sergius Ⅰ，在位687-701)からセルギウス4世(Sergius Ⅳ，在位1009-12)まで4人のローマ教皇が登場する．

セルギェーイ(Sergej)の古形はセールギイ(Сергий: Sergij)であり，愛称にはセリョーガ(Серёга: Seryoga)，セリョージャ(Серёжа: Seryozha)，グーチャ(Гуча: Gucha)などがある．セルジオ(Sergio)はイタリア語名，セルジ(Serge)はフランス語名，ゼリース(Serries)，ゾリース(Sorries)などはドイツ語名である．

豊饒と正義をまもる聖ゲオルギオス

英語名ジョージ(George)は，ギリシャ語名ゲオルギオス(Geōrgiós)が語源で，ギリシャ語gē(地)とérgon(働き)からなるこの名前の原義は「農夫」である．Ge-はgeometry(幾何学)のgeo-と同じものであり，-orgeはenergy(エネルギー)の-ergyと同じものである．ギリシャ神話の原初の神カオスがひとりで産んだ大地の女神ガイア(Gaia)は，ギリシャ語gēの詩語gaīaが名前として使われたものである．ギガンテス(Gigantes：ジャイアンツ)は，クロノスが金剛の鎌で切り取ったウラノスの男根の血が地に落ちて大地(ガイア)から生まれた巨人族であり，名前Gigantesはギリシャ語gēgenétēs(地の息子たち)から派生した．

聖ゲオルギオスはもっとも古い聖人伝説に登場する人物である．メソポタミアに古くからあった豊饒神話の神が，キリスト教徒によって殉教聖人化されたものと考えられる．シュメール神話には，太女神イナンナの愛を得ようとして競う牧人ドゥムジと農夫エンキムドゥの話がある．イナンナは，はじめは，メソポタミアの夏の乾燥期に湿潤をもたらす溝と水路をまもり畑を耕すエンキムドゥを愛するのであるが，結局はドゥムジを愛するようになる．しかし，心やさしく平和と友情を心から願うエンキムドゥは友人として婚礼に出席し，自分の畑の豊かな実りをイナンナとドゥムジに贈るのである．

ドゥムジとエンキムドゥは，シュメールに発しアッシリアで成立したとされる『ギルガメシュ叙事詩』においては，ギルガメシュ王とその好敵手であり友人でもある山男エンキドゥとして登場する．この2人にはレバノン杉をまもる怪物フンババを退治する話がある．フンババの叫び声は洪水であり，その口は火，その息は死である(矢島文夫訳)と記されている．レバノン杉は当時貴重な交易品であり，ソロモン神殿の築材としても用いられたものである．

聖ゲオルギウス崇拝の起源は，小アジアの東部カッパドキアであり，その東北に隣接するアルメニアやグルジア(Gurziya, Georgia)である．カッパドキアとは，今日のトルコの首都アンカラの南東部に広がる半砂漠地帯で，凝灰岩からなる岩山や峡谷の岩壁に中世初期から数多くの洞窟聖堂や洞窟修道院が発達し，色彩豊かなキリス

〈ギリシャ〉

ト教絵画や聖人伝説が生まれたところである．これらの地方は，メソポタミア北部に起こり，紀元前7世紀にはエジプトを含む全オリエントを支配したアッシリアの一部であった．その後はペルシャの支配を受けるが，紀元前4世紀にアレクサンドロス大王によって征服された．

アレクサンドロス大王の死後，カッパドキア，グルジア，そしてメソポタミア一帯には，マケドニアの将軍セレウコスが建設したセレウコス王朝系の王国が勢力をもった．その後セレウコス王朝はアンティオキアを都として今日のシリアはもちろん，イスラエル，レバノン，ヨルダン，小アジアを支配した大王国に発展し，ヘレニズム文化の花を咲かせた．運河と灌漑の神として崇拝された農夫エンキムドゥは，このヘレニズム文化の影響下でギリシャ語に翻訳されてゲオルギオス(Georgios)となるのである．

グルジアは，ギリシャ神話ではコルキスと呼ばれる土地で，イアソンが金羊毛を取りにアルゴー船で遠征して，火を吹く竜と戦うところである．ギリシャ神話には，また，海の怪獣と戦ってアンドロメダを助けるペルセウスの話がある．これらの神話にはフンババ退治の影響を見ることができ，それが地上の悪を退治する聖人伝へと発展していったものと考えられる．

〈竜と戦う聖ゲオルギウス〉（ラファエロ画）

† 十字軍に駆けつけた聖ゲオルギウス

『黄金伝説』の第56章によると，聖ゲオルギウス(Georgius, ?-303?)は，カッパドキア出身のローマ軍の騎士であり，ディオクレティアヌス帝の迫害のときにパレスティナのディオスポリスという地で殉教した．

豊饒神話に根ざし，ギリシャ神話を下敷きに発展したと考えられる伝説から，聖ゲオルギウスは，豊饒をもたらし，地上の悪から人間を守る正義の聖人として人びとに崇拝された．聖ゲオルギウス伝説は早くから西欧に伝えられ，フランク族を統一しメロヴィング王朝の開祖となったクロヴィスは，聖ゲオルギウスを同王朝の祖とした．

聖ゲオルギウスの伝説は時代とともにいろいろな逸話がつけ加えられた．『黄金伝

説』の「聖ゲオルギウス」はそれらを集成したものである．それによると，聖ゲオルギウスは，今日のトルコの西部リュディアのシレネを通っているとき，湖に住む竜に犠牲として捧げられる運命にある王女を見つけた．彼は，毒気を吐き住民を苦しめる竜を退治した．そして王をはじめ人びとをキリスト教に改宗させるのである．この話は11世紀ごろに加えられた伝説であるが，それは第一次十字軍の時代でもあった．この時代には，また，十字軍がシリアの首都アンティオキアの攻略に難渋しているとき，聖ゲオルギウスが，白い甲冑を身にまとい，白い馬に乗り，白地に赤の十字架を掲げて現われ，彼らを勝利に導いたという伝説が生まれた．

この伝説を西欧に伝えたのは，征服王ウィリアムの次男で，アンティオキア攻略で特に顕著な功績を上げたノルマンディーのロベールであるとされる．このエキゾティックな伝説を根拠に，十字軍の成功に熱狂するヨーロッパ人は，聖ゲオルギウスを理想の騎士として崇拝した．そして，第三次十字軍で華々しい活躍をしたリチャード獅子心王は，聖ジョージを自分の守護聖人と呼び，さらに，1222年にはオックスフォード宗教会議で聖ジョージはイングランドの守護聖人とされた．英国の国旗をユニオン・ジャックと呼ぶが，その中心を構成する白地に赤の十字はイングランドの表象で，the Cross of St. Georgeと呼ぶ．聖ジョージは今日ではボーイスカウトの守護聖人としても知られている．聖ゲオルク(Georg)は，ドイツ騎士団の守護聖人であり，ドイツの守護聖人である．

イギリスでは，ジョージの名が聖書中の名前ではなかったことから，クリスチャン・ネームとしては人気が出なかった．ところが，18世紀以来，ジョージ1世(George Ⅰ，在位1714-27)からジョージ4世(George Ⅳ，在位1820-30)まで，ドイツのハノーファー家出身の同名の国王が続いた．そして，その後もジョージ5世(George V，在位1910-36)，6世(George Ⅵ，在位1936-52)と，ジョージの名をもつ国王が出たこともあり，この名は長らくその人気を保っている．ジョージ6世はエリザベス2世の父君である．

アメリカのジョージア州のジョージアは，ジョージ2世(George Ⅱ，在位1727-60)にちなむ名前である．1733年にジョージ2世の特許状によって植民地として経営された．ジョージというと，私たちはアメリカ合衆国初代大統領ジョージ・ワシントン(George Washington, 1732-99)を連想するが，彼の名ジョージはジョージ2世にあやかってつけられたものである．アメリカ合衆国第41代大統領ジョージ・ブッシュ(在任1989-93)の本名はGeorge Herbert Walker Bushである．また，ホームラン王ベーブ・ルース(Babe Ruth, 1895-1948)の本名はジョージ・ハーマン・ルース(George Herman Ruth)である．

ヨルゴス(Yorgos)は現代ギリシャ語名であり，今日のギリシャではもっとも人気のある男性名である．イェルク(Jörg)，ギュルク(Gürg)はドイツ的である．ゴルゲン(Gorgen)やユルゲン(Jürgen)の-enは父称辞であるが，この父称辞は指小辞-genや-chenと混同されることが多い．ユルゲンス(Jürgens)の-sは所有格の-sである．この姓をもつ人物としては〈眼には眼を〉とか〈眼下の敵〉などで人気のあったドイツの俳優クルト・ユルゲンス(Curd Jürgens, 1915-)がよく知られている．ヨーウェンスン(Jørgensen)はデンマーク語の姓である．ホルヘ(Jorge)はスペイン語名，ジョルジュ(Jorge)はポルトガル語名，ジョルジ(Giorgi)はイタリア語名であり，ジーナ(Gina)はイタリア的女性名ジ

〈ギリシャ〉

ョルジーナ(Georgina, Giorgina)の短縮愛称形である．

† 春の喜びの神と融合したユーリイ

ギリシャ起源のゲオルギオス(Georgios)は，ロシアではゲオールギイ(Гео́ргий: Georgij)，エゴーリイ(Его́рий: Egorij)，グーリイ(Гу́рий: Gurij)，ユーリイ(Ю́рий: Yurij)などの変化形がある．これらの名前は聖職者ほどギリシャ語に近いゲオールギイが用いられ，世俗に近いほどユーリイなどが用いられたが，それぞれ互換的であった．フランクのシャルルマーニュに比せられるヤロスラーフ賢公の洗礼名は古教会スラヴ語でゲオールギイであり，平俗ロシア語でユーリイであった．彼はキエフにソフィア聖堂や聖ゲオールギイ修道院を建設して，修道院活動をロシアに根づかせたことから，ロシアにおける聖ゲオールギイ崇拝が盛んになった．

スラヴ民族の神話には，湖や川に住む水の悪霊が登場する．この水の霊は，奇怪な爪がある手足をもち，尻尾がある．そして顔は人間の顔であるが，まるで燃えている石炭のように赤い目をした怪物である．聖ゲオールギイはこの怪物を退治することによって，水を広く農民に解放するのである．解放された水は農地を潤し，豊作をもたらす．聖ゲオルギウスの殉教の日とされる4月23日を，スラヴ人たちは盛大に祝うが，この日は，復活祭に近いこともあり，特に春の到来，自然の再生，農耕の始まりを祝う祭りでもあった．ヤロスラーフ賢公のYaroslavのYaro-は春と喜びの神ヤリーロ(Yarilo)に由来するものである．ヤロスラーフとゲオールギイが結びついたところにスラヴの神話とキリスト教の融合を見ることができる．

ロシアにはユーリイ1世(Yurij Ⅰ，在位1155-57)からユーリイ3世(Yurij Ⅲ，

モスクワの創設者
ユーリイ・ドルゴルーキイ

在位1325-40)まで，3人の同名の大公が輩出した．ユーリイ1世はドルゴルーキイ(Dolgorukij：長手王)と呼ばれ，モスクワの発展の基を築いた人物である．ユーリイ3世はモスクワ朝ロシア創立者である．

人類最初の宇宙飛行士となり，「地球は青かった」という有名なことばを残したソ連のガガーリン(1934-68)のフルネームはYurij Alekseevich Gagarinである．なお，イェジー(Jerzy)はポーランド語名，イジー(Jiří)はチェコ語名である．ハンガリーではジェルジ(György)が一般的で，強い人気を保つ名前である．

ディオクレティアヌスに迫害された殉教聖女たち

キリスト教が誕生してまもない時代のネロ皇帝のキリスト教徒に対する迫害や，ディオクレティアヌス帝時代までのキリスト教迫害は，過酷をきわめ，数多くの殉教者

を生み，さまざまな殉教者伝説を生み出した．特に，汚れのない処女殉教者の伝説は，女性のならうべき模範として人びとの心に深くしみわたり，豊かな人物像を作り出した．処女殉教者たちは，特に，中世における女性の望ましい人間像の模範であり，人びとは，熱烈に処女殉教聖女の名前を好んだ．アレクサンドリアのカタリナ，アンティオキアのマルガレタ，殉教の地がアンティオキアともニコメディアともされるバルバラ，ローマのアグネスなどがもっとも崇拝された殉教聖女で，彼女たちは四大殉教聖女と呼ばれている．

キリストの花嫁アレクサンドリアのカタリナ

ラテン語名カタリナ（Katharina）やカテリナ（Katerina）は，307年にアレクサンドリアで殉教したとされる聖女アイカテリネ（Aikaterine）にあやかる名前である．『黄金伝説』の第166章「聖女カテリナ」によると，彼女はキリスト教を信じる聡明で容姿の優れた若い女性であった．裕福に暮らし，七学芸をよく学んでいた．18歳のときに皇帝に呼び出されてキリスト教について説き，国中の学者たちを論破して彼らをすべてキリスト教に改宗させた．それを見た皇帝は，怒りながらも，彼女の魅力に抗しきれず，彼女を妃にしようとする．アイカテリネが，即座に「自分はキリストの花嫁である」と断ると，皇帝は彼女を処刑せよと命じた．その処刑には突起のついた車輪が使われ，彼女はその車輪に縛られた．ところが奇跡が起こり，車輪が壊れると，最後には首をはねられて殉教するのである．アイカテリネの死体は天使たちによって20日間かかって，かつてモーセがヤハウェから十戒を得たシナイ連山に運ばれて葬られた．彼女の聖遺体からは病める人すべてを癒す不思議な香油が流れたとされる．

聖カテリナとこわれた車輪（エルナンド・ヤーニェス・デ・ラ・アルメディナ画）

そのシナイ山にはキリスト教の修道院としてはもっとも古いものの1つとされるカタリナ修道院が建てられ，キリスト教信仰の一大中心地となった．そして，その修道院をコンスタンティヌス大帝の母ヘレナが巡礼に訪れたという伝説が生まれ，6世紀に，コンスタンティノポリスにハギア・ソフィアを再建したユスティニアヌス1世（Justinianus I，在位527-578）の命によって聖堂が建てられた．以来，その地はビザンティン帝国およびその勢力圏から多くの巡礼を集める聖地となるのである．

カタリナの名前の語源については定説がない．聖カタリナがもっとも残酷な迫害を受けたという伝説から，ギリシャ語 *aikía*（拷問）が語源であるとする説がある．また，ギリシャ語名Aikaterineは，天上・地上・地下界の三界を支配するとされたギリ

〈ギリシャ〉

シャ神話の女神ヘカテ(Hecate)に由来する名前であろうともされる．ヘカテは，太陽や月に関係する女神であり，アポロやアルテミスの添え名として用いられ，後には特にアルテミスと同一視されるようになった．Hecateの語源はギリシャ語 *hēkatos* (far-darting：遠くへ跳んでゆく)から派生した *Hekátē* で，「はるか遠くから力をもつ者」と解釈され，その力とは月の光の力と考えられた．

ヘカテは，ヘシオドスの『神統紀』によると，ペルセウスと，レトの姉妹アステリア(Asteria〔原義：星からの〕)の間に生まれた娘で，天，大地，海に権能を保有する女神である．彼女は，心に叶うものに勝利をもたらし，裁判においては賢い貴族たちのそばに座し，両親に誉れをもたらし，大きな獲物をいとも容易にさずけるなど，勝利，富，名誉，生活技術，育児での成功，その他，あらゆる幸せを人間にもたらすとされた太女神である．アテネには，夜の間に自分の家をまもってくれるようにと神棚をつくり，ヘカテ像を安置する市民が多かった．カタリナは現代通俗ギリシャ語ではカテリナ(Κατερίνα: Katerina)である．

ローマ時代には，カタリナの名前は，ギリシャ語 *Aikaterínē* から，*Ecaterina* や *Katerina* と綴った．しかし，後にこの名前は，ギリシャ語カタルシス(*kátharsis*：浄化)の形容詞 *katharós* (純な，清らかな)が語源であると解釈されて，カタリナ(Katharina)と綴るようになった．それは，殉教伝説における聖女カタリナの処女性，純潔性，高い倫理性が強調されるにつれて生まれた変化であった．ギリシャ語の名詞カタルシスは，「身体から有害なものを取り出すこと」「宗教的な浄め」「倫理的な浄め」という意味に用いられた言葉であり，動詞 *kathaírein* (to make clean)は，「らい病を癒す」という意味にも用いられた言葉である．

†マリアに次ぐ聖女カタリナ

聖カタリナ崇拝が西方で盛んになったのは，聖像破壊運動をのがれて西方に移り住んだ修道士たちの影響によるものであった．10世紀ごろは，イタリアがその信仰の中心であったが，11世紀になると十字軍の影響でフランスにその信仰の中心が移り，聖カタリナ修道会が生まれた．そして，聖女カタリナは聖母マリアに次いで熱心に崇拝されるようになるのである．

聖女カタリナは天使的に描かれていることが多い．彼女は，また，冠をかぶり，イエスとの婚約指輪をはめた姿で描かれていることがある．それは，聖女カタリナが，神の御座のもっとも近くにはべり，神意を人びとに伝え，罪深い人びとの許しを神にとりなす天使的聖女であると考えられたからである．また，聖女カタリナが学芸に秀でていたという伝説から彼女は学問の守護聖人とされ，カタリナ像は書物を持っていることが多い．彼女の拷問が過酷をきわめ，突起がついた車輪が使われたという伝説によって，殉教を象徴的に意味する「キャサリンの車輪」(Catherine wheel)という表現が生まれた．Catherine wheel はケンブリッジ大学のキャサリン・ホールの紋章として有名である．聖女カタリナは，若い女性，牧師，看護婦のほかに，車大工，紡績，粉屋など車輪に関係する職人の守護聖人でもある．

実在の人物としてもカタリーナとかカテリーナの名をもつ多くの聖人や貴婦人，修道女が輩出した．イタリアでは，貧しい人びとの救済に献身しイエスとの神秘的婚姻関係を体験したとされ，多くの人から母と慕われたシエーナのカテリーナ(Caterina de Siena, 1347-80)がよく知られている．また，看護婦としてペストの流行の際にめ

125

ざましい働きをしたジェノヴァのカテリーナ(Catherina de Genova, 1447-1510)も有名である．北欧では，シエーナのカテリーナの友人で，スウェーデンの守護聖人ビルギッタと終生行動をともにし，ビルギッタの死後は同女子修道会を統率しながら巡礼と慈善の宗教生活をまっとうしたスウェーデンのカタリーナ(Katarina, 1331-81)がよく知られている．ドイツでは，マルティン・ルーテルの妻で，彼の仕事に大きく寄与したボーラのカタリーナ(Katharina von Bora, 1499-1552)などが特に有名である．これらの人物はそれぞれの地でカタリーナの名の人気を高めた．ボーラのカタリーナは，家計のやりくりが上手で，ルーテルの下で勉学に励む学生の面倒をよく見て，彼の仕事の本質的な部分でも影響力をもった女性であった．

† フランスへ嫁いだメジチ家のカテリーナ

ロレンツォ・デ・メジチの娘カテリーナ・デ・メジチ(Caterina de Medici, 1519-89)はルネッサンスの申し子というべき女性である．彼女は生まれてまもなく孤児になったが，高い教育を受け，フランス王アンリ2世(Henri II, 在位1547-59)に嫁いだ．それは世紀の結婚と言ってもいいほどで，彼女は華やかな宮廷で10人の子に恵まれ，国民からも大いに尊敬される存在であった．そして，1559年にアンリ2世が事故によって死亡すると，王位についた息子たちの摂政として活躍するようになり，ヨーロッパの中心的存在となった．

カトリーヌ・ドゥ・メディシス(Catherine de Médicis)の存在の大きさは彼女の子たちの地位や嫁ぎ先を見てもわかる．長男フランソワ(François II, 在位1559-60)はスコットランドの女王メアリーと結婚し，長女エリザベト(Elisabeth)は，スペイン最大の王とされるフェリペ2世と結婚，フランス王となった次男シャルル9世(Charles IX, 在位1560-74)はオーストリア王女エリーザベト(Elisabeth)と結婚し，三女マルグリットはフランス王アンリ4世(Henri IV, 在位1589-1610)に嫁いだ．カトリーヌとアンリ2世の墓所はサン・ドゥニ寺院にあるが，その墓はカトリーヌが作らせたものであり，長方形の聖堂になっている．それは歴代のフランス国王の墓所と比較してもひときわ見事なものである．

しかし，ヨーロッパ連合というべき国々の頂点に立って権勢をふるったカトリーヌ・ドゥ・メディシスは，悪女として後世に名を残すことになった．それは「聖バルテルミーの虐殺」と呼ばれる事件のためである．カトリーヌが摂政として権勢を振るった時代のフランスは，カルヴァン派のユグノーとカトリックの抗争の時代であり，凄惨な殺戮が行われた．そして，1572年8月24日の聖バルテルミーの祝日の朝，カトリック教徒が，カトリーヌの娘マルグリットと当時のナヴール公アンリの結婚の祝いにパリに集まっていたユグノーの家々に押し入り，2000人を虐殺するという事件が起こった．セーヌは血で赤く染まり，死体で埋まったと伝えられている．この事件を実行させたのがカトリーヌ・ドゥ・メディシスであるとされ，彼女はその悪名を後世に残すことになるのである．

† 時代に翻弄されたキャサリンたち

英語名キャサリン(Catherine)は，ルネサンスまではフランス的な名前としての響きがあった．それは，特に，ヘンリー5世(Henry V, 在位1413-22)がフランスの内乱に乗じて勝利を重ね，フランス側の講和の求めに応じてシャルル6世の末娘カトリーヌ・ドゥ・ヴァロア(Catherine de Valois, 1401-37)をめとったことが影響している．この結婚によってイギリスはヘン

〈ギリシャ〉

リー2世がエレアノールと支配していた領地に匹敵するほどの領地を回復した．そして，このふたりの間に生まれた子はフランス王を兼ねることが約束されていた．このことはまたシャルルマーニュのフランス王国に並ぶ大王国を支配することになることを意味するものであった．ところが，名君と讃えられたヘンリー5世が赤痢によって若死し，2人の間に生まれたヘンリーが1歳足らずで6世を名乗り，フランス王を兼ねた．21歳で皇太后となったキャサリンは「国王の母」と奉られて再婚を認められなかった．異国で寂しい生活を余儀なくされたキャサリンが内縁関係を結ぶのが納戸係秘書オーエン・テューダーで，2人の間に生まれたのが，テューダー王朝の創始者ヘンリー7世の父エドマンド・テューダーである．

キャサリンの名をもつ人物としては，また，ヘンリー8世の最初の妃であったアラゴンのキャサリン(Catherine of Aragon, 1485-1536)がよく知られている．彼女はヘンリーの兄アーサーのもとにスペインから嫁いだのであるが，アーサーが翌年突然に死亡したことから，弟ヘンリーと再婚することになった．そして，2人の男児を含む6人の子を産んだにもかかわらず，後に女王となったメアリーをのぞいては成人せず，男児の世継ぎを望むヘンリーに離縁された．当時イギリスは海上覇権をめぐってスペインと対立するようになり，ヨーロッパでは宗教改革が進行しつつあった．カトリックの守護者を自認する神聖ローマ帝国皇帝カール5世はスペイン王カルロス1世であり，ローマ教皇は当然この離縁に反対し，教皇とヘンリーとの対立がイギリスの宗教改革の契機になるのである．

なお，ヘンリー8世は次々と結局は6人の妃をもつことになるのであるが，5番目と6番目の妃の名もキャサリンであり，こ

アラゴンのキャサリン

のことはキャサリンが当時のイングランドで相当人気のあった名前であることを示すものである．

† ロシアのカーチャ，カテューシャ，カーテンカ

エカテリーナ(Екатерина: Ekaterina)はロシア語の女性名であり，カテリーナ(Катерина: Katerina)はその口語形である．エカテリーナの名は，特に，リトアニアの貧しい農民の娘マルタ(Martha)からピョートル大帝の2度目の皇后となり，大帝の死後女帝となったエカテリーナ1世(在位1725-27)と，ロシア絶対王政の黄金期を築いたエカテリーナ2世(在位1762-96)によってよく知られている．エカテリーナ2世はドイツ生まれで，その名をゾフィー・フレデリケ・アウグスタ(Sophie Frederike Augusta)といったが，ロシア皇太子ピョートルに嫁ぎ，正教徒となり，誉れ高いエカテリーナ1世にあやかってエカテリーナ・アレクセーヴナ(Ekaterina Alekseevna)と名乗った．

カテューシャ(Катюша: Katyusha)は，トルストイの『復活』の主人公の名としてわたしたちに親しみのある名前である．カテューシャの正式な名前はエカテリーナである．カテューシャという名の由来については，同作品の中に「この娘は，半ば小間使い，半ばお嬢さまふうのものにできあがった．名を呼ばれるにも，どっちつかずの呼び方をとって，カーティカ(Ка́тька: Kat'ka)でもなければカーテンカ(Ка́тенька: Katen'ka)でもなく，カテューシャと呼ばれた」(中村白葉訳)と書かれている．『カラマーゾフの兄弟』では長男ドミートリィを愛する名家の娘の愛称はカーチャ(Ка́тя: Katya)である．

† ドイツのケーテとキティ

カタリーナ(Katharina)はドイツ的な名前であり，カーテ(Kathe)，ケーテ(Käthe)やケートヒェン(Käthchen)，キティ(Kitty)はその愛称である．カトライン(Kathrein)は特に南部ドイツでよく使われている．ケーテ(Käthe)は，マルティン・ルーテルの妻カタリーナ(Katharina von Bora)の愛称として知られている．カタリーナ・フォン・ボーラは，シトー派の修道女であり，ルーテルはアウグスティノ修道院の修道士で司祭でもあった．聖職者の結婚が禁止されていた時代の結婚であり，ルーテルが42歳，カタリーナが27歳という年齢差なども重なって，いろいろと物議をかもした．しかし，ルーテルとの間に3人の息子と3人の娘をもうけ，数多い客のもてなしなどで出費がかさむ家計をきりもりし，さらにルーテルの宗教観にも大きな影響をおよぼしたとされ，理想的な妻として讃えられた．ルーテルも「私の主人ケーテ」と愛情を込めて彼女のことを呼んでいる．

ケーテは，また，古き良き時代の大学町ハイデルベルクを舞台にした青春劇〈アルト・ハイデルベルク〉に登場するケーテによって特に人気のある名前になった．彼女は学生酒場兼下宿屋に世話になっている娘で，その庶民的ではつらつとした可愛さは学生たちの憧れの的であり，彼らは「ハイデルベルクにおいてもっとも魅力のある，もっとも美しく，またもっとも貞節な女性」と彼女をもち上げている．

キティ(Kitty)は，『アンネの日記』においてアンネが語りかける日記帳の名前である．この日記帳はアンネが13歳の誕生日に両親から送られたものであった．何でも打ち明けられる友人として，その日記帳を親しみを込めてキティと呼んでいる．なお，カレン(Karen, Caren)やカリン(Karin, Carin)は北欧的変化形である．KarenやCarenはデンマーク語ではカーァンに近い発音になる．トリーネ(Trine)はデンマーク語的でありトリーナ(Trina)はスウェーデン語的である．

アンティオキアの殉教処女マルガレタ

『黄金伝説』の第88章「聖女マルガレタ」によると，マルガレ

マルティン・ルーテルと妻カタリーナ

〈ギリシャ〉

タは古代シリアの都アンティオキアのローマ総督に仕えていたとても美しい乙女であった．彼女は，純潔のために白く，へりくだっていたために小さく，まるで宝石のように光をはなち，奇跡によって病気を治す力をもっていた．そんなマルガレタはローマの総督に求婚されたが，異教徒である総督との結婚を断った．そのためにいろいろと迫害を受け，しまいには竜に呑み込まれてしまう．ところが彼女はその竜の腹を割いて無傷で出て来るのである．

マルガレタ（Margareta）の語源は，ペルシャ語であるとか，ヘブライ語であるとかの諸説がある．真珠は，アレクサンドロス大王の東方遠征以後地中海世界に知られるようになったもので，ペルシャあるいはインドから持ち帰られたものとされる．ペルシャには，真珠はカキのなかで作られるもので，カキが夜中に月を見るためにその寝床から起き上がり，その貝のなかに露のしずくを捕らえると，その露が月光によって真珠になる，という伝説があった．しかし，伝統的にはギリシャ語 margarítēs（真珠）に由来するものであると考えられてきた．古来，乳白色の美しい真珠は，清浄の象徴とされ，不浄なものを純化し，救済をもたらすものとされた．キリスト教では，真珠は処女懐胎の象徴ともされ，マリアの胎内のイエスを象徴するものであった．「ヨハネの黙示録」の第21章は，新しいエルサレム，すなわち，神の国の描写であるが，神の国の12の門は，それぞれ，1個の真珠からできていると書かれている（「黙」21.21）．

† 海から生まれたウェヌスの化身マリーナ

聖マルガレタは，聖マリーナ（Marina）や聖ペラギア（Pelagia）の名前でも崇拝された．Marinaはラテン語 mare（sea：海）から派生した形容詞 marīnus（of the sea）の女性形 marīna が名前となったものである．Pelagiaはギリシャ語 pelágios（of the sea）の女性形が固有名詞化したものである．マリーナは，本来，愛と性の女神アプロディテと関係づけられアプロディテ・マリーナ（Aphrodite Marina）と呼ばれており，マルガレタは根源的には海から生まれた太母神アプロディテに近い存在であった．ヘシオドスの『神統記』によるとアプロディテは「海の泡から生まれた女」という意味である．ボッティチェリの絵画〈ヴィーナスの誕生〉では海から真珠貝に乗って生まれてくるウェヌスが描かれている．

ウェヌスは本来豊饒の女神であり，性的な存在である．『黄金伝説』第144章「聖女ペラギア」には邪淫の海で泳ぐようなふしだらな生活をし，虚飾の真珠を身につけてマルガリタとあだ名される美しい女性ペラギアが登場する．このペラギアは性的なウェヌスそのものである．このペラギアが聖なる司祭のみちびきで回心し，ペラギオスという名で神に仕えるようになり，禁欲をきびしく守って修道士として生活するのである．ここにギリシャ的アプロディテ，ローマのウェヌスがキリスト教的に浄化されていく過程を見ることができる．

† イシュトヴァーンの孫娘マーガレット

マーガレット（Margaret）の名は，英語圏ではアングロ・サクソン時代のイギリスにすでに存在していた．そして，特に，スコットランドのマルコム3世（Malcom III，在位1058-93）の王妃聖マーガレットにあやかる名前として伝統的な名前となった．聖マーガレットは，アルフレッド大王の血を引く，ウェセックス王エドマンド2世（Edmund II，在位1016，4月-11月）の子エドワードと，ハンガリー王聖イシュトヴァーンの娘アガサ（Agatha）との間に生まれた．父エドワードがクヌートに導かれ

たデーン人の侵入をのがれてハンガリーのイシュトヴァーンのもとに身をあずけている間に，ハンガリーで生まれたのである．

アルフレッド大王は，ローマ教会の西の砦となった人物であり，イシュトヴァーンは東の砦となった人物であった．当然のことながら，マーガレットは敬虔なキリスト教徒であった．彼女は，イングランドより文化程度が低かったスコットランドにキリスト教を普及し，多くの教会を建てた．その功績によって列聖され，マーガレットの名は，以後，スコットランドはもちろん，イングランドでも，北欧や大陸でも人気のある名前となるのである．

イングランド的なマーガレットに対して，スコットランドではマージェリー（Margery）やマージョリー（Marjorie）が一般的であった．ラテン語名 *Margarita* は古フランス語では *Margaret* や *Margerie* などと変化したが，Margerie はフランスの影響が強かったスコットランドで用いられていたもので，口語的で庶民的な響きのある名前である．スコットランドがフランス語の影響を特に強く受けたのは，イングランドが常に北進の機会を狙いスコットランドと緊張関係が続いていたので，そのイングランドを牽制するためにスコットランドが伝統的にフランスと友好関係を保っていたからである．ロバート1世（Robert I，在位1306-29）と王妃イザベル（Isabelle）の間に生まれた王女がマージョリーで，このマージョリーとステュアート家の8代目ウォルターとの間に生まれたのが，ステュアート王家の創設者となったロバート2世（Robert II，1371-90）である．

† 赤いバラの女王マーガレット

イギリス王家では，マーガレットはもっとも伝統的な女性名で，この名をもつ王妃や王女が多い．歴史的には，特にアンジュー家のマーガレット（Margaret of Anjou, 1430-82）が有名である．百年戦争が，ジャンヌ・ダルクの活躍によって，イギリスに不利に進んでいたヘンリー6世（Henry VI，在位1422-61，70-71）の治世に，イギリスはフランス王家との婚姻によってフランスとの休戦を画策した．その政略結婚の相手として白羽の矢を立てられたのが，シャルル7世の妃マリー（Marie）の姪アンジュー家のマルグリット（Marguerite）である．

15歳でイギリス王に嫁いでマーガレットと呼ばれた彼女は，結婚してまもなく，夫ヘンリーに代わって重要な決定ができるようになり，頭がよくて気も強く，政略にたけた女性であることを人びとに見せつけた．そして，無能で精神異常をきたした夫ヘンリー6世に代わって，ランカスター家をひきいてバラ戦争（Wars of the Roses, 1455-85）を戦うことになるのである．王妃マーガレットは，「赤いバラの女王」と呼ばれ，しばしば白いバラを戴くヨーク家を窮地に追い込んだ．しかし，結局は敗北し，王位はヨーク家に移る．残忍な処刑を科したことでも知られるが，乱世を生きた女傑であった．

王妃マーガレットは，シェイクスピアの『ヘンリー六世』や『リチャード三世』に登場し，策略家ぶり，冷酷ぶりがよく描かれている．シェイクスピアの最長の史劇『ヘンリー六世』は柔弱なヘンリー6世の下での権力争いから発展したバラ戦争での陰謀や策略に躍る人間模様を描いたもので，王妃マーガレットはその戦いの動因となる人物である．第2部では，宿敵ヨーク公に「血の汚点のついたナポリの宿無し女，イングランドに血を流させる災厄の鞭め！」と言わせている．ヨーク公はまた，第3部では，「幼子の生き血をしぼりとったそのハンカチでその父親に目をぬぐえと命ずるとは，

それでよく女の面をぶらさげていられるものだ!」(小田島雄志訳)とマーガレットをのしっている.

今日, マーガレットと言えば, 英国初の女性首相としてその地位を10年以上にもわたって維持したマーガレット・サッチャー (Margaret Hilda Thatcher, 在任1979-90) が有名である.「鉄の女」とも呼ばれる彼女の徹底した保守主義はイギリス経済を復活させ, 国民の信頼を得た. その知的な美貌は彼女の鋭い言葉をより魅力的なものにしていた.

†ノートルダムと聖ルイ王妃マルグリット

マルグリット (Marguerite) はフランス語名である. この名をもつ人物としては, 特に, カペー王朝の聖王ルイ9世の妃マルグリット (Marguerite, 1221-95) がよく知られている. 彼女はプロヴァンス公のレイモン4世の長女であった. 才気のある女性であり, ルイ9世の政策や戦略のよき相談相手であった. 夫ルイ9世とともに十字軍に参加し, ナイル河口のダミエッタという町を占領した. その後夫とその軍隊が上流のカイロに遠征している間には, 産後間もなかったにもかかわらずダミエッタの指揮を取り, 彼女の存在は騎士たちの戦意を大いに高揚させた. 生存中から聖王と讃えられたルイ9世の妃として英雄的活躍をしたマルグリットは, 中世の理想的な貴婦人と讃えられ, 詩人たちも彼女を讃え, 彼女への尊敬と愛をうたった.

マルグリットは, スコットランド王家との姻戚関係を通じてヴァロア家の伝統的な名前になった. ジャンヌ・ダルクが仕えたシャルル7世の王太子ルイが結婚したのがスコットランドのマルグリットであった.

また, アンリ2世とカトリーヌ・ドゥ・メディシスの娘でアンリ4世妃となったマルグリット・ドゥ・ヴァロア (Marguerite de Valois, 1553-1615) なども歴史に名を残している.

マルグリット・ドゥ・ヴァロアは, マルゴ (Margot) の愛称で呼ばれた. 彼女は, 若いときからいろいろな浮き名を流した女性であったが, 結局はカトリックとユグノーとの和解のためにプロテスタントのナヴァール公, すなわち, 後のアンリ4世 (Henri IV, 在位1589-1610) と愛のない結婚をする. その結婚の祝いに集まったプロテスタント側の貴族たちが聖バルテルミーの祝日の虐殺の犠牲になるのである.

マルグリット・ドゥ・ヴァロアの生涯については, アレクサンドル・デュマの歴史小説『王妃マルゴ』によく描かれている. デュマが描いたマルゴは, 政争の具にされながら, 真実の愛を求め, 信義を貫こうとする芯の強い魅力的な女性に成長する. この物語は, 1995年に映画化されて話題になった.

マルグリットは, また, *La Dame aux Camelias* (『椿姫』) の主人公マルグリット・ゴーチェ (Marguerite Gautier) の名前としてよく知られている. 彼女は下層階級の出身であり, 貧困の苦悩から抜け出すために, 貴族相手の高級娼婦となる. 椿の花を好んだことから椿姫とあだ名されたマルグリットは, ウェヌス的魅力をもち, フローラのような生活をしているが,「真珠」のような心の純粋さを失わない女性である. 彼女は, 純朴な青年アルマンの愛を知ってからは献身的にその愛に生きる. そして, アルマンの父親に反対されると, アルマンとその家族のために身を引き, やがて, 持病の結核で死んでいくのである. 主人公マルグリットは, マグダラのマリアのように,「娼婦」でありながら, 純粋な愛に目覚めたがゆえに, 許されて, 神にも人びとにも深く愛される女性となった. デュマの息子アレクサンドル・デュマ・フィス (Alexandre

Dumas fils, 1824-95)のこの作品は当時一世を風靡し, 主人公マルグリットの名も深く人びとの心に残る名となるのである.

† グレタ・ガルボの微笑

マルグレーテ(Margrete)やマルガレータ(Margareta)は, 北欧で非常に人気がある名前である. それはスコットランドの聖マーガレットの影響にもよるが, 特に, ノルウェー, スウェーデン, デンマークの3国連合カルマル同盟(1397年)の結成に中心的働きをしたマルグレーテ(Margrete, 1353-1412)に負うところが大きい. マルグレーテは, デンマーク王ヴァルデマル4世の娘として生まれ, カルマル同盟を結成した人物で, 名目上は女王ではなかったが, 事実上の女王として君臨した女傑であった. この同盟関係は1523年に, グスタフ・ヴァーサー(Gustav Eriksson Vasa, 在位1523-60)がスウェーデン王になるまで続いた.

グレーテ(Grete)やグレタ(Greta)は, マルグレーテやマルガレータの短縮形である. グレタの名をもつ人物として特によく知られている人物に, 往年の映画女優グレタ・ガルボ(Greta Garbo, 1905-95)がいる. 彼女の出身はスウェーデンで, 本名はグレタ・ルイーサ・グスタフソン(Greta Louisa Gustafsson)である. 彼女の微笑は, 神秘な魅力をたたえ, 北欧のスフィンクスと呼ばれた. なお, ガルボ(Garbo)はイタリア語の名前であり, その意味は「優雅さ」である.

† 庶民的なグレートヘンとグレーテル

グレートヘン(Gretchen)やグレーテル(Gretel)は, ドイツ語名マルガレーテ(Margarete)の愛称である. グレートヘンは, 特に, ゲーテの『ファウスト』に登場する, 輝く頬と赤い唇をもつ美しく純情清楚な娘マルガレーテの愛称である. グレートヘンは庶民的で, 教育はないが, ファウストに真の愛を捧げる女性である. しかし, 彼女はファウストの愛を得るために母を誤って殺し, ファウストとの間に生まれたわが子をも殺すはめになる. そして, 耐えがたい罪の意識に苛まれ, 最後には神の裁きに身を委ねて処刑を受け入れるのである.

グレーテルは, グリム童話の「ヘンゼルとグレーテル」("Hänsel unt Gretel")によってわたしたちにも親しみ深い. 彼女は, 人間らしい食べ物をろくに口にできないほど貧しい木こりの娘で, 兄のヘンゼルとともに森に捨てられてしまう. しかし, 兄ヘンゼルは, 神を信じ, 希望を失わずに妹グレーテルを励ます. 一方グレーテルは兄を信じ, 神を信じる賢い少女で, 彼女の知恵で魔女のわなをのがれ, 魔女から奪ったたくさんの宝石を持って父親のもとに帰り, 幸せに暮らすのである.

このように, グレートヘンもグレーテルももっとも庶民的で, 苦しい生活のなかでも謙遜な心をもち, 神への信頼を失わない女性として描かれている. このグレートヘンやグレーテルのイメージは, 安産の守護聖人として, 貧しい農民を中心に信仰された聖マルガレーテの姿を投影するものである. ラテン語で書かれた『黄金伝説』では, 聖マルガレタは, 竜に呑まれながらもその竜の腹を割いて無事に出て来たと伝えられている. この伝説から, 聖マルガレタは, 迫害にまけずに純潔を守り, 真珠のように美しい生き方をする女性としてイメージされた. 「ヘンゼルとグレーテル」のグレーテルのイメージは, メーテルリンクの『青い鳥』におけるチルチルとミチルの, ミチルのイメージにも引き継がれている.

† メッグとペッグとデイジー

英語名マーガレット(Margaret)の愛称

〈ギリシャ〉

には，マッジ(Madge)，メッグ(Meg)，メーガン(Megan)，ペッグ(Peg)などがある．マッジ(Madge)は，テネシー・ウィリアムの The Street Car Named Desire(『欲望という名の電車』)の主人公の名として私たちにも親しみ深い．彼女は南部の没落地主の生まれで，繊細で美しく，プライドの高い女性である．しかし，現実社会の嵐のなかで次第に現実から遊離していく悲しい女性である．

ペッグ(Peg)は，メッグ(Meg)から Meg-Peg のようなリズミカルな愛称が生まれ，Peg が独立して名前となったものである．Peg から，さらに，ペギー(Peggie)という愛称も生まれた．このような愛称のでき方は，Mary の愛称 Molly から Molly-Polly が生まれてポリー(Polly)が独立したのとよく似ている．『風と共に去りぬ』の作者マーガレット・ミッチェル(Margaret Manarin Mitchell, 1900-49)は，学生時代に Peg という愛称で呼ばれるようになり，自分の手紙にも Peg と署名している．

デイジー(Daisy)もマーガレットの愛称と考えてもよい名前である．花の名前 daisy(ひな菊)は，19世紀になって女性の名前として使われるようになった．英語の言葉 daisy には，古くから「太陽」(day's eye)という意味があった．しかし，ラテン語 margarīta(pearl)からフランス語化した marguerite が，次第に「ひな菊」を意味する言葉として使われるようになったことから，英語圏でもデイジーがマーガレットの愛称として意識されるようになった．

ニコメディアの殉教聖女バルバラ

バルバラ(Barbara)は，ニコメデアの処女殉教者聖バルバラ(Barbara, 238?-306?)にあやかる名前としてよく使われるようになった．伝説によると，バルバラは裕福な地主であり貿易商も営む家に生まれた美しい娘であった．当然，結婚の申し込みも多かったが，そのすべてを断り，父親の反対にもかかわらずキリスト教徒になった．怒った父親は彼女を官憲に渡した．その官憲はバルバラを裸にして鞭で打ったが，神は彼女のまわりに白い雲を送り彼女をまもった．しかし，バルバラは，遂には父の剣によって殉教した．その直後，彼女の父も雷に打たれて焼け死んだとされる．

虚栄を排し世俗的な快楽を排して毅然と生きる聖女バルバラの生き方は，中世の修道女のモデルとして好まれ，人びとの信仰を集めた．彼女の祝日が12月4日であり，この時期に雪が多いと次の年には豊かな実りに恵まれることから，雪を「白衣のバルバラ」として歓迎し，聖バルバラの祝日には豊作を祈った．さらに，伝説によると，聖バルバラは，松明を押しつけられるとか，鉄の槌で頭をたたかれるとか，胸を剣で刺し抜かれるなど，いろいろな拷問を受けるのであるが，彼女は少しも傷つかなかった．このような伝説から，聖バルバラは中世になって雷に打たれたり鉱山の落盤などによる不慮の死から人びとを守る救難聖人として崇拝され，その信仰は聖ゲオルギウスや聖クリストフォルスに並ぶものであった．

Barbara は，ギリシャ語 *bárbaros* (strange, foreign, barbarous)が語源である．このギリシャ語は英語の baby と同族の言葉であり，起源は「舌足らず，口ごもること」という意味の擬音語で，意味のわからない言葉を話す外国人を指した言葉である．ギリシャ人にとっては，特にローマ人を意味する言葉でもあった．このギリシャ語 *bárbaros* は，北アフリカのエジプトの西から大西洋岸に至る地域の名バーバリー(Barbary)の語源でもあり，この地名の原義は「外国」である．

英語の名前バーバラ(Barbara)の変化形

133

としては，バーブラ(Barbra)，バービー(Barbie)，バブ(Bab)，バベット(Babette)などがある．Barbaraの名を持つ人物には，第41代アメリカ合衆国大統領ジョージ・ブッシュのファーストレディ，バーバラ・ブッシュ(Barbara Pierce Bush, 1925-)や，アメリカのニュースキャスターであり名インタヴューアーでもあるバーバラ・ウォーターズ(Barbara Walters, 1931-)がいる．ブッシュ大統領夫人バーバラは，アメリカの伝統的な賢婦人として家庭を守って主人を支える主婦の理想像として尊敬された．バーブラの名をもつ人物には映画〈ファニー・ガール〉，〈ハロー・ドーリー〉，〈追憶〉などでよく知られるバーブラ・ストライサンド(Barbra Streisand, 1942-)がいる．

ローマの殉教聖女アグネス

アグネス(Agnes)は，ディオクレティアヌスの迫害によって殉教した聖女アグネスにあやかる名前として人気があった．『黄金伝説』によると，アグネスは敬虔で，慈悲深く，思慮深い，聡明な乙女であった．彼女は，ローマの長官の息子に言い寄られるが，神に仕える身であると拒否した．そのためにキリスト教徒であることが露顕し，裸にされてローマ市中を引き回された．しかし，髪が伸びて全身を覆うという奇跡が起こるのである．

Agnesは，ギリシャ語 $hagnós$ ($άγνός$：聖なる，純な，貞節な)が語源の名前である．$hagnós$ の女性形 $hagnē̄$ ($άγνη$)が名前となり，ラテン語 $Agnēs$ を経てヨーロッパ中に広がった．ギリシャ語における滞気音H-は平俗ラテン語では脱落し，さらに-g-が-n-に同化してローマ時代から名前Agnesはアニェスと発音された．その関係でAgnesはAnnesと綴ることが多く，フランス語では語尾の-sを発音しなかったことから，古くからアン(Anne)と混同されるようになり，次第にAgnesそのものは使われなくなった．-g-の復活は近代になってからのことで，アグネスの名は，19世紀のスコットランドで人気が復活した．今日ではアンの人気が高く，アグネスは古い名前という印象がある．

アグネスについては，また，ラテン語 $agnus$ (子羊)の女性形 $agna$ (雌子羊)と関係づけられる．「ヨハネによる福音書」第1章第29節の「世の罪を取り除く神の子羊を見よ」という洗礼者ヨハネの言葉を根拠に，ラテン語でイエス・キリストのことをAgnus Dei(神の子羊)と言った．このようにAgnusがイエスの象徴と考えられるようになり，さらに，その女性形Agnaは「聖なる雌子羊」を意味するようになった．白い子羊は聖アグネスの表象であり，それは，また，特に謙虚を象徴するものでもあった．

聖アグネスは，聖クララ(Clara)の妹としても知られている．有島武郎の『クララの出家』では「クララを姉とも親とも慕う無邪気で，素直な，天使のように浄らかなアグネス」と記され，また「クララの光の髪，アグネスの光の眼」と人びとがいうほどアグネスは無類の潤いをもった大きな眼をしていたと書かれている．

アニェス(Agnes)の名は，ドイツ圏では11世紀にかなり流行したとみえ，シュヴァーベン大公フリードリヒ1世(Friedrich I)も同2世もアニェスという名の女性と結婚している．ギリシャ語的，あるいはラテン語的起源のアニェスは，ルネサンス期のイギリスでは，ジョーン(Joan)やエリザベスについで人気のある女性名となった．アグネスの愛称としてはアギー(Aggie)，ネス(Ness)やネッシー(Nessie)がある．

〈ギリシャ〉

子羊を抱くアグネス(エル・グレコ画)

神の贈り物テオドロス とドロテア

今日でも,子どものことを神からのさずかりものと言ってその誕生を喜ぶ.信心深い古代人はわが子の誕生を神に願い,その願いが叶ったときには,しばしば,その愛し子を神に捧げることを誓った.ヘブライ人のあいだでもその伝統は強く,アブラハムが神の恵みによって生まれた愛し子イサクを神に捧げようとする話,アンナが年老いてから恵まれたわが子サムエルを神に捧げると誓う話をはじめ,同じような記述を数多く旧約聖書にみることができる.子どもを神からの賜わり物と考えるのは古代ギリシャ世界においても同じことで,男子名テオドロス(Theodoros),女性名テオドラ(Theodora)やドロテア(Dorothea)などに,その典型を見ることができる.

カッパドキアのテオドロス

英語名セオドア(Theodore)は,ギリシャ語 theós(神)と dōron(贈り物)からなるテオドロス(Theódōros)が語源で,その原義は「神の贈り物」である.ギリシャ語 theós は,ラテン語起源の英語の言葉 feast(祝宴),festival(祭り),fane(神殿),fanatic(狂信者,熱狂的な愛好者)などと同族の言葉である.デルポイのアポロの神殿の巫女はピュティア(Pythia)と呼ばれ,Pythian は「熱狂した人」という意味に使われる.神の霊が巫女をとらえると,その巫女は恍惚状態となり,狂乱状態になって神官にしかわからない神の言葉を発すると考えられていた.

ギリシャ語 theós については,歴史の父と呼ばれるヘロドトスが,『歴史』の第2巻第52章で「(ペラスゴイ人)がこれらを神々($\theta\varepsilon o\acute{u}s$: theoús)と呼んだのは,それが万

135

象を秩序付け（κόσμῳ θέντεs: kósmō thêntes），その権能に従って万物を配分し掌握していると考えたからにほかならない」（松平千秋訳）と述べている．theoúsはtheósの複数対格形である．ヘロドトスの語源説は，theósと，掟の女神テミス（Themis）の語源tithênai（to put, place）が同系の言葉であると解釈した民間語源説と言うべきものである．しかし，古代ギリシャ人が一般的に理解していた語源説でもあった．ヘロドトスが言う「万象の秩序付け」をする最高神はゼウスであるので，Theodoreの原義は「ゼウスの贈り物」と解釈されていたとも考えられる．

テオドロス（Theodoros）は，ギリシャのもっとも伝統的な名前の1つであり，ヘロドトスの兄弟にもテオドロスという名の人物がいた．この名は，ヘレニズム文化圏でよく用いられていて，プルタルコスの「アレクサンドロス伝」にも，2人の美少年を売ろうとするタラス人としてこの名をもつ人物が登場する．

テオドロスは，キリスト教徒の間で新しい意味をもって使われるようになった．それには，特に，ディオクレティアヌス帝の大迫害によって殉教した聖テオドロス（?-303?）の影響が大きい．『黄金伝説』第158章によると，聖テオドロスはダーダネルス海峡とボスポラス海峡の間にあるマルマラ地方の出身で，ローマ軍の新兵であった．彼は大母神キュベレの像に供物を捧げることを拒否したことで，木に吊るされ，鉄の釘で脇腹を刺され，肉を引き裂かれて，火に投げ込まれた．しかし，奇跡が起こり彼は少しも焼けなかった．この話はニッサのグレゴリオスの説教によって伝わるもので，カッパドキアの修道院には聖ゲオルギオスとともに竜を退治しているテオドロスの壁画が描かれている．

ロシアの聖人フェオドーシイ

ギリシャ文字Θの音価は，古典期には気息をともなう[t]で，TheodorosのTh-は古典ギリシャ語では[tʰ]で，コイネーでは歯舌音[θ]へと変化した．この音は唇歯音[f]に近い発音でもあった．そこでギリシャ文字Θの文字をもたないロシア語では[f]の音価をもつキリル文字Фを当てた．このようにして，ギリシャ語名Θεόδωρος（Theodoros）は，教会スラヴ語ではフェードル（Феодор: Feodor）となり，ロシア語ではフョードル（Фёдор: Fyodor）となった．また，ギリシャ語名Theodosiosはフェオドーシイ（Феодосий: Feodosij）と変化した．フョードルは『罪と罰』や『カラマーゾフの兄弟』などで知られるドストエフスキー（Fyodor Mihailovich Dostoevskij, 1821-81）の名前として私たちにも親しみがある．『カラマーゾフの兄弟』では兄弟の父親の名前として使われている．

ロシア語名フェオドーシイの名は，ロシア修道院の祖と呼ばれる聖フェオドーシイ（Feodosij, 1008-74）にあやかる名前として人気がでた．聖フェオドーシイは，聖アントーニイの弟子で，師とともにキエフに初めて本格的な修道院を設立して，師を継いでペチョラ修道院の院長になった．そして20年余り，厳しい節制によって身を清め，涙しながら心よりの祈禱に明け暮れたとされる．その涙は罪人たちを哀れむ涙であり，フェオドーシイの涙によって，人びとは彼が神にとりなしてくれると感じ，感謝したのである．フェオドーシイは，また，修道院の規範を整えるとともに，社会奉仕活動を教会に持ち込み，後の人びとからはロシアの聖フランシスコと呼ばれるほどに敬愛された人物である．

〈ギリシャ〉

セオドア，テディ，テューダー

　英語名セオドア(Theodore)は，イングランドにおいては，第7代カンタベリー大司教を務めた聖テオドロス(Theodoros, 在位668-690)によって広く知られるようになった．彼はギリシャ生まれで，ナポリの修道院長の職にあったが，カンタベリー大司教に推挙され，赴任した．そして，アイルランドの影響が強かったイングランドのキリスト教をローマ・カトリックに統一することに功績を上げるのである．

　セオドアは，私たちにはアメリカ合衆国第26代大統領セオドア・ルーズヴェルト(Theodore Roosevelt, 在任1901-09)を連想する名前である．彼は，外向的でスポーツ好きなイメージで国民に愛され，いろいろな逸話を残し，テディ(Teddy)の愛称で親しまれた．テディ・ベア(teddy bear)は，狩猟好きなルーズヴェルトの愛称から生まれた言葉である．ルーズヴェルトが狩猟しているときに，親を失った子熊が現われ，可哀相に思った大統領がその子熊を逃してやったという話が報道された．そしてまもなくその逸話がマンガになり，さらに，そのマンガからぬいぐるみの熊を作った玩具会社が現われた．そのぬいぐるみの熊が国中で大売れに売れ，それ以来，テディ・ベアはぬいぐるみの熊を意味するようになるのである．

　ヘンリー7世，ヘンリー8世，メアリー1世，エリザベス1世と続いたテューダー王朝のテューダー(Tudor)は，セオドア(Theodore)のウェールズ語的変化形である．テューダー家は13世紀にさかのぼるとされるが，同家が歴史に登場するのは，ヘンリー5世とヘンリー6世に仕えた冒険的騎士と言うべきオーウェン・テューダー(Owen Tudor, 1400?-61)の時代である．彼は，ヘンリー5世の未亡人でヴァロア家

セオドア・ルーズヴェルト

出身のキャサリンとの間にヘンリー7世の父をもうけ，血筋においてもヨーロッパの王家と関係をもつようになった．

　『イギリス国民の教会史』によると，カンタベリー大司教セオドアは，リンディスファーンで修道士として修行したウェールズ出身のチャド(Chad)をマーシアの司教に任命したが，チャドの信仰深い兄弟がオーウェン(Owen)だった．彼はケルト系の土地保有自由民であり，イースト・アングリア王家の執事であったが，信仰に目覚めて，すべての財産をなげうってチャドの下で修道に励んだ．

　オーウェンの名は，テューダー家の創始者とも言えるオーウェン・テューダーに見ることができるが，このフルネームはウェールズでのキリスト教の普及につくしたオーウェンとオーウェンの師というべき聖セオドアの名を組み合わせたものであるといえる．このように，ウェールズのキリスト教化にゆかりのある聖セオドアのウェールズ的変化形が人気のある名前になった．なお，Owenの語源についてはさだかではないが，古くからギリシャ語起源のラテン語名*Eugenes*(Eugene〔原義：well-born〕)と同一視されてきた．

プロイセンの守護聖女ドロテーア

　男性名テオドロスの女性形はテオドラ(Theodora)であるが，この名の第1要素と第2要素を入れ換えた女性名ドロテア(Dorothea)もヘレニズム文化圏でよく使われた．ドロテアの名は，特に，ヒエロニムスが伝えるカッパドキアの聖女ドロテア(Dorothea, ?-305)にあやかる名前として西欧に伝わった．ヒエロニムスによると，ドロテアは，カッパドキアのカエサレアの身分も高く徳もすぐれた若くて美しい女性であったが，ディオクレティアヌスの大迫害の時代に偶像崇拝を拒否して殉教した．ドロテアは，刑場に向かう途中で若い法律家に，楽園の果物を贈ってくれとからかわれた．彼女が処刑直前に神に祈ると天使が現われて，そのからかった若者に3つのリンゴと3本のバラを与えた．

　聖女ドロテアは，イタリアやドイツを中心に，西ヨーロッパで崇拝された．特に，14世紀のプロイセンで，熱心に崇拝されたドロテア(Dorothea von Montau, 1347-94)にあやかってこの名がよく使われた．聖ドロテアは，9人の子の母になったが，夫の死後は修道女になった．彼女は病気と普段の迫害にたえながら厳しい禁欲的修道の道を貫いてもっとも高い霊性に達した女性であった．そして，その声望は近隣に広がり，身分の高い人から低い人たちまでがさまざまな助言を受けに彼女を訪れた．やがて，ドロテアはプロイセンの守護聖女として崇拝されるようになり，プロイセンや隣接する低地ザクセン地方にもこの名前が広がるのである．

　低地ザクセンを中心に勢力をもっていたハノーファー家でも伝統的にドロテアは人気のある名前であった．特に有名なのが，ハノーファー家の当主ゲオルク・ルートヴィヒ(Georg Ludwig)の妃ゾフィア・ドロテーア(Sophia Dorothea, 1666-1726)である．ゲオルク・ルートヴィヒは後のイギリス王ジョージ1世である．ゾフィア・ドロテーアは，絶世の美女とうたわれたが，夫には顧みられなかった．そのためか，ハノーファーの守備隊長と情を通じ，それが発覚すると，死ぬまで32年間も幽閉生活を強いられ，人びとの同情を集めた．

　そのゾフィア・ドロテーアには2人の子どもがあった．1人は後のイギリス王ジョージ2世であり，もう1人は彼女と同じ名前のゾフィア・ドロテーアである．このゾフィア・ドロテーアは，プロイセン王フリードリヒ・ヴィルヘルム1世(Friedrich Wilhelm I, 在位1713-40)の妃になり，フリードリヒ大王(Friedrich II, 在位1740-86)の母となった．フリードリヒ2世は，マリア・テレジアと対抗し，プロイセンをヨーロッパの強国に仕立て上げた人物である．そして，彼の下で勢力を蓄えたプロイセンは，次第にドイツ統一の中核となっていくのである．

　このような関係で，ドロテーアは非常に人気の高い名前となり，18世紀から19世紀の民族主義的風潮のなかで，ドロテーアはさらに人気の高い名前となった．それにはゲーテの恋愛叙事詩『ヘルマンとドロテーア』に負うところが大きい．この物語は，1731年にザルツブルクを追われて難民となったプロテスタントたちのなかにいた少女に題材を得たものであるが，フランス革命後のナポレオン戦争で旧来の秩序が破壊されて乱れたドイツ社会において，古き良き時代のドイツ人の平和な生活への強いノスタルジアを感じさせるとともに，フランス革命によって刺激されたあたらしい市民的価値観に基づくドイツの復興の希望の光となったものである．

　ドロテーアは難民であるが，由緒ある家の生まれであり，健康で頭が良く，凛とし

〈ギリシャ〉

て愛らしい娘である．彼女は，貧しく苦しいなかでも困っている人たちをかいがいしく世話し，まわりの人たちに希望を与える存在であった．ドロテーアが，ある町を難民たちと通りかかったとき，その土地の地主の誠実な働き者のひとり息子ヘルマンに出会った．ヘルマンは，彼女の献身的で優しさのあふれた言動に心ひかれ，自分の家に奉公する気はないかと声をかける．彼女はその申し出を受けてヘルマンの家で働くことになるが，やがてこのふたりの間に真の愛が生まれる．『ヘルマンとドロテーア』は1798年に出版されるとたちまちのうちに人気を博し，ドロテーアはドイツ人の間でもっとも愛される像の1つとなった．そして，当時勃興しつつあった「市民階級」(bourgeois)の，堅実で，信仰深く，献身的，愛国的にして家庭的な価値観を具現する女性としてルイーゼやシャルロッテとともに熱烈に愛されるのである．

なお，ヘルマン(Hermann)は，ローマ皇帝アウグストゥスの時代に，ライン川東岸に深く入り込んだローマ軍を打ち破り，ローマの勢力をライン川西岸におしとどめてゲルマン民族の解放者として伝説化された英雄ヘルマン(Hermann, 18BC?-19AD)に由来する名前である．彼はタキトゥスの『年代記』の第1巻にはアルミニウス(Arminius)として記されているが，このラテン語名は伝統的にゲルマン語起源のHermannを翻訳したものと考えられてきた．Hermannは古高地ドイツ語ではHarimanで，hari(army)とman(man)からなるこの名前の原義は「戦士」である．ゲルマン人の英雄ヘルマンはドイツ民族主義が盛んだった時代にドイツ国民の英雄として仰がれた．とらわれの身となった自分の妻を救出するために強大なローマに獅子奮迅の戦いを挑むという話も全国民的に愛された理由の1つで，その名前はもっともドイツ的な名前として人気があった．

† 庶民的なイギリスのドロシー

ドロシー(Dorothy)はドロテーア(Dorothea)の英語的変化形である．イギリスで使われだしたのは15世紀のこととされ，ギリシャ語起源のこの異国的な名前は，シェイクスピアの作品にはすでに庶民的な名前として使われている．〈ヘンリー四世〉ではフォルスタッフが通う居酒屋の女将の名前がドロシー(Dorothy)であり，彼女はドル(Doll)と呼ばれている．〈シンベリン〉では，ブリテン王シンベリンの王女イモージェンの侍女としてドロシーが登場する．シェイクスピアは，Helena, Juliet, Lauraなどギリシャやローマを感じさせる古典的な名前を好んで使ったが，Dorothyは，ギリシャ語起源の名前であっても，当時は庶民的な感じを与えるものになっていた．

ドロシーの愛称にはドル(Doll)の他にドリー(Dolly)やドッティ(Dotty)がある．DollはMaryからMollが生まれたのと同じように，-r-を調音できない幼児発音から生まれた愛称であり，特に，可愛い女の子のイメージが強い愛称であった．しかし，このような名前が一般化すると次第に流行遅れとなり，ルネサンス期にはすでに雌のペットや子豚の愛称としても用いられていた．そして，18世紀には普通名詞化して女の子の持ち物としての人形を意味するようになるのである．

ギリシャ正教の総本山 ハギア・ソフィア

上智ソフィア

ソフィア(Sophia)といえば，中年の日本人の多くがイタリアの映画女優ソフィ

ハギア・ソフィア寺院

ア・ローレン(Sophia Loren, 1934-)を連想する．この名の語源は，ギリシャ語 $\sigma o\phi ί\bar{a}$(sophía：知恵)で，このギリシャ語は英語の philosophy(哲学)，sophomore (大学 2 年生)，sophisticated(洗練された)などの構成要素となっている言葉でもある．ギリシャ語 sophía は「高い知的能力」を意味する言葉であった．それは，神に属するものであり，神から人間に与えられる賜物であると，ギリシャ人は考えていた．たとえば，ミューズが詩人や王に与える霊感などがソフィアであった．ホメロスは，『オディッセイア』を語るに先立って「あの男の話をしてくれ，詩の女神よ，術策に富み，トロイアの聖い城市を攻め陥してから，ずいぶん諸方を彷徨ってきた男のことを」(呉茂一訳)とミューズに対して彼に霊感(sophía)を与えるよう呼びかけている．

キリスト教においては，名前ソフィアは東方教会の伝説上の聖女ソフィアに由来すると考えられることが多い．しかし，実際はギリシャ語 Hagia Sophia(Holy Wisdom)という表現から，ソフィアの名をもつ聖女が想像されたものである．ハギア・ソフィアは，神の知恵のことであり，「上智」と訳される．ユダヤ・キリスト教では，神は全智全能であり，知恵を創造し，信仰篤き者を祝福して特別な知恵を与えると考えられている．知恵は，現世の諸事を処す能力であるとともに，正義を知る能力であり，世の終わりに際して祝福と救済を保証するものである．旧約に登場する人物では，ヨセフ，ソロモン，イザヤ，ダニエルなどがこのような知恵を与えられた特別な人たちであり，彼らは神の知恵によって人びとを導いたのである．旧約聖書には「神はソロモンに非常に豊かな知恵と洞察力と海辺の砂浜のように広い心とを授けた．ソロモンの知恵は東方のどの人の知恵にも，エジプトのいかなる人の知恵にもまさった」(「王上」5.9-10)と書かれている．

旧約聖書外典の「知恵の書」には，「知恵(Sophia)は神の力の息吹，全能者の栄光

〈ギリシャ〉

から発する純粋な輝きであるから，/汚れたものは何一つその中に入り込まない．知恵は永遠の光の反映，/神の動きを映す曇りのない鏡，/神の善の姿である」(「知」7.25-26)と書かれており，さらに，「箴言」の第8・第9章は，知恵の讃歌と言うべきもので，それには「主は，その道の初めにわたしを造られた．いにしえの御業になお，先立って，永遠の昔，わたしは祝別されていた．太初，大地に先立って，わたしは生み出されていた/深淵も水のみなぎる源も，まだ存在しないとき」(「箴」8.22-24)と書かれ，「わたしを見いだす者は命を見いだし/主に喜び迎えていただくことができる」(同8.35)とか「主を畏れることは知恵の初め，聖なる方を知ることは分別の初め」(同9.10)と書かれている．

新約聖書においては，イエスは「知恵」の受肉した姿であるとか，ヨハネやイエスは「知恵」の伝達者であると考えられた．ソフィアは，また，霊的光であり，イエスの母マリアも洗礼者ヨハネの母エリサベトも神の霊によって身ごもったが，その霊がソフィアであるとされた．さらに，*sophīa*という言葉そのものが女性名詞であるので，神の母である聖処女として人格化されたり，万物の母とも考えられるようになった．そして，殉教聖人伝説が多く伝えられるなかで，聖ソフィアも「殉教聖女」と考えられるようになるのである．

このようなソフィアは，ギリシャ正教圏では熱烈に崇拝された．313年にミラノの勅令によりキリスト教が公認され，続いてローマ帝国の都がコンスタンティノポリスに移され，360年に聖ソフィア聖堂が完成した．それは「上智」(Divine Wisdom)に捧げられた聖堂であった．その後，同聖堂は暴動などによって幾度か破壊されたが，537年に大ドームのある今日のハギア・ソフィア聖堂が完成した．そして，8世紀にギリシャ正教会の成立とともに同正教会の総本山となるのである．以後，ブルガリアやキエフ・ロシアなどに同名の大聖堂が建築され，府主教座が置かれた．ブルガリアの首都ソフィア(Sofia)の名前はハギア・ソフィアにちなむものである．

オットー大帝の孫娘ゾフィー

ドイツ圏でゾフィー(Sophie)やゾフィア(Sophia)の名が知られるようになるのは，オットー大帝が，息子で後のオットー2世に嫁としてビザンティンからテオファノを迎えてからのことである．オットー2世とテオファノの末娘の名前がゾフィーであった．以来，ドイツ圏ではゾフィーの名が人気を博し，ドイツ騎士団が建国したプロイセンにもゾフィーの名が多い．ロシアのエカテリーナ大帝は，プロイセン生まれで本名をゾフィー・フレデリケ・アウグステ(Sophie Frederike Auguste)といった．

ソフィアがイギリスで用いられるようになったのは17世紀のことで，18世紀にかけて特に人気のある名前となった．プロイセンと関係が深いハノーファーから迎えられたジョージ1世(George I，在位1714-27)の母親の名がゾフィアであり，妃の名がゾフィア・ドロテーア(Sophia Dorothea)であった．ジョージ3世の妃シャルロッテ・ゾフィア(Charlotte Sophia)は，英国ではシャーロット・ソフィアと呼ばれ，その内助の功に徹した慎ましやかな女性像は，イギリス国民の大いに愛するところとなった．

ロシアとビザンティンを結ぶソフィア

ソフィアの名前をもつ歴史上の人物としては，モスクワ大公イワーン3世(Ivan III，在位1462-1505)の妃ソフィア・パレオローガ(Sophia Paleologa，?-1503)がよく知られている．彼女は，ビザンティン帝国最後の皇帝コンスタンティノス11世の弟の

嫁で，ゾーエー(Zoe)という名であった．コンスタンティノポリスの陥落後，ローマに亡命していたが，ロシアへの勢力拡大をねらう教皇の仲介でイワーン3世と結婚して，ソフィアと改名した．イワーン3世は，ロシアをモンゴルの支配から解放し，ロシアを統一して国力を大いに増強した大公である．ソフィアとの結婚を理由に，ロシアが東ローマ帝国の正統な後継者であるとし，第3ローマ帝国であると宣言した．

ギリシャ語起源の女性名Sophiaのロシア語名はソフィーヤ(София: Sofiya)とかソーファ(Софья: Sof'ya)で，ソフィーヤはソーファの古形である．一般的にはソーファの愛称形ソーニャ(Соня: Sonya)がよく使われている．また，より親しみを込めてソーネチカ(Сонечка: Sonichka)やソーニカ(Сонька: Son'ka)やソーニュシカ(Сонюшка: Sonyushka)などが使われる．ドイツ語名としては，ゾフィー(Sophie, Sofie)，ゾッフ(Soff)，ゾッフェル(Soffel)，ゾフゲ(Soffge)，フェイ(Fai, Vay)などがある．

復活による不死と安寧

キリストの誕生を祝う宗教行事がクリスマス(Christmas：降誕祭)であり，キリストの復活を祝う祭りがイースター(Easter：復活祭)である．どちらがより重要な祭りであるかは，宗派によって異なるが，これらの宗教行事がもっとも喜ばしく楽しい祭りであることには相違なく，復活や誕生を意味する名前も多く見られる．復活を意味する名前としては，ギリシャ語起源のアナスタシア(Anastasia)があり，ラテン語レナトゥス(Renatus)やそのフランス名ルネ(René)などがある．誕生を意味する名前にはラテン語名ナタリア(Natalia)や，ナタリアから派生した英語名ナタリー(Natalie)などがある．

不死の命を得たアナスタシア

アナスタシア(Anastasia)は，ギリシャ語 *anâ*(up)と *histânai*(to make to stand up)からなる *anástasis*(復活)が語源である．*anástasis*から，ギリシャ語男性名アナスタシオス(Anastasios)が生まれ，そのラテン語形アナスタシウス(Anastasius)から女性名Anastasiaが生まれた．「ヨハネによる福音書」に「わたしは復活であり，命である．わたしを信じる者は，死んでも生きる」(「ヨハ」11.25)というイエスの言葉があるが，この「復活」がギリシャ語では *anástasis*であり，「命」が *zoē* である．ロシアのイワーン3世に嫁いだソフィア・パレオローガの本名がゾーエー(Zoe)であるが，名前ゾーエーとは，すなわち，復活後の永遠の命であり霊的命という意味の名前である．

ギリシャ語 *anástasis*は，イエスが埋葬された聖墳墓を意味する言葉としても使われた．聖墳墓は，埋葬の地であるとともにキリスト昇天の聖なる場所でもあり，この言葉は，復活，すなわち，不死を意味する言葉でもある．コンスタンティヌス大帝の聖墳墓発見という伝説によって，聖墳墓は巡礼者たちの最終目的地となり，多くのキリスト教徒たちが参拝したが，1009年に聖墳墓教会がサラセン人によって破壊されたことが，武装巡礼，すなわち，十字軍の遠征を招くことになった．

アナスタシアは，すでに，コンスタンティウス1世と，彼がヘレナを離縁して迎えたテオドラとの間に生まれた娘の名として知られていた．しかし，特に，ディオクレティアヌスの迫害によって今日の旧ユーゴスラヴィアのダルマティアで殉教したとされる聖アナスタシア(Anastasia, ?-304?)に

あやかる名前として広まったと考えられる．彼女はローマの殉教聖人として『黄金伝説』の第7章に出ている人物である．同伝説によると，聖アナスタシアは貴族の娘で，親に強制されてププリウスという男と結婚した．しかし，病弱をよそおって純潔を保った．そして，アナスタシアが，ひそかに貧しい身なりをしてキリスト教徒たちが捕らえられている牢を訪れて施しを与えているのを知って，ププリウスは彼女を殺そうとする．そのときは，幸いなことに夫が死亡し牢から解放された．しかし，結局は裁判にかけられ，杭に縛られて火刑に処せられるのである．

聖女アナスタシアは，5世紀ごろまでローマで崇拝されていたが，その後，彼女の聖遺物はコンスタンティノポリスに運ばれた．そして，5世紀から10世紀にかけてアナスタシオスやアナスタシウスの名をもつ聖人や，ビザンティン皇帝，ローマ教皇が数多く輩出した．

アナスタシアは，20世紀に入って復活した名前の1つである．特に，1917年の共産主義革命によって廃位されたニコライ2世（在位1894-1917）の皇女アナスタシーヤ（Anastasiya Nilolayevna Romanov, 1901-18）によって広く知られるようになった．彼女は，1918年に家族とともに処刑されたとされたが，1920年に皇女アナスタシーヤを名乗る女性がドイツに現われ，彼女の生死のなぞが世界中の話題となった．そして，この話は1956年にイングリッド・バーグマン主演の"Anastasia"（〈追想〉）という映画になったこともあって，ヨーロッパの王家を連想させるエキゾチックな名前として流行したのである．英語圏ではステイシー（Stacy, Stacie, Stacey）がアナスタシアの愛称形として1970年代に流行した．

なお，不死のことをギリシャ語で*ámbro-tos*とも言う．このギリシャ語の形容詞*ambrósios*はアンブロシオス（Ambrosios）として名前となり，ラテン語ではアンブロシウス（Ambrosius）となった．この名前をもつ人物には『神の国』の聖アウグスティヌスの師で，西方教会の四大教父の1人に数えられる聖アンブロシウス（Ambrosius, 340?-397）がいる．ギリシャ語 *ambrosíā* はギリシャ神話においては，不老不死を与える「神の食べ物」という意味に使われた．

アナスタシアに仕えるエイレネ

『黄金伝説』の第7章「聖女アナスタシア」によると，アナスタシアには，アガペ（Agape：愛），キオネ（Chione：純白），イレネ（Irene：平和）の名をもつ美しい三人姉妹が仕えていた．そして，彼女たちも熱心なキリスト教徒であった．イレネは，ギリシャ神話ではエイレネ（Eirene）と呼ばれ，エウノミア（Eunomia：秩序），ディケ（Dike：正義）とともに，季節の3女神ホーラ（Hora）たちの1人で，「平和の女神」とされていた．そのエイレネは，プルートス（Ploutos：富）という子を産んだと

〈ギリシャ〉

ロマノフ家のアナスタシーヤ

され，古代ギリシャでは，彼女に豊饒のイメージをもつ人が多かった．

キリスト教では，特に，コンスタンティヌス大帝が内戦に打ち勝ってコンスタンティノポリスに都を移して最初に建てた教会ハギア・エイレネ(Hagia Eirene)によって，キリスト教の聖女として人格化されるようになった．ギリシャ語 $eir\acute{e}n\bar{e}$ は「平和」という意味の言葉であり，名前ソロモン(Solomon)と同語源のヘブライ語 $shal\bar{o}m$ (peace)と同じ意味をもつ言葉である．今日でもシャローム(shalom)は挨拶として使われる言葉である．

実在の人物としては，ビザンティン帝国の女帝で，聖画像崇拝の強い支持者としてギリシャ正教の聖人として仰がれるエイレネ(Eirene，在位797-802)がよく知られている．彼女は夫である皇帝レオ4世(Leo IV，在位775-780)の死後，息子のコンスタンティノス6世(Constantinos VI，在位780-797)と共同統治するが，息子の成長とともに対立するようになり，結局は息子を逮捕して盲目にして単独の女帝になった．また，西方教会との統一を図り，シャルルマーニュとの結婚を志したと言われている．

十字軍を呼び込み，その力をかりてビザンティン帝国中興を果たした皇帝として知られるアレクシオス1世の妃もエイレネ(Eirene)であり，アレクシオス1世の長男ヨアンネス2世(Joannes II，在位1118-43)の妃もエイレネである．アレクシオス1世妃エイレネについては，娘のアンナ・コムネナが，『アレクシアド』で，その容姿について書いている．それによるとエイレネは，若木のように姿勢が良く，体は完全に均整がとれており，その美しい姿や魅力的な声は，見る者，聞く者をとらえて放さず，頬は薔薇のように赤みがさし，瞳は輝くばかりの深い青色で，詩人が称賛してやまないアテナ女神が天から降りて来たかのようであった(*Alexiad*，p.110)．この描写は母に対する娘の愛情ゆえの誇張と考えられるが，皇妃エイレネが，自他ともに認める魅力的な女性であったと考えてよさそうである．

また，ヨアンネス2世妃エイレネについては，ギリシャ正教の総本山ハギア・ソフィアに残されたモザイクのパネルに，今日でもその姿を見ることができる．それは鮮やかなブルーの衣装に身を包み子どもを抱いたマリアを真ん中に，向かって左にヨアンネス2世，右に皇妃エイレネが並んだ見事なパネルである．このパネルは1118年の戴冠式の年に作られたものであるが，それには英語に翻訳すると"Joannes, in Christ the Lord, Faithful Emperor"(主キリストにおいて忠実な皇帝ヨアンネス)，"Eirene, the most pious Augusta"(もっとも敬虔な皇妃エイレネ)と書かれている．

ヨアンネス2世妃エイレネは，ハンガリーのエイレネと呼ばれるとおり，ハンガリー王聖ラースローの娘で，結婚前はピロスカという名前であった．ハンガリーは，イシュトヴァーン聖王以来カトリックの砦となった王国であり，東ローマ帝国にとっては良好な関係を保っておかねばならない強大な隣国であった．また，ハンガリーはカトリック教国として十字軍の中継基地的な役割を果たしていたが，ハンガリー，コンスタンティノポリス経由で聖地に向かった十字軍の騎士たちにとっても，ヨアンネス2世妃エイレネは特に親しみを感じる存在であった．さらに，エイレネは，自己をよく規制し慈善活動に活発であったことで人びとの尊敬を得た人物であり，十字軍の兵士たちは彼女の話をさかんに西欧に伝えたものと考えられる．

エイレネは今日も人気のある女性名として使われている．フランス語名イレーヌ

(Irene)，英語名アイリーン(Irene)，ロシア語名イリーナ(Ирина: Irina)，アイルランド語名エイリーン(Eireen)がその例である．東ローマ帝国の影響を強く受けたロシアでは，イリーナの名は特に伝統的に人気のある名前である．チェーホフの『三姉妹』では長女がオーリガ，次女がマーリヤ，そして，末娘の名がイリーナである．アリーナ(Арина: Arina)はイリーナの口語形であり，イーラ(Ира: Ira)はイリーナの短縮愛称形である．

主・王・救世主・牧者

キリスト教では，イエスのことを「救世主」(クリストス)，「主」(キュリオス)，「王」(バシレウス)，「牧者」(グレゴリオス)などと，いろいろな呼び方をする．神の名をみだりに呼ぶことを戒めるユダヤ・キリスト教では，人びとは神にもっとも近い天使や聖人の名を好んだが，イエスその人に付加された属性を表わす言葉も名前としてよく使われた．以下はその典型的な例である．

油を注がれし者クリストス

イエス・キリスト(Jesus Christ)のChristは，ギリシャ語クリストス($X\rho\bar{\iota}\sigma\tau\delta s$: Christos)が語源である．この名前は，ヘブライ語マシア($m\bar{a}sh\bar{\imath}^ah$)，すなわち，メシア(Messiah)の訳名であり，その意味は「塗油された者」である．ギリシャ語動詞 *chríein* には，武器に油を塗って磨くとか，鳥の羽にピッチを塗って光沢を出すとか，入浴後に身体に油を塗るとか，死者の身体に油を塗るという意味があった．油を塗ることは，物や身体を立派に見せるための化粧であり，油を注ぐことは儀式の重要な一部にもなった．

ヨハンネス2世妃エイレネ

塗油の慣習は，古くはメソポタミアに存在し，化粧のためとか，悪霊が引き起こす病気の治癒のために行われることが多かった．結婚式においては，神の祝福を象徴する儀式として花婿に塗油された．重要な取引でも契約のしるしとして行われた．また，塗油された僧たちは，特に位が高く，そのような塗油には，高級な胡麻油を頭から垂らすというのが一般的であった．

旧約聖書には，神の祝福を受けた人物が，油を注がれる場面がある．例えば，「サムエル記上」に，ダビデが油を注がれる様子が次のように描かれている．「エッサイは人をやってその子(ダビデ)を連れて来させた．彼は血色が良く，目は美しく，姿も立派であった．主は言われた．『立って彼に油を注ぎなさい．これがその人だ』サムエルは油の入った角を取り出し，兄弟た

ちの中で彼に油を注いだ．その日以来，主の霊が激しくダビデに降るようになった」(「サム上」16.12-13)．

このように，「油を注がれた者」であるダビデは，イスラエルのすべての部族を統一し，イスラエル・ユダ王国の王としてユダヤ人の黄金時代をもたらした．このダビデの再来とされたのが救世主(キリスト：Christ)と呼ばれたイエスである．

†キリストの信奉者クリスチャン

英語の男性名クリスチャン(Christian)や女性名クリスティーナ(Christina)は，いずれも「キリスト者」という意味の名前である．イエスの信奉者である弟子たちがクリスチャンと呼ばれるようになったのは，古代シリアの首都アンティオキアにおいてである(「使」11.26)．それは，ステファノの殉教から1年余りたったころの話である．当時アンティオキアは大国際都市で，ギリシャ語を話す人びとが多く住んでいて，この国際都市でパウロと友人バルナバ(Barnaba)は福音を語った．

ディアスポラとなったユダヤ人にとってはメシアの再来に対する期待のみがユダヤ人のアイデンティティのよりどころとなった．そして，子どもが生まれたら「この子はメシアのようだ」と言うのがその子に対する最大の褒め言葉であった．このようなことからわが子に「油を注がれた子」という名前をつけることが流行した．ギリシャ語を話すユダヤ人にとってはそれはクリストスであった．

『黄金伝説』の第93章に，クリスティナという殉教聖女の話がある．ギリシャ人の植民地であったシチリア島で生まれ，ディオクレティアヌス帝の迫害によって殉教した聖女である．彼女は親が崇拝する神々や親が勧める結婚に反対した．すると，父親はなだめたりすかしたりしていたが，それが無駄だとわかると，彼女を鞭打ちし，ついには華奢な身体の肉を裂き，乳房や舌を切り取り，車輪に縛りつけ，火をつけて転がすという拷問をした．そのたびに天使やイエスが現われて彼女を救うのであるが，最後には矢で心臓を射られて殉教し，彼女の霊は天に召されるのである．このクリスティナが実在の人物であるとされ，4世紀からあった彼女の墓の上に11世紀にその名をかぶせた教会が建てられた．

クリスチャンやクリスティーナは，清教(Puritanism)を信奉する宗教作家ジョン・バニヤン(John Bunyan, 1628-88)の*The Pilgrim's Progress*(『天路歴程』)に，主人公たちの名前として登場する．イエス・キリストの教えを体現するこれらの主人公の名前は，物語の人気とともに，イギリスに限らず新教圏で広く用いられるようになった．

クリスチャンやクリスティーナは，北欧の国々，特にデンマークに多い名前である．デンマークではクリスチャン1世(Christian I，在位1448-81)以来，今日まで，ほとんど例外なくクリスチャンという名の国王とフレデリク(Frederik)という名の国王が交代に輩出している．前々国王はクリスチャン10世(Christian X，在位1912-47)，前国王はフレデリク9世(Frederik IX，在位1947-72)である．例外はクリスチャン1世を継いだハンス国王(Hans，在位1483-1513)と現在の女王マルグレーテ2世(Margarethe II，在位1972-　)だけである．

スウェーデンでは，カルマル同盟のもとに，デンマーク王が同国の国王を兼ねた時代があった関係でクリスチャンの名をもつ国王が3人おり，クリスティーナの名をもつ女王が1人登場した．女王クリスティーナ(Alexandra Christina，在位1632-54)は，ヨーロッパのプロテスタントを救った

〈ギリシャ〉

父グスタフ2世の一人娘である．30年戦争（1618-48）の英雄であり，プロテスタントの救世主的存在であった父に反して，クリスティーナはイエズス会の影響を受けてカトリックに改宗した．父グスタフ2世とその娘クリスティーナの時代は，スウェーデンがヨーロッパの強国としての地位をもっていた時代であり，クリスティーナの改宗はヨーロッパ中に大きな衝撃を与えた出来事であった．当時の教皇アレッサンデル7世（Alexander VII，在位1655-67）は，彼女にアレクサンドラという名前を与え，反宗教改革運動を推進していたローマ教会への復帰者のシンボルとして持ち上げた．反宗教改革の殿堂として建てられたサン・ピエトロ大聖堂にクリスティーナが葬られていることからも，彼女がカトリック教徒からどのように歓迎されたかが想像できる．女王クリスティーナは，また，豊かな教養をもつ女王で，デカルトを招いて哲学を論じたことで知られている．デカルトは彼女のもとに滞在中に逝去した．

† キリストを背負うクリストフォルス

　英語名のクリストファー（Christopher）は，ギリシャ語の *Chrīstós* と，*phérein*（to bear, carry, serve）から派生した *phóros*（捧げ物）とからなるクリストフォロス（Christophoros）が語源である．ラテン語ではクリストフォルス（Christophorus）となった．その原義は「キリストに捧げられた者」である．『黄金伝説』の第95章「聖クリストフォルス」では「キリストを担う者」と解釈され，しばしば，「心にキリストを運ぶ者」という意味に解された．-phorosを構成要素にもつ名前には，ニケフォロス（Nikephoros）があるが，この名前の原義は「ニケに捧げられた者」である．

　クリストフォルスは，特に，14救難聖人の1人，聖クリストフォルスにあやかる名

スウェーデン女王クリスティーナ

前として広がった．救難聖人とは危急の際にその名を呼ぶと神に救いをとりなしてくれると信じられていた聖人のことである．ペストの流行などの際には特にありがたい聖人として崇拝された．聖クリストフォルスの姿を一瞬でも頭に描いたり，聖クリストフォルスの名前を口にすると，悪い死から救われるという信仰があり，ペストのような流行病の危険がひんぱんにあった時代にあってはこのような信仰が広まったことが容易に想像できることである．

　聖クリストフォルスは，『黄金伝説』によると，ヨルダン川の西域に住んでいたレプロブスという名の庶民で，巨体といかつい顔の持ち主で，背丈は12クビトであったと記されている．クビトは腕尺と訳される単位で，本来は肘から中指の先までの長さであった．実際には1クビトは17センチから21センチとされるが，聖クリストフォルスの背丈は少なくとも2メートルはあったということになる．

　聖クリストフォルスの元の名前レプロブスは，ラテン語 *reprobus*（下賤な）が固有名詞化したものである．また，レプロブスは，犬頭人身の人食い人種の名であるとも

されるが，犬頭人身はエジプトの葬祭神アヌビスの表象である．聖クリストフォルスの古い伝承には，クリストフォルスが犬頭人身の人食い族をキリスト教に改宗させたという話がある．葬祭神アヌビスはヘレニズム時代には，死者をハデスに案内するヘルメスと同一視された．クリストフォルスがもっている杖はヘルメスの杖に通じるものがあり，クリストフォルスの名を口にすれば悪い流行病による死から救われるという信仰も，医療の守護神とされたヘルメスの影響によるものと考えられる．

『黄金伝説』によると，聖クリストフォルスは，ある暴風雨の夜，幼い男の子を肩に乗せて川を渡るが，途中その子はだんだん重くなり，水をかぶりながらやっとのことで渡りおおせた．すると，その男の子は自分はキリストであると彼に打ち明け，自分の重さは全世界の罪の重さであり，水をかぶったことは洗礼を意味すると語った．このことがあって，クリストフォルスは熱心なキリスト教徒となり，貧しい者や弱い者を背負って川を渡ることに専念するのである．また，迫害されるキリスト教徒のために祈り，奇跡を行い，一生のうちに4万8千人もの人びとを改宗させ，デキウス帝(Decius，在位249-251)の時代に殉教した．彼は，真っ赤に焼けた兜を頭にかぶせられ，鉄の台に縛られ，下から火を燃やされた．鉄の台は蠟のように溶けたが，彼は火傷もせずに立ち上がった．しかし，最後には首をはねられて絶命するのである．

†ヨーロッパの明日を担うジャン・クリストフ

ロマン・ローラン(Romain Rolland，1866-1944)の代表作に*Jean Christophe*(『ジャン・クリストフ』)という大河小説がある．名前ChristopheはChristophorusのフランス語形である．その序において作者は，「聖クリストフの顔が作者を見つめる．作者はその顔から決して目を離さない……」と，この大作を書く間の孤独や重圧を感じながら，まるでイエスを肩に川を渡っている聖クリストフと同じ心境であるかのような自分の心境を語っている．この小説の主人公の名前はジャン・クリストフ・クラフト(Jean Christophe Krafft)である．Krafftはドイツ語Kraftのことで肉体的・精神的な力という意味をもつ言葉である．それは，また，聖クリストフの力でもある．

この物語の終わりに，主人公クリストフは，死の床にあって，夜通し流れにさからって川を横切り，左肩に負うた子どもを向こう岸に渡す聖クリストフの夢を見る．「聖クリストフは川を渡っていた．夜もすがら彼は水にさからって歩いていた．たくましい手足をもつ彼の身体は1つの岩のように水の上にそびえながら進む．彼は左の肩に，かよわくて重い＜子ども＞をかついでいる．聖クリストフは，地面から引っこ抜いてきてつえにしている1本の松によりかかるとそのつえがたわむ．彼の背骨もまたたわむ」とその様子を描写している．そして向こう岸についた聖クリストフがその子どもに「あなたはいったいだれですか？」とたずねるとその子どもは「わたしは生まれようとする日なのだ」(片山敏彦訳)と言う．

†アルプス越えの人びとをまもるクリストフォルス

クリストフォロスやクリストフォルスの名をもつ歴史上の人物としては，アレクサンドリアの総主教聖クリストフォロス(Christophros，在位805-36)，ローマ教皇レオ5世の対立教皇として西ローマ皇帝ルイ3世に擁立されたクリストフォルス(Christophorus，在位903-904)，アンティ

〈ギリシャ〉

オキア総主教クリストフォロス1世(Christophoros I, 在位960-66)や同2世(Christophoros II, 在位1184-85)などがいる．このように見ると，聖地巡礼が特に盛んになった10世紀から十字軍の時代にかけて，東方教会圏で聖クリストフォロス伝説が復活し，西方にも伝えられたものと考えられる．12世紀になると，アルプス地方を中心に聖クリストフォルスが熱心に崇拝されるようになり，いろいろな逸話が加えられて『黄金伝説』にまとめられた．聖クリストフォルスが特にアルプス地方で信仰されるようになったのは，この地方が交通の難所であり，南ヨーロッパと北ヨーロッパとの交易や巡礼の往き来の大きな障害であったことによるものである．

旅には苦難や危険がつきものであった中世には，多くの旅籠屋がこの伝説にちなむ看板を掲げた．クリストフォルスの絵は遠くからでも見えるように，しばしば建物の外壁に描かれた．クリストフォルスの姿を見ると旅の苦労で弱気になった心も元気を取り戻すと信じられていた．ドイツ圏では，聖クリストフ(Christoph)は，次第に，巡礼や水夫，その他，運搬業者の守護聖人となった．ライン河沿いの大都市ケルンの大聖堂の聖クリストフ像がそのことをよく表わしている．旅館の主人がクリストフという苗字をもつようになった例もある．今日でも，特に運転手の守護聖人として成田山の交通安全のお守りのように聖クリストフの像を刻んだメダルを運転席に吊るしている運転手を見かけることがある．

† クリストファー・コロンブス

ギリシャ語名クリストフォロスは英語的にはクリストファー(Christopher)である．この名をもつもっとも有名な人物はおそらくクリストファー・コロンブス(Christopher Columbus, 1446?-1506)である．彼

子どもを背負う聖クリストフォルス

はイタリア生まれの航海者で，その名は，イタリア語ではクリストフォロ・コロンボ(Christofolo Colombo)，スペイン語ではクリストバル・コローン(Cristóbal Colón)，フランス語ではクリストフ・コローン(Christophe Colomb)，ドイツ語ではクリストフ・コルンブス(Christoph Kolumbus)である．私たちに親しみ深い現代人としては映画〈サウンド・オブ・ミュージック〉でトラップ大佐を演じたクリス

トファー・プラマー（Christopher Plumber, 1927- ）や，第1期クリントン政権の国務長官を務めたウォーレン・クリストファー（Warren Christopher, 1925- ）がいる．

Christopherは長い名前であり，さまざまな短縮形が生まれた．クリスティ（Christie），クリス（Chris）がその代表的なものであるが，ケスター（Kester），キット（Kit），チップ（Chip）などもクリストファーの愛称である．スコットランドではクリスタル（Chrystal, Crystal）もクリストファーの短縮形であると考えられている．ストファー（Stoffer），ストフラー（Stofler），トフラー（Toffler）などは北欧的Christofferから変化したもので，特にデンマークから低地ドイツ地方に見られる名前である．クリストファーは，非常にギリシャ的な響きのある名前であり，ルネサンスの風潮のなかで，特に人気が出て，15世紀になってイングランドでも使われるようになった．しかし，デンマークではルネサンス以前にすでにクリストフェル1世（Christoffer Ⅰ，在位1252-59）と同2世（Christoffer Ⅱ，在位1320-26, 30-32）が出ている．

理想の王，ペルシャのキュロス大王

ヤハウェは，『七十人訳聖書』のギリシャ語ではキュリオス（Kyrios），『ヴルガタ』のラテン語ではドミヌス（Dominus），英語ではロード（Lord）と訳された．そしてこれらの言葉は新約聖書ではキリストを意味する言葉として使われた．Kyriosはギリシャ語 $k\hat{y}ros$（最高権力，権威）から派生した言葉であるが，この $k\hat{y}ros$ は，ギリシャ人がペルシャ帝国の皇帝を指す言葉として使った言葉で，その意味は，特にキュロス大王（Kyros Ⅱ，在位559-530BC）に由来するものである．

キュロス2世は，短期間にメソポタミアや小アジアを征服して，東はイランから西は地中海に至る大帝国を建設した．彼は，紀元前536年にバビロニアを陥れ，捕囚の身にあったユダヤ人を解放したことで知られる人物で，その寛大な政策によって古代のもっとも理想的な王としてユダヤ人にも大いに尊敬された．彼は，ローマ人にとってのロムルスのような建国者であり，ヘレニズム世界のアレクサンドロス大王のような存在であった．

旧約聖書におけるキュロス大王の記述は，主として「エズラ記」に見られるもので，その冒頭にユダヤ人解放についてのキュロス大王の布告がある．その布告とは，「ペルシャの王キュロスはこう言う，天にいます神，主は，地上の国をわたしに賜った．この主がユダのエルサレムに御自分の神殿を建てることをわたしに命ぜられた．あなたがたの中で主の民に属する者はだれでも，エルサレムにいますイスラエルの神，主の神殿を建てるためにユダのエルサレムに上って行くがよい．神が共にいてくださるように．すべての残りの者には，どこに寄留している者にも，その所の人々は銀，金，家財，家畜，エルサレムの神殿への随意の献げ物を持たせるようにせよ」というものである（「エズ」1.2-4）．この布告に表われたキュロス大王は，単なる解放者というよりも，寛大にして慈悲の心に富み，地上において神の意志を行う理想王（メシア）である．

キュロス大王についてのギリシャにおける記述については，ヘロドトスが『歴史』で生き生きと記している．また，ソクラテスの友人で，弟子でもあるクセノポン（430?-355BC?）が $Kyroy\ Paideia$（Cyropaedia『キュロパエディア（キュロスの教育）』）でキュロス大王をゼウスの子孫とし，理想の王として描いている．それによると大王は，姿・顔立ちが素晴らしく，心は寛大で，学

〈ギリシャ〉

ぶことに熱心で、希望はあくまでも高く、どんな労苦も危険もいとわなかった。彼がおさめるどの国においても子どもの教育は自由で、大人は自己の信念にしたがって生きることが許され、それでいて彼は恐れられ、どこでも法は尊ばれ、秩序は守られた（*Cyropaedia*, I.2）。これはキュロス大王の実像というよりも、ギリシャ人が考えた理想の王の姿であるが、このキュロス像がイエス・キリスト像にも投影されていった。

†スラヴの使徒キュリロス

英語名シリル（Cyril）や、フランス語で男性名にも女性名にも使われるシリル（Cyrille）は、ギリシャ語 *Kȳrios*（Lord）から派生したキュリロス（*Kȳrillós*〔原義：lordly〕）が語源である。キュリロスは、教父時代に聖職者たちが好んで用いた名前であった。特に、アレクサンドリアの総主教キュリロス（Kyrillos Alexandreias, 在位412-444）が重要である。彼は、431年のエフェソスの宗教会議でマリアが神の母であると主張して、これを公認させ、マリア崇拝の根拠を作った人物である。

キュリロスは、ギリシャ正教圏に多い名前であるが、スラヴ圏へのキリスト教の布教とともに、スラヴ人にこの名前をもつ人物が多くなった。それは、スラヴの使徒と呼ばれる聖キュリロス（Kyrillos, 827?-869）にあやかるものである。聖キュリロスは、兄メトディオス（Methodios, 815?-885）とともに、今日のチェコの東部に位置するモラヴィア地方で布教したマケドニア生まれのギリシャ人伝道者である。彼は、スラヴ語を表記するためにギリシャ文字を変形したアルファベットを考案し、聖書や教会の文献をスラヴ語に翻訳した。この翻訳によってスラヴ人へのキリスト教の伝道が容易になり、ビザンティン文化のスラヴ

ウィンストン・チャーチル

人への伝播にはかり知れないほどの貢献をするのである。英語的シリルは、ロシア的にはキリール（Кирилл: Kirill）であり、キリーラ（Кирила: Kirila）はその口語形である。

†教会のある丘、チャーチル

church（教会）は、ギリシャ語 *kȳrios*（lord）から派生した *kȳriakón*（the Lord's house）が語源で、この言葉は、中世ギリシャ語 *kȳrikón* を経て古英語 *ćirće* として英語に借り入れられた。姓としてのチャーチ（Church）は教会の近くに住んでいた人につけられた名であり、チャーチル（Churchill）の意味は「教会のある丘」である。この地名はあちこちに見られ、その地の出身者がこの姓を名乗ることが多かった。チャーチヤード（Churchyard）は教会の敷地に住んでいた人とか教会の管理をしていた人につけられた職業に由来する姓である。

カーク（Kirk）は、北部イングランドとかスコットランドに多い名前で、古英語の *ćirće* から変化した古北欧語 *kirkja* がさら

に変化したものである．Kirkの変化形にはカーク(Kirke, Kyrke)やドイツ語的なキルヒ(Kirch)などがあり，また，Kirkに他の要素が加わってできた英語の姓にはカーカム(Kirkham)，カークランド(Kirkland)，カークウッド(Kirkwood)などがある．

カッパドキアの教父バシレイオス

ギリシャ語 *basileús* は「王」という意味の言葉である．古代ギリシャでは，法的に正統な王の権威は，ゼウスに由来するものであり，理想的な王の知恵はミューズの霊感によるものであると考えられた．旧約聖書では，ヤハウェは，創造主であり，イスラエルの王であり，忠誠を要求し，その要求に応える者には保護を与える主であった．そして新約聖書のイエス・キリストは地上におくられた神の子であり，イスラエルの王であり，主であり，救世主である．

ギリシャ正教圏に多い名前バシレイオス(Basileios)は，ギリシャ語 *basileús* の形容詞 *basíleios*（王の）が名前として使われたものである．この名は，特に，正統派キリスト教の確立に功績がありギリシャ正教の教父の1人として強い尊敬を集めたカッパドキアの聖バシレイオス(Basileios, 330?-379)にあやかる名前として人気が出た．

† 聖王ウラディーミルの洗礼名ワシーリイ

ワシーリイ(Василий: Vasilij)は，ギリシャ語名Basileiosから派生した名前である．特に，ロシアで人気のある名前であるが，この名の人気は，ロシアをキリスト教化したキエフ大公ウラディーミルに負うところが大きい．ウラディーミルはキリスト教に改宗するとともに自分の洗礼名をバシレイオスとした．時の皇帝はバシレイオス2世(Basileios II, 在位976-1025)で，バシレイオス2世はウラディーミルに洗礼名として自分の名前を与え，妹アンナを与えた．以後，ワシーリイはロシアでもっとも人気のある名前の1つになるのであるが，ウラディーミルの洗礼名バシレイオスの名をかぶせた教会が多数建てられたことも，その人気の要因となっている．クレムリンに向かってすぐ左にあり，クレムリンの一部とさえ考えられている聖母祭大寺院は，一般には「ワシーリイ寺院」として知られている．

偉大なる牧者グレゴリオス

英語名グレゴリー(Gregory)は，ギリシャ語 *grēgoros*（油断のない）から派生したギリシャ語名グレゴリオス(Gregorios)が語源である．後期ラテン語グレゴリウス(Gregorius)から，英語名として使われるようになった．ギリシャ語起源のこの名前は，キリスト教の影響を受けた民間語源説ではラテン語の *grex*, *greg*-「羊の群れ」と関係づけられ，よき牧人，そしてよき指導者のイメージをもつ名前となった．『黄金伝説』の第46章「聖グレゴリウス」には，その冒頭に「グレゴリウスは，〈群れ〉の意の *grex* と〈説く〉または〈話す〉の意の *gore* に由来し，人びとの群れに説教する人という意味である」と書かれている．

「牧者」は特にキリスト教に限った比喩というわけではない．ホメロスの『イリアス』においては，アカイア軍の総大将アガメムノンが「軍勢の牧者」であり，アキレウスも「軍勢の牧者」とうたわれている．その「牧者」を意味するギリシャ語は *poimēn*(shepherd, shepherd of people, captain)である．

新約聖書の「ペテロの手紙一」の第5章は，「さて，わたしは長老の1人として，また，キリストの受難の証人，やがて現われる栄光にあずかる者として，あなたがたのうちの長老たちに勧めます．あなたがた

〈ギリシャ〉

にゆだねられている，神の羊の群を牧しなさい」——という文で始まり，「身を慎んで目を覚ましなさい．あなたがたの敵である悪魔が，ほえたける獅子のように，だれかを食い尽くそうと探し回っています」（「Ⅰペト」5.8）と書かれている．この手紙における「目を覚ましなさい」はギリシャ語では*grēgorésate*であり，ラテン語では*vigilāte*，そして英語では，『欽定訳聖書』ではbe vigilantと訳され，『改定標準訳聖書』(*RSV*)ではbe watchfulと訳されている．そして「牧しなさい」はギリシャ語では*poimánate*であり，ラテン語では*pāscīte*，そして，*AV*ではfeed，*RSV*ではtendと訳されている．このように，「目を覚ますこと」すなわち「警戒すること」と「牧すること」は表裏一体のものである．名前グレゴリー（Gregory）は，ここに使われたギリシャ語*grēgorésate*に由来するものである．

† バシレイオスの兄弟聖グレゴリオス

グレゴリオス（Gregorios）の名は，初期のキリスト教の指導者の間に特に人気のある名前となり，この名をもつ教父，聖人が輩出した．特に，今日のトルコの中央部のカッパドキアに縁のある名前である．たとえば，カッパドキアでキリスト教的教育を受けてアルメニアでの伝道につくし，イルミナトル（Illuminator：光で照らす者）と称せられたグレゴリウス（Gregorius, 240?-332?），同じくカッパドキアのナジアンゾス出身でヒエロニムスの師となったグレゴリオス（Gregorios, 329?-390?），381年のコンスタンティノポリス宗教会議において正当派を代表する人物として活躍したニッサのグレゴリオス（Gregorios, 330?-395?）などである．

ニッサのグレゴリオスは，三位一体論に哲学的基礎を与えたとされる聖人で，彼はカッパドキア地方のニッサという町の主教を務めた．ニッサのグレゴリオスは，彼の兄バシレイオス（Basileios, 330-379）と友人ナジアンゾスのグレゴリオスとともに，カッパドキアの3教父と呼ばれている．カッパドキアは，アレクサンドロス大王の東方征服以来ギリシャの影響を受け，大王の死後は彼の将官が王国を設立してヘレニズム文化圏を構成する地域となっていた．紀元前1世紀にはポンペイウス軍が侵入するなど，ローマの影響を受けるようになり，さらに3世紀には迫害をのがれたキリスト教徒が定住して，洞窟修道院を開いた所である．

† 西欧キリスト教の基盤を築いた教皇グレゴリウス

英語名グレゴリー（Gregory）が人気のある名前となったのは，特に，教皇グレゴリウス1世（Gregorius Ⅰ，在位590-604）によるものである．グレゴリウス1世は，聖オーガスティンをイングランドに派遣した教皇として，また，グレゴリオ聖歌を整備完成したことなどで知られている．彼は，フランク族やアングロ・サクソン族，スペインのゴート族等への布教を試み，ローマ教会の影響力を拡大し，サン・ピエトロ大聖堂を総本山にし，教皇を頂点にする中世西欧キリスト教の基盤を築いた教皇である．ビードの『イギリス国民の教会史』においても，「優れた学者にして統治者グレゴリー」，「聖なる父グレゴリー」，「祝福された教皇グレゴリー」などと呼ばれ，情熱的な尊敬を受けていた様子がよくわかる．

聖グレゴリウス1世がイギリス人への布教に力を入れる契機となった1つの伝説が『イギリス国民の教会史』の第2巻第1章で語られている．それによると，聖グレゴリウスが，教皇となる以前のある日にローマの市場に買物に出かけた．そこではいろいろな物品とともに，白い肌をし，目鼻だち

153

がよい，美しい髪をした少年奴隷たちが売られていた．グレゴリウスはそれらの若者に興味をもち，どこから連れて来られた奴隷かと聞いた．少年たちは，ブリタニアから連れて来られたアングル人（Angles）で，異教徒であった．グレゴリウスは，このような美しい若者たちが今もなお，闇の主の支配下にあることを悲しみ，アングル（Angle）という名とエンジェル（angel）という言葉の近さからしても，彼らをキリスト教徒にしなければならないと強く考えるようになるのである．

グレゴリウス1世以後，グレゴリウス16世（Gregorius XVI，在位1831-46）まで，同名の教皇が輩出した．グレゴリウス7世（Gregorius VII，在位1073-85）は，聖職売買の禁止，俗人の司教職叙階の禁止などの改革や，ロベール・ギスカール（Robert Guiscard）による救出劇，カノッサの屈辱（1077年）などで歴史的に広く知られた教皇である．彼にまつわる伝説も多く，教皇権が特に強かったこの時代にあってはその名前の影響力も強いものであった．

15人もの教皇がグレゴリウスの名前をも

自分の言葉を筆記させる
大教皇グレゴリウス

っていたことから，この名前は必然的にカトリック的なイメージが強く，宗教改革運動が盛んであった16世紀から18世紀にかけてはこの名の人気は落ちた．しかしその後は次第に復活し，20世紀には比較的人気のある名前となった．この名前に特に人気が出たのは1950年代で，それには映画〈白鯨〉〈子鹿物語〉〈ローマの休日〉〈アラバマ物語〉などに出演し，ながらく人気を保ち，その人柄でも尊敬された映画俳優グレゴリー・ペック(Gregory Peck, 1916-)の影響が大きい．

グレゴール(Gregor)は，英語にはGregoryよりも早くからある名前で，特に，スコットランドで人気があり，父称辞がついた姓マクレガー(McGregor, MacGregor)が生まれた．マクレガーの名は特に，統一スコットランド王国の初代国王ケネス1世の弟につながる家系の一族(クラン)の名前とされる．このクランは特に戦闘的なことで知られていた．

英語名グレゴリーはフランス語的にはグレゴワール(Gregoire)，ドイツ語的にはグレゴール(Gregor)，イタリア語的にはグレゴリオ(Gregorio)とかグレゴリ(Gregori)があり，-r-が-l-になってグレゴリ(Glegori, Gregoli)などの変化形もある．英語的な短縮愛称形でもっとも一般的なものはグレッグ(Greg)であるが，グリッグ(Grig[g], Greig)などもあり，短縮形からの父称形にはグリッグス(Griggs)，グレッグスン(Gregson)などがある．

† 神の群れをあずかる牧者パストゥール

パスター(Pastor)は，ラテン語 *pāscere*, *pāstus*(to graze, feed)に動作主を表わす接尾辞がついて派生したラテン語 *pāstor*(feeder, shepherd)が語源である．したがって，この名前の起源は羊飼いをしていた人につけられた職業名である．普通名詞としてのpastorの *OED* における初出は1362年で，その意味は「牛飼い」や「羊飼い」である．このラテン語はギリシャ語 *poimén* の訳語として使われていた．

『黄金伝説』の第169章「聖パストル」によると，この聖人はエジプトのアレクサンドリアに近い砂漠の隠修士で，清貧と辛苦と謙徳を旨として生き，聖徳に満ち，信仰心のあつい人物であった．彼は，母が一目会いたいと訪れても，あの世で会うことを約束して，この世では決して会うことがなかったという．彼の名前パストルはラテン名であってギリシャ名はポイメン(Poimen)であった．

パストゥール(Pasteur)はフランスの細菌学者で狂犬病予防接種法の発見者ルイ・パストゥール(Louis Pasteur, 1822-95)を連想する姓である．これは英語的Pastorに対応するフランス語の姓である．彼は，乳酸菌を発見し，醱酵の過程を解明し，葡萄酒の酸化・腐敗を防ぐために低温殺菌法(pasteurization)を考案したことでもよく知られている．

第3章

西のトロイから
西欧キリスト教の拠点へ

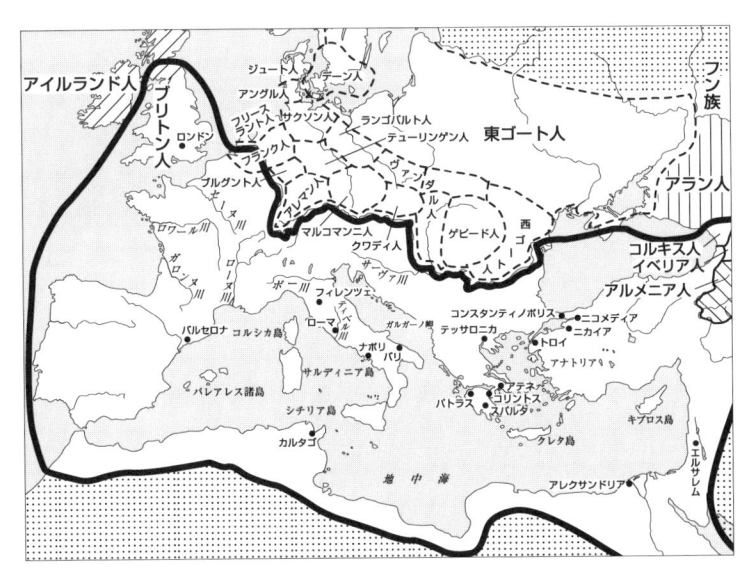

4世紀後半のローマ帝国

〈ローマ〉

ギリシャを吸収するローマ

　古代ローマは，インド・ヨーロッパ語族のラテン民族が築いた国家である．ラテン民族は，紀元前12世紀ごろにイタリア半島に南下し，紀元前10世紀ごろに中部イタリアのティベル川下流ラティウムに定住した．そのラティウムを母胎とするローマが次第に勢力をのばしてついには地中海沿岸全域はもちろん西ヨーロッパのほぼ全域を支配する大帝国を建てるのである．

　ウェルギリウスの建国神話 *Aeneis*（『アエネイス』）では，紀元前13世紀と考えられるトロイの陥落後にトロイの王族であるアエネアス（Aeneas）が，息子ユールス（Julus）とともにイタリアに来て，アエネアスの死後ユールスがラティウムにローマの母市アルバ・ロンガを建設したことになっている．歴史的伝承では，ロムルスがローマを築いたのが紀元前8世紀のこととされる．そのローマは，紀元前6世紀には周囲の部族を政治的に統合して有力な都市国家となった．その後ローマは急速に勢力を拡大し，紀元前272年にはイタリア半島をほぼ征服した．また同じころ紀元前287年には近代民主制度のモデルとなった共和制を成立させるのである．

　ローマは，さらに，紀元前201年にはハンニバルを擁する地中海の覇者カルタゴを圧倒して東地中海に進出し，紀元前188年にアンティオキアを征服，紀元前148年にマケドニアを属州とし，紀元前146年にはアカイア同盟の中心都市コリントを破壊するなど，ギリシャ圏を圧倒した．そして，紀元前1世紀の終わりにはクレオパトラをいただくプトレマイオス朝エジプトを滅ぼして地中海を内海とする世界帝国へと発展するのである．ローマの最盛期は紀元前1世紀ごろから紀元後2世紀ごろで，その間に今日の西欧文明の基盤となった文化の華を咲かせた．

　ローマは，古くから地中海のさまざまな文化の影響を受けていた．アエネアスがトロイからラティウムに来る話や，ロムルスとレムスがモーセと同じように篭に入れられて川に流される話にその例を見ることができる．特に，紀元前8世紀から南イタリアに植民していたギリシャ人の影響が強く，紀元前3世紀から全地中海沿岸に勢力を伸ばし始めたローマは，ヘレニズム文化の強い影響を受けるようになった．武力で征服したギリシャに，文化では征服されたと言われるように，軍事的勝者たるローマは敗者ギリシャから多くのものを吸収しながら自国の文化を発展させるのである．例えば，キケロやカエサルをはじめ，ローマの文化人のほとんどがギ

リシャで学んだ．ローマで教育を受けたウェルギリウスが書いた建国神話『アエネイス』もホメロスを下敷きにしたものである．また，宗教については，ローマ人の神々のほとんどがギリシャの神々の性格を帯びるようになり，ギリシャのゼウスはユピテルと，アプロディテはウェヌスと，アルテミスはディアナと，そしてアレスはマルスと同一視されるようになった．

西欧キリスト教の原点ローマ

　帝政が成立した紀元前1世紀の終わりごろから，ギリシャの文化を十分に吸収していたローマは，帝国の都ローマを政治的，文化的な一大拠点として全ヨーロッパにその影響をおよぼしていった．カエサルが征服したガリアは古くからローマ化され，ラテン語が広く通じるようなった．そして，キリスト教化された中世になると知的・宗教的活動においてはラテン語は西地中海世界はもちろん西ヨーロッパの国際通用言語となった．実質的にはギリシャ人の帝国であったビザンティン帝国でも7世紀まではギリシャ語とともにラテン語が公用語であった．

　キリスト教は，ヘレニズム文化の栄えたローマ帝国領内のパレスティナで起こった宗教である．この新興宗教は，ローマ皇帝に対する忠誠の守護神である太陽神ミトラを崇拝するミトラ教と衝突をしながらも互いに影響しあって，内乱打ち続く帝国内の人びとに浸透していった．そして，その内乱を治めて帝国に再び統一をもたらしたのが，ディオクレティアヌス帝（Diocletianus，在位284-305）である．彼は帝国の統一を維持するために異端分子的なキリスト教徒に大迫害を加えた．

　大迫害時代には，キリスト教に殉じて多くの人たちが処刑された．しかし，その殉教者の血を種子としてキリスト教を広めるという燃えるような情熱をもって布教にあたった人びとも多かった．そして，313年に，コンスタンティヌス大帝によってキリスト教が公認され，さらに，392年に国教とされた以後は，帝国の政治的拠点となっていた都市に司教座が置かれ，かつては被支配者の宗教であったキリスト教はローマ帝国を統一するイデオロギーとしての役割を果たすようになるのである．

　ローマの最大の遺産は大帝国を治めるための統治機構であるとされる．帝国の頂点に立つ皇帝は神として崇拝された．それはペルシャのキュロス大王から，マケドニアのアレクサンドロス大王へと引き継がれ，カエサル，アウグストゥスを経て，ディオクレティアヌス帝やコンスタンティヌス大帝によって完成したと言える．キュロス大王は太陽神ミトラの子であ

り，アレクサンドロス大王はゼウスの子とされてディオニュソスと同一視された．カエサルは生前からユピテルと呼ばれ，アウグストゥスは「神の子」と呼ばれた．そして，このような皇帝崇拝はコンスタンティヌス大帝によってキリスト教が公認されてからは王権神授説の根拠となるのである．

ローマ帝国では神人皇帝の意志を実現するための官僚機構がローマ帝国のすみずみにまで張りめぐらされた．そして，ローマが東西に分かれると，東のビザンティンでは大主教を兼ねる皇帝が帝国を統治し，西では世俗的皇帝権力に代わって，ローマ教皇が，かつてのローマの支配地域に影響をもち始めるのである．政治的拠点には司教座が置かれ，司教や修道院長の多くをかつてのローマの元老院貴族が占めた．

ゲルマン民族の南ヨーロッパへの浸透によってローマ帝国が崩壊に向かっていた5世紀から，シャルルマーニュがゲルマン人をほぼ統一した8世紀の終わりにかけて中世ヨーロッパにおけるキリスト教の基盤ができた．アウグスティヌス(Augustinus, 354-430)が『神の国』を著わしてローマ帝国崩壊後に建設すべき帝国の思想を示し，ヒエロニムス(Hieronymus, 347-419/20)が中世を通じて使われたラテン語訳聖書『ヴルガタ』をほぼ完成し，ベネディクトゥス(Benedictus, 480?-547/550)がヨーロッパ精神の形成に大きな貢献をした修道院の生活指針となった「ベネディクト修道会会則」を起草した．そして，ローマ教皇には，レオ1世(Leo I，在位440-461)やグレゴリウス1世(Gregorius I, 590-604)が登場してキリスト教的ヨーロッパの基礎を拡張するのに大いなる貢献をするのである．

シャルルマーニュの西ローマ帝国や，その後の神聖ローマ帝国は，キリスト教的ローマ帝国の再建を目指したものであり，キリスト教の布教は，ローマ人にとっては蛮族を闇の世界から光の世界へともたらすものであった．蛮族への布教にあたっては，各地で抵抗にあい，多くの聖職者やキリスト王たちが命を落としたが，彼らは，キリスト教の布教のみならず，蛮人の文明化に献身的につくした殉教聖人として崇められた．

ラテン語は，一般的に，古典ラテン語，平俗ラテン語，後期ラテン語と分けられる．古典ラテン語とは，ローマの最盛期に，数多くのギリシャ語を借入したり，ギリシャ語からの翻訳語を作ったりして成立した文語と言うべきもので，ローマ帝国の公式文書，演説，文学作品などに使われた．平俗ラテン語とは，ローマ人が使った日常語で，書き物には使われることはほとんどなかった．その平俗ラテン語は，古典期には古典ラテン語を規範としながら，ローマ帝国の各地方の方言に影響されたものであった．そ

して平俗ラテン語は，ローマの衰退とともに，征服者たちの言語の影響を強く受けるようになる．イタリア語，フランス語，スペイン語，ポルトガル語，ルーマニア語などはロマンス語と呼ばれるが，これらの言語は平俗ラテン語が各地で先住民族の言語や征服民族の言語の影響を受けて変化して生まれた言語である．

　後期ラテン語は，キリスト教の教父と呼ばれるアウグスティヌスやヒエロニムスなどが使った文語的ラテン語である．それは古典ラテン語が平俗ラテン語の影響を受けて変化したものであったが，古典ラテン語と後期ラテン語の最大の相違は，後期ラテン語の語義にキリスト教的概念が付加されたことである．後期ラテン語で書かれた最大の文献はヒエロニムスが完成させた『ヴルガタ』である．キリスト教の概念を取り入れた後期ラテン語は，生命力を失いつつあった擬古的人工語である古典ラテン語に新しい生命力を与え，以後ながらく教会を中心としてヨーロッパ中の共通言語の地位を保持した．

〈ローマ〉

ユピテルを権威の源泉としたローマ貴族たち

ローマの主神ユピテルは、神々の父であり、英雄たちの父でもあった。ローマの貴族たちは、支配者としての自分たちの資格や権威の根拠として、自分たちがユピテルの子孫であるということを主張し、『イリアス』や『オデュッセイア』にその根拠を求めた。ローマ建国神話『アエネイス』においては、建国の始祖アエネアスは、落城したトロイから西のトロイを建設すべくユピテルの啓示によって遣わされた。彼は、いろいろな苦難を克服して、トロイからフェニキア人が建国していたカルタゴを経て、南イタリアに到着するのである。

ユピテル（*Jūpiter*）は、ギリシャ人がゼウスに呼びかけた *Zeũ pâter*（Oh, Father Zeus）に対応する *dʸeu-pᵉter*（Father Jove：父なるジョヴ）を経て生まれたラテン語名である。

独裁官ユリウス・カエサル

ウェヌスの末裔ユリウス・カエサル

ガイウス・ユリウス・カエサル（Gaius Julius Caesar, 102-44BC）のJuliusは、カエサルの出身氏族（gens）の名前である。この氏族名は古いラテン語 *Jovilios* が短縮されたものであると考えられており、その意味は「ユピテルの子孫」である。ウェルギリウスによると、アエネアスの子ユールス（Julus）がローマの母市アルバ・ロンガを建設する。ユリウス氏族はこのユールスにさかのぼることができるとされた。アエネアスがトロイの王族アンキセスとウェヌスの子で、ウェヌスはユピテルの娘であるので、ユリウス家はウェヌスを経てユピテルにつながる家系ということになる。

カエサルは、マリウス氏族のガイウス・マリウスに嫁いでいた叔母ユリア（Julia）の追悼演説のなかで、「ユリウス氏族の始祖は、女神ウェヌスより起こり、われわれのカエサル家はこの血統に連なる。それゆえ、叔母の血の中には、人間の世界で最高の権力をもつ王の高潔と、その王たちすら支配に服する神々の侵すべからざる神聖さとが、二つながら宿っているのだ」と述べたと、スエトニウスが『皇帝伝』（国原吉之助訳）のなかで記している。

このように由緒ある氏族名ユリウス（Julius）は、個人名としても非常に一般的な名前となり、初期のキリスト教徒たちの間でもさかんに用いられ、以後もこれらの名前をもつ聖人が幾人も輩出した。ローマ教皇としては、東方教会に対するローマ教会の優位を主張して実績を上げ、聖人に列せられたユリウス1世（Julius I，在位337-352）、ルネサンス期の教皇で、免罪符を売り出したユリウス2世（Julius II，在位1503-13）、宗教改革時に教皇至上主義を堅く保持したユリウス3世（Julius III，在位1550-55）がいる。

フランスで人気が高い男性名ジュール(Jules)は，Juliusから変化したフランス語男性名で，この名をもつ人物としては『海底二万マイル』や『八十日間世界一周』などの科学空想小説で有名な作家ジュール・ヴェルヌ(Jules Verne, 1828-1905)がいる．フリオ(Julio)は，Juliusから変化したスペイン語男性名である．フリオ・イグレシアス(Julio Iglesias, 1944-)はスペインの国際的な人気歌手である．

†背教者ユリアヌスと救護聖人ユリアヌス

ローマ市民は，個人名(praenomen)，氏族名(nomen)，苗字(cognomen)をもつのが普通であった．そして，他の氏族(ゲンス)の養子になった男子には出身氏族の名から派生した異名(agnomen)を第四名としてもつのがならわしであった．たとえば，Juliusから派生したユリアヌス(Julianus)は，ゲンス・ユリア(Gens Julia)から他氏族の養子となった男性につけられた第四名であった．この異名が次第に苗字や氏族名として使われるようになり，さらに個人名としても使われるようになるのである．『黄金伝説』の第30章は，ユリアヌスの名をもつ数人の伝説を伝えているが，そのなかでも背教者と呼ばれるユリアヌスと，親を誤って殺してしまい，贖罪の生活をおくってついには救護聖人と呼ばれるようになったユリアヌスの話がよく知られている．

背教者ユリアヌス(Julianus the Apostate, 在位361-363)は，コンスタンティヌス大帝の甥で，正式な名をフラヴィウス・クラウディウス・ユリアヌス(Flavius Claudius Julianus)といった．彼は，若いころにギリシャで教育を受け，ヘレニズム文化を愛する有能な文筆家となった．しかし，帝国の情勢は彼の自由を許さず，ガリアでのゲルマン人鎮圧の命を受けて遠征することになった．そして，その遠征を通じて自身が有能な将軍でもあることを証明し，軍の支持を受けて皇帝(在位360-363)になるのである．ユリアヌスは，宗教的には寛大であり，キリスト教を認めるとともにギリシャの神々を認めて，信教の自由を打ち出した．ところが，その政策は次第に太陽神ミトラを重視するものへと移行し，後世の人びとから背教者と呼ばれるようになるのである．しかし，彼の辞世の言葉が「ガリレア人(キリスト教徒)よ汝の勝ちだ」であったという伝説にもあるように，彼の死とともにローマ帝国はキリスト教へと回帰し，テオドシウス大帝の治世の392年にキリスト教はローマ帝国の国教となるのである．『黄金伝説』では，背教者ユリアヌスは，子どものころから魔術を教えられた極悪人となっている．

救護聖人ユリアヌスは伝説上の人物である．『黄金伝説』に登場する聖ユリアヌスは，両親を誤って殺し，その罪を償うために贖罪の一生をおくる人物である．この伝説は，ギリシャ神話のオイディプスの話と聖クリストフォロスの伝説が影響しあって生まれた聖人伝である．ユリアヌスは，若いころ，鹿狩りで追いつめたシカに，自分の両親を殺害する運命にあることを告げられる．彼は，恐ろしい運命をさけるためにひそかに城を抜け出した．そして，遠くの地で領主に仕え，勲功を立てて騎士に取り上げられた．やがて，彼を探し求めてやって来た両親の話から夫の事情を知ったユリアヌスの妻は，自分たちの寝室に夫の両親を泊める．ところが，妻の留守中に帰宅したユリアヌスは，自分の両親を不貞の男女と間違えて殺してしまうのである．

ユリアヌスは，自分の犯した罪を償うために妻と城を出て旅をする．そして，大きな川の岸に宿泊所(hospice)を建て，旅人を案内したり，病気で倒れた貧しい人びと

のために献身するのである．長い年月の過ぎたある日，ユリアヌスは寒さで死んだようになって倒れている旅人を見つけ家に連れて帰って懸命に介護した．するとその人はまもなく回復し，まばゆい輝きのなかで立ち上がり，神がユリアヌスの贖罪を受け入れたことを伝えるのである．この故事により，聖ユリアヌスは救護聖人(Hospitaler)として信仰を集めるようになり，道に迷って不安になった人が聖ユリアヌスに祈るということが行われるようになった．今日でも，ユリアヌスの名をかぶせた病院，福祉施設，学校，教会などが多い．

ジュリアン(Julian, Julyan)，ジリアン(Gillian, Gillion)，ジェリアン(Gellion)などは，Julianusの英語的変化形である．Julianは女性名としても使われる．ジュリアン(Jullian, Julien)はJulianusのフランス語的変化形，ジュリアーノ(Giuliano)，ユリアーノ(Iuliano)，ジュリアーノ(Zuliano)，ジュリアーニ(Zuliani)などはイタリア語的姓である．ソヴィエト革命を導いたレーニン(Vladimir Iliich Lenin)の本名Vladimir Il'ich Ul'yanovのウリヤーノフ(Ульянов: Ul'yanov)はJulianのロシア的変化形ウリヤーン(Ульян: Ul'yan)から派生した姓である．そしてウリヤーンは古形ユリアーン(Юлиан: Yulian)の口語形である．

†貴族の令嬢ユリアから『マザー・グース』のジルへ

古代ローマ市民の女子は，特に自分の名前をもたず，氏族名の女性形を自分の名前としてもつだけであった．すなわち，ユリウス氏族出身の女性はすべてユリア(Julia)であった．ユリウス家の権勢が頂点に達するにつれて，ローマ史に残るユリアが数多く登場する．カエサルが最初の妻コルネリアとの間にもうけた1人娘ユリアは，最大の政敵となった大ポンペイウス(Gnaeus Pompeius Magnus, 106-48BC)の妻となる．カエサルの妹ユリアはローマ帝国初代皇帝のアウグストゥスの祖母である．アウグストゥス皇帝の娘もユリアで，美貌と才気に恵まれた彼女は，第2代皇帝ティベリウスの后となるが，男性遍歴を重ね，その不品行に手をやいた父親によって流刑にされた．

古代ローマのもっとも由緒ある名前で，ラテン語的語形を保っているジュリア(Julia)やジュリアナ(Juliana)の名は，今日でも貴族的な響きをもっている．英語名ジュリアン(Julian)は女性名としても使われることがあり，ジュリアン(Julianne)はその変化形である．ただ，JulianneはJulieとAnneとの合名と考えられ，Julie-Anneという名前もある．

ジュリエット(Juliet)は，シェイクスピアの*Romeo and Juliet*(『ロミオとジュリエット』)のジュリエットとして親しみ深い名前である．この名前は，Juliaのイタリア語形ジュリア(Giulia)の愛称形ジュリエッタ(Giulietta)から英語化されたものである．

ジュリー(Julie)はジュリアから変化したフランス語的愛称形である．ジュリアが古典的響きをもつのに対して，ジュリーは柔らかくまた親しみ深い印象を与える．映画〈サウンド・オブ・ミュージック〉や〈メアリー・ポピンズ〉で愛すべき主人公を演じたジュリー・アンドリューズ(Julie Andrews, 1936-)の本名はJulia Elizabeth Wellsである．

ジル(Jill, Gill)は，Julian(a)の英語的変化形ジリアン(Jillian, Gillian)の短縮形である．庶民的な響きのJillは"Jack and Jill went up the hill to fetch a pail of water"(ジャックとジル，丘をのぼった，手おけをもって水くみに)で始まる『マザ

ー・グース』に収録されたわらべ歌でよく知られる女性名である．なお，Gillは「ギル」と発音することがあるが，この場合のGillはギョーム(Guillaume)から派生した名前であると考えられる．

栄光のローマ発祥の地ラウレントゥム

ローレンス(Laurence)は，ラテン語名ラウレンティウス(Laurentius)から生まれた英語名である．ローマ発祥の地ラティウムにあった町ラウレントゥム(Laurentum)に由来するもので，この名の原義は「ラウレントゥムの人」であった．ラウレントゥムはウェルギリウスによると，ローマの始祖アエネアスが上陸したときはラティヌス王が支配していた町であり，もっともローマ的にして由緒ある町である．

地名ラウレントゥムの意味は「月桂樹(laurel)の町」である．それは「栄光の勝利者の町」という意味でもあった．古代ギリシャでは，アポロン祭にデルポイで開催されたピュティア競技大会の勝利者に月桂冠が与えられた．ローマでも，月桂樹は，凱旋将軍の頭や凱旋兵士の腕を飾ったり，競技の勝利者が戴く冠として月桂樹が使われたことから，男性であればラウルス(Laurus)，女性であればラウリキア(Lauricia)とかルリナ(Lurina)などが「勝利」とか「名声」を象徴する名前として使われた．

†施しの聖者ラウレンティウス

名前ラウレンティウス(Laurentius)は，紀元3世紀に，火あぶりの刑に処されたとされるローマの殉教者聖ラウレンティウス(Laurentius, ?–258)によるところが大きい．彼は皇帝崇拝を強制する皇帝ヴァレリアヌス(Valerianus, 在位253–260)に抵抗し，殉教するのである．その劇的な殉教が人びとの心をとらえ，聖ペトロ教会，聖パウロ教会，聖セバスチャン教会などとともに，聖ラウレンティウス教会には巡礼の聖地として多くの人びとが集まった．伝説によると，ラウレンティウスは，皇帝に教会の宝を引き渡すようにと要求された．すると彼は貧しい人びとを集めて，これが教会

ロレンツォ
豪華王

の宝だと答えたという．聖ラウレンティウスは，特に施しの聖者として知られているが，外国との戦いの際の守護聖人ともされた．

ロレンツォ(Lorenzo)は，ラウレンティウスから変化したイタリア語名である．この名をもつ人物としてはイタリア・ルネサンスのパトロンとして知られるメジチ家のロレンツォ(Lorenzo de Medici, 1449-92)が有名である．詩才に富み，文芸や美術を愛した彼は，レオナルド・ダ・ヴィンチやミケランジェロをはじめ，多くの芸術家を庇護し，フィレンツェにルネサンスの華を咲かせた人物で，豪華王(イル・マニフィコ)と呼ばれた．

ラウレンティウスから派生したイタリア語名としては，他にロレンティ(Laurenti)，ロレンツィ(Laurenzi)，レンツィ(Renzi)などがある．フランス語名としては，Laurent, Laurant, Lorant, Lorentなどがあり，いずれもローランと発音する．Laurantの名をもつ人物にはパリを中心に活躍するファッション・デザイナー，イヴ・サンローラン(Yves Saint-Laurant, 1936-)がいる．Laurenの姓をもつ人物には，同じくデザイナーで，ポロ(polo)のトレード・マークで知られるラルフ・ローレン(Ralph Lauren, 1939-)がいる．

†カンタベリーのローレンスとグレンダロッホのローレンス

英語名ローレンス(Laurence)は，カンタベリーの第2代大司教となった聖ラウレンティウス，すなわち，聖ローレンス(St. Laurence, ?-619)にあやかる名前として人気が出た．彼は，聖オーガスティンの死後，異教勢力との対立で教会の勢力が衰えるなかで苦労しながら教会の基礎作りに貢献し，オーガスティンのかたわらに葬られた人物である．『イギリス国民の教会史』第2巻第6章には次のように記されている．聖オーガスティンを支持してケントをキリスト教化した王エゼルバートが死に，その息子がキリスト教を支持しなかったので，カンタベリーの教会自体が存亡の危機に瀕することになった．そこで，ローレンスは一時ガリアに引き上げようとしたが，その前夜，使徒ペトロが夢枕に現われ，イングランドにおける神の子羊を見捨てて行こうとするローレンスの弱気をたしなめる．そのペトロの言葉によってローレンスはカンタベリーに留まり，聖オーガスティンの業績を発展させるのである．

ローレンス(Laurence)の名をもつ現代人としては，シェイクスピア劇の名優として知られたローレンス・オリヴィエ(Laurence Olivier, 1907-89)がいる．彼は映画〈レベッカ〉の主演で映画俳優としても名声を得て，〈風と共に去りぬ〉の主演女優ヴィヴィアン・リーと結婚した．この結婚は世紀のロマンスとして話題になった．

ローレンス(Lawrence)の名をもつ人物としては，アラビアのローレンスとして知られるトマス・エドワード・ローレンス(Thomas Edward Lawrence, 1888-1935)がいる．彼は第一次世界大戦中にトルコの支配から独立しようとするアラブ民族を指導したことでそう呼ばれるようになった．ピーター・オトゥール(Peter O'Toole)がローレンスを演じた〈アラビアのローレンス〉は，1960年代の記念碑的な映画であった．

ローレンス(Laurence)は，アイルランドでは，聖ローレンス・オ・トゥール(Laurence O'Toole, 1128?-80)にあやかる名前として人気がある．聖ローレンスは，聖ケヴンゆかりのグレンダロッホの修道士であった．彼は，飢饉に際しては飢えた人びとを救い，略奪者を鎮圧するなどして，次第に政治にも関わるようになった．

そして，ダブリンの司教を務め，1170年のイングランドによるアイルランド侵略の際には，アイルランド側を代表して，イングランド軍を指揮したストロング・ボーとの間での和平に奔走し，交渉をまとめた．ところが，調印のインクも乾かぬうちにイングランド側の裏切りにあって殺されてしまうのである．このことがあって，ローレンス・オ・トゥールは，国内の紛争を調停し，外国に向かっては自国をまもるために献身的に働きながら殉死した愛国の象徴として崇拝されるようになった．なお，ローレンス・オ・トゥールは英語化された名前で，ゲール語ではルーカン・オ・トゥーヘル(Lorcan Ó Tuathail)である．Ó Tuathailが英語的にはO'Tooleとなった．

† ペトラルカの永遠の恋人ラウラ

キリスト教においては，月桂樹は純潔と清浄を表わし，処女殉教者に捧げられる樹であった．月桂樹は，ギリシャ語ではダプネ(dáphnē)であり，ダプネはアポロに捧げられた聖木である．オヴィディウスの『変身物語』にはアポロに愛されながら，処女の潔癖さとおののきでアポロの求愛を退け，アポロの手が届きそうになると月桂樹に変身したダプネの話がある．

女性名ラウラ(Laura)を一躍人気の名前にしたのは，イタリア・ルネサンスの詩人で，ヒューマニズムの祖と言われるペトラルカ(Petrarca, 1304-74)である．ペトラルカは，古典ローマに対する憧れをラウラという女性のなかに表わしたと書簡集で述べているが，ラウラは，ペトラルカが青春時代にアビニオンのキアラ教会で会った女性の姿がその原点であるとされる．彼はその美しさに魅せられ，以後，ラウラに寄せる数多くの恋愛叙情詩を書いた．その詩の一部に，ラウラを沐浴する女神ディアナになぞらえてうたった一節がある．

凍てつくせせらぎ　ディアナの女神が
肌もあらわに　沐浴するさま　ふと
　　目にした恋人も
いやわが喜びにかなうまい．
そよふく風に　黄金(ブロンド)の髪包む
妖しいヴェールを　無心に濡らすその
　　娘，
深山(みやま)のつれない　羊飼いの娘が．
　　　（52マドリガーレ　池田廉訳）

また，次のような一節がある．

縮れ毛の金髪(ブロンド)に　微風はラウラ絡み　さわさわ
揺らし　いつしか爽やかに離れゆく，
甘美な黄金(きん)を　ふとかき散らし
やがてもつれて　美しい環を織りなして，
　　　（227ソネット　同訳）

ペトラルカが「そよふく風にブロンドの髪包む」とうたったラウラのイメージは，ボッティチェリの〈ヴィーナスの誕生〉や〈春〉のヴィーナスや，花の女神フローラの姿にも影響しているとされる．

シェイクスピアの『ロミオとジュリエット』で，ロミオの友人マキューシオは，ロミオがジュリエットに心を奪われてしまっている様子をからかって「彼氏の恋人にくらべればラウラさえおさんどんさ」（2幕4場，小田島雄志訳）と言っている．ルネサンス期においてはペトラルカのラウラ像は恋愛叙情詩のモデルであり，ラウラは理想の女性であった．そのラウラは，イギリスのエリザベス1世が自分にかぶせた女性像でもあった．

ラウラは，フランス語ではローラ(Laure)であり，この名がイギリスにはじめて登場するのは16世紀のことで，ローラ(Lora)としてであった．ローラ(Laura)は19世紀に復活して人気が出た．今日では古風な感じがあるが，『大草原の小さな家

〈ローマ〉

ラウラがモデルの
ヴィーナス
（ボッティチェリ画）

の聡明な少女ローラの名前として私たち日本人にも親しみ深いものとなっている．この原作はローラ・インガルス・ワイルダー（Laura Ingalls Wilder, 1867-1957）の自伝的開拓物語である．ローラの愛称形には，ローリ（Lori, Lolly），ローレッタ（Lauretta），ローリアン（Lauriane）などがある．

アエネアスの娘アエミュリア

英語の女性名エミリー（Emily）は，ラテン語動詞 *aemulārī*（競争する，並び立つ）の形容詞 *aemulus*（競争している）からアエミュリア（*Aemulia*）を経て派生した名前，アエミリア（*Aemilia*）が語源である．英語の peer（貴族）がラテン語動詞 *parāre*（to make equal：並び立つ）を語源とすることからも，「並び立つ」ということは，勝利者という意味をもち，それは自由人を意味し，支配的地位を意味していた．

アエミリウス（Aemilius）は，ローマの有力な貴族の氏族名である．ローマの建国神話によると，西のトロイたるべきローマを建設するためにやって来たアエネアスと，ラティヌスの娘ラウィニアの間に生まれた娘がアエミュリア（Aemulia）である．プルタルコスは『英雄伝』の「ロムルス伝」で，ロムルスの出生については一致した説はないとしながら，アエミュリアが軍神アレス（ローマ神話のマルス）と交わって生まれた子であるとする説を挙げている．そうだとすると，アエミリウス氏族はカエサルの出身であるユリア氏族と同じくユピテルにつながる家系であるということになる．

アエミリウス氏族出身の歴史的人物としては，ローマの執政官を2回務め（182BC, 168BC），在任中にマケドニアを破り（168BC），莫大な戦利品をローマに持ち帰ったことで知られるルキウス・アエミリウス・パウルス（Lucius Aemilius Paulus Macedonius, 229?-160BC）がいる．ローマの宿敵カルタゴとの第三次ポエニ戦争を勝利のうちに終結させたスキピオ・アエミリアヌス（Publius Cornelius Scipio

169

Aemilianus Africanus Minor, 185?-129 BC)は彼の息子である. 名前アエミリアヌス(Aemilianus)は, 他家へ養子に行った人物が名乗る異名であり, 上記アエミリアヌスは第二次ポエニ戦争(218-201BC)を終結させた大スキピオ(Publius Cornelius Scipio)の長男の養子であった.

†ディアナとウェヌスをあわせ持つエメリエ

ローマの名家の名前アエミリウス(Aemilius)とかアエミリア(Aemilia)は, 中世時代にはキリスト教的名前ではなかったことから人気がなかった. しかし, ルネサンス時代になって古代ローマへの関心が高まるにつれてこれらの名前も次第に復活した. ボッカチオは長編史詩『テゼイダ』(*Teseida*[英]*The Book of Theseus*)において女性美を象徴するエミリア(Emilia)を登場させている. そして『デカメロン』では7人の若い淑女と3人の紳士を語り手として登場させているが, その淑女の1人がエミリアである. そのエミリアを含む7人の淑女たちは「いずれも28歳の上にはでず, また18歳よりわかくもありませんでした. いずれも聡明で, 気品にあふれる血が流れ, 容姿はうるわしく, 起居みやび, きよらかな陽気さを感じさせました」(柏熊達生訳)と記されている. ボッカチオの影響を強く受けたチョーサーは, このエミリアを借用して, 『カンタベリー物語』の「騎士の話」にエメリエ(Emelye)という美女を登場させる. 彼女はアテネのテセウスの后の妹で, ウェヌスと見間違えるほど美しく, ディアナのように清らかな処女である.

この古風でロマンティックな名前は, ロマン主義的風潮が強くなった19世紀にエミリー(Emily)として人気が高まった. 以後, 20世紀初めまで女性名の上位を占めていた. その後, 一時この名の人気は衰えたが, 最

ブロンテ姉妹
左からアン, エミリー, シャーロット

近20年あまりの間また人気のある名前として復活している. この名をもつ人物としては19世紀のアメリカの女流詩人として今日まで根強い人気を保っているエミリー・ディキンスン(Emily Elizabeth Dickinson, 1830-86)や, 『嵐が丘』の作者として知られるエミリー・ブロンテ(Emily Jane Brontë, 1818-48)がいる.

†ルソーの理想の子エミール

エミール(Émile)はフランス語的, エミル(Emil)はドイツ語的, エミリオ(Emilio)はイタリア, スペイン, ポルトガル語的男子名である. エミールは, フランスの啓蒙思想家ルソー(Jean-Jacques Rousseau, 1712-78)が1762年に発表した小説的に構成された教育論*Émile ou de L'Éducation*(『エミール』)の主人公の名前として知られている. 「万物をつくる者の手をはなれるときすべてはよいものであるが, 人間の手にうつるとすべてが悪くなる」(今野一雄訳)という言葉で始まるこの教育論は, 子どもの成長や知的発達, 関心・興味によってその子が体験しながら発見することを助けることこそ教育で, 大人の都合によって知識を詰め込むことは子ど

もを堕落させると考えたルソーの教育論を展開したものであった．このような自然性の回復を信じるルソーによって創造された架空の生徒がエミールである．エミールは，裕福な名門の生まれで，魂にしたがうことをよしとする頑丈な肉体をもった男子である．その彼が養い親でもある若く有能な先生(ルソー)に導かれて，社会的，道徳的，理性的でありながら，同時に自己の本性を失わず，身分とか職業にとらわれない自由な「人間」として成長していくのである．このルソーの教育論はフランス革命後の人びとの心をとらえ，エミールの名を好んで使う人が増えた．なお，成長したエミールと結婚するのが，同じく理想的な教育を受けたソフィーである．ソフィーはギリシャ語 *sophīa*(知恵)を語源とし，キリスト教では神の知恵，すなわち「上智」という意味に使われた．

エミールの名をもつ歴史的人物としては，自然主義小説の先駆者として知られるエミール・ゾラ(Émile Édouard Charles Zola, 1840-1902)がいる．エミル・ザトペック(Emil Zatopek, 1922-2000)は，第二次世界大戦後初めて開かれた1948年の第14回ロンドン・オリンピックで1万メートル競走に優勝し，次のヘルシンキ大会では5千メートル，1万メートル，マラソンに優勝して，「人間機関車」と異名を取ったチェコ人である．

† 中世騎士道の華マクシミリアン

古代ローマの英雄の名前アエミリアヌス(Aemilianus)は，中世になって，騎士道の華とか最後の騎士と讃えられた神聖ローマ帝国皇帝マクシミリアン1世(Maximilian I，在位1493-1519)の名のなかに再生した．この名前は，父フリードリヒ3世神聖ローマ帝国皇帝が，ラテン語名 Maximus と Aemilianus から合成したものである．フリードリヒ3世は，第二次ポエニ戦争時代の軍人で沈着・智謀の将軍としてハンニバルを悩ましたファビウス・マクシムス(Quintus Fabius Maximus Verrucosus, 275?-203BC)と，紀元前146年にカルタゴを破ってポエニ戦争を終結させたスキピオ・アエミリアヌス(Publius Cornelius Scipio Aemilianus：小スキピオ，185?-129BC)にあやかって，期待の息子を Maximilian と名づけた．

マクシミリアン1世は，フリードリヒ3世とポルトガルの王女エレオノーレとの間に生まれた長子である．輝くような鳶色の目をしたハンサムな青年として評判を集め，当時，西北都市圏の元締的存在として栄えていたブルゴーニュ公家の愛娘マリアと結婚した．この結婚を契機にハプスブルク家は，オーストリアというヨーロッパの辺境の領主からヨーロッパの中心勢力にまでなっていくのである．そして，名君主としてだけではなく容姿や人柄からも国民に愛され尊敬されたマクシミリアン1世は，マックス(Max)という愛称で呼ばれ，その名はドイツ圏の伝統的な名前の1つとなった．

なお Maximus はラテン語 *magnus*(great)の最上級であり，*magnus* もそのまま名前マグヌス(Magnus)として用いられる．マグヌスは特に北欧諸国で人気があり，善良公と呼ばれたノルウェーのマグヌス1世(Magnus I the Good，在位1035-1046)がシャルルマーニュのラテン語名カロルス・マグヌス(Carolus Magnus)にあやかって使って以来，同国には同名の国王が7世(在位1319-55)まで輩出した．Magnus は北欧に近いスコットランドでもゲール語化されてマーナス(Maghnus)となり，さらに英語化されたメイナス(Manus)などの変化形が生まれた．

ロムルスとレムスの母レア・シルウィア

女性名シルヴィア(Silvia)は、ロムルスとレムスの母レア・シルウィア(Rhea Silvia)に由来する名前である。レア・シルウィアは、本来は、自然神であり、豊饒の女神である。ローマ神話にはシルウァヌス(Silvanus)という森の神が登場する。この神は森の恐怖を表わす神であるが、土地の境界、農家、そして家畜の神であると考えられ、ギリシャ文化の影響により、パン(Pan)と同一視されるようになった。シルウィウス(Silvius)はアエネアスとラウィニアの子で、ユールスの死後アルバ・ロンガを引き継ぐ人物である。このことはローマの建国神話が豊饒神話に根ざしていることを示すものである。

このようにシルヴィアとかシルウィウスは、ローマ建国以来の由緒ある名前であり、シルウェステル(Silvester)もローマ貴族の家系の名前であった。Silvesterは、ラテン語silva(wood)の形容詞silvester(wooded, covered with trees)が名前として使われたものである。ローマ教皇には聖シルウェステル1世(Silvester I, 在位314-335)を含めて同名の教皇が4人輩出した。教皇聖シルウェステル1世はコンスタンティヌス大帝に洗礼を与えたという伝説のある人物である。同教皇には死んだ牛を生き返らせたという伝説があり、足元に牛が横たわっている立像がある。

SilvesterはSylvesterとも綴るが、この名は、私たちには映画〈ロッキー〉や〈ランボー〉などで人気が出たシルヴェスター・スタローン(Sylvester Staloon, 1946-)によって親しみ深いものとなっている。スタローンはシチリアからの移民の息子としてニューヨークで生まれた。

豊饒の角とコルネリウス氏族

コルネリウス(Cornelius)の名は、ローマの名門貴族の名としてよく知られている。同氏族出身の人物としては、第二次ポエニ戦争中の紀元前202年にハンニバルに大勝してユピテルの寵児とされた大スキピオ(Publius Cornelius Scipio Africanus Major, 235-183BC)、その長男の養子でポエニ戦争を終結させた小スキピオ(Publius Cornelius Scipio Aemilianus Africanus Minor)、ローマに対抗した小アジアの王ミトリダテス(Mithridates VI, 在位120-63BC)に勝利し、国内の政敵マリウス(Marius)との戦いに勝利して独裁官となったスッラ(Lucius Cornelius Sulla, 138-78BC)などがいる。

Corneliusは、ラテン語の*cornū*(horn：角)が語源であると考えられている。*cornū*から派生したラテン語に*corneolus*(角のようにかたい)がある。空洞の角は酒杯とか角笛として使われたが、このような角は宗教儀礼に使われることも多く、神聖なものと関係づけられた。また、ユピテルに乳を与えた山羊アマルティアの角で、所有者が欲しいものは何でも無限に作り出すとされるコルニュコピア(Cornucopia：豊饒の角)は、幸運の女神フォルトゥナ(Fortuna)の持ち物でもある。Cornucopiaは、ラテン語*cornū*と、copy(コピー)の語源*cōpia*(豊饒、貯蔵)からなる言葉である。

†シャルルマーニュの故地アーヘンの聖コルネリウス

男性名コルネリウス(Cornelius)は、第21代教皇コルネリウス1世(Cornelius I, 在位251-253)の名前として広く使われるようになった。デキウス帝(Decius 在位249-251)の迫害後に教皇に選ばれ、迫害によって転んだキリスト教徒に寛大な処置を取っ

〈ローマ〉

たことで知られている．彼は奇跡を行い数多くの人びとをキリスト教に改宗させたとされる．しかし，再び始まった迫害によって捕らえられ，殉教したとも病死したともされ，遺体はカタコンベに埋葬された．

殉教者コルネリウスは『黄金伝説』の第131章によっても伝えられている人物である．同伝説では，Corneliusは，ラテン語のcornū（角）とギリシャ語のlāos（民）からなる名前で，「民の角」すなわち「民の勇気」という民間語源説を挙げている．聖コルネリウスは，特に，ドイツのラインラント地方での信仰が盛んで，アーヘンの聖コルネリウス大聖堂は巡礼の地として大勢の人びとが参拝し，特に癲癇の発作からまもってくれる聖人として信仰された．

† ローマ女性の鑑コルネリア

コルネリア（Cornelia）の名をもつ人物としては，大スキピオの次女が特に有名である．彼女は教養があり，徳も高く，ローマの女性の鑑と讃えられた女性であった．彼女にはグラックス兄弟として知られた有能な息子たちがいた．彼らは，農民のために土地改革を行おうと努力して人気があった政治家であった．ある貴婦人がコルネリア家で，彼女の宝石を見せてくれるようにと頼むと2人の息子を連れて来て「これが私の宝石です」と言ったという伝説がある．

名家コルネリアはローマの有力貴族の多くと血縁関係を結んだ．大ポンペイウスがカエサルの娘ユリアを産褥で失った後に結婚したのがコルネリア氏族の娘コルネリアであった．カエサルもまたコルネリア氏族のキンナ（Lucius Cornelius Cinna）という執政官の娘コルネリアをめとった．

英語の女性名コーネリア（Cornelia）は特に人気のある名前ではなかったが，19世紀のなかごろからよく使われるようになり，愛称形としてはコーニー（Cornie），コニー（Conny, Connie），ネリア（Nelia），ネリー（Nelly, Nellie），ネラ（Nella），コキー（Cokkie）などがある．

† スッラの自称フェリックスとファウストゥス

スッラは父の時代に落ちぶれて貧しい生活を余儀なくされながら，数々の戦いに勝利して独裁官にまでのぼりつめた人物である．その成功を彼は幸運の女神（Fortuna）のおかげだとことあるごとに語り，自分をフェリクス（Felix: fruitful, fertile, fortunate, lucky）と呼ばせた．フェリシティ（Felicity）は，felicity（至福）が名前になったものであるが，この名前はラテン語fēlīx（happy）から派生した名詞fēlīcitās（多産，幸福）が語源である．フェリシア（Felicia）も同語源の女性名である．後期ラテン語fēlīxは，キリスト教徒には，聖体を拝受する喜び，イエスと一体となる至福を表わす言葉として使われた．

ラテン語faustusは「幸運な，祝福された」という意味の言葉である．ローマ人は幸運の女神をファウスタ（Fausta）と呼んだ．それは幸運の女神ともされたウェヌスの添え名と言うべき名前であった．このラテン語は英語favor（好意，親切）の語源favor（good-will）と同系の言葉であり，この望ましい意味をもつ名前ファウスタは姓（cognomen）としても用いられた．

ファウストゥス（Faustus）の指小辞形ファウストゥルス（Faustulus: lucky little fellow）は，雌狼の巣穴でロムルスとレムスを発見した羊飼いの名である．独裁者となったスッラが自分をフェリクスと呼び，自分の双子の息子をファウトゥスと名づけ，娘をファウスタと名づけたとプルタルコスは『英雄伝』に記している．

ファウスタは，また，コンスタンティヌス大帝の妃の名として知られている．しか

173

し，ファウスタは大帝の政敵となったマクシミアヌス帝(Marcus Aurelius Valerius Maximianus, 在位286-305, 306-310)の娘で，彼女が大帝と不和になって処刑されたことも手伝って，大帝の暗い一面としてキリスト教会では語られることはあまりない．ゲーテの*Faust*(『ファウスト』)の主人公ファウスト(Faust)は錬金術師であり占い師で，権力とか知識欲のために魂を悪魔に売って地獄に落ちる人物である．

ヘラクレスの末裔アントニウス

アントニウスと言えば，ローマの将軍マルクス・アントニウス(Marcus Antonius, 83-30BC)を連想する．彼は，カエサルの部下であり，ブルートゥスとの戦いに勝ち，絶世の美女クレオパトラを愛し，オクタウィアヌスとの戦いに破れて自殺に追い込まれた男である．シェイクスピアの〈ジュリアス・シーザー〉における第3幕第2場の"Friends, Romans, countrymen, lend me your ears."ではじまる彼の弔い演説は有名である．

プルタルコスは『英雄伝』の「アントニウス伝」で，アントニウスは，自分はギリシャ最大の英雄ヘラクレスの息子アントン(Anton)につながる家系の生まれであると主張したと書いている．ヘラクレスはゼウスの子であるので，アントニウスはカエサルと同様ゼウス(ユピテル)の末裔ということになる．彼は公衆の面前に出るときはこのような家系の出であることを示すためにライオンの皮をかぶってヘラクレスに似た恰好をした．そのライオンの皮は，また，彼が超人的な力を有していることを誇示するものであった．

アントニウスは氏族名として使われた名前である．アントニウスと，オクタウィアヌスの姉オクタウィアの間に生まれた娘アントニア(Antonia)は，オクタウィアヌスの養子大ドゥルスス(Nero Claudius Drusus, 38-9BC)と結婚し，クラウディウス帝(Tiberius Claudius Drusus, 在位41-54)の母となった人物である．なお，アントニウスはオクタウィアという妻がありながら，クレオパトラとの愛に「溺れ」ていくのであるが，これが彼とオクタウィアヌスとの不仲を決定的にする一因となった．

Antoniusの語源は定かではなく，エトルリア語起源の名前ではないかと考えられている．しかし，ルネサンス期になってギリシャ語*ánthos*(花)と関係づけられ，英語ではAnthonyと綴られるようになった．女性名アンシア(Anthea)はギリシャ語*ántheia*(華麗な)が語源であるが，このギリシャ語は本来は豊饒の女神であり春の女神で，ゼウスの妃でもあったヘラの添え名の1つであった．英語のAnthonyにはアンソニーに近い発音をする場合とアントニーに近い発音をする場合がある．

†修道院の父，大アントニウス

アントニウスは，キリスト教においては，特に，修道院の創始者大アントニウス(Anthony the Great, 251?-356)の名として知られている．彼は裕福な家庭に生まれるが，両親の死後20歳のとき，財産を貧しい人びとに分け与え，エジプトの砂漠で禁

マルクス・アントニウスの銀貨

欲的な修道士の生活に入った．「マタイによる福音書」には，ヨハネから洗礼を受けた後，イエスは悪魔に試みられようとして霊によって荒野に導かれ，40日40夜断食する様子が書かれている．イエスは，飢えに耐え，誘惑する悪魔に，旧約聖書の「申命記」の第8章第3節を引用して，「『人はパンだけで生きるものではない．神の口から出る1つ1つの言葉で生きる』／と書いてある」(「マタ」4.4)と応える．大アントニウスはイエス・キリストの生き写しとなるための道として荒野の修道生活に入るのである．

食事を制限し，粗末な衣を身にまとい，人里はなれた荒涼とした砂漠の洞窟に住むという禁欲的な生活は，離散したユダヤ人のなかに芽生えた禁欲的生活態度に根ざしたものである．荒野で教えを説き，「らくだの毛衣を着，腰に革の帯を締め，いなごと野蜜を食べ物としていた」(「マタ」3.4)と記された洗礼者ヨハネの姿に禁欲的な隠修士の姿を見ることができる．そして，それはまた純粋な精神的生活や霊的生活をするには霊魂を閉じ込めている物質的欲望を抑え，肉体を厳しく鍛えなければならないとしたプラトニズムに代表されるヘレニズムの影響を受けたものでもあった．そのような禁欲的生活をする大アントニウスは，肉体を殺して霊的生活を完成して天のイエスに仕え，罪人たちのために神に許しをとりなす祈りを捧げるとされた殉教者と同じく，物質的欲望や肉体的欲望を殺して霊に生きた「殉教者」として人びとに強く崇拝された．

大アントニウスは「荒野の泉」とも呼ばれ，彼の修道生活は，後の修道院の生活のモデルとなり，エジプトからパレスティナに広がり，ギリシャへと広まった．そして，キリスト教がローマ帝国の国教になってキリスト教そのものが俗化していくなかで，大アントニウスが実践した修道生活は精神的救済を求める人たちの間に浸透していくのである．

イエスにもっとも近く，罪の許しや病の癒しを神にとりなすことができると考えられた大アントニウスについてはいろいろな伝説が生まれた．悪魔が人間につきつける危害や災難から人びとを救ったとか，病人を救ったという伝説が数多く残っている．なかでも，11世紀にヨーロッパを襲った丹毒とされる疫病の際に彼の名のもとにいろいろな治療が試みられた．このようなことからイタリアの守護聖人アントニウスは，イングランドの聖ジョージ，スコットランドの聖アンドリュー，アイルランドの聖パトリック，ウェールズの聖デイヴィッド，スペインのサンティアゴ，フランスのサン＝ドゥニとともに七守護聖人の1人とされるようになった．

† 幼児イエスの訪問を受けたパドゥアのアントニウス

パドゥアの聖アントニウス(Antonius Padua, 1195?-1231)もまた広く信仰を集めた聖人である．彼は25歳でフランシスコ会に入会し，大アントニウスにあやかってアントニウスと改名した．アントニウスは説教が非常に上手で，彼が説教するところには大勢の人びとが喜々として集まり，その様子は祭りのようであったとされる．その才能を知った聖フランシスコは彼をフランシスコ会の説教師として招いた．そして，アントニウスはイタリア中を説教してまわり，フランシスコ会の神学的基礎を築くのである．

聖アントニウスは，晩年パドゥアを中心に説教活動を行い，同市郊外の貧しきクララの修道院で死去した．その墓所には立派なバシリカ形式の教会が建てられ，多くの巡礼者が訪れるようになった．そして次第

に，遺失物の発見や，大アントニウスに対するのと同じように熱病・疫病よけなどの祈願をする習慣が生まれた．今日でも同聖人の石棺に触れ，胸で十字架を切り，石棺に顔を埋めるようにして長い祈りをしている人の姿を見ることができる．

パドゥアのアントニウスは絵画や彫刻では，聖書をもち，その聖書の上に幼児が座っていることが多い．それは彼に幼児のイエスが現われたという伝説によるものである．このパドゥアのアントニウスによって西ヨーロッパにアントニウスの名が復活した．

アントニオ（Antonio）は，アントニウスから派生したイタリア語男性名である．この名をもつ人物にはバロック音楽の代表的作曲家ヴィヴァルディ（Antonio Vivaldi, 1678-1741），ヴァイオリンの名製作者ストラディヴァリ（Antonio Stradivari, 1644?-1737）などがいる．

女性名アントニア（Antonia）は，イタリア，イギリス，スペイン，ドイツ，スカンディナヴィアなどで広く使われている．トーニア（Tonia）やトーニー（Tonie）はアントニアの愛称形である．アントニエッタ（Antonietta）はイタリア的愛称形である．英語名アンソニー（Anthony）はフランス語ではアントワン（Antoine）となる．これに愛称辞-etteをつけて生まれたのが女性形アントワネット（Antoinette）である．この名は，マリア・テレジアの末娘で，フランスのルイ16世に嫁ぎ，革命によって処刑されたマリー・アントワネット（Marie Antoinette, 1775-93）とともに忘れ得ない名前である．彼女のドイツ名はマリア・アントニア（Maria Antonia）であり，王妃としての彼女の正式名はジョセフ・ジャンヌ・マリー・アントワネット（Josèphe Jeanne Marie Antoinette）である．

皇女マリア・アントニア
（後のマリー・アントワネット）

† ロシア精神の源泉，聖アントーニイ

アントーニイ（Антóний: Antonij）はラテン語名 Antonius から生まれたロシア語名であり，アントーン（Антóн: Anton）はその口語形である．これらはキエフで隠遁修道を実践した聖アントーニイ（Antonij Perčerskij, 983?-1073）にあやかるものである．聖アントーニイは，ビザンティン修道運動の中心地と言うべきアトス山のグレゴリオス修道院で修道生活をおくり，高い精神性を身につけ，生きた聖人として尊敬された人物である．彼の後を継いだフェオドーシイとともにロシア人の精神的指導者として歴史に名を留め，彼にあやかって子どもにアントーニイと命名する人びとが数多く出た．

アントーン（Anton）はドイツやロシアでよく見られる名前であり，スラヴ的名前でもある．この名をもつ人物には『桜の園』や『ワーニャ伯父さん』などで知られるチェー

ホフ(Anton Pavlovich Chekhov, 1860-1904)や，交響曲〈新世界〉で有名なドヴォルジャーク(Anton Dvořák, 1841-1904)がいる．彼の正式名はアントニーン・レオポルド・ドヴォルザーク(Antonín Leopold Dvořák)である．

アエネアスに駆せ参じたクラウディア氏族の祖

ローマの名門氏族名クラウディア(Claudia)の語源は，ラテン語*claudus*で，その意味は「足が不自由な」である．あだ名から氏族の名前になったものと考えられている．ウェルギリウスの『アエネイス』では，その第10巻にアエネアスのラティウム獲得合戦においてクラウディウス氏族の祖クラウスス(Clausus)が，サビニ軍を引き連れて援軍に駆けつけ，武勇を振るう様子が書かれている．スエトニウスの『皇帝伝』の「ティベリウス編」によると，クラウディウス家はサビニ族出身で，ロムルスの時代にさかのぼることができる．同氏族は王政が終わった6年目に元祖アタ・クラウディウス(Atta Claudius)に率いられてローマに移り住み，やがて貴族に列せられて，第2代皇帝ティベリウス(在位14-37)までに28の執政官職，5の独裁官，そして数多くのウェスタの聖女を輩出したもっとも有力な氏族の1つとなった．

クラウディア氏族には，ティベリウス帝(Tiberius Claudius Drusus Nero)や，第5代皇帝ネロ(Lucius Nero Claudius Caesar Drusus Germanicus, 在位37-68)など，ネロ(Nero)という家名や，個人名をもつ人物が多いが，Neroの語源はサビニ語で，「勇敢」とか「剛毅」を意味する名前であった．クラウディア氏族とユリア氏族との親戚関係は深く，ティベリウス帝以後，カリギュラ帝，クラウディウス帝，ネロ帝を含めて，69年まで8代の皇帝がユリア家とクラウディア家から輩出したので，この間の王朝はユリウス・クラウディウス朝と呼ばれている．第4代クラウディウス帝(Tiberius Claudius Drusus Nero Germanicus, 在位41-54)は，暗殺されたカリギュラ帝を継いで皇帝になり，ブリタニアを植民地として本格的に経営した皇帝として知られている．彼は，再婚した后で，後の皇帝ネロの母親でもあるアグリッピナに毒殺された人物でもある．

クラウディア(Claudia)は，キリスト教の聖書では，「テモテへの手紙二」に，改宗したローマ人として登場する．彼女はクラウディア氏族の解放奴隷であったとされる．ディオクレティアヌス帝とマクシミアヌス帝の共同統治時代(286-305)には，黒海沿岸の町で笞でずたずたに打たれて縛り首にされた殉教聖女クラウディアがいる．この殉教聖女が特にギリシャ正教圏で崇拝された関係で，ロシアにもこの名前が広まった．ロシアの大統領エリツィンの母(1993年没)の名がクラーウディヤ(Клaвдия: Claudiya)であった．

ラテン名をもつ福音者たち

キリスト教はディアスポラたちによって広められた宗教である．当時パレスティナはローマ帝国の支配下にあり，ディアスポラたちには，ギリシャ語名とユダヤ名，あるいはラテン語名とユダヤ名の2つの名前をもつ者が多かった．十二使徒のうち，ペトロ，アンデレ，フィリポはギリシャ語起源の名前である．マルコ，ルカ，そしてパウロはラテン語起源の名前である．ペトロのユダヤ名はシモンである．マルコのユダヤ名はヨハネで，パウロのユダヤ名はサウルである．

豊饒と戦争の神マルスとマルコ

英語名マーク(Mark)は，ラテン語ではマルクス(Marcus)で，ギリシャ語ではマルコス(Markos)である．マルクスは，マルクス・ユニウス・ブルートゥス(Marcus Junius Brutus)のように一般的には第一名に見られるものである．ローマでは，ルキウス(Lucius)やガイウス(Gaius)，プブリウス(Publius)，クイントゥス(Quintus)，セルウィウス(Servius)他，15ほどしかなかった貴族たちの個人名のうちの1つであった．

ラテン語名Marcusの古形は*Mart-cosで，この名は，伝統的に，ローマの軍神であり古くは豊饒の神であったマルス(Mars)に由来する名前であると考えられてきた．Marsの語源については明確ではなく，ラテン語mās(男らしさ)であるとか，ギリシャ語márnasthai(to fight)であると解釈されてきた．男らしさの象徴は男性生殖力であり，男根がそのシンボルである．神話によるとマルスはロムルスの父であるが，プルタルコスの「ロムルス伝」は，ロムルスの父はかまどから生えてきた男根であるとの伝承を伝えている．ただ，ローマが周囲の部族との戦いを通じて力を養うにつれて，マルスを軍神として崇拝する伝統が生まれ，ギリシャ神話の軍神アレスの属性が付加された．

マルコは，イオアンネス・マルコス(Ioannes Markos)とも呼ばれた(「使」12.12, 25)．彼の母の名はマリアで，彼女の家はエルサレムにおける原始キリスト教徒の集会所となったとされ，使徒やその他の弟子たちがよく集会をもったが，「最後の晩餐」も彼の家の2階での出来事であったという伝承がある．

福音者マルコは，パウロの第1回伝道旅行にバルナバとともにつきしたがった人物である．その後，ペトロのローマへの伝道旅行に通訳として同行し，伝説によればペトロの殉教後に福音書を書き始めた．ペトロが「私の子よ」と呼ぶほどペトロに愛された人物で，「マルコによる福音書」にはペトロの思想が反映されているといわれる．

マルコには，また，62年にアレクサンドリアにおもむき教会を設立したとか，その地で殉教したという伝説がある．その関係で彼はアレクサンドリアの初代総主教とされた．そして，マルコの遺体は9世紀にイスラム教徒の支配下にあったアレクサンド

マルコ(左)とパウロ(デューラー画)

リアからヴェネツィアに運ばれ，今日サン・マルコ寺院のある場所に埋葬された．以来，福音者マルコにあやかる名前はヴェネツィアを中心にイタリアで特に人気が高まった．マルコ・ポーロ（Marco Polo, 1254-1324）はヴェネツィア出身である．

フランス語名マルセル（Marcel）は，ラテン語ではマルケッルス（Marcellus）であり，マルクスの愛称として生まれた名前である．この名は，特に，皇帝崇拝を拒否して殉教したローマの軍人マルケッルス（Marcellus, ?-298）にあやかる名前としてキリスト教化された中世においてもよく使われた．マルケッルスはイタリア語ではマルチェロ（Marcello）であり，この名をもつ人物としては俳優マルチェロ・マストロヤンニ（Marcello Mastroianni, 1923/24-96）がよく知られている．

マーシャ（Marcia）はローマの氏族名マルキア（Marcia）に由来する名前である．この名もMarsが語源で，Marcusに対応する女性名と考えられることが多い．マーシャ（Marsha）はMarciaの変化形である．また，カール・マルクス（Karl Marx, 1818-83）のMarxは，ドイツ名Markusの変化形であり，アシュケナジ系ユダヤ人によく見られる名前である．カール・マルクスもユダヤ系ドイツ人であった．

† 神のもっとも近くに仕える有翼のライオン

百獣の王としてのライオンには，古来，高貴さや王者の威厳など，王に期待された属性が付加されてきた．旧約聖書にも，ヤコブが死の床で子らに言ったことばのなかで，ユダを祝福して，「ユダよ，あなたは兄弟たちにたたえられる．あなたの手は敵の首を押さえ／父の子たちはあなたを伏し拝む．ユダは獅子の子．わたしの子よ，……」（「創」49.8-9）と言うくだりがある．

〈ローマ〉

旧約聖書の「エゼキエル書」（1.5-14）には，バビロニア捕囚中に，ユダヤの復興のために熱心に働いていた預言者エゼキエルに下った神の幻から発するエレクトロンのような光のなかで動く有翼の，人，ライオン，雄牛，鷲が描かれている．また，新約聖書でも「ヨハネの黙示録」では天の玉座を取り囲む4つの動物が「第一の生き物は獅子のようであり，第二の生き物は若い雄牛のようで，第三の生き物は人間のような顔を持ち，第四の生き物は空を飛ぶ鷲のようであった」（「黙」4.7）と書かれている．新約聖書の4人の福音者たちは，伝統的に，マタイが翼のある人間，マルコが翼のあるライオン，ルカが翼のある牛，そして，ヨハネが鷲，として表わされてきた．福音者マルコは，ヴェネツィアの守護聖人である．ビザンティン風の壮麗なサン・マルコ寺院とその前のサン・マルコ広場をはじめ，随所に有翼のライオン像がある．

このように有翼のライオンは神のもっとも近くに仕える天使的存在であり，ライオンを意味するラテン語*leō*やギリシャ語*léōn*を語源とする男性名レオ（Leo）やレオン（Leon），女性名レオーナ（Leona）がよく用いられるようになった．レオの人気は，特にローマ教皇レオ1世（Leo I，在位440-461）によるところが大きい．レオ1世は，フン族やゲルマン人の侵入からローマを救い，キリスト教的ヨーロッパへの礎石を築いた人物として尊敬され，大教皇と呼ばれ，以降13世（Leo XIII，在位1878-1903）まで同名の教皇を輩出した．パパ（Papa：教皇）という称号もレオ1世に初めて与えられたものである．

† マルタンの慈悲

マルタン（Martin）は，ローマの軍神マルス（Mars）から属格形Martisを経て生まれた名前マルティヌス（Martinus）が語

源で，その意味は「マルスに属する」である．この名は，ガリアの使徒と呼ばれ，フランスの守護聖人となった聖マルティヌス，すなわち，聖マルタン(Martin, 316?-397)にあやかる名前としてヨーロッパ中に広がり，今日でも高い人気を保っている．

聖マルタンは，ローマの軍人を父に，パンノニア，すなわち，今日のハンガリーで生まれ，15歳でローマ兵として徴兵され，ガリア地方に従軍した．伝説によると，ある寒い日のこと，アミアンに入城しようとしたとき，寒さに震えている乞食を見つけた．彼は哀れに思い，自分の外套を半分引き裂き，その乞食に与えた．その夜，マルタンは彼が与えたマントを着てやって来るキリストの夢を見た．これはマルタンが18歳のころの出来事であるとされる．以来，彼は熱心なキリスト教徒になり，キリストの兵士としての自分とローマ帝国の兵士としての自分が互いに相容れないものであることを悟り，時の皇帝ユリアヌス(Julian the Apostate)に兵役免除を嘆願した．すると，マルタンは臆病者と非難され，投獄された．それは良心的兵役拒否のモデルとされるものである．

出獄後，聖マルタンはガリアに行き，40歳ごろにフランスの西部の町ポワティエの聖ヒラリウスに叙階されてパンノニアやバルカン半島で宣教活動を行った．そして，当時盛んであったアリウス派と対立して，ガリアのヒラリウスのもとに帰ってくる．その後は，イタリア各地で修道士として生活し，再びガリアに戻って360年にポワティエで修道院を建てた．これがヨーロッパにおける最初の修道院であった．マルタンは372年にフランスのツールの司教となり，特に田舎の住民に対する布教活動に力を注いだ．その活動によって，マルタンは，大陸はもちろん，イギリスにも影響力をもつようになり，多くの修道院が設立され，多くの聖堂が彼に捧げられるのである．

聖マルタンについて多くを書き残したのはツールの聖グレゴリウス(Gregorius Tours, 538-594)である．グレゴリウスの書いた *Historia Francorum* (『フランク史』)の第1巻第48章では，聖マルタンはいろいろな善行を行った後，81歳でキリストのもとに召されたことが書かれ，特に，病を癒すありがたい聖人として崇拝されていたことが記されている．『黄金伝説』の「司教聖マルティヌス伝」では，冒頭に，Martin は *Mārtem tenēns* (戦いを指揮する者)と同じで，それは罪と悪徳に対して戦いをしかける人という意味であると解釈されている．『黄金伝説』における語源解説の多くはいわゆる民間語源説というものであるが，中世においてはこの解釈が強い影響力をもっていた．聖マルタンは，実際には殉教者ではないが，同書では「自分からすすんで肉欲を殺すことによっていわば殉教したのである」と記されている．

聖マルタンの祝日は11月11日である．この日はマルタンマス(Martinmas)と呼ばれ，収穫祭の日でもある．この日までに，秋の収穫を終わり，冬用の動物たちを屠殺し，新しいワインの試飲を行い，借金を返済し，使用人たちを解放するのが慣わしであった．英語には，St. Martin's summer という言葉があるが，これはアメリカで言うインディアン・サマー(Indian summer)のことである．日本語では「小春日和」にあたる言葉であるが，St. Martin's summer とは秋の終わりに訪れる温かい晴天，すなわち，収穫日和のことを言う．このように見ると聖マルタンは「豊饒の神」のような存在であることがわかる．また，彼がローマの戦士からキリストの戦士となったことからも，ローマの軍神マルスがもっていた属

性が，キリスト教的に変化して聖マルタンにも付加された．

Martin の名をもつ人物としては，プロテスタント運動の祖マルティン・ルーテル（Martin Luther, 1483-1546）やアメリカ公民権運動の象徴的存在であったマーティン・ルーサー・キング・ジュニア（Martin Luther King Jr., 1929-68）などが特に有名である．聖マルタンが今日のハンガリーの地に生まれたこともあり，中世においてハンガリーの勢力圏にあった地域にはマルティン（Martin）やマルトン（Marton）などが多い．マルティナ（Martina）はマルティンの女性形である．この名をもつ人物に，ウィンブルドンで通算9度の優勝をなし遂げたテニスプレーヤー，プラハ生まれのナヴラティロヴァ（Martina Navratilova, 1956- ）がいる．1996年に16歳の若さで世界ランキング1位になり，1997年のウィンブルドンを征したマルティナ・ヒンギス（Martina Hingis, 1980- ）はスロヴァキア生まれである．

マルタンとチャプリン

聖マルタンが自分のマントを乞食に与えたという伝説から，彼の法衣は聖遺物として崇拝の対象となった．ラテン語で法衣のことをカペラ（*capplella*）と言ったが，やがてその聖遺物を入れる箱（shrine）をカペラと呼ぶようになった．聖マルタンのカペラを収納した礼拝堂をカペラと呼ぶようになった経緯については『カルロス大帝伝』の「カルロス大帝業績録」第1巻に次のように書かれている．「この『カペラ』という名称は，フランキアの歴代の王が護身符として，かつ敵を威圧するため，常時戦場に持参していた聖マルタンの法衣に由来し，彼らは帝室礼拝堂をいつもそう呼びならわしていた」（ノトケルス著，国原吉之助訳）

この平俗ラテン語 *cappella* が古フランス語 *chapele* となり，聖遺物をおさめる礼拝堂一般を意味するようになった．そして，*chapele* が英語に借り入れられて chapel（チャペル）となった．近代フランス語では chapelle（シャペル）である．パリの聖礼拝堂ラ・サント・シャペル（La Sainte Chapelle）は，聖ルイ王（St. Louis IX）によって1248年に建てられたものである．この聖堂は，イエス・キリストの受難の際の「茨の冠」をおさめた聖堂で，それは聖ルイ王がコンスタンティノポリスから持ち帰ったものとされた．

姓としてのチャプリン（Chaplin）は，平俗ラテン語 *cappella* から派生した *cappellānus*（牧師）が，古フランス語 *chapelain* を経て英語に借入されたものである．喜劇王チャプリン（Charles Spencer Chaplin, 1889-1977）の Chaplin は「礼拝堂つき牧師」という意味の姓である．Chaplin の英語的変化形には，チャプレン（Chaplain），チャプリング（Chapling），チャパリン（Chaperlin），チャペリン（Chapelin）などがある．チャッペル（Chappell）もやはり，chapel から派生した名前で，チャペルの近くに住んでいた人につけられた姓であった．

パウロが愛した医者ルカ

福音者ルカは英語ではルーク（Luke），ラテン語ではルカス（Lucas），ギリシャ語ではルカス（Loukas）である．英語名は新約聖書が書かれた言語であるギリシャ語の綴りの影響を受けている．今日でもルカは，フランス語，スペイン語，ポルトガル語その他，いろいろの言語で Lucas と綴る．英語でも Lucas と綴ることがあるが，この場合 Luke よりも堅くまた知的に響く．イタリア語ではルカ（Luca）であり，ドイツ語ではルーカス（Lukas）である．日本語訳聖書においては，新約聖書の原語であるギリシャ語読みにこだわった『共同訳

聖書』がルカスと表記している以外は，すべてルカと表記している．

ラテン語名 Lucas はルカヌス（Lucanus）の短縮形である．Lucanus の意味は of Lucania で，この名前は「ルカニアからの男」という意味に使われた．ルカニアとはイタリア南部の長靴形の土踏まずにあたる地方である．ルキウス（Lucius）はローマ人の第一名としてもっとも人気のあった名前であり，Lucania は Lucius から Lucianus が生まれ，*Luciania* を経て生まれた地名である．

ローマ人の間で特に人気があった個人名ルキウスはラテン語 *lūx*, *luci-*（光）が語源で，「輝く」という意味の名である．これは印欧祖語 **leuk-*（light, brightness）に由来する名前で，ラテン語起源の英語 lux（ルックス）や lucent（光る，輝く），lucid（透明な），Luna（月の女神），Lucina（ユーノーの添え名），illuminate（照明する）と同系の言葉であり，ゲルマン語起源の英語 light（光），アイルランドの光の神ルーフ（Lugh）と同族の言葉である．

聖ルカ（スルバラン画）

ルカニアは，早くからギリシャの植民地になり，ヘレニズム化がすすんでいた．新約聖書の「ルカによる福音書」の著者とされるルカは，ヘレニズム文化の中心地アンティオキアで生まれた非ユダヤ人（Gentile）であると考えられている．高い教養をもった国際人であった．パウロの「フィレモンへの手紙」ではルカはマルコとともにパウロの協力者と記されており，「コロサイの信徒への手紙」で「愛する医者のルカ」（「コロ」4.14）と記されている．

†ユーノーの生まれ変わりルキナとルチア

ルキナ（Lucina）は，ローマ神話の出産を司る女神であり，ルキナはユーノーの添え名である．この添え名は「光へともたらす者」とか「子どもの眼を開く女神」と解釈された．ウェルギリウスは *Georgica*（『農耕詩』）の第4章第340節においてルキナ（Lucina）を「出産の女神」という意味に使っている．

教父時代には，ルキナの名をもつ聖女が数人登場し，キリスト教徒に崇拝されていた．使徒たちの女弟子と呼ばれた聖ルキナがその代表的存在である．彼女は捕らえられているキリスト教徒を訪問し，殉教者たちを埋葬したと伝えられている．聖ルキナ伝説の多くが殉教者の埋葬に関係がある．出産の女神ルキナは，すなわち豊饒の女神であり，地下を支配する女神でもある．聖ルキナの伝説にはユーノー・ルキナの影響を見ることができる．

架空の聖女ルチア（Santa Lucia）も，やはり，ユーノー・ルキナの神話がキリスト教に取り入れられたものである．彼女の持ち物はランプと供物用の平皿で，それらはユーノー・ルキナの持ち物でもある．聖ルチアは中世においては眼病の守護聖人として崇拝された．祝日は12月13日で，スウェーデンなどスカンディナヴィア地方では1

〈ローマ〉

年でもっとも太陽が遠い時期のこの祝日は光の祭りでもある．人びとは聖ルチアに早い春の訪れを祈るのである．

　伝説によると，聖ルチアはシチリア島のシラクサの裕福な家庭に生まれた．キリスト教に改宗してからは，ディオクレティアヌスの迫害中にもキリスト教を公然と広めたばかりではなく，自分の富を貧しい人びとに分け与えた．聖ルチアの殉教は303年か304年であったとされ，その拷問は，火あぶりはもちろん，溶かした鉛を耳から流し込むとか，歯を引き抜くとか，乳房を切り取るといったものであった．そして，最後は短剣で喉を貫かれて死ぬのである．

　聖ルチアについては，「光」を意味するその名前からいろいろな伝説が生まれた．その1つに，聖ルチアがキリスト教に改宗したとき，純潔を誓って婚約者と別れた．そして，自分のかつての婚約者が彼女の目の美しさが忘れられず，一時も心が休まらないでいると聞くと，自分の目をくり抜いて彼のもとに届けた．すると彼女の婚約者もルチアの信仰心の強さに心を打たれてキリスト教に改宗した，という話がある．

　『黄金伝説』の第4章「聖女ルチア」には，「光の姿にはあらゆる優美さがそなわっていて，それが光の本性なのである．光は，また，濁ることなき流れである．そして光がまがることなくまっすぐにすすみ，長い道のりを遅滞なく走る」と書かれ，さらに「Lucia は Lucia via（光の道）のことである」と書かれている．ダンテの『神曲』では，聖ルチアは天上の光を運ぶ女性であり，マリアの指示を受け，ベアトリーチェに，ウェルギリウスをダンテのところに連れて行くようにすすめる女性である（「地獄篇」第2歌）．

†アメリカのルーシー
　ルーシー（Lucy）の名をもつ人物には，

自分の目を持ってくるルチア
（スルバラン画）

歴史上の人物や架空の人物を含めて私たちに親しみ深いものが多い．ルーシー・ストーン（Lucy Stone, 1818-93）は，婦人参政権運動に功績のあった人物として知られている．夫とともに奴隷廃止や婦人参政権獲得のために働き，1869年にアメリカ婦人参政権協会を設立した．今日，ルーシー・ストーナー（Lucy Stoner）は，女権擁護者を意味し，特に夫婦別姓を主張する運動家を意味する言葉として使われている．ルーシー・モード・モンゴメリー（Lucy Maud Montgomery, 1874-1942）は，カナダの女流作家で，Anne of Green Gables（『赤毛のアン』）の作者である．

　ルーシーは，また，マンガ（スヌーピーシリーズ）に登場する女の子の名前としてもよく知られている．何をしても失敗ばかりするチャーリーの女友だちで，チャーリ

ーが失敗するたびに"You, blockhead."（あんた，のろまねぇ）と言って嘆いたり，同情したりするのである．

リュシル(Lucille)はフランス語的であり，ルチッラ(Lucilla)はイタリア語的女性名である．ラテン語形ルキッラ(Lucilla)は，ローマ時代のキリスト教徒たちの間ですでに人気のある名前であった．ルシールの名をもつ人物には，"I Love Lucy"というコメディ風のテレビ映画の主人公として活躍したルシール・ボール(Lucille Ball, 1911-89)がいる．

キリストの真の戦士パウロ

英語名ポール(Paul)はラテン語ではパウルス(Paulus)である．ラテン語の形容詞 *paulus* の意味はsmallとかlittleとかfewである．同じ語源のラテン語に *pullus* があるが，この言葉は「ヒナ」を意味し，英語のpullet(若いメンドリ)やpoultry(食肉用飼鳥類，鳥肉屋)の語源である．同族語であるギリシャ語 *paûros* はlittleとかsmallという意味であり，時間的にはshortという意味で，数ではfewという意味にも使われる言葉であった．ラテン語名Paulusは，本来はあだなであったものと考えられる．

ラテン語名パウルスは，古代ローマ人の第三名(cognomen, surname)，すなわち，家族名としてJulius PaulusとかAemilius Paulusのように使われた．特に，アエミリア氏族にはこの家族名をもつ有名人を多く輩出した．例えば，第2次ポエニ戦争で，ローマ軍を指揮して紀元前216年にハンニバルに破れて戦死したルキウス・アエミリウス・パウルス(Lucius Aemilius Paulus)，その息子で第3次マケドニア戦争で大勝したルキウス・アエミリウス・パウルス・マケドニウス(Lucius Aemilius Paulus Macedonius, 229?-160 BC)がいる．

キリスト教時代に入ってからはPaulusは，聖パウロにあやかる名前として広まり，中世後半から今日まで，衰えることなくその高い人気を保っている．新約聖書の聖典の重要な部分をなす「使徒行伝」は，パウロとペテロの業と教えを記したものであり，正典に載せられた14通にのぼるパウロの書簡は，イエスの教えをもっとも雄弁に解説したものである．パウロは，激しい迫害にあいながら3回にわたり異邦人への大伝道旅行を行い，最後は，皇帝ネロの迫害によって67年ごろにローマで殉教したとされる．

パウロは，「テモテへの手紙二」で，テモテに対して「キリスト・イエスの立派な兵士として，私と共に苦しみを忍びなさい．兵役に服している者は生計を立てるための仕事に煩わされず，自分を召集した者の気に入ろうとします」(「IIテモ」2.3-4)と書いているが，後にパウロ自身が「キリストの真の戦士」と呼ばれるようになった．

† 回心したパウロ

パウロは，いわゆるディアスポラ（離散ユダヤ人）であり，今日のトルコの東南部キリキアのタルソスの名家に生まれた．ローマの市民権をもち，ギリシャ語を話す典型的なヘレニズム文化人であったが，厳格なヘブライ教育を受けた．ヘブライ語名はイスラエル初代の王と同じサウルで，ローマ市民としてのフルネームはガイウス・ユリウス・パウルス(Gaius Julius Paulus)である．ユリア氏族とアエミリア氏族につながる由緒ある名であった．

パウロはキリスト教最大の宣教師として強い尊敬を集める人物である．しかし，もとはユダヤ教の律法や形式を重んじるファリサイ派に属し，律法を侵す罪人や，ユダヤ人に軽蔑される収税人たちにキリストの

〈ローマ〉

慈悲を説くイエスの弟子たちを激しく迫害した経験をもっていた．そのことを示すもっともよい逸話として，聖ステファノに対する石打ちがある．イエスの死後，ステファノによる布教活動が盛んになると，パウロは律法や神殿を軽んずるキリスト教の人気の高まりにユダヤ教の危機を感じ，ステファノ迫害に参加するのである．「使徒行伝」の第8章，第9章によると，パウロは自らも賛成したステファノ殺害の後，エルサレム教会の迫害へと向かう途中，ダマスカスの近くで「サウル，サウル，なぜ，わたしを迫害するのか」(「使」9.4)というイエスの声を聞き，雷に打たれたような衝撃を受けて，キリスト教に帰依するのである．

この話は「パウロの回心」としてよく知られている．パウロの回心は，どんな罪人にも神の慈愛がおよぶ例として，キリスト教徒たちにとっては特に大切な挿話である．『黄金伝説』の第28章「パウロの回心」には，キリスト教徒がパウロの回心の日を他の聖人たちの祝日よりも重要視する理由を3つ挙げている．すなわち，1)これほどまでの大罪人さえも神の寵愛を受けることができたという範例を示すため，2)当時パウロの迫害によって苦しんだキリスト教徒たちが，彼の回心によっていかに喜んだかを示すため，3)厳しい迫害者を忠実この上ない伝道者に変えた神の奇跡を示すため，である．

パウロの回心の理由については，次のように解釈できる．すなわち，パウロは，律法をまもろうとすればするほど，次第に，自分が罪人であって救いのない精神的な死の地獄に自分がいることを自覚するようになり，神の愛を説いたイエスの言葉にこそ救いがあることを認識するようになるのである．そして，真に生きるためには，肉欲のやどる肢体を厳しく「殺し」，神の言葉，すなわち，神の霊によって生きるしか道が

ないことをさとった．これは，『パイドン』などで，真の命を得るためには，霊によって生き返るしか道がないことを説いたプラトンの考え方に通じるものである．厳格な律法主義者であったパウロであるからこそ，神の愛による救いの必要をもっとも強く認識し，神の霊による永遠の命の必要を認識したのであり，キリスト教の根幹をなす復活の思想がパウロの解釈によって定着した．その意味で，パウロこそ，イエスの言葉をもっともよく理解した人物であり，イエスの心にもっとも近い人物であったと考えられるようになった．

このように回心したパウロは，異教徒に熱心に布教した大伝道者として，ユダヤ教の一派であったキリスト教の世界宗教への発展にもっとも功績があった人物となった．パウロは3回にわたって大伝道旅行を行っているが，その伝道の主な地はアンティオキア，キプロス，フリギア，ガラティア，エフェソス，マケドニア，アテネ，ローマなどであり，パウロによってヘブライ的なキリスト教はヘレニズム的な宗教へと変質してローマ帝国内に根を下ろしていった．

† 女子修道院の創設者パウラ

男性名パウロや女性名パウラ(Paula)は，『ヴルガタ』の完成者ヒエロニムスと特に関係が深い．聖ヒエロニムスは，デキウス帝(在位249-251)の迫害をのがれて紅海の近くで100年ものあいだ洞窟で祈りと懺悔の生活を続けた隠修士テーベのパウロ(Paul of Thebes, ?-342?)の話を伝えている．それによるとパウロは113歳のときに修道院の祖とされる大アントニウスの訪問を受けた．

パウラはローマ貴族の生まれで，元老院議員と結婚したが，夫の死後ヒエロニムスにしたがってパレスティナに赴き，その地

185

で夫の遺産を投じて修道院を建てた．彼女の建てた女子修道院はキリスト教では最初のものであるとされる．『黄金伝説』の第29章「聖女パウラ」には，聖ヒエロニムスの言葉として「たとえわたしの身体のあらゆる部分が舌であって，言葉を語ることができても，聖パウラを称賛するにはまだたりないであろう．彼女は門地から言っても高貴であったが，彼女の徳は，それよりもはるかに高かった」と書かれている．

†背教者ユリアヌスに処刑された兄弟ヨハネとパウロ

現在のローマ教皇はヨハネ＝パウロ 2 世 (Johannes-Paulus II, 在位1978-) である．この教皇名は34日という短期の在位で死亡したヨハネ＝パウロ 1 世 (Johannes-Paulus I, 在位1978. 8-9) の名を引き継いだものである．この合名は，2 人の前任者，すなわち，全世界キリスト者の一致を目指して活躍したヨハネス23世 (Johannes XXIII, 在位1958-63) と，国際的社会正義の推進にあたって教会の一致をさらに推進したパウロ 6 世 (Paulus VI, 在位1963-78) にあやかったものである．

しかし，フランスの実存哲学で知られるジャン＝ポール・サルトル (Jean-Paul Sartre, 1905-80) や映画俳優ジャン＝ポール・ベルモンド (Jean-Paul Belmondo, 1933-) のように，この合名は以前からあり，マリアンヌ (Marianne) とかサリアンヌ (Sallianne) と同じように聖書の人物や聖人の名を合わせたものと考えられる．

ジャン＝ポール (Jean-Paul) の名には 1 つの伝説が存在する．コンスタンティヌス大帝がトラキアのスキタイ人との戦いで苦戦しているときに，キリスト教に改宗して天使の助力を得て敵軍を敗走させたとされるヨハネスとパウルスという兄弟がいた．しかし，彼らは大帝の甥でローマ皇帝となったユリアヌス（背教者）によって処刑された．この話は伝説であり，信憑性はないが，中世を通じて伝統的に信じられていた話であり，Jean-Paul はこの兄弟にあやかる名前とも考えられる．

†ポーロ，パブロ，パウエル，パーヴェル

英語名ポール (Paul) はイタリア語ではポーロ (Polo) である．ポーロの名をもつ人物としてはマルコ・ポーロ (Marco Polo) が浮かぶ．パウロ (Paulo) はポルトガル的で，ブラジル最大の都市で，日系移民が多く住んでいることで知られるサン・パウロ (São Paulo) は聖パウロにちなんで命名された都市である．

パブロ (Pablo) はスペイン語的響きをもつ名前である．古典時代のラテン語では -v- と -u- の発音上の区別はなかったが，中世時代になってこれらの文字は [v] と [u] という異なった音価を表わすようになる．

『ヴルガタ』を読むパウラ（レアール画）

〈ローマ〉

その変化の過程でPaulusの-u-は[u]とも[v]とも発音され，[v]はさらに[b]となまったことから綴りも変化してPabloという名前が生まれるのである．Pabloの名をもつ人物としては20世紀最大の画家といわれるピカソ(Pablo Picasso, 1881-1973)がいる．

英語名ポールはロシア語ではパーヴェル(Па́вел: Pavel)となる．パーヴェル1世(PavelⅠ, 在位1796-1801)は女帝エカテリーナ2世の息子で，フランス革命の波及を恐れ，ナポレオンと組んで革命の鎮圧をはかった人物である．Pavelの愛称形にはパーシャ(Па́ша: Pasha), パーリャ(Па́ля: Palya), パヴルーシャ(Павлу́ша: Pavlusha), パブルーシカ(Павлу́шка: Pavlushka)などがある．

ポールの名をもつ人物としては，ビートルズの一員として名をなし，現在も活躍中のポール・マッカートニー(Paul McCartney, 1942-)や映画俳優ポール・ニューマン(Paul Newman, 1925-)などがよく知られている．また，日本の作家遠藤周作の洗礼名がポールで，英語のWho's WhoなどにはShusaku Paul Endoと記載されている．プール(Pool)やパウエル(Powell)はPaulから変化した英語的姓である．パウエルの名をもつ人物としては，1990年の湾岸戦争当時の米国統合参謀本部議長コリン・ルーサー・パウエル(Colin Luther Powell, 1937-)がいる．

†ヨークの初代司教パウリヌス

キリスト教会の最大の功労者であり，最大の聖人であるパウロ(Paulus)の名前から派生した男性名パウリヌス(Paulinus)や女性名パウリナ(Paulina)は教父時代からよく使われた．歴史的によく知られる人物としては，ナポリの近くのノラの司教で，禁欲的修業と貧しい人びとへのほどこしでよく知られ，詩人としても有名なパウリヌス(Paulinus, 353-431)がいる．彼は聖アウグスティヌスや聖ヒエロニムスとの数多い文通によっても知られる人物である．『イギリス国民の教会史』にも著者ビード自身がノラのパウリヌスの詩的聖人伝を翻訳したことが記されている．

パウリヌスの名は，イギリスでは，ヨークの初代司教パウリヌス(Paulinus, 584?-644)によって人気のある名前となった．パウリヌスは初代カンタベリー大司教アウグスティヌスを助けるためにブリタニアに送られた人物である．彼は，ケント王エゼルバートの王女エゼルバーガ(Ethelberga)のノーザンブリア王エドウィンへの輿入れにつきそってヨークへ行き，エドウィンのキリスト教への改宗に成功して初代ヨーク司教になった．

ポーリーヌ(Pauline)はラテン語名パウリナ(Paulina)のフランス語女性名であり，英語ではポーリーンと発音する．男性名パウリヌスの変化形には，スペイン語名パウリーノ(Paulino)やパブリーノ(Pablino), イタリア語名パオリーノ(Paolino)などがある．

父と聖霊

信仰の父，建国の父

ローマの始祖アエネアスは，パテル・アエネアス(Pater Aeneas)と呼ばれている．アエネアスは主神ユピテルの娘ウェヌスから生まれた英雄であるが，ラテン語ユピテル(Jūpiter)の-piterはpater(父)の変化形であり，paterは印欧祖語*pəter(father)に由来する言葉である．この祖語が意味する「父」は，直接の親としての父を意味することはもちろんであるが，血族集

187

団の父祖としての父を意味する言葉でもある．父祖は血族団結の象徴であり，氏神でもある．その氏神を戴く集団は政治・経済的な必然性から地域的な広がりをもつようになり，部族の神となって，次第に国家を束ねる象徴的存在となるのである．

父祖としての「父」がどのような存在であったかは，印欧祖語*pəterに由来する現代語からもうかがい知ることができる．patriot(愛国者)はギリシャ語patriōtēs(fellow country man)が語源であるが，このギリシャ語はpátrios(of one's father's)から派生した言葉である．ギリシャ語名詞patriáには子孫とか系譜・家・氏族という意味があった．patron(後援者，保護者)は，ラテン語pater(father)から派生したpatrōnum(保護者)が語源である．pattern(模範，模様)はpatronと二重語の関係にある言葉である．このように祖語*pəterには，団結の象徴としての父祖，保護者，尊敬して従うべき模範，としての人物像が見える．

クレオパトラ(Cleopatra)の語源は，ギリシャ語kléos(fame：名声)とpatér(father)からなるKleopâtraで，その意味は「父の誉れ」である．アキレウス(Achilleus)の盟友パトロクロス(Patroclos)はCleopatraの構成要素kléosとpatérの順序を入れ換えた名前である．これらの名前は，一族の栄光を願ってつけられた名前で

クレオパトラの宴(アレッサンドロ・アローリ画)

〈ローマ〉

あると言える．なお，ギリシャ語 *kléos*（名声）は，ルートヴィヒ（Ludwig）の語源である古高地ドイツ語 *Hludowig* の第 1 要素 *Hludo-* と同族の言葉である．

†アイルランドの父，聖パトリック

パトリック（Patrick）は，アイルランドの守護聖人として崇拝されている聖パトリック（Patrick, 389?-461?）にあやかってアイルランドを中心に人気のある名前となった．聖パトリックはローマ化されたウェールズの地主の家に生まれた．16歳のときにアイルランドに拉致されて奴隷として6年間みじめな生活を余儀なくされる．そして，ブリタニアに帰ってからキリスト教に帰依し，フランスのカンヌの南に浮かぶレランス島の修道院で修道に励み，アイルランドに宣教師としておもむくのである．当時のレランス修道院は大アントニウスの流れをくむエジプト的な修道院であったが，ここはまたゲルマン人の大移動を避けてガリアからやって来た地方貴族たちが多く集まった所であり，ローマの伝統文化の随一の担い手でもあった．このようなレランス修道院でエジプト的修道精神とローマの伝統文化を身につけてアイルランドにおもむいた聖パトリックは，その地で，厳格な修道制と，土着の文化をうまく取り入れたキリスト教の文化を発展させるのである．

聖パトリックのラテン語名はマゴヌス・スカトゥス・パトリキウス（Magonus Sucatus Patricius）である．Patricius はラテン語 *pater*（father）から派生したもので，建国の父としての貴族という意味の名前である．このラテン語名 Patricius が古アイルランド語でパトリック（*Pátraic*）となり，今日のアイルランド語ではパドリック（*Pátraic*）かパドリッグ（*Pádraig*）とか綴る．アイルランド語においては c と g は同じ発音で[g]に近い音であり，[k]は cc と綴る．また，t と d も同じ発音で[d]に近い音である．

アイルランドの国章をシャムロック（shamrock）と言う．それは白い三つ葉のクローバーで，聖パトリックが三位一体を説明するために用いたという言い伝えに由来するものである．今日でも，3月17日の聖パトリックの祝日には帽子にシャムロックをつける習慣がある．

このように聖パトリックの名はアイルランド人にとってはきわめて聖なるものであり，宗教に呪術的色合いが強かった中世においては，聖パトリックの名前は恐れ多くて単独では使われず，ギラ・フォドリッグ（Gilla Pátraic: servant of St. Patrick）とか，モエル・フォドリッグ（Mael Pátraic: devotee of St. Patrick）のような使われ方をした．この場合，Pádraig の P- は軟音化（lenition）によって[f]に近い発音になる．ギルパトリック（Gilpatrick）やキルパトリック（Kilpatrick）は英語的変化形である．

パトリックの名が単独で用いられるようになったのは17世紀のスコットランドでのことであり，それが北部イングランドへと広がった．アイルランドでパトリックの名を単独で使い出したのはスコットランドやイングランドからの植民者たちで，彼らの影響でアイルランドでもこの名を単独で使うようになったのである．パトリックの名をもつ歴史的人物としては，アメリカの独立戦争において "Give me liberty, or give me death" という名文句の演説をしたパトリック・ヘンリー（Patrick Henry, 1736-99）がいる．彼はヴァージニア生まれであったが，父ジョン・ヘンリー（John Henry）はスコットランドのアバディーン出身の高い教養のもち主であった．

現代のアイルランド人の多くは名前パトリックというと，アイルランド独立戦争の口火を切った1916年の復活祭蜂起の中心人

物パトリック・ピアス(Patrick Pearse, 1879-1916)を連想する．彼は詩人であり，教育家であり，アイルランド民族主義の指導者であった．パトリック・ピアスは第一次世界大戦中に殉教者の血によってアイルランドを解放するしか方法はないと考えるようになった．そして1916年のイースター・マンデイ(Easter Monday)に十数人という少数で蜂起し，あたかも殉教者のように処刑されるのである．その蜂起の場となったダブリン中央郵便局のロビーには，独立達成後，蜂起を記念して瀕死のク・ホリン像が建立され，パトリック・ピアスには神話上の英雄ク・ホリンのイメージがかぶせられるようになった．

アメリカの第35代ケネディ大統領の父親ジョセフ・パトリック・ケネディ(Joseph Patrick Kennedy, 1888-1969)は，アイルランドからの移民三世であった．Patrickは，しばしば，同じく「父」のイメージが強いJosephとともに用いられる名前で，ジョセフ・パトリック・ケネディの父の名前はPatrick Joseph Kennedyであった．Patrick Josephの名をもつ人物はしばしば愛称パットジョー(Pat Joe)で呼ばれる．

パディ(Paddy)は，パドリッグ(Pádraig)の愛称で，イギリスのジョン・ブル(John Bull)，アメリカのアンクル・サム(Uncle Sam)に相当する．しかし，しばしばアイルランド人に対する蔑称として使われる名前で，19世紀のなかごろから後半にかけてジャガイモ飢饉に見舞われたアイルランドからの移民が増えるにしたがって，アメリカでもよく聞かれるようになった．イギリス人を中心とする先着の移民から差別されたアイルランド人は特に貧しかったことから，「労働者」という意味にも使われるようになった．また，普通名詞化したpaddyが「ポリさん」という意味に使われ

たが，それは当時警察官となったアイルランド人が多かったことから生まれた用法である．

パット(Pat)は，男性名パトリックの愛称としても女性名パトリシア(Patricia)の愛称としても用いられる．パティ(Patty)は女性名である．Patriciaの後半部を用いたトリシア(Tricia)やトリシャ(Trisha)もよくある女性名である．アイルランド人の血を引くニクソン大統領のファーストレディもアイルランド系で，本名はセルマ・キャサリン・ライアン・ニクソン(Thelma Catherine Ryan Nixon)であったが，愛称パットの名で呼ばれていた．なお，セルマ(Thelma)はギリシャ語起源の女性名で「秘蔵っ子」を意味する女性名である．

Patrickの変化形には他にペイトン(Paton, Payton, Peyton)，パットン(Patton)，パターソン(Patterson)などがある．-onはフランス語の指小辞であり，これらの名前は姓としても使われることが多い．パットンという名は，アメリカの将軍の名前としてよく知られている．パットン将軍(George Smith Patton, 1885-1945)は，有名な職業軍人の家系に生まれ，第一次世界大戦の英雄であるが，特に，第二次世界大戦では，北アフリカへの上陸作戦を指揮し，その後，アイゼンハウァー将軍の指揮するノルマンディー上陸作戦に参加した．ノルマンディー上陸作戦後は，優勢なドイツ軍の攻撃で連合軍が窮地に陥ったバルジの戦いと呼ばれる戦闘で大活躍し，その後は一気にドイツ領内へ侵攻して，連合国側を狂喜させるのである．彼は，勇敢さとともに容赦のない将軍として知られ，戦後はしばしば映画にも取り上げられた．

聖霊の象徴ハト，コルンバ

コロンブス(Columbus)は，ラテン語

〈ローマ〉

columba（ハト）の男性形が名前として使われたものである．ハトはオリーブとともに平和の象徴であり，アテネの繁栄の象徴であり，豊饒の象徴であった．キリスト教では，ハトは神の鳥であり，聖霊の象徴であり，ロゴス（神のことば）であり，ソフィア（上智）であるとされた．

「マタイによる福音書」第3章の終わりに，イエスがヨハネの洗礼を受けてヨルダン川から上がって来ると天が開け，神の霊がハトの形で下り，『これはわたしの愛する子，わたしの心に適う者』と言う声が天から聞こえた」（「マタ」3.17），という一節がある．さらに，キリストは，稲妻によって象徴されるヤハウェと，知恵の霊ハギア・ソフィアとの間に生まれたものとされ，ハトはマリアの象徴でもある．ヴァティカンのサン・ピエトロ大聖堂の祭壇の上には羽を広げたハトが輝いている．

ラテン語*columba*から名前コルンバヌス（Columbanus: of Columba）が生まれた．この名をもつ歴史上の人物としては，スコットランドの使徒として，またアイルランドとスコットランドの守護聖人として知られる大コルンバヌス（Columbanus, 521?-597）と，ヨーロッパ各地に修道院を建ててアイルランドの厳格な修道制を実施した小コルンバヌス（Columbanus, 543?-615）が特によく知られている．このコルンバヌスを英語的にはコルンバ（Columba）と言う．

大コルンバヌスはアイルランド全土にわたって布教活動をした後，563年にスコットランド西端の小島アイオナに修道院を建て，そこを拠点にスコットランドのアイルランド人やピクト族に布教した．イングランド東北部の海岸のリンディスファーン修道院もアイオナからの修道士によって建設されたものである．この修道院の修道士たちがスコットランドや北イングランドに布教を行い，アングロ・サクソン人たちもア

イオナ修道院の修道士たちによって徐々にキリスト教化された．アイオナ島の修道院はスコットランドの歴代の王の墓所のある所であり，マクベスやダンカンもここに埋葬されている．大コルンバヌスについてはいろいろな奇跡を行ったという伝説があるが，その1つにネス川の水中から怪物を追い出したというものがある．

大コルンバヌスは，「9人の人質を取ったニアール」（Niall of the Nine Hostages）につながるタラの上王オ・ニール家の生まれであり，コルム（Colm）という名で洗礼を受けた．Colmは後期ラテン語*columba*のゲール語的変化形である．スコットランド王にマルコム（Malcom）という名をもつ王が1世（在位943-954）から4世（在位1153-65）まで輩出するが，この名はモエル・コルム（Mael Coluim：コルンバのしもべ）が英語化されたものである．マルコム3世は『マクベス』に登場するダンカン王の孫であり，聖マーガレットの夫である．

小コルンバヌスはペレグリナティオ（pelegrinatio：異境遍歴），すなわち，故郷を遠く離れた地に布教におもむき，その旅の地で没することをもっとも神の意にかなった生き方と信じた代表的なアイルランド修道士である．彼は，ガリア地方に布教の旅に出てフランクのメロヴィング王朝の協力をえて熱心な布教を行った．しかし，復活祭の日の制定をめぐってローマの強い影響を受けたメロヴィング王朝の人びとと対立するようになり，ガリアを離れてスイスのボーデン湖の畔に修道院を建て，さらに北イタリアのロンバルディアでも修道院を建てるなど広い地域で活躍した．その影響力は一時聖ベネディクトゥスと双璧をなすものであった．

コールマン（Colman）は，アイルランド系の名前であり，Colmの愛称形である．この名は特に，アイオナの修道士で，ヴァ

イキングの来襲が最初に記録されたイギリスのリンディスファーン修道院の第3代司教を務めた聖コールマン(Colman, 606?-676)によってよく知られている。彼は復活祭の日の決め方をめぐってローマ・カトリックと対立するアイルランド教会の代表者的存在であった。ColmanはColemanとも綴るが、アイルランドでは後者の方がより一般的である。

ハンガリーで人気のある名前カールマーン(Kalman)はColmanの変化形である。この名は、アイルランドの司教聖カールマーンにあやかって使われるようになった。彼は、異境遍歴に出かけ、ハンガリーを経て聖地に巡礼する途中の1012年に、ウィーンの近くで殺された。カールマーンの殉教は聖イシュトヴァーンの治世のことであり、聖地への巡礼者を手厚く保護した聖王のもとで聖カールマーンに対する熱心な信仰が起こった。そして、カールマーンの名をもつ国王(Kalman, 在位1095-1116)も出た。

イエスの誕生と復活の喜び

イエスの誕生をことほぐ名前、ナタリーとノエル

女性名ナタリア(Natalia)は、教会ラテン語 *diēs nātālis*(birthday)、あるいは、*Nātālis domini*(the birthday of the Lord：主の誕生日)の *nātālis* から生まれた名前である。ラテン語 *nātālis* は、動詞 *nāscī*(生まれる)の過去分詞 *nātus* から生まれた形容詞である。このラテン語動詞 *nāscī*、*nātus* は、nascent(発生期の)、Renaissance(ルネサンス)、native(出生地の、ある土地に生まれ育った)、nation(国民)、nature(自然)の語源でもある。イタリア語では、クリスマスのことをナターレ(Natale)と言い、メリー・クリスマスのことをブォン・ナターレ(Buon Natale)と言う。Nataliaの-aはラテン語の女性名詞に特徴的なものである。クリスマスに生まれた女の子にしばしばこの名前がつけられた。

男性名ノエル(Noel)は、ラテン語 *nātālis* から古フランス語 *nouel* を経て生まれた名前である。フランス語では、クリスマスのことをノエル(Noël)と言い、メリー・クリスマスのことをジョワイユー・ノエル(Joyeux Noël)と言う。NoëlはNataliaと同じく、クリスマスの日に生まれた子の名前として使われた。この名前は、本来は、男女ともに使われたが、次第に男性名として意識されるようになり、英語では、ノウェル(Nowell, Nowill)などの変化形が生まれた。ノエルが英語圏で特に人気が出たのは今世紀になってからで、英語の場合は分音符をつけずに書くのが普通である。ノエール(Noelle)、ノエーラ(Noella)、ノエリーン(Noeleen, Noeline)などの女性名もある。

† 聖女ナタリアと夫ハドリアヌス

ナタリア(Natalia)の名の人気は、また、聖女ナタリア(Natalia, ?-304)によるところが大きい。聖女ナタリアは、ニコメディアの住人で、夫ハドリアヌス(Hadrianus)はローマの将校であった。ニコメディアはコンスタンティノポリスの対岸、マルマラ海の北部小アジア側に位置し3世紀の終わりにディオクレティアヌス帝がローマ帝国の都とした町である。伝説によると、夫ハドリアヌスは、厳しい迫害にもかかわらず忍耐強く信仰を貫くキリスト教徒に心を動かされてキリスト者となり、それを公表した。すると、彼はただちに捕らえられ、両手を切り取られて火炙りの刑

に処せられることになった．ところが，火が燃え始めたころ，すでにキリスト教に帰依していたナタリアが男装して刑場に現われ，自分も火のなかに身を投じようとした．するとそのとき，大雨が降り出して火はたちまちに消え，夫は死んだが彼女は生き残ることになった．生き残った彼女は夫の遺体をコンスタンティノポリス近郊に埋葬し，自分は余生を喪に服してその地で生涯を終えるのである．

ハドリアヌス（Hadrianus）の語源は明らかではないが，イタリアの北部の町ハドリア出身の男（man from Hadria）という意味の名前であるといわれている．アドリア海（Adriatic Sea）のAdriaticはHadriaから派生したものである．平俗ラテン語では語頭のHを発音しない傾向にあったことからHadranusから英語名エイドリアン（Adrian）が生まれた．

エイドリアンの名をもつ人物としては，カンタベリーの聖エイドリアン（Adrian, ?-709/710）がよく知られている．ローマで司教を務めていた聖セオドアをカンタベリーの司教に推薦して，教皇の依頼によって自らもセオドアとともにイングランドにおもむいた人物である．ラテン語とギリシャ語をよく解し，カンタベリーのアウグスティヌス修道院長となり，付属学校で，ラテン語，ギリシャ語，神学を教え多くの高僧を育てた．その業績によりエイドリアンは聖人に列せられたが，伝説によると彼の遺体は380年も腐敗しなかったとされる．これは聖エイドリアンの霊性の高さと，彼がいかに尊敬され崇拝されていたかを示すものである．

†『戦争と平和』のナターシャ

ナタリア（Natalia）は，殉教聖女というわけではないが，聖人に列せられ，その人気はギリシャ正教圏に広がった．ロシアではナターリヤ（Наталия: Nataliya）となって，口語形ナターリャ（Наталья: Natal'ya）が生まれ，ナターシャ（Наташа: Natasha）が生まれた．-shaは，マーリヤ（Mar'ya）から生まれたマーシャ（Marsha），ミハイール（Mihkail）から生まれたミーシャ（Misha），イリィヤー（Il'ya）から生まれたイリョーシャ（Ilyosha），アレクセーイ（Aleksej）から生まれたアリョーシャ（Alyosha）のように一般的な愛称辞である．また，Natashaからターシャ（Тася: Tasha）が生まれた．

ナターシャは，トルストイの『戦争と平和』に登場するヒロインの名として私たちにはなじみ深い．ナターシャは社交界の華で，求婚者も多い幸せな娘であったが，無垢な娘もやがて心に深い罪の意識をもつ女性となり，ナポレオン戦争を体験することによって同じく深く傷つきながら人をより深く愛せるようになったピエール（Pierre）と結ばれる女性である．

ナタリー（Natalie）の名が英語圏で人気が出たのは今世紀なかごろになってからのことである．この名はフランス語的名前で，Natalyは英語的である．Natalieの名の人気には，〈理由なき反抗〉〈草原の輝き〉〈ウエストサイド物語〉などに出演して人気を博したハリウッド女優ナタリー・ウッド（Natalie Wood, 1933-81）に負うところが大きい．ナタリー・ウッドはロシアからの移民の娘で，彼女の本名はナターシャ・ガーディン（Natasha Gurdin）であった．

ナダル（Nadal）はNataliaから生まれたスペイン語名である．-t-がスペイン語的には-d-に変わるが，同じ例にはPeterに対応するペードロ（Pedro）がある．

キリストの復活と不滅，ルネ

フランス語名ルネ（René）は，ラテン語

renātus(reborn：再生した)が語源で，ナタリーやノエルがキリストの誕生を意味する名前であったのに対して，キリストの復活を意味する名前である．復活祭に生まれた子どもによくつけられた名前であるが，それはまた，精神的な不死を願ってつけられた名前でもある．ルネ(René)は一般的には男性名であり，女性名はルネ(Renée)である．イタリア語男性名レナート(Renato)や女性名レナータ(Renata)はラテン語の語形を残した名前であり，スペイン，ポルトガル，ドイツ圏でもよく使われている．

ルネ(René)の名をもつ歴史的人物には，*Discours de la méthode*(『方法叙説』)の著者であり，近世哲学の父と呼ばれるデカルト(René Descartes, 1596-1650)がいる．『方法叙説』はフランス語で書かれ，ラテン語に翻訳されたが，彼の名前はラテン語では Renatus des Cartes と記されている．ルネの名をもつ現代人には〈パリの屋根の下〉や〈パリ祭〉などで知られる映画監督ルネ・クレール(René Clair, 1898-1981)や，同じく映画監督で〈禁じられた遊び〉で知られるルネ・クレマン(René Clément, 1913-)がいる．

堅い信仰・永遠の命を得る喜び・至福・栄光・愛

キリスト教の恩人コンスタンティヌス大帝

英語名コンスタンティン(Constantine)は，ラテン語ではコンスタンティヌス(Constantinus)である．この名は，ミラノの勅令(313年)を発してキリスト教を公認したコンスタンティヌス大帝(Flavius Valerius Aurelius Constantinus, 在位306-337)にあやかる名前として中世を通じてよく使われた名前であった．キリスト教公認はキリスト教的ヨーロッパの出発点となったものであり，キリスト教はコンスタンティヌス教になったと言われるほどである．天上の神の国を地上のローマ帝国において実現することを目指したとされる大帝は異教的ローマを嫌い，東のビザンティオンに都を移し，330年に自らの名を冠してコンスタンティノポリス(Constantinopolis)とした．

大帝にまつわる伝説は数多い．その1つが帝国統一を前にして最後のライバルとなったマクセンティウスとの決戦に向かう途中のガリアで白昼中天にきらめく十字架と「これにて勝て」(*toûtō nîkā*)という文字を見たというものである．そしてまた1つが聖墳墓の発見である．これには母ヘレナの真の十字架の発見という伝説が加えられた．325年にゴルゴタの丘の異教の神殿を取り払っているときに偶然に発見されたとされる聖墳墓の上に大帝が壮麗な聖堂を建てて献堂し，その聖堂に母ヘレナが発見し

ルネ・デカルト(フランス・ハルス画)

〈ローマ〉

たとされる真の十字架がおさめられたことからその地は中世の熱烈な巡礼の地となった．このようにキリスト教の発展に最大の貢献をした皇帝コンスタンティヌスの名前は，神聖にして高貴な名前として，キリスト教化が急速に進んだローマ帝国内に広がり，さらに，10世紀から12世紀にかけての聖地巡礼熱のなかで，ヨーロッパの王族などが好む名前となった．

コンスタンティウス1世の子であるコンスタンティヌスは，政略的理由からディオクレティアヌス帝と養子関係を結び，青年期を同帝の宮廷で暮らした．ConstantiusからConstantinusの派生は，アエミリア(Aemilia)氏族出身で他家の養子となった人物がアエミリアヌス(Aemilianus)と名乗ったのと同じで，いわゆる，第四名である．

コンスタンティウスは，ラテン語 *cōnstantia*（不変，堅固）の男性形が名前となったものである．そして，この名がもつ「堅い」とか「不動の」とかいう意味は，キリスト教徒たちには，特に，「信仰において不動の」とか「信仰に篤い」という意味に解釈された．

ギリシャ人の帝国ビザンティン帝国では，その創設者がコンスタンティノス大帝であったことから，皇帝の名としてももっとも多く現われた．1453年にオスマン・トルコがコンスタンティノポリスを占領し，帝国が滅びたときの皇帝はコンスタンティノス11世(Constantinos XI，在位1448-53)であった．コンスタンティノス11世はコンスタンティノポリスにオスマン・トルコの半月旗がひるがえったとき，少数の守備隊とともに敵軍に斬り込み，そのまま行方知れずとなった．このことからギリシャ人は同皇帝がいつか必ず復活してギリシャを救うと信じるようになった．このような人物像に由来する名前コンスタンティノスはギ

キリスト教の守護者
コンスタンティヌス大帝

リシャの民族主義が台頭するにともなって特に人気のある名前となるのである．現代ギリシャ語ではコンスタンディノスと発音する．

コンスタンティーン(Константи́н: Konstantin)はロシア語の男性名であり，コンスターンツィヤ(Конста́нция: Konstantsiya)はその女性形である．コンスタンティーンの名がロシア人に人気のある名前となったのは，コンスタンティヌス大帝の影響はもちろんであるが，スラヴの使徒と呼ばれる聖キュリロスも大きな影響を与えたと考えられる．キュリロスは修道士としての名前で，彼の本名はギリシャ語名コンスタンティノス(Konstantinos)であった．コンスタンティーンの愛称形には，コースチャ(Ко́стя: Kostya)，コーステンカ(Ко́стенька: Kosten'ka)，などがあり，これらは女性名コンスターンツィヤの愛称形でもある．

アイルランドでは，8世紀にコンスタント(Constant)の名をもつ殉教者がいた．

スコットランドではアイルランドの聖コルンバの布教の影響で，スコットランド連合王国初代国王ケネス1世が熱心なキリスト教徒であり，ケネス1世の長男が同連合王国第3代目の王コンスタンティン1世(Constantine I，在位862-876)であり，以後，コンスタンティン2世(在位990-943)，コンスタンティン3世(在位995-997)と同名の国王が輩出した．

†ノルマン人の誇りシチリアのコンスタンス

英語では，コンスタンス(Constance)は女性名として，コンスタント(Constant)は男性名として使われている．男性名コンスタントは，「堅信」と解釈されたその名の意味から，特に，ピューリタンたちの間で人気が出た名前である．

コンスタンスは，ラテン語ではコンスタンティア(Constantia)であり，イタリア語ではコンスタンツァ(Constanza)である．この名前は中世においてはノルマン人に人気のある名前であった．それは，フリードリヒ2世の母コンスタンツァ(Constanza, 1158-98)に負うところが大きい．彼女はシチリアのロジェール2世の王女で，神聖ローマ帝国皇帝ハインリヒ6世の皇妃となり，フリードリヒ2世の母となった．フリードリヒがシチリア王になったのは1198年でまだ4歳であったが，それは母コンスタンツァが遺言という形で教皇インノケンティウス3世(Innocentius III, 在位1198-1216)に働きかけたことが功を奏したためであるといわれている．そして，フリードリヒはシチリア王としての地盤を足掛かりに，当時ヨーロッパ随一の権力を誇った同教皇の後見によって神聖ローマ帝国の皇帝になるのである．ただの冒険者集団であったシチリアのノルマン人が，ついに皇帝を送り出したわけで，コンスタンツァの名前はノルマン人にとっては特に誇り高い名となった．英語の女性名コンスタンスの愛称にはコン(Con)，コニー(Connie, Conny)などの短縮形があり，今日では，本来の形よりも愛称的短縮形の方が圧倒的に好まれている．

永遠の命をさずかる喜び・至福，ヒラリー，フェリシティ

女性名ヒラリー(Hilary)は，ラテン語ではヒラリア(Hilaria)である．この名はギリシャ語 *hilarós* (cheerful)が語源で，ラテン語 *hilaris* (cheerful, merry)を経て派生した後期ラテン語 *hilarius*, *hilaria* が名前となったものである．これはローマのキリスト教徒たちが，キリストの復活を信じることによって救われる喜びや希望を意味する名前であった．復活の日は，また，永遠の命を得る「喜び」の日でもある．

HilaryやHillaryは，今日では女性の名前となっている．しかし，歴史上の人物としては，修道者の父とされる大アントニウスの弟子ヒラリオン(Hilarion, 291?-371?)や，フランスのポワティエの司教の聖ヒラリウス(Hilarius, 315?-367)がおり，彼らにあやかって広く使われるようになった名前である．聖ヒラリオンは，エジプトやパレスティナで修道生活をし，聖書研究や，貧しい人びとの救済や病気の治癒のために生涯を捧げた人物であり，『ヴルガタ』の完成者ヒエロニムスに大きな影響を与えた人物である．ポワティエのヒラリウスは，東方神学を学び，生涯にわたって正統教会の擁護に活躍し，聖マルタンや『神の国』の聖アウグスティヌスや『神学大全』のトマス・アクィナスなどに大きな影響をおよぼした聖人であるとされる．『黄金伝説』の第17章「聖ヒラリウス」には「彼は星々の間のあけの明星のように，人びとのあいだで輝いた」と記され，さらに，その

〈ローマ〉

命名の理由については「じつにたのしく神に仕えたからである」と記されている.

ギリシャ起源の名前ヒラリオン(Hilarion)は, ロシア語では男性名イラーリイ(Йларий: Ilarij), 女性名イラーリヤ(Йлария: Ilariya)として使われている. ラテン語名ヒラリウス(Hilarius)は, フランスではイラリ(Hilari)とかイレール(Hilaire)として使われていたが, イングランドにはノルマン人によって持ち込まれ, 17世紀までは男性名として使われていた. しかし, 宗教改革時代には聖書名ではないという理由でその人気は衰退し, 19世紀になって女性名として復活した. 近年この名が特に話題になるのは, アメリカ合衆国第42代クリントン大統領のファーストレディであるヒラリー夫人(Hillary Rodham Clinton, 1947-)の影響によるものである.

神の愛し子アマデウス

宗教改革運動が盛んであった17世紀には, 多くの伝統的名前がカトリック的であるという理由で人気が落ち, 旧約聖書からの名前とか, キリスト教の根源的思想とか宗教感情を表わす普通語彙が名前として使われるようになった. アマータ(Amata：愛), チャリティ(Charity：慈善), ミランダ(Miranda：奇跡), グレイス(Grace：慈悲), フェリシティ(Felicity：至福), グローリア(Gloria：栄光), フェイス(Faith：信仰)などがその例である.

アマータ(Amata)は, ラテン語動詞 amāre (to love)の過去分詞 amātus, amāta(beloved)が語源の名前である. ラテン語 amāta は「恋人」(love)という意味にも使われた言葉である. アマータは, 『アエネイス』の第7巻にラウレントゥムの王ラティヌスの妃として登場する. 彼女はアエネアスと結婚することになるラウィニア

ウォルフガング・アマデウス・モーツァルト

の母であるが, 娘が地元の王族であるトゥルヌスとの婚約を破棄してよそ者であるアエネアスと結婚することに頑強に反対する. そして, アエネアスとトゥルヌスとの戦いでトゥルヌスが戦死すると自分も死ぬのである.

ラテン語起源の名前であり, 本来はイタリア語名であるアマータ(Amata)は, 英語ではエイミー(Amy)となり, 近年非常に人気のある名前となっている. ルイーザ・メイ・オルコット(Louisa May Alcott, 1832-88)作の Little Women (『若草物語』)に登場するおきゃんな末娘のイメージが影響していると考えられる. 赤ん坊のころ姉のジョー(Jo)が彼女をうっかり落としたために鼻が低くなったと思い込み, その鼻を高くするために洗濯ばさみで鼻を挟んで寝たりする女の子である. 1944年に制作された同名の映画ではエリザベス・テイラーがエイミー役を演じて, その可愛らしさで人気の的になった.

アマンダ(Amanda)は, ラテン語動詞 amāre の受動態の動名詞 amandus (worthy to be loved：愛すべき)の女性形 amanda が語源である. アマンド(Amand)は男性名である. 古くは7世紀にベルギーの使徒

と呼ばれる聖アマンドゥス(Amandus)という聖人が活躍した．『黄金伝説』の第41章「聖アマンドゥス」によると，聖アマンドゥスは，まめやかな友情の持ち主で，品行正しく，誠実で人びとに愛された人物であった．

アナベル(Annabel)は，ラテン語 *amābilis*(lovable)が語源のアマベル(Amabel)の変化形であると考えられている．この名前はスコットランドで生まれた名前である．スコットランドのジェイムズ1世(James I，在位1406-37)の母，すなわち，ロバート3世(Robert III，在位1390-1406)の妃がアナベル・ドラマンド(Annabel Drummond)という名の女性であった．メイベル(Mabel)はアマベルの短縮形である．

エドガー・アラン・ポー(Edgar Allan Poe, 1809-49)は，Helen, Elizabeth, Louisa, Sally, Annyなど，女性の名をタイトルにかぶせた詩を残しているが，その1つに"Annabel Lee"と題する詩がある．この詩はポーの亡妻ヴァージニアをうたったものであるとされるが，アナベルは，詩人が「愛よりもっと大きな愛」で愛し合った美しいきらめく目をした少女であった．その愛は有翼の天使さえもうらやむほどのものであったが，身分の高い彼女の一族が2人を引き裂き，今，彼女は海辺の王国の墓に眠っているのである．

アマデウス(Amadeus)は，天才音楽家モーツァルトを描いた映画の題名としてよく知られている．モーツァルトのフルネームはウォルフガング・アマデウス・モーツァルト(Wolfgang Amadeus Mozart, 1756-91)である．Amadeusは，ラテン語 *amāre*(to love)と *deus*(God)からなる名前であり，その原義は「神が愛する」である．映画に描かれたモーツァルトは，アベルに似て，神に愛された人物であり，カインに似た羨望の気持をもつ音楽家が多かったことを強くにじませる物語である．

神の祝福と慈悲

祝福の意味

英語名ベネディクト(Benedict)は，ラテン語動詞 *benedīcere*(祝福する)の過去分詞 *benedictus*(祝福された)が語源である．ラテン語名ベネディクトゥス(Benedictus)は普通語がそのまま名前となったものであると言える．

聖書には，神に祝福されて一族を増やしその長となり，親に祝福されて家督を相続する様子がよく描かれている．

神の祝福，そして親の祝福は家長や王など，指導者としての地位や権威を引き継ぐためには不可欠なものであった．アブラハムが99歳になったとき神が彼に現われ，「わたしは，あなたとの間に契約を立て，あなたをますます増やすであろう」(「創」17.2)と言い，「これがあなたと結ぶわたしの契約である．あなたは多くの国民の父となる」(「創」17.4)と言う．そして，アブラハムがひとり息子のイサクをさえ神への犠牲として捧げる決心をして神への忠誠を証明したとき，神は「あなたを豊かに祝福し，あなたの子孫を天の星のように，海辺の砂のように増やそう．あなたの子孫は敵の城門を勝ち取る」(「創」22.17)と祝福するのである．また，イサクに対して神は「わたしはあなたを祝福し，子孫を増やす．わが僕アブラハムゆえに」(「創」26.24)と言って祝福した．さらに，ヤコブがイサクから家督を相続することについては次のような話がある．ヤコブとエサウは双子で，兄のエサウに長子権があったが，母リベカは，愛するヤコブに知恵をつけて，イサクがヤ

〈ローマ〉

コブに祝福を与えるように仕向けた．このように見ると，ベネディクトは神に愛されていることを意味する名前であり，家督を継ぐ資格を意味する名前であり，可愛い子どもの名としてもっともふさわしいものであったと言える．

永遠の祝福にあずかる聖ベネディクト

ベネディクトは，中世においては，聖ベネディクトゥス（Benedictus, 480?-547/550）にあやかる名前として広まった．『黄金伝説』の第48章「聖ベネディクトゥス」には「ベネディクトゥスが『祝福の人』を意味するこの名前をもつのは，彼が多くの人びとを祝福したからであり，あるいはその生涯に多くの祝福にめぐまれたからであり，あるいはすべての人びとが彼を祝福したからであり，あるいは彼が永遠の祝福にあずかったからである」と記されている．

聖ベネディクトゥスが生まれたのは，西ローマ帝国の最後の皇帝ロムルス・アウグストゥルス（Romulus Augustulus, 在位475-476）が廃位させられた4年後のことである．皇帝を廃位したゲルマン人の傭兵隊長オドアケルを倒して東ゴート族のテオドリク大王がイタリア王になったのが493年だった．聖ベネディクトゥスが育ったのは古代ヨーロッパの秩序が根底から崩れた動乱の時代であった．

聖ベネディクトゥスが活躍した当時，従来の修道者は，聖アントニウスの例に示されたように，キリストを自分のなかに体現すべく，岩窟で隠遁生活をし，極貧のうちに瞑想するのが日課と考えていた．聖ベネディクトゥス自身も3年間そのような生活をおくった．しかし，そのような修道士たちの消極さや秩序のなさに対する反省から，彼はベネディクト会会則を考案するのである．

聖ベネディクトゥスは，修道会における

修道院長としてのベネディクト

団結や秩序を打ち立てるために家族思想を強調し，修道院の家父（father）はキリストの代理者であり，修道士たちは主（Lord）に対して奉仕する兄弟（brothers）であり，軍団（soldiers）であるとした．彼は修道士が守るべき戒律を作ったが，それは非人間的苦行や過度の宗教的義務を排したもので，祈りと労働（ōra et labōra）を生活の中心に置き，写本を奨励した．聖ベネディクトゥスが唱えた「祈りと労働」は，ゲルマン精神とキリスト教を結びつけた生活指針と言ってもよいものであった．それは，軍隊をなくし，労働力としての奴隷もなくして，生きる術をなくしかけていたローマ人にとっては拠って立つべきもっとも確かな指針となり，ヨーロッパの多くの修道院で取り入れられた．聖ベネディクトゥス以後の中世の修道院は，農業・商業の発達や古代の文化の継承に中心的な役割を果たすことになったが，それは，また，ヨーロッパの精神生活の一大支柱を形成する役割を担うようになるのである．

ベネディクトゥスの業績は，ローマ教皇グレゴリウス1世に認められて，西ヨーロ

ッパ全域に広がっていった．英国に派遣されてアングロ・サクソン人の教化に寄与し，カンタベリーの初代大司教になった聖オーガスティンはベネディクト派の修道士であった．また，10世紀から11世紀にかけて聖地巡礼を奨励し，それに続く十字軍運動を導いたクリュニー修道院もベネディクト派であった．クリュニー修道院は，グレゴリウス7世やウルバヌス2世を輩出し，聖職権の世俗権力からの独立を目指した叙任権闘争を指導した．さらに，1098年に設立され，聖ベルナルドゥスによって最盛期をむかえて，ヨーロッパ人の精神生活を指導したシトー修道会は，ベネディクト会則を文字どおり実行することを目指した修道会であった．このようにしてベネディクト派の修道士はキリストの戦士として中世の人びとを導くのである．

聖ベネディクトゥスの影響がキリスト教史でいかに大きな影響力があったかは，彼の死後ベネディクトゥス1世（Benedictus I，在位575-579）から数えてベネディクトゥス15世（Benedictus XV，在位1914-22）まで彼にあやかる名をもつ教皇が輩出したことからも推察できる．ベネディクトゥス15世は厳密な中立を保ちながら，第一次世界大戦の終結に努力したことでよく知られている．

†ドイツの自動車王ベンツ

ドイツ語名ベンツ（Benz，Bentz）や，スウェーデン語名ベンクト（Bengt）やベント（Bent）はベネディクトゥスより派生した名前である．ドイツ製の高級車の車名として知られるベンツ（Benz）はカール・フリードリヒ・ベンツ（Karl Friedrich Benz, 1844-1929）に由来する名前である．彼はドイツの発動機製作技師で1885年に自動車を発明した．ベンツが自動車を発明したころ，あまり遠くない町でゴットリープ・ダイムラー（Gottlieb Daimler, 1834-1900）が同じく自動車の発明に腐心しており，それを1886年に完成させた．そして，ベンツが設立したカール・ベンツ社は，1926年にライバル会社ダイムラー社と合併してダイムラー・ベンツ社となるのである．

ラテン名ベネディクトゥスは，中世のフランス語でベネイト（Beneit）となり，今日のフランス語ではブノア（Benoit）となった．イタリア語やスペイン語ではベネディクト（Benedicto），ベニト（Benito）が多い．英語圏で一般的なベネット（Bennett）は中世のフランス名Beneitがノルマン人によってイングランドにもたらされて変化したものである．ベニトの名をもつ人物にはベニト・ムッソリーニ（Benito Mussolini, 1883-1945）がいる．彼はファシスト党を創立し，クーデターによって政権を獲得し，ドイツや日本と三国同盟を結び，帝国主義的政策で第二次世界大戦へと国を導いた独裁者であった．

祝福されたギリシャの息子マカリオス

ギリシャ語起源の名前マカリオス（Makarios）は，ラテン語名ベネディクトゥスに対応するものである．この名はギリシャ語 *mākar*（特に祝福された）から派生した．マカリオスの名前をもつ歴史上の人物に，エジプトのマカリオス（Makarios Aigyptos, 300?-390?）と呼ばれるエジプトの聖人がいる．彼は大マカリオスと呼ばれ，聖アントニウスの影響を受けて砂漠に修道院を創立し，エジプトにおける修道院制度の中心になった人物である．また，4世紀のエルサレムにも司教を務めたマカリオス（Makarios, ?-334?）がいた．伝説によると聖ヘレナが発見した真の十字架をそれと認めた人物である．現代史に名を残した人物としてはマカリオス3世（Makarios III，在任1960-74, 74-77）がいる．彼はキ

プロス生まれで，ギリシャ正教キプロス独立正教会の大主教で，キプロス独立運動の指導者となり，独立後は大統領を務めた人物である．

ギリシャ語起源のマカリオスはギリシャ正教圏でよく見られる名前で，ロシア語ではマカール(Макáр: Makar)という名がある．このロシア語名から派生した姓には，マカロフ(Makarov)，ウクライナのマカレンコ(Makarenko)などがある．マケール(Macaire)はフランス語名，マクォーリー(Maquarie)は英語名である．

ヤコブの愛し子ベニヤミン

聖ベネディクトゥスに由来する英語名ベネット(Bennet, Bennett)からはベン(Ben, Benn)やベニー(Benny)などの愛称形が生まれ，それぞれ独立した名として使われている．しかし，これらはまたヘブライ語名ベニヤミン(Benjamin)の愛称でもある．ベニヤミンは旧約聖書に登場する人物で，ヤコブの末子である．

ベニヤミンの語源は，ヘブライ語 $b\bar{e}n$ (son)と $y\bar{a}m\acute{\imath}n$ (right hand)からなる $Biny\bar{a}m\acute{\imath}n$ (son of the right hand)である．右手は祝福された手であり，右側に座るものは祝福された者であるので，この名の意味は「祝福された息子」とか「幸せ者」ということになる．右手は神や国王などが正義や法や権力の象徴としての笏を振る手でもある．

ベニヤミンはヤコブとラケルの末息子で，ヤコブの12番目の子である．お産は難産でラケルはベニヤミンを生むと間もなく死んだ(「創」35.18-9)．ラケルは死の床でその子をベン・オニ($B\bar{e}n$ oni：私の悲しみの子)と名づけたが，ヤコブはベニヤミン(幸いの子)と命名するのである．

ベニヤミンはヤコブが特に可愛がった子である．カナンの地に飢饉が起こり，ヤコブが小麦の買いつけに自分の息子たちをエジプトにおくったときも，何か危険なことが起こってはいけないからという理由で，ベニヤミンだけは手元に残す．このようにベニヤミンはヤコブに特に祝福された子であり，名前ベニヤミンは「もっとも愛しい子」という意味をもつ名前として好まれるようになった．

このベニヤミンはヨセフの弟で，イスラエルの12支族の1つベニヤミン族の祖となった人物である．ベニヤミン族はパレスティナの中央に領土をもっていたが，彼らの領土はソロモンの王国が北のイスラエル王国と南のユダ王国に分裂したとき，両王国に分割された．そして北のイスラエル王国が紀元前722年にアッシリアに滅ぼされ，イスラエルに属していた10支族は歴史から消えたが，南のユダ王国に残ったベニヤミン族はユダ族に吸収されて生き残った．今日のユダヤ人は自分たちのことをユダ族とベニヤミン族の末裔と考えている．

英語名ベンジャミン(Benjamin)は，旧約聖書に由来する名前が多く使われるようになった宗教改革期に広まった．特に清教徒のあいだで人気が出て，彼らによってアメリカに渡った．植民地時代から上位十傑に入るぐらいの人気を保っていた．そして，独立戦争当時から国民的英雄であったベンジャミン・フランクリン(Benjamin Franklin, 1706-90)の影響で，もっともアメリカ的な名前の1つといわれるほどの人気を持続した．ベンジャミン・フランクリンはベニー(Benny)と呼ばれ，署名もBenny Franklinと記した．クラリネット奏者で，バンドリーダーであるベニー・グッドマン(Benny Goodman, 1909-)の本名はBenjamin David Goodmanである．

慈悲と寛大の象徴クレメンス

英語の男性名クレメント(Clement)や女

性名クレメンス(Clemence)は，ラテン語 *clēmēns*(温和な，雅量のある，慈悲深い)の属格形 *clēmentis* や名詞形 *clēmentia* が固有名詞化したものである．ラテン語 *clēmēns* は「(天気が)穏やかな」という意味にも使われた言葉であるが，特に，「(他人に対して)思いやりがある」とか，「慈悲深い」という意味に使われた．そして，この概念はクレメンティア(Clementia：仁慈の女神)として神格化された．

女神クレメンティアはカエサルとの関係が深い．カエサルがポンペイウスとの覇権争いに勝ち，ポンペイウスの子やポンペイウス派の残党との戦いにも勝って単独の支配者となり，ローマの内乱は一応おさまった．このとき，カエサルは，ポンペイウス側に立って戦ったブルートゥスやカッシウス，政敵キケロなどの有力者をはじめ，多くの人びとに対して寛大な処置をとった．このことを感謝して，元老院は彼への感謝のしるしとして女神クレメンティアの神殿を建てた．

キリスト教の普及とともにラテン語 *clēmēns* はキリスト教の「神の慈悲」という意味をもつようになった．パウロの「フィリピの信徒への手紙」にパウロの協力者の1人としてクレメンス(Clemens)という人物が登場し，パウロはクレメンスのことを「命の書に名を記されているクレメンス」(「フィリ」4.3)と書いている．このクレメンスはペトロを初代とする教皇表による第4代ローマ教皇クレメンス1世(Clemens I，在位88?-97?)と同一視されるようになった．

教皇クレメンス1世は，伝統的にペトロの直接の後継者とされるが，実際は伝説上の人物である．彼は迫害にあい，クリミア半島に流され，鉱山で強制労働に従事していたが，周囲の人を感化してキリスト教に改宗させたために，錨に縛られて黒海に投げ込まれて殉教した．『黄金伝説』の第164章「聖クレメンス」には，「クレメンスは，〈慈愛〉の意の *clēmentia* から来ている．……彼はわざにおいて義しく，言葉が甘美で，行状が成熟して，意思が敬虔であった」と記されている．

伝説によると，スラヴの使徒キュリロスとメトディオスが聖クレメンスの遺骨を発見し，それをお守りとしてスラヴ人への伝道に持ち歩いた．そして，そのお守りは彼らの行く先々でさまざまな奇跡を行ったとされる．キュリロスは招かれて訪れたローマで客死するのであるが，彼が埋葬されたのも聖クレメンス教会である．このようなわけでローマでは教父時代から近代まで同名の名前をもつ教皇が14名登場した．

第一次世界大戦の講和会議の議長として活躍したフランスの首相クレマンソー(Georges Eugene Benjamin Clemenceau, 1841-1929)のClemenceau はフランス語名クレマーンス(Clémance)の変化形である．英語クレメンタイン(Clementine)はClementにフランス語的女性指小辞-ineがついた名前である．19世紀ごろから使われ始め，特に同名の歌によって広まった．この曲はジョン・フォード監督でヘンリー・フォンダが主演した西部劇〈荒野の決闘〉の主題歌となったが，クレメンタインはヘンリー・フォンダが演じる保安官ワイアット・アープに恋する可憐な娘の名前であり，この歌が西部劇には珍しい叙情性を盛り上げていた．

クレメント(Klement)やクレメンツ(Klementz)はドイツ語名であり，その変化形にはクレムト(Klemt)，クレメット(Klemet)，クリムト(Klimt)，クレーマン(Kleeman)，クリームヒェン(Kliemchen)，クレムプス(Klemps)などがある．スラヴの使徒キュリロスとメトディオスと関係が深い聖クレメンスにあやか

る名前はロシアでも人気のある名前となり，クリミェーント(Климéнт: Kliment)，クリィミェーンティー(Климéнтий: Klimentij)，クリム(Клим: Klim)などの派生形が生まれた．

咲き匂う花・華

フィレンツェ生まれのナイティンゲール

フローレンス(Florence)は，ラテン語名フロレンティア(Florentia)が英語化した名前である．この名はラテン語動詞 *flōrēre*(to flower)の現在分詞 *flōrēns, flōrent*-(flowering)が語源である．日本語の「咲子」にあたると言える．中世においてはフロレンティウス(*Flōrentius*)という男性名が存在し，女性名フロレンティア(*Flōrentia*)とともに一般的に使われた．英語名フローレンスは中世においては男子名としても女性名としても使われたが，今日では女性名として定着している．

フローレンスの名が広く使われるようになったのは「クリミアの天使」と呼ばれたフローレンス・ナイティンゲール(Florence Nightingale, 1820-1910)の影響が大きい．イタリアのフィレンツェ，すなわち，フローレンス(Florence)で生まれたことからこの名がつけられた．

フィレンツェは，イタリア・ルネサンスの中心地で，14世紀から17世紀にかけて美術・文芸の華を咲かせた都市として有名である．この都市の起源はエトルリアに由来し，古代ローマ時代にはフロレンティア(Florentia)という名前で呼ばれていた．その意味は「花盛り」であるが，それは「繁栄」をもっともよく象徴する言葉である．フィレンツェは近世にはメジチ家の下にトスカナ大公国の首都として栄え，1861年に統一イタリア王国に併合されると首都となり，1871年に教皇庁のローマが王国の首都となるまで，その地位を保持した．

ナイティンゲールの出生当時，誕生地にちなむ名前が流行していた．フローレンスの姉はナポリ生まれであるが，彼女の名前はナポリの古い名前パルテノペ(Parthenope)である．パルテノペはオデュッセウスを歌で誘惑することに失敗し，自ら水死したセイレンの1人である．パルテノペは姉妹たちと海に身を投じ，その死骸がナポリに流れ着いたのでナポリの人びとは彼女の墓を建てたとされる．

Parthenopeはギリシャ語 *parthēnos*(maid, virgin)と *opós*(juice)からなる名前で，*opós* は特に若木などのみずみずしさを意味する言葉であった．ギリシャ語 Parthenonは女神アテナや月の女神アルテミスの添え名でもあった．パルテノン神殿は女神アテナに捧げられた神殿である．

春と豊饒の女神フローラ

フローラ(Flora)は，ローマ神話の春と豊饒の女神であり，ギリシャ神話の花のニンフ，クロリスと同一視される．彼女は春の西風ゼピュロスと結婚して花々を生んだ．ボッティチェリの絵画〈春：プリマヴェーラ〉(1474年ごろ)は，クロリスがフローラに変身する様子が描かれている．クロリスはゼピュロスからのがれようとするが，ついには捕まり，抱きしめられたとき，花がクロリスの口からあふれ出て，彼女は輝くように美しいフローラに変身するのである．

プルタルコスの『英雄伝』の「ポンペイウス伝」にはポンペイウスに愛されたフローラという名の遊女が登場する．彼女は「花のような佳人」として世に聞こえていて，スパルタ王ティンダレオスとレダの双子カ

変身するフローラ(ボッティチェリ画)

ストルとポリュクスの2神の神殿を飾る壁画のモデルになった.

スペインにはフローラ(Flora)とマリア(Mariá)という殉教者の話がある. 850年イスラム教徒の支配下にあったコルドバで, キリスト教徒迫害が行われた. そのときフローラとマリアという2人の少女が鞭打ちされ, 改宗しなければ売春婦として売り飛ばすと脅迫された. しかし, 屈せずに信仰を貫き, 翌851年に首を斬り落とされて殉教した. 祝日は11月24日である.

フローラは, フランス語的にはフルーリ(Fleury), イタリア語的にはフィオーレ(Fiore)やフィオーラ(Fiora)となる. 英語名フロリンダ(Florinda)はフローラの愛称である. 同じような例にはルーシー(Lucy)から作られたルシンダ(Lucinda)やマリア(Maria)から作られたマリンダ(Marinda)などがある.

英語名フローリアン(Florian)は, ラテン語でフロリアヌス(Florianus)であり, ラテン語 $flōs$ (flower)の形容詞 $flōriānus$ (full of flower)が名前として使われたものである. フローリアンは聖フロリアン(St. Florian, ?-304?)にあやかる名前として知られるものである. 伝説によると, ディオクレティアヌス帝の時代に, フロリアヌスはローマの下士官であったが, 今日のオーストリアの中西部エンス川の河畔の町で捕らえられたキリスト教徒を救出に来た. しかし, 自分も捕らえられて304年に首に石臼を掛けられエンス川に投げ込まれて殉教するのである. やがて, 彼が葬られたとされる所に司教座大聖堂が建立され, 聖フロリアヌス教会として知られるようになった. 聖フロリアヌスは, 燃えさかる町を桶一杯の水で消すという奇跡を行ったとされ, 火災から建物をまもる守護聖人として南オーストリアやポーランドで親しまれている.

フロリダ(Florida)はアメリカの州の名である. この地は1513年にスペインの探検家ポンセ・デ・レオン(Juan Ponce de León, 1460?-1521)によって発見された. そして, その日がちょうど復活祭の日曜日(pascua florida)だったことから, パスクア・フロリダ(Pascua Florida)と名づけられ, やがて Florida が独立した. スペイン語 florida はラテン語 $flōridus$ (flowery)が語源である. ちなみに, フランスの哲学者・科学者として知られるパスカルの本名はブレーズ・パスカル(Blaise Pascal, 1623-62)で, Pascal の名は, 本来は,「復活祭の子」という意味でつけられたものであって, 個人名としても使われている.

処女マリアの表象リリー

女性の名前リリー(Lily, Lillie), リリアン(Lillian)はユリの花を意味するラテン語 $līlium$ が語源の名前である.「マタイによる福音書」第6章では野に育つユリについて触れ, 虚飾のないものの例として示

〈ローマ〉

している.キリスト教徒は,また,白ユリ(lily)を処女マリアの持ち物と考えた.マドンナ・リリーは初夏に咲く芳しい香りの白ユリで,受胎告知の絵では天使ガブリエルが処女マリアに捧げている.この故事からこのユリは「お告げのユリ」とも呼ばれる.ユリは,さらに,いろいろな聖人の持ち物となっている.たとえば,アッシジのフランチェスコやクララ,そしてフランシスコ・ザビエル,トマス・アクィナスなどの持ち物でもある.イタリアの都市フィレンツェの別名は「ユリの都」である.

このようにマリアと関係づけられるユリは,また,純潔,無邪気,清純を象徴するものである.英語には"as pure as a lily"(ユリのように純潔な)というイディオムがある.シェイクスピアは,〈ヘンリー八世〉のカンタベリー大司教クランマーの口を借りてまだ幼いエリザベス1世のことを後世のあらゆる国王の鑑となるような清らかで徳高き資質をそなえた君主になられるであろうと讃え,さらに「姫は処女のまま汚れなき白百合のまま大地にお帰りになるでしょう」(5幕5場,62-63)と述べている.

ユリと処女王エリザベス1世との結びつきによって,リリーやリリアンは,ルネサンス以降,エリザベスの愛称形と考えられるようになった.そして,19世紀の中頃には,以前から人気があったローズ(Rose)やデイジー(Daisy〔原義:ヒナギク〕)に加えてアイリス(Iris〔原義:アヤメ〕),ヴァイオレット(Violet〔原義:スミレ〕),ヘザー(Heather)などが名前として使われ始めると,名前としてのリリー(Lily)は再び花の名lilyとの連想が強いものとなっていった.Heatherはイングランド北部やスコットランドを覆う低木で,白や淡紅色の花をつけるヒース(heath)のことである.名前ヘザーもスコットランドに多い.

貞女の鏡スザンナ

旧約聖書の「雅歌」の第2章では,乙女が「わたしはシャロンのばら,野のゆり」(I am the rose of Sharon, and the lily of the valleys.)と歌えば,若者が「おとめたちの中にいるわたしの恋人は茨の中に咲きいでたゆりの花」(As a lily among thorns, so is my love among daughters.)と歌う.the lily of the valleyは今日では「スズラン」を意味する言葉として使われている.しかし,ここに歌われたlily of the valleyは春にパレスティナを覆うように咲く赤いアネモネの花であると考えられ,ギリシャ神話ではアプロディテのシンボルであり愛のシンボルである.

lily of the valleyのlilyはヘブライ語では$sh\bar{o}shann\hat{a}^h$で,これが英語の女性名スザンナ(Susanna)の語源である.このヘブライ語$sh\bar{o}shann\hat{a}^h$がギリシャ語の名前スサンナ(*Sousánna*)となり,ラテン語名スサンナ(*Susanna*)となった.このヘブライ語$sh\bar{o}shann\hat{a}^h$は,ラテン語訳聖書『ウルガタ』では*līlium*(ユリ)と訳されている.

本来は,春の再生を象徴する花であり,豊饒の女神アプロディテの表象でもあったユリが純潔の表象となったのには旧約聖書の外典に登場するスザンナの話が影響しているものと考えられる.ユダヤ人がバビロニアで捕らわれの民として暮らしていた時代のこと,ある裕福なユダヤ人にスザンナという名の妻がいた.彼女がある日,庭で水浴をしていると2人の長老が無警戒の彼女に飛びかかり,身を許さなければ,彼女が若い男と通じたと言いふらすと脅した.彼女は彼らを拒み,裁判にかけられ,死刑を宣告された.しかしそのとき,ユダヤ人の預言者で,正義の人ダニエルが現われ,彼女の無実を証明するのである.

誘惑や脅迫に打ち勝って純潔をまもった

というこの故事から，スザンナは，純潔をまもる女性の模範となり，また，迫害されても自己をまもる人びとの模範ともなった．スザンナ(Susanna)は，新約聖書では「ルカによる福音書」第8章の冒頭に，マグダラのマリア，ヘロデの家令クザの妻ヨハンナなどとともに，自分の持ち物を出し合ってイエスや十二使徒を助ける女性スサンナとして登場する．中世においてはスザンナは異教徒に脅かされながら信仰を貫く教会の象徴とされ，スザンナの殉教伝説が生まれた．同伝説によると，スザンナはローマ司教の姪の美しい女性で，ディオクレティアヌス帝の縁者との結婚を断ったために斬首された．彼女の遺体はディオクレティアヌス帝の大浴場の近くに埋葬された．

スザンナ(Susanna)はSusannahとも綴る．この名の語尾-ahは，サラ(Sarah)の-ahと同じように，ヘブライ語の女性語尾に由来するものである．Susannahの名をもつ人物にはイギリスの映画女優スザンナ・ヨーク(Susannah York, 1941-)がいる．また，スティーヴン・フォスター(Stephen Collins Foster, 1826-1864)作曲の〈おお，スザンナ〉は"Oh, Susannah"である．スザンヌ(Suzanne)はフランス語的であり，スザンネ(Susanne)はそのドイツ語的変形である．英語名スーザン(Susan)，スージー(Susie)，スー(Sue)などはスザンナ(Susanna, Susannah)の愛称として生まれ，今日では独立した名前として非常に人気がある．

なお，シャロン(Sharon)はテルアヴィヴからカルメル山にかけて広がる肥沃な平野のことで，この地名そのものが「平野」を意味するが，上記の「雅歌」の"a rose of Sharon"からシャロン(Sharon)が20世紀になって女性の名として使われ，シャローナ(Sharona)とかシャロンダ(Sharonda)，シャロン(Sharron)などの変化形がある．

聖母マリアの表象ローズ

バラは，古来，女性の美しさ，女性の魅力，そして豊饒の象徴とされることが多く，メソポタミアの天界の女王イナンナ，

スザンナの水浴
(ティントレット画)

〈ローマ〉

ギリシャ神話のアプロディテ,エジプトの豊饒の女神イシス,ペルシャのイシュタルに捧げられた花であった.古代ローマでもバラはウェヌスの象徴と考えられていた.13世紀のフランスで書かれた性愛物語 *Le Roman de Rose*(『薔薇物語』)は,その物語のウェヌス的性格を象徴する題名である.

ローマ人が女神ウェヌス的愛の象徴と考えていたバラは,初期のキリスト教では娼婦のしるしと考えられた.しかし,キリスト教の発達とともに性愛の象徴としてのウェヌスは浄化されて,ウェヌスのもっていた「美」と「愛」はマリアに吸収された.そして十字軍の時代の,貴婦人に対する愛とマリアに対する崇拝が融合した宮廷恋愛詩などでは,バラはノートルダムの象徴,マドンナの象徴となり,慈愛を象徴する花となるのである.それがやがて聖人の表象としても考えられるようになり,ハンガリーのエルジェーベトの持ち物とも考えられるようになった.エルジェーベトが貧しい人びとに分かち与えようとパンをエプロンにくるんで街を歩いていると夫に出くわし,夫に何を入れているのだと聞かれてエプロンを開けるとそこにはバラがいっぱいあったという伝説がある.

花の名を女性の名として用いることがはやったのは特に19世紀のことであるが,ローズ(Rose)は,バラが中世時代からよく聖母マリアの象徴として,また,純潔とか神の愛を象徴する花と考えられていたことがその人気の理由であったと考えられる.ローズマリー(Rosemary)とかロザンヌ(Roseanne)のような複合名も人気のある名前である.Rosemary は聖母マリアの表象 rose と Mary を組み合わせた名前である.

イギリスの高級車として有名なロールス=ロイス(Rolls-Royce)のRoyceは,ヨーロッパ東北部に住むユダヤ人の言語イディッシュの女性名ロイゼ(Royze〔rose:バラ〕)が英語的に変化した名前である.Rolls(-)RoyceのRoyceはイギリスの工業技術者フレデリク・ヘンリー・ロイス(Frederick Henry Royce, 1863-1933)のことであり,Rollsはイギリスの自動車工業家であり飛行家であったCharles Stewart Rolls(1877-1910)のことである.この2人は共同して1907年にロールス=ロイス社(Rolls-Royce Motors Ltd.)を設立した.

ロザリンド(Rosalind)やロザマンド(Rosamund)のRosa-は,しかし,rose(バラ)が語源ではない.これらの名前のRosa-はhorse(馬)の語源である古英語 *hors* と同系の古高地ドイツ語 *hros*, *ros*(馬)が語源であるとか,RobertのRo-の語源である古高地ドイツ語 *Hruod-*(名声)であると解釈されている.Rosalindの-lindはlinden(シナノキ〔菩提樹の類〕)であると考ええられ,「盾」を意味するものとも考えられている.しかし,Rosalindはラテン語 *rosa*(バラ)とスペイン語 *linda*(かわいらしい)からなる「美しいバラ」という意味の名前であるとも解釈されていた.リンダ(Linda)が人気のある女性名となったのは19世紀のことであり,スペイン語 *linda* の影響を受けたものと考えられている.

ロザリンドの変化形にはロザリン(Rosaline, Rosalin, Rosalyn, Rosalynn)などがある.ロザマンド(Rosamund, Rosamond)の-mundや-mondはEdmundやEdmondの-mundや-mondと同じものである.ロザリン(Rosalynn)の名をもつ人物としてはアメリカ合衆国第39代カーター大統領時代のファーストレディとして積極的な活躍をしたロザリン・スミス・カーター(Rosalynn Smith Carter, 1928-)がいる.

207

ルネサンスとともに生き返った月の女神ディアナ

狩猟の処女神ディアナ

ローマの月の女神ディアナ(Diana)は、印欧祖語*deiw-(to shine)から*diw-yo-(heavenly)を経て分出したものである。ラテン語*deus*(god:神)も同じ祖語から分出した言葉であり、英語のdeity(神、神性)やdivine(神性な)はラテン語*deus*から派生した言葉である。

ローマの古典時代には女神ディアナは狩猟の女神とされ、ニンフたちに取り巻かれて野山をめぐるうら若い処女の狩人として描かれている。イギリスの文化人類学者フレイザー(James George Fraser, 1854-1941)は、1890年に出版した*The Golden Bough*(『金枝篇』)の第1章の冒頭で、森のディアナ(Diana Nemorensis)崇拝の古い慣習について記し、イタリアのアルバの山のネミの湖のディアナの聖所で行われていた司祭の交替について述べている。ネミの湖はディアナの鏡とも言われた。その湖は鬱蒼とした森のなかにあり、湖畔にはディアナの聖所があった。そこの司祭はただ1人で、その司祭を殺した者のみがその職を継ぐことができた。古い慣習に見るディアナは豊饒の女神であり、未開の民の生活そのものに根ざす信仰の対象であり、この女神の司祭こそ王となり得たのである。

処女王エリザベス1世の愛称ダイアナ

英語の女性名ダイアナ(Diana)は、ローマ神話の月の女神に由来する名前である。古典ローマ的な女神で、非キリスト教的なダイアナは、中世では人の名前としてはまったく使われなかった。しかし、ギリシャ・ローマ文化に対する憧れが強くなったルネサンス期に、特に、イギリスでは、ヘンリー7世(在位1485-1509)からエリザベス1世(在位1558-1603)の時代に古典的香りの高い名前としてさかんに使われるようになった。狩猟の女神に由来するダイアナは、貴族階級の間でもてはやされる名前で、処女王エリザベス1世はしばしばエドマンド・スペンサー(Edmund Spenser, 1552?-99)などの詩人たちによって女神ダイアナになぞらえられた。スペンサーの描くダイアナは、清純な処女王エリザベス1世であり、彼女はシンシア(Cynthia)、フィービー(Phoebe)、ルシーナ(Lucina)などとも呼ばれている。

シェイクスピアもいろいろな作品でダイアナを処女性あるいは貞節の象徴的な存在として登場させている。*All's Well That Ends Well*(〈終わりよければすべてよし〉)ではフローレンス(フィレンツェ)に住む未亡人の美しい娘で、フローレンスで一番貞淑と評判のダイアナが登場する。ロシリオンの若き伯爵バートラムがダイアナを誘惑しようとし、何世代も自家に伝わる指輪と交換に彼女の処女を奪おうとする。しかし、ダイアナは、"My chastity's the jewel of our house, Bequeathed down from many ancestors."(私の貞潔な心は、遠い昔から先祖代々わが家に伝えのこされてきた名誉の宝石です)(4幕2場、46-47)(小田島雄志訳)と言ってその誘惑をはねつける。

ディアンヌ(Diane)は、フランス語名であるが、英語圏でもダイアンとして人気のある名前である。1930年代から使われ始め、1950年代にはダイアナをしのぐほど人気のある名前となった。ダイアナがもつ古典的で神話的なイメージが古いと感じられたためと考えられる。ダイアンをDianneと綴ることがあるが、この名はDianaとAnneとの合成名としての意識が感じられ

〈ローマ〉

るものである.

　未婚の女王であったこともあって，ルネサンスの詩人たちによってダイアナになぞらえられたエリザベス1世は，また，ヴァージニア(Virginia)とも呼ばれた．アメリカ合衆国のヴァージニア州はイギリスのアメリカ植民地の最古のものであったが，植民地化の最初の試みはエリザベス1世の特許状を得て行われたもので，処女王として慕われた女王にちなんでつけられた名前である．

　virgin(処女)はラテン語 $virg\bar{o}$ の対格形 $virgem$ から変化したものである．ウィルギニア(Virginia)は古くはローマの氏族名として存在したものであり，ユリア(Julia)氏族出身の男性がJulius，女性がJuliaと名づけられたのと同様に，同氏族出身の男性はウィルギニウス(Virginius)，女性はウィルギニア(Virginia)と名づけられた．ローマ最大の詩人ウェルギリウス(70-19BC)のフルネームはルキウス・ププリウス・ウェルギリウス・マロ(Lucius Publius Vergilius Maro)であるが，このVergiliusはVirgiliusとも綴り，現代英語ではヴァージル(Virgil)と綴る．このウェルギリウスも氏族の名前であり，やはりラテン語 $virg\bar{o}$ から派生した名前である．

　ヴァージニア(Virginia)の名をもつ人物としては，文学者であり，イギリス人の人名辞典としてもっとも権威のある Dictionary of National Biography(『イギリス人名辞典』)の最初の編集者として有名なレズリー・スティーヴン卿(Sir Leslie Stephen, 1832-1904)の娘で，小説家として名を成したヴァージニア・ウルフ(Adeline Virginia Woolf, 1882-1941)がいる．

狩りをするディアナ

ディアナの生まれた聖山キュントス

　ローマ神話の月の女神ディアナは，ギリシャ神話の月の女神アルテミスと同一視されるが，そのアルテミスが生まれたのがエーゲ海南部の最小の島デロス島のキュントス山(Mt. Cynthus)である．処女王エリザベス1世は当時の詩人たちによってアルテミスにたとえられ，愛情を込めてシンシア(Cynthia)と呼ばれた．特に，エドマンド・スペンサーがその代表格である．The Faerie Queene(『妖精の女王』)では，無敵戦艦アルマダを敗って制海権を獲得したエリザベス1世は女神シンシア(Cynthia)になぞらえられている．そのシンシアは海を

支配する女神であり，また永遠の栄光に包まれた支配者グローリアーナ(Gloriana)である．そして，詩人にとってシンシアは，誰よりも高い徳をもつ女性であり，天からふりそそぐもっとも美しい光である(Book III, 序)．

シンシアはルネサンス以来かなりの人気を保っていたが，19世紀のロマンティシズムの風潮のなかでその人気がより高いものとなり，今日に至っている．ビートルズのメンバーとして活躍したジョン・レノンの最初の妻の名前がシンシアであった．シンシアの愛称形にはシンディ(Cyndy, Cindi, Cindie)やシンシィ(Cynthy, Cynthie)などがある．イタリア語名はチンツィア(Cinzia)である．

アルテミスの添え名セリナとポイベ

英語名セリナ(Selina)は，アルテミスやディアナと同一視される月の女神セレネ(Selene)に由来する名前である．女神セレネは，ギリシャ語 *sêlas* (bright light)から派生した *selēnē* (the moon)が擬人化し，神格化したものである．女神セレネは，本来は，動植物の繁殖と性生活に大きな影響力をもつと信じられていた多産の神でもある．この月の女神は美しい羊飼いの少年エンデュミオンに恋をした．そして彼女は，ゼウスに願い，この少年を不老不死の永遠の眠りにつかせ，夜毎に地上に降りてこの少年と夜をともにするのである．この話は絵画や詩のテーマとしてしばしば取り上げられた．

プルタルコスの『英雄伝』によると，アントニウスとクレオパトラの間には男女の双子が生まれた．そして，男児はアレクサンドロス(Alexsandros)，女児はクレオパトラ(Cleopatra)と名づけられたが，それぞれの添え名はアポロンとアルテミスになぞらえて，ヘリオス(Helios)とセレネ(Selene)とされた．

ポイベも，また，アルテミスの後代の別名である．アルテミスの双子の兄ポイボス・アポロン(Phoibos Apollon)のPhoibosの女性形ポイベ(Phoibe)がアルテミスの添え名となった．この名の語源はギリシャ語 *phoíbē* (pure, bright, shining)である．英語名フィービ(Phoebe)の変形にはフィービ(Phebe)がある．今日，フィービには美しいが保守的女性のイメージの名前である．

第 **4** 章

ゲルマン精神と地中海文化の合流

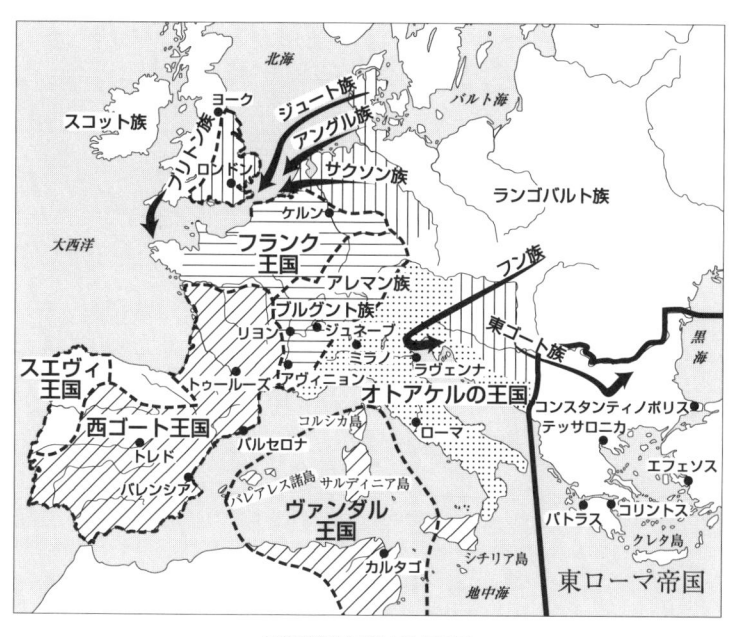

5世紀後半のゲルマン諸王国

〈ゲルマン〉

ゲルマン人の郷土と生活

　ゲルマン民族の郷土は，スカンディナヴィア半島の南部から，デンマーク，シュレスヴッヒ・ホルスタン地方を経て，ドイツとポーランドを分けるオーデル川の河口あたりであるとされる．タキトゥス(Publius Cornelius Tacitus, 55?-120?)は『ゲルマーニア』で，ローマ帝国全盛時代のゲルマン人の居住地域を大まかに次のように記している．「ゲルマーニアは全体として，ガッリア族，ラエティア族およびパンノニア族からレーヌス（ライン）とダーヌウィウス（ドナウ）の両河によって，サールマティア人ならびにダーキア人からは相互の恐怖により，あるいは山岳によって，分かたれている．他の部分は大洋が広大な海岸の迂曲と島々の広漠たる領域を抱いてこれをめぐり，そこに戦争が明らかにした若干の部族，部王が近ごろ人びとに知られるにいたった」（泉井久之助訳）．
　タキトゥスが言うラエティア族とは，スイスの東部からオーストリアの西部を含めたアルプスの山岳地域に居住していた部族である．サールマティア人は，ドン川から今日のポーランドの中心部を流れるヴィスワ川の間に住んでいた部族のことである．この地域は後にスラヴ人と総称される民族が居住することになった．ダーキア人とは今日のルーマニアあたりに住んでいた部族のことである．ゲルマン人は大移動期までは，タキトゥスが示したこのような地域で，ローマの支配を受けずに民族的，文化的な自由と独自性を保って生活していた．
　タキトゥスは，『ゲルマーニア』において，ゲルマン人の素朴さや健全さを随所に記し，堕落したローマ人に警鐘を鳴らしている．それによると，ゲルマン人は貞操観念が強く，結婚においては堅く一夫一婦制を守っていた．日常生活においては独立と自由を尊び，長老は懸命に郎党を守ることを心がけ，郎党は生産物を長老に喜んで献納した．そして，戦いにおいては長老と郎党はその勇敢さを競い，郎党は自分の手柄さえも長老の手柄にすることをいとわなかった．
　タキトゥスの賞揚したゲルマン精神は額面どおりには取れない．しかし，このように書かれたゲルマン人の姿は，結婚生活が乱れ，帝国の官僚として権力争いに明け暮れ，戦いは傭兵に任せ，労働は奴隷任せというように，モラルが低下し，本来の任務であった国をまもる気概もなくしたローマ人の姿とは大きな対照をなすものであった．大帝国を建設し，「ローマの平和」(Pax Romana)のなかで繁栄と特権を享受したローマ市民の堕

落は，ローマ帝国が衰退しはじめた紀元3世紀からローマの滅亡までさらに顕著なものとなった．その過程でゲルマン人はローマの高度な文化や制度を取り入れながらローマに代わる勢力としてヨーロッパを支配していくのである．

ゲルマン民族大移動の3つの大波

　ゲルマン人は多くの部族に分かれていたが，一般に，東ゲルマン，西ゲルマン，そして北ゲルマンの3派に分けられてきた．東ゲルマン民族にはゴート族，ヴァンダル族，ブルグント族，ランゴバルト族などが含まれる．彼らは，紀元前からすでに移動を開始し，ローマと通商を行ったり，紛争を起こしたり，帝国内で小作人（コロヌス）となったりローマの傭兵となったりしながらいろいろなルートを経て南へと移動した．いわゆる大移動のきっかけは，ドナウ川から黒海沿岸地域に住んでいた西ゴート族がボルガ川を渡って進出してきたフン族の支配を脱するために375年にローマ帝国内に逃げ込んできたことであるとされる．これが他の諸族に連鎖反応を起こし，民族大移動がはじまるのである．西ゴート族はバルカン半島に進み，イタリア半島に浸入，ローマを略奪した後，イベリア半島に浸入して王国を建設した．オーデル川上流にいたヴァンダル族にいたってはまず黒海沿岸に移動し，ガリア，イベリア半島を経て北アフリカに渡り，そこで王国を建設した．

　一番早く移動を始めた東ゲルマン民族は，強力なローマ文化に飲み込まれて，次第に民族としての存在を失った．しかし，彼らが勢力をもっていたそれぞれの地域で，地名や人名にその影響を残している．たとえば，スペインのアンダルシア（Andalusia）という地名は，平俗ラテン語のヴァンダリキア（*Vandalīcia：ヴァンダル人の国）が，アラビア語の影響を受けてアンダルス（Andalus）となり，スペイン語の地名となったものである．本来はイベリア半島全域を指す地名であった．

　フランスのブルゴーニュ（Bourgogne）は英語ではバーガンディ（Burgundy）と言う．それは中世のラテン語 Burgundia（ブルグントの土地）が変化したものである．この地名は，後期ラテン語 Burgundiōnēs（高地人）から変化したもので，ブルグント族が，今日のドイツ南部，すなわち，アルプスに近い高地地方に王国を建設したことから生まれたものである．さらに，イタリアのロンバルディア（Lombardia）は，後期ラテン語ランゴバルディ（Langobardi：ランゴバルド族）が変化して地名となった

〈ゲルマン〉

ものである.

　西ゲルマン民族にはフランク族，アングル族，サクソン族，ジュート族の他，有力な部族があった．彼らはローマの衰退とともに南下を始め，フランク族は今日のドイツやフランスを形成する中心的役割を果たし，ブリタニアに移住したアングル族，サクソン族，ジュート族はイギリスを形成した．イタリア北部は，ローマ帝国末期にはゴート族やランゴバルト族などによって支配されたが，西ローマ帝国の崩壊とともにフランク族の支配下に入った.

　北ゲルマン民族は，デンマーク，スウェーデン，ノルウェー，アイスランドを建国した部族の総称である．彼らは，スカンディナヴィア半島の南部からデンマークあたりを郷土とし，8世紀末ごろからヴァイキングと呼ばれてヨーロッパの沿岸各地で商業活動や略奪行為を行っていたノルマン人である．ヴァイキングたちの話した言語は古北欧語(Old Norse)と呼ばれ，彼らが発達させたエッダと呼ばれる北欧神話やサガと呼ばれる英雄伝説は，スカンディナヴィア人の民族意識の形成に強い影響をおよぼした.

　ノルマン人たちは，シャルルマーニュ(Charlemagne, 在位742-814)の死後の分裂によってフランク王国が弱体化した9世紀のなかごろから，全ヨーロッパを股にかけて征服活動を行った．そして，東ではノヴゴロド，キエフ・ロシアを建国し，ビザンティン帝国では傭兵として活躍し，西ではイングランドを征服し，南では南イタリアとシチリア島に一般に両シチリア王国と呼ばれる王国を建設し，さらに十字軍でもめざましい活躍をした.

　十字軍の遠征は，長い経済的停滞の時期を脱した西ヨーロッパが急激に膨張するとともに，宗教的にはキリスト教に統一されていく時代の運動でもあった．その運動は，現実には略奪戦争という様相を呈したが，理念的には，民族や言語のいかんを問わず，「神の国」を地上に実現しようとする者はみな兄弟であり姉妹であるという考え方に動かされたものであった．人びとは熱狂的なキリスト教熱をもって聖地エルサレム奪還を目指した.

　栄華をきわめた都ローマなき後のビザンティン帝国の首都でありキリスト教徒の聖都であったコンスタンティノポリスは，ゲルマン人たちのあこがれの地であった．そして，ヘレニズムとヘブライズムが融合してビザンティン帝国で発達した聖人伝は，十字軍騎士たちの心を躍らせた．そんな社会的風潮のなかで，多くの武勇伝がキリストの戦士としての期待される人間像を生み出し，聖書に登場する人物の名前，殉教者や聖人の名前，そして，理想的騎士に仕立て上げられた英雄たちの名前が全ヨーロッパに広

がった．それは，ヘブライ，ギリシャ，ラテン，ゲルマンの諸文化の融合が飛躍的に進展した時代と言えるが，その十字軍運動を担ったのがフランク人やノルマン人を中心とするゲルマン人たちであった．

ゲルマン精神と信仰

　タキトゥスは『ゲルマーニア』の第9章「ゲルマーニアの神々」の冒頭において，「神々のうち，彼らはもっともメルクリウスを尊信し，この神には一定の日々に，人身犠牲をさえ供して，それが[信仰上]至当であると考える．ヘラクレースとマールスには，適当とみとめられる獣類を犠牲として，その満足を求める．スウェービ(Swebi)の一部は，イースィース(Isis)にも犠牲を供する」(泉井久之助訳)と記している．

　また，タキトゥスは同書の第40章「ランゴバルディおよびネルトゥス諸族」において，エルベ川下流地方からユトランド北部にかけて住む，ゲルマン諸族について「彼らが共通にネルトゥス(Nerthus)，すなわち母なる大地を尊信し，その女神が人間万事に介入し，諸民の間に入来される，と信じていることである．すなわち，大洋中の一島に，いまだかつて斧鉞を蒙ったことがない1つの聖林があり，ここに女神に捧げられた聖なる小車があって布をもって俺われ，ただひとりの司祭にのみ，これに触れることがゆるされている」と記している．このネルトゥスは，北欧神話の豊饒の神ニョルド(Njord, Niord)に非常によく似た性格の女神であった．語源的にも Njord はゲルマン祖語 *Nerthuz から古北欧語 Njörthr を経て生まれた言葉である．そして，ニョルドの双子の子どもが男性神フレイ(Frey)と女神フレイア(Freya)である．ネルトゥス諸族と呼ばれるこれらの部族には，後にブリタニアに移住したアングル族，サクソン族，ジュート族が含まれていた．

　タキトゥスの時代と民族大移動との間には約300年の隔たりがあり，民族大移動時代とヴァイキングの時代との間にはさらに300年もの隔たりがある．その間に信仰の対象としての神々も信仰のあり方も変化したに違いない．しかし，タキトゥスが言うメルクリウスはオーディンに対応し，ヘラクレスは雷神トールに，マールスは戦神ティール(Tyr)に，イースィースは豊饒の女神フレイアに対応することは明らかである．ゲルマン人は，これらの神々が活躍する豊かな神話を発達させた．豊饒・愛・平和の神フレイは，戦いの神であり占いの神であるオーディンや，雷神であり戦いの神で豊饒の神でもあるトールとともに，北欧神話中もっとも崇拝された．ス

〈ゲルマン〉

　ウェーデンのストックホルムの北にあるヴァイキング時代の都ウプサラの神殿では，かつて，トールを真ん中に，オーディンがその右に，フレイがその左に並んだ神像があり，人びとは，戦争に際してはオーディンに，疫病や飢饉の際にはトールに，結婚の祝いに際してはフレイの名を呼んだとされる．人びとは，それらの神々を三位一体的にも考えて「オーディン，トール，フレイの名において」という呪文を唱え，神の加護を祈った．
　当然，人びとは，神々に自分たちの夢や願いを託し，さまざまな属性を付与した．そして，それらの属性は，神話や英雄物語のなかで豊かに人格化され，人びとは人格化された信仰の対象の加護を願って，そのような属性を表わす言葉を自分たちの名前を構成する要素として使った．スウェーデンやノルウェーの王家の縁起物語と言うべき「ユングリンガ・サガ」のなかで著者スノリ(Snorri Sturluson, 1179-1241)は，しばしば，神々の名前にあやかって人びとが名前をつけたり，神々の名前や神々の属性を表わす言葉を組み合わせて名前をつけたと記している．

北ゲルマンの
ゴートとブルグント

ゲルマン人を意味するテュートン(Teuton)は，ラテン語のテウトニ(Teutōnī)が語源である．紀元前2世紀の終わりに，ユトランド半島西部を郷土とするゲルマン民族の一派テウトニが同半島北部を郷土とするキンブリ族と組んで南ガリアでローマ軍を敗退させたことがあった．古くから地中海地方に知られていた有力な部族であったこのゲルマン人たちを，ローマ人は，彼らの言葉をケルト語経由でラテン語化してテウトニ(Teutōnī)と呼んだ．ラテン語Teutōnīは，印欧祖語*teutā-(people, tribe)に由来する言葉で，この祖語は，ゴート語ではthiuda，古サクソン語ではthioda，古高地ドイツ語ではdiot，古英語ではthēodとなった．古英語thēodは，「部族」，「部族の占領地」，「国」，さらに「言語」という意味に使われている．

タキトゥスの『ゲルマーニア』によると，キンブリ族によるローマ侵入は，紀元前3世紀の終わりにハンニバルがローマに侵攻する以前からはじまっており，彼らは常にローマの脅威となっていた．とりわけ，紀元前113年のキンブリ・テウトニ族の攻勢は，ハンニバルがローマ人に与えたと同じような大衝撃を与えたと言ってもよいものであった．それ以来，そのときの主力部隊を形成していたテウトニはゲルマン民族全体を意味する名前となり，ラテン語を経て他言語へもこの呼び名が広がったのである．

なお，German(ゲルマン人)は，印欧祖語*gār-(to shout, cry)に由来する言葉で，おそらくはケルト語を経てラテン語Germānus(ゲルマン人)となった言葉である．Germanはgarrulous(〔鳥などが〕騒がしくさえずる)と同族の言葉であり，歯擦音や口蓋破裂音，咽喉摩擦音が多いゲルマン語の特徴をまねた命名と考えられる．それは，また，ギリシャ人が非ギリシャ人のことを「口ごもる」とか「意味不明の」という原義の言葉を使ってバルバロス(bârbaros：外国人)と呼んだのとよく似た呼び方でもあった．ガリアのケルト人は北のゲルマン人と戦いや通商を通じて広い接触があり，外国人としてのゲルマン人のことを，ある種の恐れと差別意識を込めて「騒がしい人びと」(noisy people)と呼んでいたと考えられる．

オーディンの民ゴート族

東ゲルマン民族の代表格はゴート族である．彼らは元来，南スウェーデンに住んでいたが，紀元1世紀ごろに南下をはじめ，ゴートランドと呼ばれたユトランド半島を経て，紀元2世紀にはバルト海へ流れるヴィスワ川の下流に達した．そして，2世紀のなかばごろはドニェプル川から黒海沿岸へと移動し，ローマと接触するようになった．ポーランドとドイツの境を流れるオーデル川やポーランド中部を流れるヴィスワ川は，ホメロスの時代にはすでにギリシャとの琥珀貿易の通路であり，ゴート族はその通路を経て黒海沿岸へと移動を始めたのである．

ゴート族はさらに移動するうちに，3世紀の終わりごろ，ドニェストル川を挟んで西岸の西ゴート族と東岸の東ゴート族に分かれた．そして西ゴート族は，フン族の侵入に押されて375年に東ローマ帝国に侵入し，ゲルマン民族大移動の契機を作った．その彼らが，バルカン半島，北イタリアをとおり，5世紀の初めにはイベリア半島に達して，スペインの原形となる西ゴート王国を建設するのである．一方，東ゴート族も，フン族の侵入に押されて西へ移動し，

東ローマ帝国の傭兵などを務めながら勢力を蓄え，5世紀の終わりに現在のユーゴスラヴィアからイタリアにまたがる王国を建設した．

ゴート族は4世紀にキリスト教に改宗した．ゴート語訳聖書の翻訳者として知られるウルフィラ(Wulfila, 311?-383)はアリウス派の司教であった．しかし，彼らの信じたアリウス派は，325年にコンスタンティヌス大帝によって招集されたニカイア宗教会議において異端とされてしまった．アリウス派は，神の子として生まれ，十字架にかけられて死んでいったイエスは絶対不変の神とは異なるとして，その神性を認めなかった．同宗教会議で正統と認められたのは，アタナシウス(Athanasius, 296?-373)が主張した神とイエスと聖霊は神性において同じであるとする三位一体論である．その後コンスタンティヌス大帝がアリウス派を支持するなど，紆余曲折はあったが，アタナシウス派は，ローマ帝国の正統派キリスト教となり，ギリシャ正教やローマ・カトリックへと引き継がれた．そして，アリウス派を信じた東ゴート族は，結局は，ユスティニアヌス大帝との20年にわたる戦役に破れて国を失い，西ゴート族もローマ・カトリックを支持するフランク族に圧倒されていくのである．

ゴート(Goth)は，ギリシャ語ゴットイ(*Gótthoi*, *Góthoi*)から後期ラテン語*Gothī*を経て成立した部族名で，語源はゴート語*Gut-thiuda*である．スノリが『散文エッダ』で記したオーディンの多くの名前のなかに，グリム(*Grimr*)，ユッグ(*Yggr*)，ガウト(*Gautr*)などがある．また，ゴート族の郷土とされるスウェーデン南部の地名イェータランド(Götaland)は，かつてはガウトランド(Gautland)と呼ばれていた．古英語で書かれた英雄叙事詩『ベーオウルフ』の主人公ベーオウルフの出身地イェーアト(*Gēat*, *Gēatland*)は古北欧語ガウト(*Gaut*, *Gautland*)に対応する地名である．「ユングリンガ・サガ」には，Gautlandの名がその地に勢力をもっていたアルガウト(Algaut)，ガウトヒルド(Gauthild)，ガウトレク(Gautrek)，ガウト(Gaut)などの名をもっていた人物の一族に由来すると書かれている．これらの名前を構成するAl-(高貴な)，-hild(戦闘)，-rek(堅固な，勇敢な)はいずれもオーディンの属性を表わすものである．このことからも，ゴート族がオーディンを自分たちの父祖と信じて崇拝していたことがわかる．

*Gut-*は，意味的にはドイツ語のGott(god：神)と関係づけることができる．ゴート族は父なる神を表わすのに*guth*という言葉を使った．この言葉は*Gut-thiuda*の*Gut-*に近く，古高地ドイツ語*got*に対応し，近代ドイツ語Gottになった．ドイツ語Gottの原義は「呪文によって呼び出されたもの」である．ドイツ人の名前には，ゴットヒルト(Gotthild)，ゴットヘルム(Gotthelm)，ゴットベルト(Gottbert)など，Gottをもつものが多く，-hild(戦い)，-helm(兜)，-bert(輝かしい)などオーディンに関係する言葉がこれらの名前の構成要素になっている．このことから*Gut-*がオーディンを意味する言葉で，*Gut-thiuda*は「オーディンの民」という意味の部族名であった可能性が高い．

†ゴートの英雄テオドリク大王

ゴート族の最大の英雄はテオドリク大王(Theodoric, 在位493-526)である．彼は，東ローマ帝国皇帝の代理として，帝国内のゲルマン人の平定を目指すうちに力を蓄えてイタリアに東ゴート族の王国を建設した．テオドリクは，幼年期から青年期にかけて人質としてコンスタンティノポリスの

ユスティニアヌス大帝の宮廷で暮らしたこともあって，高い教養を身につけた熱心なキリスト教徒であった．そのことが幸いして，キリスト教化していたイタリア人と融和して平和と繁栄の時代を築くのである．彼の肖像と"Rex Theodericus Pius Princis"（篤信の王テオドリクス）の銘がある金貨が残っていることを見ても，彼がキリスト教の保護に熱心であったことがわかる．

東ゴート王国は当時のヨーロッパにおいては第1級の王国であった．テオドリクはゲルマン人の希望の星と言うべき存在であり，後に大王と呼ばれ，全ゲルマン人の英雄として伝説化された．北欧の英雄伝説においても，ジークフリートに並んで愛された英雄である．しかし，キリストの人性を主張し三位一体を否定するアリウス派を信じた東ゴート族は，東ローマから追放され，ユスティニアヌス帝の追討をうけ，熾烈な戦いの後に滅亡した．

テオドリク（Theodoric）は，ゴート語ではティユダレイクス（*Thiudareiks*）である．これがラテン語化されてテオデリクス（*Theodericus*）となり，英語ではセオドリク（Theodric）となった．北欧の英雄伝説ではティードレク（Thidrek）と呼ばれている．TheodricのTheod-はTeutonのTeut-と同じものである．-ricは英語のrich（富んだ〔原義：powerful, noble, rich〕）に対応するものであり，ラテン語の$r\bar{e}x$（王）と同族の言葉でもある．このように見ると，テオドリクの原義が「部族の支配者」であることがわかる．

テオドリクという名前は，東ゴート族ばかりではなく，西ゴート族やフランク族の間でも一般的な名前であった．西ゴート族には，テオドリク1世（Theodoric Ⅰ，在位418-451），2世（在位453-466）がおり，フランク族のメロヴィング家でもテウデリク1世（Theuderic，在位511-533）から4世（721-737）まで同名の王を輩出している．テウデリク1世はフランク族の統一を完成したクロヴィスの庶子であった．

東ゴートのテオドリク大王は，高地ドイツのフランケン地方が発祥の中世叙事詩『ニーベルンゲンの歌』には，ベルネのディエトリーヒ（Dietrich von Bern）として登場する．この叙事詩に登場するディエトリーヒは，フン族の王エッツェル（Eztel: Attila）に身を寄せる勇敢にして高貴な騎士である．彼はエッツェルとその義兄であるブルグントの王グンテルとの和議を提案するが受け入れられず，やむをえずエッツェル側に立って勇敢に戦い，ジーフリト（Sifrit: Siegfried）を殺害したハゲネとその主君グンテルを捕らえる．彼はハゲネやグンテルを殺さず，あくまでも2人の名誉を保ちながらの和解をとりなすために2人をクリエムヒルトの前に連れて行く．しかし，最愛のジーフリトを殺されて，復讐の鬼と化していたクリエムヒルトは，実の兄グンテルをも殺してしまうのである．

ここに描かれたディエトリーヒは，殺戮を繰り返すゲルマン的戦士ではなく，キリスト教的な許しの心をもつ温かい人間味豊

コインに描かれた
篤信の王テオドリク

かな人物である.『ニーベルンゲンの歌』を書いたのは，フリードリヒ・バルバロッサの十字軍遠征に同行した詩人であるとされる．フリードリヒが客死し，頼りにできる指揮者を失った十字軍の無節操な戦いによって，何万という人びとが殺されていく現実を目にして，かつての雄々しいゲルマン精神とキリスト教的愛の精神を持ち合わせた理想の人物としてディエトリーヒを描いたものと考えられている(『ニーベルンゲンの歌の英雄たち』pp.176-187).

ティエトリーヒは近代ドイツ語ではディートリヒ(Dietrich)となり，今日では，姓として使われている．私たちには映画〈モロッコ〉のマレーネ・ディートリヒ(Marlene Dietrich)によって親しみ深いものとなっている.

デレック(Dereck)は，オランダ語的変化形である．オランダはゲルマン民族の移動によってフランク族の支配を受けるようになるが，ホラント祖家では第1代ディーデリク1世(Diderick Ⅰ, 在位916-939)から7世(1190-1203)まで同名の伯が輩出しており，この名はオランダの伝統名の1つとなっている．ディーデリクはディルク(Dirk)とも呼ばれ，今日では，英語でもデリク(Derek, Deric)，ダーク(Dirk)などの変化形がよく使われている．また，女性名としてはデリンダ(Derinda, Derenda)などがある.

† ブルグントの英雄グンテル

ブルグント族はアルプスに近い高地地方に王国を建設したことからこのような名前を得た．BurgundのBurg-は，borough(〔英国の〕自治都市)や，Edinburghの-burgh, Hapsburgの-burg, ドイツ語のBurg(城)と同じ語源の言葉である．ドイツ語Burgは，古くは「要塞」という意味をもっていたが，さらに古くは「山」とか「高地」という意味の言葉であった.

タキトゥスの『ゲルマーニア』によると，ブルグント族は，今日のドイツとポーランドの国境を画するオーデル河の中流に居住していた部族である．この部族は，413年にグンテルの指導のもとにドイツ西南部に王国を建設した．ところが，同王国は437年にフン族の攻撃を受けて滅亡した．この史実が伝説となり，『ニーベルンゲンの歌』にもうたわれるのである．この伝説における英雄グンテルは，ゲルマン人が特に愛する人物像となり，その名もドイツを中心に今日まで人気を保っている．『ニーベルンゲンの歌』に登場するグンテルは，高貴にして勇敢な王である．彼は，ジーフリトの助けによってイースラントの王女ブルンヒルトを妻に迎える．グンテルは，ジーフリトに嫁ぐクリエムヒルトの兄でもあるが，夫が殺害された後，フン族の王エッツェルのもとに嫁いだクリエムヒルトの策略によって非業の死をとげるのである.

グンテル(Gunther)は，古高地ドイツ語 *gund* (war)と *hari*, *heri* (army)からなる *Gundhari* が語源である．gund-はオーディンの槍グングニル(Gungnir)のGung-と同系の言葉であり，やはり，戦いの神オーディンに結びつけられた名前である.

グンテルの変化形にはグンツ(Gunz)やグンツェル(Gunzel)がある．グンナル(Gunnar)はスウェーデン語的であり，グナー(Gunder)はデンマーク語的である．『ニーベルンゲンの歌』の完成は13世紀初めであるが，ニーベルンゲン伝承のそもそもの起こりは5・6世紀におけるドイツ南西部のマイン川流域地方である．それが，9世紀のはじめごろにヴァイキングたちによって北欧に伝えられ，『歌謡エッダ』における諸々の詩を散文化した神話とされる『ヴォルスンガ・サガ』にも取り入れられた．『ニーベルンゲンの歌』におけるグンテルは

『ヴォルスンガ・サガ』におけるグンナル(Gunnar)に対応する．今日のドイツ語ではグンテル(Gunther, Gunter)の他にギュンテル(Günther)が一般的である．

スペイン的な名前ゴンザーロ(Gonzalo)や姓ゴンザレス(González)は，グンディサルブス(Gundisalvus)とラテン語化される．GundisalvusのGundis-はGuntherのGunt-と同じ言葉であり，-alvusの語源はゴート語*alfs*(elf)であると考えられている．すなわち，この名の原義は「エルフの戦い」である．elfを構成要素にもつ名前にはアルフレッド(Alfred)がある．

ゲルマンの覇者フランク

フランク人は，ライン川中・下流の右岸を郷土とするゲルマン民族である．ローマ人には，ブロンドの髪をした長身の勇猛な戦士として知られていた．そのフランク人が，紀元3世紀から4世紀にかけてラインの河口あたりから南西に移動し，今日のベルギーから，ローマが支配していたガリアへと南下していった．

フランク族の伝説上の支配者ヴォルスング一族(Volsungs)の祖は，オーディンの第三子シギ(Sigi〔原義：勝利〕)で，シギの孫がヴォルスング(Volsung)である．VolsungのVols-は古北欧語*volsi*(馬の陽根)であるとする説が有力であり，豊饒のシンボルとして崇拝されていたものでった．*volsi*はギリシャ語*phallós*(〔生殖のシンボルとしての〕男根)と同根の言葉である．

そのフランク族が，5世紀にクロヴィスの指導の下にフランク王国を建設し，カトリックに改宗し，ローマの高い文化や制度を取り入れた．そして，ローマの官僚や地主という政治・経済的勢力を取り込みながら，北は北海から南は地中海に至る地域を勢力下におさめていくのである．9世紀には，シャルルマーニュの下で，ほぼ全ゲルマン民族を統一し，今日の西ヨーロッパの基盤を作った．

フランク人が次々と周辺の部族を征服し，被征服民を奴隷にしたことから，奴隷に対する自由人としてのフランク人という意味が生まれた．frank(率直な)やfranchise(市民権，一手販売権)，franklin(〔14・15世紀の〕自由農民)は，Frankから生まれた言葉である．

フランク(Frank)の原義は「槍」である．彼らは，槍を武器とする部族の名前であった．槍は古代ゲルマン人のもっとも典型的な武器であった．そしてその槍はまた，北欧神話でオーディンがアース神族とヴァン神族との間に投げて世界で最初の戦いを始めた槍でもある．タキトゥスは『ゲルマーニア』の第1部第6章「ゲルマーニアの装備・兵制」で，「彼らはフラメア(framea)と称する，細い短い鉄の刃の，手槍を携えている．しかし，その刃の鋭利にして使用に便なることは，彼らが同じ一本の槍を，場合に応じて，あるいは接近戦に，あるいは間隔戦に用いて，自在に戦っているほどである．しかも騎兵さえ楯とフラメアをもって満足し，歩兵はそのほかに投槍を投げ，各々その数本を携え，これを揮って無限の距離を飛ばし，……」と述べている．また，訳者である泉井久之助は，その註で，ここに使われているframeaはspear(槍)と同族の言葉であることを詳しく説明している．

自由農民フランクリン

フランクリン(Franklin)は，Frankに愛称的指小辞-linがついたものである．普通名詞としてのfranklin(自由農民)は，ノルマン人のイングランド征服以来，国王の側近のノルマン人たちが，アングロ・サク

〈ゲルマン〉

聖フランチェスコと
聖女キアラ
(シモン・マルチニ画)

ソン人の村の地主を意味する言葉として使った言葉であった．ウォルター・スコット作の『アイヴァンホー』に登場するサクソン人セドリックがその代表的人物である．同小説には，リチャード1世(Richard I, 在位1189-99)の治世の終わりの社会状況として，「郷士(franklin)と呼ばれた下級紳士には，イギリス憲法の文字の精神から，封建時代の圧政をうけないですむ権利があるにはあった．しかし，今になってはその身の上はたいへんに心細くなってきた」(菊地武一訳)と語られている．

フランクリン(franklin)は，14世紀から15世紀の英国においては，大地主としての郷士階級(gentry)と，義勇農騎兵などを務めた自由農民(yeoman)の間にあった中産地主階級を指す言葉であった．チョーサーの『カンタベリー物語』にフランクリンが登場するが，この人物は郷里では名士で，裁判が開かれるときには議長や司会者になり，幾度か代議士にもなった男である．

フランクリンの名をもつ人物には，アメリカ合衆国第32代大統領で，TVA計画を実施してアメリカを大恐慌から救い，第二次世界大戦を勝利に導いたルーズヴェルト(Franklin Delano Roosevelt, 在任1933-45)がいる．また，アメリカ独立の父として敬愛されるベンジャミン・フランクリン(Benjamin Franklin, 1706-90)もこの名前の人気を大いに高めた人物である．

† キリストにもっとも近い，聖フランチェスコ

英語の男子名フランシス(Francis)は，フランク語*Frank から派生した後期ラテン語の名前フランキスクス(Franciscus:

Frenchman)が語源で、からイタリア語フランチェスコ(Francesco)、フランス語フランソア(François)を経て英語化した名前である。この名前は、アッシジの聖フランチェスコ(Giovanni Francesco Bernardone, 1181-1226)にあやかる名前としてヨーロッパで人気が出て、15世紀ごろイギリスでも使われるようになった。

聖フランチェスコは、裕福な布商人の息子として生まれ、洗礼名はジョヴァンニであった。母親がフランスのプロヴァンス出身、父親の商売もフランスと関わりが深いこともあって、ジョヴァンニ自身も少年時代に強くフランスに憧れていた。このことから父親がフランチェスコと呼んだとされる。『黄金伝説』の第143章「聖フランキスクス」には、聖霊の炎に満たされたときはいつもフランス語で烈火のごとく獅子のごとく叫んだ、と記されている。

聖フランチェスコは、清貧を花嫁と考え、物をもたず家ももたず、イエス・キリストを唯一の模範として生活した。彼の説教は心にしみわたり、鳥さえも聞きに来たと言われる。その徹底した清貧、愛、平和を実践する活動から彼は「キリストにもっとも近い人」として熱狂的に崇拝された。なかでもフランチェスコに特に忠実に従った聖キアラ(Ciára, 1194-1253)は、彼の最初の女弟子であり、キアラ女子修道会の創立者である。

ジオット(Giotto)、チッコ(Cicco)、チノ(Cino)などはフランチェスコから変化したイタリア語的名前である。

ドイツ語名フランツ(Franz, Vrantz)、フレンツ(Frenz)、ハンガリー語名フェレンツ(Ferenc)などもフランチェスコの変化形である。名前フランツの人気が特に高くなったのは、ロートリンゲン公フランツ・シュテファン(Franz Stephan, 在位1708-65)、すなわち後の神聖ローマ帝国皇帝フランツ1世(Franz Ⅰ, 在位1745-65)によるものである。彼は、ハプスブルク家を相続したマリア・テレジアと結婚してハプスブルク・ロートリンゲン家の祖となり、彼女との間に16人の子をもうけた。そして、2人は、マリア・テレジアのさまざまな善政と相まって、理想的夫婦として広く国民に支持された。当時のハプスブルク家の支配地域はオーストリアを中心にハンガリーやボヘミアにもおよび、フランツおよびその派生名はそれらの地域でも広く用いられるようになるのである。

フランク王国の創始者クロヴィス

フランク王国の創建者は、メロヴィング王朝のクロヴィス(Clovis Ⅰ, 在位481-511)である。彼は、小王国に分裂していたフランク族を統一し、西ガリアを支配していたローマ貴族シャグリウス軍を打ち破った。この間、496年にブルグント出身の妃クロティルデ(Chlothilde)のすすめでカトリックに改宗し、都を河川交通の要衝であるパリに移した。そして南ガリアを支配していた西ゴート族をイベリア半島に追いやり、北海から地中海にいたる大フランク王国を建設するのである。クロヴィスはローマ文化の移入につとめたこともあって、このときからパリの発展がはじまった。またフランク族に圧倒された西ゴート族は589年にカトリックを受け入れた。

名前Clovisの語源は、ゲルマン祖語 *hluda-(よく知られた)と、*wiga(戦い)とからなる古高地ドイツ語Hluodowig(高名な戦士)である。*hluda-は英語loud(声が大きい)の語源でもある。この名前は戦いと勝利の神オーディンに由来するものと考えられる。

HluodowigのH-の発音は[x]であり、今日のドイツ語ではCh-と綴る。この[x]は次第に単なる気息音になってやがては消滅

〈ゲルマン〉

するのであるが，当時はまだ発音されていたので，古いドイツ語ではクロドヴィヒ（*Chlodowig*）と綴られ，フランス語では Clovis と綴られるようになった．

† 中世の理想の君主聖ルイ王

ルイ（Louis）は，古高地ドイツ語 *Hluodowig* から中世ラテン語 *Hludovicus*, *Ludovicus*, 古フランス語 *Loois* を経て生まれた名前である．ルイは，フランスの国王としてルイ18世（Louis XVIII, 在位1814-15, 15-24）まで数えるほどの伝統的な名前で，もっともフランス的な名前であると言える．

ルイの名前をもつもっとも有名な王は，太陽王ルイ14世（Louis XIV, 在位1643-1715）である．彼はフランス絶対王朝の最盛期を築き，フランスを世界最強の国にし，バロックの華とも言えるベルサイユ宮殿を建設し，「朕は国家なり」と言ってはばからない王であった．しかし，そのときすでにフランス革命の原因が醸成されつつあったと言ってもよく，彼の死後78年たった1793年にルイ16世（Louis XVI, 在位1774-92）は，妃マリー・アントワネットとともに処刑されるのである．

ルイ1世（Louis I, 在位814-840）は，シャルルマーニュの第三王子で，フランク王位とともに西ローマ皇帝の称号を引き継いだ人物である．熱心なキリスト教徒で，敬虔王とか，寛大王という通称で呼ばれた．ラテン語で書かれた『カロルス大帝業績録』の第2巻の巻末では「温厚清雅なフルドヴィクス」「きわめて情け深いフルドヴィクス」「至福者フルドヴィクス」などと称賛されており，カロルス大帝と並んで聖人化されている．

ルイ（Louis）の名前を広めるのにもっとも影響力があったのは，ルイ9世（Louis IX, 在位1226-70）と考えられる．彼は，信

フランス王ルイ9世
（エル・グレコ画）

仰篤く，国内をよく治め，2度も十字軍を率いて戦った，中世ヨーロッパにおける理想の君主であった．王妃マルグリットとともに参加した第六次十字軍（1248-54）での活躍はめざましいもので，公明正大なその指揮ぶりによって人びとの強い尊敬を集めた．ルイ9世には，さらに，当時としては何物にもかえがたい貴重な聖遺物であった聖なる茨の冠や真の十字架の一部をフランスにもたらすなどの功績があり，生存中から聖人として敬われた．アメリカの中西部の都市セントルイス（St. Louis）は，ルイ9世にちなんでつけられた名前である．今日のルイジアナ州はもちろん，ミシシッピー川以西のプレーリー地帯はカナダに至るまで，そのほとんどが元はフランスの植民地であり，1803年にアメリカがナポレオンから買い取ったものである．

† ドイツの国母ルイーゼ

ルイーザ（Louisa），ルイーズ

(Louise)，ルイーゼ(Luise)は，男性名ルイ(Louis)から派生した女性名である．Louisaは英語名，ルイーズはフランス語名，ルイーゼはドイツ語名である．ルイーゼは，ナショナリズムが高揚した18世紀から19世紀のドイツにおいて特に人気のある名前となった．この女性名ルイーゼが流行したのは，ブランデンブルク選帝公フリードリヒ・ヴィルヘルム(Friedrich Wilhelm，在位1640-88)の王妃ルイーゼ・ヘンリエッテ(Luise Henriette)以来であると考えられる．選帝公フリードリヒ・ヴィルヘルムは，ポーランドのプロイセンに対する干渉を排除して後の強国プロイセン王国の基礎を築いた人物であり，彼のオランダ出身の王妃ルイーゼもプロイセン統合の象徴的女性と考えられた．プロイセンのフリードリヒ大王(Friedrich II)にもルイーゼという名の姉妹がいた．そして，特に，国民に愛されたのは，プロイセンのフリードリヒ・ヴィルヘルム2世(Friedrich Wilhelm II，在位1786-97)の王妃ルイーゼである．彼女はナポレオン戦争に破れたプロイセン復興の希望の象徴的な存在であった．

　王妃ルイーゼは，プロイセン王(在位1861-88)からドイツ帝国初代皇帝となったヴィルヘルム1世(Wilhelm I，在位1871-88)の母である．彼女は，フリードリヒ・ヴィルヘルムなき後ナポレオン戦争においては，戦うプロイセンの象徴として甲冑に身を包むヴァルキューリーのようにイメージされ，母としては，子どもたちに愛を注ぐ慈母マリアのイメージが付与され，そして妻としては貞節な女性の象徴として熱烈に愛された．このようにプロイセンが愛し，後にドイツ帝国の国母として愛されたルイーゼは「聖女」とされた．そして彼女は，ゲーテが『若きウェルテルの悩み』で描いたシャルロッテと重ねられて，ドイツ人の国民意識を高揚する理想の女性に仕立て上げられていくのである．ルールー(Lulu)はルイーゼの愛称である．この名は今日では英語圏でもルイーザの愛称として，あるいは独立名として使われている．

†ドイツの祖ルートヴィヒ

　ルートヴィヒ(Ludwig)は，フランス語名Louisと同じ語源の名前であり，古高地ドイツ語 *Hluodowig* から変化したドイツ語名である．ルイ1世は，即位後まもなく長子ロタールと，ロタールの異母弟たちシャルルとルートヴィヒとに統治を任せた．そして，シャルルは西フランクを，ルートヴィヒは東フランクを，そしてロタールは中央フランクを治めるのである．この委任統治は，ルイ1世の死後，兄弟たちの抗争を招来し，843年のヴェルダン条約によってフランク王国は実質的にこの3人の息子たちによって分割された．すなわち，ロタールは中央フランク(イタリア北部とプロヴァンス，ブルグント)を，ルートヴィヒは東フランクを，そしてシャルルは西フランクを領有することとなった．それが今日のイタリア，ドイツ，フランスの誕生の契機になるのである．

　東フランクのルートヴィヒはルートヴィヒ2世(Ludwig II，在位840-876)として即位した．その関係で，ドイツをはじめ，北ヨーロッパ諸国ではルートヴィヒと名乗る国王が数多く輩出する．東フランク王ルートヴィヒ3世(Ludwig III，在位876-882)は，上記ルートヴィヒ2世の次男で，テューリンゲン，フランケン，ザクセンを継承し，後にバイエルン，ロートリンゲンを手に入れ，最初のドイツ王となった人物である．ルートヴィヒ4世(Ludwig IV，在位900-911)はカロリング王朝最後の東フランク王であった．

　バイエルンは，フランク王国の分裂以

〈ゲルマン〉

来，東フランクの有力な公領であったことから伝統的にルートヴィヒの名前が多い．バイエルン公ルートヴィヒ4世（Ludwig IV, 1294-1347）は神聖ローマ帝国皇帝（在位1314-47）となった人物である．時代が下って，ドイツ民族主義が盛んであった時代のバイエルン王ルートヴィヒ1世（Ludwig I, 在位1825-68）は，学芸を愛し，バイエルンの都ミュンヘンを芸術の都とした人物である．ルートヴィヒ1世の孫バイエルン王ルートヴィヒ2世（Ludwig II, 在位1864-86）は，今日，ロマンティックな中世風の城の典型として観光客を集めるノイシュヴァンシュタイン城の建設者として知られている．彼は，〈ニーベルンゲンの歌〉や，〈タンホイザー〉や〈ローエングリーン〉のような中世騎士物語の世界を愛したヴァーグナーのオペラを愛し，中世風の城をいくつも建設した．1.9メートルもの背丈があり，若いころはスラリとした美男子で，自分自身を愛し，美しいものを偏執的に愛したルートヴィヒ2世は，しかし，遂には精神的バランスを崩してしまう．彼のロマンティックにして謎の多い人柄は，今日でも多くの人びとから愛されるとともに，好奇心の対象ともなっていて話題がつきない．

†ロートリンゲンの祖ロータル

ドイツ語名ルーテル（Luther）はロータル（Lothar）とも綴る．この名前の語源は古高地ドイツ語の Hlothari であり，その変化形の1つが Lutheri である．Luther の Lut- は Ludwig の Lud- と同じものである．-her は，古高地ドイツ語の hari, heri（軍隊）が語源である．グンテル（Gunther）の -her と同じもので，Luther の原義は「高名な軍隊」ということになる．Luther の古形は Chlother とも綴るが，この名前はメロヴィング王朝の建設者クロヴィス王子の

騎士物語を愛した
狂王ルートヴィヒ

名として歴史に登場する．以来，この名はメロヴィング王朝，カロリング王朝を通じて伝統的な名となり，今日まで広く使われている．

敬虔王ルートヴィヒ（Ludwig I, Louis I）の長子ロータルは，北イタリアから北海に至る中央フランクを引き継いだが，彼の領土は東西フランクの力関係によって常に揺り動かされてきた．中央フランクは，息子のロータル2世の時代に北部領土の大部分を東フランクと西フランクに吸収され，現代史においてもドイツとフランスが戦うたびに，今日のフランス北東部アルザスとロレーヌ（Lorraine）地方のようにドイツに属したり，フランスに属したりしてきた．フランス語名ロレーヌはドイツ語的にはロートリンゲン（Lothringen）であり，この名の原義は「ロータルの人びとの土地」である．このロートリンゲンは870年のメルセン条約で東西フランクに分割さ

れ，大部分は東フランクに帰属した．

　Lutherと言えば，ドイツの宗教改革者でプロテスタンティズムの元祖マルティン・ルーテル(Martin Luther, 1483-1546)や，現代人としては非暴力を武器としてアメリカ黒人の公民権運動を指導したマーティン・ルーサー・キング・ジュニア(Martin Luther King Jr., 1929-68)を連想する．

†ウェールズ魂の象徴ルーイス

　ルイ(Louis)は，ノルマン人によってイングランドに持ち込まれて次第にルーイス(Lewis)と綴られるようになった．この名前は，イングランドでは中世から伝統的に人気のある名前であった．しかし，19世紀ごろからフランス語的で上品な感じのLouisが好まれてLewisの人気は落ち目になった．今日では多くの場合，姓として使われている．ルーイスの名をもつ有名人にはAlice's Adventures in Wonderland『不思議の国のアリス』の作者ルーイス・キャロル(Lewis Carroll, 1832-98)がいる．本名はCharles Lutwidge Dodgsonである．Charles Lutwidgeをラテン語化してCarollus Ludovicusとし，その順序を逆にして英語的にLewis Carrollとした．造語が好きなこの作家らしいペンネームである．

　Lewisは，特に，ウェールズ的響きをもつ名前でもある．この名前は，ウェールズで人気があったルーアリン(Llyewelyn)の愛称と英語化したLouisが同一視されたために生まれたものである．ウェールズは，アングロ・サクソン人の侵攻によって分裂していたが，マーフィン(Marphin，在位825-844)によってグウィネッズ王国(Kingdom of Gwynedd)が興され，イングランドの勢力に押されながらも同王国は細々と命脈を保っていた．ルーアリン1世(Llyewelyn I, 在位1005-23)は同王国中興の人物で，ルーアリン2世(在位1194-1240)はウェールズの中興を頂点にまで導き大王として尊敬された英雄である．また，イングランドのエドワード1世の侵略に対して反乱を起こして戦死したルーアリン3世(1246-82)は，イングランドに対する抵抗運動の象徴的人物である．

フランケンの誉れコンラート

　フランケンは，フランク王国の分裂後は東フランク王国の中核をなした部族大公領の1つであった．この公領の開祖はコンラート1世(Konrad I, 在位911-918)である．彼はカロリング家の断絶によってドイツ王に選立された．中世ドイツ王国はフランケン，ザクセン，バイエルン，シュヴァーベンなど諸部族の集合体であった．フランケン公領はやがて内部分裂によってザクセン家に圧倒されて939年に消滅するが，1024年にやはりフランケン公の血を引くザリエル家のコンラートがフランケン公を称し，ドイツ王すなわち神聖ローマ帝国皇帝コンラート2世(Konrad II, 在位1024-36)となった．ザリエル家は，フランク族のもっとも有力な部族であったザリエル氏族に由来する家柄であり，メロヴィング王朝の創始者クロヴィスがザリエル氏族出身であった．

　その後，ザリエル家のハインリヒ4世の娘アグネスとシュヴァーベン公フリードリヒ1世との婚姻により生まれた息子が神聖ローマ帝国皇帝になり，コンラート3世(Konrad III, 在位1138-52)を称した．彼は第二次十字軍に甥フリードリヒ・バルバロッサとともに参加した．その戦果はみじめなものであったが，異教徒と戦ったこと自体が英雄として人びとを熱狂させた時代にあって，コンラートはドイツ圏でもっとも愛される名前の1つとなった．

　コンラート(Konrad)は，古高地ドイツ

〈ゲルマン〉

語Kuonrātが語源で，Kuon-(bold：勇敢な)と-rat(counsel：勧告，忠告)からなるこの名前の意味は「猛々しい指導者」である．Kuon-は近代ドイツ語kuhn(bold, brave, fearless)と同語源の言葉であり，このドイツ語は古高地ドイツ語kuoni(wise〔賢明な〕，versed〔精通している〕，skilled〔熟達した〕)が語源である．ドイツ語kuhnは，ドイツ語können(to know：知る)や英語keen(〔知力などが〕鋭敏な)と同系の言葉でもある．すなわち，Konradは「賢明な指導者」という意味の名前でもあり，詩の神，占いの神，戦いの神であったオーディンに由来する名前であると考えられる．

ドイツ語名KonradのKon-は，やがて，ドイツ語のKönig(king：王)のKön-と混同された．Königは，英語のkingやkin(一族)と同系の言葉であり，Königやkingは元来「一族の長子」を意味する言葉であった．-radは，read(読む，謎を解く)とかriddle(謎)と同系の言葉であり，readの語源である古英語rǣdanにはto advise, counsel, rule, discuss, deliberate, guess, interpret, readなどの意味があった．-radは，すなわち，仲裁者，会議の主催者，律法者としての王の職務を意味する言葉であった．

『歌謡エッダ』におさめられた「リーグの歌」に，アース神リーグ(Rigr)の子ヤルル(Jarl)の末っ子としてコン(Konr)という名の息子が登場する．この名の意味は「末裔」とか「息子」という意味である．このKonrは古北欧語konungr(king)のkon-と同じものであり，ドイツ語Königや英語kingと同系の言葉である．「リーグの歌」のコンは，永遠のルーネと生命のルーネを知っており，出産を助け，刀をなまくらにし，火をしずめ海をしずめることもでき，さらに，鳥のさえずりを解し，馬にまたが

イギリスに帰化したコンラッド

り，敵勢をなぎ倒すことに向いている男子である．これらの諸能力はオーディンのもつ能力であり，それは，また，王たる者がもつと信じられていた能力である．

コンラート(Konrad)の名をもつ人物としては，西ドイツの初代の首相を務め，戦後の復興に尽くしたコンラート・アデナウアー(Konrad Adenauer, 1876-1967)がいる．Konradの短縮形には，クルト(Kurt, Kurd)がある．Kurtの名をもつ人物にはドイツの俳優で〈眼には眼を〉や〈眼下の敵〉などでの重厚な演技で有名なクルト・ユルゲンス(Kurt Jurgens, 1912-82)がいる．

コンラートの英語名コンラッド(Conrad)の名をもつ人物としては，ホテル王と言われるコンラッド・ヒルトン(Conrad Nicholson Hilton, 1887-1979)や，ポーランド生まれの英国の小説家で*Lord Jim*(『ロード・ジム』)や*Heart of Darkness*(『闇の奥』)の作者として知られるジョセフ・コンラッド(Joseph Conrad, 1857-1924)がいる．彼の本名はヨゼフ・テオドール・コンラート・コルゼニオフスキー(Jozef Teodor Konrad Korzeniowski)である．

229

ザクセンの輝く星々

　ザクセンは，ブリタリアに渡ったサクソン族の郷土である．サクソン族は2世紀なかばに歴史に登場するが，彼らは当時ユトランド半島からエルベ河下流地方に住んでいた．Saxonは古英語 *seax*（knife, short sword, dagger）と同語源の言葉であり，ナイフ，あるいは短剣で武装した部族という意味の名前であった．そのサクソン族は，3世紀末になって移動を始め，ライン河あたりに達し，その一部が5世紀半ばにはアングル人とともにブリタリアに移住した．

　ブリタリアに定住したサクソン人，アングル人，そしてジュート人は，次第に融合し，イギリス人の根幹をなすアングロ・サクソン人を形成した．そして，6世紀の終わりにはケント，エセックス，サセックス，ウェセックス，イースト・アングリア，マーシア，ノーザンブリアの7つの王国に統合された．そのうちヴァイキングとの抗争を通じて次第に勢力を蓄えたウェセックス，すなわち，西サクソンがイングランドの覇権を掌握し，9世紀末のアルフレッド大王の出現によって全盛期をむかえるのである．

　サクソン人は，1066年のノルマン人の征服（Norman Conquest）によって支配者としての勢力を失った．しかし，19世紀のロマンティシズムの時代にはサクソン的伝統はイギリス人魂のよりどころとして強く意識されるようになった．その様子は，ウォルター・スコットの *Ivanhoe*（『アィヴァンホー』）によく表わされている．この物語に登場するサクソン魂の権化と言うべき人物がセドリック（Cedric）である．セドリックは，ウォルター・スコットの造名であるが，この名は，ウエスト・サクソン王国の創立者セルディク（Cerdic, 519-534）から作られたものと考えられている．

　一方，フランク族の北に位置し，ゲルマン的豪族支配と自由の気風をもち，土着の神々を信仰していたザクセン人は，キリスト教に改宗して次第にローマ化していったフランク人と激しく対立するようになった．そして，シャルルマーニュが率いるフランク族との30年にわたる抗争の後，783年に滅ぼされてキリスト教を受け入れるのである．しかし，1度は滅ぼされた大陸のサクソン族は，フランク王国が，大帝の死後，分裂して弱体化するとまた政治的団結をとりもどし，ゲルマン諸部族のなかでももっとも強い勢力を回復して，ドイツ形成の中心的勢力になるのである．

オットー王朝の創始者ザクセンのハインリヒ1世

　ハインリヒ（Heinrich）は，初代神聖ローマ帝国皇帝オットー大帝（Otto I the Great, 在位936-973）の父でオットー王朝の創始者であるハインリヒ1世（Heinrich I, 在位919-936）によって全ドイツ的な名前となった．彼は，バイエルンやシュヴァーベンを支配下におさめ，ザクセン公からドイツ王となった人物である．同王の妃は聖マティルデ（Mathilde, 890?-968）である．彼女は多くの修道院を建て，慈悲深い女性として知られた．ハインリヒ1世はフランク王を称したが，実際はカロリング王家の出身ではなく，フランク族の出身でもなかった．

　ハインリヒ2世（Heinrich II, 在位1002-24）は，ハインリヒ1世の曾孫で，オットー王朝最後の王であり，神聖ローマ帝国皇帝となった人物である．彼は，1004年にイタリア王となり，1021年にはローマ教皇の要請を受けて南イタリアのギリシャ人を圧倒し，さらに，スラヴ人への伝道に力をつ

聖王ハインリヒ2世

くした．このように，彼は熱心なキリスト教徒であり，ローマ教皇に恭順をつくし，西ヨーロッパにおいて神の意思を地上に実現したとして篤信の王と呼ばれた．

バイエルン公国のハインリヒ1世(Heinrich Ⅰ，在位947-955)はザクセンのハインリヒ1世の子であり，オットー大帝の弟である．以来，同公国では12世紀までに12人の同名の王を輩出した．その後この公国は分裂するが，バイエルン家系ではハインリヒ16世(Heinrich ⅩⅥ，在位1393-1450)まで同名の王を輩出した．ザクセン朝神聖ローマ帝国皇帝ハインリヒ2世はバイエルン公ハインリヒ4世(在位995-1004)である．北欧十字軍で名を馳せエルベ川から東のスラヴ人地域のドイツ化，キリスト教化に力をつくしたザクセンの獅子公(Heinrich der Löwe，在位1142-80)はバイエルン公ハインリヒ12世(在位1156-80)である．彼はその豪毅な人柄から獅子公と呼ばれた．ホルシュタインのオルデンブルクやメックレンブルクなどは獅子公が神聖ローマ帝国皇帝フリードリヒ1世(バルバロッサ)の指導のもとに開設した司教区であった．彼はまた，ミュンヘンとか，ハンザ同盟の中心都市でありバルト海最大の都市となったリューベクの建設者としても知られている．

†家長中の家長ハインリヒ

ドイツ語名ハインリヒの語源は，古高地ドイツ語 *Heimrich* であり，*-rich* はリチャード(Richard)の Rich- と同じものである．*Heim-* は，近代ドイツ語の Heim(house, home)の語源であり，英語の home(家庭)と同系の言葉でもある．したがって，Heinrich の原義は「家長」である．サクソン人は Frey and Freya を Lord and Lady という意味に使ったが，「家長」を意味する Heinrich は彼らにとってはフレイ(Frey)の加護を感じさせる名前であったと考えられる．フレイが支配する妖精(elf)たちは家族や個人を守護する霊でもあった．

中世初期の家とは，家長を中心として数十人から時には100人もの人びとからなる家族共同体で，同じ屋根の下，あるいは，同じ囲いのなかに何世帯も住み，同じ祭祀を行い，共同作業によって生計を立て，共同で防衛にあたる集団であった．家長は，宗教的には，共同体の団結の象徴でもある神としての父祖に通じる存在であり，団結の中心としてのかまどをまもり，労働の分配を仕切り，武装集団としての共同体を指揮したのである．そのような家長たちは自分たちの家系の祖を彼らの神話の神々に求めたが，戦争が常態であった移動時代のゲルマン人たちには，オーディンを祖とあおぐ氏族や部族が多かった．ザクセン人の王たちも自分たちの祖先はオーディンに至ると考えていたが，彼らの名前にフレイ信仰の痕跡を見ることができる．

†アーサー王の再来ヘンリー2世

英語名ヘンリー(Henry)は，ハインリヒのラテン語名ヘンリクス(Henricus)からフランス語アンリ(Henri)を経てノルマン人によってイングランドにもたらされた名前である．ヘンリー1世(Henry I，在位1100-35)は征服王ウィリアムの第四王子であり，プランタジネット王家の創始者ヘンリー2世(Henry II，在位1154-89)は，征服王の曾孫にあたる人物である．父はフランスのアンジュー伯ジョフロア4世であり，母はノルマンディ家のヘンリー1世の娘マティルダである．

ヘンリー2世は，アキテーヌのエレアノールとの結婚により，ヨーロッパ最大の領地を有する国王となり，強国イングランドを確立した．彼の支配地域はカペー家が支配する王領よりはるかに広く，イングランド王国はシャルルマーニュ以来の強大な王国となったのである．そして，子どものころからトルバドゥールたちが語るアーサー王伝説に親しんでいたエレアノールとの宮廷生活は，中世騎士物語に豊かな素材を提供した．ヘンリー2世自身，イングランド王としての権威を強化するためにアーサー王伝説を利用し，自分がアーサー王の再来であるかのように振る舞った．それはシャルルマーニュの真の後継者であるとして権威の強化をはかったカペー家に対抗するものであった．以後，イングランドは，ヘンリー8世(Henry VIII，在位1509-47)まで同名の国王を輩出する．国王の名としてはエドワードと並んで一番多い．

ハリー(Harry)は，フランス語名アンリ(Henri)がイングランドにもたらされたとき，フランス語の-n-の発音ができなかったためになまって生まれた名前である．この名はいわゆる口語的な名前であり，中世においては日常的には使われていても，正式な書類にはHenryとかHenricusが使われていた．ハリーの名をもつ人物にはアメリカ合衆国第33代トルーマン大統領(Harry S. Truman，在任1945-53)がいる．ハリス(Harris)やハリスン(Harrison)はHarryから生まれた姓であったが，今日では第一名としても使われている．

ハル(Hal)はHarryから生まれた名前である．MaryがなまってMollyとなり，SharahがなまってSallyとなったのと同じタイプの変化形で，-r-を発音しにくい幼児のなまりから生まれた．シェイクスピアの『ヘンリー4世』に王子ヘンリー，後のヘンリー5世が登場する．彼はヘンリー4世の放蕩の王子であり，放蕩の騎士フォルスタッフは彼のことをハルと呼んでいる．

ハンク(Hank)もHenryの変化形である．オランダ語名ヘンドリク(Hendrick)の愛称ハンネク(Hannek)に影響されて生まれたものと考えられる．ホームラン王として知られるハンク・アーロン(Hank Aaron, 1934-)の本名はHenry Louis Aaronで，Hankは彼の愛称である．

†ハイネ，ハイネケン，ヘンドリク，エンリケ，アメリカ

ハイネ(Heine)は，ハインリヒの短縮形として，中世以来，特に農民階級の間に広まった名前である．この名をもつ人物としては19世紀ドイツの情熱的詩人ハインリヒ・ハイネ(Heinrich Heine, 1797-1856)がよく知られている．彼の本名はハリー・ハイネ(Harry Heine)であった．ハイネの両親はユダヤ人で，ハイネは銀行家であった叔父ザロモン・ハイネ(Salomon Heine)の経済的援助を得て大学で法律を学んだ．卒業の年，1825年にプロテスタントに改宗してChristian Johann Heinrich Heineと名乗るのである．改宗の理由についてはいろいろと議論されている．キリスト教徒である方が法律家としての将来が開けるとい

〈ゲルマン〉

う功利的動機であったとか,自由・平等・博愛を奉じるフランス革命に影響されてユダヤ教からキリスト教徒へ改宗したユダヤ人たちの風潮にならったものであるとか,ユダヤ教とキリスト教の和合を求めての改宗であった,というような議論である.

ハイネケン(Heineken)はHeineに指小辞-kと,同じく指小辞-inの変化形-enがついたものである.

男性名ハインリヒに愛称辞がついて多くの女性名が生まれた.ドイツ語名にはヘンリーケ(Henrike),ハインケ(Heinke)などがある.女性名アンリエット(Henriette)やアンリアッタ(Henrietta)はフランス語的で,これらは英語的なハリエット(Hariet)に対応する.アンリエットはドイツ語的にはヘンリエッテと発音する.

ヘンドリク(Hendric)は,Heinrichからヘンリク(Henrik)を経て生まれた変形で,特に,オランダやスカンディナヴィアに多い名前である.Hendricの-d-は余剰音であり,あまり意識されることはない.Heinrichはラテン語化してHenricusとなったが,H-を発音しない傾向があった平俗ラテン語の影響で,フランス語ではアンリ(Henri)となり,スペイン語ではエンリケ(Enrique)となった.

ドイツ王(神聖ローマ帝国皇帝)によってながらく支配されたイタリアでは,皇帝の名前としてもっとも伝統的なHenricusから多くの名前が派生した.例えばエンリコ(Enrico),エンドリチ(Endrici),エッリキ(Errichi),エッリゴ(Errigo),アリゴ(Arigo),アメリチ(Americi),アメリギ(Amerighi)などがある.地名アメリカ(America)は,フィレンツェ生まれの商人で航海者であり,新大陸を探検したことで知られるアメリゴ・ヴェスプッチ(Amerigo Vespucci,1451-1512)にちなむものであるが,Amerigoも元をたどればHeinrichである.Heinrichの古形 *Haimrich* はフランスの南部プロヴァンス地方では *Aimric* や *Aymeric* などと変化したが,プロヴァンスに近いイタリア北部ではアメリチやアメリギなどの変形が生まれ,さらに,アメリゴ(Amerigo)が生まれた.アメリゴはラテン語ではアメリクス(Americus)であり,このラテン語の女性形がアメリカ(America)である.

初代神聖ローマ皇帝オットー大帝

ドイツ人に多い名前オドー(Odo)とかオットー(Otto)は,特にザクセン王家の伝統的名前であった.古高地ドイツ語 *ōt* には「所有」という意味があるが,この言葉は,特に,封地に対する非封所有地を意味する言葉として使われた.北欧神話ではオード(Od)は愛と豊饒の女神フレイアの夫として登場する.

オットー(Otto)の名をもつ人物としては,ザクセン朝ドイツの2代目の王で,神聖ローマ帝国の初代皇帝オットー1世(Otto I the Great,在位936-973)がいる.以後ザクセン王朝はオットー2世(在位973-983),オットー3世(983-1002)と続き,オットーはドイツの伝統的な名前となった.オットー1世は,北はデーン人などスカンディナヴィア人に,東はエルベ河東岸地域のスラヴ人にキリスト教を広めようとしたことで知られている.また,南イタリアの権益をめぐって東ローマ帝国と衝突するが,協定ができ,その結果,東ローマ帝国の皇女テオファノを後にオットー2世となる彼の長子の妃としてむかえることとなった.これがドイツとギリシャとの関係のはじまりとなった出来事であるが,その関係は現代まで続くことになる.たとえば,ギリシャがトルコから独立して最初に戴いた王オットー1世(Otto I,在位1832-61)

233

オットー・ビスマルク

は，バイエルンからむかえられた王であった．

現代史においてオットーの名を世界に知らしめた人物としては，ドイツ帝国主義の象徴ともいえる宰相ビスマルク(Otto Eduard Leopold von Bismarck, 1815-98)がいる．彼はプロイセンの政治家で，プロイセン国王ヴィルヘルム1世(Wilhelm I, 在位1861-88)の下で宰相を務め，ドイツ統一の立役者となった人物である．その手法は，彼の言葉「血と鉄と」に象徴される武力的なものであった．1871年のドイツ統一後のヴィルヘルム1世はドイツ皇帝ヴィルヘルム1世となった．

イングランド統合のシンボル，エドワード

エドワード(Edward)は古英語では$\bar{E}adweard$であり，古英語$\bar{e}ad$は，古北欧語oda, 古サクソン語$\bar{o}d$, 古高地ドイツ語$*\bar{o}t$と同系の言葉で，「財産」「富」「繁栄」「幸福」などの意味があった．第二要素-weardはward(監督，保護)の語源であり，この言葉はフランス語を経て英語化したゲルマン語起源のguard(守護者)と同系の言葉である．北欧神話の『歌謡エッダ』の「ギュルヴィの惑わし」には，フレイは「財産運を支配する者」で，フレイに豊饒と平和を祈願するのがよい，と書かれており，エドワードは特にフレイとの関係が深い名前であるといえる．

エドワードは，特に，アングロ・サクソン的な名前である．ウエスト・サクソン王アルフレッド大王の子で，ヴァイキングとの戦いに勝利し，イングランドに広く勢力を拡大したエドワード兄王(Edward the Elder, 在位899-924)や，王位継承問題が原因で暗殺されたエドワード殉教王(Edward the Martyr, 在位975-978)，ウエストミンスターを創建した功績で，ローマ教皇から「証聖者」(the Confessor)という称号を与えられた証聖王エドワード(Edward the Confessor, 在位1042-66)などが歴史的によく知られている．

証聖者とは殉教者ではない聖者という意味であり，証聖王とか懺悔王とは聖王という意味である．聖者の列に加えられるためにはその人が奇蹟を行ったということが証明されなければならないとされる．例えば，その人の名を呼ぶだけで願いがかなったとか，その人の衣類や身体に触れるだけで病が癒えたといったものである．エドワード証聖王にも同じような奇蹟の話が多い．そのような話の1つをシェイクスピアの『マクベス』の第4幕第3場に見ることができる．マクベスの血で血をあらう暴政のなか，身の危険を避けてイングランドのエドワード証聖王の宮廷にやって来たダンカンの王子マルコムが証聖王のなす奇跡や高徳について次のように語っている．

「…イングランド王のなされる奇蹟だな．わたしもここに来てから何度も目にした．いかにして天の心を動かすか，われわれには知るよしもない．だが不可思議な病にかかり，からだじゅうが腫れあがり，膿

みただれ，医者もさじを投げた見るも痛ましい病人を，王はその首に1枚の金貨を掛けてやり，聖なる祈りをされる，それだけでなおすのだ．話によると，王はこのありがたい治癒の力をそのご子孫に伝えられるという．またこの不思議な力の他にも，天から授かった予言の能力を王はもっておられる．その王座をさまざまな神の恵みが包んでいることからも，徳の高い王であることがしのばれよう．」(小田島雄志 訳)

これは劇中の台詞であり，史実とは言えない．しかし，この台詞にはエドワード証聖王が，いかに敬愛され，神聖視されていたかを感じさせるものがある．

イングランドを征服したノルマン人たちは，自分たちがイングランド王として正統な血統の持ち主であることを強調する意味もあって，特に証聖王エドワードを祭り上げた．その関係で，ノルマン人のイングランド征服以降もエドワードは，イングランド統一の象徴的名前としてその人気を維持した．英国王ではエドワードの名をもつ国王はヘンリーと並んで8人の多きにのぼっている．

エドワード1世(Edward I，在位1272-1307)は，十字軍に参加して名をあげ，議会の発達を促し，ウェールズを征服し，イングランド王のスコットランドに対する主権を承認させるなど，今日の英国の基盤を築いたとも言える人物である．エドワード3世(Edward III，在位1327-77)は百年戦争をはじめた国王であり，その皇太子エドワードは，同戦争で活躍し，その甲冑の色から黒太子(Edward the Black Prince, 1330-76)と呼ばれ，国民の熱狂的な人気を博した人物である．エドワード8世(在位1936.1.20-12.11)は，離婚歴のあるアメリカ人シンプスン夫人と恋におち，その恋のために王位を捨てた人物である．エリザベス2世の三男の名前もエドワードである．

エドワード証聖王

アングロ・サクソンの聖人王：エドウィン，エドマンド，エドガー

Ed-を構成要素にもつ名前にはEdwardの他にも，エドウィン(Edwin)，エドマンド(Edmond)，エドガー(Edgar)などがある．これらの名前はいずれも英語圏では伝統的に強い人気を保ってきた名前である．エドウィンは，ノーザンブリアの最初のキリスト教王エドウィン(Edwin，在位616-633)にあやかる名前として広く使われるようになった．彼はヨークを拠点にイングランド北部のキリスト教化につとめ，理想的なキリスト者の王として尊敬され，16世紀に列聖された人物である．ビード(Bede)が731年に完成したとされる『イギリス国民の教会史』第2巻第16章によると，エドウィンはイギリスにおけるもっとも傑出した王であり，人びとはエドウィンを深く愛し，彼に対して強い畏敬の気持をもっていた．彼が統治した時代は特に平和な時代であり，赤子を抱いた婦人が何の心配もせずにブリタリアを西の端から東の端まで歩いて旅をすることができたという言い伝えがあった．ヨークの大聖堂はエドウィンが建てた

修道院に由来するものであり，彼の頭部が安置されていると伝えられる．Edwinの-winはボードウィン(Boldwin)の-winと同じものである．

エドマンド(Edmond)の変化形にはエドマンド(Edmund)があるが，-mondや-mundは古英語では*mund*,古高地ドイツ語では*munt*である．これらはラテン語の*mānus*(the hand:手)と同族の言葉である．その手は物を獲得する手，人や物をまもる手であり，*mund*や*munt*は「保護者」「保護権」という意味に使われた．ラテン語の*mānus*には妻に対する夫の権利とか子に対する父親の権利という意味があった．中世のゲルマン社会においては，ムント(munt)は家長権を意味する言葉で，幾つかの家族からなる氏族の長としての家長の権利という意味があった．それは，妻や子，そして奴隷に対する支配権で，婚姻が財産のやり取りという性格をもち政略的な意味をもっていた時代においては，王権そのものを意味するものでもあった．

エドマンド(Edmund)は，イングランドの七王国時代のイースト・アングリアの王で，異教徒ヴァイキングと戦って殉教した聖エドマンド(St. Edmund, 在位855-870)にあやかるものとして人気のある名前となった．エドマンド王は首領イングヴァル(Ingwar)に導かれたヴァイキングに攻められ降伏を迫られたが，異教徒に服従するよりは武器を取って神の御旗の旗手となって死ぬことを選ぶと言って戦いを挑み，矢を受けて戦死したとされる．その死に方が3世紀末にイタリアで全身に矢を受けて殉教した聖セバスティアヌス(Sebastianus)と似ており，イングランドでは第2の聖セバスチャン(St. Sebastian)としてあがめられた．

エドガー(Edgar)の-garはジェラルド(Gerald)のGer-と同じもので，「槍」を意味する言葉である．この名は，特に，957年に14歳でウェセックスの王になり，16歳にして全イングランドの王と認められたエドガー(Edgar, 在位957-975)にあやかって人気が出た名前である．彼の治世は平和な治世のモデルとされ，彼は「平和王」と呼ばれた．また，エドガーが多くの修道院を建設したことから，彼の治世は修道院の黄金時代と呼ばれた．聖エドガーの遺体はイングランド南西部のグラストンベリーに葬られ，その地は中世のイギリスにおけるもっとも盛んな巡礼地となった．そして，1052年に彼の墓が開かれたときには彼の身体は生前のままで，新鮮な血が流れたという伝説が生まれた．また，グラストンベリーには，アリマタヤのヨセフが聖杯(Holy Grail)を携えてやって来たとか，アーサー王の埋葬地であるという伝説が生まれた．なお，ウェセックス王エドマンド1世(Edmund I, 在位939-946)は聖エドガーの父であり，エドワード殉教王は聖エドガ

貧者に施しを与える聖エドマンド

〈ゲルマン〉

ーの息子である.

Ed-を構成要素にもつ名前には, 他に, 男性名イードレッド(Edred), 女性名イーディス(Edith)などがある. Edredの-redはAlfredの-redと同じもので,「知恵」とか「助言」という意味があり, この名の原義は「富の支配者」とか「豊かな指導者」であると考えられる. Edithの-ithは, 古英語 *guth* が語源で, 古高地ドイツ語 *gund*(戦い)と同系の言葉である. この名の原義は「収穫の多い戦い」である.

エッド(Ed), ネッド(Ned), テッド(Ted)は, Edward, Edwin, Edmond, Edgarなどの愛称形である. NedやTedは14世紀ごろから使われている. Nedは古英語の *mīne Ēadward*(my Edward)などから *mīne Ēd* となり, さらに *mīn*(my)がmyと変化する過程でmi-が人称代名詞と考えられるようになり, -neĒadが独立してしだいにNedとなった. TedもEdの愛称形であるが, EdからTedが生まれる過程についてはSaint Edwardなどの-t Ed-から生まれたものと考えられる. Tedと呼ばれる有名人には, イギリスの桂冠詩人テッド・ヒューズ(Edward James Hughes, 1930-)やケネディ大統領の末弟テッド・ケネディ(Edward Moore Kennedy, 1932-99)などがいる. なお, テディ・ベア(Teddy Bear)は第26代アメリカ合衆国大統領セオドア・ルーズヴェルトに由来するものであるが, TedやTeddyはTheodoreの愛称でもある.

ノルマンの英雄たち

ノルマン人(Norman)はノースマン(Northman)とも言う. 元来は「北方人」という意味で, スカンディナヴィア人のことであった. それが特に, フランス北西部のセーヌ川下流に定住し, ノルマンディー公国を建設したヴァイキングのことを意味する言葉として使われるようになった. 英語Normanは古フランス語 *Normant* から生まれた言葉であり, 近代フランス語ではノーマン(Normand)である.

ノルマンディー公国の建設者はロロ(Rollo, Hrolf, 860?-933)であるが, セーヌ河口に定着するまでの彼は, スコットランド, アイルランド, イングランド, フランドルなどを荒らしまわり, ヴァイキングの強力な指導者としての評判を得ていた. このロロが892年に大軍をひきいてセーヌ河をさかのぼりパリのシテ島を包囲した. この包囲に恐れをなしたフランク国王シャルル3世(Charles Ⅲ, 在位893-923)は911年にセーヌ河下流一帯ををロロに封土として与え, これによってノルマン人たちは公国をもつことになった.

ノルマンディー公国の建設は彼らのキリスト教化を意味した. そして, 数百年にわたる略奪戦争や通商によってやしなってきた戦術や狡智さによって, 彼らはノルマンディーを拠点にして, 対岸のイングランド, ウェールズ, アイルランドを征服し, 南はビザンティン帝国の支配下にあった南イタリア, シチリアを征服した. 時あたかも, イスラム教徒セルジューク・トルコが次第に勢力を伸ばしつつあった時代である. 聖地が占領され, ビザンティン帝国が脅かされ, 地中海の航行が危険となり, 十字軍運動への機運が高まりつつあった. そして, 1096年に十字軍の聖地遠征がはじまると, ノルマン人は積極的に遠征に参加して目ざましい活躍をし, 多くの英雄を輩出するのである. ウィリアム(William), ロバート(Robert), ロジャー(Roger), リチャード(Richard)などの名は, ノルマン人の英雄にあやかって, ヨーロッパに広がった名前である.

征服王ウィリアムの栄光

　ウィリアムと言えば，イギリス国民の多くは，征服王ウィリアム(William the Conqueror，在位1066-87)を連想する．彼はロロから数えて7代目のノルマンディー公であった．ロロの子で2代目ノルマンディー公がやはりウィリアムであったので，征服王はノルマンディー公ウィリアム2世であった．征服王の父ロベール(Robert)は残酷で無軌道な女たらしであったと言われ，悪魔のロベールと呼ばれた．その彼がなめし革職人の娘に産ませたのがウィリアムであった．そのような生まれから，ウィリアムはWilliam the Bastard(庶子ウィリアム)という添え名をもらうことになった．bastardのbast-とはロバ追いが枕に使った荷鞍(pack-saddle)のことであり，-ardは軽蔑を表わす語尾であるので，卑しい生まれの者という意味をもつ言葉である．しかし，正式な結婚以外の女性によって子をもうけることがめずらしいことではなく，また，庶子であろうと平等の相続権をもっていた王侯貴族の間では，それは特に軽蔑を意味する言葉ではなく，むしろ由緒ある生まれを示す添え名と考えられる傾向があった．

　ウィリアム(William)は，古高地ドイツ語では*Willahelm*と綴った．近代ドイツ語ではヴィルヘルム(Wilhelm)である．

　ヴィルヘルム(Wilhelm)のWil-は，英語のwill(意志)と同系の言葉である．-helmは「兜」とか「守護」を意味する言葉であるので，Wilhelmの原義は「意志の強い守護者」とか「強い守護者」とかであると解釈できる．willは，何かを「しよう」あるいは「したい」というような意志とか強い願望を意味する言葉である．このwillは，well(上手に)，welcome(歓迎)やwelfare(幸福)のwel-とか，wealth(富)と同じ語源の言葉である．wealthは，古英語の*willa*(will)と同系の*wel*(well)に名詞を形成する*-the*がついて生まれた中英語*wealthe*が語源である．このように見るとヴィルヘルムには「よい兜」とか「富をまもる兜」から，さらに，「富をまもる王」という意味も包含されているものと考えられる．

　北欧神話では，*helm*は「王冠・王・神」という意味にも使われた．キリストのことを古英語で*wuldres helm*(天国の王)と表現している．グリム(Grimm)がmaskやhelmetを意味し，このグリムは，また，オーディンの添え名であったことを考え合わせると，ヘルムもオーディンを意味する言葉であったと考えられる．オーディンは，輝く胸甲と金の兜を身につけ，小人に鍛えられた魔法の槍グングニルを携えていた．

　ウィリアムは，その貴族的なイメージから今世紀になるとかえって敬遠されるようになった．代わって，ウィル(Will)やウィリー(Willie)，そしてビル(Bill)やビリー(Billie)などの短縮形が好まれ，これらは，やがて，独立した名前となっていった．アメリカ合衆国大統領ビル・クリントン(Bill Clinton，在任1993-2001)のフルネ

征服王ウィリアム I 世

238

ームはWilliam Jefferson Clintonである．彼の実父の名はWilliam Jefferson Blytheで，第二次世界大戦に従軍した退役軍人で，大統領が生まれる前に自動車事故で死亡した．Williamは父にあやかってつけられた名前である．

Williamは，第一名として使われてきた名前であるが，長い歴史の過程で姓としても使われるようになった．その代表的なものが「ウィリアムの息子」という意味をもつウィリアムスン(Williamson)とかウィリアムズ(Williams)である．ウィルスン(Wilson)とかウィルキン(Wilkin)は短縮形Willから生まれた姓である．-kinは小さいことを意味し，名前においてはthe son of という意味をもつ．ウィルキンスン(Wilkinson)は「ウィルキンの息子」という意味の姓である．ウィルスン(Wilson)の名には，第一次世界大戦後に国際連盟の設立に努力し，ノーベル平和賞を受けたアメリカ合衆国第28代大統領ウィルスン(Thomas Woodrow Wilson, 在任1913-21)を連想する人が多い．映画俳優からアメリカ合衆国大統領になり，人柄が好まれ，久しぶりに2期の任期をまっとうしたレーガン大統領(在任1981-89)のフルネームは，ロナルド・ウィルスン・レーガン(Ronald Wilson Reagan)である．

ヴィルヘルミナ(Wilhelmina)は，Wilhelmの女性形で，-inaは女性名を形成するラテン語起源の接尾辞である．この名は，ドイツでは古くから人気のある名前であるが，イギリスやアメリカでは，特にオランダの女王ヴィルヘルミナ(Wilhelmina Helena Pauline Maria, 在位1890-1948)を連想する人が多い．彼女はドイツに対しては中立的立場をとったが，結局はドイツの侵略を受け，ロンドンに亡命して抵抗運動の象徴的存在となった．この名の短縮形にはヘルマ(Helma)，ヘルミネ(Helmine)，ミーナ(Mina)，ミーヒェン(Michen)，ミンナ(Minna)，フェルマ(Velma)，フィルマ(Vilma)などがある．

†シャルルマーニュの忠臣ギヨーム

英語名ウィリアム(William)はフランス語ではギヨーム(Guillaume)となる．ゲルマン語におけるW-は，ケルトの影響が強かったガリア地方ではGu-となった．Gu-やGw-のG-は，本来は無声の咽喉摩擦音であったが，やがて有声軟口蓋閉鎖音となり，Gu-は[gw]と発音されるようになった．そして，この発音は11世紀ごろまで維持されたが，次第に[g]となった．

ギヨームの名は，アキテーヌのギヨーム(Guillaume, 755?-812)として歴史に登場する．アキテーヌは，西ゴート族が418年に王国を建設した地方であり，西ゴート王家とフランク王家との関係は，すでに，フランクのシギベルト1世(Sigibert I，在位561-575)が妃に西ゴート王家のブリュンヒルドをむかえたことに見ることができる．アキテーヌのギヨームの父は，シャルルマーニュに忠臣として仕えたベルナールという人物であった．その関係でギヨームは，アキテーヌ公に任じられたルイ敬虔王の後見人を務めた．そして803年にはスペインのサラセン人と戦い，バルセロナ奪還で名を馳せ，その様子はフランスの武勲詩にもうたわれている．

このような関係で，ギヨームはフランスのもっとも有力な公家となり，やがて同家は，アキテーヌ公に任じられた．アキテーヌ公国ギヨーム1世(Guillaume I，在位898-918)は，910年にベネディクト修道会に修道院を寄進し，自らも修道士になった．彼がクリュニーに寄進した修道院はクリュニー修道院として中世キリスト教の発展の原動力となり，キリスト教をヨーロッパの普遍的宗教にするのに大いに貢献し

た．そして，ギヨーム1世はこのような功績によって列聖されるのである．聖ギヨーム1世以来，アキテーヌ公家では長男にギヨームの名をつける伝統が生まれ，ギヨーム10世まで同名の公爵が輩出した．征服王ウィリアムの命名もこのような流行の影響を受けたものと考えられる．アキテーヌのギヨーム9世（Guillaume IX，在位1086-1126）はトルバドゥールの第一人者で，ギヨーム10世はイングランドのヘンリー2世妃となったエレアノールの父である．

グリエルモ（Guglielmo）はイタリア語男性名で，グリエルマ（Guglielma）はイタリア語女性名である．ノルマン人が建設したナポリ・シチリア王国にもイタリア的変化形グリエルモの名前をもつ王が1世（Guglielmo Ⅰ，在位1154-66）から3世（Guglielmo Ⅲ，在位1194）まで3人が出た．ギレルモ（Guillermo）はスペイン語男性名である．日本語ではギジェルモと表記されることが多い．

グリエルマは，クエーカー教徒の指導者でペンシルヴァニアを開拓し，フィラデルフィアを建設したウィリアム・ペン（William Penn，1644-1718）の最初の妻の名であったことから17世紀にイギリスのクエーカー教徒たちの間でも使われるようになった．この名の愛称がエルマ（Elma）であるが，アメリカで比較的よく使われている名前である．

断頭台の名として知られるギロティン（guillotine）は，その考案者ギヨタン（Joseph-Ignace Guillotin，1738-1814）に由来するものである．この名前はWillのフランス的名前ギル（Guille）の愛称形ギヨー（Guillot）にまた1つの愛称辞-inがついたものである．ギヨタンの本業は医者で，バスティーユ占拠事件がフランス革命の勃発を決定的なものとした1789年に国民議会の議員となった．当時の貴族の死刑は断頭刑であり，庶民の死刑は絞首刑であった．彼は断頭刑の苦痛を軽くするという「人道的」目的でこの機械を考案したのであるが，革命の進行とともにこの機械は恐怖政治の象徴となった．そして，結局は自分もギロティンの犠牲となってしまうのである．

オーディンの知恵に明るいロベルト

ロバート（Robert）の語源は，古高地ドイツ語 *Hruodperht* とか *Hrodperht* であり，第一要素Ro-は，ロジャー（Roger），ローランド（Roland）のRo-や，ロードリク（Roderick）のRod-と同じものである．*Hruod-*の意味は，一般に，「名声」（fame）と解釈されているが，この言葉は，印欧祖語*gar-*（to cry, shout, call）からゲルマン祖語**hrō-*を経て分出したものであり，古代インド・アーリア語 *kārûh*（singer, poet：詩人）やギリシャ語 *kērux*（herald：布告者，先触れ，使者）と同族の言葉である．このように見ると，*Hruod-*には，詩神としてのオーディン，知恵者としてのオーディンの属性を表わす言葉であることがわかる．古代における詩人とは，占いを司る者であり，預言者であり，神々の意図を伝える者であり，先祖や英雄の物語を語る者であり，王をほめ讃える役を担った者であった．

第二要素 *-perht* には「輝かしい」という意味がある．古高地ドイツ語 *-perht* は古英語 *beorht* に対応するが，この *beorht* は，やがて，音位転換が起こって *breht* とか *bricht* などとなり，近代英語のbrightとなった．この言葉の原義は「輝かしい」であるが，その光は，闇を照らし，すべてを見通すことを可能にする光であり，人間の目には見えない遥かかなたの出来事や未来を見通すことを可能にする光でもある．

北欧神話には，守護樹ユッグドラシル

〈ゲルマン〉

(Yggdrasill) についての語がある．神々は毎日この大木の下に集まって協議し，いろいろなことについて裁きを下す．YggdrasillはYgg-(オーディン)とdrasill(馬)からなる言葉である．このユッグドラシルの根は霜の巨人がいる世界ヨッツンヘイムにとどいており，その根の下には賢いミーミルにまもられた泉が湧いている．その泉の水を飲むとあらゆることを洞察する力が与えられる．オーディンは自分の片目を差し出してその水を飲んだ．ところが，その洞察力を手に入れるとますます多くのことを知りたいという願望にとらわれ，今度はユッグドラシルに9夜の間自分自身を吊るし，自分の脇腹を槍で傷つけてルーン文字を手に入れるのである．

このようにして，オーディンはルーン文字の所有者となり，その文字の魔術により地上のあらゆる者よりも知恵においてすぐれ，一番多くのことを知る者となった．オーディンは人間の未来や運命を知り，地中に埋もれたあらゆる宝のありかも知っていたと「ユングリンガ・サガ」に書かれている．ロバートはこの最高の知恵者オーディンに深く関わる名前であった．

名前ロバートは，オーディン信仰の発祥の地とされるライン中流を郷土とするフランク族の間で特に人気が高かった．カロリング王家に次いで一時フランスを支配した王家がロベール王家である．同家の祖は，メロヴィング家の分家でフランク王国の西部地方ネウストリア，すなわち今日のノルマンディーで勢力を蓄えていたロベール(Robert)である．

† ノルマンのロベールたち

初代ノルマンディー公ロロは，故郷ノルウェーからスコットランド，フリースラントを経てセーヌ河の下流一帯を支配するようになった．そして，フランス王シャルル

オーディンの兜を連想させる
サットン・フーの兜

3世との条約によってノルマンディー公国を建設した．そのときにキリスト教に改宗して洗礼名をロベールとした．以来，ノルマン人たちは，ロロ，すなわちロベールを，もっとも崇拝すべき先祖とみなすようになるのである．

シチリアや南イタリアを征服して両シチリア王国の基礎を築いたロベール・ギスカール(Robert Guiscard, 1015?-85)もノルマンディー生まれであった．アンナ・コムネナの『アレックシアド』によると，ロベール・ギスカールは大男で，赤みがかった顔色をし，髪は金髪，肩幅は広く，眼光は火のごとく鋭く，体全体は見事にバランスが取れ，頭の先から足の先まで優雅であった．また，彼の声はアキレウスの声のようで，彼の雄叫びは何千人もの人びとを恐怖に陥れた．しかし，彼の心は悪党のそれで，たった5人の騎士と30人の歩兵を引き連れてノルマンディーを出て，イタリア南部のロンバルディアで陰謀を駆使して力を蓄え，ついにはローマ皇帝位までもうかが

う権力欲に凝り固まった不快な男である．目的のためには手段を選ばない彼の冷酷さについては，キリストが生まれると知ってベツレヘムとその周辺の2歳以下の男子を皆殺しにするように命じたヘロデにたとえられている．

アンナ・コムネナにとってのこのような悪党ロベール・ギスカルは，しかし，ローマ教会側から見ると希有の英雄であった．彼は，教皇権と皇帝権との覇権争いでは教皇ニコラス2世(在位1059-61)に恭順の意志を示し，シチリアのイスラム教徒を駆逐し，南イタリアのビザンティン勢力を抑え，神聖ローマ帝国ハインリヒ4世に占領されたローマからグレゴリウス7世を救出した．傭兵としての冒険集団から身を起こし，キリスト教徒にとっては脅威となっていたイスラム教徒の勢力を抑えることに成功し，憧れの華の都コンスタンティノポリスをも征服しようとした．そのようなロベール・ギスカルを，故郷のノルマンディーの詩人は，トロイを陥れた智将オデュッセウスや雄弁家キケロを凌駕する人物と讃えた(『ローマ帝国衰亡史9』)．

征服王ウィリアムの父ノルマンディー公ロベール1世(在位1027-35)は，勇敢であったが残忍で無鉄砲でもあったので，悪魔公とあだなされた人物である．しかし，11世紀の巡礼熱には，そのような彼にも聖地への強い憧れをいだかせるものがあった．かくして，ロベール1世はパレスティナに巡礼したが，その帰途ニカイアで死亡した．征服王の次男もロベール(Robert II, 在位1087-1106)であった．彼は，父がイングランド統治に力を入れるにつれて留守がちになったノルマンディーの支配権を与えられ，第1次十字軍にも参加して聖ゲオルギウス伝を西ヨーロッパに伝えたとされる人物である．

スコットランドでは，ロバート1世(Robert I de Brus, 在位1306-29)からロバート3世(在位1390-1406)まで，ロバートの名をもつ王が3人輩出した．彼らの先祖はノルマンディー出身で，征服王ウィリアムとともにイングランドにやって来た騎士であった．ロバート・ドゥ・ブルースという名は，スコットランド王デイヴィッド1世とその妃マティルダの間に生まれた王女イザベルが婿にむかえたノルマン系領主の名として登場する．その後，ロバート・ドゥ・ブルースという名の当主が3代続き，その3代目がスコットランド王ロバート1世である．スコットランドは，ロバート1世によってイングランドからの独立を達成したとされ，彼はスコットランドでは特に重要な国王である．今日でもスコットランドの1ポンド紙幣に彼の肖像画が使われていることからも，スコットランド人のロバート1世に対する親愛の情をうかがい知ることができる．

† 伝説の英雄ロビン・フッド

アングロ・サクソン時代のイングランドにもRobertの語源*Hruodperht*に対応する名前*Hreodbeorht*が存在した．しかし，ロバート(Robert)は，イングランドでは，ノルマン人の名前として一般に使われるようになったものである．

ロップ(Rob)やホップ(Hob)はRobertの古形*Hrodebert*から容易に引き出せる愛称であるが，ボッブ(Bob)やドッブ(Dob)もRobertから派生した愛称である．BobのBはRobertのR-が-b-に同化したものであり，DobのD-はRobのR-が調音点の近さから変化したものである．日本語でも地方によっては「ロク」を「ドク」と発音する傾向があるが，特に幼児においてはその傾向が顕著である．ボビー(Bobby)は，Bobの愛称であるが，ボビー(Bobbie)は女性的でロバータ(Roberta)の愛称である．

242

Robertの愛称Rob, Hob, Bob, Dobなどは, ともに, 中世時代からイギリスの庶民の間では, Robertそのものよりも一般的に使われた. 12世紀ごろのイングランドの伝説的英雄ロビン・フッド(Robin Hood)のRobinはRobに愛称辞-inがついたものである. ロビン・フッドは, ノルマン貴族から金品を奪い貧しいアングロ・サクソン系の人びとに分け与えたということから, 貴族的なロバートに対してロビンの名が特に庶民に人気があった.

ロビン・フッドの性格には, また, 当時のイングランドの田舎の森に残っていた異教的で豊饒神的な信仰を感じさせるものがあり, 実際彼は, ギリシャのサテュロスのような側面をもっていた. 14世紀後半に書かれた『農夫ピアズの幻想』の第7歌に「〈真理〉に生きることを知っているあらゆる種類の職人には, 私は誠実に生きている彼らに食物をさしあげます. ただし, 手品師のジャック(Jack), 公娼窟のジャネット(Janet), 猥褻な冗談をたたく下劣な男ロビン(Robin)は別です」(池上忠弘訳)というくだりがある. シェイクスピアの『夏の夜の夢』の舞台はアテネであるが, アテネの近くの森に出没するいたずらな妖精をパック(Puck〔原義：ヨタカ〕)と名づけている. 夜になると活動する彼は, またの名をロビン・グッドフェロー(Robin Goodfellow)とも言い, 彼の性格はまさしくサテュロス的で, パン的で, 性的である.

ロビンの名をこのように性的なものと考える傾向は, 中世末期からルネサンス期にかけてロビン・フッドが「五月祭の王」とみなされるようになったことによるものである. 五月祭は自然の再生を祝う祭りであり, 豊饒祈願の祭りであった. 必然的に性的な側面を強くもっており, 祭りの日には無礼講が許されたが, その無礼講はキリスト教会からは, 異教的でいかがわしいものと非難されることが多かった.

このようなRobinは17, 8世紀ごろには使われなくなり, 代わりに鳥の名robin(コマドリやツグミの類)としてのみ使われるようになった. オーディンはユッグドラシルに自らを吊るし, 自分の槍で脇腹を突いて自らを傷つけ, ルーン文字を手に入れたとされるが, ノルマンの王たちはそれにならってルーン文字を胸に刻んだ. Robertとはオーディンの別名であり, Robinもオーディンを意味する名前であった. そのRobinと胸毛が赤いコマドリが結びつけられて, コマドリのことをロビンと呼ぶようになった. ロビンが名前として復活するのは19世紀になってからであるが, そのときには, 女性の名前となっていた.

シチリア王国の建設者ロジェール

英語名ロジャー(Roger)の語源は古北欧語のHrothgeirrである. この名のRo-もRobertのRo-と同じもので, 意味は「栄光」とか「名声」である. -gerはGeraldのGer-(槍)と同じなので, Rogerの原義は「栄光の槍」であると考えられる. 戦いの名手であり勇者を意味するが, 神話的には槍の大君オーディンに通じる名前である.

ロジャー(Roger)は古英語ではフロースガール(Hrothgar)であり, フロースガールは『ベーオウルフ』にはデネ(Dene), すなわち, デーン(Dane)の武名並ぶものなき王として登場する. このスカンディナヴィア的な名前はノルマンディーで特に人気のある名前で, 古フランス語でロジェール(Rogier)となり, 12世紀にノルマン人によってイングランドにもたらされた.

ロジャーが特に人気のある名前になったのは, ロベール・ギスカールの弟で, ロベールと協力してシチリアを征服してシチリア伯となったロジェール1世(Rogier I, 1072-1101)や, その息子でシチリアと南イ

タリアを合わせてナポリ・シチリア王国の初代の王となったロジェール2世（Rogier II，在位1105-54）によるところが大きい．ロジェール1世がマルタ島をサラセンから奪還し，ロジェール2世は，さらに，北アフリカ沿岸の各地まで攻略するなど，2人の活躍は征服王ウィリアムに劣らぬものがあった．特に，ロジェール2世の戦いは十字軍運動を強力に進めつつあったヨーロッパ人にとっても聖戦であり，その目ざましい業績により大王と呼ばれた．ロジェールはイタリア語ではルッジェーロ（Ruggiero）である．

ノルマン人の騎士とはいうものの，土地もない「流れ者」でしかなかったロジェールたちが，当時の交通の要衝であり，軍事的要衝，文化の中心地，民族交流の中心地でもあったマルタやシチリアを手に入れた．それのみか，ローマ教皇領に近い南イタリアに広大な王国を設立し，ローマ教皇に重用され，憧れの東ローマ帝国にさえ対抗できる国家を建設したのである．それは，ヨーロッパの人びとにとっては夢をかき立てられる出世物語であり，シチリア王家のロジェールやロベールにあやかる名前が広く人気を博することになった．さらに，十字軍で華々しく活躍した神聖ローマ帝国皇帝フリードリヒ2世は，ロジェール2世の娘コンスタンスと，フリードリヒ赤髭公の息子神聖ローマ帝国皇帝ハインリヒ6世（Heinrich VI，在位1190-97）の子であり，ロジェールの名は，ヨーロッパの名門の名になった．

ドッジ（Dodge）やホッジ（Hodge）はロジャーの変形である．[r]と[d]は調音点の近さから，よく間違えられる音である．また，Ro-が古くは*Hrod-*であったことを見てもR-はH-に近い音であったことがわかる．さらに，[dʒ]は[ʒ]を力強く発音すると生まれやすい音であり，-gerから-dgeへはよくある変化である．ロジャーの人気が出てまもなくドッヂ（Dodge）とホッヂ（Hodge）の愛称が生まれ，韻を踏んでドッジ＝ホッジ（Dodge-Hodge）という呼び方がはやった．

ドイツ語名グローガー（Groger）やクルーガー（Kruger）も英語名ロジャー（Roger）と同じ語源の名前である．RogerのRo-は古高地ドイツ語の*Hrod-*が語源であるが，H-は[x]に近い発音であり，この[x]から[k]や[g]への変化はしばしば見られるものである．英語名Robertのドイツ語的変形としては，グルベルト（Grubert）やグロベルト（Grobert），クルベルト（Krubert）などがある．

獅子心王リチャード

リチャード（Richard）は，古高地ドイツ語*Ricohard*が語源である．-*hard*は英語のhard（硬い，強い）と同系の言葉であり，「強い」という意味に使われた．*Rico*-は，英語のrich（裕福な）と同系の言葉であ

神の総督を自認した王
ロジェール2世

る．この*Rico-*はさらに，印欧祖語**reg-* (to move in a straight line)にさかのぼることができる．ゲルマン語系の言葉right (正しい)や，ラテン語系のrex(王)，regal(王の)，regulation(規則)，rule(支配する)，rail(鉄道)などは**reg-*に由来する言葉である．このように見ると名前Richardの原義は「強い支配者」と解釈できる．

名前リチャードは，特に，ノルマン的なイメージが強い．歴史上の人物としては征服王ウィリアムの曾祖父がノルマンディー公リチャード1世豪胆王(Richard I the Fearless，在位942-996)であり，祖父がリチャード2世善良王(Richard II the Good，在位996-1026)，伯父がリチャード3世(在位1026-27)，さらに，征服王の若死にした長子もリチャードであった．その関係で，リチャードは，イングランドではノルマン人によってよく知られるようになった．以来，今日まで，もっとも人気の高い名前の1つとなっている．

イギリスではリチャードの名をもつ国王が1世から3世まで輩出した．リチャード1世(Richard Ⅰ，在位1189-99)は，獅子心王(Richard the Lion Hearted)と呼ばれ，英国民の間では伝説的に人気のある王である．第三次十字軍に参加し，真の十字架を奪還し，エルサレムの自由を確保し，さらにキプロスを占領するなど，その活躍ぶりには目を見張るものがあった．リチャード1世は，実際には英語を話さず，イングランドにはほとんど滞在しなかった．しかし，ともに十字軍に参加したフリードリヒ赤髭王が不慮の死をとげ，フィリップ2世尊厳王が早々に帰国したのに対して，リチャードの活躍にはひときわ目立つものがあり，イギリス人は，はるか異国から伝えられる彼の活躍ぶりに狂喜するのである．

そのように英雄となったリチャード1世

獅子心王リチャード1世

は，十字軍遠征からの帰途，ウィーンで捕らわれの身となり，国内では弟ジョンに王位を脅かされた．それは，聖戦に勝利した王に対する裏切りであり，理想の騎士としてのリチャードのイメージをいやがおうにも高めることとなった．ノルマン人がイングランドを征服してまだ100年余りの時期であり，征服者ノルマン人と被征服者サクソン人の間には深い溝があった．そんなときにリチャードの出現によって征服者ノルマン人の王もはじめてイギリス人にとっての「おらが王」となるのである．そして，捕らわれの身から変装して帰国し，乱れた国内をまわり，強きをくじき，弱きを助けるリチャードの伝説が多く生まれた．『アイヴァンホー』には，リチャード1世が放浪の黒装束の騎士として登場する．彼は，サクソン人セドリックや負傷したアイヴァンホーを救出しにロビン・フッドとともに駆けつけて獅子奮迅の活躍をする．この小説は1820年に書かれたものであるが，ロマンティックで愛国的なこの小説は圧倒的な人気を博し，人びとはリチャード獅子心王のイメージに憧れて，リチャードを好んで男の子の名前として選んだ．

リチャード2世(在位1377-99)は，ブラ

ック・プリンスと愛称された父エドワードの病死によって9歳にして王位に就いた．彼は信仰心が篤く，温厚な人物で，農民にも同情的であったので，人気があった．しかし，政敵ランカスター家の公領を没収するなど専制的な面があり，アイルランド遠征の失敗を契機に失脚し，死に追い込まれた．リチャード 3 世（Richard III，在位 1483-85）はバラ戦争を戦ったヨーク家の最後の王で，陰謀と残虐な殺戮を繰り返した王である．これらの王たちはいずれもシェイクスピアの歴史劇に登場し，日本にもよく知られている．

リチャードの名をもつ現代人には，アメリカ合衆国の第37代大統領リチャード・ニクスン（Richard Millhous Nixon，在任 1969-74），映画俳優でありエリザベス・テイラーの夫でもあったリチャード・バートン（Richard Burton, 1925-84），〈プリティ・ウーマン〉（1990年）で知られるリチャード・ギア（Richard Gere, 1949- ）がいる．

Richardは，ドイツ語ではリヒャルトと読み，フランス語ではリシャールと読む．リカール（Ricard）もフランス語名であり，リカルド（Ricardo）はスペイン語名である．リヒャルトの名をもつ人物には，歌劇〈ニーベルンゲンの指輪〉の作曲家リヒャルト・ヴァーグナー（Richard Wagner, 1813-83）や，〈ツァラトゥーストラはかく語りき〉("Also Sprach Zaratsustra")の作曲者リヒャルト・シュトラウス（Richard Strauss, 1864-1949）や，見識ある発言で戦後ドイツの良心と言われたドイツ連邦大統領リヒャルト・フォン・ヴァイツゼッカー（Richard von Weizsäcker，在任1984-94）がよく知られている．

†ディック，ディクスン，ディケンズ，ヒギンズ

RichardのR-は，D-やH-になまりやすいことからディック（Dick）やヒック

リヒャルト・ワーグナー
（ルノワール画）

（Hick）という愛称が生まれ，それぞれが独立した名前として定着した．R-からH-への変化は，特にノルマン人のR-が当時のイングランド人に発音しにくかったことから起こった変化である．[r]から[d]への変化は両音の調音点が近いことからRobからDobが生まれたようにしばしば起こる変化である．

Dickは男性名としては非常に一般的であることから，"every Tom, Dick and Harry"と言えば「だれもかれもみんな」という意味である．また，Dickは卑語ではJohnと同じように「男根」（penis）という意味に使われることがある．

Dickに父称辞がついて，ディクスン（Dixon），ディッキン（Dickin, Dicken）などの姓が生まれた．ディケンズ（Dickens）はDickenにさらにまた1つの父称辞-sがついて生まれた姓である．Dickensは，特に，19世紀のイギリスの小説家チャールズ・ディケンズ（Charles John Huffam Dickens, 1812-70）によって私たちにも親しみ深い．

ヒギンズ（Higgins）と言えば，ミュージカル映画〈マイ・フェア・レイディ〉の主人公

で音声学者であるヘンリー・ヒギンズを連想する．この名は英国では一般にHickに父称辞-inと-sがついて生まれた姓であると考えられている．しかし，Higginsはアイルランドに多い姓でもあり，ゲール語の名前オ・フィギーン(Ó hUiginn)から変化した名前であると考えられている．ウィギーン(Uiginn)は，古北欧語vikingrから生まれた名前で，「ヴァイキング」という意味をもつ名前であり，この姓の原義は「ヴァイキングの子孫」である．

戦いと勝利の父 オーディン

オーディン(Odin)は古北欧語的で，低地ドイツの古サクソン語ではヴォーダン(Wodan)，古英語ではウォーデン(Woden)と呼ばれた．この名は，古英語 $wōd$(mad, frenzied：熱狂した)や $wōth$(sound, cry, noise：喧騒)，近代ドイツ語のwut(rage, fury：猛烈な怒り)，古北欧語 $ōthr$(spirit：霊)，ゴート語 $wōths$(possessed：霊に取りつかれた)，そしてラテン語の $vātēs$(prophet, soothsayer, seer：予言者)と同族の言葉である．ラテン語 $vātēs$ は，ウェルギリウス以降は意味の転化により，singerやpoetという意味に使われた．Odinの語源や同族語は，戦士たちを狂暴な戦闘に導く軍勢の父であるとともに，占いの神であり詩の神でもあるというオーディンの属性をよく表わしている．

オーディン信仰の起源は，ライン河中流，すなわちフランク族の郷土あたりとされるが，北欧へその信仰が広がり，北欧土着のトールやフレイとともに信仰を集めた．北欧神話ではオーディンは千軍万馬の「軍勢の父」であり，「勝利の父」「王たちの父」「高貴なる大賢人」「大いなる知恵者」「魔術師」，そして「詩人」である．聖なる山にあるとされるオーディンの館，すなわち，死者の館ヴァルハラ(Valhalla: valr = the killed + höll = a royal hall)には，歴代の王を中心とする戦死者たちが選ばれて住んでおり，夜ごとに饗宴と戦争ゲームに興じている．そして，彼らは国が危機に陥ったときには馳せ参じると信じられていた．

オーディンの館ヴァルハラには，ヒルドなど12人のヴァルキューリー(Valkyrie〔原義：戦死者を選ぶ者〕)と呼ばれる女戦士が仕えている．Valkyrieは古北欧語では valkyrja で，-kyrja(chooser)の動詞 kjōsa は，chooseの語源である古英語 cēosan(to choose)と同系の言葉である．ヴァルキューリーたちは，オーディンの指示にしたがって戦場を飛びまわって死すべき者を選び，オーディンの館ヴァルハラへと運ぶ「死の天使」であった．

オーディンの足元には2頭の狼が仕え，また，地の果てまで飛んでいろいろと情報を収集するワタリガラス(raven)が仕えていた．このようなオーディンはゲルマン人の大移動時代からヴァイキング時代にかけてもっとも強く信仰された．その様子がアイスランドに残された北欧語の詩集『歌謡エッダ』や北欧に伝わる種々の英雄伝説サガによって伝えられている．そして，オーディン信仰は人びとの名前にも大きな影響を与えた．

北欧とロシアとビザンティンを結ぶハラルド

ハロルド(Harold)の-oldやウォルター(Walter)のWalt-は，印欧祖語 *wal-(to be strong)に由来する言葉である．本来は「力」を意味する言葉であった．ラテン語起源のvaliant(勇敢な)やvalor(勇気，大胆)，value(価値)も，印欧祖語 *wal- に由来する言葉である．Har-やher-はロータル(Lother)やルーテル(Luther)の-harや

-her と同じで古高地ドイツ語 hari, heri (army：軍隊)が語源である．

大移動時代のゲルマン人にとって，オーディンは，何よりも，まず，軍勢の統率者であった．アイスランドの詩人で北欧のトゥキディデスと言われる歴史家スノリ・ストゥルルスンは「ユングリンガ・サガ」で，オーディンは偉大にして，遥か遠方にまで戦いに出向く戦士で，すべての戦いに勝利して多くの王国を征服した，と記している．ハロルドやウォルターは，文字どおり「軍の統率者」を意味する名前であり，オーディンに由来する名前である．

ハロルドやハラルドの語源はゲルマン祖語 *Hariwald で，古北欧語では Haraldr，古英語では Harald, Harold, Herew[e]ald となった．ウォルターは古高地ドイツ語ではヴァルトハリ（Walthari）やヴルトヘレ（Walthere），古英語ではウェアルドヘレ（Wealdhere）である．Harold と Walter は，2つの要素が入れ替わって生まれた名前であると言える．

ハラルドは，特に北欧的な名前で，ノルウェーを初めて統一したハラルド美髪王（Harald Ⅰ Fairhair，在位872-928?)や，デンマークを初めて統一し，同国最初のキリスト教徒王となったハラルド1世(HaraldⅠ，在位940-986)などが歴史に登場し，スカンディナヴィア全域でもっとも伝統的な名前として今日までその人気を持続している．ノルウェーのハラルド1世は国土を統一するまで髪を切らないと誓ったが，その願いがかなって髪を整えると非常に美しかったという話があり，そこから美髪王と呼ばれるようになった．

「苛烈王」(Hardrada)と呼ばれるノルウェーのハラルド3世(Harald III Sigurdson，在位1047-66)は，ノルウェー王ハラルド1世の玄孫で，即位するまでは，キエフを経てコンスタンティノポリスに行き，さらには地中海でビザンティン帝国の守備隊長として活躍した人物である．ハラルド3世の話は，スノリ・ストゥルルスンのノルウェー王列伝と言うべき Heimskringla（『ヘイムスクリングラ』）の「ハラルド苛烈王伝」でよく知られている．それによると，ハラルドは1031年，16歳のときにロシアに向かい，キエフ大公ヤロスラーフに温かくむかえられた．彼はその地に数年間留まり，コンスタンティノポリスに向かった．コンスタン

2つの聖遺物柩に手を置いてウィリアムに誓いを立てるハロルド

〈ゲルマン〉

ティノポリスでは東ローマ帝国皇帝軍に参加したが，すでにその地で活躍していたヴァイキングたちの人望を集め，傭兵隊長として彼らをしたがえてシチリアでの東ローマ帝国の権益をまもるために活躍した．その後，ハラルドと軍隊はエルサレムに行き，巡礼者にならってヨルダン川で身を清め，真の十字架や聖墳墓に多大の寄進をした．エルサレムからコンスタンティノポリスに帰還した後，ハラルドはキエフ経由で故郷ノルウェーに帰った．キエフではヤロスラーフが再びハラルドを温かくむかえた．ヤロスラーフはハラルドがビザンティン帝国の傭兵隊長として活躍している間に預かっていた甚大な財宝をハラルドに返し，娘エリザヴェータを与えた．英雄ハラルドは帰国後1047年に国王になり，オスロの建設に取りかかるが，1066年イングランド王ハロルド2世との戦いで戦死した．

イギリスではハラルドは特に，ハロルド2世（Harold II，在位1066，1月-10月）を連想させる名前で，1066年にウィリアム征服王とヘイスティングズで戦って破れた王の名として知られている．彼は，アングロ・サクソンの王エドワード証聖王の跡を受けてアングロ・サクソン系の最後の王となる運命を背負った王であった．彼の父ハロルド1世（Harold I，在位1035-40）は，クヌート大王（Cnut 1 the Great 在位1016-35）の庶子であった．

Haraldは現代デンマーク語ではハーラル，スウェーデン語ではハーラルド，ノルウェー語ではハラールに近い発音である．ドイツ語名ヘロルト（Herold, Heroldt）やフランス語名エロー（Heraud, Herault）なども英語名ハロルドに対応するものである．英語名ハロッド（Harrod）はハロルドの変形である．

ウォルター（Walter）は，古北部フランス語名 *Waltier* を経てノルマン人によってイングランドにもたらされた．ノルマン時代にウォルターから派生したフィッツウォルター（Fitzwalter）という姓があり，マグナ・カルタの保証人としてその名を連ねている．この名は，聖書名でなかったことから宗教改革時には人気が落ちたが，19世紀のロマン主義的風潮のなかで再生し，今日までその人気が持続している．ウォルターズ（Walters），ワット（Watt, Wat），ワトスン（Watson），ワトキンス（Watkins），ワトキンスン（Watkinson），などはウォルターから生まれた姓である．フランス語の影響と考えられるガトキン（Gwatkin）という姓もある．

ウォルターの名をもつ人物には，スコットランドの国民的小説家でもあり詩人でもあるウォルター・スコット（Walter Scott, 1771-1832）がいる．現代人にもこの名をもつ人物は多いが，映画〈おかしな二人〉で不精者の新聞記者役を演じ，喜劇役者として有名なハリウッド・スター，ウォルター・マッソー（Walter Matthau, 1920- ）がよく知られている．ウォルト（Walt）の名の持ち主にはウォルト・ホイットマン（Walt Whitman, 1819-92）やウォルト・ディズニー（Walt Disney, 1901-66）などが特に有名である．ウォルト・ディズニーのフルネームはウォルター・エライアス・ディズニー（Walter Elias Disney）である．

また，レノルド（Reynold）やレジナルド（Reginald）は，古高地ドイツ語名 *Reginald, Raginald* が語源である．第一要素 *Regin-* や *Ragin-* は「助言」（counsel）を意味する言葉であるが，この言葉は，特に，裁定者としての王を意味する言葉であった．ゲルマン人の王たちの多くは自分たちをオーディンの末裔と考えていたが，古北欧語 *regin* は，*goth*（god）とともに「神」を意味する言葉でもあり，詩人たちは宇宙の支配者としての神という意味でこの言葉を

249

使った．このことからReynoldの意味は「強力な裁定者」とか「偉大な支配者」と解釈できる．

フランスの自動車メーカー，ルノー社はルイ・ルノー（Louis Renault, 1877-1944）が創始した会社である．このRenaultは英語名Reynoldに対応する名前である．ロナルド（Ronald）は古北欧語*Rögnvaldr*が語源である．この北欧語名は，ヴァイキングによってスコットランドにもたらされ，ゲール語化して*Raonull*となり，英語化されてRonaldとなった．特に，スコットランドで人気があった名前で，アングロ・サクソン語名レノルド（Reynold）に対応するものであり，この名の原義も「強力な支配者」である．ロナルドの名をもつ人物としてはアメリカの第40代大統領ロナルド・レーガンが特になじみ深く，愛称形にはロン（Ron）やロニー（Ronnie, Ronny）がある．ラナルド（Ranald）は，今日では，スコットランド的響きがある名前であるが，longがスコットランド方言ではlangになる例もあるように，RonaldのRo-はスコットランドではRa-となる傾向があった．

レコンキスタの完成者フェルナンド

フェルナンド（Fernando）は，西ゴート族によってスペインにもたらされた名前で，ドイツ語名はフェルディナント（Ferdinand）である．Ferd-はゲルマン祖語*farth（旅，遠征）が語源であると考えられている．-nandの語源はゴート語*nanth*（大胆な，勇敢な）であるので，この名の意味は「大胆な遠征」である．それはまた「収穫の多い遠征」を意味する名前であった．

ゲルマン祖語**farthi-*から派生した古英語*faru*には「旅」〔戦闘などに向かう〕「長い旅」「一族」などの意味がある．すなわち，FernandoのFer-は「武装集団としての一族」とか，そのような一族の「遠征」を意味

する言葉であった．「ユングリンガ・サガ」にはオーディンのことを「偉大にして非常に遠い距離を旅した戦士」と呼んでおり，オーディンが長期間にわたって遠征に出かける話がある．このように見ると西ゴート語起源のFernandはオーディンにあやかる名前と考えられる．

西ゴート族は，5世紀初めにイタリアを経てピレネーの南北に侵入して王国を建設したゴート族の一派である．しかし，711年にサラセン帝国によって滅ぼされた．以来，西ゴート王国再建の願いはスペインの歴史を動かす精神的支柱になった．フェルナンドは首都マドリッドがある中央部スペインのカスティリア地方を中心に人気のある名前である．カスティリアはもっともスペイン的な地方であると言われるが，この地方はサラセン人に対する国土回復運動において前線となったところである．Castilla とは城（castles）という意味の地名であるが，サラセン人との戦いの歴史のなかで，その地方の様相を変えてしまうほど要塞や城が建てられたことからこのように呼ばれるようになった．ここに，10世紀になって，スペイン西北部を中心に勢力をもっていたレオン王国から独立して，フェルナン・ゴンザレス（Fernán González, 在位931-970）が王国を建てた．そして，その曾孫フェルナンド大王（Fernando I el Magno, 在位1029-65）がレオン王国を併合して1038年にレオン・カスティリア王国を建国した．そしてさらに，フェルナンド3世（在位1217-52）の時代にサラセン人に対する戦いに大きな勝利をおさめ，イベリア半島の3分の2を支配下におさめて，教会を保護し，彼はこの功績で聖人に列せられた．

フェルナンド5世はアラゴン王子であった．彼は，カスティリアのイサベル女王と結婚し，カスティリア王国を1474年から

1504年までイサベルと共同統治し，1492年にスペイン南部に残るサラセン人を駆逐し，民族国家スペインを完成した国王である．コロンブスに財政的援助を与えたことでもよく知られている．

イサベルとフェルナンドの間に生まれた王女フアナ(Juana)と，ハプスブルク家出身のフェリペ1世(Felipe I，在位1504-06)の間に生まれたのが，カール5世と，ハンガリー王(1526-64)を経てカール5世を継いで神聖ローマ帝国皇帝となったフェルディナント1世(Ferdinand I，在位1558-64)である．この後，フェルディナントはハプスブルク家の伝統的な名前となり，その婚姻によってこの名前が広くヨーロッパに広がった．

フェルナンド(Fernando)はフェルディナンド(Ferdinando)の短縮形であり，スペイン語にはヘルナンド(Hernando)，ヘルナン(Hernán)などの変化形がある．フェルナン(Fernant)はフランス語名，フェルディナンド(Ferdinando)はイタリア語的変化形であり，フェルナンデス(Fernández)の-ezはスペイン語的父称辞で，Fernandesの-esはポルトガル語的父称辞である．

槍の大君ジェラルド

槍はゲルマン人の典型的な武器であった．それはまた，北欧神話の主神オーディンの武器であり，力や権威の象徴でもあった．オーディンはグングニルという槍をもっているが，その槍は小人(dwarf)たちが作ったもので，敵の心に抵抗不可能な恐怖を引き起こす魔法の槍である．アース神族とヴァン神族の戦いは，オーディンが敵勢のまっただなかに槍を投げ込んだことをもって始まったと『歌謡エッダ』の「巫女の予言」のなかにうたわれている．それは世界で最初の戦争であった．

馬上のオーディン

オーディンの槍グングニル(Gungnir)のGung-は，名前グンテル(Gunther)のGunt-やgun(鉄砲)と同じ語源の言葉で「戦い」を意味し，-nirの-n-は動作を表わす接中辞であり，-irは「～する者」を意味する語尾なので，この槍の名の原義は「戦う者」である．gunはヴァルキューリーの1人グンヒルド(Gunhild〔原義：war＋battle〕)の短縮形グンネ(Gunne)から派生したものであると考えられている．gunは，すなわち，「グンヒルドの武器」という意味であった．

ジェラルド(Gerald)は，古高地ドイツ語では*Gerwald*である．*Ger*-は近代ドイツ語のGer(槍)と同じものであり，特に，槍の三角に尖った部分を意味するものであった．-*wald*は，英語のwield(武具などを巧みに使う，権力を行使する)と同系の言葉であり，この名前の意味は「槍の使い手」あるいは「槍の支配者」である．それは，オーディンの添え名でもあった．

ジェラルドは，北欧的な名前であり，イギリスにもノルマン人によってもたらされた．しかし，当時の綴りは*Gerhold*であ

り，この名前はGer-と-hard(強い，勇敢な)からなるジェラード(Gerard)と混同されることが多く，後者の方に吸収されて13世紀ごろには人気がなくなった．Geraldがイギリスで再び人気を取り戻したのは，ナポレオン戦争によって触発されたナショナリズムの高まりと，ロマンティシズムの高まりにより，ながらく忘れられていたケルト系やゲルマン系の名前の多くが復活した19世紀のことである．

Gerardの原義は「勇敢な槍，強い槍」である．この名前は，特に，ユトランド半島を中心に使われていたが，十字軍の時代にこの名をもつ英雄的な人物が輩出したことなどにより，中世には非常に人気のある名前となった．特に，ヨハネ騎士団の創設者として知られる南フランス出身のジェラール(Gerard, ?-1120)は，当時のもっとも求められる人間像を体現した人物であり，この名の人気に大いに寄与した．

† アイルランド化したジェラルド

今日，ジェラルドは，アイルランド的な印象を与える名前となっている．アイルランドは，イングランドのヘンリー2世の時代にノルマン人たちの支配を受けるようになった．そのリーダーはストロングボー(Strongbow：強い弓)とあだ名されるリチャード・フィッツギルバート・ドゥ・クレア(Richard Fitzgilbert de Clare, 1130?-76)という名のウェールズの騎士であった．彼はウェールズの首長の娘と結婚したノルマン人，ウィンザーのジェラルド(Gerald of Windsor)の子孫で，この一族はジェラルディン一族(the Geraldines)と呼ばれていた．ストロングボーはウェールズからジェラルディン一族を多く呼び寄せたが，彼を助けて功績を上げたのがやはりジェラルディン一族のモーリス・フィッツジェラルド(Maurice Fitzgerald)という騎士であった．このような関係でジェラルドとかフィッツジェラルドという名前がアイルランドでは特に勢力のある名前となっていくのである．

その後，イングランドからのノルマン人は，次第にアイルランド人にとけこんでいき，13世紀にはイングランドに対してアイルランドの自治，そして独立を主張するようになった．ヘンリー8世の宗教改革に対する抵抗運動やアイルランドの直接統治に対する抵抗運動の中心になったのもフィッツジェラルド家であった．1534年の反乱はアイルランドにおける16世紀最大のレジスタンス運動であったが，この反乱を率いたトマス・フィッツジェラルド(Thomas Fitzgerald, 1513-37)をはじめ同家の者はほとんどが処刑され，フィッツジェラルド家は滅亡した．こんなことがあって，ジェラルドは，アイルランド人にとっては殉教者的名前となり，その人気が根強く続くのである．

FitzgeraldのFitz-は，ラテン語 *filius* (of the son)が語源で，古フランス語 *fiz* を経て生まれたものである．特に庶子を意味する接頭辞として使われたが，結婚形態が今日とは異なり，諸侯などの場合は側室をもつことが一般的であった中世においては，Fitz-はむしろ血統を示す接頭辞としての意味をもつようになった．

ガレット(Garret)はアイルランドによく見られる名前であるが，これも，Geraldから変化した名前である．この名をもつ人物としては，総督という地位にありながら，息子トマス・フィッツジェラルドが1534年にヘンリー8世に対して起こした抵抗運動を支持したガレット・オーグ・フィッツジェラルド(Garret Oge Fitzgerald, 在位1513-34)が特に有名である．彼の父は大キルデア伯として尊敬されたガレット・モア・フィッツジェラルド(Garret

More Fitzgerald, 在位1478-1513)で, ヘンリー7世のアイルランド統治に反対して立ち上がった人物であった. 彼らガレット親子はともにアイルランドの愛国的英雄であり, ガレットの名も広く使われるようになった.

オーディンの息子たち

キリスト教以前の北欧の王たちの多くは, 自分たちはオーディンに由来すると考えていた. したがって, オーディンの息子は数限りなく存在するのであるが, そのなかでも, 「勝利」を意味するシギ(Sigi, Siggi)と, 「勇敢」とか「大胆」という意味を内包するバルデル(Balder)の存在は特に大きい.

†ゲルマン最大の英雄ジークフリート

『ニーベルンゲンの歌』において中心的英雄として登場するジーフリト(Sifrit)は, 近代ドイツ語ではジークフリート(Siegfried)である. 彼の父はジゲムント(Sigemund)で, 母はジゲリント(Sigelind)である. また, ワーグナーの〈ニーベルンゲンの指輪〉では, ジークフリートの両親ジークムント(Siegmund)とジークリンデ(Sieglinde)はオーディンと人間の間に生まれた双子である. 英雄伝説『ニーベルンゲンの歌』のジーフリトは, 同伝説の古層を伝えるとされる神話『ヴォルスンガ・サガ』では, オーディンにつながる家系のシグルド(Sigurd)として登場する. 彼の父はシグムンド(Sigmund)である. 同サガによるとオーディンの息子の名がシギ(Sigi)であり, シギの孫がヴォルスング(Volsung)で, ヴォルスングの息子がシグムンド(Sigmund)である.

ドイツ語名ジークムント(Siegmund), ジークリンデ(Sieglinde), ジーグルト(Sigurd), ジークフリート(Siegfried)の

竜を焼いていてやけどしたシグルド

Sieg-やSig-は, いずれも, オーディンの息子ジギ(Sigi)と同じもので, これらの名前はオーディンの子孫であることを意味する名前である. Siegmundの原義は「勝利+保護」であり, Sieglindeの原義は「勝利+楯」であり, Sigurdの原義は「勝利+保護者」である. Siegfriedの原義は「勝利+平和」で, -friedはフリードリヒ(Friedrich)のFried-と同じものである. -friedは, オーディンの妃フリッグ(Frigg)や, フレイ(Frey)やフレイア(Freya)と同系の言葉であり, 平和, 富, 豊饒, 愛という意味をもっている.

北欧の人びとに特に強く信仰された神々オーディン, トール, フレイ, フレイアは時代とともにその性格を変えた. また, それぞれが, ともに, 同じ人びとによって信仰されたが, これらの神々の属性を表わす要素によって構成された名前をいろいろと見ることができる. トールグリム(Thorgrim)やトーロルフ(Thorolf)の第一要素は雷神トールのことであり, -grim(helmet：兜)や-olf(wolf：狼)はオーディンの属性を表わす要素である.

オーディンにつながる Sig- や Sieg- は, ジークハルト(Sieghard), ジーベルト(Siebert), ジーブラント(Siebrand), ジーゲル(Sieger), ジークマイアー(Seigmayer), その他, ドイツ語名を構成する要素として特によく見られる. Sieger の語源は古高地ドイツ語 Sigiheri で, -heri の意味は「軍隊」であるので, この名の原義は「勝利＋軍隊」であると解釈できる. Siegmayer の -mayer はヴァルデマル(Valdemar)の -mar(栄光)と同じで, この名の原義は「勝利＋栄光」である.

†オーディンの麗しの息子バルデル

北欧神話によると, バルデル(Balder)はオーディンとフリッグの息子で, 彼は姿の良さにおいては並ぶものなく, 肌は白く, 髪は金色で, 賢明であるとともに純潔で慈悲深く, もっとも称賛にあたいする神であった. そのバルデルが, 狡猾なロキの策略によって, 盲目の弟によって投げられたヤドリギに当たって若くして死ぬ. 神々はこぞって彼の死を嘆き, その涙によってバルデルが生命を取り戻すことを願う. しかし, バルデルは再び息を吹き返すことはない. ヤドリギは, バルデルの母フリッグがあらゆる被造物に息子バルデルを傷つけないようにと誓わせたときにまだ子どもであるという理由で誓いを取らなかった唯一のものであった.

そのバルデルが, 神々と巨人族の最後の戦い(ragnarök：ラグナレク：神々の死)によってあらゆるものの生命が奪われた後に暗闇から生き返り, 新しい生命の喜びをもたらすのである. バルデルは, ギリシャ神話のアドニスやエジプト神話のオシリスのような豊饒の神の死と再生に似た性質をもっていた. そのようなバルデルは, 9世紀にはキリストになぞらえられた.

Balder は, 印欧祖語 *bhel-(to blow, swell)に由来する言葉で, この祖語から分出した言葉には丸く膨れた物とか性的に興奮した男根などを意味するものが多い. ゲルマン系の ball(球), bowl(おわん), bulk(かさばっていること), bull(牡牛), ヴォルスング(Volsung)の Vols- や, ギリシャ語起源の phallus(ファルス：男性性器)などがその例である. ファルスは, 特に勃起した男根を意味する言葉で, ディオニュソスの祭りには, 木でできた男根像をかつぎまわったという話がある. また, 牡牛(bull)は, 多くの神話では力の象徴であり, 多産, 豊饒の象徴である. オーディンとフリッグの息子バルデルが豊饒儀礼と深く関わった存在であったことがわかる. 同じ語根から分出した bold は「大胆な, 勇敢な」という意味をもつが, この意味は, この語の語根が内在的にもっていた「力強さ」という意味に加えて, 魔除けとしての「力」を秘めていると考えられた勃起した男根などの意味が加わって発展的に生まれたものと考えられる.

このような意味をもつ Balder は大いに好まれ, ジーボルト(Siebold), テオバルト(Theobald), アーヒバルト(Archibald), バルトウィン(Baldwin), バルトマン(Baldman), バルトハルト(Baldhard), バルダリヒ(Baldarich), バルドゥルフ(Baldulf), レオポルト(Leopold)など, 数多くのドイツ語名を構成する要素として使われた. ジーボルトの原義は「勝利＋大胆な」であり「勝利するバルデル」とも解釈できる. この名をもつ人物にはドイツの医者で, 幕末に長崎に来日し, 日本の蘭学や医学の発達に貢献したジーボルト(Philipp Franz Jonkheer Balthasar van Siebold, 1796-1866)がいる.

テオバルト(Theobald)の Theo- はテオドリク(Theodric)の Theod- と同じもので, この名の原義は「民＋大胆な」である.

〈ゲルマン〉

冥界のバルデル
(バルデルの返還を求めるヘルモーズ(左), バルデル(右上)とヘル(右下))

これを「バルデルの民」と解釈することもできる. この名は, フランス語的にはティボー(Thibaud, Thibout, Tibault)であり, ドイツ語ではディーバルト(Diebald)やディーポルト(Diepold)などの変化形がある. アーチボルド(Archibald)は, 今日ではスコットランドで姓としてよくある名前であるが, これはノルマン人の個人名 Archambault が英語化した名前である. 第一要素の語源はゲルマン語 *ercan (正真正銘の)である. Leopold の Leo- は古高ドイツ語 liet が語源である. この言葉は「人々, 部下, 使用人」を意味する言葉であったが, 王との間に忠誠を誓い, 軍役を提供する臣民となった人びとを意味する言葉として使われた. 高地ドイツ語 liet は近代ドイツ語では Leute(people)となった. したがって, この名の原義は「民＋大胆な」で, 「勇敢な民」とか「バルデルの民」などと解釈できる. Leopold の変化形としてはロイポルト(Leupold), ロイトポルト(Luitpold)などがある. Leopold の綴りは, 特に Leonard の影響を受けたものである.

255

†アガメムノンの再来イスラエル王ボードワン

　英語名ボードウィン(Baldwin)はフランス語ではボードワン(Baudouin)である. 中世においてはノルマンディーやフランドル地方で特に人気のある名前であった. Baldwinの-winは, 古英語 *winnan*(勝つ)と同じ語源の言葉であり, 同じ語源の古英語 *wine* は, 自由人としての「友, 仲間, 同胞」という意味の言葉であった.

　十字軍にはノルマン人, フランドル人, ロレーヌ人が多く参加したが, 第一次十字軍(1096-99)に参加したロレーヌ伯ボードワンは, 兄ゴドフロア(Godefroy)の死後, エルサレム王(在位1100-18)となり, パレスティナ沿岸の重要都市をすべて占領し, 兄と同じようにギリシャ軍の総大将アガメムノンになぞらえられ, さらに旧約聖書のヨシュアにもなぞらえられた. 第四次十字軍(1202-04)に参加したフランドル伯ボードワンは, コンスタンティノポリスを攻略し, ラテン帝国皇帝ボードワン1世(Baudouin Ⅰ, 在位1204-05)となった. ベルギーの前の国王はボードワン1世(Baudouin Ⅰ, 在位1951-93)であり, その正式な名前はBaudouin Albert Charles Leopoldである.

　同じ-winを要素にもつ英語名には, エドウィン(Edwin)をはじめ, ダーウィン(Darwin), アルヴィン(Alvin), アーヴィング(Irving)などがある. Darwinの語源としてまず考えられるのは古英語 *Dēorwine* で, 古英語 *dēor*(deer)と *wine*(friend)からなる名前である. Alvinは, 古英語 *Alfwin*(elf friend), 古英語 *Æthelwine*(noble friend), 古英語 *Ealdwine*(old friend)などが融合した名前であると考えられている. 女性名アルヴィーナ(Alvina)は, Alvinから生まれたとも, 古英語 *Ælfwynn*(elf+win)が語源である.

　アーヴィング(Irving)は, 古英語 *Eoforwine* が語源で, 古英語 *eofor*(猪)と古英語 *wine* からなる名前である. 猪はフレイの聖獣であった. 変化形にはアーヴィン(Ervin, Irvin), アーウィン(Erwin, Irwin), エヴァウィン(Everwin)などがある. Irvingの名をもつ人物としては"Rip Van Winkle"の話などが含まれていることで知られる *The Sketchbook*(『スケッチブック』)の著者ワシントン・アーヴィング(Washington Irving, 1783-1859)がいる.

オーディンの高貴さ

　「高貴な」は古英語では *æthele* であり, この古英語は, 古高地ドイツ語 *edili*, 古サクソン語 *ethili*, 古フリースラント語 *ethele* に対応する. この言葉の原義は「生まれにおいて高貴な」であり, 「王の」という意味であった. 古英語 *aetheling* は「王子」とか「王族」という意味に使われている. 詩においては「王, 神, キリスト」という意味にも使われた.

　大移動時代からヴァイキング時代になると, オーディンは神々の父で, 王たちはオーディンの子孫であると考えられるようになった. そして, そのようなオーディンこそもっとも高貴な存在であり, ゲルマンの多くの王族がこの「高貴な」を意味する言葉を名前を構成する要素として使った. アングロ・サクソン時代のイギリスでは特にウェセックスの王族たちが好んでÆthel-やEthel-を使った様子がうかがえる. アルフレッド大王の兄弟たちがエセルバルド(Ethelbald), エセルバート(Ethelbert), エセルレッド(Ethelred)であり, 大王の長子はエドワード(Edward)であるが, エドワードの妹たちにエセルワード(Ethelwerd), エセルフレダ(Ethelfleda), エセルギヴァ(Ethelgiva)がいる.

〈ゲルマン〉

†第一次十字軍の総司令官アデマール

アデマール（Adhémar）のAdhé-は，古高地ドイツ語 adal（高貴さ）と mari（高名な，偉大な，素晴らしい）からなる名前である．この名をもつ人物には，第一次十字軍の総司令官として名を馳せたアデマール（Adhémar, ?-1098）がいる．彼はフランスの南部ル・ピュイの司教であったが，十字軍を呼びかけた教皇ウルバヌス2世（Urbanus II，在位1088-99）の信任を得て，1095年のクレルモンの宗教会議に教皇の代理として出席した．そして，第一次十字軍の遠征にあたっては教皇使節として，実質的には総司令官として参加した．彼については巡礼たちを優しく慰めたとか，困難な行軍において賢明に諸侯の和合につくしたとか，真の使徒的指導者であったとか，いろいろな賛辞が贈られており，第一次十字軍の支柱的存在であった．しかし，聖ゲオルギウスが白馬に乗って援軍に駆けつけたという伝説が生まれたアンティオキア攻略後，同地でチフスにかかって客死してしまうのである．このようなアデマールはエジプトからユダヤの民をカナンへと導くモーセにもたとえられ，ヨーロッパでその名の人気が高かった．

アデマールの名は，ドイツ語ではアダルマール（Adalmar），アデルマール（Adelmar），アルデマール（Aldemar）などの変形がある．古英語では Æthelmær という名が存在し，近代英語ではエルマー（Elmar, Elmer），アイルマー（Aylmer, Ailmer），アイマー（Aimer）などになって個人名や姓として使われている．Aylmer は古英語 Æthelmær から中英語 Ailmar を経て生まれた名前であるが，この変化はノルマン人のイングランド征服によって古フランス語 Ailmer の影響を受けて生じたものである．古英語では個人名として使われていたが，中英語では次第に姓として使われるようになった．

†北欧の獅子グスタフ・アードルフ2世

アードルフ（Adolf）は，今世紀の人びとには独裁者アードルフ・ヒットラー（Adolf Hitler, 1889-1945）を連想する名前となっている．しかし，この名前はスウェーデン王家の伝統的な名前でもある．特に，「北方の獅子」とか「雪王」と呼ばれ，スウェーデンを北欧の強国に仕上げたグスタフ2世アードルフ（Gustav II Adolf，在位1611-32）以来，特に人気のある名前となった．彼は，ルーテル派の教育を受け，文武の才を備え，哲学を解し，理想主義的信念をもった人物として尊敬された．

グスタフ・アードルフは，ヨーロッパのほぼ全土を巻き込んだ宗教戦争と言える三十年戦争（1618-48年）の英雄である．彼は，新教徒側に立って戦い，彼の強力な指導のもとにヨーロッパの新教徒軍がカトリックを擁護して戦う神聖ローマ皇帝軍を打ち負かし，スウェーデンのみならず，ヨーロッパの新教圏で英雄と讃えられた．その戦争でグスタフ・アードルフは戦死したが，彼の勝利はルーテル派やカルヴァン派にとって最大の勝利であり，プロテスタントの擁護者として彼の栄光はヨーロッパに

ドイツのナショナリズムの頂点ヒットラー

広がるのである．

　Adolfは，古高地ドイツ語では*Adalwolf, Athalwolf, Adulf, Adolf*などと綴られている．「高貴な狼」がその原義である．北欧では，狼はオーディンの聖獣で，勇猛な勝利者の象徴であり，紋章では攻撃に対する警戒を象徴する動物であった．AdolphはAdolfのラテン語形Adolphusから英語化したもので，-ph-の綴りにはギリシャ的なイメージが感じられ，貴族的なイメージを感じる人が多い．

　アディ(Adi)はアードルフの愛称である．このAdiは，スポーツシューズをはじめスポーツ用品メーカーの名でありブランド名でもあるアディダス(Adidas)を構成する要素Adi-として使われている．この会社はアードルフ・ダスラー(Adolf Dassler, 1900-78)とルードルフ・ダスラー(Rudolf Dassler)という兄弟によって設立されたもので，AdidasはAdolfの愛称AdiとDasslerを短縮したDasを合わせたものである．

†プロイセンの使徒アダルベルト

　英語名アルバート(Albert)は，古高地ドイツ語*adal*(高貴な)と*beraht*(輝かしい)からなるアダルベルト(Adalbert)の変化形である．この名の第二要素-bertはRobertの-bertと同じもので，bright(輝かしい)と同語源の言葉である．アダルベルトの名をもつ歴史的人物としては「プロイセンの使徒」と呼ばれる聖アダルベルト(Adalbert, 956?-997)がいる．彼はボヘミアの貴族の生まれで，本名はボイチェフ(Vojtěch)であった．ベネディクト会の修道士で，ボヘミアからハンガリーにかけて布教につとめたが，晩年にはプロイセンへの宣教団を結成してバルト海沿岸で布教中に殉教した．彼の名アダルベルトは，彼の師でキエフ公妃オーリガの招きでロシアに宣教におもむいたことで知られるマクデブルクのアダルベルト(Adalbert von Magdeburg, ?-981)にあやかってつけられたものである．ロシア国内では，しかし，オーリガの息子によるキリスト教に対する反対勢力があり，アダルベルトはロシアへの入国を果たさずに帰国した．そして後に彼はエルベ河中流の西岸の町マグデブルクの大修道院長となり，その地がスラヴ人への布教の最前線になるのである．

　古高地ドイツ語のアダルベルトに対応するのが古英語のエゼルバート(Ethelbert)である．この名前は，ローマから派遣されてきた聖オーガスティンを迎え入れ，自らキリスト教徒となったケント王の名前としてよく知られている．この名前が征服者としてやって来たフランス語を話すノルマン人によって*Aubert*とか*Halbert*と綴られるようになった．オーバート(Aubert)は今日でも残っており，フランス語でもオーベール(Aubert, Auber)，オーブ(Aube)などの変化形が存在する．

　アルブレヒト(Albrecht)はアルバートに対応するドイツ語名である．この名をもつ人物としてはブランデンブルク辺境伯領の開祖アルブレヒト熊伯(Albrecht der Bär, 1100?-70)がいる．彼は，ザクセンのルール地方から身を起こし，スラヴと接するエルベ川西岸地方の辺境伯に封じられ，さらに，オーデル川に至るスラヴの地に勢力を伸ばして初代ブランデンブルク伯に封じられた．ブランデンブルクはやがてプロイセンの中核となり，そのプロイセンが19世紀にドイツ統一の中心的役割を担うことになるのである．アルブレヒトの変化形にはブレヒト(Brecht)，オブレヒト(Obrecht)，オベルト(Obert)，オルブリヒ(Olbricht)，ウルブリヒト(Ulbricht)，ウルブリク(Ulbrig)などがある．Ul-は北欧神話の冬の神ウッル(Ull)に由来するも

〈ゲルマン〉

のである．ウッルはトールの継子で弓とスキーの名手であった．Ull の原義は「富，繁栄」で，トールの属性を表わす名前であるといえる．

　アルバート（Albert）の名をもつ人物としてイギリスでもっとも愛された人物は，おそらくヴィクトリア女王の夫君プリンス・アルバート（Francis Charles Augustus Albert Emmanuel, 1819-61）であろう．プリンス・アルバートは，ドイツ生まれで，結婚によってイギリスに帰化したのであるが，その高い教養と広い知識によってイギリス国民にも特に好まれた人物である．ロンドンのケンジントンにある長円形の大公会堂ロイヤル・アルバート・ホール（Royal Albert Hall）は音楽会や舞踏会の会場として有名であり，ヴィクトリア・アンド・アルバート・ミュージアム（Victoria and Albert Museum）は美術・工芸品の博物館として有名である．

　アル（Al）やバート（Bert）はアルバートの愛称である．アメリカ合衆国の副大統領アル・ゴア（Al Gore, 1948-　）の本名は Albert Gore Jr. である．なお，姓の Gore は，古英語 gar（槍）から派生した gāra（三角地）が語源で，槍の切っ先の形からつけられた地名であった．イングランドの南部ケント州をはじめ，他の地方にもこの地名がある．

†レコンキスタの支柱アルフォンソ

　アルフォンソ（Alfonso）は，特に，スペインの伝統的な名前である．これは，4世紀末にイタリアに侵入し，さらに西進してピレネー山脈の南北にわたる王国を建設した西ゴート族の名前であった．いろいろな語源説が考えられるが，ゴート語 adal（noble）と funs（will, ready）からなると考える説が有力であり，この名の意味は「有能な王」と解釈できる．同じく -fons をもつ名前にはオーディン信仰の影響を強く感じさせるヒルデフォンス（Hildefons）がある．Hildefons の原義は「戦いにおいて速やかな」である．

　西ゴート族は，711年にサラセン人の侵入によって滅ぼされたが，スペイン人の名前に大きな痕跡を残した．たとえば，アドルフォ（Adolfo），フェルナンド（Fernando），ゴンザーロ（Gonzalo），ロドリーゴ（Rodrigo）など，今日もっともスペイン的名前の多くが西ゴート族によってもたらされたゲルマン的な名前である．

　スペインでは中世から近代にかけてアルフォンソの名をもつ国王が十数名も輩出した．西ゴート王国が滅んでから，イスラムの支配がおよばないイベリア半島の北西部アストゥリアで，西ゴート人と考えられているペラヨ（Pelayo，在位718-737）が反イスラム運動を展開した．彼は，国土回復運動の開始を告げ，アストゥリア王国の基礎を築いた．アルフォンソ1世（Alfonso I，在位739-757）はペラヨの娘と結婚した西ゴート人で，アストゥリア王国の2代目の王となり，国土回復運動をより徹底して，カトリック王と呼ばれた．アルフォンソ2世（Alfonso II，在位791-842）はフランクのカール大帝と同盟関係を結び，アストゥリア王国を西ゴート王国の継承国と認識させ，国土回復運動の理念的支柱を築いた国王である．アルフォンソ13世（Alfonso XIII，在位1886-1931）は共和革命が成功するまでの国王であった．

　このような関係で，イベリア半島ではアルフォンソはもっとも伝統的な名前の1つとなった．アルフォンソの変化形にはポルトガル的なアフォンソ（Afonso），イタリア的なアロンソ（Alonso），アロンゾ（Alonzo），フォンソ（Fonso），フォンゾ（Fonzo）などがある．

†ヨーロッパの母オットー大帝妃アーデルハイト

英語名アリス（Alice）は，古高地ドイツ語 *Adalhaid* から古フランス語 *Adalheidis*, *Adalis*, *Alis* を経て，12世紀にノルマン人によってイングランドにもたらされた名前である．今日のドイツ語ではアーデルハイト（Adelheid）である．*Adalhaid* は古高地ドイツ語 adal-（高貴さ）と -haid（階級，位）からなる名前であり，その意味は of a noble mind と解釈されている．近代ドイツ語 Adel は「貴族」という意味に使われている．

ドイツ語名 Adelheid の第一要素 Adel- は，また，アルプスの雪解け時期に咲く可憐な白い花エーデルワイス（edelweiss：雪割草）の edel- と同じものである．-heid は近代ドイツ語では -keit になったが，この接尾辞は英語の brotherhood の -hood と同系のものである．

edelweiss（雪割草）は文字通りには「高貴な白」（noble white）という意味の言葉である．エーデルワイスの清らかな白い花にぴったりの名前であり，その清らかなイメージを『不思議の国のアリス』のアリスや，美しいアルプスを愛する少女ハイジ（Heidi）にかぶせることができる．Heidi は Adelheid の愛称として生まれた名前であり，アリスとハイジは双子の姉妹のような名前である．ハイジは叱られるときはいつもあらたまった呼び方でアーデルハイト（Adelheid）と呼ばれる．

アーデルハイトの名をもつ歴史上の人物としては，オットー大帝の妃アーデルハイト（Adelhaid, 931?-999）がいる．彼女は，ブルグント出身で，聡明な判断力と，豊かな教養と，敬虔な信仰をもつ女性であった．また，改革的な修道院を建設するなどの功績があり，列聖されて聖アーデルハイトと呼ばれている．さらに，最初の夫であるイタリア王ロータルとの間に生まれた娘エンマ（Emma）を西フランク王に嫁がせ，大帝との間に生まれたオットー（Otto II）の嫁に東ローマ帝国の皇女テオファノをむかえるなど，彼女の子どもたちがヨーロッパの有力な王家と姻戚関係を結んだこともあって「ヨーロッパの母」と呼ばれた．

アデレード（Adelaide）は，今日では南オーストラリアの首都の名としてよく知られている．アデレードは郊外を含めると100万人近い人口の整然とした美しい大都会である．この地は1836年に植民がはじまったが，当時はウィリアム4世（在位1830-37）の治世で，王の正妻で，Good-Queen Adelaide として親しまれた王妃アデレードにあやかってこの町の名前がつけられた．

王妃アデレードはドイツの名門サクス・マイニンゲン（Saxe-Meiningen）出身である．夫ウィリアムはビクトリア女王の前の国王で，気軽に街に出て市民と語りあうとか，1832年に大胆な選挙法の改正を敢行して地主貴族支配を打破するなどの善政で人気があった．結婚当時アデレードは26歳，ウィリアムは53歳で，ウィリアムには20年も同棲した女性で有名な女優でもあったドロシア・ジョーダンとの間に10人もの子どもがいた．アデレードとウィリアムの間には女児が2人生まれたが，2人とも1歳にもならないうちに死亡し，アデレードはジョーダン夫人との間に生まれた庶子たちを可愛がって自分の悲しみをいやすのである．このことが彼女が国民から慕われた理由の1つであった．

アデレード（Adelaide）の名前自体，今日ではそれほど人気がある方ではないが，英語にはアリスやアリスン（Alison）をはじめ，アディー（Addie），アデリーン（Adeline），アデリーナ（Adelina），アデール（Adele），アデラ（Adela），アデリア（Adelia），アデリー（Adelie），デーラ

〈ゲルマン〉

(Dela)など多くの派生名がある．Alisonは，Aliceに小さいことを示すフランス語系の接尾辞-onがついて生まれた名前である．アリスンは中世には，特に，スコットランドで人気があったが，今世紀に入ってイングランドでも広く使われるようになった．アリスが今日ではお婆さんの名前といった古めかしさを感じさせるのに対してアリスンは今も人気が高い名前である．

†イングランド最初の聖女オードリー

映画女優ヘップバーン(Audrey Hepburn, 1929-93)の名前として私たちにも親しみ深いオードリー(Audrey)は，古英語 *Æthelthrȳth* が語源である．このゲルマン的名前がラテン語化されてエセルドレダ(*Etheldreda*)，アルドレダ(*Aldreda*)となり，さらにフランス語的に変化してAudreyが生まれた．第二要素-dredaは「力」とか「強さ」という意味があるので，この名前の原義は「高貴＋力」である．

オードリー(Audrey)の名は，ビードの『イギリス国民の教会史』が伝えるイングランドの最初の聖女エセルドレダ(Etheldreda, 630?-679)にあやかる名前として広く使われるようになった．彼女は東アングリアの王女として生まれ，ノーザンブリアの王妃となった人物で，夫との交わりを拒否して修道女になったという伝説がある．同書第4巻第20章には，聖女エセルドレダを讃える賛美歌が載せられているが，それによると彼女は「キリストの花嫁」と讃えられている．彼女は，ケンブリッジの北，約30キロにあるイーリーに修道院を建てたが，この修道院は，以後，中世を通じて大いに栄え，アリマタヤのヨセフが聖杯を携えて来たというイングランド南部の伝説の地グラストンベリーに次いで大切な信仰の場となった．イーリーは今も立派な大聖堂と美しい町のたたずまいで人びとをひきつけている．

オーディンの聖獣・聖鳥

神々の聖像を作ったり聖画を描いたりする伝統が希薄であった北欧では，武器や獣，鳥，または神々のもつ属性によって神々を象徴する伝統が強かった．ジェラルド(Gerald)のGer-はオーディンの象徴「槍」であり，ウィリアム(William)の-amやドイツ語名ヴィルヘルム(Wilhelm)の-helmは，同じくオーディンの象徴「兜」である．ロバート(Robert)の-bertは「聡明さ」とか「宇宙のことを見渡す明晰さ」を象徴するものであり，それは片目をミーミルの泉に差し出したり，自分を宇宙樹ユッグドラシルに吊り下げるという「犠牲」の代償として得たオーディンの「知恵」を表わす言葉であった．

ギリシャ・ローマ神話では，ゼウスやユピテルが鷲の姿で現われると考えられ，鷲はローマでは神聖化された皇帝の象徴として崇拝された．北欧神話ではオーディンが鷲の姿で現われるとされ，ユッグドラシルの頂にシロワシがとまる話がある．このように王権や皇帝の象徴としての鷲は，神聖ローマ帝国の皇帝の紋章として取り入れられ，双頭の鷲はビザンティン帝国皇帝やハプスブルク家の紋章となった．また，北欧神話には，オーディンに仕える獣としては狂戦士の象徴としての狼がおり，同じくオーディンに仕える鳥には，死と再生の象徴であり人間の言葉を解し世界の情報をオーディンに伝えるともされたワタリガラスがいる．

†オーディンの雄姿アーノルド

アーノルド(Arnold)は，古高地ドイツ語 *aro*(鷲)と *wald*(力，支配)からなる *Arenwald* が語源である．原義は「鷲＋支配」で，「鷲のような支配者」と解釈され

た．ラテン語名はアルノルドゥス（Arnoldus）である．この名前をもつ人物としては，古くは，シャルルマーニュの宮廷で楽士として仕えたとされる聖アルノルドゥスがおり，この聖人に対する熱心な崇拝から，アルノルドゥスの名がキリスト教的な名前として使われるようになったとされる．

ラテン語化したアルノルドゥスは，フランス語化してアルノー（Arnauld, Arnaud, Arnaut）となり，ノルマン人によってイングランドに持ち込まれ，中世のイギリスではアーノット（Arnott）として一般化した．古英語にはArenwaldに対応するEarnwealdがあり，アーノルド（Ernald, Ernold）はこの古英語の影響を受けたものである．今日ではアーノル（Arnoll），アーノット（Arnot），アーノルド（Arnauld），アーノルド（Arnald），アーナル（Arnall, Arnell），アーネット（Arnet）などの変化形が個人名としてだけではなく苗字としても用いられている．

アーノルドは，しかし，13世紀以降になるとその人気を失い，19世紀にロマンティックな名前として他の多くのゲルマン的な名前とともに復活した．19世紀から20世紀に活躍した人物としては，イギリスの歴史家で大著A Study of Historyの著者であり，人類史に新しい展望を開いたとされるアーノルド・トインビー（Arnold J. Toynbee, 1889-1975）や，ゴルファーのアーノルド・パーマー（Arnold Daniel Palmer, 1929-）がいる．

† 勇猛な狼：ラルフ，ルードルフ，ランドルフ，ウルフガング

ラルフ（Ralph）は，古英語ではRædwulf（狼のように猛々しい指導者）である．Raed-は古英語rædanが語源であるが，この古英語はread（読む）やriddle（謎）の語源でもあり，ドイツ語のRat（熟慮，相談，評議会）と同系の言葉である．riddleには，元来，普通の人には知りえない神意を読む能力とか自然の謎を読む能力という意味があった．そして，そのような能力をもつ人こそ指導者や支配者になりうると考えられていたのである．Ralphの変化形にはラードルフ（Radolf），ラウル（Raoul, Raul）などがある．

ルードルフ（Rudolf）は，古高地ドイツ語Hrodulfが語源である．Hrod-はRobertのRo-と同じく，「高名な」という意味の言葉で，この名の原義は「高名な狼」であると解釈できる．この名は，オーストリアを拠点に汎ヨーロッパ的王家として中世から近代まで強力な力をもち続けたハプスブルク家の開祖，神聖ローマ帝国皇帝ルードルフ1世（Rudolf Ⅰ，在位1273-91）にあやかって，同家の支配地域で伝統的な名前となった．

神聖ローマ帝国皇帝の理念的地位は「キリスト者の王」である．ローマ教皇が神の意思を地上の人びとに伝える聖なる仲介者であるとすれば，その神意を地上で行うキリスト教の守護者たることが神聖ローマ帝国皇帝の責務であった．ルードルフ1世以来，間断はあるものの，近代に至るまで，長年にわたって皇帝位を独占してきたハプスブルク家では，開祖ルードルフ1世を理想的なキリスト王とする伝説が多く生まれた．その伝説の代表的なものが「ルードルフと司祭」である．その伝説によると，あるとき，ルードルフ伯が水かさが増した川に馬で差しかかった．その川岸では，聖体をもったある司祭がどのようにその川を渡ろうかと思案していた．それを見たルードルフ伯は司祭に近づきひざまずいて自分の馬を使ってくれるようにと申し出た．司祭はありがたくその申し出を受け入れ，川を渡り終えてその馬をルードルフ伯に返そうとする．すると，ルードルフ伯は，創造主

〈ゲルマン〉

たる神が乗られた馬に自分が乗るのは恐れ多いと自分の馬をその司祭に提供するのである．その後，神の恵みによりルードルフ伯は神聖ローマ帝国の皇帝になった．

　伝説上のルードルフ1世は，敬虔なキリスト者であり，百戦錬磨の勇敢な武将であり，気さくで機知に富んだ王である．このような伝説は宗教改革運動がはじまり，ハプスブルク家がカトリックの擁護者を自認して，反宗教改革運動を展開するにつれてさかんに伝えられるようになった．神聖ローマ帝国皇帝ルードルフ2世(Rudolf II, 在位1576-1612)はイエズス会の教育を受け，新教に非寛容的で，三十年戦争の原因を醸成した人物である．その彼がルードルフ1世の伝説を利用したのは当然のことであった．

　700年以上もの間ヨーロッパを席巻したハプスブルク家の最後の人物もルードルフ(1858-89)であった．彼はハプスブルク家の事実上の最後の皇帝と言えるフランツ・ヨーゼフ(Franz Joseph I, 在位1848-1916)の皇太子で，リベラルで理想主義的な青年であったが，皇太子妃シュテファニーとの夫婦仲が破綻し，マリーという若い貴族の女性とピストル自殺した．

　ランドルフ(Randolf)は古英語では *Randwulf* である．古英語 *rand* は「盾」を意味する言葉であるので，この名の原義は「盾＋狼」である．この名がラテン語化されて *Randulfus* となり，ルネサンス期に -f- がギリシャ的な -ph- に変わって Randolph となった．ランダル(Randal)はこの名の変化形であり，ランディ(Randy)はその愛称形である．

　ウォルフガング(Wolfgang)はモーツアルト(Wolfgang Amadeus Mozart, 1756-91)やゲーテ(Johann Wolfgang von Goethe, 1749-1832)によって私たちによく知られている．この名前は *wolf*（狼）と

ハプスブルク家の開祖
ルドルフⅠ世

gang（going）からなり，「狼が行く」が原義である．オーディンの聖獣狼の獰猛さや勇猛さを意味する名前であった．ウォルフガングは，キリスト教的には聖王ハインリヒ2世の家庭教師聖ウォルフガング(924?-994)によって人気のある名前になった．聖ウォルフガングはパンノニアでの布教を経験した後にバイエルンのレーゲンスブルクで司教を務めた．バイエルンは聖王ハインリヒ2世の公爵領であったところであり，レーゲンスブルクはバイエルンの中心的都市であった．

†世界の情報を集めるワタリガラス

　英語名バートラム(Bertram)やバートラン(Bertran)のBert-は，Robertの-bertと同じもので「輝かしい」という意味をもっている．-ramや-ranは，古高地ドイツ語 *hraban*（raven：ワタリガラス）から変化した *hramn* が語源である．したがって，この名の原義は「輝かしいワタリガラス」とか「賢いワタリガラス」であると考えられる．

ワタリガラスは伝統的に知恵を象徴する鳥である．オーディンは2羽のワタリガラスをともなっており，これらのワタリガラスはオーディンの指示にしたがってはるか彼方の情報を集めてくるのである．

バートランの名をもつ中世の人物としては，トルバドゥールとして名を馳せたボルンのベルトラン（Bertran de Born, 1140?-1214?）が特に有名であった．彼はヘンリー2世の宮廷に出入りしていたが，リチャードやその他の王子たちにヘンリー2世に対する反逆を教唆し，その戦いでヘンリー2世は死亡した．リチャードが王位に就くと王に随行して十字軍に参加し，帰国後はさかんに戦記ものの詩を書き，リチャードを讃え，フランス王フィリップ2世との戦争を煽動するのである．ダンテは『神曲』で，意図的に不和の種をまいたという重罪人が行く炎炎地獄の濠に，胴体と首とを切り離された状態でいるベルトランを描いている．

バートランド（Bertrand）は，Bertranから，フランス語の現在分詞語尾-andの影響を受けて生まれた名前で，中世期のフランスで特に一般的であった．バートランドの名をもつ現代人には，イギリスの数学者であり哲学者として有名で，ヴェトナム戦争に対する反対運動などで特に注目を集めたバートランド・ラッセル（Bertrand Arthur William Russell, 1872-1970）がいる．

†心をもつワタリガラス：ユーグ

オーディンに仕える2羽のワタリガラスはフギン（Hugin）とムニン（Munin）である．それらは，それぞれ「心・思考」と「識別の力」を意味する言葉で，オーディンに付与された精神的特性を意味する言葉である．カペー王朝（987-1328）の創始者ユーグ・カペー（Hugues Capet, 在位987-996）のHuguesは，古高地ドイツ語名Hugiと同語源の名前である．そして，この古高地ドイツ語名Hugiは，また，古高地ドイツ語hugu（mind, soul, thought）やゴート語hugjan（to think）と同語源の名前であり，フギン（Hugin）と同じ語源の名前である．古高地ドイツ語名Hugiは古フランス語ではHue，古北部フランス語ではHuguesとなり近代フランス語ではHugues，近代英語ではヒュー（Hugh）とかヒューズ（Hughes）となる．

フランス王カペー家の親戚筋にあたるブルゴーニュ公国のカペー家では，ユーグ1世（Hugues Ⅰ, 在位1076-79）以来，ウード（Eude）という名の国王とユーグ（Hugues）という名の国王が交互に輩出し，ユーグという名の国王はユーグ5世（Hugues Ⅴ, 在位1306-15）まで登場した．EudeはOttoやEdwardのEd-と同じ語源の名前である．

十字軍運動の初期には，英雄的な活躍をした人物にユーグの名をもつ英雄が数多く出た．ユーグ・ドゥ・ヴェルマンドァ（Hugues de Vermandois, ?-1101）は，アンリ1世とキエフ大公ヤロスラーフの娘アンナとの間に生まれた次男である．彼は，フランス国王フィリップ1世（Philip Ⅰ, 在位1060-1108）の弟であり，第一次十字軍でフランス軍を率いた司令官であった．アンナ・コムネナの『アレクシアド』には，ユーグが，アレクシオス1世に送った手紙で，自分のことを「王のなかの王」と称し，東ローマ帝国を通過するにあたっては特に丁重なもてなしを要求する様子が皮肉を込めて書かれている．

十字軍騎士として名をはせたユーグ・ドゥ・シャンパーニュ（Hugues de Champagne, 在位1093-1125）は，フランス王家に近い大貴族シャンパーニュ伯であった．敬虔な気持ちからその地位を辞して聖地巡

〈ゲルマン〉

礼を志し、生涯を十字軍の騎士として過ごして1130年にエルサレムで没した。ユーグ・ドゥ・パイアン（Hugues de Payens, ?-1136）は、シャンパーニュ伯ユーグの分家筋の人物である。個人の資格で盗賊の攻撃や病気で難渋する巡礼者の保護に活躍し、「信仰の鎧で身を固めた老武士」とか「さまよえる巡礼者を見守る伝説の騎士」などと讃えられた人物である。彼は、また、第一次十字軍の後1119年に創設されたテンプル修道騎士団の創設者として名を馳せた。これらの人物は当時の期待される理想の人物として讃えられ、その名はヨーロッパ中に知れわたった。

第一次十字軍当時、もっとも勢力のあったクリュニー修道院の大発展に貢献した聖ユーグ（Hugues de Cluny, 1024-1109）も影響力の強い人物であった。彼が大修道院長を務めた1049年から1109年の間にイタリア、イギリス、スペインなどに合わせて2千近くのクリュニー系修道院が設立されたことを見ても彼の影響力がしのばれる。

ヒュー（Hugh）がイギリスで人気が出たのは、特に、リンカンの司教を務めた聖ヒュー（St. Hugh, 1140-1200）によるものである。彼はブルグントの生まれであったが、ヘンリー2世によってイギリスに招かれ、リンカンの司教になり、教会の自由と裁判の公正に尽力し、慈善事業を進め、リンカン大聖堂の聖職者のための学校を開設した。

ヒュゲット（Huget）、ヒュギン（Huggin）、ヒュガン（Hugon）などはHughの指小形でイギリス人によく見られる姓である。ユーゴー（Hugo）、イゴーネ（Higonnet）、イグーネ（Higounet）などはフランス語的姓である。ユーゴーの名をもつ人物には、フランスの詩人・作家で、*Les Miserables*（『レ・ミゼラブル』）の作者ヴィクトル・ユーゴー（Victor Marie Hugo, 1802-85）がいる。

ヒューバート（Hubert）のHu-の語源も古高地ドイツ語 *hugu*（mind, heart, thought）である。この名前は古高地ドイツ語では *Hugubert* であり、その意味は「賢明な」である。この名をもつ人物には、アメリカ合衆国第37代ジョンソン大統領の下で副大統領を務めたヒューバート・ホレイショ・ハンフリー（Hubert Horatio Humphrey, 1911-78）がいる。

† 熊の皮を着た狂戦士、ベルナルド

熊はトールの聖獣であるとされる。しかし、『歌謡エッダ』などの北欧神話ではオーディンに仕える狂暴な戦士ベルセルカー（berserker）に熊のイメージが使われている。熊は、百獣の王であり高貴な動物であるが、凶暴な動物である。berserkerのber-は英語のbear（熊）とか北欧語のbjörn（熊）と同系の言葉であり、-serk-はスコットランド方言sark（シャツ、肌着）と同系の言葉である。すなわち、ベルセルカーの原義は「熊の皮を着た者」である。

熊がトールの聖獣であることを考えると、ベルセルカーは、本来は、オーディンよりも古くから信仰の対象となっていたトールの戦士たちにもあてはまる言葉であったと考えられる。トール信仰の発祥の地スカンディナヴィアにはビョルン（Björn）の名前をもつ男性が多い。

英語名バーナード（Bernard）のBern-も熊を意味する言葉である。この名の原義は「熊のように強い者」で、やはりベルセルカーのイメージをもつ名前である。ドイツ語ではベルンハルト（Bernhard, Bernhart）が一般的である。このゲルマン的で戦闘的な名前Bernardは、特にジュネーヴ南方にあるアヌシー湖畔の町マントンの聖人ベルナール（St. Bernard, 996?-1081?）によってキリスト教的な名前として記憶されるようになった。セント・バーナード犬の名は

265

彼に由来するもので，聖ベルナールはアルプスの峠の頂に宿泊所を建てて，飢えや寒さ，そして追剝などから旅人をまもったことでよく知られている．セント・バーナード犬はこの宿泊所を警護するために飼われた犬であった．

　Bernardの名が全ヨーロッパでもっとも人気のある名前の1つになったのは，シトー会の修道院長で，厳格な規律の実践と清貧の大切さを唱えてヨーロッパの精神的指導者となった聖ベルナール(Bernard, 1090?-1153)によるものである．愛の化身としてのマリア崇拝をヨーロッパ中に広め，第二次十字軍を呼びかけ，「十字軍の聖者」「愛の聖者」とか「蜜のあふれ流れる博士」などと呼ばれ，熱狂的に崇拝された人物であった．

　聖ベルナールはクレルヴォー修道院でかつて自分の弟子であった教皇エウゲニウス3世(Eugenius III，在位1145-53)の発案による第二次十字軍への参加を呼びかけてフランス，フランドル，ドイツをまわった．その呼びかけに応じて十字軍に参加したのが神聖ローマ帝国皇帝コンラート3世であり，フランスのルイ7世である．コンラート3世には，甥のフリードリヒ(後のフリードリヒ1世バルバロッサ)がしたがい，ルイ7世は王妃アリエノールをともなった．一方，ザクセン諸侯はエルベ河以東のスラヴ人地域への権益拡大に関心を示し，エルサレムに向けての十字軍への参加を拒み，代わって1147年にスラヴ人への布教を名目とする北欧十字軍を起こした．この北の十字軍に参加して名を馳せたのがザクセンのハインリヒ獅子公であり，隣のアスカニア家のアルブレヒト熊公である．英語名バーナード(Bernard)の愛称形にはバーニィ(Berny, Barny)などがあり，さらにバーネット(Bernet)やベルント(Berndt)などの姓が生まれた．

フンバート(Humbert)やハンフリー(Humphrey)のHum-は，ゲルマン語 *hun (強さ)が語源であるとされるが，この*hunは，また，子熊(bear-cub)と解釈された．この名前もやはりベルセルカーと関係づけることができる．Humphreyの名をもつ人物としては，映画〈カサブランカ〉で有名な俳優ハンフリー・ボガート(Humphrey Bogart, 1899-1957)がいる．

戦いの女神
ヴァルキューリーたち

　ヒルダ(Hilda)，ヒルド(Hild)，ヒルデ(Hilde)は古高地ドイツ語 *hildi* (戦闘，戦い)が語源の名前である．この名は，特に女戦士という意味をもっていた．ゲルマン神話では，オーディンの意思を実行し，死すべき戦士を選んでオーディンの館ヴァルハラへ連れて行き，そこで戦士たちの侍女を務める女神たちをヴァルキューリー(Valkyrie)と呼んだ．彼女たちは兵士たちの運命の配剤者であった．

　ヴァイキング時代の神話では，ヴァルキューリーは兜をかぶり胸冑をまとい，切っ先が炎となって燃える槍を持ち，天上を駆ける馬に乗り，地上には白鳥に姿を変えて降りて来る．彼女たちはオーディンの意を受けて戦場に行き，戦士たちの運命を定めるのである．ヒルダ(Hilda)はヴァルキューリーの1人であった．

　ヒルダについては北欧神話に次のような興味深い話がある．彼女はデンマークの王子ホグニの娘であった．サラセンの王子ヘディンがヒルダに求婚し，それを断られると彼はヒルダを奪った．それでヘディンとホグニの熾烈な戦いがはじまった．しかし，この原因はそもそもフレイアの意志によるものであって，フレイアがその戦いでの戦死者を一晩のうちに生き返らせたの

で，戦いは永遠に続くのである．スノリの『散文エッダ』によると，夕方になって戦士たちが船に引き上げた後，ヒルダが戦死者たちのところに行って魔法によって彼らを全員生き返らせたことになっている．

ヴァルキューリーは，古くはワタリガラスとともに，戦いの神オーディンに随行する荒々しい女性霊であった．彼女たちは，血と殺戮を楽しみ，戦場では戦死者をむさぼり食うと信じられていた．しかし，ヴァイキングの時代になると，ヴァルキューリーは守護霊となり，甲冑に身を包んで馬に乗る凛々しい女戦士として描かれるようになった．生存中の英雄たちの奥方もヴァルキューリーに擬せられた．そして，キリスト教化されたゲルマン人の社会では，本来は激しく戦闘的なイメージが強かった名前も，次第に高徳の修道女や美しい貴婦人のイメージをもつ名前となっていく．

ヒルデガルト（Hildegard〔原義：ヒルデの護り〕）は，カール大帝の正妻の1人で，大帝を継いで西ローマ帝国の皇帝となったルートヴィヒ1世（Ludwig Ⅰ, Louis Ⅰ：敬虔王）の母の名として知られている．また，この名は，特に，今日ワインで有名なナーエ川がライン川に合流する河口にひらけた町ビンゲンの聖女ヒルデガルト（Hildegard von Bingen, 1098-1179）によってよく知られている．彼女はベネディクト会女子修道院長で，自己の神秘的体験を語って，悔い改めて正しい生活をするようにと説き，ドイツ各地を歩いて人びとに強い影響を与えた女性である．大部の著作を行い，12世紀でもっとも重要な修道女とされている．聖ヒルデガルトは，また，第二次十字軍を呼びかける聖ベルナールを聖職者が信者に武器を取るように説くことが正義と言えるか，と批判したことでよく知られている．

イギリスでは，ホイットビーの聖女と呼

〈ゲルマン〉

角杯をさし出す
ヴァルキューリー

ばれた聖ヒルダ（St. Hilda, St.Hild, 614-680）がよく知られている．『イギリス国民の教会史』の第4巻第23章によると，彼女はノーザンブリアの王エドウィンの甥の娘で，後半生を修道女としておくり，知恵の豊かさ，人を愛する心の深さ，優しさによって多くの人びとに崇拝された．彼女は，イングランド東北部の港町ホイットビーの女子修道院長になったが，王侯から庶民に至るまで多くの人びとが相談に訪れ，それらの人びとから「母」と慕われた．『アイヴァンホー』に，ありがたい聖女ヒルダにあやかって名前をつけた高徳の誉れが高い祖母の自慢をする修道院長が登場するが，このことからも中世の英国におけるヒルダの名前の人気を想像することができる．

ヒルダはノルマン人のイングランド征服まではもっとも一般的な名前であった．しかし，聖書に由来する名前ではないという理由で，この名前は，イギリスでは中世の後半になって次第に人気が衰えた．そして，19世紀の後半の懐古的傾向のなかで復活した．鉄の女宰相と呼ばれたサッチャー首相のフルネームはマーガレット・ヒルダ・サッチャー（Margaret Hilda Thatcher, 1925- ）である．

ニーベルンゲンの女傑たち

† ゲルマンの美しいアマゾネス：ブルンヒルト

スノリ・ストゥルルスンの『散文エッダ』

に登場するブリュンヒルド（Brynhild）はヴァルキューリーのリーダーである．彼女は，オーディンに逆らった罰として与えられた永遠の眠りから，竜殺しの英雄シグルズによって救われた．シグルズは，ブリュンヒルドと世界を隔てる火を勇敢に乗り越えて彼女を救うのである．以来，ブリュンヒルドはシグルズに思いを寄せるようになる．ところが，こともあろうにシグルズの策略により，心ならずもゴートの王グンナル（Gunnar）の妻となった．そして，シグルズはグンナルの妹グズルーン（Gudrun）の夫となる．ブリュンヒルドは，毎夜，シグルズとグズルーンが睦みあう姿を想像して悶々とし，ついにはシグルズを亡きものにする計画を立てるのである．

高地ドイツ地方で成立した『ニーベルンゲンの歌』によると，ブルンヒルト（Brunhild）は，イースラント（Iceland）に君臨する処女王で，その美貌においては並ぶものなく，また槍投げ，石投げ，幅跳びなどの武勇に秀でていた．そのブルンヒルトは，ブルグントの王グンテルにみそめられるが，もっとも誉れ高いジーフリトとの結婚を秘かに望む．ところが，そのジーフリトが，策略をめぐらせて彼女とグンテルの間を取り持ったためにグンテルと結婚することになった．このように意にそわぬ結婚をすることになったブルンヒルトは，初夜の床でグンテルを拒み，夫を縛って吊り下げてしまう．さらに，ジーフリトの策略で結婚するはめになったことを知ったブルンヒルトは，屈辱に耐えきれず，ジーフリトを怨み，その妻クリエムヒルトに嫉妬し，ついに，ジーフリト殺害を画策するのである．

『散文エッダ』のブリュンヒルドは本来はヒルド（Hild）という名のヴァルキューリーであるが，bryn（鎧）を身につけていたのでBrynhildと呼ばれるようになるので

ある．BrunhildのBrun-はドイツ語Brunne（鎧）と同じものであり，特に，胸甲を意味する言葉であった．したがって，この名の原義は「胸甲を着けた女戦士」である．しかし，Brun-は，語形的には，古高地ドイツ語のbrun（brown：茶色）と関係づけられる言葉であり，それはまた，狂戦士ベルセルカーの熊を象徴的に表わす名前であるとも考えることができる．

『散文エッダ』におけるブリュンヒルドは，ワーグナーのオペラ〈ニーベルングの指輪〉ではブルンヒルデ（Brunnhilde）となっている．英語ではブルンヒルド（Brunhild）である．『散文エッダ』のブリュンヒルドや『ニーベルンゲンの歌』のブルンヒルトのモデルとなったとされるのが，メロヴィング王朝の王シギベルト1世の妃ブルンヒルド（Brunhild, 534-613）である．彼女は，西ゴートの王女であった．トゥールのグレゴリウスは『フランク史』のなかで，彼女は美貌に恵まれ，立ち居振る舞いが礼儀正しく優雅で，貞節で，聡明な女性であったと記している．また，19世紀のフランスの歴史家オーギュスタン・ティエリ（Augustin Thierry, 1795-1856）は，ブルンヒルドは教養豊かで，彼女との会話も優雅で楽しいものであったと記している（『メロヴィング王朝史話』小島輝正訳）．シギベルトとブルンヒルドの結婚を祝う祝婚歌では，当時の慣例にしたがったものではあるが，シギベルトはアキレウスの再来とうたわれ，ブルンヒルドはウェヌスの再来とうたわれている．しかし，彼女の美しさや慎ましさの奥に激しい性格が隠されており，シギベルトの弟キルベルクに嫁いだ姉ガルスヴィントが夫の裏切りで殺されると，姉の仇を討つべく復讐の鬼となって，シギベルトをキルベルクとの戦いへ駆り立てるのである．

Brun-を構成要素にもつ名前は，ドイツ

語名ブルンフリート（Brunfrid），ブルンハルト（Brunhard），ブルノルト（Brunold），ブルンヴァルト（Brunwart）などがある．

†美しくも激しい夜叉：クリエムヒルト

『ニーベルンゲンの歌』におけるクリエムヒルト（Kriemhild）は，ブルグント王グンテルの美しい妹で，ジーフリトの妻である．ジーフリトとの結婚生活は幸せに満ちたもので，クリエムヒルトは淑やかで貞節な妻であった．しかし，ブルンヒルトの策略で夫ジーフリトを殺害されたクリエムヒルトは復讐の鬼女となり，密かな計画をもって，次第に勢力を増しつつあった東の異民族であるフン族の王エッツェル（Etzel）の求婚を受けるのである．そして，ブルグントの王であり兄でもあるグンテルと，その家令でジーフリト殺しの張本人であるハゲネを自分の宮殿に招き，その宮殿で凄惨な戦いのうちに兄グンテルを殺し，ハゲネを殺し，ブルグント族もフン族も滅亡させてしまう．ここに描かれたクリエムヒルトの姿はまさに猛り狂う女戦士であり夜叉のそれである．

高地ドイツのフランケンが発祥とされる『ニーベルンゲンの歌』におけるクリエムヒルトは，低地ドイツ地方で発達した北欧神話『ヴォルスンガ・サガ』ではグリームヒルド（Grimhild）となっている．Kriem-は，古北欧語や古英語の*grīma*（mask, helmet）と同系の言葉であり，この名の原義は「兜＋戦闘」である．

名前グリム（Grim）は，オーディンの添え名として使われた．このGrimは，クラインによると印欧祖語*ghrem-*（轟かす）にさかのぼることができる言葉である．古代のゲルマン人は嵐の夜には不思議な騎馬兵たちが疾駆する激しいひづめの音がすると信じていたとされる．グリム，すなわちオーディンは，「空の神」そして「嵐の神」でもあった．

印欧祖語*ghrem-*から分出したと考えられる古英語*grīma*は，「兜」の他に「亡霊」という意味にも使われ，その形容詞*grim*は，sharp, bitter, severe, dire, fierce, savage, cruelなどの意味に使われている．さらに，この古英語は近代英語のgrim（厳格な，断固とした，残酷な，恐ろしい）やgrimace（〔心配・苦痛による〕しかめっ面）の語源である．本来は雷や嵐を意味し，神の怒りを意味する言葉であった．

グリム（Grim）は，姓としては，英語ではグライム（Grime），ドイツ語ではグリム（Grimm）となることが多い．Grimmの名をもつ人物としては，童話収集家や言語学者として知られるグリム兄弟の，ヤーコプ・ルートヴィヒ・カール・グリム（Jacob Ludwig Karl Grimm, 1785-1863）とヴィルヘルム・カール・グリム（Wilhelm Karl Grimm, 1786-1856）がいる．また，ドイツ語の名前にはGrimmの変形グリメル（Grimmer）やグリメ（Grimme）などの姓やGrim-を構成要素にもつグリムバルト（Grimbald），グリムベルト（Grimbert），グリムハルト（Grimhard），グリムヴァルト（Grimwald）などの個人名がある．

なお，『ニーベルンゲンの歌』におけるクリエムヒルトは，『散文エッダ』のグズルーン（Gudrun）にあたる．この名Gudrunの-runはルーン文字のことである．Gud-は古高地ドイツ語*gund*（戦い：war）が語源であり，Gudrunは*Gundrun*からグズルーン（*Guthrun*）を経て成立した．高地ドイツ語ではクードルーン（Kudrun）となる．『散文エッダ』に登場するグズルーンは，バイエルン地方で成立した英雄叙事詩*Kudrun*（『クードルーン』）においては，アイルランド王ハーゲンと王妃ヒルデの間に生まれた王女クードルーンとして登場する．彼女は絶世の美女であり，多くの王や王子に求婚

されるが，心に決めた婚約者ゼーラントのヘルヴィヒへの操を固く守る．そして，求婚を聞き入れられなかったノルマンディーの王子ハルトムートに略奪されてノルマンディーでとらわれの身となる．そこでクードルーンは，王妃に冷たくされ洗濯女として苦労をするが，課された仕事を健気にこなし，辛抱強く救出を待ち，戦いに倒れる騎士たちの姿に涙するのである．ここに描かれたクードルーンは『ニーベルンゲンの歌』のクリエムヒルトの夜叉ぶりと対照的な女性であり，北欧的で戦闘的なヴァルキューリーは，優しい心をもち，貞節で，苦難にけなげに耐えるキリスト教的女性に変化している．

信仰の女戦士，マティルダ

マティルダ（Matilda）もヴァルキューリーの1人であった．Matildaは古高地ドイツ語 *Mahthilda* が語源で，*mahti*（力）と *hildi*（戦闘）からなるこの名前の原義は，「戦闘において強い」あるいは，「強力な戦士」である．古高地ドイツ語 *mahti* はmight（腕力，権力）やmain（力，勢力，主要な）の語源でもある．

マティルダは，中世ゲルマンの王族たちの間で特に人気のあった女性名である．この名をもつ人物としては，イタリアのカノッサ女伯マティルダ（Matilda, 1046-1115），神聖ローマ帝国皇帝ハインリヒ1世の妃マティルダや，征服王ウィリアムの王妃マティルダがよく知られている．

カノッサ女伯マティルダは，教皇グレゴリウス7世と皇帝ハインリヒ4世との教皇権と皇帝権の戦いの頂点とも言える戦いにおいて教皇側について戦い「信仰の戦士」と呼ばれた女性であった．この戦いのクライマックスは教皇側の勝利を意味する「カノッサの屈辱」（1077年）と呼ばれる事件である．それは皇帝ハインリヒが教皇グレゴリウスに屈辱的な詫びを入れて許しを請うた事件であった．教皇権の強大さをヨーロッパに示すことになったこの事件は，マティルダの居城であるカノッサ城で起こった．マティルダは，金の拍車をつけた白馬にまたがって野山を駆けるのを日課とする気の強い女性で，戦いとあらば陣頭に立って号令する猛女であった（『物語イタリアの歴史』藤沢道郎著）が，グレゴリウス7世には恋人同士と疑われるほど敬愛の情をもち，教会のために献身した女性でもある．これによって猛烈な戦いを意味していたマティルダの名はキリスト教の「信仰の戦士」を象徴するものとなった．ダンテはマティルダを特に高く評価して，『神曲』のなかで彼女を地上の楽園においている．ダンテが描くカノッサ女伯マティルダは，愛の光に温かく燃えて，美しく，優しさに輝く眼差しをした婦人である（「煉獄篇」第28歌）．

征服王ウィリアムの妃マティルダは，フランドル伯ボードワンの娘であったが，アルフレッド大王の血をひく女性でもあった．信仰深い女性で，征服王の手厚い宗教政策にも影響を与えたとされる．スノリは『ヘイムスクリングラ』の「ハラルド苛烈

カノッサ城のマティルダ

王伝」で，マティルダが非常に美しく心ひかれる女性であったと記している．スノリはまた，ノルウェーのハラルド3世烈王がノルマンディー公ウィリアムの館で冬中滞在したときに，ハラルドとマティルダが，ウィリアムが寝室に退去してからも，ながらく話し込んでいるのでウィリアムが嫉妬したとも記している．

ノルマン朝3代目の王となったのは征服王の四男ヘンリーであった．彼の王妃はスコットランド出身で，その名はマティルダであった．彼女も信仰深い女性として国民から慕われた．そして，その娘の名もまたマティルダで，彼女は神聖ローマ帝国のハインリヒ5世（Heinrich V, 在位1106-25）の王妃となり，プランタジネット王朝の創始者ヘンリー2世の母となった人物である．

† テニスンによって生き返ったモード

英語名マティルダ（Mathilda, Matilda）は，ドイツ語ではマティルデ（Mathilde）とかメヒティルト（Mechthild）となる．モード（Mauld, Maud）はMatildaから中世の低地ドイツ地方で生まれた変化形である．征服王ウィリアムの妃マティルダは，当時，実際にはモードと呼ばれていた．

聖書的名前ではなかったマティルダは，中世以降，特に人気のある名前とは言えなかったが，18世紀に学者好みの名前として復活した．そして，モードは，テニスンが1855年に発表した詩劇 *Maud*（『モード』）に登場するヒロインの名として19世紀の終わりに人気が出た．ティルダ（Tilda）はMatildaの語頭音が消失して生まれた名前であり，ティル（Till）やティリー（Tilly）はその愛称である．

モードの名をもつ有名人には，*Anne of Green Gables*（『赤毛のアン』）の作者のルーシー・モード・モンゴメリー（Lucy Maud Montgomery）がいる．彼女は家族や親しい友人からはモードと呼ばれていた．モンゴメリーは1870年の生まれであるが，ヴィクトリア女王の次女（Alice Maud Mary, 1843-78）の影響などでモードの名に人気があったことがその理由であろうと考えられる．作家としてのモンゴメリーはLucy Maud Montgomeryであったが，牧師をしていたユーアン・マクドナルドと結婚してからは，日常の牧師の妻としての彼女はモード・モンゴメリー・マクドナルドと名乗った．

マディスン（Madison）は，モードの変形マッド（Madde）から派生した姓であると考えられている．ジェイムズ・マディスン（James Madison, 1751-1836）はアメリカ合衆国第4代大統領（在任1809-17）である．彼はヴァージニア代表として大陸会議に参加し，独立後は下院議員として活躍し，ジェファスン大統領の下で国務長官を務め，ジェファスンの後任として大統領になった．ウィスコンシン州の州都マディスンは彼にちなんだ地名である．

燃える剣ヒルデブラント

大移動時代のゲルマン人にとって戦争は常態であったと言ってもよく，戦いに勝って戦利品を持ち帰ることこそ英雄の条件であった．オーディンの女戦士ヴァルキューリーの存在も時代や地方によって変化があるが，彼女たちは特定の氏族の守護霊であったり，個々人についた守護霊であったりした．戦いに際しては人びとは占いを執り行い，ヴァルキューリーの加護を祈った．ドイツ人の名前に古高地ドイツ語 hildi（戦闘）を構成要素にもつものが多いのはヴァルキューリーの存在がいかに重要なものであったかを示すと考えてよい．ヒルデブラント（Hildebrand），ヒルデスハイム（Hildesheim），ヒルドヤルト（Hildyard），

ヒルデベルト(Hildebert)，ヒルデフォンス(Hildefons)，ヒルドブルク(Hildburg)，ヒルデゲル(Hildeger)，ヒルデムート(Hildemut)，ヒルドマール(Hildmar)，ヒルデリヒ(Hilderich)などがその例である．

ヒルデブラントは，古高地ドイツ語 *hildi* と *branda*(燃えている)からなる名前である．いかにも激しい戦いを想像させる名前であるが，「火焔の剣」や「火焔の槍」は，神の武器であり，神の加護を願ってつけた名前であると考えられる．ヒルデブラントは，800年ごろ成立したドイツ最古の武勲詩"Hildebrandslied"(「ヒルデブラントの歌」)の主人公として登場するが，『ニーベルンゲンの歌』にはベルネのディエトリーヒの老師匠として登場する．彼は，ディエトリーヒに打ち負かされて連れて来られたハゲネの首を憎しみに燃えて打ち落としたクリエムヒルトをその場で打ち殺す人物である．なお，実在の人物としては，教皇権の皇帝権に対する優位を示す象徴的な出来事であるカノッサの屈辱で有名なグレゴリウス7世の本名がヒルデブラントであった．

ヒルデブラントは，本来は個人名として用いられたものであるが，今日では姓として残っている．英国にはノルマン人によって持ち込まれた．そして，語中の-d-は-l-に変わりやすいことから，名前ヒル(Hill)はHildebrandなどのHilde-が変化した名前であることも多い．Hiltonはhill(丘)に-tonがついた名前と解釈するのが普通であるが，もとは*Hildunであり，古高地ドイツ語 *hildi* と *hun*(子熊)からなる名前であろうと解釈する説がある．

ヒルデスハイム(Hildesheim)の-s-は属格を表わすもので，この名の原義は「ヒルデの館」で，要塞あるいは防御を施した住処である名前であったと考えられる．

ヒルデガルデ(Hildegarde)の-gardeはguard(守り)のことであり，ヒルドヤード(Hildyard)の-ardはRichardの-ardと同じくhardを意味するものである．

英語名ヒッバート(Hibbert)はドイツ語名ヒルデブレヒト(Hildebrecht)と同じ語源の名前であり，-bertはRobertの-bertと同じもので，その意味はbrightである．ドイツ語名ヒルデムート(Hildemut)の-mutは，古高地ドイツ語 *muot*(mood：心，気)が語源であり，この名の原義は「戦意」である．ドイツの首相ヘルムート・コール(Helmut Kohl, 1930-)はHildemutの変化形である．ヒルデマール(Hildemar)の-marは古高地ドイツ語 *mar*(great, famous)である．

愛と豊饒の
フレイとフレイア

主人と妃を意味したフレイとフレイア

北欧神話のフレイ(Frey)は豊饒・富・平和の神であり，フレイの双子の姉妹フレイア(Freya)は，豊饒・愛・戦い・魔術の女神である．これらの名前FreyとFreyaはともに印欧祖語*prī-(to love)に由来する言葉で，これらの名に共通する中核的な意味は「愛」である．*prī-にさかのぼることができるfree(自由)は古英語では *frēo* であるが，この言葉はbeloved(愛しい)という意味にも使われた．friend(友)は，古英語 *frēon*(to love)の動名詞 *frēond*(愛すべき者)が語源で，特に同胞という意味に使われた．それは，ともに戦う仲間であり，「敵」に対する言葉であり，敵から奪ってきた「奴隷」に対する言葉でもあった．

フレイやフレイアはヴァン神族(Vanir)に属するが，このVanirは印欧祖語*wen-(to desire, to strive for)に由来する言葉

〈ゲルマン〉

で，この祖語に由来する同族語にはVenus（ヴィーナス）や英語のwin（勝利）がある．フレイのシンボルは男根であり，素晴らしく元気な男根をもったフレイの座像は特によく知られている．戦いの神・魔術の神・王権の守護神であるオーディンや，大気を支配する神であり，土地の守護神であるトールとともに，北欧神話の代表的な神であるフレイは，太陽神，平和と豊饒の神，雨を司る神であり，富の分配者であった．

Freyは，古英語の*frēa*(lord：主人)と同系の言葉であり，家長という意味に使われた．Freyaは古サクソン語の*frūa*(wife, woman)と同系の名前であり，Frey and FreyaはLord and Ladyという意味に用いられ，領主とその妃を意味する表現でもあった．lordは古英語*hlāford*（パンを見張る人）が語源であり，ladyの語源が古英語*hlǣdīge*（パンをこねる人）であることを見ると，Lord and LadyとかFrey and Freyaが，富の分配者としての主人夫婦を意味していたことがわかる．

フレイの妻は地下界に住む麗しいゲルド（Gerd）である．Gerdの語源は古北欧語*gardr*で，「囲い地」という意味があった．それは要塞としての意味をもつものでもあったが，食用としての作物を育てる場でもあり，Gerdはgardenやyardと同系の言葉である．デンマークでは，ゲァド（Gerd），ゲァダ（Gerda），ガーダ（Garda）が女性名として19世紀に復活し，今日でも使われている．

フレイアは麗しく，性的な魅力をたたえた愛の女神である．フレイアの夫はオード（Od）であるが，この名前は，ドイツ語名オットー（Otto）や，英語名エドワード（Edward）のEd-と同系の言葉であり，「富」を意味するものである．しかし，彼女には戦闘的な側面もあり，北欧神話では戦

北欧神話の豊饒神フレイ

死者をオーディンと分けあう．さらに，フレイとフレイアは商業の守護神でもあり，誓いの神でもあり，航海の守神でもある．

再来が待たれるフリードリヒ・バルバロッサ

英語名フレデリク（Frederick）やドイツ語名フリードリヒ（Friedrich）はフレイ信仰に由来する名前である．FrederickのFred-はフレイ（Frey）と同系の古高地ドイツ語*fridu*（平和）が語源である．-rickはRichardのRich-と同じもので，「支配者」を意味し，家長（mund）を意味する言葉でもあった．したがって，Frederickの名の意味は「平和をもたらす支配者」「愛情豊かな支配者」あるいは「同胞の指導者」などと解釈できる．戦争は凄惨でさまざまな不幸をもたらすが，それは平和と安寧を得るための手段であるべきものであり，この名前は王のもつべきもっとも望ましい概念を表

273

フリードリヒ I 世バルバロッサの
頭像のある聖遺物箱

わす名前であると言える.

　フリードリヒの名前は, ドイツの南西部のシュヴァーベン(Schwaben)大公国で特に一般的な名前であった. シュヴァーベンの名そのものは, タキトゥスの『ゲルマーニア』にも記されたスエービー(Suebi)に由来するものである. スエービーは, 北ドイツに発した部族で, 幾つかの部族を吸収しながら勢力を拡大し, 中世には, 南西ドイツで部族連合を形成し, フランス人からはアレマン(Alemans)と呼ばれた. アレマンは今日のフランス語ではドイツ人のことである.

　シュヴァーベンは11世紀にホーエンシュタウフェン家の下で大公国となったが, その開祖がフリードリヒ I 世(Friedrich I, 在位1079-1105)で, 以後, フリードリヒ 6 世(Friedrich VI, 1212-16)まで同名の大公を輩出した. そのうち, 3 世が神聖ローマ帝国皇帝フリードリヒ 1 世(Friedrich I Barbarossa, 在位1155-90)となり, 6 世が神聖ローマ帝国皇帝フリードリヒ 2 世(Friedrich II, 在位1212-50)となった.

　フリードリヒの名を全ヨーロッパ的に人気のある名前にしたのは, フリードリヒ・バルバロッサ(赤髭王)である. バルバロッサとはイタリア人がつけたあだ名で, イタリア語barra(髭)とrossa(赤い)からなる言葉である. フリードリヒ・バルバロッサは, 色白, 金髪, 赤みのさした頬, きれいな歯, しまった口元, 青い目をしていた. その青い目は人を射るようであったという. その態度は男らしく威厳があったが, 饗宴の席ではまことに愉快な人物でフリッツ(Fritz)という愛称で呼ばれた. 彼はまた, 逆らう者には厳しく, 悔ゆる者には和し, 一族郎党には謙虚で, 決断は, 支配者にふさわしく常に彼自身が下したと言われ, 王として皇帝として強い尊敬を集めた(『騎士の時代』p.68-69).

　フリードリヒ・バルバロッサの名声をさらに高めたのは, イングランドのリチャード 1 世, フランスの尊厳王フィリップ 2 世とともに参加した第三次十字軍での活躍と悲劇的な死である. 彼は67歳という高齢で, 極度の困難のなかでも強い意志と厳しい規律と冷静な判断をもって騎士 5 万, 歩兵10万とも言われる大軍を率い聖地を目指した. その活躍ぶりは目ざましく, 騎士道がもっとも盛んな時代の騎士の典型と讃えられ尊敬されたが, エルサレムもそれほど遠くない小アジアの小さな川を泳いで渡ろうとして水死してしまった. 華々しい活躍のなかでのあまりにも突然の死を人びとは信じられなかった. そんな気持から, いろいろな伝説が生まれ, 聖杯の守護者プレス

ター・ジョンと同一視されるようにもなった．このようにフリードリヒ・バルバロッサは，ドイツ国民の愛国心の原点とも言われる人物で，19世紀のドイツで起こったナショナリズムの象徴的存在となるのである．

　フリードリヒ赤髭王の孫フリードリヒ2世も祖父に劣らず偉大な業績を残した人物である．彼はシチリア生まれでシチリア育ちのドイツ王であり，父ハインリヒ6世の死後神聖ローマ帝国皇帝になり，第五次十字軍を率いてエルサレム入城を果たし，エルサレム王となった人物である．彼の母はシチリア王家のコンスタンスであり，フリードリヒは父の死後4歳でシチリア王位についたこともあって，特にイタリアで人気が高かった．フレデリコ(Frederico)やフェデリコ(Federico)はイタリア的な名前である．

　今日のベルリンを中心とするドイツのザクセン地方や，東北部ブランデンブルク地方にもFriedrichの名前が多い．バルト海沿岸から勢力を広げ，ブランデンブルクと合体して17世紀にヨーロッパの大国となったプロイセンにフリードリヒの名をもつ国王が輩出した．フリードリヒ1世の治世に起こったスラヴ十字軍やその後はじまったドイツ騎士団の活動によって，ドイツ人の東方移民がはじまり，シュヴァーベン地方から多くの人びとが移住したことが影響している．プロイセンそのものがドイツ騎士団を母体に生まれた国である．

　近代においては，啓蒙専制君主として善政をしいたプロイセンのフリードリヒ大王(Friedrich II，在位1740-86)が特に有名である．彼の母はザクセンの支配者ハノーファー家出身の娘ゾフィア・ドローテアである．プロイセンには，また，フリードリヒ・ヴィルヘルムの名をもつ国王が1世(在位1713-40)から4世(在位1840-61)まで輩出した．

　デンマークでは，フレデリク1世(Frederik I，在位1523-33)以来，クリスチャン(Christian)の名をもつ国王と交互に，フレデリクの名をもつ国王が多く輩出した．現女王マルグレーテ2世(Margarethe II，在位1972-　)の父である前国王はフレデリク9世(Frederik IX，在位1947-72)であった．

聖墳墓の守護者ゴドフロア

　英語名ジョフリー(Geoffrey)は，古いドイツ語では*Gaufried*とか*Gautfried*と綴った．第一要素の語源ははっきりしないが，*Gau*-は現代ドイツ語のGau(地方)と関係づけられ，*Gaut*-は古北欧語では*Gautr*と関係づけられる．*Gautr*はオーディンの別名である．

　Gaut-は，しばしば，ドイツ語のGott(God)と関係づけられる．英語の名ジョフリー(Geoffrey)とゴドフリー(Godfrey)は古くから同一視されてきた．現代ドイツ語ではゴットフリート(Gottfried)である．これらの名前は中世ではGaufridusとラテン語化されたが，ジョフロア(Geoffroi)やゴドフロア(Godfroi)としてフランス語化され，11世紀にノルマン人によってイングランドにもたらされてGeoffreyやGodfreyになった．

　ジョフロアやゴドフロアはアンジュー(Anjou)公国の公家の伝統的名前である．Anjouの名は開祖の名インゲルゲル(Ingelger)がフランス語化したものである．この名はフレイの別名イング(Ing)をその構成要素にもつ名前で，インゲルゲルはノルマン人であった．

　アンジュー公国では，ジョフロア1世(Geoffroi，在位960-987)以来，ジョフロア4世(在位1129-51)まで，フルク(Fulk)の名をもつ公とジョフロアの名をもつ公が

ほぼ交互に輩出した．そして，アンジュー公国の公家と血縁関係にあったブルターニュ公家にもこの名が見られる．

イングランドでは，アンジュー公国出身のヘンリー2世との関係で，ジョフリー（Geoffrey）が人気のある名前になった．ヘンリー2世の父がアンジュー伯ジョフロア（Geofroi IV Plantagenet）であった．

第一次十字軍に司令官の1人として参加し，エルサレムを陥れてエルサレム王国を建国したロレーヌ伯，ブイヨンのゴドフロア（Godefroi de Bouillon, 在位1099-1100）や，テンプル騎士団の設立メンバー6人のうちに2人もジョフロアという修士がいたことなども手伝って，ゴドフロアは十字軍時代を経て特に人気の高い名前となった．

ブイヨンとは今日の南ベルギーの町である．この町に居城をもっていたゴドフロアはブルゴーニュ家出身で，シャルルマーニュの血をひく人物であった．アンナ・コムネナは『アレクシアド』で，ゴドフロアのことを非常に金持ちで，自分の高貴な生まれや勇敢さに強い誇りをもち，隠修士ペトルスの説教に感化されて，すぐさま土地を売り，燃えるような情熱をもってエルサレムに向かった男と評している．アンナ・コムネナはゴドフロアのことをケルト（Kelt）と呼び，家系をやたらと自慢し，すぐに情熱的になり，同僚を出し抜きたいと思うのはケルトの特徴であると冷ややかに見ているが，ゴドフロアの信仰心に基づく純粋な動機については信頼していたようである．

ブイヨンのゴドフロアは，西側の人びとにとっては，もっとも信仰に篤く，しかも勇敢なる武将であり，エルサレムの事実上の支配者となっても自らを「聖墳墓の守護者」と称して王の称号を拒否した敬虔な騎士として知られた．聖墳墓こそ十字軍の最終目的地であり，それを守護するゴドフロ

アは特に英雄的な存在となった．中世のロマンでは彼はホメロスの『イリアス』におけるギリシャの総大将アガメムノンになぞらえられている．そしてこのようなゴドフロア像は教会の窓を飾る絵ガラスなどにも取り入れられ，一般庶民にも親しみのあるものとなった．その例をサン・ドゥニ聖堂に見ることができる．

ジョフリー（Geoffrey）は最近の統計では十指に入るほど人気のある名前である．Geoffreyは，英国ではジェフリー（Jeffrey, Jeffery）と綴られることが多かったが，今日ではGeoffreyはイギリス的で，JeffreyやJefferyはアメリカ的である．ジェファスン（Jefferson）はthe son of Jefferyという意味の姓である．この姓は今日では，アメリカ合衆国第3代大統領トマス・ジェファスン（Thomas Jefferson, 在任1801-09）や，南北戦争中の南部連合国の大統領ジェファスン・デイヴィス（Jefferson Davis, 在任1861-65）などによって知られている．この2人の政治家はジェフ（Jeff）の愛称で親しまれた．

スウェーデンの始祖イング

スウェーデンとノルウェー王家の起源を書いた*Ynglinga Saga*（「ユングリンガ・サガ」）のYnglingは「ユングの子孫」という意味であるが，このYng[Ing]は神の名前である．『歌謡エッダ』の「巫女の予言」にはユングヴィ（Yngvi）として登場する．ユングヴィはフレイの別名である．これはラテン語起源の言葉inguinal（股のつけ根の）と同根の名前であり，原義は「膨らみ，増大，増加」とか「突起物，隆起」であるなどと想像されている．フレイ像の力強い男根がその象徴であり，イング（Ing）は豊饒の神である．

スノリの『散文エッダ』によると，トロイの王プリアムの子にトールが生まれたが，

〈ゲルマン〉

その子孫に予言の能力をもつオーディンが生まれた．オーディンはその予言の能力ゆえに北方の王たちの熱烈な尊敬を受け，その強い尊敬に動かされて，北方へと居を移す．彼はフランクに滞在したときにシギを生み，そのシギからヴォルスング家が生まれた．オーディンはさらに北へ進み，デンマークやスウェーデンに至る．そしてデンマークではデンマーク王家の祖スキョルドを生み，スウェーデンではまた1人の息子ユングヴィ(Yngvi)が王になる．この名の原義は「ユングの聖域」である．この-viには「王侯，戦士」という意味もあり，Yngviの意味は「ユング王」であるとも考えられる．このユングヴィがユングリング王家の祖であり，同家の家系からスウェーデン王国の建国者エーリク勝利王(Eric, 在位980?-995)やノルウェーを統一したハラルド美髪王(Harald I, 在位858-928)が生まれるのである．このような関係で，スカンディナヴィア諸国を中心に，ヴァイキングが活躍した地方にはインゲボルグ(Ingeborg)，イングヴァ(Ingvar)，インガム(Ingham)，イングラム(Ingram)，イングリッド(Ingrid)などIng-をもつ名前が数多く見られる．英語名インジ(Inge)はこれらの名前の短縮形である．

Ingeborgの-borgは，-burgとか，エディンバラ(Edinburgh)の-burghと同系の言葉であり，「要塞」という意味なので，この名の意味は「イングの砦」であると解釈できる．Ingvarの-varは「戦士」を意味する言葉であり，Ingridの-ridは古北欧語*frithr* (fair, beautiful)が語源である．この古北欧語はFriedrichのFried-と同じ語源の言葉であり，フレイとフレイの別名イングの合名であると言える．イングリッドの名をもつ人物として私たちに特になじみ深いのは往年の名女優イングリッド・バーグマン(Ingrid Bergman, 1915-82)である．

テレビの人気ドラマ『大草原の小さな家』で親しまれているインガルス(Ingalls)家は古北欧語では*Ingialdr*である．-ialdr (*gialdr*)は英語のyield(生じる，産する)と同系の言葉であり，この名の原義は「イングの恵み」である．

インゲル(Inger)は，古北欧語では*Ingvarr*である．-varrの意味は古英語*waer*(watchful)や*weard*(keeper)と同語源の言葉であり，近代英語のward(後見，保護)やguard(護衛)と同系の言葉でもあるので，Ingerの原義は「イングのまもり」である．この名前の変化形としてはイングヴァ(Ingvar)，イングウァード(Ingward)などがある．

ヴァイキングが建国したロシアのキエフ公国の第2代目の公の名イーゴリ大公(Igor' I, 在位924-945)のIgor' (Игорь)は，Ingerのロシア語における変化形である．この名は，ノヴゴロド・セーヴェルスキー公イーゴリ・スヴャトスラーヴィチ(Igor' Svyatoslavich, 1150-1202)の異民族との戦いを描いたロシア最古の英雄叙事詩や，それをもとにして19世紀に作られた歌劇〈イーゴリ公〉によって私たちにもなじみ深い．ロシアの音楽家ストラヴィンスキー(1882-1971)のフルネームはイーゴリ・フョードロヴィチ・ストラヴィンスキー(Igor' Fyodorovich Stravinsky)である．

フレイの聖獣：猪スヴィン

北欧神話にはドゥヴェルグ(*dvergr*: dwarf)という小人族が登場する．彼らは鍛冶の名人であり，オーディンには槍グングニル，トールには槌ミョッルニル，そしてフレイには馬よりも速く空を飛ぶことができる黄金の牡豚グッリンブルスティンを作るのである．

スウェーデン王国の王のヘルメットをヒルディスヴィン(Hildisvin)と言う．-svin

は英語のswine(豚)に対応し、Hildi-は「戦い」を意味する言葉であるので、この名の原義は「戦う豚」ということになる。ヒルディスヴィンはフレイの聖獣である猪の名前でもあった。元来は豊饒の神や女神であったフレイやフレイアは、民族大移動時代をむかえて次第に軍神的な性格をもつようになる。豊饒の表象でもあった猪の勇猛な側面が強調されるようになり、戦士たちはフレイの守護を願って猪の形をした兜をかぶったり、兜のいただきに猪の冠をつけるようになった。古英語 swin の第一義は「豚」であり、第二義は「豚の兜飾り」である。

そのような関係で古北欧語 svīn には「戦士」という意味があった。同系の古英語 swan の第一義は「豚の世話係」であるが、第二義は「男」とか「戦士」とかいう意味である。イングランドにヴァイキングの王国を建てたデンマークのクヌートの父がスヴェイン1世(Sveyn Ⅰ、在位986-1014)である。1994年度版のコペンハーゲンの電話帳を見てもスヴェン(Sven)、スヴェンビュ(Svenby)、スヴェンスン(Svendsen)、スヴェニンスン(Sveningsen)、スヴェンベア(Svenberg)、スヴェンビョーン(Svenbjorn)、スヴェンハー(Svenhard)など、Sven- を構成要素にもつ姓が多い。

古英語に eofor (エオヴォール)という言葉がある。この言葉は「猪」とか「猪の形の兜飾り」という意味があった。そして、この言葉は、エヴェラード(Everard)、エヴェレット(Everett)、アーウィン(Irwin, Erwin)などの名前に潜んでいる。Everard は古英語の *Eoforheard が変化したものであると考えられている。Everett は Everard の英語的愛称形であり、エヴァート(Evert)は低地ドイツ語的変化形である。この名をもつ人物としてはアメリカの名女子プロテニス選手で、ウィンブルドンをはじめ四大大会のタイトルを21も獲得し、女性初の100万ドルプレイヤーとなったクリス・エヴァート(Chris Evert, 1954-)がいる。

フレイが支配するエルフ

アルフレッド(Alfred)はアングロ・サクソン語では Ælfrǣd と綴った。Ælf- は自然の神秘をつかさどると信じられていた妖精エルフ(elf)のことである。-rǣd は「指導者」という意味の言葉で、この名の意味は、すなわち、「エルフ＋王」あるいは「エルフの王」である。

北欧神話ではエルフはアールヴ(ālfr)として登場する。彼らはアールヴヘイム(Alfheim)に住むが、アールヴヘイムは、アース神族が住むアースガルドや、豊饒の神フレイや豊饒の女神フレイアなどのヴァン神族が住むヴァナヘイムと同じく、人間が住むミッドガルドの上の層にある。それは「光の妖精の国」と呼ばれ、「アールヴの輝き」とは太陽のことであり、フレイは太陽神であった。アールヴヘイムはフレイの館とも考えられていた。

アールヴヘイムに住む白アールヴに対して、地中に住む黒アールヴがいる。黒アールヴが住む地中とは暗黒の世界であるが、同時にすべての生命を生み出す豊饒の源でもある。アールヴが豊饒をつかさどる存在であったことは間違いないところで、アールヴはさらに家族や個人をまもる霊でもあった。アルフレッド(Alfred)、すなわち、「エルフ＋王」とは、自然の原理に通じる指導者であり、神々と対話できる者として力を振るう素晴らしき指導者という意味である。この名をもつ歴史上の人物としてはアングロ・サクソン精神のよりどころとも言えるアルフレッド大王(Alfred the Great、在位802-839)がいる。

アルフレッド大王の祖父エグバート(Egbert、在位802-839)は隣国マーシャの

〈ゲルマン〉

アルフレッド大王像

支配を脱してウェセックスの勢力を大いに拡大した人物である．彼は王国を継承する前に一時シャルルマーニュの宮廷に亡命したことがあり，エグバートは後ろ楯としてのシャルルマーニュの影響を強く受けた人物であった．その子，すなわちアルフレッド大王の父エゼルウルフ（Ethelwulf, 在位839-858）はルイ敬虔王と同じ時代に生きた人であり，エゼルウルフもルイと同じく信仰心の篤い人物であった．アルフレッドは，父エゼルウルフによってローマに派遣され，教皇レオ4世によって王として聖別されるのである．なお，EgbertのEg-はedge（刃）と同語源の言葉であり，この名前の原義は「輝く剣」である．

アルフレッド大王の治世はフランク王国が分裂した時代であり，それに乗じてヴァイキングの活動が活発になった時代であった．ウェールズの修道僧でアルフレッドに招かれて大王にラテン語などを教え，その間に日記風の『アルフレッド大王伝』を書いたアッサーは，大王は病身でしばしば発作にみまわれながら，勇敢に軍を指揮して異教徒ヴァイキングを圧倒したという話を愛情を込めて描いている．大王は，イングランドを荒らしまわるヴァイキングに対する戦いを計画的に組織した最初の人物で，優秀な快速船によって機動力を発揮するヴァイキングに対抗するために自身も艦隊を組織して勝利をおさめた．これがやがて世界を制覇することになる英国海軍の発祥であるとされる．

武人として見事な才能を発揮したアルフレッドは，シャルルマーニュの宮廷を模して学芸を奨励し，自らも福音書をラテン語から英語に翻訳するなど，彼の宮廷人によってさまざまな翻訳や著作が行われた．後世の人びとがアングロ・サクソン語とか古英語と呼ぶ資料は主としてアルフレッドの宮廷人が使ったウェセックス方言を基盤に発達したものであった．

後世の伝記作家や歴史家はアルフレッド大王に対して「もっとも愛すべき人」「聖職者の模範」「最高の国王」「イギリスの寵児」などといろいろな賛辞を贈っている．このようなアルフレッド大王に対する敬愛の念は19世紀のロマンティック・ナショナリズムの時代に高まり，大王の没後1000年祭に至って最高に達し，イギリス人の理想の人物としてのアルフレッド大王像が作られた．

オリヴァー（Oliver）やオーブリー（Aubrey），そしてオベロン（Oberon）にもAlf-が隠れている．オリヴァー（Oliver）は，中世フランスの武勲詩 *La Chanson de Roland*（『ローランの歌』）で活躍するシャルルマーニュの12人の勇士の1人の名前オ

リヴィエ(Olivier)と同じものである．オリヴィエは，主人公ローランと行動をともにする忠節にして勇敢な騎士である．この名前は，中低地ドイツ語*Alfihar*(elf-army)が語源で，フランス語でOlivierとなった．この変化は古フランス語*olivier*(olive tree)の影響を受けたものである．

ドイツ語名アルベリヒ(Alberich)の意味は「エルフ＋王」(elf-king)である．アルベリヒは，『ニーベルンゲンの歌』において，ニーベルンゲンの宝物をまもるために戦う小人族の勇猛な王である．*Alberich*は古フランス語では*Auberi*となり，ノルマン人によってイングランドにもたらされてオーブリー(Aubrey)となった．Oberonは，シェイクスピアの*A Midsummer Night's Dream*(『夏の夜の夢』)に登場する妖精たちの王の名前である．この名前は古フランス語*Auberon*から英語化したものである．音声的変化の過程ははっきりしないが，オベロンの劇中の役柄からも*Alberich*から*Auberi*を経て派生した名前と考えられている．アルベリヒの名をもつ実在の人物としては，シトー派の制服を白衣と決めた同修道院第2代目の院長アルベリヒ(Alberich, ?-1108)がいる．

なお，女性の名前オリヴィア(Olivia)やオリヴ(Olive)はラテン語*olīva*(olive)が語源で，イタリア語でOliviaとして生まれた名前である．シェイクスピアは〈十二夜〉で，ヴェニスの支配下にあったイリリア公国の美しい姫としてオリヴィアを登場させている．この公国の若く美しい公爵オーシーノーはこの物語の冒頭で，「ああ，この目がはじめてオリヴィアを見たとき，その気高い姿にあたりの空気は清められるようであった．そしてたちまちおれは，ダイアナを見たアクテオンのように，鹿に変えられ，猛々しい猟犬のような恋の思いに狩りたてられておる」とオリヴィアに対する恋の思いを吐露している．名前オリヴィアは18世紀のイタリアで人気が出たが，〈十二夜〉もその人気の要因となったと考えられる．

アース神族をまもる理想の戦士トール

ハンマーを持つ雷神トール

トールは，「地」(Earth)から生まれた空の神で，雷神であり，巨大な体格をし，恐れや敗北を知らぬ神である．彼は，また，人間にさまざまな利益をもたらすアース神族をまもる神であり，もっとも勇敢な理想の戦士であった．彼の妻はシフ(Sif)であり，彼女は見事な金髪をしていたが，それは実った穀物を象徴するものであった．

Thorは古北欧語では*Thórr*で，古高地ドイツ語では*Donar*であるが，それは，thunderの語源，古英語*thunor*(雷)と同系の名前である．英語のThursday，ドイツ語のDonnersdagは木曜日のことであり，この原義は「トールの日」である．これはラテン語の*Jovis diēs*(ユピテルの日)にならったものであり，北欧のトールはローマのユピテルに擬せられていたことがわかる．また，タキトゥスが『ゲルマーニア』でゲルマン人が信じると書いているヘラクレスはトールのことである．

ヴァイキング時代の北欧の社会では，オーディンが王や戦士たちの守神であると信じられていたのに対して，トールは農民たちの守神であり，農民たちが死ぬとその亡骸をトールが受け取ると信じられていた．したがって，農民たちの間ではトールが熱狂的に信仰され，彼らはトールの加護を願って自分の子どもにトールに関係する名前をつけた．コペンハーゲンの電話帳(1994年版)を見ると，トール(Thor)，トースン

〈ゲルマン〉

(Thoresen)，トーオスン(Toresson)，トービョーン(Thorbjörn)，トーグレン(Thorgren)，トーリル(Thorild)，ツァームン(Thurmund)，トースルン(Thorslund)など，トールに由来する姓が数多く並んでいる．

Thorslundの-lundは「森」(grove)を意味する言葉である．雷神トールは，雷がしばしば落ちるオークの大木や森と関係づけられ，トールの聖所がオークの根元や木のなかにあったり，こんもりとした森のなかにあることが多かった．スウェーデンの南部にある都市ルンド(Lund)はそのような森に由来する名前である．

オーディンの武器が魔法の槍グングニルであるのに対して，トールの武器はミョッルニルと呼ばれる石の槌で，嵐のときに雷とともに落ちてきた隕石であると考えられていた．それは打ちつける武器でもあり，投げつける武器でもあったが，決して目標を外さず，投げるといつも持ち主の手に返ってきた．また，この石の槌は単なる武器としてではなく，新生児をコミュニティに受け入れる儀式に，結婚式に，そして葬式にも，儀式を神聖化するために使われるものであった．10世紀の北欧人はトールのシンボルである槌を首から吊るす習慣があり，それはキリスト教の十字架のように神の加護と祝福を意味するものであった．ゲルマン人が青銅時代から幸運の象徴として用い，ナチス・ドイツの標章として用いられた鉤十字(Hakenkreuz)は，トールの雷光を表わすものであったと考えられている．

北欧人の姓にはHammarを構成要素にもつものが多い．スウェーデン語名ハンマルバリ(Hammarberg)，ハンマルボーン(Hammarborn)，ハンマルフェルト(Hammarfeldt)，ハンマルリンド(Hammarlind)，ハンマルンド(Hammarlund)，ハンマショルド(Hammarskjöld)などがその例である．Hammarskjöldの-skjöldは英語のshield(盾)に対応するもので，この名の原義は「槌＋盾」である．デンマーク語ではスキョルドに近い発音となる．

ハンマショルドの名をもつ人物にはスウェーデンの外交官で，第2代国連事務総長を務め，不慮の死をとげたダーグ・ハンマショルド(Dag Hammarskjöld, 1905-61)がいる．Dag(ダーグ)はday(日)のことで，ダーグは神話では，賢明で明るく美しい男子で，雀の言葉を理解し，雀が集めてきた遠方の地の出来事について知ることができた．なお，スキョルドは「ユングリンガ・サガ」ではスウェーデン王妃とオーディンの息子でありデンマーク人の祖である．

ハンマリンド(Hammarlind)の-lindは，菩提樹の一種シナノキ(linden)を意味する言葉である．シナノキは堅いので盾や槍あるいは槌の柄として使われた．ドイツ系の女性名リンデ(Linde)はシナノキが原義であるが，古代ゲルマン社会では盾とか槍という意味でつけられた名前であった．トー

魔法の槌ミョッルニルを握るトール

グレン(Thorgren)やハンマグレン(Hammargren)の-grenは「枝」という意味であるが、この-grenを構成要素にもつ名前としてはリンドグレン(Lindgren〔原義：シナノキの枝〕)が特に一般的である．

なお，hammarやhammerは語源的には「石」とか「岩」という意味の言葉であり，現代デンマーク語でもhammerはそのような意味に使われている．このデンマーク語hammerにberg(山，城)，-feldt(野)，-lund(森)，-born(川)と重なった姓は本来は地名に由来するものと考えられる．デンマークは平地の多い国であるが，その平地の岩が突き出ていたり，小高い丘のようになっている岩地がある．-berg，-feldt，-lund，-bornをもつ姓は本来城主や農園主を意味したものであり，北欧では-sonや-senをもつ姓よりも，身分の高い人びととの姓と考えられてきた．

トールを意味したアース神

ゲルマン民族の王たちは，自分たちの祖がアース神の出であると考えていた．アース神とは，本来は，北欧土着の神トールを意味する言葉であった．しかし，オーディン信仰が盛んになると，アース神族にはオーディン，トール，テュールなど多くの神々が属するようになった．彼らは戦いの神であり，人間の保護者でもある．これらの神々は，フレイやフレイアを中心とする豊饒のヴァン神族に対する神々であり，神話によると世界最初の戦いもこの2神族の間で起こる．しかし，2神族は次第に融合し，『歌謡エッダ』の「ギュルヴィのたぶらかし」ではニョルズから生まれたフレイやフレイアもアース神と呼ばれている．

オズボーン(Osborn)は，古英語ではOsbern，古北欧語ではAsbjörnであり，この名前の原義は「god(神)＋bear(熊)」である．As-は，元来，トールのことである

ので，この名前はThorbjörn(トール＋熊)と同じ意味をもっていた．熊は北欧神話ではトールに捧げられた百獣の王であり，高貴であるが，戦いにおいては凶暴な力を発揮すると考えられ，勇猛な戦士の象徴でもあった．熊を意味する-björnは，単独で名前として使われることがあり，この名をもつ人物としては，ウィンブルドン大会を5度(1976-80)も制覇したスウェーデンのプロ・テニス選手ビョーン・ボルグ(Björn Borg, 1956-)がいる．この名はスウェーデン語的に発音するとビエーン・ボリに近い．

オズワルド(Oswald)は，古英語ではOswealdで，原義は「神の力」や「神の支配」である．この名前は，イングランドが王国として統一される前の7王国時代のノーザンブリアの王，聖オズワルド(Oswald，在位634-642)として歴史に登場する．彼は亡命中にアイルランドで洗礼を受け，キリスト教の布教につとめた．『イギリス国民の教会史』の第3巻第1章には，彼の軍隊はキリスト教への強い信仰によって武装され敵の大軍を打ち負かしたという話がある．しかしついには，異教徒であるマーシャの王との戦いにおいて戦死し，その後，聖オズワルドについてはいろいろな伝説が生まれた．同書第4巻14章には，イギリスに伝染病が流行したとき，1人のサクソン少年が瀕死の状態で死の影に怯えていると，聖オズワルドのとりなしでペトロとパウロが現われて永遠の命と喜びに満ちる天国へと導いたという話が載っている．

オズマンド(Osmond)は古英語ではOsmundであり，この名の原義は「神の守護」である．オズマンド(Osmund, ?-1099)は，征服王ウィリアムの甥で，ドゥームズデイ・ブック(Doomsday Book)の編纂に寄与するとともに，ソールズベリの司教に任命された．大聖堂を建築し，典礼を

整備し，教会組織の確立に寄与し，聖人として慕われた人物である．ノーザンブリアの王オズウィン(Oswin, ?-651)は，聖オズワルドの従兄弟である．政治的理由で兄弟に暗殺されたが，オズワルドと同じように殉教者として崇拝された．オズウィン(Oswin)の原義は「神の友」である．

ドイツ語の名前にはAns-をもつものが多い．アンスゲル(Ansger)，アンセルム(Anshelm)，アンズモット(Ansmod)，アンセムント(Ansemund)，アンスヴァルト(Answald)などがその例である．このAns-は古英語のOs-に対応し，フランス語名アンソー(Ansaud, Ansault)，イタリア語名アンサルディ(Ansaldi)，アンサルド(Ansaldo)などは，英語的Oswaldに対応する名前である．ドイツ的アンスゲル(Ansger)やアンスガルは，北欧的にはオスカル(Oskar)，英語的にはオスカー(Oscar)である．アンスガルの名をもつ人物としては「北欧の使徒」と呼ばれるようになった聖アンスガル(Ansgar[Anskar], 801-865)が有名である．彼はハンブルク・ブレーメンの最初の大司教で，スウェーデンやデンマークの改宗に大きな功績があった．アンスガルは，シャルルマーニュの死に接してキリスト教に帰依することを誓ったとされる．

トールにまもられる農夫カール

カール(Karl)は，中世の高地ドイツ語 *karl*(man)が語源である．男とか農夫を意味するこの言葉は，英語のchurl(田舎者，百姓，最下層の自由農民)と同系の言葉で，自由農民という意味に使われ，さらに，戦利品としての奴隷に対する自由民という意味にも使われた．それはまた，氏族や部族内の仲間意識を感じさせる言葉でもあった．

Karlの語源 *karl* はまた，同じゲルマン語系のcorn(穀物)と同系の言葉であり，ラテン語系のgrain(穀物)とは同族関係にある言葉である．最終的には印欧祖語 *ger-*(to grow ripe or old)にさかのぼることができ，Karlは，特に麦と関係し，その麦を育てる人を意味する名前であったことがわかる．

原始ゲルマン社会では，農耕を主な生業として，次いで牧畜が重要であった．人びとは広範な中流層をなす自由農民と戦争などによって獲得した隷属民に分かれていた．自由民は土地をもち武装する権利を有し，武装して部族の最高機関である民会に出席したことがタキトゥスの『ゲルマニア』に記されている．自由民の有力な者は選挙によって首長に選ばれたが，特に有力な自由民は世襲的に族長になった．

ヴァイキングたちの精神的よりどころとなった北欧神話を集めた『歌謡エッダ』の「リーグの歌」という詩は，ゲルマン人たちの基本的階級である奴婢，自作農，貴族(戦士)の誕生をうたったものである．それによると，アース神の老いた賢きリーグ(*Rígr*)は旅をし，途中3軒の家を訪れ，それぞれの家に3夜泊まった．そして，そのそれぞれの家に彼の血をひく男子が生まれるのである．最初の子はスレール(Thraell)，2番目の子はカール(Karl)，そして3番目の子はヤール(Jarl)であった．それぞれの名前は，近代英語ではthrall(農奴)，churl(最下層の農民)，earl(太守，伯爵)に対応する．スレールは顔は醜く指は節くれだち，彼と妻，そして彼らの子どもたちは木造あるいは粘土の家に悪臭のする動物たちと住んだ．彼らには守護神はなかった．カールは皮膚も髪も赤く，眼はよく動いた．やがて，カールは「丈夫に成長して，牡牛を馴らし，鍬を作り，家を作り，納屋を建て，荷車を作り，鋤をつかうようになった」(『歌謡エッダ』「リーグ

の歌」谷口幸男訳）．彼の守護神はトールであった．

一方，ヤールはブロンドで，頬の色は燃えるようで，眼光は鋭く若いヘビを思わせるものがあった．彼は長じて楯をかまえ，弦を張り，弓を引き絞り，矢を尖らせ，投槍を飛ばし，長槍を操り，馬に乗り，剣を使い，海を泳ぐようになった．そしてヤールの子孫たちはルーネの術に長じ，出産を助け，海をしずめる術なども会得するのである．彼らの守護神はオーディンである．アール（Earl, Earle），ハール（Hurle）などの英語の名前，スウェーデンを中心に使われている名前ヤール（Jarl）は，このヤールに由来するものである．

†ヨーロッパの父カール大帝

カール（Karl）は，古くからライン川右岸を発祥の地とし，フランドル地方から北フランスを中心に勢力をのばしたフランク人の間で名前として使われていた．そして，特にカール大帝（Karl der Grosse, 742-814）にあやかる名前としてヨーロッパ中で広く人気のある名前となった．カール大帝は，フランク王国の王であり，民族大移動で戦いに明け暮れていたゲルマン民族のほとんどすべてを１つの帝国と宗教の下に統一した人物である．古代ローマの伝統，キリスト教，そしてゲルマン精神の融合をなし遂げ，西ヨーロッパ諸国の共通の出発点を画した王として今日までもっとも尊敬されている．

キリスト教をもって全西ヨーロッパを統一したカール大帝は，９世紀に書かれた『カロルス大帝業績録』（ルトケルス著，国原吉之助訳）では，キリスト教の聖人伝風にその人物像が伝えられている．それによるとカール大帝の人柄は「慈悲深いカロルス」「英明なカロルス」「麗しき君主，祝福されたる王」「神のもっとも大切な友たる王」

聖遺物入れのカール大帝

「敬虔にして温厚なカロルス」「不敗の王」「叡哲なカロルス」「正義の厳しい追求者カロルス」「教会の庇護者」「敬神の念厚きカロルス」「公正無比のカロルス」等々，神が天上において実現する理想の国を地上において実現しようとする王としてのカロルスが描かれている．終末思想の流布していた中世の西欧においては，民族の危機に際してはかつての英雄王が生き返り，人びとを苦しみから救うという一種のメシアを待望する風潮があったが，カロルス大帝はそのもっとも典型的な英雄王であった．このように伝説化されたカール大帝は1165年に聖人として認められた．

カール大帝の祖父の名は，カール・マルテル（Karl Martell, 689-741）である．カール・マルテルは，宮宰（きゅうさい）として，ガリアに深く侵入したイスラム教徒をトゥール・ポ

〈ゲルマン〉

アティエの間の戦い(732年)で打ち破った人物として知られている．この戦いは，その勝利によってヨーロッパのイスラム化が避けられたとして，西ヨーロッパ史において重要視される事件である．宮宰とはメロヴィング王朝時代の宮内長官であったが，カール・マルテルは事実上の国王であった．

† ヨーロッパ最後の父カール 5 世

フランク族出身のカール大帝は，今日の西ヨーロッパの出発点を画した王であったが，16世紀にカール大帝にも劣らぬほどの帝国を建設した人物が登場した．神聖ローマ帝国皇帝カール5世(Karl V，在位1519-56)である．

カール5世はオーストリアに本拠を構えていたハプスブルク家の出身で，マクシミリアン1世の孫である．ハプスブルク家は，戦争よりも婚姻によって勢力を拡大してヨーロッパの中世から近代にかけて君臨した王家として知られている．マクシミリアン1世は，ブルゴーニュ公国のただ1人の世継ぎマリアと結婚し，汎ヨーロッパ的な王朝の基盤を築いた人物である．当時のブルゴーニュは，今日のフランス東部ブルゴーニュからルクセンブルクを経てオランダ，ベルギーに至る公国で，ヨーロッパ随一の勢力と文化的高さを誇っていた．マクシミリアン1世は，その公国の都ブリッセルに居を構えた．マクシミリアン1世の嫡男で美公と呼ばれたフィリップは，1496年にイスパニアの王妃フアナと結婚し，1504年にイサベル1世が没した後はフェリペ1世(Felipe I，在位1504-6)としてフアナとカスティリアを共同統治した．ところが，王妃が精神的な病におかされたために，フェリペがカスティリアを実質的に支配するようになり，スペイン・ハプスブルク家の開祖となるのである．そのフェリペ1世の嫡男として生まれたのがカールで，母方の祖父にあたる最後のブルゴーニュ公シャルル突進公(Charles le Temeraire，在位1467-77)にあやかって名づけられた．彼はフィリップ善良公の息子である．フランスに対する対抗意識が強く，周辺の国々と無謀な戦争を繰り返したことから突進公と呼ばれるようになった．

カールは，まず，1516年にブリュッセルからスペイン入りをしてイスパニア国王カルロス1世(Karlos I)として即位し，1519年に神聖ローマ帝国皇帝になり，南はイタリア，西はスペインから，東はハンガリーやボヘミアに至るまで支配した．支配権が及ばなかったのはパリを中心とするフランスとイギリスだけで，キリスト教徒の最高の君主としてキリスト教の守護者として，イスラム教徒に対抗した．当時イギリスはヘンリー8世の治世であるが，ルネサンスの主人公のように考えられているヘンリー8世もヨーロッパ世界では脇役にすぎなかった．カール5世は，内省的で宗教心に篤く，修道僧的な風格があり，ほんとうの君主として慕われ，カール大帝と同じように「ヨーロッパの父」と呼ばれた．

† スコットランド人が愛したチャールズ

カール大帝のことを，ドイツ語ではカール・デァ・グロッセ(Karl der Grosse)，フランス語ではシャルルマーニュ(Charlemagne)，ラテン語ではカロルス・マグヌス(Carolus Magnus)，英語ではチャールズ・ザ・グレート(Charles the Great)と言う．英語のCharlesはフランス語の影響によって生まれた名前である．ラテン語CarolusのCa-[ka]は古フランス語では口蓋化して[tʃa]と変化し，近代フランス語では[ʃa]となる．

英語名チャールズが人気のある名前となるのは，スコットランドの女王メアリー

（Mary，在位1543-67）の影響によるところが大きい．フランスとスコットランドは伝統的に友好関係にあり，メアリーはフランスの皇太子フランソワ（後のFrançois II）と結婚し，フランスに滞在していた．しかし，夫の急死によってスコットランドに帰国してステュアート家のヘンリーと再婚した．そして生まれた男子をチャールズ・ジェイムズ（Charles James）と名づけた．このチャールズ・ジェイムズが後のスコットランド王ジェイムズ6世（James VI）であり，イングランド王ジェイムズ1世（在位1603-25）である．そして，ジェイムズ1世の子がチャールズ1世（在位1625-49）であり，孫がチャールズ2世（1660-85）である．

チャールズの名をスコットランドでさらに人気のある名にしたのは，美男チャールズ王子（Edward Charles, 1720-88）である．彼はジェイムズ2世の孫で，カトリックを信奉する亡命ステュアート家再興の希望の星であった．フランスのルイ14世の後ろ楯を得てジェイムズ3世を名乗りながら，同家再興の夢を果たせなかった父に代わってチャールズ3世を名乗り，スコットランドやアイルランドのカトリック教徒ジャコバイトたちの期待を一身に集めた．

チャールズ王子はボニー・プリンス・チャーリーと呼ばれ，今でも親しまれている人物である．スポーツ好きで，しなやかにしてタフ，自信に満ち，人を惹きつけずにはおかない魅力をたたえた青年であったという．このボニーは，スコットランド民謡〈マイ・ボニー（"My Bonnie"）〉によって私たちにもなじみのある名前となっているが，ボニー・プリンス・チャーリーは，この他にも〈ザ・スカイ・ボート・ソング〉（"The Skye Boat Song"）など，美しく，ロマンティックなスコットランド民謡にうたわれている．

名前チャールズは，20世紀になって徐々に人気が下がったとはいえ，依然よく使われている．20世紀のなかばには英国のチャールズ皇太子もその人気の一因となった．無声映画時代に活躍したチャールズ・チャプリン（Charles Spencer Chaplin, 1889-1977）は今も，年配の人たちにはもちろん，若者たちにも親しまれている．さらにまた，チャールズ・シュルツ（Charles Monroe Shultz, 1922-2000）によるコミックのキャラクター，チャーリー・ブラウン（Charlie Brown）は世界中の人びとから愛されてい

ボニー・プリンス・チャーリー

〈ゲルマン〉

る．CharlieやCherlieはCharlesの愛称であるが，チャック(Chuck)も同名の愛称である．

†才色兼備のキャロライン

　カロリーナ(Carolina)は，Charlesのイタリア語名カルロ(Carlo)から生まれた女性名である．この女性名はまずドイツに伝わりカロリーネ(Caroline)として人気のある名前になるが，イギリスではドイツのハノーファー家から国王として迎えられたジョージ1世の長男ジョージ2世(George II，在位1727-60)妃，キャロライン(Caroline)の名にあやかって広まった名前である．このドイツ生まれの妃は，浮気者で政治にあまり関わらなかった夫をよく助け，外国人でありながら英国民にも愛された才色兼備の女性であった．リーナ(Lina)はカロリーナの愛称形である．

　キャロラインはアメリカでも人気のある名前である．1963年，暗殺されたケネディ大統領の柩に向かって無邪気に敬礼する弟ジョンの横に立っている可愛くてしっかりした10歳の姉キャロラインの姿は印象的であった．キャロル(Carol)やキャロリン(Carolyn)はキャロラインの愛称である．Carolineにはさらにカロール(Carole)，カローラ(Carola)などがあり，キャリー(Carrie)やキャディー(Caddy, Caddie)などの愛称がある．

　なお，carol(クリスマスの祝いの歌)はラテン語 *choraula*(flute player)から古フランス語 *carole* を経て英語になったが，ラテン語 *choraula* は，ギリシャ語 *chorós* (dance in a ring)と *auleîn* (to play on the flute)から生まれた言葉である．carolは中世の宗教劇でイエスの誕生を祝う踊りの歌として広まった．

ゲーテの永遠の女性
シャルロッテ・ブッフ

†ゲーテの永遠の女性シャルロッテ

　英語名キャロライン(Caroline)と同じく，カルロ(Carlo)から派生したイタリア的女性名にカルロッタ(Carlotta)がある．シャルロット(Charlotte)はそのフランス語名である．カルロッタの名前をもつ歴史上の人物としては，スイス南西部すなわちイタリアに近いサヴォーイアからルイ11世(Louis XI，在位1461-83)に嫁いだカルロッタ(Carlotta)がおり，彼女はフランスではシャルロット(Charlotte)と呼ばれた．

　シャルル7世(Charles VII，在位1422-61)は，百年戦争(1337-1453)をジャンヌ・ダルクの出現もあって優勢に導いた国王であり，その息子ルイ11世は百年戦争後のフランスをまとめて大国フランスを再生させた国王であった．彼は，イングランドに対する戦いを有利に進めるためにスコットランドのジェイムズ1世の王女マーガレットと政略結婚をするが，マーガレットの死後，1451年にシャルル7世の反対を押し切って結婚したのがサヴォーイアのカルロッタ，すなわち，シャルロットであった．

　その後，シャルロットの名はフランス貴族の間に人気のある名前となり，フランス

絶対王政の隆盛によってその影響力とともにヨーロッパ中に広がった．特に，ハプスブルク家対策として，フランス王家がさかんに姻戚関係を結んだドイツ地域において人気のある名前となった．

プロイセンの初代国王フリードリヒ・ヴィルヘルム１世の妃の名前がゾフィー・シャルロッテ(Sophie Charlotte, 1668-1705)である．彼女はドイツ生まれであるが，彼女の母はオランダを支配していたオレンジ侯の侯女ルイーゼ・ヘンリエッテであり，フランス宮廷の強い影響を受けていた．ゾフィー・シャルロッテも16歳でフリードリヒに嫁ぐ前にルイ14世の宮廷で生活したことがあり，ルイ14世の宮廷生活を模した宮廷生活をドイツに華咲かせた才色兼備の女性であった．そのゾフィー・シャルロッテの孫がプロイセンをヨーロッパの強国にのしあげドイツ帝国の基礎を築いたフリードリヒ２世大王である．

シャルロッテは，ドイツではゲーテの『若きウェルテルの悩み』(1774年)において，ウェルテルが恋する美しく優しい女性シャルロッテのイメージによってより人気のある名前となった．彼女にはすでに婚約者がいるのであるが，ウェルテルは，一目見るなり，優雅にして清潔で，優しさが，彼女のあらゆるしぐさやまわりの人びとが彼女に接する態度から伝わってくるシャルロッテに心を奪われてしまうのである．彼女はまわりの人びとから深い愛情をもってロッテ(Lotte)と呼ばれている．やがてウェルテルはシャルロッテへの愛を極限にまでつきつめ，彼女を自分の生きる力のすべてと考えるようになり，その愛が成就しないことを認識したときに死を決意するのである．

『若きウェルテルの悩み』のシャルロッテは，ゲーテが実際に愛したシャルロッテという名の女性がモデルであるとされる．彼女にはいいなずけがあったことからゲーテは傷心のうちに別れを決意したのであるが，彼のシャルロッテへの思いを描いたのがこの小説である．この小説は当時の若者に大いに受け入れられ，青春文学の最高傑作とも言われる一方で，この小説の影響によって失恋がゆえに自殺する人が増え，この小説は「精神的インフルエンザの病原体」といって非難されたほどであった．

名前シャーロットは，イギリスでは，60年におよぶ在位中，私生活の清廉さで慕われたジョージ３世(George III，在位1760-1820)の貞淑な妃として愛されたシャーロット・ソフィア(Charlotte Spohia, 1744-1818)にあやかる名前として人気が出たものである．彼女は，ドイツ北部のメクレンブルク・シュトゥレリッツ家生まれで，同じくドイツのハノーファー家出身の王との仲は睦まじく，９男６女という子に恵まれ，精神的に不安定になりがちな夫をよく助けた内助の鑑として讃えられた．

Charlotteの愛称には，ロッテの他にロッティ(Lottie)，チャッティ(Chatty)，トッティ(Totty)などがある．さらに，キャリー(Carrie)，キャディー(Caddy, Caddie)などもCharlotteの愛称であり，Charlotteはその発音からSharlotteという変化形も生んだ．シャーロット(Charlot)やシャーレット(Searlait)はアイルランド語的な変形である．

チャーリー(Charlie)は，チャールズの愛称形であるが，シャーロットから派生した女性名でもある．シャーリー(Sharley)やシェリー(Sherry)という変形もある．

第 5 章

ケルト民族再興の願い

12世紀後半のケルト諸国とアンジュー家の支配地域

〈ケルト〉

ヨーロッパの先住民族ケルト人

　ケルト人は，黒海の北，すなわち，南ロシアの平原地帯から，東は小アジアへ，西は中央ヨーロッパから今日のフランス，イタリア，スペイン，ブリタニア，アイルランドなどへと移動した民族である．ケルト人が移動し始めたのは紀元前2000年ごろとされる．紀元前15世紀にはライン河沿岸に定着してゲルマン人と接触し，紀元前10世紀ごろにはガリア全土に拡散し，紀元前7世紀から紀元前3世紀にはブリタニアやアイルランドはケルト人の島になっていた．

　ヨーロッパを代表する川や山の名の多くがケルト語起源であることを見ても，ケルト人の先住性と分布の広さがわかる．モスクワの近くのロシア中央高原に発して黒海北部の内海アゾフ海に流れ込むドン(Don)川，アルプスから黒海に流れるドナウ(Donau)川，アルプスに発して北海に流れるライン(Rhine)川などがその例で，原義はいずれも「流れ，川」を意味する名前である．アルプス(Alps)の語源もケルト語で，「高い山」がその原義である．しかし，ケルト人は，ローマの勢力拡大とともにその勢力を弱め，カエサルのガリア遠征によって決定的とも言える打撃を被った．

　カエサルは『ガリア戦記』の冒頭で，「ガリアは全部で三つにわかれ，その一つにベルガエ人，二にはアクィターニー人，三にはその仲間の言葉でケルタエ人，ローマ人がガリー人と呼んでいるものが住む．どれも互いに言葉と制度と法律がちがう．ガリー人はガルンナ河でアクィターニー人から，マトロナ河とセークァナ河でベルガエ人からわかれる」(近山金次訳)と記している．セークァナ河とはセーヌ川のことであり，マトロナ河とはその上流のことである．このように，ガリーとはローマ人がケルト人を呼んだ呼び名であり，ガリア(Gallia)は，「ガリー人の土地」という意味で使ったものである．

　サンティアゴ・コンポステーラがあるスペイン北西部地方の名前ガリシア(Galicia)は，紀元前6世紀にケルト人が入植を始め，王国を建設した地である．鉄鉱石を産したこの王国はローマによって滅ぼされた．また，新約聖書正典に含まれているパウロの「ガラテアの信徒への手紙」のガラテア(Galatia)は現在のトルコの首都アンカラ付近にケルト人が建設した古代国家で，パウロが活躍した当時はローマ帝国の1州となっていた．ブリテン(Britain)は，イギリス本島を意味する言葉であるが，この名は，今日のオランダ，ベルギー，フランス沿岸地帯に住んでいたケルト人である

ベルガエ族の一派ブリトン人(Britons)が大挙して移住したことからつけられた名前である．

　カエサルのガリア遠征以来，ローマに同化しつつあったガリアのケルト人は，4世紀の後半になってゲルマン民族が大移動をはじめると，ローマとゲルマン人の抗争のなかに埋没した．そして，5世紀になって，ブリタニアからローマ軍が撤退し，アングロ・サクソン人を中心とするゲルマン人のブリタニアへの侵攻が進むとともに，各地で敗北を喫したケルト系先住民は，ウェールズの山岳地帯へ，さらにアイルランドへ，アイルランドからスコットランドへ，そして，一部は反対にフランスのブルターニュへと四散していった．

　アイルランド(Ireland)のIre-は，古ゲール語 *Eriu*(西方の島)が語源である．アイルランドの古名エリン(Erin)は *Eriu* の対格形 *Erinn* から生れたものである．アイルランドは今日のゲール語名でエイレ(Eire)と言う．このようなアイルランドそのものを表わす名前EireやErinは，アイルランド神話では女神の名とされた．そしてアイルランド人が多く移民したアメリカなどでは女性の名としても使われた．エリーナ(Erina)やエリン(Erinn, Eryn)などがその例である．

　スコットランド(Scotland)のScot-は，アイルランド人を意味する後期ラテン語 *Scotī*(the Irish)が語源である．スコットランドの呼び名としては，他にカレドニア(Caledonia)がある．今日，スコットランドの雅名として使われるこの名は，「森」あるいは「勇猛な」を意味するゲール語からラテン語を経て生まれたものである．ローマがブリタニアを植民地にしたころ，伝説的な強さを誇るカレドニー族がローマとの勇猛な戦いをした．

よそ者として奴隷にされたケルト人

　ウェールズ(Wales)は，古英語 *wēalh*(よそ者)の複数形 *wēalas* が固有名詞化したもので，この古英語はアングロ・サクソン人が先住のケルト人の意味に使った言葉であった．*wēalh*は，また，「奴隷」を意味する言葉でもあり，当時のアングロ・サクソン人を中心とするゲルマン人に滅ぼされたケルト人の置かれた立場をよく示している．

　古英語 *wēalh* から派生した名前にウォレス(Wallace)がある．Wallaceは，イングランドを征服したノルマン人の言葉 *waleis*(よそ者)を経て名前となった．イギリス各地では，「ケルト人」という意味の名前であった．この名は，特に，エドワード1世(在位1272-1307)統治下のスコットランド

〈ケルト〉

でイングランドに対する抵抗運動のリーダーとして悲劇的な死を遂げたウィリアム・ウォレス(William Wallace, 1272?-1305)にあやかる名前としてスコットランドを中心に人気のある名前となるのである.

ウィリアム・ウォレスはピクト人で, 30人ほどでエドワード1世の圧政に対して立ち上がった. そして, 次第にイングランドに対する抵抗運動の中心となり, 圧倒的なイングランド軍に対して一時みごとな勝利をおさめた. しかし, この成功はノルマン出身の貴族たちの嫉妬や保身に根ざす裏切りを招き, ウォレスは捕らえられ, ロンドン塔で両手両足をはねられ, 腸をえぐられ, しまいには首をはねられて死ぬのである. 彼の英雄的な活躍, そして自由を叫びながらの非業の死は, やがて, ロバート・ドゥ・ブルース(Robert de Brus, 在位1306-29)によるスコットランドの独立へとつながった. このようにして, ウィリアム・ウォレスはスコットランド最大の英雄の1人となり, 今日でもスコットランド独立運動の象徴的な名前となっている. ウォリス(Wallice, Wallis), ウォレス(Walles), ウォリー(Wallie, Wally)などはウォレス(Wallace)の変化形である.

古英語 *wēalh* を構成要素にもつ名前や地名には, 他にウェイル(Wale), ウォルコット(Walcot), ウォルデン(Walden), ウォルフォード(Walford), ウォリントン(Wallington)などがある. Walcotの-cotは, cottage(小屋)のことで,「ケルト人の家」がこの名前の原義である. Waldenの-denは古英語 *denu*(谷, 盆地)が語源で, この名前はケルト人が住んでいた土地の名前から姓として使われるようになったものである. なお, walnut(クルミ)の原義は「ケルト人のナッツ」である.

「ケルト人の地」を意味するガリア(Gallia)は, フランス語ではGaulである. ラテン語 *Gallia* は, ゲルマン人の一派であるフランク人がケルト人を指す言葉として使った *walu*(foreigner)と同族の言葉であり, *walu* は古英語の *wēalh* と同系の言葉である.

「ケルト人」を意味する英語名ガル(Gall)は, ラテン語では *Gallus* である. この名は聖コルンバ(小)の弟子聖ガル(St. Gall, 550?-645)にあやかる名前として広がった. 聖ガルは師にしたがって大陸に布教におもむき, やがて, 聖コルンバと別れてスイスの北東のボーデン湖の近くに修道院を建設し, スイスでもっとも尊敬される聖人の1人となった. 中世には聖ガルは広くヨーロッパでも知られるようになるが, 彼の名がラテン語 *gallus*(cock:雄鳥)と同じであったことから, 鳥の守護聖人として崇拝されるようになった. ボーデン湖の南にある美しい町ザンクト・ガレン(St. Gallen)は聖ガルにちなんでつけられた地名である.

Gallに対応する名前にはフランス語名ゴール(Gaule, Gualle)やスペイン語名ガロ(Gallo)，チェコ語名ハベル(Havel, Habel)などがある．GallのG-のような軟口蓋閉鎖音とHavelのH-のような軟口蓋摩擦音は互いに規則的な対応関係がある．また，GallはGaulとなり，-u-が-v-へと変化したことからHavelが生まれたのである．-u-から-v-への変化はフランス的Paulがチェコ語ではパヴェル(Pavel)となる例によく似ている．

　ハベル(Havel)の名をもつ人物としては，チェコの初代大統領となったヴァーツラフ・ハベル(Vaclav Havel, 在任1993-　)がいる．Gaulleの名をもつ人物としては，ナチス・ドイツに対するフランスの抵抗運動を指導し，戦後は第五共和国の初代大統領となったシャルル・ド・ゴール(Charles André Marie Jopseph de Gaulle, 在任1959-69)が特に有名である．

〈ケルト〉

ドルイド信仰の
アイルランドの神々

　ケルト人は，小アジアに，ヨーロッパ大陸に，そしてブリタニアに，アイルランドにと広範囲に分布していた．当然，文化も言語も地方によって互いに異なっていた．しかし，彼らは共通して太陽崇拝に由来する宗教をもち，ドルイド（druid）と呼ばれる司祭が，占いや裁判をつかさどり，王を選び，信仰や神話を発達させた．

　ドルイド（Druid）は，カエサルが使ったラテン語 *druidēs* が英語化したものである．カエサルが使ったこの言葉は，*dru-（oak）と*wid-（to know）とからなる古ケルト語 *druid* をラテン語化したものであり，その意味は「オーク（樫）を知る者」である．プリニウスは『博物誌』（第16章249節）において，ガリアのドルイドはヤドリギが宿っているオークほど神聖なものはないと考え，ヤドリギは天からの贈り物で，それが宿るオークは神が選んだ木であり，そのようなオークがある森を用いずに儀式を行うことはない，と書いている．

　ケルト神話や伝承は，ケルト人の最西端の定住の地となったアイルランドで，キリスト教の修道士たちによって収集され，キリスト教と融合して独自の文化を発達させた．ドルイド的神話とキリスト教的神話とが重なり，アイルランド人はアダムの末裔で，ノアの洪水の40日後にノアの娘がアイルランドに上陸したといった話が生まれた．中世のアイルランド人の名前には，ゲール語起源の名前が発音の近い聖書人名と同一視されている例が多く見られる．

　一方，アイルランドやスコットランドでは侵入者であるゲルマン人と土着のケルト系住民との抗争の過程でしばしばケルト神話や伝承がケルト人魂を鼓舞し，それらの

アイルランドの
ハイクロス
（ケルト十字架）

神話や伝承に登場する人物の名前が流行した．古くはアイルランドの部族長たちの頂点に立つタラの上王をまもるフィアナ騎士団伝承やアーサー王伝説にゲルマン人とケルト人との抗争の影響が見られ，また，北欧からのヴァイキングや，フランス，イギリスを経てやって来たノルマン人との戦いを通じてケルト人魂がしばしば鼓舞された．現代では，19世紀から20世紀にかけてのアイルランド独立運動が盛んであった時期にその傾向が顕著で，アイルランド民族主義がいかに人びとの心に深く浸透していたかを見ることができる．

常若の国に住む豊饒母神ダーナの一族

　ケルト人は霊魂の不滅と転生を信じてい

たとカエサルは『ガリア戦記』に書いている．彼らは地下にある常若の国に住む母神ダヌー（Danu）の一族トゥア・デ・ダナン（Tuatha De Danann：ダーナ神族）が霊的宇宙を支配し，現世に住む人びととはダーナ神族の子孫である英雄たちを経て神々に通じていると信じていた．トゥア・デ・ダナンは光と知恵の神々で，人間にいろいろな知恵や技術をもたらす神々であった．

† アイルランドのミネルヴァ：ブリギット

　神々の母ダヌー（Danu）は，アヌー（Anu）とかアナ（Ana）と呼ばれる豊饒の女神である．この女神はまた，ガリアのケルト人の間で，火の女神，詩歌の女神，詩・掟・鍛冶・薬・家の守神，出産の守り神として信仰を集めていたブリギット（Brigit）と同一視されるものである．ブリギットはローマのミネルヴァ的であり，ユーノー的女神でもあった．ブリギットはケルトの主神ダグダ（Daghda）の娘である．Daghdaは古いゲール語 *dag dae*（the good hand）が語源の名前である．この主神は，すべての技術の擬人化であり，民を飢えさせることのない神で，食料がつきることがない大釜をもっている．

　英語名ブリジット（Bridgit）は，古ゲール語ではブリギット（Brigit）である．このアイルランド名はラテン語化されてブリギッタ（Brigitta）となり，古フランス語ブリギッテ（Brigitte）を経て英語化した．近代アイルランド語，すなわち，近代ゲール語ではブリード（Brighid）である．ブリギットの語源については不明であるとされるが，ブリトン（Briton）やブリアン（Brian）の Bri- と関係づけられ，古いゲール語 *brigh*（strength）とか，*bre*（hill, high one）に由来するものと考えられている．この名前は，すなわち，「優越，能力，権威，勢力」という意味をもつと考えられてきた．

† ゲールのマリア，ブリギット

　キリスト教化したアイルランドでは，ブリギットは美しき聖女ブリギット（St. Brigit, 453?-523?）として崇拝された．聖ブリギットはゲールのマリアとも呼ばれ，アイルランドの守護聖人となっている．聖ブリギットは，特に，キルデアの聖ブリギットと呼ばれている．キルデアとはダブリンの南西約45キロにある町で，彼女はその地に修道院を建設し，自らも修道女であったとされる．

　聖ブリギットは，アイルランドでは，聖パトリック，聖コルンバとともに愛される聖人である．アイルランド人は聖パトリックをその名の意味するとおり「父」とし，ブリギットを「母」とし，コルンバを，聖霊の象徴としての「ハト」として，三身一体の神と考えることが多い．聖ブリギットには，赤ん坊のころ籠に入れられて川に流されるが，1羽のハトが飛んで来て彼女を砂漠に導き，そこで彼女はイエスの誕生に立ち会うという伝説がある．

　フランス語名ブリジットをもつ人物に，マリリン・モンローと対抗するセックス・シンボルとして活躍したフランスの女優ブリジット・バルドー（Brigitte Bardot, 1934- ）がいる．ブリジット・フォッセー（Brigitte Fossey, 1946- ）はフランス映画〈禁じられた遊び〉で，ナチスの機銃掃射で両親を失ったあどけない少女を演じた女優である．今は美しい女優として成長し，着実な活躍ぶりで注目されている．

　ブリギットの名はスカンディナヴィアにも伝わりビルギッタ（Birgitta）となる．この名をもつ人物にスウェーデンの守護聖人ビルギッタ（Birgitta, 1303?-73）がいる．彼女はスペインのコンポステーラやローマ，エルサレムへ巡礼し，ビルギッタ女子修道会を創設した．このシトー派の修道会はヨーロッパに広く活動の場を広げた．

〈ケルト〉

愛と若さの神に由来するギネスとヘネシー

アイルランドやスコットランドに多い名前として，アンガス(Angus)やギネス(Guinness)がある．アンガス(Angus)はゲール語ではエインガス(Aongus, Aonghas)で，アイルランド神話ではブリギットと同じくダグダの子であり，愛と若さの神であり，エロスに相当する神である．Aonghasの語源はゲール語aon(one)とghus(choice)からなる名前で，「選ばれた者」が原義である．この名をもつ人物がはじめて書物に登場するのは聖コルンバの時代で，伝説によると聖コルンバがこの名をもつ人物を「長生きをし安らかな死をむかえるであろう」と予言したとされる．

『ギネス・ブック』で知られるGuinnessはマグ・エインガス(Mag Aonghus)が英語化されてマクギネス(McGuinness)となり，さらにMc-が落ちて成立した姓である．ビール会社ギネスは初代ダブリン市長のアーサー・ギネス(Arthur Guinness, 1725-1803)が創業した会社で，彼の息子ベンジャミン・ギネス(Benjamin Lee Guinness, 1798-1868)はアイルランドでのビール製造独占権を得た．今日でもアイルランドではビールのことをギネスと言う．

コニャックのブランドとして有名なヘネシー(Hennessy)はゲール語のオヘインガサ(Ó hAonghusa〔原義：アンガスの子孫〕)から変化した姓である．ヘネシーの創立者はアイルランドのコークからフランスに亡命した1720年生まれのリチャード・ヘネシー(Richard Hennessy)である．彼は，英国のステュアート王家再興のためにフランス軍に参加して戦った兵士たちの一員であったが，戦いで負傷し，傷の治療のために滞在したコニャック地方に定住して1735年に酒造会社を創立した．

タラの上王をまもる騎士たち

アイルランドのヘラクレス：ク・ホリン

ク・ホリン(Cú Chulainn)は，アイルランド叙事詩では光の神ルーフ(Lugh)の子で，タラの王を護衛する赤枝の騎士団のなかでももっとも勇敢な騎士である．赤は，ローマ神話では軍神マルスの色であるが，ケルト人の間でも赤は戦士の色である．騎士として祖国のために働きたいという願望を表わし，勝利をもたらす能力を表わす色であった．赤は，また，黄金色のことでもあり，豊饒の色でもある．ウェルギリウスの『アエネイス』においてアエネアスが冥界に行って帰って来ることを可能にしたものが豊饒を象徴するヤドリギの金枝であり，ヤドリギの金枝はドルイドたちがもっとも神聖にして魔力をもつと考えたものであった．

ク・ホリンは魔力をもち，その力，美しさ，そして武力においても無双の半神半人の英雄で，ギリシャ神話のヘラクレスに相当する．彼は，アイルランド北東部アルスターの守護神的存在であった．その勇敢な戦いぶりはアイルランドの伝説にいろいろと取り上げられている．アイルランドの対英国独立運動のなかでは，抵抗運動の象徴的存在になっていった．特に，アイルランドの愛国的文芸復興の騎手であったイェーツ(William Butler Yeats, 1865-1939)などが主題として取り上げたク・ホリンの伝説は，愛国心を鼓舞し，圧政に苦しむ人びとを勇気づけた．独立へ向かっての意識を高揚した1916年の「復活祭の蜂起」の本部となった中央郵便局に瀕死のク・ホリンの銅像があり，その台座には独立宣言が刻まれている．

ク・ホリンのク(Cú)は，狼狩りに使われる勇敢な猟犬(wolfhound)という意味の言葉である．ク(Cú)は，アイルランドで特に好まれる名前の要素であり，Cú Chonachat(ク・コナハト人の猟犬)とかク・モイ(Cú Maige：平野の猟犬)のように，氏族名や地名などとともに名前を構成した．

†ケルト的なコナン・ドイルの名前

ConはCúの属格形であり，The Adventures of Sherlock Holmes(『シャーロック・ホームズの冒険』)の作者アーサー・コナン・ドイル(Arthur Conan Doyle, 1859-1930)のConanはConの愛称形である．アイルランドには紀元4世紀ごろに生まれたとされるフィアナ(Fianna)伝承群があり，その伝承群に，タラの王家をまもるフィアナ騎士団の一員で，冥府で悪魔に打たれても，仕返しを忘れなかったという豪傑コナン(Conan)が登場する．

ク・ホリンに切り落とされた首を持つ悪霊

アーサー・コナン・ドイルの祖父は，1815年にロンドンに移り住んだアイルランド人で，名前をジョン・ドイル(John Doyle)といった．その彼がマリアンナ・コナン(Marianna Conan)と結婚してチャールズ・ドイル(Charles Doyle)が生まれた．そして，チャールズ・ドイルと，同じくアイルランド系カトリック教徒メアリー・フォール(Mary Forle)との間に生まれたのがアーサー・コナン・ドイル(Arthur Conan Doyle)である．ドイル家は，ノルマン人の血をひく由緒ある家柄であり，カトリック教徒であった．アーサー・コナン・ドイルが生まれた19世紀なかばはアイルランドのジャガイモ飢饉を経てアイルランド・ナショナリズムの風潮が強かった時期でもあり，彼の名前にもそのことが表われている．

アイルランド人に愛されるコンホバル(Conchobar)は，1世紀に生きたとされる伝説の王で，赤枝の騎士団の中心的人物である．彼は，ク・ホリンの伯父でもあり，養父でもある．アイルランド叙事詩によるとアルスターの王コンホバルは若いク・ホリンを養子にした．Conchobarの-chobarは「愛する人」という意味で，この名の原義は「猟犬を愛する者」である．

Conchobarは英語化されて，コナー(Connor)となるが，コン(Con)やコニー(Conny)はその愛称形である．中世の終わりごろにはConchobarはCorneliusと同一視されるようになり，ネリウス(Nelius)，コーニー(Corney)，ネイル(Neil)，コニーズ(Connys)などとも関係づけられた．

アイルランド系アメリカ人によく見られる姓，コノリー(Connolly)，コナリー(Connally)，コネリー(Connelly)は，いずれも，ゲール語ではオ・コノリー(Ó Conghalaigh)で，Conghlaighはコンガル(Congal：猟犬のように勇猛な)から変化

〈ケルト〉

した名前である．コナル(Conall)は「狼のように強い」という意味の名前であり，伝説では赤枝の騎士団でク・ホリンと1，2を争うほどの英雄である．

コリンズ(Collins)は，英語では，ニコラス(Nicholas)から派生した姓であると考えられているが，アイルランドでは，「猟犬の子」を意味するゲール語 coilean から生まれたゲール語の姓オ・クウィライン(Ó Coileain)が英語的に綴られたものと解釈されている．Collinsはダブリンの電話帳を見ても特に多い姓である．

白い騎士フィン・マクール

アイルランド的フィン(Finn)やフョン(Fionn)の意味は「白」である．白はドルイドを象徴する神聖な色であった．ドルイド僧は白衣を身にまとい，黄金の胸当てをつけていたとされる．

フィアナ伝承群に登場するフィン・マクール(Finn mac Cumhaill)は，タラの大王コーマック・マック・アート(Cormack Mac Airt)の親衛隊フィアナの首領である．フィンの父クール(Cumhaill：空)はフィンが生まれる前にこの世を去った．クールの妻は森の中で秘かにフィンを産み，女ドルイドにその養育を託した．母親は息子をディムナと名づけたが，彼が金髪で色白の美しい青年に成長したので，まわりの人びとが彼をフィンと呼ぶようになるのである．フィン・マクールはその美しさに加え，鮭を食べて聖なる知恵をもつ人となり，その上に勇気を備えた人物であった．

フィンの名前は19世紀初めごろから盛んになったケルト神話の収集によって次第に復活した．アイルランド独立運動の中心的勢力となったフェニアン団(Fennian Brotherhood)はフィアナ騎士団にあやかる名前である．このように，「白」を意味するフィンはアイルランド独立運動の象徴的

瀕死のク・ホリン

存在となり，緑とともに白はアイルランドを象徴する色となった．

†ハックルベリー・フィンの姿

フィン(Finn)の名をもつ人物としては，マーク・トゥエインの『トム・ソーヤーの冒険』や『ハックルベリー・フィンの冒険』に登場するハックルベリー・フィン(Huckleberry Finn)がいる．彼は町の邪魔者とも言える存在で，町はずれの森の掘っ建て小屋で暮らしている自然児である．トムは，町の人たちの狭量さとか虚栄心に批判の目をもっているが，基本的には坊ちゃんである．それに対して，ハックはアウトローである．想像の域を出ないが，ハックにフィンという姓を与えたのは，当時のアイルランド独立運動に対するマーク・トゥエインの共感を示すものであったと考えられる．

Finnを構成要素にもつ男性名には，

299

キリスト教化されたフィアナの騎士

フィニアン(Finnian)、フォナン(Fionnan)、フィンバー(Finnbarr)、フィンガル(Fingal)、フィンレイ(Finlay)、フォンタン(Fiontan)などがあり、女性名にはフォナ(Fiona)、フィナバー(Finnabair)、フィオヌーラ(Fionnuala)などがある。FinnianやFionnanの-anは愛称辞であり、この名の意味は「白い」とか「美しい」である。FinnianはFinnenとも綴る。Finnbarrの原義は「金髪の」で、金髪の人に対するあだなであった。Finngalの-galは「よそ者」(stranger)という意味で、この名前は金髪のノルウェー系ヴァイキングに対するあだなであった。女性名Finnabairはウェールズのグウェンヒヴァ(Gwenhwyfar)に対応するもので、「白い霊」を意味する名前であると考えられている。Fionnualaは「白い肩の」という意味の名前で、フィノーラ(Finola)はその英語化された名前である。中世においてはフローラ(Flora)と同じ名前と考えられていた。

上記の名前フィニアン(Finnian)はクロナードのフィニアン(Finnian of Clonard, ?-549?)にあやかる名前としてアイルランドで人気のある名前である。彼は聖パトリック以後のもっとも傑出した人物として知られる修道院長で、大アントニウスの修道制にならった厳格な修道制をアイルランドにおいて創始したと伝承される人物でもある。彼の修道院は修道の場であるとともに学問所としても有名になり、多くの修道士が彼のまわりに集まったが、スコットランドの使徒と呼ばれる大コルンバもその1人であった。

タラの王家に由来する名前

タラ(Tara)をアイルランドの都と定めたのは、目に見える種族マイリージャ一族が、目に見えない種族トゥア・デ・ダナンに勝利して間もなくのことであるとされる。その伝説を解釈すればケルト人がアイルランドに定住して以来タラはアイルランドの都ということになる。伝説上のタラの支配者としては、上王コーマック・マク・アート(Cormac mac Airt)がよく知られている。上王とは、アイルランドにある時代には200以上もあった部族の王たちの上に立つ王のことで、タラのドルイド僧たちに儀式によって決められた。

AirtはArtの属格形で、その意味は「熊の」である。熊はその獰猛さや力によって百獣の王とされ、北欧神話のベルセルカー(狂戦士)にもあるように、「戦士」を意味する名前であった。しかし、ケルト人には古くからアルティオ(Artio)と呼ばれる豊饒の女神に対する信仰があり、熊は豊饒と戦いの象徴であったことがわかる。コーマック(Cormac)はアイルランドでは十指に入るほど人気のある名前で、*corb*(ワタリガラス)と*mac*[son]からなる名前と考えられている。ワタリガラスは戦いの女神モリガンの聖鳥である。

〈ケルト〉

ヨーロッパ最古の王家オ・ニール

オ・ニール(O' Neil)のニール(Neil)は，ゲール語ではニアール(Niall)で，ゲール語 niadh（闘士，擁護者）と同じ語源の名前である．この名前はアイルランドでも特に古いもので，神話的聖地であり，王宮の所在地でもあったタラの上王にさかのぼることができ，ヨーロッパでももっとも古い家系の名前である．

伝説によると，タラの王家は紀元前1世紀にはアイルランドでもっとも有力な勢力となっていたとされる．史実としての同王家は，5世紀の「9人の人質をとったニアール」(Niall of the Nine Hostages, 在位445?-452?)にさかのぼることができる．ニアールが当時9つの小国を属国のようにしたがえていて，それらの国々から恭順のしるしとして人質を取っていたのでそのように呼ばれたのである．彼の子孫はイ・ネール(Uí Néill)と名乗った．

イ・ネール家は，8世紀の終わりにはじまったヴァイキングの来寇によって勢力が弱まったものの，1002年にブリアン・ボイルヴェ(Brian Bóirmhe, 在位1002-1014)によって王位を奪われるまでその地位を維持した．アイルランドでもっとも愛される聖人アイオナの大コルンバ(St. Columba, 521-597)もイ・ネール家の出身である．このアイルランド的Néilは15世紀ごろにはNicholasと結びつけられた．

イ・ネール(Uí Neill)は現代ゲール語ではオ・ネール(Ó Néill)となり，英語ではオ・ニール(O' Neil)となった．Néill は Niall の属格形である．

ニアール(Niall)の名前は，アイルランドにやって来たスカンディナヴィア人にも使われるようになり，古北欧語ではニアール(Njáll)となった．13世紀の後半に書かれたアイスランド・サガの1つに『ニアールのサガ』(Njals Saga)がある．アイスランド最大のサガとして名高いこの物語は，10世紀ごろの悲劇を題材としたものである．アイスランドは9世紀にノルウェーやアイルランド，そしてスコットランド西方諸島から移住した人びとが一種の独立国を形成していた．主人公ニアールは裕福にして優美，法律に通じ，賢明にして予知能力を持っていた．彼は多くの人びとの相談にのり，すべてを助けるのである．このようなニアールの資質はタラの上王に通じ，ドルイド僧的で，またユダヤ・キリスト教の預言者的でもある．まわりの人びとが欲得，一族の名誉，血の復讐というゲルマン的な価値観にとらわれて殺戮を繰り返すのに対して，ニアールは法を守り，友情を尊び，戦を避ける努力をし，ついには殉教者のごとく死んでいくのである．

本来ケルト的でアイルランド的なイ・ネールは，スコットランドでも特に人気のある名前となり，マクニール(McNeil, McNeille, McNeale)という姓を生んだ．マクニール家はアイルランドからスコットランドに移住していたイ・ネールの血をひく家系で，スコットランドで有力なクラン（氏族）を形成し，17世紀にはステュアート王家の支持者(Jacobites)として活躍したことで知られている．

ネルスン(Nielsen)はデンマーク語的で，ニルソン(Nilsson)はスウェーデン語的，ネルスン(Nelson)は英語的である．ネルスンと言えば，1805年にスペインの南西海岸の岬トラファルガーでフランス・スペイン連合艦隊を破り，ナポレオンの英国上陸を阻止したネルスン提督(Horatio Nelson, 1758-1805)が歴史的に有名である．

アイルランド中興の王ブリアン

英語名ブライアン(Brian, Brien,

Bryan)は，古いケルト語*bre*(丘)に由来する名前で，高い丘から「名声，卓越」，そして「王」という意味で名前として使われるようになったものと考えられている．アイルランド神話では，ブリアン(Brian)は，女神ブリギットの息子の名前として登場する．そして，上王の伝説的系譜によるとイ・ネール家と同じくコーマック・マク・アートにさかのぼることができる．

　実在の人物としては，アイルランド中興の英雄ブリアン・ボイルヴェが特に重要である．彼は南東部マンスターを中心に勢力をもっていた氏族の出身であった．その彼がヴァイキングとの戦いを通じて勢力をのばし，アイルランドの南半分を支配下におさめて1002年にすでに有名無実になっていたタラの上王イ・ネール家に代わって上王の地位を獲得した．

　ブリアンは，ヴァイキングの襲撃によって疲弊したアイルランドの復興に向かって努力し，橋や道路を建設し，学問や宗教を復活させた．また，ブリアンの勝利によってヴァイキングはキリスト教化したが，それはイングランドにおけるアルフレッド大王の業績にも似たものであった．ヴァイキングとの決定的な戦いは1014年にダブリンの北クロンターフの戦いとして有名である．この戦いはアイルランド側の勝利に終わるが，このときにはすでに老齢に達していたブリアンはヴァイキング側の逃亡兵によって殺害された．このようにアイルランドを中興させたブリアンの名声は特に高いものであり，ブリアンの子孫はアイルランド各地で有力な氏族を形成し，彼らはオ・ブリアン(Ó Brian, Ó Bryan)と名乗った．そしてこれらの名前はアイルランドに侵攻したスカンディナヴィア人の間にも広がり，同系の名前をもつブルターニュ地方のブレトン人がノルマン人とともにイングランドに移住するにおよんで，アイルランドの外でもこの名が用いられるようになった．Brianは，古くからブルターニュのケルト人にも使われていたが，ブリアン(Briand, Briant, Briend)などはフランス的名前である．英語的変化形にはブライン(Brine)やブリーン(Breen)などがある．また，Brianはバーナード(Bernard)と同一視された．

世界を制したアイルランド人，ケネディとレーガン

　歴代のアメリカ合衆国大統領のうち，アイルランド系移民の末裔を数えれば15人いる．すなわち，第7代ジャクスン(Andrew Jackson, 在任1829-37)，第11代ポーク(James K. Polk, 在任1845-49)，第15代ブキャナン(James Buchanan, 在任1857-61)，第17代ジョンスン(Andrew Johnson, 在任1865-69)，第21代アーサー(Chester A. Aurthur, 在任1881-85)，第22代クリーヴランド(Grover Cleveland, 在任1885-89, 1893-97)，第25代マッキンレー(William McKinley, 在任1897-1901)，第27代タフト(William H. Taft, 在任1909-13)，第28代ウィルスン(Woodrow Wilson, 在任1913-21)，第29代ハーディング(Warren G. Harding, 在任1921-23)，第33代トルーマン(Harry S, Truman, 在任1945-53)，第35代ケネディ(John F. Kennedy, 在任1961-63)，第37代ニクスン(Richard M. Nixon, 在任1969-74)，第39代カーター(James E. Carter, 在任1977-81)，第40代レーガン(Ronald W. Reagan, 在任1981-89)である．

　これら15人のうちのほとんどがイングランドやスコットランド系であり，生粋のアイルランド系は第35代ケネディ大統領で，第40代レーガン大統領もそれに近い．彼ら

〈ケルト〉

の曾祖父は19世紀後半にアイルランドを襲ったジャガイモ飢饉をのがれてアメリカに移住した．ジョン・F・ケネディがアメリカ合衆国大統領となって曾祖父が船出したニュー・ロスの町に錦を飾ったとき，町の人びとは，もっとも貧しい男としてアメリカに渡った同郷人の曾孫がもっとも強大な権力をもつ男として帰って来たことを熱狂的に喜んだ．レーガン大統領の曾祖父母の名はマイケル (Michael) とキャサリン (Catherine) で，マイケル・オ・レーガンの故郷はティペラリー県南部の小さな村バリポリーンである．マイケルはまずイギリスに移住し，そこで結婚して3人の子をなした後にアメリカに移住した．

第37代ニクスン大統領も自分がアイルランド系であるということを強く意識していた．彼の妻もやはりアイルランド系で，パット (Pat) という愛称で親しまれた．PatはPatriciaの愛称で，特にアイルランド人に人気のある名前であった．

† ケネディとレーガンの名の起こり

姓ケネディはゲール語の名前オ・キネディ (Ó Cinnéidigh：キネディの子孫) を英語的に綴ったもので，ゲール語 *ceann* (head) と *éidigh* (ugly：醜い) からなるこの名前は不格好な頭をした男につけられたあだ名がその起源である．この不格好な頭の人物は，しかし，単なるあだ名というよりも，悪魔とか悪霊を避けるための願いを込めてつけられた名前であると考えられる．

ケネディと同じように不格好な男を表わす名前にはスコットランドに多いキャンベル (Cambell, Campbell) やキャメロン (Cameron) などがある．Campbell はゲール語 *cam* (曲がった) と *béal* (口) からなる名前で，勢力があるクランの名として広まった．変化形にはキャンブル (Camble) がある．Cameron もやはりクランの名前として知られるもので，ゲール語 *cam* (曲がった) と *srðn* (鼻) からなる名前である．

レーガン (Reagan) とかリーガン (Regan) はゲール語の名前 Ó Ríagáin (リーアーンの子孫) を英語的に綴ったものである．Riagan は古くはリーアーンと発音し，今日のゲール語ではリァガーンに近い発音となる．Ríagáin は Riagan の属格形で，この名の意味はゲール語 *ríodhgach* (猛烈な) であろうとされる．そして，アイルランドで一般的な姓ライアン (Ryan, Rian) と同じ語源の名前であるとも考えられている．Ryan の語源については定かではないが，一般にオ・リーアーン (Ó Riain) であるともオ・リーアーン (Ó Ríagháin) であるともされる．レーガン大統領の曾祖父はアイルランド南部のティペラリー県の住人であったが，ライアン (Ryan) も同県に多い名前である．

50セント硬貨のJ.F.ケネディ

ケルト再興の願い，アーサー王

中世最大のロマン，アーサー王物語

アーサーの名は，ケルト伝承に由来する

303

中世の騎士物語アーサー王伝説群の最高の王の名としてイギリスやフランスを中心に広く使われるようになった．アーサー王の由来については伝説の域を出ない．しかし，ローマ帝国が滅亡してからゲルマン民族に支配されるまでのブリタニアをおさめ，サクソン人に対して勇敢に戦ったとされる人物である．抑圧され，滅びゆくケルト民族再興の夢を託された人物であり，いつの時か必ず現われてケルト人を勝利に導くと信じられていた救世主的人物であった．

このケルト伝承は，やがて吟遊詩人や修道士たちによって中世の騎士物語へと発展し，洗練されていった．特にケルト人が多かったブルターニュでの伝説は吟遊詩人たちによってヨーロッパ各地にもたらされたが，10世紀から11世紀にかけてブルターニュの北隣のノルマン人たちが，サンティアゴ・コンポステーラへの道々に『ローランの歌』などに代わる新しい話としてアーサー王伝説を特に好んだ．吟遊詩人たちは，うち続く戦いの戦場で一時の娯楽として騎士たちにさまざまな伝説を語ったのであるが，1066年にノルマン人がイングランドを征服したときにも多くのブルターニュ人が参加し，彼らが騎士物語としてのアーサー王伝説を再びブリタニアにもたらした．そして，ノルマン人たちが多く参加した十字軍によって，中継地ナポリやヴェネツィア，前進基地コンスタンティノポリスや聖地エルサレムにまでもアーサーの名がもたらされた．

トマス・マロリー（Thomas Malory, 1408-71）がフランスを中心に流布していた伝説を翻訳・編集し，ウィリアム・カクストン（William Caxton, 1422?-91）が刊行した『アーサー王の死』（1485年）では，アーサー王は理想の王であり，騎士道の華として描かれている．トマス・マロリーが下敷きにしたとされる『ブリタニア王列伝』は，ケルト人が追い詰められたウェールズやコーンウォル，そしてフランスのブルターニュに流布していた伝説をまとめたものである．それによるとアーサー王は，ローマ建国の祖アエネアスの孫ブルートゥスの血をひく王である．彼はブリトン人を率いてアングロ・サクソン人に勝利した後，北方のピクト族をはじめブリタニア全域を支配し，さらにガリアに転戦し，ローマに匹敵する大帝国を建設した．『ブリタニア王列伝』は，もちろん伝説であるが，中世のイギリスにおいては真実と信じられていた話である．

アーサーは中世ラテン語ではアルトリウス（Artorius）である．この名前は本来はケルト的であるが，その語源ははっきりしない．しかし，伝統的にブリトン人の言葉 arth（熊）とか，アイルランドのゲール語 art（熊）と関係づけられてきた．アイルランドで，オ・ネール家やオ・ブリアン家の先祖とされるタラの伝説的上王コーマック・マク・アート（Cormac Mac Airt）のAirtはArtの属格形であるが，このArtは英語ではArthurと訳された．ラテン語的ArtoriusからArthurと綴られるようになったのはルネサンス期のことで，当時としては，憧れのギリシャ的風格をもたせるために-th-という綴りが挿入されたものである．

ケルト人はアルティオ（Artio）という女神を崇拝していた．アルティオの意味は「熊」である．この女神は本来は豊饒の女神であったが，熊は百獣の王であり，気高く，勇猛であり，勇敢な戦士を象徴する動物でもあった．ローマ軍が去ったブリタニアの戦国時代には熊の勇猛さが勇敢な戦士の象徴とされ，戦士の守神とあがめられるようになったものと想像される．古来，大陸のゲルマン人とケルト人は隣接する民族

〈ケルト〉

ラーンスロットの冒険談をきくアーサー王と妃グウィネヴィア

であり，通商や戦いを通じて互いに影響しあってきた．ゲルマン人の間では熊は戦いの神トールの聖獣であった．

† 19世紀ロマンティシズムの代表アーサー

ヴィクトリア時代を代表する詩人テニスン(Alfred Tennyson, 1809-92)は，マロリーの『アーサー王の死』を下敷きにして Idyllis of the King(『国王の牧歌』)を書いた．この詩の冒頭には，アーサー王は謙虚で，賢明で，優しく，派閥に偏らず，その地位にもかかわらず野心や快楽に溺れず，まったく非のうちどころのない理想の王であったとうたわれ，さらに，王の崩御は日食によって世界に影がさすごとくに感じられるとうたわれている．

テニスンの詩のこの部分は1862年に発表されたものである．1861年の12月14日に崩御したプリンス・アルバートに捧げられたものであり，ここにうたわれたアーサー王像はプリンス・アルバート像に近いものであると言われている．19世紀はヨーロッパ

各国でロマン主義的・民族主義的傾向が強かった．英国でも自国の神話や伝承に対する関心が強く，アーサーの名をはじめ，アーサー王伝説に登場する人物の名が数多く復活した．

イギリス王家にはアーサーの名をもつ人物がしばしば登場する．アーサー王伝説がもっとも流行するのはヘンリー2世とエレアノールの宮廷であり，王妃エレアノールはアーサー王伝説の騎士たちをモデルにヘンリー2世の宮廷作法を磨こうとした．2人の間にできた4人の男子のうち，三男ブルターニュ公ジョフロアの長男がアーサー王にあやかってアーサーと名づけられた．彼はシェイクスピアの〈ジョン王〉では，ジョン王によって死に追いやられる運命の人物である．

また，テューダー王朝の創始者であり，ウェールズの血を引くヘンリー7世（Henry VII, 1485-1509）の皇太子がアーサーである．彼は14歳でキャサリン・オヴ・アラゴンと結婚したが，翌年15歳で他界した．ルネサンスの申し子と呼ばれるヘンリー8世はアーサーの5歳下の弟である．ヘンリー7世が国王になったことでイギリスにおけるウェールズの地位が大いに上がったが，彼の皇太子にウェールズ由来のアーサーの名をつけたところに，ケルト再興の夢を託したと考えられないことはない．現在のチャールズ皇太子の肩書きはプリンス・オヴ・ウェールズであるが，彼の正式な名前はCharles Philip Arthur Georgeである．

マッカーサー（MacArthur）は，私たちには日本占領連合国軍最高司令官を務めたダグラス・マッカーサー（Douglas MacArthur, 1880-1964）を連想する姓である．彼の父はArthur MacArthur（1845-1912）であり，南北戦争に従軍し，特に米西戦争で功績があった人物である．Mac-やMc-はゲール語起源の父称辞で，「〜の息子」を意味し，英語のmaid（乙女）やドイツ語のMädchen（乙女）と同族の言葉である．Arthur MacArthurは「アーサーの息子アーサー」という意味の名前である．

マッカーサーは，スコットランドの南ハイランド地方のクランの名前として知られている．また，ダグラスもゲール的スコットランドの南部ローランド地方に領地をもち，国王よりも収入が多かったとされる有力なクランの名前であった．

永遠の恋人
王妃グウィネヴィア

アーサー王伝承群におけるグウィネヴィア（Guinevere）は，アーサー王の王妃で，円卓の騎士たちの憧れの的であり，永遠の恋人である．彼女の，人を魅了せずにはおかないその美しさは，結局，自分にも，周囲の人びとにも破滅をもたらすのである．この話から，英語にはthe fatal beauty of Guinevere（グウィネヴィアの運命的美しさ）という表現が生まれた．このグウィネヴィア像には，アキテーヌのエレアノールのイメージが投影されていると言われるが，そのイメージは，さらに，トロイのヘレネにさかのぼることができる．

Guinevereは，ノルマン人の影響で生まれたフランス語的綴りである．古くはGwenhwyvar（グウェンフウィヴァル）と綴り，今日のウェールズ語ではGwenhwyfarと綴る．Gwen-はゲール語Finn（白い，美しい，神聖な）と同語源の言葉である．白は神聖なドルイドを象徴する色であった．Gw-は上唇を突き出して，下唇をfやvを発音するときのように上歯に当てて発音する歯擦軟口蓋音で，fに変化しやすい音であった．このGwen-は，また，印欧祖語*weid-(to see)にまでさかのぼる

〈ケルト〉

ことができる言葉である．druid（ドルイド）の語源である古ケルト語*dru-wid（knower of trees）の-wid は，印欧祖語*weid-から分出した言葉であり，wit（機知）の語源古英語 wit（knowledge, intelligence），idea（知識，観念）の語源ギリシャ語 ideīn（to see），view（光景）の語源ラテン語 vidēre（to see）と同族の言葉である．すなわち，名前 Gwyn- の意味「白い」は「目に見える」に通じるものであり，それは物事の真理や自然の原理，そして神意を見とおせるということである．それはさらに神意そのものを意味する言葉でもあると考えられる．

Gwenhwyfar の第二要素 -hwyfar の意味は定かではない．しかし，この名はアイルランドのフィナバール（Finnabair）に正確に対応する名前であり，-hwyfar は「霊」を意味すると考えられる．-hwyfar については，また，「生み出す」(yield) であるという説があり，グウィネヴィアは，元来，豊饒の太母神であったと考えられている．伝説によると，彼女はふだんは地上の楽園に身を隠しており，春になると現われて五月祭の女王として君臨した．

ゲイナー（Gaynor）は中世のウェールズにおいて生まれたグウィネヴィアの変化形である．

世界の恋人ジェニファー

ジェニファー（Jennifer）は，ブリタニアの最南西部コーンウォルでグウェンフウィヴァル（Gwenhwyfar）から生まれた変化形である．コーンウォルは風光明媚なところで，アーサー王が生まれたとされるティンタジェルがあり，ヴィクトリア時代の，ロマンティックなアーサー王伝説に対する関心の強まりとともにジェニファーの名が，広く使われるようになった．

今日，ジェニファーは，もっとも人気のある女性名の1つとなっている．ジェニー（Jenny）はジェイン（Jane）やジャネット（Janet）の愛称であったが，1930年代からは人気上昇のジェニファーの愛称とも考えられるようになった．ジェニファーは今日では，ブロンドで可愛くて，男子学生の人気の的で，チアリーダーに選ばれるような女子学生のイメージがある．この名をもつ人物としては，ハリウッド女優ジェニファー・ジョーンズ（Jennifer Jones, 1919- ）が思い浮かぶ．彼女は〈聖処女〉(1943年)，〈終着駅〉(1953年)，〈慕情〉(1955年)，〈武器よさらば〉(1957年)などに出演して高い人気を博したが，彼女の存在がジェニファーの名前をより人気のあるものにした．

ウェールズの愛国的名前グウィン

ケルト系の名前には，フラン（Flann：明るい赤），ロイド（Lloyd：灰色），サリヴァン（Sullivan：黒い目），ゴー（Gough：赤），キアラン（Ciarán：黒）のように色を表わす名前が数多くある．これらは肌，髪，目などの色の特徴を表わす名前であることが多い．しかし，白（gwyn）は特別で，それは神聖の象徴であり，ドルイド僧の色であり，王権の象徴でもあった．そして，マリア信仰の隆盛とともに，至純のマリアの象徴である白百合の「白」と関係づけられた．

ウェールズに多い女性名グウェンドレン（Gwendolen）の Gwen- はグウィン（Gwyn）と同じものであり，-dolen は輪（ring）とか弓（bow）を意味する言葉である．この名は月の女神に由来するものであると考えられている．グウェンドレンはウェールズの伝説ではアーサー王が恋に陥る妖精の名前であり，またドルイド僧と考えられる魔法使いマーリンの妻の名前でもある．

グウィンの名をもつ人物には，チャールズ2世の愛人ネル・グウィン（Nell Gwyn）

ヴィーナスに見立てられたネル・グウィン(ピーター・リリー画)

がいる．チャールズ２世の数多い愛人のなかでも特に美人で，喜劇を得意とする無学な女優であったが，その美しさで王を虜にした．そして男好きのするその美貌で国民にも愛された．ネル・グウィンはロンドン生まれのコックニー育ちであったが，祖父はウェールズの聖職者で，父は清教徒革命のときに王党軍に入り，王党軍の敗北により落ちぶれたとされる．

ガウェイン(Gawain)の語源については，異論もあるが，ケルト語起源の $gwalch$ (hawk：鷹)と $gwyn$ (white：白)からなる名前であろうと考えられている．アーサー王伝説の流行とともに古フランス語の名前Gauvinから英語になった．変化形にはゴヴァン(Gauvain)，ゴワン(Gauwain)，ガワン(Gawen)などがあり，ガヴァン(Gavin)はスコットランド的である．これらの名前は近世になるとスコットランドで使われるにすぎなくなったが，19世紀になって復活し，今日でもかなりの人気を保っている．

ガウェイン卿(Sir Gawain)は，アーサー王の甥で，アーサー王に最後まで忠義をつくす勇敢な円卓の騎士の名として知られる．彼はラーンスロットとともにアーサー王を支える両雄となったが，ラーンスロットとアーサー王の妃グウィネヴィアとの不貞が契機で，２人はたもとを分かつようになる．そして決闘のすえ，ガウェインは頭に瀕死の傷を負い，それがもとで死んでゆくのである．しかし，ラーンスロットに対する友情は最後にはよみがえる．

〈ケルト〉

スコットランド王家の系譜

男性名ケネス(Kenneth)、ドナルド(Donald)、ファーガス(Fergus)は特にスコットランド的イメージが強い名前である。ケネス(Kenneth MacAlpin, 在位839-859)は歴史的に証明されるスコットランドの最初の王国ダルリアダ(Kingdom of Dalriada)の初代の王である。彼はスコット族とピクト族を統一して全スコットランドの最初の王となった。ドナルドは2代目の王、そして、ファーガスはダルリアダ王朝の伝説的な始祖の名前である。

ダルリアダとは、当時ローマ人からスコティア(Scotia)と呼ばれていたアイルランドの北部の王国の名で、この国の王族が、今日のスコットランドの南西部に移住し、その地を故郷の名にちなんでダルリアダと名づけたとされる。この名の意味は「雲の多い地」であり、アイルランドを意味する名前であった。

†スコットランド王家の祖ファーガス

アイルランドの紀元1世紀ごろの人物を題材にした神話的英雄伝説によると、ファーガス・マク・ロイフ(Fergus mac Roich)は、北アイルランドのアルスターの英雄であり、アルスター王である。巨人のような体格をし、700人力で、1食に7頭の鹿と7頭の豚と7頭の牛、7つの大桶の酒を平らげたとされる。それに彼は虹のように延ばせる魔法の刀をもっていた。

ファーガス(Fergus)は、ゲール語ではファリース(Fearghas)である。*fear*(man)と*gus*(vigor：力)からなる名前であり、「勇者」や「強者」を意味する名前であった。*fear*はラテン語*vir*(男)と同族の言葉であり、この言葉は生殖力としての男性原理を意味する言葉でもある。ファーガス・マク・ロイフは鹿や牛の女神フリダイス(Flidais)の夫であり、精力絶倫の男であった。

スコットランドのダルリアダ王家のファーガス1世は伝説上の人物であり、紀元前4世紀にアイルランドからスコットランドに侵入したとされる。しかし、歴史的にはファーガス2世(Fergus II, ?-501?)、すなわち、ファーガス・モー・マク・エルク(Fergus Mor mac Erc)が本格的にスコットランドに進出したとされ、ケネス1世のアルピン(Alpin)王家はこのファーガス2世の血をひく家系とされる。ファーガス2世は聖コルンバ(St. Columba of Iona)の祖父でもあり、ダルリアダの王たちはタラの上王オ・ネール家につながる家系でもある。事実、オ・ネール家にはファーガス(Fergus, 在位565-566)という上王が登場する。

ファード(Ferd)はFergusから変化した名前であり、フェリス(Ferris)やファリス(Farris)は北アイルランドによくある姓である。また、キリスト教化された中世においてはファーガスはファーディナンド(Ferdinand)と同一視された。

†スコットランド王国初代国王ケネス

ケネス(Kenneth)はゲール語ではクネード(Cinaed)あるいはカナフ(Cainnech)である。前者の場合、この名の意味は「火から生まれた者」であり、後者の場合は「白い、金髪の」とか「端麗な」である。この名前はラテン語ではカニシウス(Canisius)となったが、このラテン語からカニス(Canice)という名前が生まれた。

ケネスの名は特に、聖ケネス(St. Kenneth, St. Canice, 515?-599?)にあやかってスコットランドの王族たちの間で使われていた名前である。聖ケネスはピクト族のキリス

309

ト教化につくした人物で，聖コルンバ（大）の親しい友人であり，同僚でもあった．

ケネス1世が初めてスコットランド王国と呼べる国を建設したことがケネスの名を愛国的なものにしているが，ケネス1世が聖コルンバの遺骨を政治の中心地スクーン近くに移し，その地をスコットランドにおけるキリスト教信仰の中心地にしたことも後のキリスト教徒たちにとっても好もしい名前となった理由である．

ケネスは20世紀になって特に人気のある名前となり，広くイギリスやアメリカでも使われている．ケン（Ken）やケニー（Kenny）はケネスの愛称形である．女性名にはケニス（Kennice），ケンザ（Kenza），ケナ（Kena），ケニア（Kenia）などがある．スコットランドに多い姓マッケンジー（McKenzie）はson of Kennethという意味の姓である．

† もっともスコットランド的なドナルド

ドナルド（Donald）は，スコットランド系の人びとに非常に人気が高い名前である．ハイランド地方からスコットランド一帯に広まった名前で，ハイランド・ドナルド（Highland Donald）と言えばスコットランド人の愛称となっている．この名前は古いケルト語 *dubno*（world）と *val*（rule）からなるゲール語の名前ドーナル（Domhnall）が英語化したものと考えられている．Donaldの-dが-llが本来-dに聞こえる傾向があったことと，ゲルマン系のRonaldの-dなどの影響が重なったものである．

マクドナルド（MacDonald）は「ドナルドの息子」という意味の姓である．スコットランドのハイランド地方では山々によってさえぎられて他地域との交流が少なく，血族を基盤とした集団が生まれ，これをクラン（clan）と呼んだ．そのようなクランは，ローマがブリタニアから撤退した後，勢力を競いあって，スコットランド社会を形成していた．クランの家長は生殺与奪権をもつほどの力があり，クランは強い団結力をもっていた．スコットランドの民族衣装として知られているタータンは，それぞれのクランの団結の象徴であった．そして，マクドナルドはそのクランのなかでももっとも古く有力なものであった．

ドナルドの変化形にダネル（Donnell）がある．マクダネル（MacDonnell）は18世紀にマクドナルド一族が勢力を失った後生まれた分家筋のクランの名前であった．今日マクダネル＝ダグラス（MacDonnell=Douglas）はアメリカの航空機製造会社の名前として知られているが，Douglasもスコットランドの有力なクランの名前である．Donaldの男性愛称形にはドン（Don）やドニー（Donny）があり，女性形にはドナ（Dona），ドナルディーナ（Donaldina），ドネラ（Donella），ドネット（Donette）などがある．

人気のあるケルト系の名前

† ブルターニュに多いアラン

アレン（Alen）やアラン（Alan）はイングランドやスコットランドで一般的な第一名である．AllenやAllanは姓として使われることが多い．これらの起源はケルト的であり，ゲール語 *ailin*（little rock）が語源であろうとされる．

アランは元来フランスのブルターニュ地方に多い名前である．ブルターニュはローマに征服される前からロワール川の河口のナントを中心にケルト人が支配していた．ナントは9世紀になるとノルマン人の攻撃を受けて，甚大な被害をこうむった．そのナントを再興してブルターニュ公国を創設したのがナント家のアラン1世（Alan I,

〈ケルト〉

在位937-952)である．以来，同名の公がアラン4世(1084-1112)まで輩出した．

アランは，中世ラテン語ではアラヌス(Alanus)で，アラヌスの名前をもつ聖人が何人か登場した．アランを，聖杯を目にすることができた数少ない高徳の騎士パーシヴァル(Perceval)の父であるとする聖杯伝説もある．

アランは英国では，征服王ウィリアムにしたがってフランスのブルターニュ地方からイングランドに来て，北ヨークシャーのリッチモンドに大きな所領を与えられた人物の名前として記録されている．この名前が特にスコットランドを中心に広まったのは4代目のウォルター・フィッツアラン(Walter FitzAlan)によるものである．アランは，やがて，ケルト系の住民が多いコーンウォルやスコットランド，アイルランドに広がった．姓としてはフィッツアランの他にマクアラン(McAllan)，マクアリン(McAline)，マケラン(McEllen, McKellan)などの変化形がある．

アラン(Alain)はフランス語の男性名である．この名をもつ人物としては〈太陽がいっぱい〉(1959年)で有名なアラン・ドロン(Alain Delon, 1935-)がいる．

†グレンダロッホの聖人ケヴン

ケヴン(Kevin)は，ゲール語 *coamh*(愛しい)の指小辞形で，アイルランド語名クイヴィーン(Caoimhín)が英語化されたものである．この名は特にダブリンの南西グレンダロッホの修道院の設立者であり，ダブリンの守護聖人ケヴン(Kevin, ?-618)にあやかって広まった名前である．

聖ケヴンはアイルランド南西部地方レンスターを支配する氏族の生まれであった．しかし，戦いに破れた同家は勢力を失い，彼は隠修士の生活に入った．当時のアイルランド修道院はエジプトからゴール地方を経て伝えられたもので，大アントニウスの隠修の影響の強いものであった．彼には幾つもの伝説があり，その1つによると，あるとき，ケヴンが眠っているとキャスリーン(Kathleen)という非常に魅惑的な女性が彼の姿にひかれて彼の愛を執拗に求めた．ケヴンはイラクサの枝を折り彼女の手足を打っていさめた．その確たる姿にキャスリーンは悟り，彼女自身も修道女になった．またあるとき，彼が手を捧げて祈っていると鳥が彼の手のひらに卵を生んだ．ケヴンは愛しさから卵が孵化するまで，そのままの姿勢でいた．もちろんこれらの話はキリスト教の宣伝色の強い話であるが，中世においてはこのような聖人伝が特に好まれた．ケヴンは今日でもアイルランド的な響きの強い名前である．

†アーサー王の後見者，知恵者マーリン

マーリン(Merlin)はアーサー王伝説に登場する魔術が使える知恵者である．彼はイングランド王ウーゼルとコーンウォルの領主ティンタジェル公の美しい妃イグレーヌが同衾できるように計らい，その初夜にアーサー王が宿ることを予言する．そして，マーリンはこのようにして生まれたアーサー王の養父である．

マーリンは，ウェールズ語ではMerddinである．-dd-の発音は[l]に近かったことから中世ラテン語ではMerlinusとなり，今日の英語名Merlinとなった．ウェールズ語Mer-は近代英語のmere(sea)と同族の言葉であり，-ddinはHiltonの-tonやtownと同族のdun(hill, fort)と同系の言葉で，この名の意味は「海の要塞」(sea fort)である．今日のティンタジェルにはアーサー王伝説のティンタジェル城であったとされる廃墟があるが，海に面した崖っぷちに残るこの廃墟には，それが文字通りsea fortであったことをうかがわせるもの

がある．マーヴィン(Mervin, Mervyn, Marvin)やマーウィン(Merwyn)などはMerlinの変化形である．

†グレイス・ケリーの出身

ケリー(Kelly)は，今日のアイルランドでは，マーフィ(Murphy〔原義：sea warrior〕)に次いで2番目に多い姓である．Kellyは，ゲール語ケァリ(Ceallagh)が英語化された名前である．その語源については推測の域を出ないが，その意味は，伝統的に，「騒然とした」とか「争い好きの」であるとされ，「戦い好きの者」と解釈されていた．男性名としては，特に，このような解釈をとることが多い．

ケリーは，しかし，女性名としても人気が高い．それは，キリスト教以前のアイルランドの女神ケレ(Kelle)に由来するものと考えられる．アイルランドの聖女ブリギットは，キルダ・ケレ(Kilda Kelle)と呼ばれた．聖ブリギットはアイルランドのマリアと呼ばれているが，この関係でケリーはマリアと関係づけられて，女性名として人気が出た．姓としてのケリーの意味は「ケレに仕える人」である．この名をもつ人物としてはハリウッド女優からモナコの王妃になったグレイス・ケリー(Grace Kelly, 1928-82)が浮かぶ．彼女のフルネームはGrace Patricia Kellyで，父はアイルランド系アメリカ人の二世であった．Kellyの変化形には，ケリー(Kelley)，キーリー(Keely, Kealey)，キリー(Kiley)などがある．

第 **6** 章

東ヨーロッパの覇者スラヴの民

11世紀ごろのキエフ公国

〈スラヴ〉

スラヴの起こり

　スラヴ民族の故地は，西は，今日のポーランドの中部を流れるヴィスワ川の中流地域から東はドニェプル川の中流地域にかけて，南はカルパチア山脈地方に至る地域である．彼らは，紀元前5世紀ごろにはケルト人と混交し，また，西部においてはゲルマン人と混交して住んでいた．彼らは互いに相手を排除する存在ではなかった．

　ところが，紀元2世紀から4世紀にかけてゴート族を中心とするゲルマン民族の南下に押されて，東に移動した一派はロシア語，ウクライナ語を発達させ，西に移動した一派はチェコ語，スロヴァキア語，ポーランド語を発達させた．そして，4世紀にハンガリー盆地に侵入したフン族に押されて南下した一派は，さらに9世紀に同地に侵入したマジャール人によって北のスラヴ人と分断され，ブルガリア語，セルボ・クロアチア語，スロヴェニア語などを発達させた．ブルガリア人はスラヴ系とトルコ系の混交民族であるが南スラヴ系の言語を話している．また，バルカン半島全体がスラヴ人の侵入を受け，今日のギリシャ人には大量のスラヴ系の血が流れている．特に，旧ユーゴスラヴィアに組み入れられていたマケドニア人は南スラヴ語を話す民族である．

　しかし，スラヴ民族は，印欧語族の原郷近くに1番長く滞在していたこともあって，スラヴ共通基語の時代が長く，それは6世紀から7世紀ごろまで続いたと考えられ，これらの言語間の相違はゲルマン諸語ほどにはない．スラヴ民族が歴史時代に入るのはビザンティン帝国と接するようになってからである．特に，9世紀にスラヴの使徒と言われるキュリロスとメトディオスが布教におもむくまではスラヴ人に関する文献は非常に乏しい．

ロシアの起こり

　ロシア(Russia)の起源については『ロシア原初年代記』に伝説的に記されている．それによると862年ごろヴァリャーグと呼ばれたヴァイキングの一派ルーシ(Russi)が今日のロシアの地を治めるために呼ばれ，そのルーシ氏族の長兄リューリク(Ryurik)がノヴゴロドを拠点に勢力を拡張した．Russi は，英語の row(漕ぐ)や rudder(舵)と同系の言葉で，古北欧語 *róa* (to row)から，*róthr*(rowing), *rothrarmenn*(sea-farers：航海者)，

古ロシア語 Rus（北欧人）を経て成立した言葉である．

　バルト海とギリシャをつなぐルートには，紀元前の昔から「琥珀の道」と呼ばれるものがあった．ヴィスワ川をさかのぼりドニェストル川を下って黒海に至るルートがその1つであったが，ヴァイキング時代には今日のペテルスブルグからネヴァ川を経てラドガ湖に入り，ヴォルホフ川をさかのぼり，ドニェプル川に至り，ドニェプル川を下って黒海に至るルートがあった．黒海北岸からラドガ海に至る地域はゆるやかな低地でヴァリャーグは川を奥地まで舟でさかのぼり，次の川まで舟を運んで移動した．ルーシはまず，バルト海に近いノヴゴロドを拠点に勢力をのばすが，リューリクの後継者オリェーク（Oleg，在位893-924）の時代には南のキエフを都とした．

　ロシアの建国がヴァリャーグのリューリクによってなされたとする伝説には異論もあるが，原初の大公たちやその妃の名前は明らかに北欧的である．リューリクは北欧系のロードリク（Roderick）の変化形であり，Ryu-はRobertのRo-と同じもので，-rikはRichardのRich-やFrederickの-rickと同じものである．オリェーク（Oleg）は北欧系のヘルギ（Helgi）が変化したものである．この名の語源は，古北欧語 heill（完全な，幸福な）から派生した heilagr「繁栄」で，成功や繁栄が敬虔や信仰の結果と結びつけられて，「祝福された」や「神聖な」を意味する名前として使われるようになった．

　オリェークに次いで第2代目キエフ大公となったイーゴリ（Igor'，在位912-45）の妃で，夫の死後息子の摂政としてコンスタンティノポリスを訪れて，キリスト教に改宗したオーリガ（Ol'ga, ?-969）はヘルギ（Helgi）の女性形ヘルガ（Helga）が変化したものである．彼女の洗礼名はエリェーナ（Elena）で，ロシアのキリスト教化につくすとともに，トルコ系遊牧民ペチェネグの攻撃からキエフをまもった功績により，聖人に列せられた．この名は今日でもロシア人に使われている．イーゴリは北欧のイングヴァル（Ingvar）から変化した名前である．

　ヴァリャーグたちの目指した最終目的地はコンスタンティノポリスであり，彼らは軍事的にはビザンティン帝国を脅かしながら，文化的には強くビザンティンの影響を受けた．オリェークの後継者イーゴリの妃オーリガはキリスト教に改宗し，その息子のキエフ大公ウラディーミル（Vladimir，在位978-1015）はロシアをキリスト教化した．以後，ロシアは文化的・宗教的にビザンティンと強い絆でむすばれ，1453年にビザンティン帝国が滅亡した後はビザンティンの後継者を自称し，第三帝国と名乗

った.

　キリスト教化してからのロシアでは，次第にキリスト教的洗礼名が第一名として使われるようになった．それらはイワーン(Ivan)，ミハイール(Mikhail)，マーリヤ(Mar'ya)のような聖書に登場する人物の名前であり，ヴァシーリィ(Vasilij)，グリゴーリイ(Grigorij)，フェオドーシイ(Feodosij)，エリェーナ(Elena)，イリーネ(Irine)のようなギリシャ起源の聖人の名前であり，また，アントーニイ(Antonij)，セルギェーイ(Sergej)，コンスタンティーン(Constantin)のようなラテン語起源の聖人の名前が中心であった．

　一方，北欧起源の名前は，オリェーク(Oleg)，オーリガ(Ol'ga)，イーゴリ(Igor')などを除いてはあまり使われなくなった．それはリューリクの子孫がスラヴ人たちに同化するのが速かったことを示すものである．リューリクの孫の名がすでにスラヴ的なスヴャトスラーフ(Svyatoslav)である．また，スラヴ起源の名前も，ウラディーミル，ヤロスラーフ，ボリース(Boris)など聖別された人物にあやかるごく限られたものとなった．それは，ギリシャ正教会が，命名は教会スラヴ語化した聖人たちの名前，すなわち，ヘブライ語に由来する聖書名や，ギリシャ語やラテン語起源の聖人名に制限したことによる．

古代教会スラヴ語

　古代教会スラヴ語とは，スラヴの使徒と呼ばれるキュリロスとメトディオスがギリシャ語聖書を翻訳するために考案した文語である．それはギリシャ語を，マケドニアで使われていたブルガリア語方言に翻訳するために考案されたもので，ギリシャ文字に工夫を加えて変化させたものを使った．今日のロシア語はキリル文字と呼ばれる文字で表記されるが，キリル文字とは，考案者キュリロスにちなんでつけられた名前である．

　教会スラヴ語は古代ブルガリア語とか古代スラヴ語とも呼ばれている．それは，マケドニアやブルガリアで話されていたスラヴ語の一方言を表記したものであるが，当時のスラヴ語は今日ほどには分化が進んでいなかったので，スラヴ語圏全域で通じるものでもあった．そして，キュリロスとメトディオスの兄弟が没して後は，ブルガリアで教会スラヴ語が栄え，ブルガリアからロシアに伝わり，教会スラヴ語はロシア教会の公用言語となった．キリル文字は今日では，ロシアをはじめ，ブルガリア，セルビアなどで使われている．しかし，ボヘミア地域，すなわち，今日のチェコやス

ロヴァキアでは神聖ローマ帝国の影響が強くなって教会スラヴ語の伝統はすたれた．

　古代教会スラヴ語は聖書の翻訳以来大量の文献を残し，ロシアでは，世俗の日常語であった古代ロシア語に対して高い文化を担う言語として教会関係を中心に通用した．そして，ロシア人の人名にもその影響を見ることができる．英語名 George はギリシャ語ではゲオルギオス(Georgios)であり，ロシア語ではゲオールギイ(Georgij)とかユーリイ(Yurij)などに変化する．Georgij は古代教会スラヴ語的で，Yurij は平俗ロシア語的である．

〈スラヴ〉

奴隷にされた誇りあるスラヴ人

英語で奴隷のことをslaveと言う．この言葉は，中世ギリシャ語 *Sklávos*（スラヴ人）が，中世ラテン語 *Sclavus*，ドイツ語 Slaveを経て借入されたもので，その意味の変化は，神聖ローマ帝国のオットー大帝以来，ドイツ人がスラヴ人への布教に力を注ぐとともに彼らを多く奴隷として連れ帰ったことが大きく影響している．

このように辱めを受けたスラヴ人の名前Slavは，古スラブ語 *Slověninŭ* に由来する名前である．この言葉は *slovo*（言葉）と関係づけられ，さらに，理論的には，印欧祖語 *kleu-（聞く）にさかのぼることができる．この印欧祖語から分出した同族語には，ドイツ的名前Ludwigの Lud- の語源 *Hludo-*（有名な，誉れのある）やギリシャのヘラクレス（Heracles）の -cles の語源 *kléos*（誉れ）がある．Slav（スラヴ）は，本来は，「誉れ」を表わす言葉であり，スラヴ人のもっとも伝統的な名前にはヤロスラーフ（Yaroslav），ウラディスラーフ（Vladislav），ボリスラーフ（Borislav），ミロスラーフ（Miroslav），スヴャトスラーフ（Svyatoslav），その他，-slavをもつ名前が多い．

スラヴのシャルルマーニュ：ヤロスラーフ賢公

ヤロスラーフ（Ярослáв: Yaroslav）は，キエフ公国聖ウラディーミル1世の子ヤロスラーフ1世（在位1019-54）にあやかる名前としてスラヴ世界では特に人気のある名前である．彼は，西ヨーロッパのシャルルマーニュに比せられる人物である．キエフにソフィア教会を建て，キリスト教の普及

キエフのヤロスラーフ（左）

に努力し，バルト海から黒海沿岸まで国土を広げ，全ロシアの支配者として法典を整備して，長い繁栄の時代を築いた．

ヤロスラーフには，多くの子どもがあったが，このうちアーンナ（Anna）をフランス王に，エリサヴェータ（Elisaveta）をノルウェー王に，そしてアナスタシーヤ（Anastasiya）をハンガリー王に嫁がせた．これらの女性の名前を見ても彼が深くキリスト教に傾斜していたことがわかる．またその婚姻の広さから，ヤロスラーフがいかに大きな影響力をもっていたかがわかる．

YaroslavのYaro-は春とか若さを意味する古スラヴ語 *yaro*（春）で，スラヴ民族の神話における，喜ばしい春の神とか多産・豊饒の神ヤリーロ（Yarilo）につながる言葉でもある．ロシアに伝わる民話では，ヤリーロは若くて美しく，白衣で白馬に乗り，頭には野性の花の冠をかぶり，左手には麦の穂を握っている．ロシア語yaritsaは「春まき小麦」という意味の言葉である．

このようなヤリーロの性格はギリシャのエロスの影響を受けたものであり，YariloはErosのロシア語表記Eriloが語源であるとする説もある．ヤロスラーフ1世の洗礼名がユーリイ（Yurij）であり，自然の再生の神としてスラヴ人に信仰されていた聖ゲオルギオスと春の神ヤリーロの間に意味的

融合を見ることができる.

このように春の再生と性の情熱の観念が結びついたヤリーロは,また,東地中海地方のアドニス像にも似たものである.アドニス祭は夏の終わりの祭りであり,悲しみの祭りであるが,それは,しかし,野の花が実をつけ始める季節でもあった.同じことが北のスラヴ民族の間でも行われた.春のはじめのヤリーロ祭は種まきの喜ばしい季節であり,夏の終わりのヤリーロ祭はヤリーロの死を悲しむ祭りであるとともに実りを祝う祭りでもあった.なお,ロシア的ヤロスラーフはポーランド語ではヤロスワフ(Jaroslaw),チェコ語ではヤロスラフ(Jaroslav)で,チェコ語の女性名はヤロスラバ(Jaroslava)となる.

ボヘミアの守護聖人ヴァーツラフ

ヴァーツラフ(Vaclav)はチェコの大統領ヴァーツラフ・ハベル(Vaclav Havel, 在任1993－　)によってよく知られる名前である.これはボヘミアのプシェミスル家出身で,ボヘミアを初めて政治的に統合したボヘミア公ヴァーツラフ1世(Vaclav I,在位921-929)にあやかる人物としてチェコの伝統的な名前の1つとなった.ヴァーツラフ1世は熱心にボヘミアをキリスト教化しようとしたが,弟のボレスラフ(Boleslav,在位929-67)の煽動によって暗殺された.そして殉教者として崇拝され,ボヘミアの守護聖人として,チェコの国民的聖人として愛されてきた.この名前はスラヴ語 *ventie*(greater)と *slav*(glory)とからなる名前であり,その原義は「偉大なる栄光」である.

ヴァーツラフはロシア語ではヴャチェスラーフ(Вячеслáв: Vyacheslav),ポーランド語ではヴァクワフ(Waclaw),英語ではウェンセスラス(Wenceslas),ドイツ語ではヴェンツェスラウス(Wenzeslaus)かヴェンツェル(Wenzel)である.プシェミッスル家は1198年にプシェミスル・オタカル1世(Premysl Otakar I,在位1197-1230)のもとで神聖ローマ帝国内の王家として認められるが,ボヘミア王国のヴァーツラフ4世(Vaclav IV,在位1378-1419)は,ボヘミア王にして神聖ローマ帝国皇帝であったカール4世(Karl IV)の息子で,ドイツ語ではヴェンツェルと呼ばれた.

ロシア初の殉教者聖ボリース

ボリース(Борис: Boris)はロシアでもっとも伝統的な名前の1つで,モスクワの守護聖人ボリース(Boris, ?-1015)にあやかる名前として,ロシアでは今日も広く用いられている.聖ボリースは,聖王ウラディーミル1世が,ビザンティン皇帝バシレイオス2世の妹アンナと結婚する前に結婚していたブルガリア女性との間に生まれた子である.その名前はブルガリアの最初のキリスト者の王ボリス1世(Boris I,在位852-889)にあやかる名前であると考えられる.

ブルガリアのボリス1世は,ビザンティン帝国とフランク王国,そしてローマ教皇の力関係をうまく利用しながら,ギリシャ正教を受け入れてブルガリアをキリスト教化した人物である.彼はギリシャ正教を受け入れながら,ビザンティン帝国に帰属するのではなく,スラヴ人による教会の設立に成功して,うまくスラヴ的ブルガリアの独立性を保った.彼の政策は,スラヴ人に大いなる夢と希望を与えるものであり,息子シメオンが築いたブルガリアの全盛時代への足がかりを作るものであった.また,彼は60歳を過ぎて息子に皇帝の地位を譲った後は修道士になったが,そのこともあってスラヴ地域において強い尊敬をかちえた.

ブルガリアの王ボリス1世の名は一般的

〈スラヴ〉

にはBorisと綴るが，この名は，トルコ系の言葉Bogorisで「小さい」という意味の添え名であった．しかし，スラヴ民族の間では，一般的にはボリスラーフ(Borislav)の短縮形と考えられている．Borislavは，スラヴ語のbor(戦い)と-slav(栄光)からなる名前である．

ボリースの殉教については『ロシア原初年代記』に次のような記述がある．ウラディーミル聖王には12人の男子がおりキエフ・ロシアの各地方の公になるが，ウラディーミルの死後長子スヴァトポルクがキエフ大公となった．しかし，人びとの愛は8番目の男子でロストフ公のボリースに集まった．民心がボリースにあり自分の地位が危ないことを知っている兄スヴァトポルクは軍勢をボリースに差し向けた．ボリースは軍を集めてスヴァトポルクを討つように勧められる．しかし，長兄に反旗を翻すことは罪であると断った．そして敵に囲まれたボリースはまるでイエス・キリストのように，神に祈りながら無抵抗のうちに殺されるのである．

聖ボリースのすぐ下の弟グリェープ(Глеб: Gleb)も，また，ボリースと同じく信仰に篤く，ボリースを慕っていた．そのグリェープに対してスヴァトポルクはボリースに対するのと同じようにカインの心をもって刺客を送り，無抵抗のグリェープを暗殺してしまうのである．このようにスヴァトポルクの犠牲になったボリースとグリェープはロシアにおける最初の殉教者として崇拝されるようになり，スヴァトポルクは「のろわれた者」となるのである．

ボリースとグリェープを列聖したのは彼らのすぐ上の兄ヤロスラーフ1世である．ヤロスラーフ1世の洗礼名はゲオールギイであるが，『ロシア原初年代記』第8章「スヴァトポルクの治世」に，ボリースに対して投げられた槍から彼をまもろうとしてボ

ロシアをキリスト教化した
ウラディーミル聖王

リースの上に覆いかぶさり，その槍で貫かれて死ぬ下級従士ゲオールギイが描かれている．そして同書にはボリースとグリェープについて「二人はルシの国の守護者であり，自分たちの民について，常に主に祈る輝く灯明である」と讃えられている．

以来，ボリースとグリェープはロシアでもっとも尊敬される聖人となった．『ロシア中世物語集』の「アレクサーンドル・ニェフスキー伝」にも，アレクサーンドルが「つねづね聖なる受難者ボリースとグリェープを深く信仰していた」と記され，さらに，アレクサーンドルがスウェーデン軍に遭遇したときに，アレクサーンドル軍を助けるために真紅の衣をまとったボリースとグリェープが現われたことが語られている．

ボリース(Boris)は，今日ではロシアのエリツィン前大統領(Boris Nikolayevich Yeltsin，在任1990-99)を連想する名前である．ボリースの名をもつ人物としては，また，『ドクトル・ジバゴ』の作者で，1958年にノーベル文学賞を受賞したが，ソ連政府の反対で辞退したパステルナーク(Boris

聖ボリースと聖グリェープ

Leonidovich Pasternak, 1890-1960)がいる.

　グリェープはスカンディナヴィア起源の名前で, 古北欧語 *guth*(god)と *ljūfr*(love)からなる名前である. グリェープの洗礼名はダビド(David)であった.

　ドイツのスポーツ・カーとして有名なポルシェ(Porsche)は, Borisからボリーソフ(Borisov)を経て派生した名前である. ポルシェは, 元はダイムラー・ベンツ社の設計技師であったフェルディナント・ポルシェ(Ferdinand Porsche, 1875-1951)が設立した会社の名であった. そして, スポーツ・カーのポルシェは, 創立者の息子フェリー・ポルシェ(Ferry Porsche, 1909-)が設計したものである. ロシア語ボリーソフから変化したドイツ語的姓には, 他に, ボルシェ(Borsche), ボルシュケ(Borschke), ボルツィヒ(Borzig)などがある. ボ

リスの名をもつ人物としては, ドイツのプロ・テニス選手でウィンブルドンで3回優勝したボリス・ベッカー(Boris Becker, 1967-)がよく知られている.

ギリシャ正教を受け入れたウラディーミル

　ウラディーミル(Владимир: Vladimir)は, ヴァイキングが建設したキエフ公国の最盛期の大公で, ギリシャ正教をロシア国教と定めたウラディーミル1世(在位980-1015)にあやかる名前としてスラヴ圏に広まった名前である.

　ウラディーミル大公の在位のころの皇帝はバシレイオス2世であった. バシレイオス2世は帝国内の謀反者を抑えるために, 当時は, 北はフィンランドから南は帝国の最北に位置し, 商業の要衝となっていたクリミア半島の近くまでの広大な地域を勢力圏に置いていたウラディーミル大公の応援を頼んだ. その関係で, 皇帝は妹アンナを大公に嫁がせ, ウラディーミルはそれを機にキリスト教に改宗するのである. 彼は義兄のバシレイオスの名を洗礼名とした. 今日, ウァシーリイ(Vasilij)はもっともロシア的な名前の1つとして知られている.

　ウラディーミル1世については伝説が多いが, かつては何人もの妻妾をもち, 戦争好きで, 大酒飲みであった彼は, キリスト教に改宗するとともに, 領内での死刑を廃止し, 孤児, 貧者, 病人など弱者の救済に力を注いだとされる.『ロシア原初年代記』の第7章「ウラディミルの治世」の終わりには, 欲情のまま放蕩な生活をしていた彼がひたすら悔い改めてまるで使徒のような生活をしたことが記され,「すべてのキリスト教徒が受け取ることのできるはかり知れない喜びを各人の努力に応じて報いるという, 偉大な『神』と我々の救世主イエス・キリストの希望」をロシアの民に知らしめた

〈スラヴ〉

と讃えられている．

　Vladimirは古スラヴ語 *volod*（支配）と -*meri*（偉大な，名高い）からなる名前である．*volod* はGeraldの-aldと同族の言葉である．-mirは，平和王と呼ばれたポーランドのカジミエシュ１世（Kazimieřz, 〔英〕Casimir Ⅰ，在位1034-58）の-mirと同じもので，スラヴ系の名前にはよく見られる構成要素である．カジミエシュ１世の影響もあって，-mirは中世以来「平和」とか「世界」という意味に解釈されてきた．ウラディーミルの名は，今日，ロシアのみならず，スラヴ世界ではもっとも人気のある名前で，プラハの電話帳を見ても，特に多い名前である．

　北欧に多い名前ヴァルデマル（Valdemar）のValde-は古北欧語 *valda*（支配）と，-*mari*（名高い，偉大な）からなる名前で，スラヴ人の名前ウラディーミルと同族の名前である．この名前はヴァイキング時代の混乱期を経て初めてデンマークを統一し，繁栄の一時期を築いた大王ヴァルデマル１世（在位1157-82）や，バルト海に進出し，エストニアを征服して，国力を増強し，勝利王と讃えられたヴァルデマル２世（在位1202-41）にあやかる名前として北欧に広まった．ドイツではヴァルデマル（Waldemar）とかヴォルデマル（Woldemar）と綴る．

　ヴァルデマル１世の母はノヴゴロドから嫁いだインゲボルグである．彼女の前身は北欧のヴァイキングで，キエフ公国の大公

「ワシーリイ大聖堂」と言われるポクロフスキー大聖堂

として憧れの東ローマ皇帝の妹をめとるまでになった聖王ウラディーミルにあやかるように息子をヴァルデマルと名づけた．ヴァルデマル勝利王については，エストニア遠征においてデンマーク軍が窮地に立ったが，そのとき突然，白十字がついた血色の旗が天から降りて来た．それを見たデンマーク軍は，神の祝福が下ったと受け取り，全力で反撃に出て，ついには勝利を得た．この故事に則って，赤地に白十字がデンマーク国旗と定められたのである．近代デンマーク語では語末の-rや-reは母音化してア[ə]となるのでValdemarはヴァルデマに近い発音となる．

〈付録〉

各種日本語訳聖書の人名表記
 前文 327
 一覧表 328

ヨーロッパの人名：男女各100名称
 前文 330
 本文で取り上げなかった名前の語源解説 331
 10言語対照表〈女性名100〉 334
 10言語対照表〈男性名100〉 342

ヨーロッパ9か国の命名事情こぼれ話 350
 ドイツ 350
 フランス 350
 イタリア 351
 スペイン 352
 デンマーク 354
 ギリシャ 355
 ロシア 356
 チェコ 357
 ハンガリー 358

各種日本語訳聖書の人名表記

　聖書の日本語訳はいろいろと試みられているが，プロテスタント，カトリック，ロシア正教など宗派によってかなりの相違がある．近年では統一しようとする試みがなされ，共同訳聖書や新共同訳聖書が刊行された．しかし，共同訳と新共同訳の固有名詞表記の方針も大きく変わっており，今日に至っても統一した表記が定着しているとは言いがたい．そこで主な日本語訳聖書の人名対照表を作成した．

　各種日本語訳聖書の人名表記は右のページにまとめた．
　左のページは，英語（欽定訳聖書），ギリシャ語聖書，ラテン語訳聖書の表記と本書の凡例に従ったそれぞれの読みかたを示したものである．
　人名の順序は，現在ヨーロッパ圏で使われている人名との関係を示すために，英語圏で最も大きな影響力をもっている欽定訳聖書の人名のアルファベット順とした．

　右ページのタイトルになっている日本語訳聖書の名称は以下の通りである．
　　明治訳　　　『印쀻　新約全書』北英国聖書会社，1880年
　　大正訳　　　『改訳　新約聖書』米国聖書会社，1917年
　　口語訳　　　『口語　新約聖書』日本聖書教会，1954年
　　ラゲ訳　　　『我主イエズス　キリストの新約聖書』公教宣教ラゲ訳，1910年
　　バルバロ訳　『聖書』講談社，1980年
　　ニコライ訳　『我主イイスス　ハリストス　新約』日本正教会，1901年
　　共同訳　　　『新約聖書　共同訳』共同訳聖書実行委員会，1978年
　　新共同訳　　『聖書　新共同訳』日本聖書教会，1987年

「明治訳」「大正訳」「口語訳」はプロテスタント系，「ラゲ訳」「バルバロ訳」はカトリック系，「ニコライ訳」はロシア正教系である．今日の日本の東方正教会は「ニコライ訳」に基づく表記を採用している．なお，昭和の口語訳に対比してふつう大正訳を「文語訳」と言っている．

	英　語		ギリシャ語		ラテン語	
1	Aaron	アーロン	Ἀαρών	アアロン	Aaron	アアロン
2	Abel	エイブル	Ἄβελ	ハベル	Abel	アベル
3	Abraham	エイブラハム	Ἀβραάμ	アブラアム	Abraham	アブラハム
4	Adam	アダム	Ἀδάμ	アダム	Adam	アダム
5	Aeneas	イーニーアス	Αἰνέας	アイネアス	Aeneas	アエネアス
6	Andrew	アンドルー	Ἀνδρέας	アンドレアス	Andreas	アンドレアス
7	Anna	アンナ	Ἄννα	ハンナ	Anna	アンナ
8	Barnabas	バーナバス	Βαρνάβας	バルナバス	Barnabas	バルナバス
9	Bartholomew	バーソロミュー	Βαρθολομαῖος	バルトロマイオス	Barthoromaeus	バルトロマエウス
10	Benjamin	ベンジャミン	Βενιαμίν	ベニアミン	Beniamin	ベニアミン
11	Daniel	ダニエル	Δανιήλ	ダニエル	Daniel	ダニエル
12	David	デイヴィド	Δαυίδ	ダウィド	David	ダヴィド
13	Demetrius	ディミートリアス	Δημήτριος	デメトリオス	Demetrius	デメトリウス
14	Dionysius	ダイアニシアス	Διονύσιος	ディオニュシオス	Dionysius	ディオニュシウス
15	Elijah	イライジャ	Ἠλίας	エリアス	Elias	エリアス
16	Elisabeth	エリザベス	Ἐλισάβετ	エリサベト	Elisabeth	エリサベト
17	Enoch	イーノク	Ἐνώχ	エノク	Enoch	エノク
18	Eve	イーヴ	Εὕα	エワ	Eva	エヴァ
19	Isaac	アイザク	Ἰσαάκ	イサアク	Isaac	イサアク
20	Isaiah	アイゼイア	Ἠσαίας	エサイアス	Jsaias	イサイアス
21	James	ジェイムズ	Ἰάκωβος	イアコボス	Jacobus	ヤコブス
22	Jason	ジェイスン	Ἰάσων	イアソン	Jason	イアソン
23	Jeremiah	ジェレマイア	Ἰερεμίας	イェレミアス	Jeremias	イェレミアス
24	Jesus	ジーザス	Ἰησοῦς	イエスス	Jesus	イエスス
25	Joel	ジョエル	Ἰωήλ	イオエル	Joel	ヨエル
26	John	ジョン	Ἰωάννης	イオアンネス	Johannes	ヨハンネス
27	Jonas	ジョナス	Ἰωνᾶς	イオナス	Jonas	ヨナス
28	Joseph	ジョゼフ	Ἰωσήφ	イオセフ	Joseph	ヨセフ
29	Joshua	ジョシュア	Ἰησοῦς	イエスス	Jesus	イエスス
30	Jude	ジュード	Ἰούδας	イウダス	Judas	ユダス
31	Julius	ジュリアス	Ἰούλιος	イウリオス	Julius	ユリウス
32	Lazarus	ラザラス	Λάζαρος	ラザロス	Lazarus	ラザルス
33	Luke	ルーク	Λουκᾶς	ルカス	Lucas	ルカス
34	Magdalene	マグダレン	Μαγδαληνή	マグダレネ	Magdalene	マグダレネ
35	Mark	マーク	Μᾶρκος	マルコス	Marcus	マルクス
36	Martha	マーサ	Μάρθα	マルタ	Martha	マルタ
37	Mary	メアリー	Μαρία	マリア	Maria	マリア
38	Matthew	マシュー	Ματθαίος	マタイオス	Mattheus	マッタエウス
39	Nathanael	ナサニエル	Ναθαναήλ	ナタナエル	Nathanael	ナタナエル
40	Paul	ポール	Παῦλος	パウロス	Paulus	パウルス
41	Peter	ピーター	Πέτρος	ペトロス	Petrus	ペトルス
42	Philip	フィリップ	Φίλιππος	フィリッポス	Philippus	フィリップス
43	Rachel	レイチェル	Ῥαχήλ	ラケル	Rachel	ラケル
44	Rebecca	リベカ	Ῥεβέκκα	レベッカ	Rebecca	レベッカ
45	Ruth	ルース	Ῥούθ	ルト	Ruth	ルト
46	Salome	サロメ	Σαλώμη	サロメ	Salome	サロメ
47	Samuel	サミュエル	Σαμουήλ	サムエル	Samuel	サムエル
48	Sarah	サラ	Σάρρα	サッラ	Sarra	サッラ
49	Simon	サイモン	Σίμων	シモン	Simon	シモン
50	Solomon	ソロモン	Σολομών	ソロモン	Solomon	ソロモン
51	Stephen	スティーヴン	Στέφανος	ステファノス	Stephanus	ステファヌス
52	Thomas	トマス	Θωμᾶς	トマス	Thomas	トマス
53	Timothy	ティモシー	Τιμόθεος	ティモテオス	Timotheus	ティモテウス

各種日本語訳聖書の人名表記

	明治訳	大正訳	口語訳	ラゲ訳	バルバロ訳	ニコライ訳	共同訳	新共同訳
1	アロン	アロン	アロン	アアロン	アロン	アアロン	アハロン	アロン
2	アベル	アベル	アベル	アベル	アベル	アウェリ	ヘベル	アベル
3	アブラハム	アブラハム	アブラハム	アブラハム	アブラハム	アウラアム	アブラハム	アブラハム
4	アダム	アダム	アダム	アダム	アダム	アダム	アダム	アダム
5	アイネア	アイネア	アイネア	エネア	エネア	エ子イ	アイネアス	アイネア
6	アンデレ	アンデレ	アンデレ	アンデレア	アンドレア	アンドレイ	アンドレアス	アンデレ
7	アンナ	アンナ	アンナ	アンナ	アンナ	アンナ	ハンナ	アンナ
8	バルナバ	バルナバ	バルナバ	バルナバ	バルナバ	ワルナワ	バルナバス	バルナバ
9	バルトロマイ	バルトロマイ	バルトロマイ	バルトロメオ	バルトロメオ	ワルフォロメイ	バルティマイオス	バルトロマイ
10	ベニヤミン	ベニヤミン	ベニヤミン	ベンヤミン	ベニヤミン	ウェニアミン	ビンヤミン	ベニヤミン
11	ダニエル	ダニエル	ダニエル	ダニエル	ダニエル	ダニイル	ダニエル	ダニエル
12	ダビデ	ダビデ	ダビデ	ダヴィド	ダビド	ダウィド	ダビド	ダビデ
13	デメテリヲ	デメテリオ	デメテリオ	デメトリオ	デメトリオ	ディミトリイ	デメトリオス	デメトリオ
14	ディヲニシオ	ディヲヌシオ	ディヲヌシオ	ヂオヌシオ	ディオニシオ	ディオニシイ	ディオニシオス	ディオニシオ
15	エリヤ	エリヤ	エリヤ	エリア	エリア	イリヤ	エリヤ	エリヤ
16	エリサベツ	エリサベツ	エリサベツ	エリザベト	エリザベト	エリサウェタ	エリサベト	エリサベト
17	エノク	エノク	エノク	ヘノス	エノス	エノフ	ハノク	エノク
18	エバ	エバ	エバ	エヴ	エバ	エワ	ハワ	エバ
19	イサク	イサク	イサク	イザアク	イサク	イサアク	イツハク	イサク
20	イザヤ	イザヤ	イザヤ	イザヤ	イザヤ	イサイヤ	イシャヤ	イザヤ
21	ヤコブ	ヤコブ	ヤコブ	ヤコボ	ヤコボ	イアコフ	ヤコボス	ヤコブ
22	ヤソン	ヤソン	ヤソン	ヤソン	ヤソン	イアソン	ヤソン	ヤソン
23	エレミヤ	エレミヤ	エレミヤ	エレミア	エレミア	イエレミヤ	イルメヤ	エレミヤ
24	イエス	イエス	イエス	イエズス	イエズス	イイスス	イエス	イエス
25	ヨエル	ヨエル	ヨエル	ヨエル	ヨエル	イオイリ	ヨエル	ヨエル
26	ヨハ子	ヨハネ	ヨハネ	ヨハネ	ヨハネ	イオアン	ヨハンネス	ヨハネ
27	ヨナ	ヨナ	ヨナ	ヨナ	ヨナ	イオナ	ヨナ	ヨナ
28	ヨセフ	ヨセフ	ヨセフ	ヨゼフ	ヨゼフ	イオシフ	ヨセフ	ヨセフ
29	ヨシュア	ヨシュア	ヨシュア	ヨズエ	ヨシュア	イイスス	イエスス	ヨシュア
30	ユダ	ユダ	ユダ	ユダ	ユダ	イウダ	ユダス	ユダ
31	ユウリアス	ユリアス	ユリアス	ユリオ	ユリオ	ユリイ	ユリウス	ユリウス
32	ラザロ	ラアザロ	ラザロ	ラザル	ラザロ	ラザリ	ラザロス	ラザロ
33	ルカ	ルカ	ルカ	ルカ	ルカ	ルカ	ルカス	ルカ
34	マグダラ	マグダラ	マグダラ	マグダレナ	マグダラ	マグダリナ	マグダラ	マグダラ
35	マコ	マルコ	マルコ	マルコ	マルコ	マルコ	マルコス	マルコ
36	マルタ	マルタ	マルタ	マルタ	マルタ	マルファ	マルタ	マルタ
37	マリア	マリヤ	マリヤ	マリア	マリア	マリヤ	マリア	マリア
38	マタイ	マタイ	マタイ	マテオ	マテオ	マトフェイ	マタティアス	マタイ
39	ナタナエル	ナタナエル	ナタナエル	ナタナエル	ナタナエル	ナファナエル	ナタナエル	ナタナエル
40	パウロ	パルロ	パウロ	パウロ	パウロ	パウェル	パウロス	パウロ
41	ペテロ	ペテロ	ペテロ	ペトロ	ペトロ	ペトル	ペトロス	ペトロ
42	ピリポ	ピリポ	ピリポ	フィリッポ	フィリッポ	フィリップ	フィリポス	フィリポ
43	ラケル	ラケル	ラケル	ラケル	ラケル	ラヒリ	ラヘル	ラケル
44	リベカ	レベカ	リベカ	レベッカ	レベッカ	レウェッカ	リブカ	リベカ
45	ルツ	ルツ	ルツ	ルト	ルト	ルフィ	ルト	ルツ
46	サロメ	サロメ	サロメ	サロメ	サロメ	サロミヤ	サロメ	サロメ
47	サムエル	サムエル	サムエル	サムエル	サムエル	サムイル	シェムエル	サムエル
48	サラ	サラ	サラ	サラ	サラ	サルラ	サラ	サラ
49	シモン	シモン	シモン	シモン	シモン	シモン	シモン	シモン
50	ソロモン	ソロモン	ソロモン	サロモン	ソロモン	ソロモン	シェロモ	ソロモン
51	ステパノ	ステパノ	ステパノ	ステファノ	ステファノ	ステファン	ステファノス	ステファノ
52	トマス	トマス	トマス	トマ	トマ	フォマ	トマス	トマス
53	テモテ	テモテ	テモテ	チモテオ	ティモテオ	ティモフェイ	ティモテオス	テモテ

329

ヨーロッパの人名：男女各100名称

　ヨーロッパ人の一般的な個人名がどのように綴られ，日本語ではどのように表記されるか，女性名100，男性名100をそれぞれ一覧にした．

1．　名前の配列は，さがしやすいようにとの配慮からまず英語のアルファベット順とし，他の9言語については，英語に対応する代表的な名前を1つ，2つ挙げた．

2．　今日のヨーロッパではどの国でも，外国の名前が多く取り入れられて使われる傾向にある．しかしこの表では，特徴を明確にするために，基本的にその言語での伝統的な名前に限った．当該言語に英語に対応する名前が存在しないかごくまれな場合は空欄にした．その判断は正式な統計によるものではなく，助力をいただいたネイティヴ・スピーカーの個人的な判断によるところが多い．

3．　英語名は Elsdon C. Smith 著，*The Story of Our Names*（Gale Research Company, Detroit, 1970）によるもので，統計的数字に基づいて選ばれた1940年代のアメリカで人気のあった名前である（英語名の前にある数字は当時の人気順位を示す）．このリストは地域的かたよりが一番少ないと考えられている．人気上位，下位の名前保有者数は下記の通りであった．

```
女性    1. Mary      (3,720,000人)    2. Elizabeth  (1,788,000人)
       99. Vivian    (137,000人)    100. Lucy       (135,000人)
男性    1. John      (5,837,000人)    2. William    (5,365,000人)
       99. Warren    (74,500人)     100. Roger      (73,500人)
```

4．　ヨーロッパ各国の人名は世代ごとに変化しており，その変化のあり方も様々である．しかしこの対照表は，今日活躍している人びとが生まれた時代の命名の流行を一番よく示すものであり，私たちにもなじみ深い名前が多く含まれている．

5．　名前の日本語（カタカナ）表記についてはできるだけ原語主義・現地主義をとったが，原語の正確な日本語表記はもとより不可能であり，また表記の煩雑さをさけるために，場合によっては一般的に行われている日本語表記を採用した．

6．　本書に語源や由来の解説がないものについては，表の前に解説を付した．

7．　命名の方法は国によって異なり，名前の人気はその国の民族意識や歴史を反映している．そこで英語以外の言語を使用する9か国の命名事情について，その一端を国別に解説した（p. 350～）．原稿作成にあたっては，ネイティヴ・スピーカーを中心にその国の事情に詳しい方々の助力を願った．

本文で取り上げなかった名前の語源解説

　10言語対照表の男女各100名称のうち，本文で取り上げなかった名前の語源などをここにまとめた．リストにしたがって，英語のアルファベット順に並べる．

●女性名

Beatrice ビアトリス　ラテン語 *beatus*（幸せな）から派生した *beatrix*（幸せにする人）が語源．『神曲』に登場する天使のような女性で，ダンテが愛してやまない永遠の女性の名前としてよく知られている．

Bernice バーニス　語源はギリシャ語名の *Pherenike*（勝利をもたらす者）で，ラテン語名 *Berenice* を経てフランス語名や英語名として使われるようになった．第2要素 -nice は Nicholas の Nicho- と同じものである．

Beverly ビヴァリー　古英語 *beofor*（ビーヴァー）と *leac*（流れ）からなる名前で，原義は「ビーヴァーのいる流れ」である．ヨークシャーの地名に由来する姓として使われていたが，女性の名としても使われるようになった．アメリカでは映画俳優が多いことで知られる高級住宅街ビヴァリー・ヒルズと関係づけられることが多い．

Cecilia セシリア　ラテン語 *caecus*（盲目）から派生した名前 Caecilius が語源である．この名はローマの氏族の名前として使われ，その氏族出身の女性はカエキリア（Caecilia）といい，これが英語ではセシリアとかセシール（Cecil）となった．Cecil はウェールズを起源とする大貴族の名前から男性の名として使われ，女性には Cecilia が使われるようになった．

Doris ドリス　英語ではギリシャ神話の海のニンフ，ドリスに由来する名前であると考えられている．海の精ドリスはギリシャのドーリア地方の名とも関係づけられ，語源はギリシャ語 *dōron*（贈り物）であるとされる．この名は特に19世紀末から20世紀はじめにかけてよく使われた．

Emma エンマ　古高地ドイツ語名 Ermentrudis, Irmintrud が語源で，*ermin*（あまねく）と *trūt*（愛された）からなる名前．今日のエルメントルード（Ermentrud, Ermentrude）の省略形である．Emily の愛称形と考えられることも多い．この名はエドワード証聖王の母親の名前として一般化したが，ジェイン・オースティンの小説の主人公の名前として人気が出た．

Evelyn イーヴリン　語源不詳．アヴェリン（Aveline）の変化形である．ゲルマン語起源の名前であるが，Aveline は女性名アヴィス（Avis）の変化形であり，伝統的にラテン語 *avis*（鳥）と関係づけられてきた．

Genevieve ジュヌヴィーヴ　ケルト語起源の名前で，「部族」を意味する要素と「女」を意味する要素とからなる名前であると考えられている．この名をもつ人物としてはパリの守護聖人ジュヌヴィーヴが知られている．彼女はアッティラに導かれて，パリを攻撃するフン族を撃退したという伝説の聖人である．

Hazel ヘイゼル　木の実のヘイゼルナッツから．19世紀に個人名として使われるようになった．

Joyce ジョイス　ジョイ(Joy)と同じ語源の名前と考えられ，その原義は「快活な」である．ノルマン人の征服によりイングランドに持ち込まれ，男性名 Josse となって使われていたが，やがて女性名としても用いられるようになった．

Lois ロイス　語源不詳．新約聖書にテモテ(Timothy)の祖母の名として登場する．しばしばルイーズ(Louise)やエロイーズ(Eloise)の変化形と考えられてきた．Eloise は中世フランスの哲学者・神学者アベラールとの愛の書簡集で知られる才色兼備の女性の名として今日に知られている．

Loretta ロレッタ　Laura の指小辞形 Lauretta の変化形．

Mildred ミルドレッド　語源は古英語 *mild*(やさしい)＋*ræd*(指導者)である．第2要素 -red は Alfred の -red と同じもので，この名の原義は「優しい王」である．今日では庶民的なイメージの名前となっている．

Norma ノーマ　ラテン語 *norma*(モデル)，またはノルマン(Norman)の女性形であるとも考えられている．マリリン・モンローの本名が Norma Jean Baker であった．

Phyllis フィリス　語源はギリシャ語 *phyllis*(樹木の葉)．この名の女性がギリシャ神話に登場する．

Priscilla プリシラ　ラテン語 *priscus*(原始の)が語源．名前として使われた Priscus の愛称形である．ラテン語 *priscus* は英語 pristine(汚れのない)の語源でもあり，この名は汚れのない処女を意味する名前である．

Shirley シャーリー　語源は古英語 *scir*(輝かしい)＋*leah*(草原)である．森の切れ目の「明るい草地」という意味．姓として使われていたが，男子名としても使われるようになった．今日では女性の名として使われているが，それはエミリー・ブロンテが小説の中で女性名として使ったことによるものである．

Theresa テリーサ　ギリシャの島 Therasia にちなむ名前とされる．この名をもつ島は2つある．1つはシチリア島の近くにあり，今はヴルカネッロと呼ばれている．もう1つはクレタ島の近くにあり，今も同名で呼ばれている．この名をもつ人物としては，最も早くはノラの聖パウリヌスという聖人の妻が知られている．彼女がスペインで活躍したことから，伝統的にスペインで人気のある名前である．聖人としては，改革カルメル会の創始者で「スペインのテレサ」と呼ばれるアビラのテレサ(Teresa de Ávila)がいる．他に，フランスのカルメル会修道士で「幼きイエスのテレーズ」と呼ばれるリジューのテレーズ(Thérèse de Lisieux)，そして，最近では神の愛の宣教者修道会の創立者でカルカッタを中心に活躍したマザー・テレサ(Mother Theresa)がいる．

Vivian ヴィヴィアン　ラテン語 *vivianus*(生き生きした)からフランス語名ヴィヴィアン(Vivien)を経て英語名になった．この名を持つ5世紀の聖ウィウィアヌスは，西ゴト族がフランクに侵入したときに土地の住民を守ったことで知られる．女性の名前としては，ゲール語名 *Béibhinn*(white lady)が語源であるとされる．この名はアイルラン

ド中興の英雄ブリアン・ヴォイルヴェの母や娘の名として知られ,今日ではベヴィン(Bevin)とも綴る.映画〈風と共に去りぬ〉で主人公スカーレットを演じたヴィヴィアン・リー(Vivien Leigh)によってよく知られる名前となったが,彼女はアイルランド系イギリス人であった.

●男性名

Chester チェスター　ラテン語 *castra*(城,要塞)がアングロ・サクソン語の影響を受けて変化した名前で,もとはイングランド南部によくある地名から姓として使われていたものである.

Guy ガイ　ゲルマン語起源の英語 guide(指導者)と同語源の名前である.

Harvey ハーヴェイ　6世紀にブルターニュで活躍した聖人に由来するケルト語起源の名前で,原義は「激しい戦闘」とか「激しく強い」である.

Horace ホレイス　ローマの氏族名で,大詩人ホラティウス(Quintus Horatius Flaccus)に由来する名前である.

Jeremiah ジェレマイア　旧約聖書に登場する大預言者に由来する名前で,原義は「神によって指名された」である.

Jesse ジェッシー　ダビデの父エッサイ(Jesse)に由来する名前で,「贈り物」が原義である.

Josiah ジョサイアー　旧約聖書に登場するユダ王国の王に由来する.原義は「神よ与えたまえ」である.

Maurice モーリス　ムーア人(Moor)と同じ語源で,原義は「黒い」である.ノルマン人によってイングランドにもたらされた姓としての名であったが,個人名としても使われるようになった.

Roy ロイ　ゲール語 *ruadh*(赤い)が英語化されたもの.本来はスコットランドで愛された名前であった.広く英語圏に人気のある名前となって,フランス語 roy(王)が語源とも考えられるようになった.英語名リロイ(LeRoy)は the king という意味の名前である.

Rufus ルーファス　ラテン語 *russus*(赤い)から生まれたニックネームで「赤毛」が原義である.姓として使われていたが19世紀から個人名として使われるようになった.

Russel ラッセル　ラテン語 *russus*(赤い)に指小辞 *-el* が付いた名前で「かわいい赤髪の子」がその原義である.

Sidney シドニー　フランスの守護聖人サン＝ドニ(Saint-Denis)から変化した名前.姓として,または女性名としても使われる.

10言語対照表〈女性名100〉

	英語	ドイツ語	フランス語	イタリア語	スペイン語
084	Adeline アデリン	Adeline アデリーネ	Adeline アデリーヌ	Adelina アデリーナ	Adelina アデリーナ
087	Agnes アグネス	Agnes アグネス	Agnès アニエス	Agnese アニェーゼ	Agnes アグネス
014	Alice アリス	Adelheid アーデルハイト	Alice アリス	Alice アリチェ	Alicia アリシア
021	Ann アン	Anne アンネ	Anne アンヌ	Anna アンナ	Ana アナ
030	Anna アンナ	Anna アンナ	Anna アンナ	Anna アンナ	Ana アナ
019	Anne アン	Anne アンネ	Anne アンヌ	Anna アンナ	Ana アナ
003	Barbara バーバラ	Barbara バルバラ	Barbara バルバラ	Barbara バルバラ	Bárbara バルバラ
077	Beatrice ビアトリス	Beatrice, Beatrix ベアトリーチェ,ベアトリクス	Bétrice ベアトリス	Beatrice ベアトリーチェ	Beatriz ベアトリス
046	Bernice バーニス				Berenice ベレニセ
016	Betty ベティー	Bettina ベティーナ			Isabelita イサベリータ
080	Beverly ビヴァリー				
098	Carmella カーメラ	Carmela, Carmella カルメーラ	Carmèle カルメル	Carmela カルメーラ	Carmen カルメン
053	Carol キャロル	Carola カローラ	Carole カロル	Carla カルラ	Carolina カロリーナ
072	Caroline キャロライン	Karoline カロリーネ	Caroline カロリーヌ	Carolina カロリーナ	Carolina カロリーナ
086	Carolyn キャロリン	Caroline カロリーネ	Caroline カロリーヌ	Carolina カロリーナ	Carolina カロリーナ
088	Catherine キャサリン	Katherine カテリーネ	Catherine カトリーヌ	Caterina カテリーナ	Catarina カタリーナ
096	Cecilia セシリア	Cäcilie ツェツィーリエ	Cécile セシル	Cecilia チェチリア	Cecilia セシリア
048	Charlotte シャーロット	Charlotte シャルロッテ	Charlotte シャルロット	Carlotta カルロッタ	Carlota カルロータ
054	Clara クララ	Klara, Clara クラーラ	Claire クレール	Chiara, Clara キアラ, クラーラ	Clara クララ
091	Constance コンスタンス	Konstanze コンスタンツエ	Constance コンスターンス	Costanza コスタンザ	Constancia コンスタンシア
017	Dolores ドローレス	Dolores ドロレス	Dolorès ドロレス	Dolorosa ドローサ	Dolores ドローレス
038	Doris ドーリス	Doris ドーリス	Dorothée ドロテ	Dora ドーラ	Dorothea ドロテア
004	Dorothy ドロシー	Dorothea ドロテーア	Dorothée ドロテ	Dorotea ドロテア	Dorotea ドロテア
055	Edith エディス	Edith エーディット	Édith エディト	Edith エディト	Edith エディト

デンマーク語	ギリシャ語	ロシア語	チェコ語	ハンガリー語
			Adéa アデーラ	
Agnete, Agnethe アウネーテ	Agni アグニ	Agniya アーグニヤ	Anežka アネジュカ	Ágnes アーグネシュ
	Aliki アリキ		Alice アリツェ	Alíz アリーズ
Ane, Anine アーネ, アニーネ	Anna アンナ	Anna アーンナ	Anna アナ	Anna アンナ
Ane, Anine アーネ, アニーネ	Anna アンナ	Anna アーンナ	Anna アナ	Anna アンナ
Ane, Anine アーネ, アニーネ	Anna アンナ	Anna アーンナ	Anna アナ	Anna アンナ
Barbra, Barbro バーブラ, バーブロ	Varvara ヴァルヴァラ	Varvara ヴァルヴァーラ	Barbora バルボラ	Barbála バルバーラ
				Beatrix ベアトリクス
Lise, Else リーセ, エルセ				Betti ベッティ
Carla, Karla カーラ			Karolína, Karla カロリーナ, カルラ	Karola カロラ
Karoline カロリーネ	Carolina サロリナ		Karolína カロリーナ	Karolina カロリナ
Karoline カロリーネ			Karolína カロリーナ	Karolina カロリナ
Katrine, Karen カトリーネ, カーァン	Ekaterini, Katerina エカテリニ, カテリナ	Ekaterina, Katerina エカテリーナ, カテリナ	Kateřina カテルジナ	Katalin カタリン
			Cecílie ツェツィーリエ	Cecília ツエツイーリア
			Karla カルラ	Sarolta シャロルタ
Klara, Clare, Klare クラーラ, クラーア	Klara クララ	Klara クラーラ	Klára クラーラ	Klára クラーラ
			Dorota ドロタ	Dóra ドーラ
Ditte, Dorte ディテ, ドルテ	Dorothea ドロセア		Dorota ドロタ	Dorottea, Dorothea ドロッティア, ドロテア
			Edita エディタ	Edit エディト

英語	ドイツ語	フランス語	イタリア語	スペイン語
062 Edna エドナ				Edna エドナ
092 Eileen アイリーン		Hélène エレーヌ		Elena エレーナ
052 Elaine エレイン		Élaine エレーヌ		Elena エレーナ
018 Eleanor エレナー	Eleonore エレオノーレ	Éléonore エレオノール	Eleonora エレオノーラ	Leonora レオノーラ
002 Elizabeth エリザベス	Elisabeth, Elisabetha エリーザベト, エリーザベタ	Élizabeth エリザベト	Elisabetta エリザベッタ	Isabel, Isabela イサベル, イサベラ
040 Ellen エレン	Ellen エレン	Hélène エレーヌ	Elena エレナ	Elena エレーナ
089 Elsie エルシー	Else エルゼ	Elsa エルサ	Elsa エルサ	Elsa エルサ
095 Emily エミリー	Emilia エミーリア	Émilie エミリー	Emilia エミリア	Emilia エミリア
082 Emma エンマ	Emma エンマ		Emma エンマ	Ema エマ
068 Esther エスター	Ester, Esther エステル	Esther エステール	Esther, Ester エステル	Ester エステル
035 Evelyn エヴェリン	Evelyn, Eveline エヴェリン	Évelyne エヴリーヌ	Evelina エヴェリーナ	Evelia エベリア
020 Florence フローレンス	Florentina フロレンティーナ	Florence フロランス	Fiorenza フィオレンザ	Florencia フロレンシア
010 Frances フランシス	Franziska フランツィスカ	Françoise フランソワーズ	Franca フランカ	Franciska フランシスカ
093 Genevieve ジュヌヴィーヴ	Genoveva, Genovefa ゲノフェーファ	Geneviève ジュヌヴィエーヴ	Ginevra ジネヴラ	Genoveva ヘノベバ
078 Geraldine ジェラルディン	Geraldine ゲラルディーネ	Géraldine ジェラルディーヌ	Geraldina ジェラルディーナ	Geraldina ヘラルディナ
057 Gertrude ガートルード	Gertrude ゲルトルーデ	Gertrude ジェルトリュド	Gertrude ジェルトルーデ	
083 Gladys グラディス				Claudia クラウディア
059 Gloria グローリア	Gloria グローリア	Gloire グロワール	Gloria グローリア	Gloria グロリア
028 Grace グレイス	Grazia グラーツィア	Grâce グラース	Grazia グラツィア	Gracia グラシア
044 Harriet ハリエット		Henriette アンリエット		Enriqueta エンリケータ
079 Hazel ヘイゼル				
005 Helen ヘレン	Helene ヘレーネ	Hélène エレーヌ	Elena エレナ	Elena エレーナ
027 Irene アイリーン	Irene イレーネ	Irène イレーヌ	Irene イレーネ	Irene イレーネ
067 Jacqueline ジャクリン		Jacqueline ジャクリーヌ	Giacomina ジャコミーナ	Jaquelina ハケリナ
013 Jane ジェイン	Jana ヤーナ	Jeanne ジャンヌ		Juana ホアナ
034 Janet ジャネット		Jeannette ジャネット	Gianna ジャンナ	Juanita ホアニータ

デンマーク語	ギリシャ語	ロシア語	チェコ語	ハンガリー語
				Edna エドナ
Ellen, Eline エレン, エリーネ	Eleni エレニ		Helena, Elena ヘレナ, エレナ	Helén ヘレーン
		Elena エリェーナ	Alena アレナ	Ilona, Helén イロナ, ヘレーン
	Eleonora エレオノラ	Eleonora エレオノーラ	Eleonora エレオノラ	Eleonóra エレオノーラ
Lise, Else リーセ, エルセ	Elisavet エリサヴェト	Elizaveta, Elisaveta エリザヴェータ, エリサヴェータ	Alžběta アルジベータ	Erzsébet, Elizabet エルジェーベト, エリザベト
Ellen, Eline エレン, エリーネ	Eleni エレニ	Elena エリェーナ	Alena アレナ	Ilona, Helén イロナ, ヘレーン
			Eliška エリシュカ	Elza エルザ
Emilie エミーリエ	Emilia エミリア		Emílie エミーリエ	Emília エミーリア
			Ema エマ	Emma エンマ
			Ester エステル	Eszter エステル
				Evelin エヴェリン
				Flóra フローラ
			Františka フランティシュカ	Franciska フランツィシュカ
				Dzsenovéva ジェノヴェーヴァ
Gertrud, ゲアトルーヅ				Gertrúd ゲルトルード
			Klaudie クラウディエ	Klaudia クラウジア
	Gloria グロリア			Glória グローリア
				Grácia グラーツィア
Henna, Jette ヘナ, イェッテ				Henriett ヘンリエット
Ellen, Eline エレン, エリーネ	Eleni エレニ	Elena エリェーナ	Helena ヘレナ	Ilona, Helén イロナ, ヘレーン
	Irini イリニ	Arina, Irina アリーナ, イリーナ	Irena イレナ	Irén イレーン
Jakobe, Jakobine ヤコーベ, ヤコビーネ				
Jane, Janne ヤーネ, ヤネ			Jana ヤナ	Janka ヤンカ
				Zsanett ジャネット

英語	ドイツ語	フランス語	イタリア語	スペイン語
009 Jean ジーン	Johanna ヨハンナ	Jeanne ジャンヌ	Gianna ジャンナ	Juana ホアナ
047 Jeanne ジーン	Johanna ヨハンナ	Jeanne ジャンヌ	Gianna ジャンナ	Juana ホアナ
015 Joan ジョーン	Johanna ヨハンナ	Joanne ジョアンヌ	Giovanna ジョヴァンナ	Juana ホアナ
097 Joanne ジョアン	Johanna ヨハンナ	Joanne ジョアンヌ	Giovanna ジョヴァンナ	Juana ホアナ
031 Josephine ジョセフィン	Josephine, Josefine ヨゼフィーネ	Joséphine ジョゼフィーヌ	Giuseppina ジュゼッピーナ	Josefína ホセフィーナ
065 Joyce ジョイス				
074 Judith ジュディス	Judith ユーディット	Judith ジュディット	Giuditta ジュディッタ	Judit フディト
064 Julia ジュリア	Julia ユーリア	Julie ジュリー	Giulia ジュリア	Julia フリア
045 June ジューン	Junia ユーニア			Junia フニア
051 Katharine キャサリン	Katharina カタリーナ	Catherine カトリーヌ	Caterina カテリーナ	Catalina カタリーナ
037 Katherine キャサリン	Katherine カテリーネ	Catherine カトリーヌ	Caterina カテリーナ	Catalina カタリーナ
071 Kathryn キャスリン	Kathrin, Katrin カートリン	Catherine カトリーヌ	Caterina カテリーナ	Catalina カタリーナ
090 Laura ローラ	Laura ラウラ	Laure ロール	Laura ラウラ	Laura ラウラ
023 Lillian リリアン	Lilliane リリアーネ	Liliane リリアンヌ	Liliana リリアーナ	Liliana リリアナ
041 Lois ロイス	Lois, Alois ロイス, アロイス	Loisy ルワジ		
050 Loretta ロレッタ	Loretta ロレッタ	Lorette ロレット	Loretta ロレッタ	Loreta ロレタ
026 Lorraine ロレイン		Lorraine ロレーヌ	Lorena ロレーナ	Lorena ロレーナ
032 Louise ルイーズ	Luise ルイーゼ	Louise ルイーズ	Luisa ルイーザ	Luisa ルイサ
039 Lucille ルシール	Lucilla, Lucille ルシーラ, ルシーレ	Lucile リュシル	Lucilla ルチッラ	Lucila リュシラ
100 Lucy ルーシー	Lucie ルーツィエ	Lucie リュシー	Lucia ルチア	Lucía ルシア
006 Margaret マーガレット	Margarete, Margareta マルガレーテ, マルガレータ	Marguerite マルグリット	Margherita マルゲリータ	Margarita マルガリータ
069 Marian マリアン	Marianne マリアンネ	Marianne マリアンヌ	Marianna マリアンナ	Mariana マリアーナ
024 Marie マリー	Marie マリー	Marie マリー	Maria マリア	María マリア
042 Marilyn マリリン			Marilena マリレーナ	
036 Marion マリアン	Marion マーリオン	Marion マリオン		Manita, Marieta マニータ, マリエータ
029 Marjorie マージョリー				

10言語対照表〈女性名100〉

デンマーク語	ギリシャ語	ロシア語	チェコ語	ハンガリー語
Jane, Janne ヤーネ, ヤネ	Ioanna イオアンナ	Ivanna, Ioanna イヴァーンナ, イオアーンナ	Jana ヤナ	Janka ヤンカ
Jane, Janne ヤーネ, ヤネ	Ioanna イオアンナ	Ivanna, Ioanna イヴァーンナ, イオアーンナ	Jana ヤナ	Dzseni ジェニ
Jane, Janne ヤーネ, ヤネ	Ioanna イオアンナ	Ivanna, Ioanna イヴァーンナ, イオアーンナ	Jana ヤナ	Johanna, Janka ヨハンナ, ヤンカ
Jane, Janne ヤーネ, ヤネ	Ioanna イオアンナ	Ivanna, Ioanna イヴァーンナ, イオアーンナ	Jana ヤナ	Johanna ヨハンナ
Josefa ヨーセファ	Iosifina イオシフィナ		Josefka ヨセフカ	Jozefin ヨゼフィン
Jutta, Jytte ユタ, ユッテ			Judita ユディタ	Judit ユディト
Julie ユーリイ	Iulia イウリア	Yulya ユーリヤ	Julie ユリエ	Júlia ユーリア
Junie ユーニイ	Iounia イウニア	Klara クラーラ		
Katrine, Karen カトリーネ, カーァン	Ekaterini, Katerina エカテリニ, カテリナ	Katerina, Ekaterina カテリーナ, エカテリーナ	Kateřina カテルジナ	Katalin カタリン
Katrine, Karen カトリーネ, カーァン	Ekaterini, Kateria エカテリニ, カテリナ	Katerina, Ekaterina カテリーナ, エカテリーナ	Katerina カテルジナ	Katalin カタリン
Katrine, Karen カトリーネ, カーァン	Ekaterini, Katerina エカテリニ, カテリナ	Katerina, Ekaterina カテリーナ, エカテリーナ	Katerina カテルジナ	Katalin カタリン
			Laura ラウラ	Laura ラウラ
				Lili リリ
			Aloisie アロイスイエ	
			Laura ラウラ	
Luise, Louisa ルイーセ, ルイーサ	Louiza ルイザ			Lujza ルユザ
			Lucie ルツィエ	Luca ルツア
Lucie ルーシイ			Lucie ルツィエ	Luca ルツア
Margrethe, Grethe マーグレーテ, グレーテ	Margarita マルガリタ	Margarita マルガリータ	Markéta マルケータ	Margit マルギト
Mariane マリアーネ			Mariana マリアナ	Marianna マリアンナ
Marie, Mia マリーイ, ミア	Maria マリア	Mar'ya, Mariya マーリャ, マリーヤ	Marie マリエ	Mária マーリア
Marie, Mia マリーイ, ミア	Maria マリア	Mar'ya マーリャ	Marie マリエ	

339

	英語	ドイツ語	フランス語	イタリア語	スペイン語
043	Martha マーサ	Martha, Marta マルタ	Marthe マルト	Marta マルタ	Marta マルタ
001	Mary メアリー	Maria マリア	Marie マリー	Maria マリア	María マリア
033	Mildred ミルドレッド				
011	Nancy ナンシー				
081	Norma ノーマ	Norma ノールマ	Norma ノルマ	Norma ノルマ	Norma ノルマ
012	Patricia パトリシア	Patrizia パトリツィア	Patricia パトリシア	Patrizia パトリヅィア	Patricia パトリシア
063	Pauline ポーリーン	Pauline パオリーネ	Pauline ポリーヌ	Paolina パオリーナ	Paulina パウリーナ
049	Phyllis フィリス				
075	Priscilla プリシラ			Priscilla プリシッラ	Priscila プリシラ
073	Rita リータ	Rita リータ	Rita リタ	Rita リータ	Rita リタ
094	Rosalie ロザリー	Rosalia ロザリア	Rosalie ロザリー	Rosalia ロザリア	Rosalía ロサリア
022	Rose ローズ	Rosa ローザ	Rose ローズ	Rosa ローザ	Rosa ロサ
060	Rosemary ローズマリー	Rosemarie ローゼマリー	Rose-Marie ローズマリー	Rosamaria ローザマリア	Rosa María ロサマリア
007	Ruth ルース	Ruth ルート	Ruth リュト		
061	Sally サリー	Sara ザーラ	Sarah サラ		Sarita サリタ
056	Sarah サラ	Sara, Sarah ザーラ	Sarah サラ	Sara サーラ	Sara サラ
025	Shirley シャーリー				
085	Stella ステラ	Stella シュテラ	Stella ステラ	Stella ステッラ	Estrella エストレーリヤ
066	Susan スーザン	Susanne ズーザンネ	Suzanne シュザンヌ	Susanna スザンナ	Susana スサナ
058	Sylvia シルヴィア	Silvia ジルヴィア	Sylvie シルヴィー	Silvia シルヴィア	Silvia シルビア
070	Theresa テリーサ	Therese, Theresia テレーゼ, テレージア	Thérèse テレーズ	Teresa テレーザ	Teresa テレサ
076	Violet ヴァイオレット		Violette ヴィオレット	Violetta ヴィオレッタ	Violeta ビオレタ
008	Virginia ヴァージニア	Virginia フィルギニア	Virginie ヴィルジニ	Virginia ヴィルジニア	Virginia ビルヒニア
099	Vivian ヴィヴィアン	Viviana, Viviane フィフィアーナ, フィフィアーネ	Viviane ヴィヴィアンヌ	Viviana, Bibiana ヴィヴィアーナ, ビビアーナ	Viviana ビビアナ

10言語対照表〈女性名100〉

デンマーク語	ギリシャ語	ロシア語	チェコ語	ハンガリー語
Marthe マーテ	Martha マルタ	Marfa マールファ	Marta マルタ	Márta マールタ
Marie, Mia マリーイ, ミア	Maria マリア	Mar'ya, Mariya マーリャ, マリーヤ	Marie マリエ	Mária マーリア
			Norma ノルマ	
	Patrikia パトリキア		Patricie パトリツィエ	Patrícia パトリーツイア
Paula ポーラ	Pavlina パブリナ		Pavlína パヴリーナ	
	Phylisia フィリシア			
Rita, Rit, Ritt, Rith リータ, リット			Rita リタ	Rita リタ
				Rozália ロザーリア
	Rosa ロサ		Růžena ルージェナ	Rózsa ロージャ
Rose-Marie ローセマリー				
	Routh ルス	Rufa ルーファ		
				Sári, Sárika シャーリ, シャーリカ
	Sara サラ	Sara サーラ	Sára サーラ	Sára シャーラ
	Stella ステラ		Stela ステラ	
Susse スセ		Susanna スサーンナ	Zuzana ズザナ	Zsuzsanna, Zsuzsa ジュジャンナ, ジュジャ
	Silvia シルヴィア		Sylvie シルヴィエ	Szílvia シールヴィア
Teresa, Theresa テレーサ	Theresia テレシア		Tereza テレザ	Teréz テレーズ
	Violeta ヴィオレタ		Violeta, Viola ヴィオレタ, ヴィオラ	Viola ヴィオラ
	Virginia ヴィルギニア			
				Vivi, Vivien ヴィヴィ, ヴィヴィエン

10言語対照表〈男性名100〉

	英語	ドイツ語	フランス語	イタリア語	スペイン語
068	Abraham エイブラハム	Abraham アブラハム	Abraham アブラアム	Abramo アブラーモ	Abraham アブラハム
020	Albert アルバート	Albert アルベルト	Albert アルベール	Alberto アルベルト	Alberto アルベルト
022	Alexander アレクサンダー	Alexander アレクサンダー	Alxandre アレクサーンドル	Alessandro アレッサンドロ	Alejandro アレハンドロ
030	Alfred アルフレッド	Alfred アルフレート	Alfred アルフレッド	Alfredo アルフレード	Alfredo アルフレード
076	Allen アレン		Alain アラン		Alán アラン
029	Andrew アンドリュー	Andreas アンドレーアス	André アンドレ	Andrea アンドレア	Andrés アンドレス
061	Anthony アンソニー	Anton アントーン	Antoine アントワーヌ	Antonio アントニオ	Antonio アントニオ
092	Archibald アーチボルド	Archibald アーヒバルト	Archibald アルシバル	Arcibaldo アルチバルド	
019	Arthur アーサー	Arthur, Artur アルトゥール	Arthur アルテュール	Arturo アルトゥーロ	Arturo アルトゥーロ
059	Augustus オーガスタス	August アウグスト	Auguste オギュスト	Augusto アウグスト	Augusto アウグスト
021	Benjamin ベンジャミン	Benjamin ベンヤミーン	Benjamin バンジャマン	Beniamino ベニアミーノ	Benjamín ベンハミン
083	Bernard バーナード	Bernhard ベルンハルト	Bernard ベルナール	Bernardo ベルナルド	Bernardo ベルナルド
037	Carl カール	Karl カール	Charles シャルル	Carlo カルロ	Carlos カルロス
003	Charles チャールズ	Karl カール	Charles シャルル	Carlo カルロ	Carlos カルロス
077	Chester チェスター				
085	Christopher クリストファー	Christoph, Christof クリストフ	Christophe クリストフ	Cristoforo クリストフォーロ	Cristóbal クリストバル
039	Clarence クラレンス		Clarence クラランス		
084	Claude クロード	Claudius クアウディウス	Claude クロード	Claudio クラウディオ	Claudio クラウディオ
023	Daniel ダニエル	Daniel ダーニエル	Daniel ダニエル	Daniele ダニエーレ	Daniel ダニエル
018	David デイヴィッド	David ダーフィト	David ダヴィド	Davide ダヴィデ	David ダビッ
051	Donald ドナルド		Donald ドナルド	Donaldo, Donato ドナルド, ドナート	Donaldo ドナルド
053	Earl アール				
060	Edgar エドガー	Edgar エトガー	Edgar, Edgard エドガール	Edgardo エドガルド	Eduardo エドアルド
050	Edmund エドマンド	Edmund エドムント	Edmond エドモン	Edmondo エドモンド	Edmundo エドムンド

デンマーク語	ギリシャ語	ロシア語	チェコ語	ハンガリー語
	Avraam アヴラアム	Abram, Avraam アブラーム, アヴラアーム		Ábrahám アーブラハーム
			Albert アルベルト	Albert アルベルト
Alex, Aleksander アレス, アレクサンダー	Alexandros アレクサンドロス	Aleksandr アレクサーンドル	Alexandr アレクサンドル	Sándor シャーンドル
			Alfréd アルフレード	Alfréd アルフレード
Allan アラン			Alan アラン	
Anders, Andreas アナス, アンドレアス	Andreas アンドレアス	Andrej アンドリェーイ	Ondřej オンドゥルジェイ	András, Endre アンドラーシュ, エンドレ
Anton, Antonius アントン, アントーニウス	Antonis, Antonios アドニス, アントニオス	Anton, Antonin アントーン, アントニーン	Antonín アントニーン	Antal アンタル
				Archibald アーヒバルド
Arthur アートゥーア			Artur アルテュル	Artúr アルテュール
August アウグスト	Augustos アウグストス	Avgust アーヴグスト	August アウグスト	Augustus アーグシュトウシュ
Benjamin ベニヤミン	Veniamin ヴェニアミン	Veniamin ヴェニアミーン		Benjámin ベンヤーミン
Bernhard ベアンハート			Bernard ベルナルド	Bernát ベルナート
Carl, Karl カール	Karolos カロロス		Karel カレル	Károly カーロイ
Carl, Karl カール			Karel カレル	Károly カーロイ
Chrstoffer, Kristoffer クリストーファー	Christoforos フリストフォロス	Khristofor フリストフォール	Kryštof クリシュトフ	Kristóf クリシュトーフ
	Klaudios クラウディオス	Klavdij クラーヴディイ		
	Daniil ダニイル	Daniil ダニイール	Daniel ダニエル	Dániel ダーニエル
	David ダヴィド	David ダヴィート	David ダヴィド	Dávid ダーヴィド
				Donald ドナルド
Jarl ヤール				Earl エアルル
			Eduard エドアルド	Edgár エドガール
				Ödön ウドゥン

	英語	ドイツ語	フランス語	イタリア語	スペイン語
010	Edward エドワード	Eduard エドゥアルト	Édouard エドワール	Edoardo エドアルド	Eduardo エドアルド
028	Edwin エドウィン	Edwin エドヴィン			
064	Elmer エルマー	Elmar エルマー	Elme エルム		
040	Ernest アーネスト	Ernst エルンスト	Ernèst エルネスト	Ernesto エルネスト	Ernesto エルネスト
043	Eugene ユージーン	Eugen オイゲン	Eugéne ユジェーヌ	Eugenio エウジェニオ	Eugenio エウヘニオ
015	Francis フランシス	Franz フランツ	Francis フランシス	Francesco フランチェスコ	Francisco フランシスコ
012	Frank フランク	Frank フランク	François フランソワ	Franco フランコ	Francisco フランシスコ
067	Franklin フランクリン				
027	Fred フレッド	Fred, Fried フレート, フリート	Frédéric フレデリク		Federico フェデリーコ
016	Frederick フレデリク	Friedrich フリードリヒ	Frédéric フレデリク	Federico フェデリーコ	Federico フェデリーコ
005	George ジョージ	Georg ゲオルク	Georges ジョルジュ	Giorgio ジョルジョ	Jorge ホルヘ
091	Gilbert ギルバート	Gilbert ギルベルト	Gilbert ジルベール	Gilberto ジルベルト	Gilberto ヒルベルト
079	Guy ガイ	Vit フィート	Guy ギー		
025	Harold ハロルド	Harold ハーロルド	Harold アロルド	Aroldo アロルド	Aroldo アロルド
014	Harry ハリー	Harri ハリ	Henri アンリ		Enrique エンリーケ
087	Harvey ハーヴェイ				
008	Henry ヘンリー	Heinrich ハインリヒ	Henri アンリ	Enrico エンリーコ	Enrique エンリーケ
034	Herbert ハーバート	Herbert ヘルベルト	Hébert エベール	Eriberto エリベルト	Heriberto エリベルト
066	Herman ハーマン	Hermann ヘルマン	Hermann エルマン	Ermanno エルマンノ	Germán ヘルマン
054	Horace ホレイス	Horatio ホラティオ	Horace オラース	Orazio オラツィオ	Horacio オラシオ
045	Howard ハワード				
044	Hugh ヒュー	Hugo フーゴー	Hugues ユーグ	Ugo ウーゴ	Hugo ウゴ
046	Isaac アイザック	Isaak イザーク	Isaac イザアク	Isacco イザッコ	Isaac イサク
036	Jacob ジェイコブ	Jakob ヤーコプ	Jacob ジャコブ	Giacobbe ジャコッペ	Jacobo ハコボ
004	James ジェイムズ	Jakob ヤーコプ	Jacques ジャック	Giacomo ジャコモ	Jaime ハイメ
093	Jeremiah ジェレマイア	Jeremias イェレーミアス	Jérémie ジェレミー	Geremia ジェレミア	Jeremías ヘレミアス

10言語対照表〈男性名100〉

デンマーク語	ギリシャ語	ロシア語	チェコ語	ハンガリー語
			Eduard エドゥアルド	Eduárd エジュアールド
				Edvin エドヴィン
				Elemér エレメール
			Arnošt アルノシュト	Ernö エルネー
	Eugenios エウゲニオス	Evgenij イヴゲーニイ	Evžen エヴジェン	Jenö イェネー
			František フランティシェク	Ferenc フェレンツ
				Ferenc フェレンツ
Frede フレーゼ				Frédi フレーディ
			Badřich ベドルジィヒ	Frigyes フリギェシュ
Jørgen, Jorn ヨーウエン, ヨーアン	Yorgos, Georgios ヨルゴス, ゲオルギオス	Yurij, Georgij ユーリイ, ゲオールギイ	Jiří イジー	György ジェルジ
			Vít ヴィート	Vid, Vitus ヴィド, ヴィテウシュ
Harald ハーラル				
	Charis ハリス			
Henrik, Hendrik ヘンリック			Jindřich インドルジヒ	Henrik ヘンリク
			Herbert ヘルベルト	Herbert ヘルベルト
	Germanos ゲルマノス	German ゲールマン	Heřman ヘルジマン	
			Hugo フゴ	Hugó フゴー
	Isaak イサアク	Isak, Isaak イサーク, イサアーク		Izsák イジャーク
Ib, Jep, Jeppe イブ, イェプ, イェペ	Iakobos イアコボス	Yakov, Iakov ヤーコフ, イアーコブ	Jakub ヤクブ	Jákob ヤーコブ
	Iakobos イアコボス	Yakov ヤーコフ	Jakub ヤクブ	Jakab ヤカブ
	Ieremias イエレミアス	Eremej, Ieremiya エレミェーイ, イエレミーヤ	Jeremiáš エレミヤーシュ	Jeremiás エレミアーシュ

	英語	ドイツ語	フランス語	イタリア語	スペイン語
056	Jesse ジェッシー				
001	John ジョン	Johann ヨハン	Jean ジャン	Giovanni ジョヴァンニ	Juan ホアン
063	Jonathan ジョナサン	Jonathan ヨナタン	Jonathan ジョナタン	Gionata ジョナタ	
009	Joseph ジョセフ	Joseph, Josef ヨーゼフ	Joseph ジョゼフ	Giuseppe ジュセッペ	José ホセ
096	Joshua ジョシュア	Josua ヨシュア	Josée ジョジェ	Joshua, Giosuè ジョシュア, ジョスエー	Josué ホスエー
082	Josiah ジョサイア				
074	Julius ジュリアス	Julius ユーリウス	Jules ジュール	Giulio ジュリオ	Julio フリオ
080	Kenneth ケネス				
052	Lawrence ローレンス	Laurenz ラウレンツ	Laurent ローラン	Lorenzo オレンヅォ	Lorenzo ロレンソ
078	Leo リーオ	Leo レーオ	Léo レオ	Leo レオ	Leo レオ
095	Leon レオン	Leon レーオン	Léon レオン	Leone レオーネ	León レオン
069	Leonard レナード	Leonhard レオンハルト	Léonard レオナール	Leonardo レオナルド	Leonardo レオナルド
042	Lewis ルーイス		Louis ルイ		Luis ルイス
098	Lloyd ロイド				
024	Louis ルイス	Ludwig ルートヴィヒ	Louis ルイ	Luigi ルイジ	Luis ルイス
055	Martin マーティン	Martin マルティーン	Martin マルタン	Martino マルティーノ	Martín マルティン
073	Matthew マシュー	Matthias マティアス	Mathieu マティユ	Matteo マッテオ	Mateo マテオ
090	Maurice モーリス	Moritz モーリッツ	Maurice モリース	Maurizio マウリツィオ	Mauricio マウリシオ
097	Max マックス	Max マックス	Max, Maximilien マクス, マクシミリアン	Massimo マッシーモ	Maximiliano マクシミリアノ
041	Michael マイケル	Michael ミヒャエル	Michel ミシェル	Michele ミケーレ	Miguel ミゲル
088	Moses モーゼス	Moses モーゼス	Moïse モイーズ	Mosè モゼー	Moisés モイセス
070	Nathan ネイサン	Nathan ナータン	Nathan ナタン		Natán ナタン
047	Nathaniel ナサニエル	Nathaniel ナターニエル	Nathaniel ナタニエル		Nataniel ナタニエル
075	Nicholas ニコラス	Nikolaus ニーコラウス	Nicolas ニコラ	Nicola ニコーラ	Nicolás ニコラス
071	Norman ノーマン	Norman ノルマン	Normand ノルマン		
057	Oliver オリヴァー	Oliver オーリヴァー	Olivier オリヴィエ	Oliviero オリヴィエーロ	Olivio オリビオ

10言語対照表〈男性名100〉

デンマーク語	ギリシャ語	ロシア語	チェコ語	ハンガリー語
				Jessé イエッセー
Johan, Jon, Hans ヨーハン, ヨーン, ハンス	Yanis, Ioanis ヤニス, イオアニス	Ivan, Ioann イワーン, イオアン	Jan ヤン	János, Iván ヤーノシュ, イヴァーン
	Ionathan イオナサン	Ionafan イオナファーン	Jonáš ヨナーシュ	Jonatán ヨナターン
	Iosif イオシフ	Iosif イオーシフ	Josef ヨセフ	József ヨージェフ
				Józsua, Józsué ヨージュア, ヨージュエー
				Józsiás ヨージイアーシュ
	Ioulios イウリオス	Yulij, Iulij ユーリイ, イウリーイ	Julius ユリウス	Gyula デュラ
Laurens, Lars, Las ラウレンツ, ラース				Lõrinc ルーリンツ
	Leon レオン	Leon レオーン		Leó レオー
	Leon レオン	Leon レオーン		
				Lénárd レーナールド
				Lajos ラヨシュ
			Ludvík ルドウイーク	Lajos ラヨシュ
Morten モーテン	Martinos マルティノス	Martin マルティーン	Martin マルティン	Márton, Martin マールトン, マルティン
Mathias, Mads マーチアス, マッス	Matthios マトセオス	Matvej, Matfey マトヴェーイ, マトフェーイ	Matěj, Matyáš マチェイ, マチャーシュ	Mátyás, Máté マーチャーシュ, マーテー
Mourids, Mourits モウリッス, モウリッツ				Mór, Móric モール, モーリツ
Maks マックス			Maxmilian マクシミリアーン	Miksa ミクシャ
Mikael, Mikkel ミカエル, ミッケル	Michail ミハイル	Mikhail ミハイール	Michal ミハル	Mihály ミハーユ
	Moisis モイシス	Mosej, Moisej モシェーイ, モイセーイ	Mořic モルジツ	Mózes モーゼシュ
	Nathan ナーサン	Nafan ナーファン		Nátán ナーターン
	Nathanail ナサナイル	Nafanail ナファナイール		Náthán ナーターン
Niels ニルス	Nikolaos, Nikos ニコラオス, ニコス	Nikolaj ニコラーイ	Mikoláš ミコラーシュ	Miklós ミクローシュ
Norman ノーマン				
				Olivér オリヴェール

347

	英語	ドイツ語	フランス語	イタリア語	スペイン語
058	Oscar オスカー	Oskar オスカー	Oscar オスカール	Oscar オスカル	Oscar オスカル
081	Otto オットー	Otto オットー	Otto オト		
062	Patrick パトリック	Patrick, Patrik パートリック	Patrick パトリック	Patrizio パトリヅイオ	Patricio パトリシオ
026	Paul ポール	Paul パウル	Paul ポル	Paolo パオロ	Pablo パブロ
031	Peter ピーター	Peter ペーター	Pierre ピエール	Pietro ピエトロ	Pedro ペドロ
033	Philip フィリップ	Philipp フィーリップ	Philippe フィリップ	Filippo フィリッポ	Felipe フェリペ
032	Ralph ラルフ	Ralph, Ralf ラルフ			Raúl ラウル
049	Raymond レイモンド	Raimond ライムント	Raymond レイモン	Raimondo ライモンド	Ramón ラモン
013	Richard リチャード	Richard リヒャルト	Richard リシャール	Riccardo リッカルド	Ricardo リカルド
006	Robert ロバート	Robert ロベルト	Robert ロベール	Roberto ロベルト	Roberto ロベルト
100	Roger ロジャー	Rüdiger リューディガー	Roger ロジェ	Ruggero ルッジェーロ	Rogelio ロヘリオ
048	Roy ロイ		Roy ルワ		
094	Rufus ルーファス		Rufus リュフュス	Rufo ルーフォ	
072	Russell ラッセル				
011	Samuel サミュエル	Samuel ザムエル	Samuel サミュエル	Samuele サムエレ	Samuel サムエル
086	Sidney シドニー				
065	Stanley スタンレー				
035	Stephen スティーヴン	Stefan, Stephan シュテファン	Étienne, Stéphan エティエンヌ, ステファン	Stefano ステファノ	Esteban エステバン
038	Theodore セオドア	Theodor テオドール	Théodore テオドール	Teodoro テオドーロ	Teodoro テオドロ
007	Thomas トマス	Thomas トーマス	Thomas トマ	Tommaso トンマゾ	Tomás トマス
089	Timothy ティモシー	Tim ティム	Timothée ティモテ	Timoteo ティモテオ	Timoteo ティモテオ
017	Walter ウォルター	Walter, Walther ヴァルター	Walter ヴァルテール	Walter ヴァルテル	Gaulterio ガウルテリオ
099	Warren ワーレン				
002	William ウィリアム	Wilhelm ヴィルヘルム	Guillaume ギヨーム	Guglielmo グリエルモ	Guillermo ギリェルモ

10言語対照表〈男性名100〉

デンマーク語	ギリシャ語	ロシア語	チェコ語	ハンガリー語
Asger, Esger, Esge アスガー, エスガー, エスケ			Oskar オスカル	Oszkár オスカール
Otte オテ			Otto, Ota オト, オタ	Ottó オットー
	Patrikios パトリキオス	Patrikij パトリーキイ	Patrik パトリク	Patrik パトリク
Poul, Povl ポウル	Paulos パウロス	Pavel パーヴェル	Pavel パヴェル	Pál パール
Peter, Per, Petter ペーター, ペア, ペッター	Petros ペトロス	Pyotr ピョートル	Petr ペトル	Péter ペーテル
Filip フィーリプ	Flippos フィリポス	Filipp フィリープ	Filip フィリプ	Fülöp フェレプ
Ralf ラルフ				
				Rajmund ラユムンド
			Richard リヒャルド	Richárd リハールド
			Robert ロベルト	Róbert ローベルト
				Rőgerius ローゲリウス
				Rúfusz ルーフス
	Samuil サムイル	Samuil サムイール	Samuel サムエル	Sámuel シャームエル
Steffen, Staffen ステフェン, スタファン	Stefanos ステファノス	Stepan ステパーン	Štepán, Štefan シュティパーン, シュテファン	István イシュトバーン
Teodor テーオドア	Theodoros セオドロス	Fyodor フョードル	Teodor テオドル	Teodor テオドル
Tomas トーマス	Tomas トマス	Foma フォマー	Tomáš トマーシュ	Tamás タマーシュ
	Timotheos ティモセオス	Timofej ティモフェーイ		Timót, Timóteus ティモート, ティモーテウシュ
Valter ヴァルター			Valter ヴァルトル	Valter ヴァルテル
Villum, Villy ヴィルム, ヴィリ			Vilém ウィレーム	Vilmos ヴィルモシュ

ヨーロッパ9か国の命名事情こぼれ話

ドイツ

1. アードルフ(Adolf)，ヴィルヘルム(Wilhelm)とかシャルロッテ(Charlotte)，ルイーゼ(Luise)のような，かつて民族意識を高揚した名前は今日では古いというイメージがある．しかし，古くからドイツに根づいている名前であり，復活する可能性が高い．

2. カロリーネやカトリンのうち，Karoline, Kathrin, Katrin のようにKではじまる名前はドイツ語的，Caroline, Cathrin, Catrin のようにCではじまるものはフランス語的な感じを与える．フランス語的感じを与えるほうに人気が集まる傾向がある．また，マリア(Maria)はドイツ語的で，マリー(Marie)はフランス語的であるが，今日では，Maria は古いイメージがあって，Marie の方が人気が高い．

3. 最近は英語の名前が多くなっており，近年特に人気のものにはデニス(Dennis)やケヴィン(Kevin)などがある．これらにはサッカー選手や映画の主人公などの影響が見られる．

4. 特に避けなければならない名前はないが，最近ではプームクル(Pumuckl)という名前がバイエルンの裁判所で却下されたことがある．プームクルは絵本やテレビマンガのヒーローである．心は純粋で温かく，良いことをしようとしながら失敗することが多く，意に反していたずらをすることになる愛すべきキャラクターである．却下の理由は，プームクルは人間の名前とは考えられず，子どもの成長過程でこの名が本人の幸福に有益とはならないというものであった．

5. 合名は名前に変化をもたせるために生まれたもので，聖人の名をハイフンでつなぎ1つの名前のように使う．聖人の加護を願って名前をつけた中世の後半から流行して定着したが，今日では重く聞こえて古風な感じの名前となっている．典型的な合名には次のようなものがある．

   ●女性名 　　　　　　　　　●男性名
   Nina-Marie　ニーナ=マリー　　Hans-Peter　ハンス=ペーター
   Marie-Luise　マリー=ルイーゼ　Karl-Heinz　カール=ハインツ
   Annaliese　アンナリーゼ　　　Claus-Dieter　クラウス=ディーター

6. ペーターヒェン(Peterchen)，カールヒェン(Karlchen)，ニーナヒェン(Ninachen)，グレートヒェン(Gretchen)，マリーヒェン(Mariechen)，グレーテル(Gretel)，ヘンゼル(Hänsel)のように，-chenや-elなどをつけて愛称形を作ることが多い．しかし，-chen は今日ではあまり使われなくなっている．

フランス

1. 現在，フランスには個人の名前のつけ方について法律はないがカトリックの伝統があ

る．1803年にナポレオンは法律を定め，すべての新生児が基本的には聖人の名前またはフランスの歴史上の人物にあやかる名前をもつことを義務づけた．この法令は次第に緩和されていたが，1957年にはまだ，外国人の名前でもフランス語の綴りに変えなければならないことが定められていた．しかし1966年には，よほど不都合がない限り，ほとんどの名前が認められるようになった．

2. サラ(Sarah)には田舎っぽい女性，マルセル(Marcel)には「おっさん」というイメージがある．そこで，「あの田舎っぺ」などと知らない女性を指す場合 Sarah を使うことがある．同じように「あのおっさん」などを意味する場合に Marcel を使うことがある．その他，マリー(Marie)，エリザベート(Élisabeth)，マルグリット(Marguerite)，カトリーヌ(Catherine)のように，昔から人気が高く，聖人のイメージが強い名前は，最近ではやや古風で「田舎っぽい」感じを与えるものとなっている．

3. 女性名ジャンヌ(Jeanne)に対してジョアナ(Johana)は宗教的な名前というイメージがあり，ユダヤ的なイメージがある．

4. エリザベート(Élisabeth)の短縮形エリー(Élie)，リサ(Lisa)，エリサ(Elisa)などは正式な名前として使われているが，ベティー(Betty)はニックネームとしか考えられていない．

5. カトリック教徒が多く，カトリックの伝統にしたがって聖人にあやかる名前をつけることが多いので，聖人と聖人の名を合わせて使うことも多い．合名では，男性名はジャン(Jean)が，女性名はマリー(Marie)が，第1要素となる場合が圧倒的に多い．

●女性名		●男性名	
Marie-Claire	マリー=クレア	Jean-Marie	ジャン=マリー
Marie-Paule	マリー=ポール	Jean-Paul	ジャン=ポール
Marie-Rose	マリー=ローズ	Jean-Christophe	ジャン=クリストフ
Marie-Antoinette	マリー=アントワネット	Jean-Philippe	ジャン=フィリップ
Marie-Christine	マリー=クリスティン	Jean-Jackques	ジャン=ジャック

イタリア

1. カトリックの総本山ヴァティカンのお膝元イタリアは，命名の伝統においてもカトリックの影響を非常に強く受けている．トリエント宗教会議での取り決めにあるように，聖人の遺徳をしのび加護を願って命名するのが伝統的であった．この稿を書くのに協力してくれたのはナポリ出身のアントニオ・マイエルー(Antonio Mageru)氏であるが，ご本人のアントニオもパドヴァの聖アントニオにあやかってつけられた名前である．

2. 最近では伝統的な名前を避けて，聖人によらない新味のある名を好む傾向がある．しかしそのような場合でも，洗礼に当たって司祭がカトリック教徒であることのしるしに，カトリック的な名前を別に与えるのがならわしである．アントニオ・マイエルー氏の姉はミーラ(Mila)というが，この名の由来ははっきりせず，聖人の名前と考えられないことから，洗礼の際アントニエッタ(Antonietta)という洗礼名が与えられた．この名もパドヴァの聖アントニオにあやかるものである．洗礼名は誕生の日の聖人の名をつける

ことが多かったが，今日ではそうでない場合が多い．
3. イタリア人には「名の日」を祝う習慣がある．先述のミーラの場合は，日常的にはミーラを使っているが，「名の日」にはカトリック的なアントニエッタという名で祝い事をする．
4. 子どもが生まれると，長男には祖父の名前を，長女には祖母の名前をつける伝統がある．この伝統はナポリを中心とする南部に今もよく残っている．しかし今日では，祖父母の名前は古風で年よりくさいというイメージが強く，敬遠される傾向がある．そこで，ふだんは正式な登録名とは別の愛称で呼ばれることが多い．正式名に対する愛称形には下記のようなものがある．

    正式名   愛称形
●女性名
Giovanna　ジョヴァンナ   Gianna ジアンナ，Vanna ヴァンナ
Antonia　アントーニア   Antonella アントネッラ，Antonina アントニーナ，Nina ニーナ
Giuseppina　ジュセッピーナ Giusy ジューシー，Pina ピーナ
●男性名
Giovanni　ジョヴァンニ   Gianni ジャンニ，Vanni ヴァンニ，Giovannino ジョヴァンニーノ，Nino ニーノ
Antonio　アントニオ   Tonio トーニオ，Toto トート―，Anto アント，Antonino アントニーノ，Tonino トニーノ
Giuseppe　ジュセッペ   Peppe ペッペ，Giuseppino ジュセッピーノ，Pino ピーノ

愛称は指小辞をつけて作ることが多い．女性の場合は -ina, -ella, -etta，男性の場合は -ino, -ello, -etto などである．

5. 今日人気がある名前には次のようなものがある．
●女性名   ●男性名
Laura ラウラ Fabio ファービオ
Sara サーラ   Marco マールコ
Marta マルタ Roberto ロベルト
Mara マーラ   Luca ルーカ
Roberta ロベルタ Andrea アンドレア

これらは伝統的ではあるが古いという感じはなく，好もしい名前である．また，短いところから愛称形で呼ばれることは比較的少ない．

スペイン

1. スペインには命名に関する法律はないが，カトリック教国であり，トリエント宗教会議での命名についての取り決めがよく守られている．今日でもマリアを女性の場合は第一名に，男性の場合でも第二名にもつ人が多い．しかし，あまりにもマリアという名の人が多くなり，今日では女性の名前は多様化しつつある．

2. 家族や友人は互いを次のような愛称で呼ぶ.

　　　　　正式名　　　　　　　　　　愛称形
　●女性名
　María　マリア　　　　　　　　Mari　マリ
　Ana　アナ　　　　　　　　　　Anita　アニータ
　Isabel　イサベル　　　　　　　Chabela　チャベラ
　Carmen　カルメン　　　　　　Carmina　カルミーナ, Carmela　カルメーラ
　Beatriz　ベアトリス　　　　　Betty　ベッティ
　●男性名
　Jorge　ホルヘ　　　　　　　　Jorgito　ホルヒート
　Pablo　パブロ　　　　　　　　Pablito　パブリート
　José　ホセ　　　　　　　　　　Pepe　ペペ
　Fernando　フェルナンド　　　Feña　フェーニャ
　Francisco　フランシスコ　　　Paco　パコ

3. 首都マドリッドを中心とする地域のカスティリア語, バルセロナを中心とする地域のカタルニア語, サンティアゴ・デ・コンポステーラがある西北部のガリシア語, ピレネー山脈のバスク地方のバスク語がある. メキシコ, アルゼンチン, チリ, その他かつてのスペインの植民地ではカスティリア語が使われている. 典型的な名前で示すと次のようなちがいがある.

カスティリア語	カタルニア語	ガリシア語	バスク語
●女性名			
María　マリア	Maria　マリア	María　マリア	Marien　マリエン
Isabel　イサベル	Isabel　イザベル	Sabela　サベラ	Elisa　エリサ
Margarita　マルガリータ	Margarida　マルガリーダ	Margarida　マルガリーダ	Margarita　マルガリータ
Dolores　ドローレス	Dolors　ドゥロース	Dóres　ドーレス	Nekane　ネカネ
Julia　フリア	Juli, Júlia　ジュリ,ジュリア	Xulio　シュリオ	Yuli　ユリ
●男性名			
Juan　ホアン	Joan　ジュアン	Xan　シャン	Ganix, Yon　ガニシュ,ヨン
Guillermo　ギリェルモ	Guillem　ギリェム	Guillelme　ギリェルメ	Gilamu　ギラム
Carlos　カルロス	Carles　カルラス	Carlos　カルロス	Xarles　シャルレス
Jaime　ハイメ	Jaume　ジャウマ	Xaime　シャイメ	Jakue　ヤクエ
Jorge　ホルヘ	Jordi　ジョルディ	Xurxo　シュルショ	Gorka, Jurgi　ゴルカ,ユルギ

4. スペイン語名とポルトガル語名の比較

スペイン語名とポルトガル語名は綴りが似ているので, 混同しがちであるが, 発音が異なることがある. 両言語における名前の例を示す.

　　　　　スペイン語名　　　　　　　ポルトガル語名
　●女性名
　María　マリア　　　　　　　　Maria　マリア
　Isabel　イサベル　　　　　　　Isabel　イザベル
　Margarita　マルガリータ　　　Margarida　マルガリーダ
　Dolores　ドローレス　　　　　Dolores　ドローレス

353

Julia	フリア	Júlia	ジュリア

●男性名

Juan	ホアン	João	ジュアゥン
Guillermo	ギリェルモ	Guilherme	ギリェルメ
Carlos	カルロス	Carlos	カルロス
Jaime	ハイメ	Jaime	ジャイメ
Jorge	ホルヘ	Jorge	ジョルジュ

デンマーク

1. デンマークでは命名にあたって，デンマーク国民教会（ルーテル派）の管掌機関である教会省が作成したカートテク（人名リスト）から名前を選ぶことになっている．リストにない名前をつけたい時は役所を通じて申請する．すると担当者は電話などで委員会（教会省とコペンハーゲン大学人名地名学研究所で構成）に問い合わせる．認可されれば電話などで通知されると同時に，その名がカートテクに登録される．この内容は適時公開されるとともに各役所の窓口にも省令形で通達される．近年ではキリスト教関係以外の名前はもちろん，外国の名前がそのまま認められる例が多い．

デンマークの名前　　　　　教会省が認める外国名

●女性名

Marie　マリーイ，Mia　ミア，
Mie　ミー，Misse　ミセ，
Maren　マーァン，Rie　リーイ

㊓ Maria　マリア
㊅ Mary　メアリー，Merry　メリー，Molly　モリー，Marilyn　マリリン，Polly　ポリー
㊏ Marietta　マリエッタ，Mimi　ミミ
㊍ Minna　ミナー

Katrine　カトリーネ，Karen　カーァン，Karna　カーナ，
Trine　トリーネ，
Tine　ティーネ

㊉ Kaja　カーヤ，Karin　カーリン，Karina　カリーナ
㊅ Kate　ケイト，Ketty　ケティー
㊚ Kathleen　キャスリーン
㊐ Katinka　カティンカ，Catja　カーチャ
㊍ Käthe　ケーテ
㊑㊉ Katrina　カトリーナ

●男性名

Johan　ヨーハン，Jon　ヨーン，
Jens　イェンス，Jes　イェス，
Hans　ハンス

㊆ Ian　イーアン，Jan　ヤーン
㊏ Jean　ジャン
㊅ John　ジョン，Jack　ジャック，Jackie　ジャッキー
㊐ Ivan　イワーン

Peder　ペーター，Per　ペア，
Petter　ペッター，Peiter　パイター，Pelle　ペレ

㊑ Pedro　ペドロ
㊒ Pietro　ピエトロ
㊆ Piet　ピエット，Pieter　ピーエター

元の言語の略称：㊓ギリシャ語　㊅英語　㊏フランス語　㊍ドイツ語　㊉ノルド語　㊚アイルランド語
㊐ロシア語　㊑スウェーデン語　㊎フィンランド語　㊆オランダ語　㊑スペイン語　㊒イタリア語

2. デンマークには人名に関する法律がある．姓として定着しているものを個人名として使うこと，男性名として定着しているものを女性名として使うこと，またその反対などは禁止されている．実際には男性名か女性名か判断しにくい例があるが，語末が -a の場合は女性名と考えてよい．世襲的名前であることを示す junior（ユーニョオ：略表記は jun.），Ⅰ，Ⅱ，Ⅲ などを使うことも禁止されている．

3. 北欧 4 国の比較

デンマーク	スウェーデン	ノルウェー	フィンランド
●女性名			
Marie　マリーイ	Maria　マリーア	Maria　マリア	Marja　マリャ
		Marie　マリー	Mari　マリ
			Maria　マリア
Ane　アーネ	Anna　アンナ	Anna　アナ	Anne　アンネ
			Anna　アンナ
			Anja　アニヤ
Margrethe　マーグレーテ	Margareta　マルグレータ	Marte　マーテ	Margareetta　マルガレータ
Elsebeth　エルセベート	Elisabet　エリサベート	Elise　エリーセ	Liisa　リーサ
Ellen　エレン	Helena　ヘレーナ	Helene　ヘレーネ	Elena　エレナ
●男性名			
Johan　ヨーハン	Jonas　ヨーナス	Jonas　ヨーナス	Joonas　ヨーナス
Jorgen　ヨーウェン	Göran　ヨーラン	Jorgen　ヨルゲン	Juha　ユハ
			Juhani　ユハニ
Anders　アナス	Anders　アンデシュ	Anders　アンデシュ	Anders　アンデシュ
			Antti　アンッティ
Henrik, Hendrik　ヘンリック	Henrik　ヘンリック	Henrik　ヘンリク	Henrikki　ヘンリッキ
Harald　ハーラル	Harald　ハーラルド	Harald　ハラール	────

ギリシャ

1. ギリシャは「ギリシャ正教」を国教とする国家であるため，命名の際には教会の要求に応える名前を用いることが理想的とされている．命名式は洗礼式に先立って行われる．

2. 伝統的に祖父母の名前をつける習慣が強く残っている．例えば女の子なら祖母の，男の子なら祖父の名前にする．自分の名前が孫につけられることは喜ばしいことで，祖父母が同名の孫に遺産を残す場合もある．このような事情から，父方，母方のどちらの祖父母の名前をつけるかをめぐって夫婦間で問題になることがある．

3. 同じ祖父母の名前が複数の孫に使用されることもある．そのような同名の従兄弟が複数いる場合，親族間では，「大」「中」「小」とか，「年上」「年下」とか，「1番目」「2番目」などをつけて区別する．例えば，「大ニコラオス」「中ニコラオス」などと呼ぶ．

4. 教会は伝統的に「なるべく聖人の名前」を用いる指導をしている．しかし，教会に強制力はなく，ギリシャ的な名前，ホメロスの神話や古典時代の名前を用いることが近年多くなっている．

ロシア

1. ロシア人の姓名は，個人名，父称名，姓の3つからなる．これを，敬意を込める場合，親しさを表現する場合など，いくつかに使い分ける．たとえばゴルバチョフ大統領（Mikhail Sergeyevich Gorbachev）を一般国民が呼ぶ場合，英語に言い換えれば President Gorbachev のように姓に称号や肩書きをつける．同僚や顔見知りを敬意をもって呼ぶときなどには Mikhail Sergeyevich という．このように日常的には姓を用いることは多くないが，先生が生徒を叱るときなどには姓を用いることがある．

共産主義革命以前は，特に身分の高い人に対してはゴスポディン・イワノフ（Gospodin Ivanov）とかゴスポジャ・イワノヴァ（Gospozha Ivanova）という敬称が使われた．Gospodin は「主人」，Gospozha は「女主人」を意味する言葉である．共産主義革命後は，男女ともに Tavarishch Ivanov とか Tavarishch Ivanova のように「同志」を意味するタヴァリシチ（Tavarishch）をつけて呼ぶことが一般的になった．共産主義時代が終わった今日では，特に金持ちに対する敬称として Gospodin や Gospozha が復活しつつある．

個人名	父称名	姓
●女性名		
Anna　アンナ	Pavlovna　パヴロヴナ	Pavlova　パヴロヴァ
Elena　エリェーナ	Ivanovna　イワノヴナ	Mikhailova　ミハイロヴァ
Natalya　ナターリャ	Antonovna　アントノヴナ	Chaikovskaya　チャイコフスカヤ
●男性名		
Vladimir　ウラディーミル	Il'ich　イルィーチ	Ul'yanov　ウリヤーノフ
Anton　アントーン	Pavlovich　パヴロヴィッチ	Chekhov　チェホフ
Fyodor　フョードル	Mikhailovich　ミハイロヴィッチ	Dostoyevsky　ドストエフスキー

2. ロシア人の個人名の幾つかには教会語形と一般ロシア語形と呼ばれるものがある．教会語とはロシア正教会の公式言語である教会スラヴ語のことであり，教会語形はギリシャ語形に最も近い形である．一般ロシア語とはロシア人の民衆語である．10か国対照表のロシア語名の欄では一般ロシア語形を先に，教会語形を後に挙げた．

教会語形	一般ロシア語形
●女性名	
Екатери́на(Ekaterina)　エカテリーナ	Катери́на(Katerina)　カテリーナ
Мари́я(Mariya)　マリーヤ	Ма́рья(Mar'ya)　マーリャ
Иоа́нна(Ioanna)　イオアーンナ	Ива́нна(Ivanna)　イワーンナ
Ири́на(Irina)　イリーナ	Ари́на(Arina)　アリーナ
Софи́я(Sofiya)　ソフィーヤ	Со́фья(Sof'ya)　ソーフャ
●男性名	
Иоа́нн(Ioann)　イオアーン	Ива́н(Ivan)　イワーン
Анто́ний(Antonij)　アントーニイ	Анто́н(Anton)　アントーン
Иа́ков(Iakof)　イアーコフ	Я́ков(Yakof)　ヤーコフ
Гео́ргий(Georgij)　ゲオールギイ	Ю́рий(Yurij)　ユーリイ
Фео́дор(Feodor)　フェオードル	Фё́дор(Fyodor)　フョードル

3. 家族やごく親しい間柄では個人の正式名は使わないのが普通である．正式名は一般的に，ビジネスの相手，初めての相手，手紙の相手などに対して用いられる．親しくなった相手には短縮形とか愛称形を使うのが普通で，親しい友人とか知人に正式名を使うのは，距離をおいた冷たさ，怒り，不満，皮肉を伝える場合などに限られる．ふつう，短縮形や愛称形は，一般ロシア語形の語幹から作られる．

愛称形にはいくつかあり，短縮形，愛称形，卑小形と分けられる．短縮形はふつう友人間で使われ，最も一般的な呼び方である．愛称形は特に自分の子どもに対して使うのが典型的な例である．卑称形は召使いなどに使う呼び方である．

正式名	短縮形	愛称形	卑称形
●女性名			
Анна(Anna) アーンナ	Аня(Anya) アーニャ	Анечка(Anechka) アーネチカ	Анька(An'ka) アーニカ
Екатерина(Ekaterina) エカテリーナ	Катя(Katya) カーチャ	Катенька(Katen'ka) カーテンカ	Катька(Kat'ka) カーティカ
Елизавета(Elizaveta) エリザヴェータ	Лиза(Liza) リーザ	Лизнька(Lizn'ka) リーズニカ	Лизька(Liz'ka) リージカ
Марья(Mar'ya) マーリャ	Маша(Masha) マーシャ	Машенька(Mashen'ka) マーシェンカ	Машька(Mash'ka) マーシカ
Софья(Sof'ya) ソーフャ	Соня(Sonya) ソーニャ	Сонечка(Sonechka) ソーネチカ	Сонька(Son'ka) ソーニカ
●男性名			
Иван(Ivan) イワーン	Ваня(Vanya) ワーニャ	Ванюшка(Vanyushka) ワニューシカ	Ванька(Van'ka) ワーニカ
Пётр(Pyotr) ピョートル	Петя(Petya) ペーチャ	Петенька(Peten'ka) ペーチェンカ	Петька(Pet'ka) ペーチカ
Дмитрий(Dmitrij) ドミートリイ	Митя(Mitya) ミーチャ	Митенька(Miten'ka) ミーチェンカ	Митька(Mit'ka) ミーチカ
Михаил(Mikhail) ミハイール	Миша(Misha) ミーシャ	Мишенька(Mishen'ka) ミーシェンカ	Мишька(Mish'ka) ミーシカ
Николай(Nikolaj) ニコラーイ	Коля(Kolya) コーリャ	Коленька(Kolen'ka) コーリェンカ	Колька(Kol'ka) コーリカ

チェコ

1. チェコでは名前は原則として人名リストから選ぶことになっている．

2. カレンダーには，それぞれの日に聖人の名が記されていて，好みに応じて自分の「名の日（聖人の日）」を決めることができる．誕生日とはできるだけ離れた日を選ぶ傾向にある．親や親戚，友だちなどに祝ってもらえる日が適当に離れていて，楽しい機会が多くもてるからである．

3. 共産党の政権下でも命名に関してはあまり大きな変化はなかったが，イヴァーン(Ivan)とかウラディーミル(Vladimir)などロシア的な名前が増えた．

4．チェコ人の名前ベスト・テン（1999年調べ）
　　　●女性名　　　　　　　●男性名
　1．Tereza　テレザ　　　　Jan　ヤン
　2．Kateřina　カテルジナ　　Jakub　ヤクブ
　3．Michaela　ミハエラ　　　Tomáš　トマーシュ
　4．Nikola　ニコラ　　　　Martin　マルティン
　5．Kristýna　クリスティーナ　Lukáš　ルカーシュ
　6．Veronika　ヴェロニカ　　Michal　ミハル
　7．Lucie　ルツィエ　　　　David　ダヴィド
　8．Anna　アナ　　　　　　Dominik　ドミニク
　9．Barbora　バルボラ　　　Petr　ペトル
　10．Adéla　アデーラ　　　　Jiří　イジー

5．チェコ人名の愛称形
　　　●女性名　　　　　　　　　　　愛称形
　Kateřina　カテルジナ　　Katka　カトカ, Káča　カーチャ
　Barbora　バルボラ　　　Bára　バーラ, Barunka　バルンカ
　Marie　マリエ　　　　　Maruška　マルシュカ, Mána　マーニャ
　Anna　アナ　　　　　　Anička　アニチカ, Andulka　アンドルカ
　Jana　ヤナ　　　　　　Jani　ヤニ, Janička　ヤニチカ
　　　●男性名
　Jan　ヤン　　　　　　　Honza　ホンザ, Jenda　イェンダ
　Karel　カレル　　　　　Kája　カーヤ, Karlík　カルリーク
　Josef　ヨセフ　　　　　Pepa　ペパ, Jozan　ヨジャン
　Petr　ペトル　　　　　Péta　ペータ, Petříček　ペトゥジーチェック
　Tomáš　トマーシュ　　　Tom　トッマ, Tomík　トミーク

　　愛称形はいろいろあって，一概に規則を引きだすのは容易ではない．しかし，男女ともに短縮形に -ka, -ička を付けて愛称形を作ることが多い．また男性名の愛称形には -ek, -ik, -iček, -anek をつけたものが多い．

　　男性には Jaroslav, Miroslav, Miloslav という名前の人が多いが，愛称はすべてスラーヴェク（Slávek）である．また，Jaromir, Slavomir, Drahomir, Cestmir の愛称形はすべてミレック（Mirek）である．

ハンガリー

1．ハンガリー国民は，ハンガリー科学アカデミーの言語学研究所が作成した2710の公式の人名リストの中から名前を選ぶ．そのリスト外から選ぶ場合は同言語学研究所の承認を得なければならない．このリストは時代とともに更新されるが，最近の更新は1997年であった．

2．近年では，年間650の新しい名前の許可申請がなされ，そのうち50パーセントが認められ，30～40パーセントが綴りを変えるだけで認められ，10～20パーセントが却下される．外国語起源の名前の場合はハンガリー語の発音や綴りに合ったものに変えなければ

ならない．
　例：Henry → Henrik，　John → János，　Elisabeth → Elizabet，　Erzsébet

3．ハンガリー人は，日本人と同じように姓を先に書き，個人名を後に書くのが普通である．しかし，外国に住むハンガリー人やハンガリーに住む外国人，他民族のハンガリー人は，姓や個人名の順番は自由に選ぶことができる．ハンガリー人の約60パーセントがカトリック教徒，プロテスタントが約40パーセント，13の民族がいる．ハンガリー人は，名前を複数もっている例があり，キリスト教徒の場合は必ず1つはキリスト教的な名前を入れるのが伝統である．

4．性転換手術によって性が変わった場合には名前も変えなければならない．

5．人気のある名前上位10傑

　　　　1976年調べ　　　　　　　　1996年調べ
　●女性名
　Kristina　クリスティナ　　　Alexandra　アレクシャンドラ
　Andorea　アンドレア　　　　Vivien　ヴィヴィエン
　Katalin　カタリン　　　　　Viktória　ヴィクトーリア
　Szilvia　シルビア　　　　　Dóra　ドーラ
　Zsuzsanna　ジュジャンナ　　Nikolett　ニコレット
　Mónika　モーニカ　　　　　Fanni　ファニ
　Tímea　ティーメア　　　　　Eszter　エステル
　Éva　エーバ　　　　　　　　Barbara　バルバラ
　Ildik　イルディック　　　　Anna　アンナ
　Erika　エリカ　　　　　　　Klaudia　クラウディア
　●男性名
　Zoltán　ゾルターン　　　　　Dávid　ダーヴィド
　László　ラースロー　　　　　Dániel　ダーニエル
　Gárbor　ガーボル　　　　　　Tamás　タマーシュ
　Attila　アッティラ　　　　　Bence　ベンツェ
　Zsolt　ジョルト　　　　　　Péter　ペーテル
　István　イシュトヴァーン　　Ádám　アーダーム
　Tamás　タマーシュ　　　　　Márk　マールク
　Péter　ペーテル　　　　　　László　ラースロー
　József　ヨージェフ　　　　　Zoltán　ゾルターン
　Csaba　チャバ　　　　　　　Kristián　クリスティアーン

参考文献

　本書を著わすに当たっては，キリスト教の各種聖書（本文の引用では原則として新共同訳），シェイクスピア全集をはじめ，多くの資料を利用した．なかでも特によく参考にしたのは，次のものである．また，読者の皆さんがヨーロッパ人の名前についてさらに深く調べたいと思われたとき，入手しやすいものという観点から選んだものでもある．

辞典・事典

岩波書店編集部編『西洋人名辞典』（増補版）（岩波書店，1981）
加藤常昭他編『キリスト教人名辞典』（日本基督教団出版局，1986）
下中邦彦編『世界史事典』（平凡社，1967）
高津春繁著『ギリシア・ローマ神話辞典』（岩波書店，1960）
寺澤芳雄主幹『英語語源辞典』（研究社，1997）
東郷正延他編『研究社露和辞典』（研究社，1989）
日比野丈夫編『世界史年表』（第5版）（河出書房新社，1979）
村川堅太郎・江上波夫編『世界史小辞典』（第2版）（山川出版，1978）
ウォーカー，B. G. 編/山下主一郎他訳『神話・伝承事典』（大修館書店，1983）
フリース，A. de 編/山下主一郎主幹，荒このみ他訳『イメージ・シンボル事典』（大修館書店，1983）
ホール，J. 編/高階秀爾監修『西洋美術読解事典』（河出書房新社，1988）
Bosworth, Joseph, and Thomas Northcote Toller, eds. *An Anglo-Saxon Dictionary*. London: Oxford Univ. Press, 1989.
Farmer, David Hugh. *The Oxford Dictionary of Saints,* 2nd ed. Oxford: Oxford Univ. Press, 1978.
Glare, P. G. W., ed. *Oxford Latin Dictionary*. Oxford: Clarendon Press, 1982.
Goets, Philip W., et al., eds. *Britannica*. 15th ed. Chicago: Encyclopaedia Britannica, Inc., 1995.
Guirand, Felix, ed. *New Larousse Encyclopedia of Mythology*. New Ed., Trans. Richard Aldington and Delano Ames. London: The Hamlyn Publishing Group Limited, 1968.
Kittel, Gerhard, and Gerhard Friedrich, eds. *Theological Dictionary of the New Testament*. Trans. Geoffrey W. Bromiley. Grand Rapids: William B. Eardmans Publishing Company, 1985.
Klein, Earnest. *A Comprehensive Etymological Dictionary of the English Language*. Unabridged one-volume ed. Amsterdam: Elsevier Publishing Company, 1971.
Liddell, H. G., and Robert Scott, comp. *A Greek-English Lexicon*. Rev. and aug. Henry Stuart Jones. Oxford: Clarendon Press, 1968.
Soukhanov, Anne H., et al., eds. *The American Heritage Dictionary of the English Language*. 3rd ed. Boston: Houghton Mifflin, 1992.
Wimmer, Otto, and Hartmann Melzer. *Lexikon Der Namen und Heiligen*. Insbruck. Tyrolia-Verlag, 1988.

名前に関する辞典・事典，その他

コメイ，J. 編/関谷定夫監訳『旧約聖書人名事典』（原書房，1996）
ブラウンリッグ，R. 編/別宮貞徳監訳『新約聖書人名事典』（原書房，1995）

Drosdowski, Günther. *Lexikon der Vornamen.* Mannheim: Dudenverlag, 1974.
Dunkling, Leslie, and William Gosling. *The New American Dictionary of Baby Names.* New York: Penguin Books, 1983.
Hanks, Patrick, and Flavia Hodges. *A Dictionary of Surnames.* Oxford: Oxford Univ. Press, 1988.
――――. *A Dictionary of First Names.* Oxford: Oxford Univ. Press, 1990.
Gottschald, Max. *Deutsche Namenkunde.* Berlin: Walter de Gruyter, 1982.
MacLysaght, Edward. *The Surnames of Ireland.* 5th ed. Dublin: Irish Acadenuc Press, 1980.
O'Corrain, Donnchadh, and Fidelma Maguire. *Gaelic Personal Names.* Dublin: The Academy Press, 1981.
Reaney, P. H. *A Dictionary of British Surnames.* 2nd ed. London: Routledge & Kegan Paul, 1976.
Room, Adrian. *NTC's Classical Dictionary: The Origins of the Names of Characters in Classical Mythology.* Lincolnwood: National Textbook Company, 1990.
Tibón, Gutierre. *Diccionario Etymologico Comparado de Nombres Propios de Persona.* Mexico: Fondo de Cultura Economica, 1986.
Turner, Barbara Kay. *Baby Names for the '90s.* New York: The Berkley Publishing Group, 1991.
Unbegaun, B. O. *Russian Surnames.* Oxford: Clarendon Press, 1972.
Vidal, Jordi Bas i. *Diccionario de los Nombres de Persona.* Barcelona: Vecchi, S. A., 1991.
Warnant, Léon. *Dictionnaire de la Prononciation Française.* Gembloux: J. Duculot, S. A., 1966.
Weitershaus, Friedrich-Wilhelm. *Das Große Lexikon der Vornamen.* München: Mosaik Verlag, 1992.
Withycombe, E. G. *The Oxford Dictionary of English Christian Names.* 3rd ed. Oxford: Oxford Univ. Press, 1977.

歴史・言語・文学・神話・伝承, その他
〈単行本〉
石井美樹子著『王妃エレアノール』(平凡社, 1988)
石川栄作訳『ニーベルンゲンの歌――構成と内容』(郁文堂, 1992)
尾崎　義著『北欧語のはなし』(大学書林, 1984)
風間喜代三著『ことばの生活誌』(平凡社, 1987)
――――『ことばの身体誌』(平凡社, 1990)
門脇　清・大柴　恒著『日本語聖書翻訳史』(新教出版社, 1983)
木村正史著『英米人の姓名――由来と史的背景』(弓書房, 1980)
――――『続英米人の姓名――由来と史的背景』(弓書房, 1997)
国本哲男他訳『ロシア原初年代記』(名古屋大学出版会, 1987)
島岡　茂著『ロマンス語の話』(大学書林, 1970)
菅原邦城著・解説『ゲルマン北欧伝説――ヴォルスンガ・サガ』(東海大学出版会, 1979)
高橋通浩著『世界の民族地図』(作品社, 1994)
高山　博著『地中海世界とシチリア王国』(東京大学出版会, 1993)
中村喜和訳『ロシア中世物語集』(筑摩書房, 1970)
浜崎長寿著『ゲルマン語の話』(大学書林, 1976)
前島儀一郎著『英仏比較文法』第3版(大学書林, 1986)
――――『英独比較文法』第4版(大学書林, 1987)

森安達也編『東方キリスト教会の世界』(山川出版社, 1991)
────『スラヴ民族と東欧ロシア』(山川出版社, 1986)
アインハルドゥス&ノトケルス著/国原吉之助訳『カルロス大帝伝』(筑摩書房, 1988)
アームストロング, K. 著/高尾利数訳『神の歴史』(柏書房, 1995)
ヴォラギネ, J. de 著/前田敬作他訳『黄金伝説』〔Ⅰ, Ⅱ, Ⅲ, Ⅳ〕(人文書院, 1979)
ヴュルトヴァイン, E. 著/鍋谷堯爾・本間敏雄訳『旧約聖書の本文研究』(日本基督教団出版局, 1997)
クロス, F. M. 著/輿石　勇訳『カナン神話とヘブライ叙事詩』(日本基督教団出版局, 1997)
シュラーダー, O. 著, H. クラーエ改訂/風間喜代三訳『インド・ヨーロッパ語族』(クロノス, 1977)
ストレム, F. 著/菅原邦城訳『古代北欧の宗教と神話』(人文書院, 1982)
ダンテ著/平川祐弘訳『神曲』(河出書房新社, 1992)
デュブロン, A. 著/田辺　保翻訳監修『サンティアゴ巡礼の世界』(原書房, 1992)
デュメジル, G. 著/松村一男訳『神々の構造　印欧語三区分イデオロギー』国文社, 1987.
────『ゲルマンの神々』松村一男訳, 国文社, 1993.
ネッケル, V. G. &H. クーン他編/谷口幸男訳『エッダ──古代北欧歌謡集』(新潮社, 1973)
バンヴェニスト, E. 著/前田耕作訳監『インド・ヨーロッパ諸制度語彙集』〔Ⅰ, Ⅱ〕(言叢社, 1986)
プリニウス著/中野定雄他訳『プリニウスの博物誌』3巻(雄山閣出版, 1986)
ペトラルカ, F. 著/池田　廉訳『カンツォニエーレ』(名古屋大学出版会, 1992)
モッセ, G. L. 著/佐藤卓己・佐藤八寿子訳『ナショナリズムとセクシュアリティ』(柏書房, 1996)
モービー, J. E. 著/堀田郷弘訳『世界歴代王朝王名総覧』(原書房, 1993)
モリスン, M. & S. F. ブラウン著/秦　剛平訳『ユダヤ教』(青土社, 1994)
ロリス, G. de & J. ド・マン著/見目　誠訳『薔薇物語』(未知谷, 1995)
ワイングリン, J. 著/鍋谷堯爾監修, 鍋谷堯爾・宮崎　茂訳『実践旧約ヘブル語文法』(いのちのことば社, 1996)

Asser. *Alfred the Great*. Trans. Simon Keynes and Michael Lapidge. London: Penguin Books, 1983.
Chadwick, Nora. *The Celts*. London: Penguin Books, 1971.
Baugh, Albert C., and Thomas Cable. *A History of the English Language*. London: Routledge& Kegan Paul, 1980.
Bede. *Ecclesiastical History of the English People*. Trans. Leo Sherley-Price. Rev. R. E. Latham. London: Penguin Books, 1990.
Comnena, Anna. *The Alexiad of Anna Comnena*. Trans. E. R. A. Sewter. London: Penguin Books, 1969.
Davidson, H. R. Ellis. *Gods and Myths of Northern Europe*. London: Penguin Books, 1964.
Demostenes. "Philipics" Vol. 1 of *Demostenes*. Ed. G. P. Goold. Trans. J. H. Vince. Cambridge, Massachusetts: Loeb Classical Library, 1930.
Gantz, Jeffrey, trans. *Early Irish Myths and Sagas*. London: Penguin Books, 1981.
Gregory of Tours. *The History of Franks*. Trans. Lewis Thorpe, London: Penguin Books, 1974.
Moody, T. W., and F. X. Martin, eds. *The Course of Irish History*. Rev. ed. Cork: Mercier Press, 1984.
Spencer, Edmund. *The Faerie Queene*. Ed. Thomas P. Roche, Jr., Middlesex: Penguin Books, 1978.
Stone, Brian. Trans. *Sir Gawain and Green Knight*. London: Penguin Books, 1974.
Sturluson, Snorri. *Edda*. Trans. Anthony Faulkes. London: J. M. Dent & Sons Ltd, 1992.
_____. *King Harald's Saga*. Trans. Magnus Magnusson and Hermann Palsson, London:

Penguin Books, 1966.

＿＿＿＿＿. *Heimskringla*: Part 2 Sagas of the Norse Kings. 3rd ed. Trans. Samuel Laing. New York: Everyman's Library, 1961.

Xenophon. *Cyropaedia*. 2vols. Trans. Walter Miller. Cambridge, Massachusetts: Loeb Classical Library, 1932.

〈文庫本・新書類〉

相良守峯訳『ニーベルンゲンの歌』〔前・後〕（岩波文庫，1955）
朝倉文市著『修道院』（講談社新書，1995）
飯塚信雄著『フリードリッヒ大王』（中公新書，1993）
泉井久之助著『ヨーロッパの言語』（岩波新書，1968）
井上浩一著『生き残った帝国ビザンティン』（講談社現代新書，1990）
江村　洋著『ハプスブルク家』（講談社現代新書，1990）
木村尚三郎著『西欧文明の原像』（講談社学術文庫，1988）
高津春繁著『比較言語学入門』（岩波文庫，1992）
田中克彦著『名前と人間』（岩波新書，1996）
橋口倫介著『十字軍』（岩波新書，1974）
――――『十字軍騎士団』（講談社学術文庫，1994）
増田四郎著『ヨーロッパとは何か』（岩波新書，1967）
村松　剛著『ジャンヌ・ダルク』（中公新書，1967）
山形孝夫著『聖書の起源』（講談社現代新書，1976）
山之内靖著『マックス・ウェーバー入門』（岩波新書，1997）
エル＝アバディ，M. 著/松本慎二訳『古代アレクサンドリア図書館』（中公新書，1991）
カエサル著/近山金次訳『ガリア戦記』（岩波文庫，1942）
ゲーテ，J. W. von 著/相良守峯訳『ファウスト』〔上・下〕（岩波文庫，1958）
ジークフリート，A. 著/鈴木一郎訳『ユダヤの民と宗教』（岩波新書，1967）
スエトニウス著/国原吉之助訳『ローマ皇帝伝』（岩波文庫，1986）
スコット，W. 著/菊地武一訳『アイヴァンホー』〔上・下〕（岩波文庫，1964）
タキトゥス著/泉井久之助訳『ゲルマーニア』（岩波文庫，1979）
――――/国原吉之助訳『年代記』〔上・下〕（岩波文庫，1981）
ティエリ，J. N. A. 著/小島輝正訳『メロヴィング王朝史話』〔上・下〕（岩波文庫，1992）
ハールマン，H. 著/田中克彦訳『現代ヨーロッパの言語』（岩波新書，1985）
プルタルコス著/村川堅太郎訳『プルタルコス英雄伝』〔上・中・下〕（ちくま文庫，1987）
フレイザー，J. G. 著/永橋卓介訳『金枝篇』〔一〕（岩波文庫，1951）
ヘロドトス著/松平千秋訳『歴史』〔上・中・下〕（岩波文庫，1971）
ホメロス著/松平千秋訳『イリアス』〔上・下〕（岩波文庫，1992）
――――『オデュッセイア』〔上・下〕（岩波文庫，1994）
マロリー，T. 著/厨川文夫・圭子訳『アーサー王の死』（ちくま文庫，1986）
ミルトン，J. 著/平井正穂訳『失楽園』〔上・下〕（岩波文庫，1981）
ラエルティオス，D. 著/加来彰俊訳『ギリシア哲学列伝』（岩波文庫，1984）
ラングランド，W. 著/池上忠弘訳『農夫ピアズの幻想』（中公文庫，1993）
ルソー，J＝J. 著/今野一雄訳『エミール』（岩波文庫，1962）

# 英和対照表

英和対照表

* 本書に出てくる人名の，原綴またはそのローマ字表記と対応するカタカナ表記を一覧にした．
* 配列はローマ字表記のアルファベット順．
* 複数の綴りがある場合は，並記したものもある．

Aaron	アロン	Alain, Alan	アラン	Ambrosios	アンブロシオス
Abbey, Abbie, Abby	アビー	Alanus	アラヌス	Ambrosius	アンブロシウス
Abe	エイブ	Alberich	アルベリヒ	Americi	アメリチ
Abigail	アビガイル, アビゲイル	Albert	アルバート	Amerighi	アメリギ
Abraham	アブラハム	Albrecht	アルブレヒト	Amerigo	アメリゴ
Abram	アブラム	Aldemar	アルデマール	Amy	エイミー
Adalbert	アダルベルト	Alec	アレック	Ana	アナ
Adalmar	アダルマール	Aleksandr	アレクサーンドル	Anastasia	アナスタシア
Addie	アディー	Aleksandra	アレクサーンドラ	Anastasios	アナスタシオス
Adela	アデラ			Anastasius	アナスタシウス
Adelaide	アデレード	Aleksej	アレクセーイ	Anastasiya	アナスタシーヤ
Adele	アデール	Aleksij	アレクシーイ	Anders	アナス
Adelheid	アーデルハイト	Alen	アレン	Andersen	アナスン, アンデルセン
Adelia	アデリア	Alenin	アリェーニン	Andersen, Anderson	アナスン, アンデソン
Adelie	アデリー	Alenov	アリェーノフ	André	アンドレ
Adelina	アデリーナ	Alex	アレックス	Andreas	アンドレ, アンドレアス
Adeline	アデリーン	Alexa	アレクサ		
Adelmar	アデルマール	Alexander	アレクサンダー	Andreasson	アンドレアスン, アンドレアッソン
Adhémar	アデマール	Alexandra	アレクサンドラ		
Adi	アディ	Alexandros	アレクサンドロス	Andrej	アンドリェーイ
Adidas	アディダス			Andresen	アンドレーセン, アンドレスン
Adolf	アードルフ	Alexios	アレクシオス		
Adolfo	アドルフォ	Alexis	アレクシス	Andrew	アンドリュー
Adonay	アドナイ	Alexius	アレクシウス	Andrik	アーンドリク
Adonia	アドニア	Alfonso	アルフォンソ	Andromache	アンドロマケ
Adonijah	アドニヤ	Alfred	アルフレッド	Andromeda	アンドロメダ
Adonis	アドニス	Algaut	アルガウト	Andronikos	アンドロニコス
Adrian	エイドリアン	Alice	アリス	Andryusha	アンドリューシャ
Aemilia	アエミリア	Alienor	アリエノール		
Aemilianus	アエミリアヌス	Alison	アリスン	Andy	アンディ
Aemilius	アエミリウス	Alonso	アロンソ	Angus	アンガス
Aemulia	アエミュリア	Alonzo	アロンゾ	An'ka	アーニカ
Aeneas	アエネアス	Alvin	アルヴィン	Ann	アン
Afonso	アフォンソ	Alvina	アルヴィーナ	Anna	アーンナ, アンナ
Agape	アガペ	Alya	アーリャ	Annabel	アナベル
Agatha	アガサ	Alyona	アリョーナ	Annabeth	アナベス
Aggie	アギー	Alyonka	アリョーンカ	Anna-Lisa	アナ=リサ
Agnes	アグネス, アニェス	Alyonov	アリョーノフ	Annamarie	アナマリー
Ahab	アハブ, エイハブ	Alyosha	アリョーシャ	Ann-Barbara	アン=バーバラ
Ailmer	アイマー	Amabel	アマベル		
Aimer	アイマー	Amadeus	アマデウス	Anne	アン, アンヌ
Airt	アート	Amand	アマンド	Ansaldi	アンサルディ
Al	アル	Amanda	アマンダ	Ansaldo	アンサルド
		Amandus	アマンドゥス	Ansaud, Ansault	アンソー
		Amata	アマータ		

Ansemund	アンセムント	Baldhard	バルトハルト	Bess, Beth	ベス
Ansgar, Anskar	アンスガル	Baldman	バルトマン	Bettina	ベッティーナ
Ansger	アンスゲル	Baldulf	バルドゥルフ	Betty	ベティ
Anshelm	アンセルム	Baldwin	バルトウィン	Betty-Ann	ベティ=アン
Ansmod	アンズモット	Baldwin, Boldwin	ボードウィン	Bill	ビル
Answald	アンスヴァルト			Billie, Billy	ビリー
Anthea	アンシア	Barbara	バーバラ, バルバラ	Birgitta	ビルギッタ
Anthony	アンソニー, アントニー, アントニウス	Barbara-Ann	バーバラ=アン	Björn	ビェーン, ビョーン, ビョルン
Antoine	アントワン	Barbie	バービー	Bob	ボッブ
Antoinette	アントワネット	Barbra	バーブラ	Bobbie, Bobby	ボビー
Anton	アントーン	Barnaba	バルナバ	Boleslav	ボレスラフ
Antonia	アントニア	Barny	バーニィ	Boris	ボリース, ボリス
Antonietta	アントニエッタ	Bart, Bert	バート	Borislav	ボリスラーフ
Antonij	アントーニイ	Bartholomaios	バルトロマイ	Borisov	ボリーソフ
Antonio	アントニオ	Bartholomew	バーソロミュー	Borsche	ボルシェ
Antonius	アントニウス	Bartlemy	バートルミー	Borschke	ボルシュケ
Anu	アヌー	Bartle	バートル	Borzig	ボルツィヒ
Anushka	アヌーシカ	Bartlett	バートレット	Brecht	ブレヒト
Anya	アーニャ	Basileios	バシレイオス	Breen	ブリーン
Aongus, Aonghas	エインガス	Bat	バット	Brian, Brien	ブライアン
Archibald	アーチボルド, アーヒバルト	Bates	ベイツ	Brian, Briand, Briant, Briend	ブリアン
Arigo	アリゴ	Bathsheba	バト・シェバ	Bridgit	ブリジット
Arina	アリーナ	Baudouin	ボードワン	Brighid	ブリード
Arminius	アルミニウス	Becca	ベッカ	Brigit	ブリギット
Arnald, Arnauld, Arnold	アーノルド	Becky	ベッキー	Brigitta	ブリギッタ
Arnall, Arnell	アーナル	Bekki	ベッキ	Brigitte	ブリギッテ, ブリジット
Arnauld, Arnaud, Arnaut	アルノー	Belita	ベリータ	Brine	ブライン
Arnet	アーネット	Ben, Benn	ベン	Brunfrid	ブルンフリート
Arnoldus	アルノルドゥス	Benedict, Benedicto	ベネディクト	Brunhard	ブルンハルト
Arnoll	アーノル	Benedictus	ベネディクトゥス	Brunhild	ブルンヒルト, ブルンヒルド
Arnot, Arnott	アーノット	Beneit	ベネイト	Brünnhilde	ブリュンヒルデ
Arthur	アーサー	Bengt	ベンクト	Brunold	ブルノルト
Artio	アルティオ	Benito	ベニト	Brunwart	ブルンヴァルト
Artorius	アルトリウス	Benjamin	ベニヤミン, ベンジャミン	Bryan	ブライアン
Aube	オーブ	Bennet, Bennett	ベネット	Brynhild	ブリュンヒルド
Auber, Aubert	オーベール	Benny	ベニー		
Aubert	オーバート, オーベール	Benoit	ブノア	**C**addy, Caddie	キャディー
Aubrey	オーブリー	Bent	ベント	Caesar	カエサル
Audrey	オードリー	Bents, Benz	ベンツ	Cainnech	カナフ
Augustin	オーガスティン	Bernard	バーナード, ベルナール, ベルナルド	Campbell, Campbell	キャンベル
Augustinus	アウグスティヌス	Berndt	ベルント	Camble	キャンブル
Augustus	アウグストゥス	Bernet	バーネット	Cameron	キャメロン
Aylmer	アイルマー	Bernhard, Bernhart	ベルンハルト	Canice	カニス
		Berny	バーニィ	Canisius	カニシウス
Baal	バアル	Bertram	バートラム	Caoimhín	クイヴィーン
Bab	バブ	Bertran	バートラン, ベルトラン	Caren	カレン
Babette	バベット	Bertrand	バートランド	Carin	カリン
Baldarich	バルダリヒ			Carlo	カルロ
Balder	バルデル			Carlotta	カルロッタ
				Carmea	カルメア
				Carmela	カルメラ

英和対照表

Carmelia	カルメリア	Christophorus	クリストフォルス	Constantinos	コンスタンティノス
Carmelina	カルメリーナ	Christos	クリストス	Constantinus	コンスタンティヌス
Carmen	カルメン	Chrystal	クリスタル		
Carmencita	カルメンシータ	Chuck	チャック	Constantius	コンスタンティウス
Carmina	カルミナ	Church	チャーチ		
Carmine	カルミネ	Churchill	チャーチル	Constanza	コンスタンツァ
Carol	キャロル	Churchyard	チャーチヤード	Copo	コポ
Carola	カローラ	Ciarán	キアラン	Cormac	コーマック
Carole	カロール	Cicco	チッコ	Cornelia	コーネリア, コルネリア
Carolina	カロリーナ	Cinaed	クネード		
Caroline	カロリーネ, キャロライン	Cindi, Cindie	シンディ	Cornelius	コルネリウス
		Cino	チノ	Corney, Cornie	コーニー
Carolyn	キャロリン	Cinzia	チンツィア	Crystal	クリスタル
Carrie	キャリー	Clara	クララ	Cú Chulainn	ク・ホリン
Cassandra	カッサンドラ	Claudia	クラウディア	Cumhaill	クール
Caterina	カテリーナ	Claudius	クラウディウス	Cyndy	シンディ
Catherine	カトリーヌ, キャサリン	Claudiya	クラーウディヤ	Cynthia	シンシア
Cathrine	カトリーヌ	Clémance	クレマーンス	Cynthy, Cynthie	シンシィ
Ceallagh	ケアリ	Clemence, Clemens	クレメンス	Cyril, Cyrille	シリル
Cedric	セドリック				
Cerdic	セルディク	Clemenceau	クレマンソー	**D**affey	ダフィー
Chad	チャド	Clement	クレメント	Dafydd	ダヴィッド
Chapelin	チャペリン	Clementia	クレメンティア	Dag	ダーグ
Chaperlin	チャパリン	Clementine	クレメンタイン	Daimler	ダイムラー
Chaplain	チャプレン	Cleopatra	クレオパトラ	Daisy	デイジー
Chaplin	チャプリン	Clovis	クロヴィス	Dan	ダン
Chapling	チャプリング	Cohen	コーエン	Dana	ダーナ
Chappell	チャッペル	Cokkie	コキー	Danae	ダナエ
Charity	チャリティ	Cole, Coll	コール	Dandy	ダンディ
Charlemagne	シャルルマーニュ	Colette	コレット	Danell, Dannel	ダネル
		Colin	コリン	Dangel	ダンゲル
Charles	チャールズ, シャルル	Collins	コリンズ	Dangle	ダングレ
		Colman	コールマン	Daniau	ダニオー
Charlie, Cherlie	チャーリー	Columba	コルンバ	Daniel, Danielle	ダニエル
Charlot, Charlotte	シャーロット, シャルロッテ, シャルロット	Columbanus	コルンバヌス	Danille	ダニル
		Columbus	コロンブス	Danite	ダニート
		Como	コモ	Danny	ダニー
Chatty	チャッティ	Con	コン	Danu	ダヌー
Che	チェ	Conall	コナル	Darwin	ダーウィン
Chepe	チェペ	Conan	コナン	David	ダヴィド, ダビデ, デイヴィッド
Chione	キオネ	Conchobar	コンホバル		
Chip	チップ	Connally	コナリー	Davis	デイヴィス
Chlothilde	クロティルデ	Connelly	コネリー	de Gaulle	ド・ゴール
Chris	クリス	Connie, Conny	コニー	Debbie	デビー
Christian	クリスチャン	Connolly	コノリー	Deborah	デボラ
Christie	クリスティ	Connor	コナー	Debra	デブラ
Christina	クリスティーナ	Connys	コニーズ	Dela	デーラ
Christóbal	クリストバル	Conrad	コンラッド	Demeter	デメテル
Christoffer	クリストフェル	Constance	コンスタンス	Demetrios	デメトリオス
Christofolo	クリストフォロ	Constant	コンスタント	Demosthenes	デモステネス
Christoph, Christophe	クリストフ	Constantia	コンスタンティア	Deniau	デニオー
		Constantin	コンスタンティーン	Denise	ドゥニーズ
Christopher	クリストファ			Deniset	ドゥニーゼ
Christophoros	クリストフォロス	Constantine	コンスタンティ	Denisot	ドゥニーゾ

367

Denisovich	デニーソヴィチ	
Dennell	デネル	
Dennis, Denys	ドニー	
Dereck	デレック	
Derek, Deric	デリク	
Derinda, Derenda	デリンダ	
Dewey	デューイ	
Diana	ダイアナ, ディアナ	
Diane	ディアンヌ	
Diane, Dianne	ダイアン	
Dick	ディック	
Dicken, Dickin	ディッキン	
Dickens	ディケンズ	
Diderick	ディーデリク	
Dido	ディードー	
Diebald	ディーバルト	
Diego	ディエーゴ	
Diepold	ディーボルト	
Diesel	ディーゼル	
Dietrich	ディートリヒ, ディエトリーヒ	
Dima	ディーマ	
Dimitrij	ディミートリイ	
Dinah	ディナ	
Diocletianus	ディオクレティアヌス	
Diogenes	ディオゲネス	
Diomedes	ディオメデス	
Dionysos, Dionyusos	ディオニュソス	
Dionyusios	ディオニュシオス	
Diotima	ディオティマ	
Dirk	ダーク, ディルク	
Dixon	ディクスン	
Dmitrij	ドミートリイ	
Dob	ドブ	
Dodge	ドッジ	
Dohms	ドームス	
Dolie, Dolly	ドリー	
Doll	ドル	
Dolores	ドローレス, ドロレス	
Domhnall	ドーナル	
Dominus	ドミヌス	
Don	ドン	
Dona	ドナ	
Donald	ドナルド	
Donaldina	ドナルディーナ	
Donella	ドネラ	
Donette	ドネット	
Donnell	ダネル	
Donny	ドニー	
Dorothea	ドロテア	
Dorothy	ドロシー	
Dotty	ドッティ	
Earl, Earle	アール	
Ed	エッド	
Edgar	エドガー	
Edith	イーディス	
Edmond, Edmund	エドマンド	
Edna	エドナ	
Edred	イードレッド	
Edward	エドワード	
Edwin	エドウィン	
Egbert	エグバート	
Egorij	エゴーリイ	
Eiason	エイアソン	
Eire	エイレ	
Eireen	エイリーン	
Eirene	エイレネ	
Eithne	エニェ	
Ekaterina	エカテリーナ	
El	エル	
Elaine	エレイン	
Eleana	エリーナ	
Eleanor	エレアノール, エレナー	
Elen, Ellen	エレン	
Elena	エリェーナ, エレナ	
Eleonora	エレオノーラ	
Éléonore	エレオノール	
Elias	エリアス	
Elie	エリー	
Elijah	エライジャ, エリヤ	
Elimelech	エリメレク	
Eliot	エリオット	
Elis	エリス	
Elisa	エリーサ	
Elisabeth	エリーザベト, エリザベス, エリサベット, エリザベト	
Elisabetta	エリザベッタ	
Elisaveta	エリサヴェータ	
Eliza	イライザ	
Elizabeth	エリザベス	
Elizaveta	エリザヴェータ	
Elma	エルマ	
Elmar, Elmer	エルマー	
Elohim	エロヒム	
Emelye	エメリエ	
Emil	エミル	
Émile	エミール	
Emilia	エミリア	
Emilio	エミリオ	
Emily	エミリー	
Emmanuel	エマニュエル, イマヌエル	
Ena	エナ	
Endrici	エンドリチ	
Enrico	エンリコ	
Enya	エンヤ	
Erin	エリン	
Ernald, Ernold	アーノルド	
Errichi	エッリキ	
Errigo	エッリゴ	
Ervin	アーヴィン	
Erwin	アーウィン	
Erzsébet	エルジェーベト	
Esteban, Estevan	エステバン	
Estelle, Ester	エステル	
Estephano	エステファーノ	
Esther	エスター	
Ethelbald	エゼルバルト	
Ethelbert	エゼルバート	
Etheldreda	エゼルドレダ	
Ethelfleda	エゼルフレダ	
Ethelgiva	エゼルギヴァ	
Ethelred	エゼルレッド	
Ethelwerd	エゼルワード	
Ethelwulf	エゼルウルフ	
Étienne	エティエンヌ	
Etna	エトナ	
Eude	ウード	
Everard	エヴェラード	
Everett	エヴェレット	
Evert	エヴァート	
Everwin	エヴァウィン	
Fähn	フェーン	
Fai	フェイ	
Faith	フェイス	
Farris	ファリス	
Faust	ファウスト	
Fausta	ファウスタ	
Faustulus	ファウストゥルス	
Faustus	ファウストゥス	
Fearghas	ファーガス, ファリス	
Federico	フェデリコ	
Felicia	フェリシア	
Felicity	フェリシティ	
Felipe	フェリペ	
Felix	フェリクス	
Feodor	フェオードル	
Feodosij	フェオドーシイ	
Ferd	ファード	
Ferdinand	ファーディナンド, フェルディナント	
Ferdinando	フェルディナンド	
Ferenc	フェレンツ	
Fergus	ファーガス	
Fernández	フェルナンデス	

英和対照表

Fernando	フェルナンド	Friedmann	フリートマン	Godfrey	ゴッドフリー
Fernant	フェルナン	Friedrich	フリードリヒ, フリードリッヒ	González	ゴンザレス
Ferris	フェリス			Gonzalo	ゴンザーロ
Fifi	フィーフィ	Frigg	フリッグ	Gorgen	ゴルゲン
Fifine	フィフィーヌ	Fyodor	フョードル	Gottbert	ゴットベルト
Filippo	フィリッポ			Gottfried	ゴットフリート
Fingal	フィンガル	**G**abriel	ガブリエル	Gotthelm	ゴットヘルム
Finlay	フィンレイ	Gail, Gaile	ゲイル	Gotthild	ゴットヒルト
Finn	フィン	Gall	ガル	Gough	ゴー
Finnabair	フィナバー, フィナバール	Gallo	ガロ	Grace	グレイス
		Garbo	ガルボ	Greg	グレッグ
Finnbarr	フィンバー	Garda	ガーダ	Gregoire	グレゴワール
Finnian	フィニアン	Garret	ガレット	Gregoli, Gregori	グレゴリ
Finola	フィノーラ	Gaule, Gualle	ゴール	Gregor	グレゴール
Fiona	フィオナ	Gauthild	ガウトヒルド	Gregorio	グレゴリオ
Fionn	フョン	Gautrek	ガウトレク	Gregorios	グレゴリオス
Fionnan	フョナン	Gauvain	ゴヴァン	Gregorius	グレゴリウス
Fionnuala	フィオヌーラ	Gauwain	ガワン	Gregory	グレゴリー
Fiontan	フョンタン	Gavin	ガヴァン	Gregson	グレッグスン
Fiora	フィオーラ	Gawain	ガウェイン	Greig	グリッグ
Fiore	フィオーレ	Gawen	ガワン	Greta	グレタ
Fisher	フィッシャー	Gaynor	ゲイナー	Gretchen	グレートヒェン, グレートヘン
Fitzgerald	フィッツジェラルド	Gellion	ジェリアン		
Fitzwalter	フィッツウォルター	Geoffrey	ジョフリー	Grete	グレーテ
		Geoffroi	ジョフロア	Gretel	グレーテル
Flann	フラン	Georg	ゲオルク	Grig, Grigg	グリッグ
Fleury	フルーリ	George	ジョージ	Griggs	グリッグス
Flora	フローラ	Georgij	ゲオールギイ	Grigorij	グリゴーリイ
Florence	フローレンス	Georgina, Giorgina	ジョルジーナ	Grim, Grimm	グリム
Florentia	フロレンティア			Grimbald	グリムバルト
Florentius	フロレンティウス	Georgios	ゲオルギオス, ヨルギオス	Grimbert	グリムベルト
				Grime	グライム
Florian	フローリアン	Georgius	ゲオルギウス	Grimhard	グリムハルト
Florianus	フロリアヌス	Gerald	ジェラルド	Grimhild	グリームヒルド
Florinda	フロリンダ	Gerard	ジェラード, ジェラール	Grimmer	グリム, グリメル
Fominov	フォミノフ			Grimwald	グリムワルト
Fomkin	フォムキン	Gerd	ゲアド, ゲルド	Grobert	グロベルト
Fonso	フォンソ	Gerda	ゲアダ	Groger	グローガー
Fonzo	フォンゾ	Giacomo	ジャコモ	Grubert	グルベルト
Francesco	フランチェスコ	Gill	ギル, ジル	Gucha	グーチャ
Francis	フランシス	Gilla	ギラ	Gudrun	グズルーン
Franciscus	フランキスクス	Gillian	ジリアン	Guglielma	グリエルマ
François	フランソア	Gilpatrick	ギルパトリック	Guglielmo	グリエルモ
Frank	フランク	Gina	ジーナ	Guillaume	ギョーム
Franklin	フランクリン	Giorgi, György	ジョルジ	Guille	ギル
Franz	フランツ	Giorgina	ジョルジーナ	Guillermo	ギジェルモ, ギレルモ
Frederick	フレデリク	Giotto	ジオット		
Frederico	フレデリコ	Giovanni	ジョヴァンニ	Guillot	ギヨー
Frederik	フレデリク	Giulia	ジュリア	Guillotin	ギヨタン
Frenz	フレンツ	Giuliano	ジュリアーノ	Guinevere	グウィネヴィア
Frey	フレイ	Giulietta	ジュリエッタ	Guinness	ギネス
Freya	フレイア	Gleb	グリェーブ	Gunder	グナー
Fried	フリート	Glegori	グレゴリ	Gundisalvus	グンディサルブス
Friedland	フリートラント	Gloria	グローリア		
Friedman	フリードマン	Gloriana	グローリアーナ	Gunhild	グンヒルド
		Godfroi	ゴドフロア	Gunnar	グンナル

369

Gunne	グンネ	Helga	ヘルガ, ヘルゲ	Hob	ホッブ
Gunter, Gunther	グンテル	Helios	ヘリオス	Hodge	ホッジ
Günther	ギュンテル	Helma	ヘルマ	Hrothgar	フロースガール
Gunz	グンツ	Helmine	ヘルミネ	Hubert	ヒューバート
Gunzel	グンツェル	Helmut	ヘルムート	Huget	ヒュゲット
Gürg	ギュルク	Hendric, Hendrick	ヘンドリク	Huggin	ヒュギン
Gurij	グーリイ			Hugh	ヒュー
Gustav	グスタフ	Hennessy	ヘネシー	Hughes	ヒューズ
Gutzlaff	ギュツラフ	Henri	アンリ	Hugo	ユーゴー
Gwatkin	ガトキン	Henricus	ヘンリクス	Hugon	ヒュガン
Gwendolen	グウェンドレン	Henrietta	アンリアッタ	Hugues	ユーグ
Gwenhwyfar	グウェンヒヴァ	Henriette	アンリエット, ヘンリエッテ	Humbert	フンバート
Gwyn	グウィン	Henrik	ヘンリク	Humphrey	ハンフリー
		Henrike	ヘンリーケ	Hurle	ハール
Habel	ハベル	Henrique	エンリケ		
Hadassah	ハダサ	Henry	ヘンリー	Iacopo	イァコボ
Hadrianus	ハドリアヌス	Hepburn	ヘボン, ヘップバーン	Iago	イァーゴ
Haime	ハイメ			Iakob	イアーコフ
Hal	ハル	Heraud, Herault	エロー	Iesous	イエスス
Hamish	ハミッシュ	Hermann	ヘルマン	Igor'	イーゴリ
Hammarberg	ハンマルベリ	Hernán	ヘルナン	Ilarij	イラーリイ
Hammarborn	ハンマーボーン	Hernando	ヘルナンド	Ilariya	イラーリヤ
Hammarfeldt	ハンマルフェルト	Herold, Heroldt	ヘロルト	Il'ich	イリイッチ
		Hibbert	ヒッバート	Iliya	イリアー, イリーヤ, イリヤー
Hammargren	ハンマグレン	Hick	ヒック		
Hammarlind	ハンマリンド	Hieronymus	ヒエロニムス	Il'ya	イルィヤー
Hammarlund	ハンマルンド	Higgins	ヒギンズ	Ilyosha	イリョーシャ
Hammarskjörd	ハンマショルド	Higonnet	イゴーネ	Ilyushin	イリューシン
		Higounet	イグーネ	Immanuel	イマヌエル, インマヌエル
Hammerlind	ハンマルリンド	Hilaire	イレール		
		Hilari	イラリ	Ing	イング
Hank	ハンク	Hilaria	ヒラリア	Ingalls	インガルス
Hanna, Hannah	ハンナ	Hilarion	ヒラリオン	Inge	インジ
Hannek	ハンネク	Hilarius	ヒラリウス	Ingeborg	インゲボルグ
Hannibal	ハンニバル	Hilary	ヒラリー	Ingelger	インゲルゲル
Hans	ハンス	Hild	ヒルド	Inger	インゲル
Harald	ハーラル, ハラール, ハーラルド	Hilda	ヒルダ	Ingham	インガム
		Hildburg	ヒルドブルク	Ingram	イングラム
Hariet	ハリエット	Hilde	ヒルデ	Ingrid	イングリッド
Harold	ハロルド	Hildebert	ヒルデベルト	Ingvar	イングヴァ, イングヴァール
Harris	ハリス	Hildebrand	ヒルデブラント		
Harrison	ハリスン	Hildebrecht	ヒルデブレヒト	Ingward	イングヴァード
Harrod	ハロッド	Hildefons	ヒルデフォンス	Ioann	イオアン
Harry	ハリー	Hildegard	ヒルデガルト	Ioannes	イオアンネス, ヨアニス
Havel	ハベル	Hildegarde	ヒルデガルデ		
Heather	ヘザー	Hildeger	ヒルデゲル	Ira	イーラ
Hecate	ヘカテ	Hildemar	ヒルデマール	Irena	イリーナ, イリェーナ
Heidi	ハイジ	Hildemut	ヒルデムート	Irene	アイリーン, イリーネ, イレーヌ, イレネ
Heine	ハイネ	Hilderich	ヒルデリヒ		
Heineken	ハイネケン	Hildesheim	ヒルデスハイム	Iris	アイリス
Heinke	ハインケ	Hildisvin	ヒルディスヴィン	Irvin	アーヴィン
Heinrich	ハインリヒ	Hildyard	ヒルドヤード, ヒルドヤルト	Irving	アーヴィング
				Irwin	アーウィン
Helen	ヘレン	Hillary	ヒラリー	Isaac	アイザック, イサク
Helena	ヘレーナ, ヘレナ	Hismeria	ヒスメリア	Isabel	イサベル
				Isabella	イザベラ

370

Isabelle	イザベル	Johannes	ヨハンネス	Kathe	カーテ
Isaiah	アイゼイア, イザヤ	Johannes-Paulus	ヨハネ=パウロ	Käthe	ケーテ
Ishtal	イシュタル			Katherein	カトライン
Ishmael	イシュマエル	John	ジョン, ヨハネ	Kat'ka	カーティカ
Israel	イスラエル	Jonathan	ジョナサン, ヨナタン	Katya	カーチャ
Istvan	イシュトヴァーン			Katyusha	カテューシャ
Iuliano	ユリアーノ	Jörg	イェルク	Katz	カッツ
Ivan	イワーン	Jorge	ジョルジュ, ホルヘ	Kealey, Keely	キーリー
Ivanushka	イワヌーシカ	Jørgensen	ヨーウェンスン	Kelle	ケレ
		Josefa	ホセファ	Kelley, Kelly	ケリー
Jack	ジャック	Josep	ホセプ	Ken	ケン
Jackie	ジャッキー	Joseph, Josèph, Joséphe	ジョセフ, ヨセフ, ヨーゼフ	Kena	ケナ
Jacob	ジェイコブ, ヤコブ			Kenia	ケニア
Jacqueline, Jacquelyn	ジャクリーン, ジャクリン	Josephine	ジョセフィーヌ	Kennedy	ケネディ
		Joshua	ジョシュア, ヨシュア	Kenneth	ケネス
Jago	ハーゴ			Kennice	ケニス
Jaime	ハイメ	Jozef	ヨゼフ	Kenny	ケニー
James	ジェイムズ	József	ヨーゼフ	Kenza	ケンザ
Jan	イアン	Juan	フワン	Kepa	ケパ
Jane	ジェイン	Judah	ユダ	Kester	ケスター
Janet, Jeannette	ジャネット	Judas	ユダス	Kevin	ケヴン
		Jude	ジュード	Kiley	キリー
Janos	ヤーノシュ	Judith	ジュディス, ユディト	Kilpatrick	キルパトリック
Jarl	ヤール	Judy, Judie	ジュディ	Kirch	キルヒ
Jaroslav	ヤロスラフ	Jules	ジュール	Kirila	キリーラ
Jaroslava	ヤロスラバ	Julia	ジュリア, ユリア	Kirill	キリール
Jaroslaw	ヤロスワフ	Julian, Julianne, Julien, Julianx, Julyanx	ジュリアン	Kirk, Kirke	カーク
Jason	イアソン, ヤソン			Kirkham	カーカム
Jean	ジャン			Kirkland	カークランド
Jeanne	ジャンヌ	Juliana	ジュリアナ	Kirkwood	カークウッド
Jean-Paul	ジャン=ポール	Julianus	ユリアヌス	Kitty	キット, キティ
Jeff	ジェフ	Julie	ジュリー	Kleeman	クレーマン
Jefferson	ジェファスン	Juliet	ジュリエット	Klein	クライン
Jeffery, Jeffrey	ジェフリー	Julio	フリオ	Klement	クレメント
Jehane	ジェハンヌ	Julius	ユリウス	Klemenz	クレメンツ
Jehovah	ジェホヴァ	Julus	ユールス	Klemet	クレメット
Jennifer	ジェニファー	Juno	ユーノー	Klemps	クレムプス
Jerzy	イェジー	Jupiter	ユピテル	Klemt	クレムト
Jesse	エッサイ	Jürgen	ユルゲン	Kliemchen	クリームヒェン
Jesus	イエス, イエズス, ジーザス	Jürgens	ユルゲンス	Klim	クリム
		Justinianus	ユスティニアヌス	Kliment	クリミェーント
Jill	ジル			Klimentij	クリィミェーンティー
Jillian	ジリアン	Jutte	ユッテ		
Jim	ジム			Klimt	クリムト
Jimmy	ジミー	**K**alman	カールマン	Konr	コン
Jiří	イジー	Karen	カレン	Konrad	コンラート
Joan	ジョーン	Karin	カリン	Konstantin	コンスタンティーン
Joana	ジョアナ	Karl	カール		
Joanna	ジョアンナ	Karlos	カルロス	Konstantinos	コンスタンティノス
Joannes	ジョアンヌ, ヨアンネス	Katarina	カタリーナ		
		Katen'ka	カーテンカ	Konstantsiya	コンスターンツィア
Jock	ジョック	Katerina	カテリーナ, カテリナ		
Jodie	ジョディ			Kosten'ka	コーステンカ
Johana	ジョハナ	Katharina	カタリーナ, カタリナ	Kostya	コースチャ
Johann	ヨハン			Kriemhild	クリームヒルト
Johanna	ヨハンナ	Käthchen	ケートヒェン	Krubert	クルベルト

Kruger	クルーガー	Louis	ルイ	Manny	マニー
Kudrun	クードルーン	Louisa	ルイーザ	Manoel	マノエル
Kyrillos	キュリロス	Louise	ルイーズ	Manuel	マヌエル
Kyrios	キュリオス	Luca	ルカ	Manus	メイナス
Kyrke	カーク	Lucas	ルカス	Manya	マーニャ
Kyros	キュロス	Lucia	ルチア	Maquarie	マクォーリー
		Lucilla	ルキッラ, ルチッラ	Marcel	マルセル
Laura	ラウラ	Lucille	リュシル, ルシール	Marcello	マルチェロ
Laurant	ローラン	Lucina	ルキナ	Marcellus	マルケッルス
Laure	ローラ	Lucina	ルシーナ	Marcia	マルキア
Lauren	ローレン	Lucinda	ルシンダ	Marcia, Marsha, Masha
Laurence	ラウレンティウス, ローレンス	Lucius	ルキウス		マーシャ
		Lucy	ルーシー	Marcus	マルクス
Lawrence	ローレンス	Ludwig	ルートヴィヒ	Mareya	マーレヤ
Laurent	ローラン	Luise	ルイーゼ	Margaret	マーガレット
Laurenti	ロレンティ	Luitpold	ロイトポルト	Margareta	マルガレータ, マルガレタ
Laurentius	ラウレンティウス	Lukas	ルーカス		
Laurenzi	ロレンツィ	Luke	ルーク, ルカ	Margery	マージェリー
Lauretta	ローレッタ	Lulu	ルールー	Margot	マルゴ
Lauriane	ローリアン	Lurina	ルリナ	Margrete	マルグレーテ
Lauricia	ラウリキア	Luther	ルーテル, ルーサー	Marguerite	マルグリット
Laurus	ラウルス			Maria, Mariá	マライア, マリア, マリーア
Leah	リーア, レア	**M**abel	メイベル		
Lenin	レーニン	Macaire	マケール	Marianne	マリアンヌ
Leo	レオ	MacArthur	マッカーサー	Marianne	マリアンネ
Leon	レオン	MacDavitt	マクダヴィット	Marianne	マリアン
Leona	レオーナ	MacDevitt	マクデヴィット	Marie	マリー
Leonora	レオノーラ	MacDonald	マクドナルド	Marilyn	マリリン
Leopold	レオポルド	MacDonnell	マクダネル	Marina	マリーナ
Leupold	ロイポルド	MacGregor, McGregor	マクレガー	Marinda	マリンダ
Levi	レヴィ			Marion	マリアン
Lewis	ルーイス	Madde	マッド	Mariya	マリーヤ
Lillian	リリアン	Madeleine	マドレーヌ	Marjorie	マージョリー
Lily, Lillie	リリー	Madelin	マドレン	Mark	マーク, マルコ
Lina	リーナ	Mades	マデース	Markos	マルコス
Linda	リンダ	Madge	マッジ	Marlene	マルレーネ, マレーネ
Linde	リンデ	Madison	マディスン		
Lindgren	リンドグレン	Madonna	マドンナ	Marlin	マーリン
Lisa	リーサ	Mael	モエル	Mars	マルス
Liz	リズ	Maffeo	マフェオ	Martin	マルタン, マルティン
Lloyd	ロイド	Magdala	マグダラ		
Llyewelyn	ルーアリン	Magdalene	マグダレネ	Martina	マルティナ
Lo	ロ	Maghnus	マーナス	Martinus	マルティヌス
Loius	ルイ	Magnus	マグヌス	Marton	マルトン
Lora	ローラ	Maire	マイレ	Marutha	マルタ
Lorant, Lorent	ローラン	Mairin	マイリーン	Marvin	マーヴィン
Lorcan	ルーカン	Makar	マカール	Marx	マルクス
Lord	ロード	Makarenko	マカレンコ	Mary	マリア, メアリー
Lorenzo	ロレンツォ	Makarios	マカリオス	Mar'ya	マーリヤ
Lori, Lolly	ローリ	Makarov	マカロフ	Marylou	マリルー
Lorita	ロリータ	Mala	マーラ	Mashen'ka	マーシェンカ
Lothar	ロータル	Malcom	マルコム	Massei	マッセイ
Lother	ロータール	Malin, Malyn	マーリン	Matiau, Mathieu	マティウ
Lotte	ロッテ	Malina	マリーナ	Mateos	マテオス
Lottie	ロッティ	Mamie	メイミー	Matfij	マトフィーイ
		Man'ka	マーニカ	Mathiess	マティース

Mathilda, Matilda	マティルダ	Miklos	ミクロス	Ness	ネス
Mathilde	マティルデ	Mikola	ミコーラ	Nessie	ネッシー
Matiewe	マティーヴェ	Mikolaj	ミコラーイ, ミコワイ	Niall	ニアール
Matkin	マトキン			Niccolo	ニッコロ
Mattathias	マッタティアス	Mikolas	ミコラス	Nicholas	ニコラス
Matten	マッテン	Mikula	ミクーラ	Nicholaus	ニコラウス
Matteo	マテオ	Mikulas	ミクラス	Nick	ニック
Matthaeus	マタエウス	Mina	ミーナ	Nicklasson	ニックラッソン
Matthaios	マッタイオス	Minna	ミンナ	Niclasson	ニクラッソン
Matthäus	マテーウス	Miranda	ミランダ	Niclas	ニークラス
Matthew	マシュー, マタイ	Miriam	ミリアム	Nico, Nicot	ニコ
Matthias	マサイアス, マッティアス	Miroslav	ミロスラーフ	Nicol, Nicole	ニコル
		Misha	ミーシャ	Nicola	ニコラ
Matthiesel	マティーゼル	Mitchell	ミッチェル	Nicolette	ニコレット
Mattison	マッティスン	Mithra, Mithras	ミトラ	Nicolo	ニコロ
Mattisse	マティス	Mitrij	ミートリイ	Nielsen, Nilsen, Nilssen	ニルセン, ネルスン
Mattithyah	マッティティア	Mitya	ミーチャ		
Matton	マットン	Modes	モデース	Nikanor	ニカノル
Matvej	マトヴェーイ	Moira	モイラ	Nike	ニケ
Maud, Mauld	モード	Moll	モル	Nikephoros	ニケフォロス
Maudlin	モードリン	Molly	モリー	Nikki	ニッキ
Maura	モーラ	Molly-Polly	モリー=ポリー	Niklasson	ニクラッソン
Maureen, Maurin	モーリーン	Moses	モーセ	Nikodemos	ニコデモス
		Motz	モッツ	Nikola	ニコーラ
Maximilian	マクシミリアン	Moyra	モイラ	Nikolaisen, Nikolaysen	ニコライセン
May	メイ	Musso	ムッソ		
McAline	マクアリン	Mussolini	ムッソリーニ	Nikolaj	ニコラーイ
McAllan	マクアラン			Nikolaos	ニコラオ, ニコラオス
McDade	マクデイド	**N**aaman	ナアマン		
McEllan, McKellan	マケラン	Nadal	ナダル	Nikomachos	ニコマコス
		Naemi	ナエミ	Nikopia	ニコピア
McGuinness	マクギネス	Nana	ナナ	Nils	ニルス
McKenzie	マッケンジー	Nancy	ナンシー	Nilsen, Nilssen	ニルセン
McNeale, McNeil, McNeille	マクニール	Naomi	ナオミ, ネイオミ	Nilsson, Nilssonn	ニルソン
		Nat	ナット	Nilus	ニールス
Mechthild	メヒティルト	Natalia	ナタリア	Nina	ニーナ
Meg	メッグ	Natalie	ナタリー	Nisot	ニゾ
Megan	メーガン	Nataliya	ナターリヤ	Nix	ニクス
Melissa	メリッサ	Natal'ya	ナターリャ	Njáll, Njál	ニアール
Mercedes	メルセデス	Natan	ネイタン	Noël	ノエル
Mercy	マーシー	Natasha	ナターシャ	Noeleen, Noeline	ノエリーン
Mervin, Mervyn	マーヴィン	Nate	ネイト		
		Nathaniel	ナタニエル, ナタン, ネイサン	Noella	ノエーラ
Merwyn	マーウィン			Noelle	ノエール
Meryl	メリル	Natty	ナッティ	Nora	ノーラ
Methodios	メトディオス	Nebuchadnezzar	ネブカドネツァル	Nowell, Nowill	ノウェル
Mich	ミック			Nusan	ニューサン
Michael	マイケル, ミカエル	Ned	ネッド	Nusen	ニュースン
Michele, Michelle	ミシェール, ミシェル	Neil	ニール, ネイル		
		Nelia	ネリア	**Ó** Brian, Ó Bryan	オ・ブリアン
Michen	ミーヒェン	Nelius	ネリウス		
Mickey	ミッキー	Nell	ネル	Ó Cinnéidigh	オ・キネディ
Mike	マイク	Nella	ネラ	Ó Coileain	オ・クィライン
Mikhail	ミハイール	Nellie, Nelly	ネリー	Ó Conghalaigh	オ・コノリー
Mikhajla	ミハーイラ	Nelson	ネルスン		
		Neset	ニゼ	Ó hAonghusa	オヘインガサ

373

O' Neil	オ・ニール	
Ó Néill	オ・ネール	
Ó Ríagháin, Ó Riain	オ・リーアーン	
Oberon	オベロン	
Obert	オベルト	
Obrecht	オブレヒト	
Od	オード	
Odin	オーディン	
Odo	オドー	
Olbricht	オルブリヒト	
Oleg	オリェーク	
Ol'ga	オーリガ	
Oliver	オリヴァー	
Olivia	オリヴィア	
Olivier	オリヴィエ	
Osborn	オズボーン	
Oscar	オスカー	
Oskar	オスカル	
Osmond	オズモンド	
Oswald	オズワルド	
Oswin	オズウィン	
Otto	オットー	
Owen	オーウェン	
Pablino	パブリーノ	
Pablo	パブロ	
Paddy	パディ	
Pádraig	パドリッグ	
Palmer	パーマー	
Palya	パーリャ	
Panagia	パナイア	
Paolino	パオリーノ	
Parkinson	パーキンスン	
Parmenas	パルメナ	
Parthenope	パルテノペ	
Pascal	パスカル	
Pasha	パーシャ	
Pasteur	パストゥール	
Pastor	パスター, パストル	
Pat	パット	
Pat-Joe	パット=ジョー	
Paton	ペイトン	
Patricia	パトリシア	
Patricius	パトリキウス	
Patrick, Pátraic	パトリック	
Patroclos	パトロクロス	
Patterson	パタースン	
Patton	パットン	
Patty	パティ	
Paul, Paulo	パウロ, ポール	
Paula	パウラ	
Paulina	パウリナ	
Pauline	ポーリーヌ, ポーリーン	
Paulino	パウリーノ	
Paulinus	パウリヌス	
Paulus	パウルス	
Pavel	パーヴェル, パヴェル	
Pavlusha	パヴルーシャ	
Pavlushka	パヴルーシカ	
Payton	ペイトン	
Pearson	ピアスン	
Pedro	ペードロ, ペドロ	
Pedrorino	ペドロリーノ	
Peg	ペッグ	
Peggie	ペギー	
Pepa	ペパ	
Pepe	ペペ	
Pepita	ペピータ	
Pepito	ペピート	
Pere	ペレ	
Peres, Perez	ペレス	
Perkins	パーキンス, ペルキン	
Perun	ペルーン	
Peter	ピーター	
Petersen	ピーターセン, ピータースン	
Petr	ペートル	
Petracco	ペトラッコ	
Petrarca	ペトラルカ	
Petrarch	ペトラーク	
Petros	ペテロ, ペトロ	
Petrus	ペトルス	
Peyton	ペイトン	
Phil	フィル	
Philip	フィリップ	
Philippe	フィリップ	
Philippos	フィリッポス, フィリポ	
Phoebe	フィービ	
Phoibe	ポイベ	
Pico	ピコ	
Piedro	ピエドロ	
Pierce	ピアース, ピエルチェ	
Pierin	ピエリン	
Piero, Pierron	ピエロ	
Pierre	ピエール	
Piers	ピアズ	
Pierson, Pirsson	ピアスン	
Pietro	ピエトロ	
Pip	ピップ	
Plutarch	プルターク	
Plutarchos	プルタルコス	
Poimen	ポイメン	
Polina	ポリーナ	
Polly	ポリー	
Pollyann	ポリアン	
Pollyanna	ポリアンナ	
Polo	ポーロ	
Pool	プール	
Porsche	ポルシェ	
Powell	パウエル	
Prochoros	プロコロ	
Rachael, Raquel	ラケル	
Rachel	ラシェル, ラケル, レイチェル	
Rachelle	ラシェル,	
Rachele	ラケレ	
Radolf	ラードルフ	
Rahel	ラヘル	
Ralph	ラルフ	
Ranald	ラナルド	
Randal	ランダル	
Randolf	ランドルフ	
Randy	ランディ	
Raoul, Raul	ラウル	
Raphael	ラファエル	
Reagan	リーガン, レーガン	
Reah	レア	
Reba	レーバ	
Rebeca, Rébecca	レベカ	
Rebecca	リベカ, レベッカ	
Reginald	レジナルド	
Renata	レナータ	
Renato	レナート	
Renatus	レナトゥス	
Renault	ルノー	
René, Renée	ルネ	
Renzi	レンツィ	
Reprobus	レプロブス	
Reynold	レノルド	
Riagan	リァガーン, リーアーン	
Rian	ライアン	
Ricard	リカール	
Ricardo	リカルド	
Richard	リシャール, リチャード, リヒャルト	
Rob	ロブ	
Robert	ロバート, ロベール	
Roberta	ロバータ	
Robin	ロビン	
Roderick	ロードリク	
Rodorigo	ロドリーゴ	
Roger	ロジャー	
Rogier	ロジェール	
Roland	ローランド	
Rollo	ロロ	
Rolls	ロールス	
Romanov	ロマーノフ	
Ron	ロン	
Ronald	ロナルド	
Ronnie, Ronny	ロニー	
Rosalin, Rosaline, Rosalyn,		

英和対照表

Rosalynn	ロザリン	Sergio	セルジオ	Staffen	シュタッフェン
Rosalind	ロザリンド	Serries	ゼリース	Stefan	ステファーン, シュテファン
Rosamund	ロザマンド	Seryoga	セリョーガ		
Rose	ローズ	Seryozha	セリョージャ	Stefano, Stephanos	ステファノ
Roseanne	ロザンヌ	Shalom	シャロム		
Rosemary	ローズマリー	Shane	シェーン	Stefen	シュテーフェン
Rosenberg	ローゼンバーグ	Shapiro	シャピロ	Steff	シュテッフ
Royce	ロイス	Sharley	シャーリー	Steffel	シュテッフェル
Royze	ロイゼ	Sharlotte	シャーロット	Steffen, Stöffen	シュテッフェン
Ruben	ルベン	Sharon, Sharron	シャロン		
Rudolf	ルードルフ	Sharona	シャローナ	Steffend	シュテッフェント
Ruggiero	ルッジェーロ	Sharonda	シャロンダ	Stefl	シュテッフル
Ruprecht	ループレヒト	Shelley, Shellie, Shelly, Sherry	シェリー	Stella	ステラ
Ruth	ルツ			Sten'ka	ステーンカ
Ruthann, Ruthanne	ルースアン	Shlomov	シュロモフ	Stepan	ステパーン
		Sholem	ショレム	Stephan	シュテファン, ステファン
Ruthella	ルセラ	Shulem	シュレム		
Ruthetta	ルセッタ	Shura	シューラ	Stephanie	シュテファニー
Ruthie	ルーシー	Shurka	シュールカ	Stephanos	ステファノス
Ruthina	ルシーナ	Shylock	シャイロック	Stephanus	ステファヌス
Ryan	ライアン	Siebert	ジーベルト	Stephen, Steven	スティーヴン
Ryurik	リューリク	Siebold	ジーボルト		
		Siebrand	ジーブラント	Stepp	シュテップ
Saint-Denis	サン=ドゥニ	Sieger	ジーゲル	Sternbaum	シュテルンバウム
Saint-Laurant	サン=ローラン	Siegfried	ジークフリート	Sternberg	シュテルンベルク
Salaman	ザラマン	Sieghard	ジークハルト	Sternblitz	シュテルンブリッツ
Salamon	ザラモン	Siegmeyer	ジークマイアー		
Sally	サリー	Sif	シフ	Sternbuch	シュテルンブーフ
Sallyann	サリアン	Sifrit	ジーフリト		
Salmond	サルモンド	Sigi	シギ	Sternfeld	シュテルンフェルト
Salome	サロメ	Sigmund	シグムンド		
Sammon	サモン	Sigurd	シグルド	Stjepan	スティエパン
Sammond	サモンド	Silvester	シルウェステル	Stoffer	ストファー
Samuel	サムエル	Silvia	シルヴィア	Stofler	ストフラー
Sander	サンダー	Simeon	シメオン	Strongbow	ストロングボー
Sandra	サンドラ	Simon	サイモン, シモン	Sue	スー
Sandy	サンディ	Simond	シモンド	Sulla	スッラ
Sanya	サーニャ	Simone	シモーヌ, ジモーネ	Sullivan	サリヴァン
Sarah	サラ	Simpson	シンプスン	Susan	スーザン
Sarah-Ann	サラ=アン	Simson	シムスン	Susanna, Susannah	スザンナ
Sarai	サライ	Soff	ゾッフ		
Sasha	サーシャ	Soffeil	ゾッフェル	Susanne	スザンネ
Saul	サウル	Soffge	ゾフゲ	Susie	スージー
Schwartz	シュヴァルツ	Sofiya	ソフィーヤ	Suzanne	スザンヌ
Seamus	シェイマス	Sof'ya	ソーフャ	Sven	スヴェン
Sean	シァーン, ショーン	Solomon	ソロモン	Svenberg	スヴェンベア
Searlait	シャーレット	Sonichka	ソーネチカ	Svenbjorn	スヴェンビョーン
Sebastian	セバスチャン	Son'ka	ソーニカ		
Selene	セレネ	Sonya	ソーニャ	Svenby	スヴェンビュ
Selina	セリーナ	Sonyushka	ソーニュシカ	Svendsen	スヴェンスン
Serge	セルジ	Sophia	ソフィア, ゾフィア, ソフィーア	Svenhard	スヴェンハー
Sergej	セルギェーイ			Sveningsen	スヴェニンスン
Sergeus	セルゲウス, セルギェーイ	Sophie	ゾフィー	Svyatoslav	スヴァトスラーフ
		Sophy	ソフィー		
Sergij	セールギイ	Sorries	ゾリース	Sylvester	シルヴェスター
		Stacy	ステイシー		

375

Tandy　タンディ
Tasha　ターシャ
Ted　テッド
Teddy　テディ
Telly　ティリー
Tennyson　テニスン
Thees　テース
Theesing　テージング
Thelma　セルマ
Theobald　テオバルト
Theodoa, Theodore　セオドア
Theodora　テオドラ
Theodoric, Theodric　セオドリク, テオドリク
Theodoros　テオドロス
Theotokopoulos　セオトコプロス
Theotokos　セオトコス
Theresa　テレサ
Theuderic　テウデリク
Theuss　テウス
Thibaud, Thibout, Tibault　ティボー
Thidrek　ティードレク
Thomalin　トマリン
Thomas　トマス
Thomasin　トマシン
Thombleson　トンブルスン
Thompkin　トムキン
Thomsen, Thompsen　トムセン
Thomson, Thompson　トムスン
Thor　トール
Thorbjörn　トービョーン
Thoresen　トースン
Thorgren　トーグレン
Thorgrim　トールグリム
Thorolf　トーロルフ
Thorslund　トースルン
Tiebe　ティーベ
Tilda　ティルダ
Till　ティル
Timos　ティモン
Toffler　トフラー
Tom　トム
Tomkinson　トムキンスン
Tomlin, Tomblin　トムリン

Tonia　トーニア
Tonie　トーニー
Tonkin　トンキン
Toresson　トーオスン
Totty　トッティ
Tricia　トリシア
Trina　トリーナ
Trine　トリーネ
Trisha　トリシャ
Tudor　テューダー

Uf Néill　イ・ネール
Uiginn　ウィギーン
Ulbricht　ウルブリヒト
Ulbrig　ウルブリク
Ul'yan　ウリヤーン
Ul'yanof　ウリヤーノフ
Uriel　ウリエル

Vaclav　ヴァーツラフ
Valdemar　ヴァルデマ, ヴァルデマル
Valerianus　ヴァレリアヌス
Valkyrie　ヴァルキューリー
Vanajka　ワナーイカ
Vanechka　ワーネチカ
Vanya　ワーニャ
Vasilij　ワァシーリィ, ワシーリイ
Vay　フェイ
Verma　フェルマ
Victor　ヴィクター
Victoria　ウィクトリア, ヴィクトリア
Vilma　フィルマ
Violet　ヴァイオレット
Virgil　ヴァージル
Virginia　ヴァージニア, ウィルギニア
Virginius　ウィルギニウス
Vladimir　ウラディーミル, ウラディミール
Vladislav　ウラディスラーフ
Vojtěch　ボイチェフ
Volsung　ヴォルスング
Vrantz　フランツ
Vyacheslav　ヴァチェスラーフ

Waclaw　ヴァクワフ

Walcot　ウォルコット
Walden　ウォルデン
Wale　ウェイル
Walford　ウォルフォード
Wallace, Walles　ウォレス
Wallice, Wallis　ウォリス
Wallie, Wally　ウォリー
Wallington　ウォリントン
Walt　ウォルト
Walter　ウォルター
Walters　ウォルターズ
Watkins　ワトキンス
Watkinson　ワトキンスン
Watson　ワトスン
Wat, Watt　ワット
Wenceslas　ウェンセスラス
Wenzel　ヴェンツェル
Wenzeslaus　ヴェンツェスラウス
Wilhelm　ヴィルヘルム
Wilhelmina　ヴィルヘルミナ
Wilkin　ウィルキン
Wilkinson　ウィルキンスン
Will　ウィル
William　ウィリアム
Williams　ウィリアムズ
Williamson　ウィリアムスン
Willie　ウィリー
Wilson　ウィルスン
Woldemar　ヴォルデマル
Wolfgang　ウォルフガング

Xanthippe　クサンティッペ
Xanthippos　クサンティッポス
Xosè　ホセ

Yakob　ヤーコフ
Yannis　ヤニス
Yaroslav　ヤロスラーフ
Yehowah　イェホヴァ
Yeshua　イェシュア
Yorgo　ヨルゴ
Yorgos　ヨルゴス
Yulian　ユリアーン
Yurij　ユーリイ

Zoe　ゾーエー
Zuliani　ジュリアーニ
Zuliano　ジュリアーノ

五十音順索引

＊配列はカタカナ表記の五十音順．長音符号は前の母音に読み換えた．
＊カタカナの後ろの（　）内は，原綴またはそのローマ字表記である．同名異綴は同じ項目にまとめた．
＊所在ページを示す数字のうち，太字は中心的説明のある箇所である．
＊フルネームで言及されている人物については，話題との関係で，名前の項の下にまとめたものと，姓で立項したものがある．
＊原綴から本書のカタカナ表記が引けるよう，「英和対照表」を別に掲載した（p. 365）．

■ ア行

アーウィン（Erwin, Irwin）　256, 278
アーヴィン（Ervin, Irvin）　256
アーヴィング（Irving）　256
アーサー（Arthur）　**303**
　〜（ヘンリー 8 世の兄）　306
　〜王　**304**, 305
アーチボルド（Archibald）　255
アーデルハイト（Adelheid）　260
アート，コーマック・マク（Cormac Mac Airt）　300, 302, 304
アードルフ（Adolf）　**257**
アーナル（Arnall, Arnell）　262
アーニカ（An'ka）　67
アーニャ（Anya）　67
アーネット（Arnet）　262
アーノット（Arnot, Arnott）　262
アーノル（Arnoll）　262
アーノルド（Arnald, Arnauld, Arnold, Ernald, Ernold）　**261**, 262
アーヒバルト（Archibald）　254
アーリャ（Alya）　90, 91
アール（Earl, Earle）　284
アーンドリク（Andrik）　98
アーンナ（Anna）　67, 319
アイザック（Isaac）　37, 38
　〜・スターン（Isaac Stern）　47
　〜・ニュートン（Isaac Newton）　38
アイゼイア（Isaiah）　13
アイマー（Aimer）　257
アイリーン（Irene）　145
アイリス（Iris）　205
アイルマー（Ailmer, Aylmer）　257
アウグスティヌス（Augustinus）　161
アウグストゥス（Augustus）　20, 160, 161
アエネアス（Aeneas）　159, 187
アエミュリア（Aemulia）　169
アエミリア（Aemilia）　170
アエミリアヌス（Aemilianus）　169, 171, 195
アエミリウス（Aemilius）　169, 170
アガサ（Agatha）　129
アガペ（Agape）　143
アギー（Aggie）　134

アグネス（Agnes）　45, 124, **134**, 135
　聖〜　134
アダルベルト（Adalbert）　258
　〜（マグデブルクの）　258
　聖〜　258
アダルマール（Adalmar）　257
アディ（Adi）　258
アディー（Addie）　260
アディダス（Adidas）　258
アデール（Adele）　260
アデマール（Adhémar）　**257**
アデラ（Adela）　260
アデリア（Adelia）　260
アデリー（Adelie）　260
アデリーナ（Adelina）　260
アデリーン（Adeline）　260
アデルマール（Adelmar）　257
アデレード（Adelaide）　**260**
アドナイ（Adonay）　**11**
アドニア（Adonia）　12
アドニス（Adonis）　11, 12
アドニヤ（Adonijah）　12
アドルフォ（Adolfo）　259
アナ（Ana）　68, 296
アナス（Anders）　99
アナスタシア（Anastasia）　**142**
　聖〜　142
アナスタシーヤ（Anastasiya）　319
　〜（ロシアの皇女）　143
アナスタシウス（Anastasius）　142
アナスタシオス（Anastasios）　142
アナスン（Andersen, Anderson）　99
アナベス（Annabeth）　68
アナベル（Annabel）　**197**, 198
アナマリー（Annamarie）　67
アナ=リサ（Anna-Lisa）　68
アニェス（Agnes）　134
アヌー（Anu）　296
アヌーシカ（Anushka）　67
アハブ（Ahab）　26
アビー（Abbie, Abby, Abbey）　38
アビガイル（Abigail）　**38**, 63
アビゲイル（Abigail）　38
アフォンソ（Afonso）　259

アブラハム（Abraham） 5, 9, 20, 22, 26, **37**, 40, 43, 51, 72, 135
アブラム（Abram） 26,37,43
アプロディテ・マリーナ（Aphrodite Marina） 129
アマータ（Amata） 197
アマデウス（Amadeus） **197**,198
　〜・モーツァルト（Walfgang Amadeus Mozart） 197, 198
アマベル（Amabel） 198
アマンダ（Amanda） 197
アマンド（Amand） 198
アマンドゥス（Amandus） 197
アメリギ（Amerighi） 233
アメリゴ（Amerigo） 233
　〜・ヴェスプッチ（Amerigo Vespucci） 233
アメリチ（Americi） 233
アラヌス（Alanus） 311
アラン（Alain, Alan） 310, 311
アリーナ（Arina） 145
アリエーニン（Alenin） 90
アリェーノフ（Alenov） 90
アリエノール（Alienor） 54, **84**, 85, 86, 112, 232
アリゴ（Arigo） 233
アリス（Alice） **260**
アリスン（Alison） 260
アリョーシャ（Alyosha） 84, 91, 193
アリョーナ（Alyona） 84
アリョーノフ（Alyonov） 90
アリョーンカ（Alyonka） 84
アル（Al） 259
アルヴィーナ（Alvina） 256
アルヴィン（Alvin） 256
アルガウト（Algaut） 219
アルティオ（Artio） 304
アルデマール（Aldemar） 257
アルトリウス（Artorius） 304
アルノー（Arnauld, Arnaud, Arnaut） 262
アルノルドゥス（Arnoldus） 261
アルバート（Albert） **258**
　プリンス・〜（Prince Albert） **259**, 305
アルフォンソ（Alfonso） **259**
　〜（スペイン国王） 259
アルフレッド（Alfred） 222, **279**
　〜大王（Alfred the Great） 279
アルブレヒト（Albrecht） 30, 258
アルベリヒ（Alberich） 280
アルミニウス（Arminius） 139
アレクサ（Alexa） 90
アレクサーンドラ（Aleksandra） 90
アレクサーンドル（Aleksandr） 35
　〜1世 89
　〜2世 89
　〜3世 89
　〜・ニェフスキー（Aleksandr Nevski） **88**, 89
アレクサンダー（Alexander） **90**
アレクサンドラ（Alexandra） 88, 147
アレクサンドロス（Alexandros） 32, 97
　〜1世 87
　〜3世 **87**
　〜大王 7,116
アレクシーイ（Aleksij） 91
アレクシウス（Alexius） 90
アレクシオス（Alexios） 88, **90**
　〜1世 91
アレクシス（Alexis） 90
アレクセーイ（Aleksej） 91
アレック（Alec） 90
アレックス（Alex） 90
アレン（Alen） **310**
アロン（Aaron） 51
アロンソ（Alonso） 259
アロンゾ（Alonzo） 259
アン（Ann, Anne） 16, 54, **67**, 134
　〜（『ローマの休日』）（Ann） 67
　〜（英国女王）（Anne） 67, 68
　〜（ボヘミアの）（Anne） 67
　〜（『赤毛のアン』）（Anne Shirley） 67
アン＝バーバラ（Ann-Barbara） 67
アンガス（Angus） **297**
アンサルディ（Ansaldi） 283
アンサルド（Ansaldo） 283
アンシア（Anthea） 174
アンスヴァルト（Answald） 283
アンスガル（Ansgar, Anskar） 283
アンスゲル（Ansger） 283
アンズモット（Ansmod） 283
アンセメント（Ansemund） 283
アンセルム（Anshelm） 283
アンソー（Ansaud, Ansault） 283
アンソニー（Anthony） 174
アンディ（Andy） 100
アンデション（Anderson） 99
アンデルセン（Andersen） **98**, 99
アンデレ（Andreas） 40, 96, **97**
アントーニイ（Antonij） 317
　聖〜 118, 136, 176
アントーン（Anton） 176
アントニア（Antonia） 174, **176**
　〜, マリア → マリー・アントワネット
アントニー（Anthony） 174
アントニウス（Antonius） **174**
　〜（パドゥアの聖人） 175
　〜（ローマの将軍）（Marcus Antonius） 174
　大〜（Anthony the Great） 174
アントニエッタ（Antonietta） 176
アントニオ（Antonio） 176
アンドリェーイ（Andrej） 98, 99
アンドリュー（Andrew） 98, **99**
　聖〜 99
　〜・カーネギー（Andrew Carnegie） 100

～・ジャクスン（Andrew Jackson） 99, 100
～・ジョンスン（Andrew Johnson） 100
アンドリューシャ（Andryusha） 98
アンドレ（André） 98
アンドレアス（Andreas） **97**, 98, 99
アンドレアスン（Andreasson） 99
アンドレアッソン（Andreasson） 99
アンドレーセン（Andresen） 99
アンドレスン（Andresen） 99
アンドロニコス（Andronikos） 97
アンドロマケ（Andromache） 88
アンドロメダ（Andromeda） 88
アントワネット → マリー・アントワネット
アントワン（Antoine） 176
アンナ（Anna） 16, 29, 52, **64**, 65, 66, 68, 135
　～・コムネナ（Anna Comnena） 66
　～・ペレンナ（Anna Perenna） 65
アンヌ（Anne） 67
アンブロシウス（Ambrosius） 143
アンブロシオス（Ambrosios） 143
アンリ（Henri） 232, 233
アンリエッタ（Henrietta） 233
アンリエット（Henriette） 233
イ・ネール（Uí Néill） 300
イアーゴ（Iago） 40
イアーコフ（Iakob） 40
イアコポ（Iacopo） 43
イアソン（Jason） 15, 121
イアン（Jan） 16
イーゴリ（Igor'） 317
　～大公 277
イーディス（Edith） 237
イードレッド（Edred） 237
イーヴリン（Evelyn） 331
イーラ（Ira） 145
イェジー（Jerzy） 123
イェシュア（Yeshua） 15
イエス（Jesus） 7, **15**, 17, 21, 40, 46, 52, 66, 145
イエスス（Iesous） 15
イエズス（Jesus） 15
イェホヴァ（Yehowah） 12
イェルク（Jörg） 122
イオアン（Ioann） 18
イオアンネス（Ioannes） 15
　～・クリュソストモス（Ioannes Chrysostomos） 18
イグーネ（Higounet） 265
イゴーネ（Higonnet） 265
イサク（Isaac） 20, 26, 37, **38**, 39, 40, 41, 43, 44, 135, 198
イザベラ（Isabella） 31
イサベル（Isabel） **30**, 55
　～1世 31
イザベル（Isabelle） 31
イザヤ（Isaiah） 15
イジー（Jiří） 123

イシュタル（Ishtar） 63
イシュトヴァーン（Istvan） **111**, 113
　～1世（～聖王） 111, 112
イシュマエル（Ishmael） 27, 72
　～（『白鯨』） 72
イスラエル（Israel） 13, 26, 40
イマヌエル（Emmanuel, Immanuel） 28
イラーリイ（Ilarij） 197
イラーリヤ（Ilariya） 197
イライザ（Eliza） 31
イラリ（Hilari） 197
イリアー（Iliya） 28
イリイッチ（Il'ich） 28
イリーナ（Irina） 109, 145
イリーネ（Irine） 317
イリーヤ（Iliya） 28
イリェーナ（Irena） 60
イリヤー（Iliya） 28
イリューシン（Ilyushin） 28
イリョーシャ（Ilyosha） 193
イルィヤー（Il'ya） 28
イレーヌ（Irene） 144
イレール（Hilaire） 197
イレネ（Irene） 143
イワーン（Ivan） 16, **18**, 19, 317
　～1世 18
　～3世（モスクワ大公） 18, 142
　～4世（～雷帝）（Ivan the Terrible） 18
　～・クパーラ（Ivan Kupala） 18
イワヌーシカ（Ivanushka） 19
インガム（Ingham） 277
インガルス（Ingalls） 277
イング（Ing） **276**
イングヴァ（Ingvar） 277
イングウァード（Ingward） 277
イングヴァール（Ingvar） 316
イングラム（Ingram） 277
イングリッド（Ingrid） **277**
インゲボルグ（Ingeborg） 277
インゲル（Inger） 277
インゲルゲル（Ingelger） 275
インジ（Inge） 277
インマヌエル（Immanuel） 15, 25, **28**
　～（キリスト）（Christ Immanuel） 28
ウード（Eude） 264
ヴァージニア（Virginia） **209**
ヴァージル（Virgil） 209
ヴァーツラフ（Vaclav） **320**
　～（ボヘミアの守護聖人） 320
ヴァイオレット（Violet） 205
ヴァクワフ（Waclaw） 320
ウァシーリィ（Vasilij） 317, 322
ヴァチェスラーフ（Vyacheslav） 320
ヴァルキューリー（Valkyrie） 247, 266, 269
ヴァルデマ（Valdemar） 323
ヴァルデマル（Valdemar, Waldemar） 254,

323
　～1世（デンマーク王）(Valdemar I)　323
ヴァレリアヌス（Valerianus）　166
ヴィヴィアン（Vivian）　332
ウィギーン（Uiginn）　247
ヴィクター（Victor）　**105**
ウィクトリア（Victoria）　105
ヴィクトリア（Victoria）　105
ウィリアム（William）　70, 237, 261
　～征服王（William the Conqueror）　112, **238**
ウィリアムズ（Williams）　239
ウィリアムスン（Williamson）　239
ウィリー（Willie）　238
ウィル（Will）　238
ウィルギニア（Virginia）　209
ウィルギニウス（Virginius）　209
ウィルキン（Wilkin）　239
ウィルキンスン（Wilkinson）　239
ウィルスン（Wilson）　239
ヴィルヘルミナ（Wilhelmina）　239
ヴィルヘルム（Wilhelm）　**238**, 261
ウェイル（Wale）　293
ウェンセスラス（Wenceslas）　320
ヴェンツェスラウス（Wenzeslau）　320
ヴェンツェル（Wenzel）　320
ウォリー（Wallie, Wally）　293
ウォリス（Wallice, Wallis）　293
ウォリントン（Wallington）　293
ウォルコット（Walcot）　293
ヴォルスング（Volsung）　222, 253
ウォルター（Walter）　247, **249**
　～・フィッツアラン（Walter FitzAlan）　311
ウォルターズ（Walters）　249
ヴォルデマル（Woldemar）　323
ウォルデン（Walden）　293
ウォルト（Walt）　249
　～・ディズニー（Walt Disney）　35, 249
ウォルフォード（Walford）　293
ウォルフガング（Wolfgang）　**263**
ウォレス（Wallace, Walles）　**293**
　～, ウィリアム（William Wallace）　293
ウラディーミル（Vladimir）　**322**
　～大公　322
ウラディスラーフ（Vladislav）　319
ウラディミール（Vladimir）　317
　～（キエフ大公）　152, 316
　～（聖王）　321
ウリエル（Uriel）　32
ウリヤーノフ（Ul'yanof）　165
ウリヤーン（Ul'yan）　165
ウルブリク（Ulbrig）　258
ウルブリヒト（Ulbricht）　258
エイアソン（Eiason）　15
エイドリアン（Adrian）　**193**
エイハブ（Ahab）　26

エイブ（Abe）　37
エイミー（Amy）　197
エイリーン（Eireen）　145
エイレ（Eire）　292
エイレネ（Eirene）　143
　～（アレクシオス1世妃）　144
　～（ヨアンネス2世妃）　144, 145
エインガス（Aongus, Aonghas）　297
エヴァート（Evert）　**278**
エヴァウィン（Everwin）　256
エヴェラード（Everard）　278
エヴェレット（Everett）　278
エカテリーナ（Ekaterina）　35, **127**
　～2世　127
エグバート（Egbert）　278
エゴーリイ（Egorij）　123
エスター（Esther）　63
エステバン（Esteban, Estevan）　112
エステファーノ（Estephano）　112
エステル（Estelle, Ester）　63
エゼルウルフ（Ethelwulf）　279
エゼルギヴァ（Ethelgiva）　256
エゼルドレダ（Etheldreda）　261
エゼルバート（Ethelbert）　256, 258
エゼルバルト（Ethelbald）　256
エゼルフレダ（Ethelfleda）　256
エゼルレッド（Ethelred）　256
エゼルワード（Ethelwerd）　256
エッサイ（Jesse）　50
エッド（Ed）　**237**
エッリキ（Errichi）　233
エッリゴ（Errigo）　233
エティエンヌ（Étienne）　112
　～・ドゥ・シルエット（Étienne de Silhouette）　113
エドウィン（Edwin）　235, 256
エドガー（Edgar）　**236**
エトナ（Etna）　69
エドナ（Edna）　69
エドマンド（Edmond, Edmund）　**236**
　聖～　236
　～2世　129
エドワード（Edward）　20, **234**, 273
　～（イングランド王）　235
　～証誓王（Edward the Confessor）　234, 235
エナ（Ena）　69
エニェ（Eithne）　**69**
エマニュエル（Emmanuel）　28
エミール（Émile）　170
エミリア（Emilia）　**170**
エミリー（Emily）　**169**
　～・ブロンテ（Emily Brontë）　170
エミリオ（Emilio）　170
エミル（Emil）　170
　～・ザトペック（Emil Zatopek）　171
エメリエ（Emelye）　170

380

エライジャ（Elijah） 13, 27
エリアス（Elias） 27
エリー（Elie） 27
エリーサ（Elisa） 31
エリーザベト（Elisabeth） 30
エリーナ（Eleana, Erina） 86, 292
エリェーナ（Elena） 84, 316, 317
エリオット（Eliot） 27
エリサヴェータ（Elisaveta） 30, 98, 319
エリザヴェータ（Elizaveta） 30
エリザベス（Elisabeth, Elizabeth） 30
　～1世（Elizabeth） 30, 31
エリザベッタ（Elisabetta） 31
エリザベト（Elisabeth） **29**, 66
エリザベト（Elisabeth） 25
エリス（Elis） 27
エリメレク（Elimelech） 49
エリヤ（Elijah） 13, 25, **26**, 27, 29
エリン（Erin） 292
エル（El） 25
　～・グレコ（El Greco） 53
エルジェーベト（Erzsébet） 29, 30, 207
エルマ（Elma） 240
エルマー（Elmar, Elmer） 257
エレアノール（Eleanor） 85, 86
　～（アキテーヌの, ヘンリー2世妃）→ アリエノール
エレイン（Elaine） 84
　～（聖杯をまもる王女） 84
　白き～（Elaine le Blanc） 84
エレオノーラ（Eleonora） 86
エレオノール（Éléonore） 86
エレナ（Elena） 84, 86
エレナー（Eleanor） **86**
　～（エドワード1世妃）（Eleanor of Castile） 86
エレン（Elen, Ellen） **84**
エロー（Heraud, Herault） 249
エロヒム（Elohim） 26
エンドリチ（Endrici） 233
エンマ（Emma） 331
エンヤ（Enya） 69
エンリケ（Henrique） 233
エンリコ（Enrico） 233
オ・キネディ（Ó Cinnéidigh） 303
オ・クィライン（Ó Coileain） 299
オ・コノリー（Ó Conghalaigh） 298
オ・ニール（O' Neil） 301
オ・ネール（Ó Néill） 301, 309
オ・ブリアン（Ó Brian, Ó Bryan） 302
オ・リーアーン（Ó Ríagháin, Ó Riain） 303
オーウェン（Owen） 137
オーガスティン（Augustin） 167
オーディン（Odin） 216, 241, 247, 251
オード（Od） 273
オードリー（Audrey） 261
　～・ヘップバーン（Audrey Hepburn） 261
オーバート（Aubert） 258
オーブ（Aube） 258
オーブリー（Aubrey） 279
オーベール（Aubert, Auber） 258
オーリガ（Ol'ga） 316, 317
オールド・ニック（Old Nick） **107**, 108
オズウィン（Oswin） 283
オスカー（Oscar） 283
オスカル（Oskar） 283
オズボーン（Osborn） 283
オズマンド（Osmond） **283**
オズワルド（Oswald） **282**
オットー（Otto） 233, 273
　～大帝 233
　～・ビスマルク（Otto Bismarck） 234
オドー（Odo） 233
オブレヒト（Obrecht） 258
オヘインガサ（Ó hAonghusa） 297
オベルト（Obert） 258
オベロン（Oberon） 279
オリヴァー（Oliver） **279**
オリヴィア（Olivia） **280**
オリヴィエ（Olivier） 279
オリェーク（Oleg） 109, 316, 317
オルブリヒト（Olbricht） 258

■カ行

カーカム（Kirkham） 152
カーク（Kirk, Kirke, Kyrke） 151
カークウッド（Kirkwood） 152
カークランド（Kirkland） 152
ガーダ（Garda） 273
カーチャ（Katya） 128
カーテ（Kathe） 128
カーティカ（Kat'ka） 128
カーテンカ（Katen'ka） 128
カール（Karl） **283**
　～大帝（シャルルマーニュ）（Karl der Grosse） 111, **284**, 285
　～5世 55, 285
　～・マルテル（Karl Martell） 284
カールマン（Kalman） 192
ガイ（Guy） 333
ガヴァン（Gavin） 308
ガウェイン（Gawain） 308
ガウトヒルド（Gauthild） 219
ガウトレク（Gautrek） 219
カエサル（Caesar） 160, 161, **163**, 294
カタリーナ（Katharina） 128
　～（スウェーデンの） 128
　～（ボーラの） 126, 128
カタリナ（Katharina） 124
カッサンドラ（Cassandra） 88
カッツ（Katz） 9
カチューシャ（Katyusha） **128**

カテリーナ（Caterina） 127
　〜（シエーナの） 125
　〜（ジェノヴァの） 125
　〜・デ・メジチ（Caterina de Medici） **126**
カテリナ（Katerina） **124**, 125
ガトキン（Gwatkin） 249
カトライン（Katherein） 128
カトリーヌ（Catherine） 58, 126
　〜・ドゥ・ヴァロワ（Catherine de Valois） 126
　〜・ドゥ・メディシス（Catherine de Medicis） 58, 126
カナフ（Cainnech） 309
カニシウス（Canisius） 309
カニス（Canice） 309
ガブリエル（Gabriel） 25, 29, 32, 51
カリン（Karin, Carin） 128
ガル（Gall） **293**
ガルボ（Garbo） 132
カルミナ（Carmina） 57
カルミネ（Carmine） 57
カルメア（Carmea） 57
カルメラ（Carmela） 57
カルメリア（Carmelia） 57
カルメリーナ（Carmelina） 57
カルメン（Carmen） 55, **57**
　〜・ポーロ・デ・フランコ（Carmen Polo de Franco） 57
カルメンシータ（Carmencita） 57
カルロ（Carlo） 287
カルロス（Karlos） 284
　〜１世 55, 127, 285
カルロッタ（Carlotta） 287
ガレット（Garret） **252**
　〜・モア・フィッツジェラルド（Garret More Fitzgerald） 252
カレン（Caren, Karen） 128
ガロ（Gallo） 294
カローラ（Carola） 287
カロール（Carole） 287
カロリーナ（Carolina） 287
カロリーネ（Caroline） 287
ガワン（Gawen） 308
キアラン（Ciarán） 307
キーリー（Keely, Kealey） 312
キオネ（Chione） 143
ギジェルモ（Guillermo） 240
キット（Kitty） 150
キティ（Kitty） 128
ギネス（Guinness） **297**
キャサリン（Catherine） 125, **126**
　〜（アラゴンの）（Catherine of Aragon） 127
キャディー（Caddy, Caddie） 287, 288
キャメロン（Cameron） 303
キャリー（Carrie） 287, 288
キャロライン（Caroline） 60, **287**

キャロリン（Carolyn） 60, 287
キャロル（Carol） 287
キャンブル（Camble） 303
キャンベル（Cambell, Campbell） 303
ギュツラフ（Gutzlaff） 16
キュリオス（Kyrios） 150
　〜・イエスス（Kyrios Jesus） 79
キュリロス（Kyrillos） 35, 317
　〜（スラヴの使徒） 151, 195
ギュルク（Gürg） 122
キュロス（Kyros） 7, 150
ギュンテル（Günther） 222
ギョー（Guillot） 240
ギョーム（Guillaume） 166, **239**
　〜１世 239
ギヨタン（Guillotin） 240
ギラ（Gilla） 59, 189
キリー（Kiley） 312
キリーラ（Kirila） 151
キリール（Kirill） 151
ギル（Gill, Guille） 166, 240
キルパトリック（Kilpatrick） 189
ギルパトリック（Gilpatrick） 189
キルヒ（Kirch） 152
ギレルモ（Guillermo） 240
ク・ホリン（Cú Chulainn） **297**, 298, 299
クイヴィーン（Caoimhín） 311
グウィネヴィア（Guinevere） 305, **306**
グウィン（Gwyn） **308**
　〜, ネル（Nell Gwyn） 307
グウェンドレン（Gwendolen） 307
グウェンヒヴァ（Gwenhwyfar） 300
グーチャ（Gucha） 120
クードルーン（Kudrun） 269
グーリイ（Gurij） 123
クール（Cumhaill） 299
クサンティッペ（Xanthippe） 92
クサンティッポス（Xanthippos） 92
グズルーン（Gudrun） 269
グナー（Gunder） 221
クネード（Cinaed） 309
クラーウディヤ（Claudiya） 177
クライム（Grime） 269
クライン（Klein） 9,10
　〜, アーネスト（Ernest Klein） 10
クラウディア（Claudia） **177**
クラウディウス（Claudius） 177
クララ（Clara） 134
クリームヒェン（Kliemchen） 202
グリームヒルド（Grimhild） 269
クリィミェーンティー（Klimentij） 203
グリーブ（Gleb） 321, 322
クリエムヒルト（Kriemhild） 221, **269**
グリエルマ（Guglielma） 240
グリエルモ（Guglielmo） 240
グリゴーリイ（Grigorij） 317

382

クリス（Chris）150
クリスタル（Chrystal, Crystal）150
クリスチャン（Christian）**146**
　～（デンマーク王）（Christian）275
クリスティ（Christie）150
クリスティーナ（Christina）146
　～（スウェーデン女王）（Alexandra Christina）146, 147
クリストス（Christos）**145**
クリストバル・コローン（Christóbal Colón）149
クリストフ（Christoph, Christophe）148, 149
　～・コローン（Christophe Colomb）149
クリストファー（Christopher）147, 149
　～・コロンブス（Christopher Columbus）149
クリストフェル（Christoffer）150
クリストフォルス（Christophorus）**147**
　～（旅人の守護聖人）149
クリストフォロ・コロンボ（Christofolo Colombo）149
クリストフォロス（Christophoros）147
グリッグ（Greig, Grig, Grigg）155
グリッグス（Griggs）155
クリミェーント（Kliment）203
クリム（Klim）203
グリム（Grim, Grimm）238, **269**
グリムヴァルト（Grimwald）269
クリムト（Klimt）202
グリムハルト（Grimhard）269
グリムバルト（Grimbald）269
グリムベルト（Grimbert）269
グリメ（Grimmer）269
グリメル（Grimmer）269
クルーガー（Kruger）244
クルベルト（Krubert）244
グルベルト（Grubert）244
グレイス（Grace）64, 197
グレーテ（Grete）132
グレーテル（Gretel）132
グレートヒェン（Gretchen）82
グレートヘン（Gretchen）132
クレーマン（Kleeman）202
クレオパトラ（Cleopatra）93, 159, **188**
グレゴール（Gregor）**155**
グレゴリ（Gregori, Glegori, Gregoli）155
グレゴリー（Gregory）152, **153**
グレゴリウス（Gregorius）152
　～1世（教皇）153, 154, 161
グレゴリオ（Gregorio）155
グレゴリオス（Gregorios）**152**
　～（アルメニアの伝道者）153
　～（ニッサの主教）153
　～（ヒエロニムスの師）153
グレゴワール（Gregoire）155
グレタ（Greta）132

　～・ガルボ（Greta Garbo）132
グレッグ（Greg）155
グレッグスン（Gregson）155
クレマーンス（Clémance）202
クレマンソー（Clemenceau）202
クレムト（Klemt）202
クレムプス（Klemps）202
クレメット（Klemet）202
クレメンス（Clemence, Clemens）**201**, 202
クレメンタイン（Clementine）202
クレメンツ（Klemenz）202
クレメンティア（Clementia）202
クレメント（Clement, Klement）202
クロヴィス（Clovis）222, **224**
グローガー（Groger）244
グローリア（Gloria）197
グローリアーナ（Gloriana）209
クロティルデ（Chlothilde）224
グロベルト（Grobert）244
グンツ（Gunz）221
グンツェル（Gunzel）221
グンディサルブス（Gundisalvus）222
グンテル（Gunter, Gunther）**221**
グンナル（Gunnar）221
グンネ（Gunne）251
グンヒルド（Gunhild）251
ゲァダ（Gerda）273
ゲァド（Gerd）273
ケァリ（Ceallagh）312
ゲイナー（Gaynor）307
ゲイル（Gail, Gaile）38
ケヴン（Kevin）**311**
ケーテ（Käthe）128
ケートヒェン（Käthchen）128
ゲオールギイ（Georgij）123, 318, 321
ゲオールギウス（Georgius）**121**
ゲオルギオス（Georgios）318
　聖～　**120**, 123
ゲオルク（Georg）122
ケスター（Kester）150
ケナ（Kena）310
ケニア（Kenia）310
ケニー（Kenny）310
ケニス（Kennice）310
ケネス（Kenneth）**309**
　聖～（St. Kenneth; St. Canice）309
ケネディ（Kennedy）**303**
　～, ジョン F.（John F. Kennedy）**303**
ケパ（Kepa）100
ケリー（Kelley, Kelly）**312**
ゲルド（Gerd）273
ケレ（Kelle）312
ケン（Ken）310
ケンザ（Kenza）310
ゴヴァン（Gauvain）308
ゴー（Gough）307

コーエン（Cohen） 9
コースチャ（Kostya） 195
コーステンカ（Kosten'ka） 195
コーニー（Corney, Cornie） 173, 298
コーネリア（Cornelia） 173
コーマック（Cormac） 301
コール（Coll, Cole） 109
ゴール（Gaule, Gualle） 294
コールマン（Colman） 109, **191**
　聖〜 192
コキー（Cokkie） 173
ゴットヒルト（Gotthild） 219
ゴッドフリー（Godfrey） 275
ゴットフリート（Gottfried） 275
ゴットベルト（Gottbert） 219
ゴットヘルム（Gotthelm） 219
ゴドフロア（Godfroi） 275
　〜（ブイヨンの）（Godfroi de Bouillon） **275**
コナー（Connor） 298
コナリー（Connally） 298
コナル（Conall） 299
コナン（Conan） 298
　〜・ドイル（Conan Doyle） **298**
コニー（Connie, Conny） 173, 196, 298
コニーズ（Connys） 298
コネリー（Connelly） **298**
コノリー（Connolly） 298
コポ（Copo） 43
コモ（Como） 43
コリン（Colin） 109
コリンズ（Collins） 109, 299
ゴルゲン（Gorgen） 122
コルネリア（Cornelia） **173**
コルネリウス（Cornelius） **172**
　〜（アーヘンの殉教者） 173
　〜1世（教皇） 172
　〜・スキピオ（Cornelius Scipio） 172
コルンバ（Columba） **190**, 191
　聖〜（St. Columba） 297, 300, 301
コルンバヌス（Columbanus） 191
　小〜 191
　大〜 191
コレット（Colette） 109
コロンブス（Columbus） 191
ゴワン（Gauwain） 308
コン（Con, Konr） 196, 229, 298
ゴンザーロ（Gonzalo） 222, 259
ゴンザレス（González） 222
コンスターンツィア（Konstantsiya） 195
コンスタンス（Constance） **196**
コンスタンツァ（Constanza） 196
　〜（フリードリヒ2世の母） 196
コンスタンティア（Constantia） 196
コンスタンティーン（Constantin, Konstantin） 195, 317
コンスタンティウス（Constantius） 195

コンスタンティヌス（Constantinus） 160, 194, 195
コンスタンティノス（Konstantinos） 195
　〜11世（ビザンティン帝国） 195
コンスタンティン（Constantine） **194**
　〜（スコットランド連合王国王） 196
コンスタント（Constant） 195, 196
コンホバル（Conchobar） 298
コンラート（Konrad） **228**
　〜3世（神聖ローマ帝国皇帝） 228
コンラッド（Conrad） 229

■サ行

サーシャ（Sasha） 90
サーニャ（Sanya） 90
サイモン（Simon） 73
　〜，ポール（Paul Simon） 73
サウル（Saul） 6, 23
サムエル（Samuel） 13, 25, 46, 135
サモン（Sammon） 49
サモンド（Sammond） 49
サラ（Sarah） 37, **43**, 72, 206
サラ＝アン（Sarah-Ann） 43, 67
サライ（Sarai） 43
ザラマン（Salaman） 49
ザラモン（Salamon） 49
サリー（Sally） 43
サリアン（Sallyann） 43, 68
サリヴァン（Sullivan） 307
サルモンド（Salmond） 49
サロメ（Salome） 49
サン＝ドゥニ（Saint-Denis） **116**
サン＝ローラン（Saint-Laurant） 167
サンタ・クロース（Santa Claus） 107
サンダー（Sander） 90
サンディ（Sandy） 90
サンドラ（Sandra） 90
シァーン（Sean） 16
ジークハルト（Sieghard） 254
ジークフリート（Siegfried） **253**
ジークマイアー（Siegmeyer） 254
ジーゲル（Sieger） 254
ジーザス（Jesus） 13
ジーナ（Gina） 122
ジーブラント（Siebrand） 254
ジーフリト（Sifrit） 253, 268
ジーベルト（Siebert） 254
ジーボルト（Siebold） 254
ジェイコブ（Jacob） 40, 41
シェイマス（Seamus） 42
　〜・ヒーニー（Seamus Heaney） 42
ジェイムズ（James） **41**, 42
　〜1世 41
　〜2世 41
　〜・ディーン（James Byron Dean） 42
シェーン（Shane） 17

ジェイン（Jane）19
ジェッシー（Jesse）333
ジェニファー（Jennifer）**307**
ジェハンヌ（Jehane）19
ジェフ（Jeff）276
ジェファスン（Jefferson）276
ジェフリー（Jeffrey, Jeffery）276
ジェホヴァ（Jehovah）12
ジェラード（Gerard）252
ジェラール（Gerard）252
ジェラルド（Gerald）**251**, 261
ジェリアン（Gellion）165
シェリー（Shelley, Shellie, Shelly, Sherry）45, 288
ジェレマイア（Jeremiah）333
ジオット（Giotto）224
シギ（Sigi）222, 253
シグムンド（Sigmund）253
シグルド（Sigurd）253
シドニー（Sidney）333
シフ（Sif）280
ジミー（Jimmy）42
　～・カーター（James Earl Carter Jr.）42, 43
ジム（Jim）42
シムスン（Simson）74
シメオン（Simeon）13, 14, 45, **72**, 73, 320
　～（エルサレムの義人）72
　～（柱頭の）73
　～（ブルガリア皇帝）73
シモーヌ（Simone）74
シモーネ（Simone）74
シモン（Simon）72, 103
シモンド（Simond）74
シャーリー（Sharley）288
シャーリー（Shirley）332
シャーレット（Searlait）288
シャーロット（Charlot, Charlotte, Sharlotte）**288**
　～・ソフィア（Charlotte Sophia）141, 288
シャイロック（Shylock）9
ジャクリーン（Jacqueline, Jacquelyn）43, 60
ジャクリン（Jacquelyn）60
ジャコモ（Giacomo）43
ジャッキー（Jackie）43
ジャック（Jack, Jacque）42, 243
ジャネット（Janet, Jeannette）19, 243
シャピロ（Shapiro）9, 10
シャルル（Charles）287
シャルルマーニュ（Charlemagne）33, 222, 285
シャルロッテ（Charlotte）**287**, 288
　～，ゾフィー（Sophie Charlotte）288
シャルロット（Charlotte）287
シャローナ（Sharona）206
シャローム（Shalom）49
シャロン（Sharon, Sharron）206

シャロンダ（Sharonda）206
ジャン（Jean）16, 19
　～・クリストフ（Jean Christophe）148
ジャン＝ポール（Jean-Paul）186
ジャンヌ（Jeanne）**19**,20
　～・ダルク（Jeanne d'Arc）19, 33
シュヴァルツ（Schwartz）9, 10
ジュード（Jude）13
シューラ（Shura）90
ジュール（Jules）164
シュールカ（Shurka）90
シュタッフェン（Staffen）114
ジュディ（Judy, Judie）14
ジュディス（Judith）13, 14
シュテーフェン（Stefen）114
シュテッフ（Steff）114
シュテップ（Stepp）114
シュテッフェル（Steffel）114
シュテッフェン（Steffen, Stöffen）114
シュテッフェント（Steffend）114
シュテッフル（Stefl）114
シュテファニー（Stephanie）113
シュテファン（Stephan）113
　～・ネマーニャ（Stefan Nemanja）114
シュテルンバウム（Sternbaum）47
シュテルンブーフ（Sternbuch）47
シュテルンフェルト（Sternfeld）47
シュテルンブリッツ（Sternblitz）47
シュテルンベルク（Sternberg）47
ジュネヴィーヴ（Genevieve）331
ジュリー（Julie）165
ジュリア（Giulia, Julia）165
ジュリアーニ（Zuliani）165
ジュリアーノ（Giuliano, Zuliano）165
ジュリアナ（Juliana）165
ジュリアン（Julian, Julianne, Julien, Jullianx, Julyanx）165
ジュリエッタ（Giulietta）166
ジュリエット（Juliet）165
シュレム（Shulem）49
シュロモフ（Shlomov）49
ジョイス（Joyce）332
ジョージ（George）**120**, 318
　～（イングランドの守護聖人）**122**
　～1世（英国王）122
　～・ワシントン（George Washington）122
ショーン（Sean）16, 17
　～・コネリー（Sean Connery）17
ジョーン（Joan）19, 20
ジョアナ（Joana）19
ジョアンナ（Joanna）19
ジョアンヌ（Joannes）19
ジョヴァンニ（Giovanni）16
ジョサイアー（Josiah）333
ジョシュア（Joshua）13, **14**
ジョセフ（Joseph, Josèph, Joséphe）13, 22

ジョセフィーヌ（Josephine）22
ジョック（Jock）42
ジョディ（Jodie）14
ジョナサン（Jonathan）13
ジョハナ（Johana）19
ジョフリー（Geoffrey）275, **276**
ジョフロア（Geoffroi）275
ジョルジ（Giorgi, György）122, 123
ジョルジーナ（Georgina, Giorgina）122
ジョルジュ（Jorge）122
ショレム（Sholem）49
ジョン（John）13, **15**, 64, 70
ジリアン（Gillian, Jillian）165
シリル（Cyril, Cyrille）151
ジル（Gill, Jill）165
シルヴィア（Silvia）55, **172**
シルヴェスター（Sylvester）172
シルウェステル1世（教皇）（Silvester）172
シンシア（Cynthia）208, **210**
シンシィ（Cynthy, Cynthie）210
シンディ（Cyndy, Cindi, Cindie）210
シンプスン（Simpson）74
　〜, O. J.（O. J. Simpson）74
　〜夫人（Wallis Warfield Simpson）74
スー（Sue）206
スヴェニンスン（Sveningsen）278
スヴェン（Sven）**278**
スヴェンスン（Svendsen）278
スヴェンハー（Svenhard）278
スヴェンビュ（Svenby）278
スヴェンビョーン（Svenbjorn）278
スヴェンベア（Svenberg）278
スヴャトスラーフ（Svyatoslav）319
スーザン（Susan）206
スージー（Susie）206
スザンナ（Susanna, Susannah）36, **205**, 206
スザンヌ（Suzanne）206
スザンネ（Susanne）206
スッラ（Sulla）173
スティーヴン（Stephen, Steven）112
　〜（ノルマン朝最後の王）（Stephen）112
スティエパン（Stjepan）114
ステイシー（Stacy）143
ステェーンカ（Sten'ka）114
ステパーン（Stepan）114
ステファーン（Stefan）114
ステファーヌ（Stephanus）110
　〜2世（教皇）111
ステファノ（Stefano, Stephanos）106, 113
　聖〜 110, 185
ステファノス（Stephanos）**109**, 113, 114
　聖〜（最初の殉教者）110
　聖〜（聖像保護運動）110
ステファン（Stephan）**112**, 113
ステラ（Stella）**62**, 63
ストファー（Stoffer）150

ストフラー（Stofler）150
ストロングボー（Strongbow）252
セールギイ（Sergij）120
セオドア（Theodoa, Theodore）135, 137, 193
　聖〜（Theodoa）193
　〜・ルーズヴェルト（Theodore Roosevelt）137
セオトコス（Theotokos）53
セオトコプロス（Theotokopoulos）→ エル・グレコ
セオドリク（Theodoric）220
セシリア（Cecilia）331
セドリック（Cedric）230
セバスチャン（Sebastian）21
ゼリース（Serries）120
セリーナ（Selina）**210**
セリョーガ（Seryoga）120
セリョージャ（Seryozha）120
セルギェーイ（Sergej）118, **119**, 317
　〜（聖人；ラドネジの〜）119
セルジオ（Sergio）120
セルゲウス（Sergeus）120
セルジ（Serge）120
セルディク（Cerdic）230
セルマ（Thelma）190
セレネ（Selene）210
ゾーエ（Zoe）142
ソーニカ（Son'ka）142
ソーニャ（Sonya）19, 142
ソーニュシカ（Sonyushka）142
ソーネチカ（Sonichka）142
ソーフャ（Sof'ya）142
ゾッフ（Soff）142
ゾッフェル（Soffeil）142
ソフィア（Sophia）18, **139**, 141
　〜, シャーロット（Charlotte Sophia）141, 288
　〜・パレオローガ（Sophia Paleologa）142
ゾフィア（Sophia）141
　〜・ドロテーア（Sophia Dorothea）138, 141
ソフィー（Sophy）171
ゾフィー（Sophie）29, **141**
ソフィーア（Sophia）60
ソフィーヤ（Sofiya）142
ゾフゲ（Soffge）142
ゾリース（Sorries）120
ソロモン（Solomon）6, 23, 46, 49

■タ行
ダーウィン（Darwin）256
ダーク（Dirk）221
ターシャ（Tasha）193
ダーナ（Dana）36
ダイアナ（Diana）37, 208
ダイアン（Diane, Dianne）208
ダイムラー（Daimler）200

ダヴィッド（Dafydd）48
　〜・ベン＝グリオン（David Ben-Gurion）46
ダヴィド（David）9
ダグ（Dag）281
ダナエ（Danae）37
ダニー（Danny）36
　〜・ケイ（Danny Kaye）36
ダニート（Danite）36
ダニエル（Daniel, Danielle）25, **36**
ダニオー（Daniau）36
ダニル（Danille）36
ダヌー（Danu）296
ダネル（Danell, Dannel, Donnell）36, 310
ダビデ（David）6, 23, **46**, 47, 66, 145
ダフィー（Daffey）48
ダン（Dan）36
ダングレ（Dangle）36
ダンゲル（Dangel）36
タンディ（Tandy）100
ダンディ（Dandy）100
チェ（Che）21
チェスター（Chester）333
チェペ（Chepe）21
チッコ（Cicco）224
チップ（Chip）150
チノ（Cino）224
チャーチ（Church）151
チャーチャード（Churchyard）151
チャーチル（Churchill）151
チャーリー（Charlie, Cherlie）286, 288
　〜（ボニー・プリンス）（Edward Charles）286
　〜・ブラウン（Charlie Brown）286
チャールズ（Charles）**285**
　〜（英国皇太子）（Prince of Wales）306
　〜（ボニー・プリンス）→ チャーリー
　〜1世　286
　〜3世　286
　〜・ジェイムズ（Charles James）286
　〜・チャプリン（Charles Chaplin）181, 286
チャック（Chuck）287
チャッティ（Chatty）288
チャッペル（Chappell）181
チャド（Chad）137
チャパリン（Chaperlin）181
チャプリン（Chaplin）**181**
チャプリング（Chapling）181
チャプレン（Chaplain）181
チャペリン（Chapelin）181
チャリティ（Charity）197
チンツィア（Cinzia）210
ディアナ（Diana）**208**, 209
ディアンヌ（Diane）**208**
ディーゼル（Diesel）25
　〜, ルードルフ（Rudolf Diesel）25
ディーデリク（Diderick）221
ディードー（Dido）65

ディートリヒ（Dietrich）221
ティードレク（Thidrek）220
ディーバルト（Diebald）255
ティーベ（Tiebe）25
ディーボルト（Diepold）255
ディーマ（Dima）119
デイヴィス（Davis）48
　〜, ジェファスン（Jefferson Davis）48
　〜, ベティ（Betty Davis）48
デイヴィッド（David）46, **47**, 48
　〜1世　48
　〜2世　48
　〜・ニーヴン（David Niven）48
　〜・ロックフェラー（David Rockefeller）46
ディエーゴ（Diego）41
ディエトリーヒ（Dietrich）**220**
ディオクレティアヌス（Diocletianus）160
ディオゲネス（Diogenes）117
ディオティマ（Diotima）117
ディオニュシオス（Dionyusios）116
ディオニュソス（Dionysos, Dionyusos）**115**, 116, 117
ディオメデス（Diomedes）117
ディクスン（Dixon）246
ディケンズ（Dickens）246
デイジー（Daisy）133, 205
ディッキン（Dickin, Dicken）246
ディック（Dick）**246**
ディナ（Dinah）37, 45
ティボー（Thibaud, Thibout, Tibault）255
ディミートリイ（Dimitrij）118, 119
ティモン（Timos）106
ティリー（Telly）271
ティル（Till）271
ディルク（Dirk）221
ティルダ（Tilda）271
テウス（Theuss）25
テウデリク（Theuderic）220
テージング（Theesing）25
テース（Thees）25
デーラ（Dela）260
テオドラ（Theodora）135, 138
テオドリク（Theodoric, Theodric）**219**, 220, 254
テオドロス（Theodoros）**135**, 136
　聖〜　136, 137
テオバルト（Theobald）254
テッド（Ted）237
テディ（Teddy）137
デニーソヴィッチ（Denisovich）117
デニオー（Deniau）36
テニスン（Tennyson）117
デネル（Dennell）36
デビー（Debbie）45
デブラ（Debra）45
デボラ（Deborah）44, 64

デメテル（Demeter） 115
　～（ギリシャの地母神） 117, 118
デメトリオス（Demetrios） **118**
　～（テッサロニカの守護聖人） 118, 119
デモステネス（Demosthenes） 93
デューイ（Dewey） 48
　～, ジョン（John Dewey） 49
テューダー（Tudor） **137**
テリーサ（Theresa） 332
デリク（Derek, Deric） 221
デリンダ（Derinda, Derenda） 221
テレサ（Theresa） 70
デレック（Dereck） 221
ド・ゴール（Charles de Gaulle） 294
ドゥニ（Dennis, Denys） 117
ドゥニーズ（Denise） 117
ドゥニーゼ（Deniset） 117
ドゥニーゾ（Denisot） 117
トーオスン（Toresson） 281
トーグレン（Thorgren） 281
トースルン（Thorslund） 281
トースン（Thoresen） 280
ドーナル（Domhnall） 36, 310
トーニア（Tonia） 176
トーニー（Tonie） 176
トービョーン（Thorbjörn） 281
ドームス（Dohms） 71
トール（Thor） 216, **280**, 281
トールグリム（Thorgrim） 253
トーロルフ（Thorolf） 253
ドッジ（Dodge） 244
トッティ（Totty） 288
ドッティ（Dotty） 139
ドッブ（Dob） 242
ドナ（Dona） 310
ドナルディーナ（Donaldina） 310
ドナルド（Donald） 36, 309, **310**
ドニー（Donny） 310
ドネット（Donette） 310
ドネラ（Donella） 310
トフラー（Toffler） 150
トマシン（Thomasin） 71
トマス（Thomas） 18, 70
　～（使徒）（Judas Thomas） **69**
　～T.S.エリオット（Thomas Stearns Eliot） 71
　～・ア・ベケット（Thomas à Becket） 70
　～・アクィナス（Thomas Aquinas） 71
　～・アルヴァ・エディスン（Thomas Alva Edison） 71
　～・ウッドロー・ウィルスン（Thomas Woodrow Wilson） 71
　～・ジェファスン（Thomas Jefferson） 71
　～・ハーディ（Thomas Hardy） 71
　～・マン（Thomas Mann） 71
トマリン（Thomalin） 71

ドミートリイ（Dmitrij） **118**
　～（『カラマーゾフの兄弟』） 119
　～（モスクワ大公）（Dmitrij Ivanovich Donskoj） 118
　～（『復活』） 119
ドミヌス（Dominus） 150
トム（Tom） 71
　～, アンクル（Uncle Tom） 71
　～・ジョード（Tom Joad） 71
　～・ジョーンズ（Tom Jones） 71
　～・ソーヤー（Tom Sawyer） 71
トムキン（Thompkin） 71
トムキンスン（Tomkinson） 71
トムスン（Thomson, Thompson） 71
トムセン（Thomsen, Thompsen） 71
トムリン（Tomlin, Tomblin） 71
ドリー（Dolie, Dolly） 56, 139
トリーナ（Trina） 128
トリーネ（Trine） 128
トリシア（Tricia） 190
トリシャ（Trisha） 190
ドリス（Doris） 331
ドル（Doll） 139
ドローレス（Dolores） 55, 56
ドロシー（Dorothy） **139**
ドロテア（Dorothea） 135, **138**
　～（カッパドキアの聖女） 138
ドロテーア（Dorothea） **138**, 139
　～（プロイセンの守護聖人）（Dorothea von Montau） 138
　ゾフィア・～（Sophia Dorothea） 138
ドロレス（Dolores） 56
ドン（Don） 310
トンキン（Tonkin） 71
トンブルスン（Thombleson） 71

■ナ行

ナアマン（Naaman） 50
ナイティンゲール（Nightingale） 203
ナエミ（Naemi） 50
ナオミ（Naomi） 49, 50
ナターシャ（Natasha） **193**
ナターリャ（Natal'ya） 193
ナターリヤ（Nataliya） 193
ナタニエル（Nathaniel） 13, 23
ナタリア（Natalia） 142, **192**
　聖女～ 192
ナタリー（Natalie） 142, 193
　～・ウッド（Natalie Wood） 193
ナダル（Nadal） 93
ナタン（Nathaniel） 23
ナッティ（Natty） 23
ナット（Nat） 23
ナナ（Nana） 68
ナンシー（Nancy） 68
　～・レーガン（Anne Francis Robbins Davis

Reagan）68
ニアール（Niall, Njál, Njáll）301
　～（9人の人質をとった）（Niall of the Nine Hostages）191, **301**
ニークラス（Niclas）108
ニーナ（Nina）60
ニール（Neil）**301**
ニールス（Nilus）108
ニカノル（Nikanor）106
ニクス（Nix）108
ニクラッソン（Niklasson, Niclasson）108
ニケ（Nike）104
ニケフォロス（Nikephoros）147
ニコ（Nico, Nicot）109
ニコーラ（Nikola）109
ニコデモス（Nikodemos）105
ニコピア（Nikopia）53
ニコマコス（Nikomachos）105
ニコラ（Nicola）108
ニコラーイ（Nikolaj）35, 109
ニコライセン（Nikolaisen, Nikolaysen）108
ニコラウス（Nicholaus）105, 106
　聖～ 106, 107
　～1世（Nicolaus I the Great）107
ニコラオ（Nikolaos）106
ニコラオス（Nikolaos）105, 106, 109
ニコラス（Nicholas）**105**
ニコル（Nicol, Nicol）108
ニコレット（Nicolette）108
ニコロ（Nicolo）108
ニゼ（Neset）117
ニゾ（Nisot）117
ニッキ（Nikki）109
ニック（Nick）108
ニックラッソン（Nicklasson）108
ニッコロ（Niccolo）108
ニューサン（Nusan）23
ニュースン（Nusen）23
ニルス（Nils）**108**
ニルセン（Nielsen, Nilsen, Nilssen）108
ニルソン（Nilsson, Nilssonn）108, 301
ネイオミ（Naomi）50
ネイサン（Nathaniel）23
ネイタン（Natan）23
ネイト（Nate）23
ネイル（Neil）298
ネス（Ness）134
ネッシー（Nessie）134
ネッド（Ned）237
ネブカドネツァル（Nebuchadnezzar）14
ネラ（Nella）173
ネリー（Nelly, Nellie）173
ネリア（Nelia）173
ネリウス（Nelius）298
ネル（Nell）86
　～・グウィン（Nell Gwyn）86, 308

ネルスン（Nelson）301
　～提督（Horatio Nelson）301
ネルスン（Nielsen）108, 301
ノウェル（Nowell, Nowill）192
ノエーラ（Noella）192
ノエール（Noelle）192
ノエリーン（Noeleen, Nleline）192
ノエル（Noël）**192**
ノートルダム（聖母マリア）（Notre Dame）53
ノーマ（Norma）332
ノーラ（Nora）86

■ハ行

ハーヴェイ（Harvey）333
パーヴェル（Pavel）187
パーキンス（Perkins）103
パーキンスン（Parkinson）103
　～, ジェイムズ（James Parkinson）103
ハーゴ（Jago）40
パーシャ（Pasha）187
バーソロミュー（Bartholomew）23
バート（Bart, Bert）23, 259
バートラム（Bertram）**263**
バートラン（Bertran）263
バートランド（Bertrand）264
バートル（Bartle）23
バートルミー（Bartlemy）23
バートレット（Bartlett）23
バーナード（Bernard）265, 266, 302
バーニィ（Berny, Barny）266
バーニス（Bernice）331
バーネット（Bernet）266
バーバラ（Barbara）133
バーバラ=アン（Barbara-Ann）67
バービー（Barbie）134
バーブラ（Barbra）134
パーマー（Palmer）110
バアル（Baal）26
ハーラル（Harald）249
ハーラルド（Harold）249
パーリャ（Palya）187
ハール（Hurle）284
ハイジ（Heidi）260
ハイネ（Heine）**232**
ハイネケン（Heineken）233
ハイメ（Haime）42
　～1世（Jaime）42
ハインケ（Heinke）233
ハインリヒ（Heinrich）**230**, 231
パウエル（Powell）187
パヴェル（Pavel）294
パウラ（Paula）**185**, 186
パウリーノ（Paulino）187
パウリナ（Paulina）187
パウリヌス（Paulinus）**187**
パヴルーシカ（Pavlushka）187

パヴルーシャ（Pavlusha） 187
パウルス（Paulus） 184
パウロ（Paul,Paulo） 110, 146, 178, **184**, 186
パオリーノ（Paolino） 187
バシレイオス（Basileios） **152**, 153, 322
パスカル（Pascal） 204
パスター（Pastor） **155**
パストゥール（Pasteur） 155
パストル（Pastor） 155
パターソン（Patterson） 190
ハダサ（Hadassah） 63
バット（Bat） 23
パット（Pat） **190**, 303
パット＝ジョー（Pat-Joe） 190
パットン（Patton） 190
　～将軍（George Smith Patton） 190
パティ（Patty） 190
パディ（Paddy） **190**
バト・シェバ（Bathsheba） 23
ハドリアヌス（Hadrianus） 192
パトリキウス（Patricius） 189
パトリシア（Patricia） 55,190
パトリック（Patrick, Pátraic） 22, 189, 190, 191
　聖～（Patrick） **189**, 190, 296
　～・ピアス（Patrick Pearse） 190
パドリッグ（Pádraig, Pátraic） 189, 190
パトロクロス（Patroclos） 188
パナイア（Panagia） 53
バブ（Bab） 134
パブリーノ（Pablino） 187
パブロ（Pablo） **186**
パペット（Babette） 134
ハベル（Havel, Habel） 294
ハミッシュ（Hamish） 42
ハラール（Harald） 249
ハラルド（Harald） **248**
　～1世（デンマーク王） 248
　～1世（ノルウェーの美髪王） 248
　～3世（ノルウェーの烈王） 248,271
ハリー（Harry） 232
ハリエット（Hariet） 233
ハリス（Harris） 232
ハリスン（Harrison） 232
ハル（Hal） 232
バルダリヒ（Baldarich） 254
パルテノペ（Parthenope） 203
バルデル（Balder） 253, **254**, 255
バルトウィン（Baldwin） 254
バルドゥルフ（Baldulf） 254
バルトハルト（Baldhard） 254
バルトマン（Baldman） 254
バルトロマイ（Bartholomaios） 23
バルナバ（Barnaba） 146
バルバラ（Barbara） 124, **133**
　聖～ 133

パルメナ（Parmenas） 106
ハロッド（Harrod） 249
ハロルド（Harold） **247**, 248
　～2世 249
ハンク（Hank） 232
ハンス（Hans） 16
ハンナ（Hanna, Hannah） 16, 64, 65
ハンニバル（Hannibal） 64, 159
ハンネク（Hannek） 232
ハンフリー（Humphrey） 266
ハンマグレン（Hammargren） 282
ハンマショルド（Hammarskjörd） **281**
ハンマリンド（Hammarlind） 281
ハンマルバリ（Hammarberg） 281
ハンマルフェルト（Hammarfeldt） 281
ハンマルボーン（Hammarborn） 281
ハンマルリンド（Hammerlind） 281
ハンマルンド（Hammarlund） 281
ピアース（Pierce） 103
ピアズ（Piers） 102
ピアスン（Pierson, Pearson, Pirsson） 103
ピアトリス（Beatrice） 331
ピーター（Peter） **100**, 103
ピータースン（Peterson） 103
ピーターセン（Petersen） 103
ビヴァリー（Beverly） 331
ピエール（Pierre） **102**
ビエーン（Björn） 282
ピエトロ（Pietro） 103
ピエドロ（Piedro） 103
ピエリン（Pierin） 103
ピエルチェ（Pierce） 103
ピエロ（Piero, Pierrot） 103
ヒエロニムス（Hieronymus） 161
ヒギンズ（Higgins） 246
ピコ（Pico） 103
ヒスメリア（Hismeria） 66
ヒック（Hick） 246
ヒットラー（Adolf Hitler） 257
ヒッバート（Hibbert） 272
ピップ（Pip） 96
ヒュー（Hugh） 264, **265**
ヒューズ（Hughes） 264
ヒューバート（Hubert） 265
ヒュガン（Hugon） 265
ヒュギン（Huggin） 265
ヒュゲット（Huget） 265
ビヨーン（Björn） 282
ビョルン（Björn） 265
ヒラリー（Hilary, Hillary） **196**
ヒラリア（Hilaria） 196
ヒラリウス（Hilarius） 196, 197
ヒラリオン（Hilarion） 196
ビリー（Billie, Billy） 238
ビル（Bill） 238
ビルギッタ（Birgitta） 296

390

ヒルダ（Hilda） **266**
　～（ホイットビーの聖女）（St. Hilda） 267
ヒルデ（Hilde） 266
ヒルディスヴィン（Hildisvin） 277
ヒルデガルデ（Hildegarde） 272
ヒルデガルト（Hildegard） **267**
ヒルデゲル（Hildeger） 272
ヒルデスハイム（Hildesheim） 271
ヒルデフォンス（Hildefons） 259, 272
ヒルデブラント（Hildebrand） **271**
ヒルデブレヒト（Hildebrecht） 272
ヒルデベルト（Hildebert） 272
ヒルデマール（Hildemar） 272
ヒルデムート（Hildemut） 272
ヒルデリヒ（Hilderich） 272
ヒルド（Hild） 266
ヒルドブルク（Hildburg） 272
ヒルドヤード（Hildyard） 272
ヒルドヤルト（Hildyart） 271
ファーガス（Fergus） **309**
ファーディナンド（Ferdinand） 309
ファード（Ferd） 309
ファウスタ（Fausta） 173
ファウスト（Faust） 174
ファウストゥス（Faustus） 173
ファウストゥルス（Faustulus） 173
ファリース（Fearghas） 309
ファリス（Farris） 309
フィービ（Phoebe） 208,210
フィーフィ（Fifi） 22
フィオーラ（Fiora） 204
フィオーレ（Fiore） 204
フィオヌーラ（Fionnuala） 300
フィッシャー（Fisher） 9
フィッツウォルター（Fitzwalter） 249
フィッツジェラルド（Fitzgerald） 252
フィナバー（Finnabair） 300
フィナバール（Finnabair） 307
フィニアン（Finnian） 300
フィノーラ（Finola） 300
フィフィーヌ（Fifine） 22
フィリス（Phyllis） 332
フィリップ（Philip, Philippe） **94**, 95, 96
　～（Philip: マウントバッテン公・エリザベス2世王婿） 96
　～豪勇公（Philippe） 95
　～善良公（Philippe le Bon） 95
　～2世（Philippe II） 94, 95
　サー・～・シドニー（Sir Philip Sydney） 96
フィリッポ（Filippo） 94
フィリッポス（Philippos） **91**, 93, 94
　～2世 92, 94
フィリポ（Philippos） 106
　～（使徒） 93
フィル（Phil） 96
フィルマ（Vilma） 239

フィン（Finn） 35, **299**
　～・マクール（Finn mac Cumhaill） 299
フィンガル（Fingal） 300
フィンバー（Finnbarr） 300
フィンレイ（Finlay） 300
プール（Pool） 187
フェイ（Fai, Vay） 142
フェイス（Faith） 197
フェーン（Fähn） 114
フェオードル（Feodor） 136
フェオドーシイ（Feodosij） **136**, 317
　聖～ 136
フェデリコ（Federico） 275
フェリクス（Felix） 173
フェリシア（Felicia） 173
フェリシティ（Felicity） 173, 197
フェリス（Ferris） 309
フェリペ（Felipe） **95**
　～1世 285
　～2世 95
　～5世 96
フェルディナント（Ferdinand） 250
　～1世(神聖ローマ帝国皇帝) 251
フェルディナンド（Ferdinando） 251
フェルナン（Fernant） 251
フェルナンデス（Fernández） 251
フェルナンド（Fernando） **250**, 251, 259
　～（カスティリア王） 250
フェルマ（Verma） 239
フェレンツ（Ferenc） 224
フォドリッグ（Pátraic） 189
フォミノフ（Fominov） 71
フォムキン（Fomkin） 71
フォンソ（Fonso） 259
フォンゾ（Fonzo） 259
ブノア（Benoit） 200
フョードル（Fyodor） 136
フョナ（Fiona） 300
フョナン（Fionnan） 300
フョン（Fionn） 299
フョンタン（Fiontan） 300
ブライアン（Brian, Brien, Bryan） **301**
ブライン（Brine） 302
フラン（Flann） 307
フランキスクス（Franciscus） 223
フランク（Frank） 222
フランクリン（Franklin） **222**
フランシス（Francis） **223**
フランシスコ → フランチェスコ（アッシジの聖～）
フランソア（François） 224
フランチェスコ（Francesco） 224
　聖～（アッシジの） 30, 223, **224**
フランツ（Vrantz, Franz） 224
　～・シュテファン（Franz Stephan） 224
ブリアン（Brian, Briand, Briant, Briend） **301**,

391

302
フリート（Fried）49
ブリード（Brighid）296
フリートマン（Friedmann）49
フリードマン（Friedman）9
フリートラント（Friedland）49
フリードリヒ（Friedrich）17, 253, 273, 274, 275
　〜１世・バルバロッサ（赤髭王）（Friedrich Barbarossa）17, 273, 274
　〜２世（ドイツ王）275
　〜・ヴィルヘルム２世　138, 275
　〜大王　275
ブリーン（Breen）302
フリオ（Julio）164
ブリギッタ（Brigitta）296
ブリギッテ（Brigitte）296
ブリギット（Brigit）296
ブリジット（Bridgit）**296**
　〜・バルドー（Brigitte Bardot）296
プリシラ（Priscilla）332
フリッグ（Frigg）253
ブリュンヒルデ（Brünnhilde）268
ブリュンヒルド（Brynhild）268
フルーリ（Fleury）204
プルターク（Plutarch）104
プルタルコス（Plutarchos）52
ブルノルト（Brunold）269
ブルンヴァルト（Brunwart）269
ブルンハルト（Brunhard）269
ブルンヒルト（Brunhild）**267**, 268
ブルンヒルド（Brunhild）268
ブルンフリート（Brunfrid）269
フレイ（Frey）216, 253, **272**, 273
フレイア（Freya）216, 253
フレイヤ（Freya）272
プレスター・ジョン（Prester John）17
フレデリク（Frederick, Frederik）**273**
　〜（デンマーク王）（Frederik）275
フレデリコ（Frederico）275
ブレヒト（Brecht）258
フレンツ（Frenz）224
フロースガール（Hrothgar）243
フローラ（Flora）**203**, 204
フローリアン（Florian）204
フローレンス（Florence）**203**
　〜・ナイティンゲール（Florence Nightingale）203
プロコロ（Prochoros）106
フロリアヌス（Florianus）204
フロリアン（Florian, Florianus）204
　聖〜（St. Florian）204
フロリンダ（Florinda）204
フロレンティア（Florentia）203
フロレンティウス（Florentius）203
フワン（Juan）16

フンバート（Humbert）266
ベイツ（Bates）23
ペイトン（Paton, Payton, Peyton）190
ヘイゼル（Hazel）332
ペートル（Petr）104
ペードロ（Pedro）193
ヘカテ（Hecate）125
ペギー（Peggie）133
ヘザー（Heather）205
ベス（Bess, Beth）31
ベッカ（Becca）44
ベッキ（Bekki）44
ベッキー（Becky）44
ペッグ（Peg）**133**
ベッティーナ（Bettina）31
ヘップバーン（Hepburn）261
ベティ（Betty）31
ベティアン（Betty-Ann）67
ペテロ（Petros）40, 101
ペトラーク（Petrarch）104
ペトラッコ（Petracco）104
ペトラルカ（Petrarca）**104**, 168
ペトルス（Petrus）101, 103
　〜（アミアンの隠修士）（Petrus of Amien）102
　〜・ダミアニ（隠修士）（Petrus Damiani）102
ペトロ（Petros）43, 72, 96, **100**, 101, 102, 167
ペドロ（Pedro）103
ペドロリーノ（Pedrorino）103
ベニー（Benny）201
ベニト（Benito）200
ベニヤミン（Benjamin）45, **201**
ベネイト（Beneit）200
ヘネシー（Hennessy）297
ベネット（Bennet, Bennett）200, 201
ベネディクト（Benedict, Benedicto）**198**, 199, 200
ベネディクトゥス（Benedictus）161, 198, **199**
　〜15世　200
　聖〜　199
ペパ（Pepa）22
ペピータ（Pepita）22
ペピート（Pepito）21
ペペ（Pepe）21
ヘボン（James Curtis Hepburn）16
ベリータ（Belita）31
ヘリオス（Helios）210
ペルーン（Perun）28
ヘルギ（Helgi）316
パーキン（Perkins）103
ヘルゲ（Helge）316
ベルトラン（Bertran de Born）264
ベルナール（St. Bernard）53, 55, 265, 266
ベルナルド（Bernard）**265**
ベルナルドゥス　→　ベルナール

392

헤르난(Hernán) 251
헤르난도(Hernando) 251
헤르마(Helma) 239
헤르만(Hermann) 139
　〜・폰・잘차(Hermann von Salza) 30
헤르미네(Helmine) 239
헤르무트(Helmut) 272
베른트(Berndt) 266
베른하르트(Bernhard, Bernhart) 265
페레(Pere) 103
헤레나(Helena) 82
페레스(Péres, Pérez) 104
헤레나(Helena) **83**, 124
　〜(콘스탄티누스 대제의 어머니) 124
　성녀〜 83
헤레네 **82**, 83, 86
헤렌(Helen) 82, 85
헤롤트(Herold, Heroldt) 249
벤(Ben, Benn) 201
벵크트(Bengt) 200
벤자민(Benjamin) 201
벤츠(Benz, Bents) **200**
벤트(Bent) 200
헨드릭(Hendric, Hendrick) 232, 233
헨리(Henry) **232**
　〜2세 232
　〜8세 127
헨리케(Henrike) 233
헨리에테(Henriette) 233
헨릭(Henrik) 233
헨릭스(Henricus) 232
보이체프(Vojtěch) 258
포이베(Phoibe) **210**
포이멘(Poimen) 155
보드윈(Baldwin, Boldwin) 236, 256
보드완(Baudouin) 255, **256**
폴린느(Pauline) 187
폴린(Pauline) 187
폴(Paul) **184**, 187
폴로(Polo) 186
호세(Xosè) 21
　돈・〜(Don José) 21
호세프(Josep) 21
호세파(Josefa) 22
호지(Hodge) 244
홉(Hob) 242
밥(Bob) 242
보비(Bobbie,Bobby) 242
폴리안(Pollyann) 60
폴리안나(Pollyanna) 60
폴리(Polly) 133
보리스(Boris) 35, 317, **320**
　성〜 320, 322
보리소프(Borisov) 322
폴리나(Polina) 60

보리스(Boris) 320
보리슬라프(Borislav) 319, 321
보르셰(Borsche) 322
보르셰(Porsche) 322
보르슈케(Borschke) 322
보르치히(Borzig) 322
호르헤(Jorge) 122
호레이스(Horace) 333
보레슬라프(Boleslav) 320

■マ行

마윈(Merwyn) 312
마빈(Mervin, Mervyn, Marvin) 312
마거릿(Margaret) 54, **129**
　〜(붉은 장미의) 130
　〜・대처(Margaret Hilda Thatcher) 131
마크(Mark) 178
머시(Mercy) 56
마저리(Margery) 130
마셴카(Mashen'ka) 60
마샤(Marcia, Marsha, Masha) 60, 179, 193
마조리(Marjorie) 130
마누스(Maghnus) 171
만카(Man'ka) 60
마냐(Manya) 60
말라(Mala) 62
마리야(Mar'ya) 60,317
말린(Malin, Malyn, Merlin) 62, **311**
마레야(Mareya) 60
마이크(Mike) 35
마이클(Michael) 34
마이린(Mairin) 59
마이레(Maire) 59
마카르(Makar) 201
마카리오스(Makarios) **200**
마카렌코(Makarenko) 201
마카로프(Makarov) 201
마그・에인거스(Mag Aonghus) 297
맥알란(McAllan) 311
맥알린(McAline) 311
맥쿼리(Maquarie) 201
맥기네스(McGuinness I) 297
막시밀리안(Maximilian I) **171**, 285
맥데이비트(McDavitt) 48
맥도넬(MacDonnell) 310
막달라(Magdala) 62
막달레나(Magdalene) 62
맥데이드(McDade) 48
맥데비트(McDevitt) 48
맥도날드(MacDonald) 310
맥닐(McNeil, McNeille, McNeale) 301
마그누스(Magnus) 171
맥그리거(MacGregor, McGregor) 155

393

マケール（Macaire） 201
マケラン（McEllen, McKellan） 311
マサイアス（Matthias） 24
マシュー（Matthew） 13, **24**
マタイ（Matthew） 23, 24, 179
マタエウス（Matthaeus） 24
マッカーサー（MacArthur） **306**
マッケンジー（McKenzie） 310
マッジ（Madge） 133
マッセイ（Massei） 24
マッタイオス（Matthaios） 24
マッタティアス（Mattathias） 24
マッティアス（Matthias） 24
マッティスン（Mattison） 24
マッティティア（Mattithyah） 24
マッテン（Matten） 24
マッド（Madde） 271
マットン（Matton） 24
マティーヴェ（Matiewe） 25
マティース（Mathiess） 24
マティーゼル（Matthiesel） 25
マティウ（Mathieu, Matieu） 24
マティス（Mattisse） 24
マディスン（Madison） **271**
マティルダ（Matilda, Mathilda） 45, 112, **270**
　～（カノッサの女伯）（Matilda） 270
　～（ウィリアム征服王妃）（Matilda） 270
マティルデ（Mathilde） 271
　～（ハインリヒ1世妃） 230
マテーウス（Matthäus） 24, 25
マデース（Mades） 25
マテオ（Matteo） 24
マテオス（Mateos） 24
マトヴェーイ（Matvej） 25
マトキン（Matkin） 24
マトフィーイ（Matfij） 24
マドレーヌ（Madeleine） 62
マドレン（Madelin） 62
マドンナ（聖母マリア）（Maddonna） 53
マニー（Manny） 28
マヌエル（Manuel） 28
マノエル（Manoel） 28
マフェオ（Maffeo） 24
マライア（Maria） 54
マリ・ルイーズ（Marie Louise） 61
マリア（Maria, María, Mariã, Mary） 17, 21, 29, **51**, 54, 55, 60, 66, 110
　～（スペインの殉教者）（Mariá） 204
　～（ベタニアの）（Mary of Bethany） 51
　～（マグダラの）（Mary Magdalene） 51, **61**
　～・アマリア（Maria Amalia） 54
　～・アントニア → マリー・アントワネット
　～・イサベル（María Isabel） 55
　～・エリーザベト（Maria Elisabeth） 54
　～・カロリーネ（Maria Caroline） 54
　～・クリスティーネ（Maria Christine） 54

　～・シルヴィア（María Silvia） 55
　～・デ・ラス・メルセデス（María de las Mercedes） 55, 56
　～・デル・カルメン（María del Carmen） 55
　～・テレジア（Maria Theresia） 54, 55
　～・デ・ロス・ドローレス（María de los Dolores） 55, 56
　～・パトリシア（María Patricia） 55
　～・フランシスカ（María Francisca） 55
マリアン（Marianne, Marion） 60, 67
マリアンヌ（Marianne） 60, 61
マリアンネ（Marianne） 54
マリー（Marie） 54
　～・アントワネット（Marie Antoinette） 55, 176
マリーア（Maria） 54
マリーナ（Malina, Marina） 62, **129**
マリーヤ（Mariya） 60
マリリン（Marilyn） **60**
マリルー（Marylou） 62
マリンダ（Marinda） 204
マルガレータ（Margareta） 132
マルガレーテ（Margarete） 132
マルガレタ（Margareta） 128, **129**
　聖～ 128
マルキア（Marcia） 179
マルクス（Marcus） 178
　～, カール（Karl Marx） 179
マルグリット（Marguerite） 54, **131**
マルグレーテ（Margrete） 132
　～2世（Margarethe II） 146, 275
マルケッルス（Marcellus） 179
マルコ（Mark） 179
　～（福音者） 178
マルゴ（Margot） 131
マルコス（Markos） 178
マルコム（Malcom） **191**
マルス（Mars） 178
マルセル（Marcel） 179
マルタ（Marutha） 127
マルタン（Martin） 179
　～（フランスの守護聖人） **180**, 181
マルチェロ（Marcello） 179
マルティナ（Martina） 181
マルティヌス（Martinus） 179
マルティン（Martin） 181
　～・ルーテル → ルーテル
マルトン（Marton） 181
マルレーネ（Marlene） 62
マレーネ・ディートリッヒ（Marlene Dietrich） 62
ミーシャ（Misha） 35, 193
ミーチャ（Mitya） 119
ミートリイ（Mitrij） 119
ミーナ（Mina） 239
ミーヒェン（Michen） 239

394

ミカエル（Michael） 25, 31, **32**, 35
ミクーラ（Mikula） 109
ミクラス（Mikulas） 109
ミクロス（Miklos） 109
ミコーラ（Mikola） 109
ミコラーイ（Mikolaj） **109**
ミコラス（Mikolas） 109
ミコワイ（Mikolaj） 109
ミシェール（Michele, Michelle） 33
ミシェル（Michele, Michelle） 33, 45
ミッキー・マウス（Mickey Mouse） 34, 35
ミック（Mich） 34
ミッチェル（Mitchell） 33
　～，マーガレット（Margaret Manarin Mitchel） 33
ミトラ（Mithra, Mithras） 12, 32, 100
ミハーイラ（Mikhajla） 35
ミハイール（Mikhail） 35, 317
　～1世　35
ミランダ（Miranda） 197
ミリアム（Miriam） 51
ミルドレッド（Mildred） 332
ミロスラーフ（Miroslav） 319
ミンナ（Minna） 239
ムイレ（Muire） 59
ムッソ（Musso） 43
ムッソリーニ（Benito Mussolini） 43
メーガン（Megan） 133
メアリー（Mary） 54
　～1世　58
　～2世　42, 59
　～・ステュアート（スコットランド女王）（Mary Stuart） **58**, 285
メイ（May） 9
メイナス（Manus） 171
メイベル（Mabel） 198
メイミー（Mamie） 59
メッグ（Meg） 133
メトディオス（Methodios） 35, 317
メヒティルト（Mechthild） 271
メリッサ（Melissa） 44
メリル（Meryl） 61
メルセデス（Mercedes） 55, 56
メルセデス＝ベンツ（Mercedes-Benz） 57
モイラ（Moira, Moyra） 59
モエル（Mael） 59, 189, 191
　～・コルム（Mael Coluim） 191
　～・フォドリッグ（Mael Pátraic） 189
　～・ムイレ（Mael Muire） 59
モーセ（Moses） 6, 7, 20, 26, 33, 37, 51
モード（Mauld, Maud） 271
モードリン（Maudlin） 62
モーラ（Maura） 59
モーリーン（Maureen, Maurin） **59**
モーリス（Maurice） 333
モッツ（Motz） 25

モデース（Modes） 25
モリー（Molly） 59
モリー＝ポリー（Molly-Polly） 59
モル（Moll） 59

■ヤ行

ヤーコフ（Yakob） 40
ヤーノシュ（Janos） 16
ヤール（Jarl） 284
ヤコブ（Jacob） 20, 26, 32, 36, **39**, 40, 41, 45, 72
ヤソン（Jason） 15
ヤニス（Yannis） 16, 81
ヤロスラーフ（Yaroslav） 98, 317, 319
　～1世　321
　～賢公　123, **319**
ヤロスラバ（Jaroslava） 320
ヤロスラフ（Jaroslav） 320
ヤロスワフ（Jaroslaw） 320
ユーグ（Hugues） **264**
　～・カペー（Hugues Capet） 264
　～・ドゥ・ヴェルマンドァ（Hugues de Vermandois） 264
　～・ドゥ・シャンパーニュ（Hugues de Champagne） 264
　～・ドゥ・パイアン（Hugues de Payens） 265
ユーゴー（Hugo） 265
ユーノー（Juno） 182
ユーリイ（Yurij） **123**, 318, 319
　～1世・ドルゴルーキイ（長手王） 123
　～3世　123
　～・ガガーリン（Yurij Alekseevich Gagarin） 123
ユールス（Julus） 159
ユスティニアヌス（Justinianus） 66
ユダ（Judah） **13**, 45, 72
　～（イスカリオテの） 13
ユダス（Judas） 13
ユッテ（Jutte） 14
ユディト（Judith） **13**, 14, 64
ユピテル（Jupiter） 163
ユリア（Julia） 165
ユリアーノ（Iuliano） 165
ユリアーン（Yulian） 165
ユリアヌス（Julianus） 164
　～（背教者） **164**
ユリウス（Julius） **163**
　～・カエサル → カエサル
ユルゲン（Jürgen） 122
ユルゲンス（Jürgens） 122
ヨアニス（Ioannes） 81
ヨアンネス（Joannes） 15
ヨーウェンスン（Jørgensen） 122
ヨーゼフ（Joseph, József） 21
　～1世　21
ヨシュア（Joshua） 6, 14, 44

ヨセフ（Joseph） 13, **20**, 21, 29, 45, 66, 72
　〜（アリマタヤの） 22
ヨゼフ（Jozef） 21
ヨナタン（Jonathan） **22**, 23, 46
ヨハネ（John） 17, 30, 40, 72, 179, 186
　〜（洗礼者） 16
　〜（福音者） 16
ヨハネ＝パウロ（Johannes-Paulus） 186
ヨハン（Johann） 16
ヨハンナ（Johanna） 19
ヨハンネス（Johannes） 15,19
ヨルギオス（Georgios） 81
ヨルゴ（Yorgo） 81
ヨルゴス（Yorgos） 81,122

■ラ行

ラードルフ（Radolf） 262
ラーンスロット（Lancelott） 84, 85, 305
ライアン（Ryan, Rian） 303, 305
ラウラ（Laura） 168, 169
ラウリキア（Lauricia） 166
ラウル（Raoul, Raul） 262
ラウルス（Laurus） 166
ラウレンティウス（Laurentius） 166
　聖〜（St. Laurence） 167
ラケル（Rachael, Rachel, Raquel） 36, 37, **45**
ラケレ（Rachele） 45
ラシェル（Rachel, Rachelle） 45
ラッセル（Russel） 333
ラナルド（Ranald） 250
ラファエル（Raphael） 31, 32
ラヘル（Rahel） 45
ラルフ（Ralph） **262**
ランダル（Randal） 263
ランディ（Randy） 100, 263
ランドルフ（Randolf） **263**
リァガーン（Riagan） 303
リーア（Leah） 46
リーアーン（Riagan） 303
リーガン（Reagan） 303
リーサ（Lisa） 31
リーナ（Lina） 287
リカール（Ricard） 246
リカルド（Ricardo） 246
リシャール（Richard） 246
リズ（Liz） 31
リチャード（Richard） 231, 237, **244**
　〜1世(獅子心王) 223, 245
　〜2世 245
　〜3世 246
リヒャルト（Richard） 246
リベカ（Rebecca） 37, 40, **44**, 45
リューリク（Ryurik） 315
リュシル（Lucille） 184
リリアン（Ljllian） 204
リリー（Lily, Lillie） **204**

リンダ（Linda） 207
リンデ（Linde） 281
リンドグレン（Lindgren） 282
ルイ（Louis） **225**
　〜1世(敬虔王)（Loius I） 225, 226
　〜9世 225
　〜14世(太陽王) 225
ルイーザ（Louisa） **225**
ルイーズ（Louise） 225
ルイーゼ（Luise） 226
ルーアリン（Llyewelyn） 48, 228
　〜2世 48
ルーイス（Lewis） 228
ルーカス（Lukas） 181
ルーカン（Lorcan） 168
ルーク（Luke） 181
ルーサー（Martin Luther King, Jr.） 228
ルーシー（Lucy, Ruthie） 51, **183**
　〜・ストーン（Lucy Stone） 183
ルースアン（Ruthann, Ruthanne） 51
ルーテル（Luther） 227, 247
　〜，マルティン（Martin Luther） 128, 228
ルートヴィヒ（Ludwig） 30, 189, **226**, 227
　〜（東フランクの） 226
　〜1世(バイエルン王) 226
　〜2世(狂王) 227
ルードルフ（Rudolf） 30, **262**
　〜1世(ハプスブルク家の開祖) 262, 263
ルーファス（Rufus） 333
ループレヒト（Ruprecht） 107
ルールー（Lulu） 226
ルカ（Luca, Luke） 179, 181
ルカス（Lucas） 181
　〜(福音者) 181, 182
ルキウス（Lucius） 182
ルキッラ（Lucilla） 184
ルキナ（Lucina） 182
ルシーナ（Lucina, Ruthina） 51, 208
ルシール（Lucille） 184
ルシンダ（Lucinda） 204
ルセッタ（Ruthetta） 51
ルセラ（Ruthella） 51
ルチア（Lucia） 182
　聖〜（Santa Lucia） 182, 183
ルチッラ（Lucilla） 184
ルツ（Ruth） 49, 50, 51
ルッジェーロ（Ruggiero） 244
ルネ（René, Renée） 142, **193**, 194
ルノー（Renault） 250
ルベン（Ruben） 13, 45
ルリナ（Lurina） 166
レア（Leah, Reah） 13, 45, 46
レイチェル（Rachel） 45
レヴィ（Levi） 9, 13, 23, 45
レーガン（Reagan） **303**
レーニン（Lenin） 165

レーバ（Reba）44
レオ（Leo）**179**
　～1世　161, 179
レオーナ（Leona）179
レオノーラ（Leonora）86
レオポルド（Leopold）254
レオン（Leon）179
レジナルド（Reginald）249
レナータ（Renata）194
レナート（Renato）194
レナトゥス（Renatus）142
レノルド（Reynold）249, 250
レプロブス（Reprobus）147
レベカ（Rebeca, Rébecca）44
レベッカ（Rebecca）37, 44
レンツィ（Renzi）167
ロ（Lo）56
ロイ（Roy）333
ロイス（Royce）9, 207
ロイス（Lois）332
ロイゼ（Royze）9, 207
ロイド（Lloyd）307
ロイトポルト（Luitpold）255
ロイポルト（Leupold）255
ローズ（Rose）205, **206**
ローズマリー（Rosemary）**207**
ローゼンバーグ（Rosenberg）9
ロータール（Lother）247
ロータル（Lothar）227
ロード（Lord）150
ロードリク（Roderick）240, 316
ローラ（Laure, Lora）56, 168
ローラン（Laurent, Laurant, Lorant, Lorent）167
ローランド（Roland）240
ローリ（Lori, Lolly）169
ローリアン（Lauriane）169
ロールス（Rolls）207
ローレッタ（Lauretta）169
ローレン（Lauren）167
ローレンス（Laurence, Lawrence）166, **167**
　～（アラビアの）（Thomas Edward Lawrence）167
　聖～（Laurence O'Toole）167
　～・オリヴィエ（Laurence Olivier）167
ロザマンド（Rosamund）207
ロザリン（Rosalin, Rosaline, Rosalyn, Rosalynn）60, 207
ロザリンド（Rosalind）60, 207
ロザンヌ（Roseanne）207
ロジェール（Rogier）**243**, 244
ロジャー（Roger）237, 240, **243**
ロッテ（Lotte）288
ロッティ（Lottie）288
ロッブ（Rob）242
ロドリーゴ（Rodorigo）259
ロナルド（Ronald）250
ロニー（Ronnie, Ronny）250
ロバータ（Roberta）242
ロバート（Robert）237, **240**, 261
　～1世（スコットランド王）130, 242
ロビン・フッド（Robin Hood）243
ロベール（Robert）**241**
　～（ウィリアム征服王の父）238
　～・ギスカール（Robert Guiscard）241
ロマーノフ（Romanov）35
ロリータ（Lorita）56
ロレッタ（Loretta）332
ロレンツィ（Laurenzi）167
ロレンツォ（Lorenzo）167
　～豪華王　166
ロレンティ（Laurenti）167
ロロ（Rollo）237, 241
ロン（Ron）250

■ワ行

ワーニャ（Vanya）19
ワーネチカ（Vanechka）19
ワシーリイ（Vasilij）152
ワット（Watt, Wat）249
ワトキンス（Watkins）249
ワトキンスン（Watkinson）249
ワトスン（Watson）249
ワナーイカ（Vanajka）19

[著者略歴]

梅田 修（うめだ おさむ）
1941 年　兵庫県明石市に生まれる
1964 年　京都学芸大学卒業
1974 年　モンタナ州立大学 (MSU) 大学院 MEd
1964-83 年　兵庫県公立高等学校教諭
1983-92 年　武庫川女子大学
1992-2010 年　流通科学大学教授
現　在　流通科学大学名誉教授
著　書　『英語の語彙事典』（大修館書店）
　　　　『英語の語源物語―英語の語彙の歴史と文化』（大修館書店）
　　　　『英語の語源事典』（大修館書店）
　　　　『学習者中心の教室英語』（共著，大修館書店）
　　　　『世界人名物語』（講談社学術文庫）
　　　　『地名で読むヨーロッパ』（講談社現代新書）
　　　　『人名で読み解くイスラーム文化』（大修館書店）
訳　書　『シップリー 英語語源辞典』（共訳，大修館書店）

ヨーロッパ人名語源事典
　　じんめい　ごげん　じてん
Ⓒ UMEDA Osamu　2000
　　　　　　　　　　　　　　　　NDC288/xv, 397p/23cm

初版第1刷　2000年7月15日
　第5刷　2020年11月1日

著　者──梅田　修
　　　　　うめだ　おさむ
発行者──鈴木一行
発行所──株式会社 大修館書店
　　　　〒113-8541　東京都文京区湯島2-1-1
　　　　電話 03-3868-2651（販売部）　03-3868-2293（編集部）
　　　　振替 00190-7-40504
　　　　［出版情報］https://www.taishukan.co.jp

装丁者──下川雅敏
印刷所──三松堂印刷
製本所──難波製本

ISBN978-4-469-01264-4　　　Printed in Japan

Ⓡ 本書のコピー，スキャン，デジタル化等の無断複製は著作権法上での例外を除き禁じられています。本書を代行業者等の第三者に依頼してスキャンやデジタル化することは，たとえ個人や家庭内での利用であっても著作権法上認められておりません。